De officio

De officio

Zu den ethischen Herausforderungen des Offizierberufs

– völlig neu bearbeitete Auflage –

Herausgegeben
im Auftrag des Evangelischen Militärbischofs
vom Evangelischen Kirchenamt
für die Bundeswehr, Bonn

verantwortlich: Peter H. Blaschke

 Evangelische Verlagsanstalt, Leipzig

Die Deutsche Bibliothek – CIP-Einheitsaufnahme

De officio: zu den ethischen Herausforderungen des Offizierberufs /
hrsg. im Auftr. des Evangelischen Militärbischofs vom Evangelischen
Kirchenamt für die Bundeswehr. Verantw.: Peter H. Blaschke. -
2. Auflage der völlig neu bearb. Ausg. - Leipzig: Evang. Verl.-Anst., 2000
ISBN 3-374-01787-8

2. unveränderte Auflage der völlig neu bearbeiteten Ausgabe
Druck: Druckerei und Verlag Gutenberg Riemann GmbH, Kassel
ISBN 3-374-01787-8

Inhalt

Vorwort

Eine zweite Auflage des 1985 erschienenen Buches „De officio" konnte nicht unverändert bleiben. Zu viel hat sich geändert: auf der Landkarte, in der Sicherheitspolitik, in der Bundeswehr, in den Kirchen. Die Auseinandersetzungen über den Nachrüstungsbeschluß sind fern gerückt und beinahe fremd geworden. Damals wurde nicht nur die in dem Stichwort „Abschreckung" zusammengefaßte sicherheitspolitische Doktrin sondern auch der Beruf des Soldaten grundsätzlich problematisiert. Die Denkschrift der Evangelischen Kirche in Deutschland vom Herbst 1981 „Frieden wahren, fördern und erneuern" blickte zwar nüchterner auf die Konflikte der Völker und sorgte in den kirchlichen Leitungsgremien für die nötige Balance. Aber die Parole vom „deutlicheren Zeugnis" der Kriegsdienstverweigerung fand viel Beifall. In dieser schwierigen Situation wollte die evangelische Militärseelsorge den Offizieren der Bundeswehr den friedensethischen Konsens in der evangelischen Christenheit vermitteln und im Gewirr der Stimmen eine ethische Orientierungshilfe geben.

Das Buch ist dankbar aufgenommen worden. Die Absicht der evangelischen Militärseelsorge, nicht nur Einzelseelsorge zu üben, sondern Mitverantwortung für das innere Gefüge der Bundeswehr und die Berufsgruppe der Soldaten insgesamt zu übernehmen, wurde verstanden. Das Verhältnis von Kirche und Bundeswehr war zwar Belastungen ausgesetzt, es entstand aber kein feindliches Gegenüber.

Als nach dem vergriffenen Buch immer wieder gefragt wurde, schied eine unveränderte Neuauflage aus. Der Fall der Mauer vor zehn Jahren, das Ende der atomaren Ost-West-Konfrontation haben eine völlig neue Situation heraufgeführt

Diesmal war die Evangelische Kirche in Deutschland kein Nachzügler. Mit dem Text von 1994 „Schritte auf dem Weg des Friedens" – Orientierungspunkte für Friedensethik und Friedenspolitik" beschrieb sie bereits zusammen mit der veränderten weltpolitischen Lage die neuen sicherheitspolitischen Aufgaben, noch bevor sie die meisten überhaupt wahrgenommen hatten.

Dieser neue sicherheitspolitische Konsens in der evangelischen Kirche ist für die Militärseelsorge eine große Hilfe. Der Dienst des Soldaten ist damit nicht einfacher geworden. Aber von dem Einverständnis auszugehen, gebraucht zu werden, eine um des Friedens willen unverzichtbare Aufgabe zu erfüllen, ist eine bessere Voraussetzung, den Pflichten – officium heißt Pflicht, kann aber auch mit Dienst oder Amt im Sinne eines Berufs übersetzt werden – nachzukommen als eine fundamentale Infragestellung. Wer sein Existenzrecht nicht mehr verteidigen muß, kann sensibler sein gegenüber den ethischen Anforderungen, die ihm zugetraut und zugemutet werden.

Es hat also einen guten Sinn, den Titel „De officio" auch für diese neubearbeitete Auflage zu übernehmen. Überhaupt sind die Grundstrukturen des Buches von der ersten Auflage übernommen. Die Kapitelüberschriften sind der neuen Situation angepaßt; die jeweiligen Einleitungen stellen Reflexionen eines Offiziers und eines Militärpfarrers nebeneinander. Zeichen der Kontinuität ist auch, daß die beiden Grundsatzartikel am Anfang von denselben Autoren überarbeitet worden sind.

Zum Schluß ein herzlicher Dank an alle, die durch ihren Beitrag diese neue Auflage möglich gemacht haben. Die Mehrzahl der Autoren, alle nicht gerade unterbeschäftigt, hat spontan zugesagt und so das Vorhaben auf den Weg gebracht. Einen jedoch muß ich besonders erwähnen: Militärdekan Peter H. Blaschke hat nicht nur zahlreiche Artikel geschrieben, sondern das Buch konzipiert und redigiert, unermüdlich beraten und verhandelt: Ohne seine Ideen und seinen Einsatz gäbe es „De officio" weder in alter noch in neuer Gestalt.

Mein Wunsch ist, daß die Offiziere der Bundeswehr, besonders die jungen Offiziere an den Offizierschulen, diese ethische Orientierungshilfe der evangelischen Militärseelsorge studieren und bedenken. Durch klares Denken und geklärte Überzeugungen wird das Gewissen des Soldaten wie jedes Menschen sensibel und frei, beides.

Bonn, im Dezember 1999   Dr. Hartmut Löwe
Evangelischer Militärbischof

Gerhard Johann David von Scharnhorst
Preußischer General
* 12.11.1755 in Bordenau (Hannover)
† 28.6.1813 in Prag

Der Soldat hat sich als Bürger eines Staates, in welchem er lebt, zu betrachten. Diesem hat er unzählig viel Gutes zu verdanken und eben deshalb liegt ihm die Erfüllung großer und wichtiger Pflichten ob.

Friedhelm Klein

Der Beruf des Offiziers

Seine Entwicklung und historische Einordnung

„*Die Tätigkeit des Offiziers äußert sich vornehmlich in drei Richtun-* *Berufsprofil*
gen: Er soll seine Untergebenen führen und leiten, eine Wirksamkeit, wel-
che besonders im Kriege hervortritt, Scharfblick und Mut erfordert; er
soll dieselben ausbilden, was hauptsächlich im Frieden geschieht, Kennt-
nisse und Lehrtalent voraussetzt, und er soll ihnen Obrigkeit sein, was Be-
kanntschaft mit den gesetzlichen Bestimmungen, Unparteilichkeit und Ge-
rechtigkeit bedingt." Dieses Berufsprofil, gezeichnet im *Handwörterbuch*
der gesamten Militärwissenschaften von 1879[1], ist das Ergebnis eines
jahrhundertelangen geschichtlichen Prozesses. Seine Ausformung ist auf
das engste verknüpft mit dem Werden des modernen Staates von den
Personenverbänden der mittelalterlichen Welt über den Obrigkeitsstaat der
Frühen Neuzeit und der Frühmoderne des 19. Jahrhunderts hin zum freiheitlichen Rechts- und Sozialstaat der heutigen Zeit. Die Entwicklung des
Offizierberufs widerspiegelt aber auch die Kontinuitäten und Brüche der
deutschen Geschichte, die – gemessen am englischen oder französischen
Beispiel – verspätete nationalstaatliche Entwicklung Deutschlands sowie
seine regionale Vielheit und dabei stets gegebene europäische Verzahnung.

Dem Glanz und Ansehen eines ersten Standes im Staate folgte nach *Neuanfang*
dem Mißbrauch der traditionellen soldatischen Tugenden durch ein totalitäres, menschenverachtendes Regime in dem zur totalen Niederlage führenden Zweiten Weltkrieg die tiefste Erniedrigung. Wenn dennoch der
Aufbau neuer deutscher Streitkräfte in dem freiheitlichen und demokratischen Rechtsstaat der Bundesrepublik Deutschland durch Offiziere möglich war, die ‚den Kelch bis zur bitteren Neige‘ hatten leeren müssen, so
deshalb, weil sie die Forderungen der Gegenwart mit einem die „*Tiefe des*
historischen Erfahrungsraumes"[2] auslotenden Bewußtsein verbinden
konnten. Mit der Rückbesinnung auf die preußische Reformbewegung zu
Beginn des 19. Jahrhunderts, der es wesentlich darum ging, „*alle Bürger*
durch Überzeugung, Teilnahme und Mitwirkung bei den National-Angele-

---

1. A. v. D[rygalski, Premier-Leutnant a.D., Berlin]: Artikel ‚Offizier‘, in: Handwörterbuch der gesamten Militärwissenschaften, hg. von B. Poten, Bd. 7, Bielefeld – Leipzig
   1879, S. 252.
2. Werner Hahlweg: Tradition und historisches Bewußtsein, in: Deutsche Studien, Son-
   derheft Januar 1981, S. 11.

genheiten an den Staat zu knüpfen"[3] wurde ein bewußter Bezug aus der Geschichte zur Gegenwart hergestellt. Der Staatsbürger in Uniform wurde zum Leitbild des Soldaten, der als Bürger an der Politik teilnimmt und die Motivation zur Erfüllung seiner soldatischen Pflicht aus der Möglichkeit ableitet, sich mit dem politischen System, dem er dient, zu identifizieren. So hat die Wahl des 12. November 1955, des zweihundertsten Geburtstages des preußischen Generals und Heeresreformers Gerhard Johann David von Scharnhorst, zum ‚Geburtstag' der Bundeswehr mehr als symbolische Bedeutung.

Wortbedeutung

Im deutschen Sprachgebrauch finden wir den Begriff ‚Officier' nachweisbar zuerst bei Herzog Philipp von Kleve, einem Zeitgenossen von Kaiser Maximilian I. (1486/93-1519), dem ‚letzten Ritter' und ‚ersten Landsknecht'. In seiner Bedeutung entsprach das Wort damals allerdings noch eher der des mittellateinischen *Officiarius*, d.h. Verwalter eines weltlichen oder geistlichen Amtes (*officium*). Erst zur Zeit des Dreißigjährigen Krieges dient es zur Bezeichnung einer militärischen Stellung, nachdem es zuvor schon in Frankreich und Holland in diesem Sinne gebräuchlich war.

Militärisches Unternehmen

Die Anfänge des Offiziertums in Deutschland stehen in engem Zusammenhang mit dem seit dem Ende des 15. Jahrhunderts aufkommenden Landsknechtstum und damit dem Entstehen fester Truppenkörper. Die älteste militärische Einheit war das Fähnlein (Kompanie), der eigentliche Grundverband der Haufen (Regiment). Die Kompanie hatte drei Offizierstellen (Ämter), die des Kapitäns (Hauptmannes), des Leutnants und des Fähnrichs. An der Spitze des Regiments stand der Obrist (Oberst). Die Tätigkeit der ‚Offiziere' jener Zeit war weniger ‚Dienst' nach unserem heutigen Verständnis, sondern ein auf materiellen Gewinn ausgerichtetes militärisches Unternehmertum. Die Verpflichtung der Offiziere geschah auf privatrechtlicher Grundlage durch die ‚Capitulation'. Ein häufiger Wechsel des Dienstherrn, was in der Regel engere Bindungen verhinderte, war Kennzeichen jenes militärischen Unternehmertums, das seine Blütezeit im Dreißigjährigen Krieg (1618-1648) erfuhr. Der frühneuzeitliche Staat stützte sich auf privatwirtschaftlich orientierte und solchermaßen handelnde militärische Machtträger. Wenzel Eusebius von Wallenstein entsprach geradezu beispielhaft diesem Typus des Kriegsunternehmers. Dieser war durch den fürstlichen Kriegsherren bestallt und folglich legitimiert, in seinem Namen zu handeln. Damit war die Grundlage für die Gewährung von Krediten geschaffen, auf die alle Kriegsunternehmer des siebzehnten Jahrhunderts nicht verzichten konnten.

Unterordnung unter den Kriegsherrn

Mit dem schrittweisen Übergang vom freien Söldnerheer der frühen Neuzeit zum Stehenden Heer des absolutistischen Staates, welches mit der

---

3. Aus der Nassauer Denkschrift von 1807 des Freiherrn vom Stein, zit. nach Wolf Graf Baudissin: Soldaten für den Frieden, München 1969, S. 11.

Ausprägung des Gewaltmonopol des Staates einander bedingend einher-
ging, war die Entstehung eines neuen Offiziertyps verbunden. Anders als
beim Söldnerführer gründete sein Rechtsstatus nicht mehr auf einem privatrechtlichen Vertragsverhältnis, sondern in der durch die eidliche Verpflichtung bekräftigten absoluten Unterordnung unter den Landes- und
Kriegsherrn. Diese Bindung zwischen Offizier und Kriegsherr sollte sich
im Verlauf von fast drei Jahrhunderten „*zu einer der umstrittensten und
zugleich stabilsten Stützen der deutschen Monarchie und des späteren
Kaiserreiches*"[4] entwickeln.

Die Besetzung der Offizierstellen im Stehenden Heer war eine eindeutige Domäne des Adels. Dieser hatte zwar einerseits gegenüber der Stellung
des absolutistischen Landesherrn seine frühere politische Machtstellung
eingebüßt, fand aber andererseits mit dem ‚ersatzweisen' Vorrecht zur Besetzung wichtiger Stellen im landesherrlichen Dienst, so auch im Heer, ein
adäquates Betätigungsfeld. Damit begann sich erstmals ein geschlossener
Offizierstand herauszubilden, der unter Berücksichtigung traditioneller
adelsständischer Normen Geist und Haltung des Militärs nachhaltig prägen
sollte. „*Der Geist des Offiziers wurde identisch mit dem Geist des Adels.
Adel und Offizier verschmolzen derart, daß Adelsstand und neuer Offizierstand weitgehend dasselbe waren.*"[5]

Diese Entwicklung war durchaus in allen Territorien des Heiligen Rö-
mischen Reiches Deutscher Nation zu erkennen, in Brandenburg-Preußen
erfuhr sie jedoch eine ganz spezifische Ausprägung. ‚Brandenburg-Preußen' beeinflußte modellhaft die Entwicklung des Offizierberufs in deutschen Streitkräften bis ins 20. Jahrhundert. Dies wie auch die Bedeutung
Preußens für die Entwicklung des deutschen Nationalstaates rechtfertigt
eine sich auf diese Entwicklungslinie beschränkende Betrachtung.

Die Entwicklung zum stehenden Heer setzte in Brandenburg ein unter
Markgraf Friedrich Wilhelm von Brandenburg (1640-1688), dem ‚Großen
Kurfürsten'. Dieser stellte unter Rückgriff auf niederländische und schwe-
dische Vorbilder die Pflichten und Rechte seiner Offiziere auf neue gesetzliche Grundlagen. Die Regierungszeit König Friedrich Wilhelm I. von
Preußen (1713-1740) verkörperte sodann einen ersten wirklichen Mark-
stein. Der ‚Soldatenkönig' unterschied eindeutig zwischen Ober- und Unteroffizier und sah in seinen Offizieren einen Stand *sui generis*, dessen
Dienst- und Standespflichten in gesonderten Vorschriften niedergelegt

*Domäne des
Adels*

*Stand sui
generis*

---

4. Gerhard Papke: Von der Miliz zum Stehenden Heer. Wehrwesen im Absolutismus
(= Handbuch zur deutschen Militärgeschichte 1648-1939, Bd. 1, Abschnitt 1), Mün-
chen 1979, S. 1-311, hier S. 184.
5. Rainer Wohlfeil: Die Beförderungsgrundsätze, in: Untersuchungen zur Geschichte des
Offizierkorps. Anciennität und Beförderung nach Leistung (= Beiträge zur Militär- und
Kriegsgeschichte, hg. vom MGFA, Bd. 4), Stuttgart 1962, S. 15-63, hier S. 20.

wurden.[6] Im *Reglement vor die Königl[ich] Preußische Infanterie* vom 1. März 1726 kommt das neue Leitbild des Offiziers am deutlichsten zum Ausdruck.[7]

Gehorsam und Ehre Bereits hier wird das über die kommenden zwei Jahrhunderte wirkende Spannungsverhältnis von Subordination und Standesehre deutlich. Und dieses bestimmte auch das Verhalten des Oberstleutnants von der Marwitz, als dieser sich im Siebenjährigen Kriege weigerte, dem Befehl seines Königs Friedrich II. zu folgen und ein sächsisches Schloß zu plündern. Er *„wählte Ungnade, wo Gehorsam nicht Ehre gebracht hätte"*. Der inhumane Befehl des ‚großen Königs', der sich selbst als *„erster Diener seines Staates"*, als aufgeklärter Herrscher also, verstand, war unvereinbar mit dem aus der ritterlichen Tradition überkommenen Ehrbegriff des Offiziers.

Edler Ehrgeiz Unter Friedrich II., dem Großen, (1740-1786) erfuhr der Ausbau des Offizierkorps zum ersten Stand im absolutistischen Staat seine Vollendung. Kennzeichnend für seine Regierungszeit war das ständige Bemühen um die Verbesserung der Qualität der Offiziere. So wurden einerseits die graduellen Unterschiede stärker hervorgehoben, andererseits die Anforderungen stärker differenziert und reglementiert. Im Mittelpunkt der Bemühungen Friedrichs um die Erziehung seiner Offiziere stand der Begriff der ‚Ambition'. Sie war es, die tüchtige Offiziere vor den anderen hervorhob, indem diese *„von edlem Ehrgeiz beseelt, danach streben, sich durch ihren Mut, ihre Fähigkeit und Klugheit in der Welt vorwärtszubringen, die stets lernbegierig, nur die Gelegenheit herbeiwünschen, sich aufzuklären und den Kreis ihrer Kenntnisse zu erweitern"*[8].

Mehr Bildung Die zitierten Worte Friedrichs II. entsprechen ganz dem Geist der Aufklärung. Man erkennt überdies an ihnen sehr deutlich, daß Aufklärung nicht nur auf die Mehrung von Bildung und damit die Beseitigung von Aberglauben (und z.T. auch von Religion!) gerichtet war, sondern nicht minder auf Verbesserung von Herrschaftstechnik. Der Wille des Königs war auf die Verbesserung des militärischen Bildungswesens gerichtet, es sollte ‚den Forderungen der Zeit', das heißt seinen machtpolitischen Ambitionen angepaßt werden. Freiheit des Geistes sowie der Ruf nach Toleranz (solange der preußische Staat nicht dabei in Gefahr geriet!) einerseits

---

6. S. hierzu die *Kriegsartikel der preußischen Armee vom 12. Juli 1713*, auszugsweise in: Grundzüge der dt. Militärgeschichte, Bd. 2, Freiburg i.Br. 1993, Dokument M 264b [S. 65f.]
7. Reglement vor die Königl. Preußische Infantrie von 1726. Faksimiledruck der Ausgabe 1726 mit einer Einleitung von Hans Bleckwenn (= Bibliotheca Rerum Militarum, Bd. IV), Osnabrück 1968.
8. So die Vorrede Friedrichs II. zum Auszug aus Quincys ‚Kriegsgeschichte Ludwigs XIV.', 5. Oktober 1771, in: Offiziere im Bild von Dokumenten aus drei Jahrhunderten (= Beiträge zur Militär- und Kriegsgeschichte, Bd. 6), Stuttgart 1964, Dok. Nr. 29 (S. 152f.) [im folgenden zitiert: Offiziere im Bild von Dokumenten]

und die strenge Forderung nach Disziplin wie auch Gehorsam als den obersten soldatischen Tugenden anderseits bildeten für den aufgeklärten Monarchen kein Paar des Gegensatzes.

Indem Friedrich II. die Uniform als ‚Rock des Königs' zum Ehrenkleid erhob und sich selbst als den ersten Offizier seines Heeres betrachtete, verdeutlichte er seine Auffassung von der gesellschaftlichen Einordnung des Offizierberufs als erstem Stand im Staate. Und so wie er sich gegenüber seinen Offizieren als *Primus inter pares* fühlte, so sollten diese sich begreifen *„als Repräsentanten und Vollstrecker des königlichen Willens[,] dem Gesamtwohl des Staates verpflichtet"*[9]. Nur daraus durften sie ihren gesellschaftlichen Rang beanspruchen. Neben der besonderen Beziehung zum Landes- und Kriegsherrn erhielt die Ausformung des *Esprit de corps* unter Friedrich II. eine besondere Bedeutung. In erster Linie auf das Regiment als den eigentlichen Lebenskreis des Offiziers bezogen, entwickelte sich der Korpsgeist zur *„geistigen Grundlage der absolutistischen Heeresorganisation"*[10]. Dieser Korpsgeist wirkte *„als eine Ausdrucksform ständisch-genossenschaftlichen Geistes"*[11] allen Veränderungen zum Trotz prägend bis in die Mitte dieses Jahrhunderts.

Noch besser als sein Vater wußte der intellektuell gebildete ‚Große König', daß ihm aus dem altständisch orientierten Adel Opposition erwachsen konnte. Es empfahl sich daher um so mehr, den Adel durch einen ‚besonderes' Dienstverhältnis, das militärische eben, einzubinden. Der König hielt unerschütterlich daran fest, daß nur aus dem Adel ‚brauchbare Offiziere' heranzubilden waren. Allerdings waren hervorragende militärische Leistungen für ihn Anlaß, um in Ausnahmefällen auch Bürgerliche zu Offizieren zu ernennen. Vor allem unter dem Zwang der großen personellen Verluste im Siebenjährigen Krieg (1756-1763) füllte er auf diese Weise die Lücken im Offizierkorps. Als 1786 Friedrich II. starb, gehörten etwa 90 Prozent der preußischen Offiziere dem Adel an, das bürgerliche Zehntel diente überwiegend bei den Husaren, der Artillerie und den Ingenieuren.

Unter den Nachfolgern Friedrichs II. bahnte sich die Krise des preußischen Offizierkorps an, die in der Niederlage von Jena und Auerstedt im Jahre 1806 gegen die napoleonischen Truppen ihren Kulminationspunkt fand. Napoleons Truppen verkörperten eine neue Dimension der Kriegführung. Sie bildeten ein Volksheer, hervorgegangen aus der *Levée en masse* der Französischen Revolution. Hatte es zu den Maximen der Kriegskunst des 18. Jahrhunderts gehört, den Gegner durch vorsichtiges Taktieren unter Vermeidung einer Entscheidungsschlacht auszumanövrieren, so mach-

Korpsgeist

In Ausnahme Bürgerliche

Volksheer

---

9. Siegfried Pelz: Die preußischen und reichsdeutschen Kriegsartikel. Historische Entwicklung und rechtliche Einordnung, Hamburg 1979, S. 109.
10. Reinhard Höhn: Revolution, Heer, Kriegsbild, Darmstadt 1944, S. 307ff. und S. 389ff. (zit. nach Wohlfeil - Anm. 5), S. 24.
11. Wohlfeil (Anm. 5), S. 24.

ten sich die Führer der Revolutionsheere und Napoleon eine ganz anders geartete Strategie zu eigen: die der Vernichtung des Feindes unter Inkaufnahme eigener Verluste. Voraussetzung dafür war ein sehr hohes Maß an Loyalität – nicht nur der Offiziere, sondern gerade auch der Mannschaften. Nur so konnten einfachere Kampfformen an die Stelle der Lineartaktik treten. Ihre Beweglichkeit erhielten die französischen Truppen nicht zuletzt durch ein rigoroses Requisitionssystem.

Veränderte Bedingungen   Um dieser militärischen Herausforderung und den damit verbundenen machtpolitischen Folgen mit Erfolg gegenübertreten zu können, bedurfte es nicht nur einer neuen Heeresorganisation auf der Grundlage der allgemeinen Wehrpflicht, sondern vor allem des Aufbaus einer den veränderten Bedingungen gerecht werdenden militärischen Führungsschicht. Der Exerziermeister des 18. Jahrhunderts hatte seine Berechtigung nun eigentlich verloren. Das 19. Jahrhundert, eingeläutet durch das Fanal der Französischen Revolution und der mit ihr verbundenen ganz neuartigen Mobilisierbarkeit von Volksheeren, wies auf den Offizier als *„den gebildeten Fachmann und soldatischen Führer, der durchdrungen war von der Idee des Bündnisses zwischen Regierung und Nation"*[12].

Offizier als Erzieher und Anführer   Und diesen neuen Offiziertypus zu schaffen, war vorrangiges Ziel der nach 1806 einsetzenden Arbeit an der Erneuerung des preußischen Heeres. Sie begann konkret mit der Einsetzung der Militär-Reorganisationskommission durch eine Kabinettsorder König Friedrich Wilhelms III. (1797-1840) vom 25. Juli 1807. Den Vorsitz führte Generalmajor von Scharnhorst; Oberstleutnant von Gneisenau und – seit Anfang 1808 – auch Major von Boyen gehörten zu ihren Mitgliedern. Die Kommission zeichnete verantwortlich für eine Reihe von Vorschriften, die einem Bruch mit den überkommenen Anschauungen gleichkamen. Mit der *Verordnung wegen der Militärstrafen* vom 3. August 1808 wurde die scharfe Trennung zwischen Offizieren und Mannschaften aufgegeben und dem Offizier die Aufgabe eines *„Erziehers und Anführers eines achtbaren Theils der Nation"*[13] zugewiesen. Mit der *Verordnung betreffend Bestrafung der Offiziere* ebenfalls vom 3. August 1808[14] wurde einem neuen Ehrbegriff Geltung verschafft, *„der den Humanitätsvorstellungen der Zeit entsprach"*[15]. Schließlich unternahm es Scharnhorst auch, einen neuen Leistungsbegriff

---

12. Rainer Wohlfeil: Vom Stehenden Heer des Absolutismus zur Allgemeinen Wehrpflicht, in: Handbuch zur deutschen Militärgeschichte (Anm. 4), Abschnitt II, S. 9-188, hier S. 137.
13. Manfred Messerschmidt: Einführung zu: Offiziere im Bild von Dokumenten, S. 11-104, hier S. 66.
14. Der Entwurf der Militär-Reorganisationskommission für die Verordnung über Bestrafung der Offiziere vom 8. Juni 1808 ist abgedruckt in: Offiziere im Bild von Dokumenten, Dok. Nr. 41 (169-171).
15. Messerschmidt (Anm. 13), S. 67.

einzuführen, dessen zwei Kriterien ‚akademische‘, d.h. wissenschaftliche Bildung, und militärische, d.h. ‚professionelle‘ Tüchtigkeit, gleichrangig nebeneinander standen. Man hat diese Vorstellungen von Leistung generalisierend unter dem Begriff des ‚Könnens‘ zusammengefaßt: eines *„auf Verantwortung, Charakter und Pflichtbewußtsein"* beruhenden und damit *„tief sittlich verankert[en] Könnens."*[16]

Das *Reglement über die Besetzung der Stellen der Portepéefähnriche und über die Wahl zum Offizier bei der Infanterie, Kavallerie und Artillerie* vom 6. August 1808[17] war Ausdruck dieser Zielvorstellungen. Der entscheidende Satz lautete: *„Einen Anspruch auf Offizierstellen sollen von nun an in Friedenszeiten nur Kenntnisse und Bildung gewähren, in Kriegszeiten ausgezeichnete Tapferkeit und Überblick. Aus der ganzen Nation können daher alle Individuen, die diese Eigenschaft besitzen, auf die höchsten Ehrenstellen im Militär Anspruch machen. Aller bisher stattgehabte Vorzug des Standes hört beim Militär ganz auf, und jeder hat gleiche Pflichten und gleiche Rechte."* — *Offizierstellen offen für jeden*

Im Hinblick auf die militärischen Notwendigkeiten, die den Offizier im Frieden und im Krieg als den beiden diametral entgegengesetzten Bereichen seiner beruflichen Bewährung betrafen, richteten die Reformer ihr Augenmerk jedoch nicht nur auf *„Kenntnisse und Wissenschaften"*. Vielmehr gehörten auch *„Geistesgegenwart, schneller Überblick, Pünktlichkeit und Ordnung im Dienst und anständiges Betragen"* zu den *„Haupteigenschaften, die jeder Offizier besitzen muß"*. Was Scharnhorst anstrebte, war der gebildete militärische Fachmann und Führer. Beide Qualifikationen hoben den Offizier über die Masse der Soldaten. Dieses Unterscheidungskriterium stellte sich für die Reformer um so dringlicher, da *„sich mit der Einführung der allgemeinen Wehrpflicht die Unterschiede zwischen dem Soldaten und dem Bürger verwischten"* und von daher *„der Offizier nicht nur einer soldatischen, sondern auch einer allgemein bürgerlichen Elite angehörte"*[18] mußte. — *Neue Tugenden*

Mit ihren Vorstellungen und Maßnahmen stellten die Reformer den Beruf des Offiziers auf ein neues Fundament. Sie trugen auf diese Weise erheblich bei zu den militärischen Erfolgen und Leistungen in den Befreiungskriegen gegen Napoleon. Doch als geradezu gesellschaftssprengend mußte sich die Einführung des Leistungsprinzips auswirken. Denn die An- — *Leistungsprinzip*

---

16. Wohlfeil (Anm. 5), S. 45.
17. Reglement Friedrich Wilhelms III. über die Besetzung der Stellen der Portepee-Fähnriche und über die Wahl zum Offizier bei der Infanterie, Kavallerie und Artillerie. 6. August 1808, in: Offiziere im Bild von Dokumenten, Dok. Nr. 42 (171-173); gekürzt auch in: Grundzüge der dt. Militärgeschichte, Bd. 2, Freiburg i.Br. 1993, Dokument M 351 [S. 97f.]
18. Gerhard Papke: Offizierkorps und Ancienität, in: Untersuchungen zur Geschichte des Offizierkorps (Anm. 5), 177-206, hier S. 194f.

wendung des Leistungsprinzips zog – konsequent zu Ende gedacht – zwangsläufig neue Voraussetzungen für das Avancement nach sich: Das Kriterium ‚Bildung‘ begünstigte eindeutig die in den Städten aufgewachsenen bürgerlichen Offizieranwärter. Sie konnten die regulären Schulen besuchen. Die Adelsfamilien hingegen waren vielfach auf Hauslehrer angewiesen oder ließen ihre Söhne in Kadettenanstalten auf die Fähnrichsprüfung (als Ersatz für das Abitur!) vorbereiten. Fortan war nur derjenige zum Fähnrichsexamen zugelassen, der das 17. Lebensjahr vollendet und zuvor mindestens drei Monate als einfacher Soldat gedient hatte. So war sichergestellt, daß es keine Vorgesetzten im Kindesalter mehr geben würde. Länger Gedienten und Unteroffizieren stand der Zugang zur Offizierlaufbahn gleichermaßen offen. Sie mußten die Prüfungsanforderungen erfüllen, ein tadelfreies Führungszeugnis ihres Kompaniechefs und der Offiziere der Kompanie vorlegen. Die Offiziere eines Regiments wurden durch Wahl bestimmt. Die Kooptation erfolgte dabei nach folgendem Schema: Sobald eine Offizierstelle nachzubesetzen war, wählten die Leutnante des zuständigen Regiments aus den Reihen der Portepeefähnriche die besten drei heraus. Sie unterzogen sich sodann in Berlin der Prüfung einer Kommission. Im Falle des Bestehens schlugen die Hauptleute den Stabsoffizieren des Regiments den nach ihrer Auffassung würdigsten Kandidaten zur Beförderung vor.

Restauration Ob dadurch der bisherige teilweise durchaus leistungsrelativierende Beförderungsgrundsatz der Ancienität kaum mehr aufrecht erhalten bleiben konnte, muß dahingestellt bleiben. Die Kooptation konnte jedenfalls nur dann im Sinne der Reformer wirken, wenn diejenigen, die auswählten, auch tatsächlich von reformerischem Geist beseelt waren. Entscheidend für die geschichtliche Entwicklung des Offizierberufes wirkte, daß – kaum war Napoleon I. besiegt – die konsequente Verwirklichung der Ideen der preußischen (Militär-)Reformer durch die nun einsetzende Restauration gehemmt wurde. Langfristig aufhalten allerdings ließ sich die durch die Reformer losgetretene Entwicklung nicht mehr; erst recht dann nicht, als im Gefolge der industriellen Revolution die Kriegführung eine neue gesellschaftliche und technologische Dimension gewann.

Ein wesentliches Strukturmerkmal der preußisch-deutschen Militärgeschichte des 19. Jahrhunderts zeigt sich in der ausbleibenden Verschränkung des Wehrwesens mit der politischen, gesellschaftlichen und geistigen Entwicklung der deutschen Nation. Die Einstellung des preußischen Offizierkorps zum bürgerlichen Bildungsbegriff blieb ungelöst – und dies angesichts der Tatsache, daß das preußische Offizierkorps des Jahres 1813 den bis dahin und im Grunde bis 1945 höchsten Bildungsgrad aufwies! Zwei Ebenen spielen dabei eine Rolle: (1) die Spannung zwischen Bildung und militärischer Fachausbildung und (2) die Vermengung von Bildung und Gesinnung, also der politischen Haltung des Offiziers.[19]

20

Unzweifelhaft führte der Abschied der Reformer sehr schnell zu einem Bewußtseinswandel bei vielen jüngeren Offizieren. Das Bild vom aufgeklärten Bürgersoldaten wurde abgelöst von der Vorstellung des Militärs als besonderem Stand mit einem fern der bürgerlichen Gesellschaft ausgeübten Handwerk. Und so erwies sich in der Revolution von 1848/49 das Militär – abgesehen von Baden und zu einem geringen Teil auch dem Rheinland – als zuverlässiger Garant der ‚alten Ordnung‘. Die preußische Armee ging aus der Revolution als eindeutiger Sieger hervor. Sie sah sich mehr denn je als außen- *und* innenpolitischer Ordnungsfaktor. Ihr Wert als Instrument der Außenpolitik war freilich relativ. Die Ursache hierfür bildeten Strukturmängel, die aus dem seit 1815 bestehenden Gegensatz von Linie/Landwehr herrührten und am augenfälligsten bei der Aushebung von Wehrpflichtigen zutage traten.[20]

Bildung und Gesinnung

Aus rein militärtechnischen Erwägungen war die Militärreorganisation, die mit der Gesetzesvorlage vom Februar 1860 ihren Ausgang nahm, dringend geboten. Sie zielte darauf, die Aushebungsquote von 40.000 auf 63.000 Mann anzuheben, die regulären Streitkräfte nahezu zu verdoppeln und eine dreijährige Dienstzeit einzuführen. Die Linie erfuhr mit 39 neuen Infanterie- und 10 neuen Kavallerieregimentern eine erhebliche Verstärkung auf Kosten der Landwehr, der im Kriegsfall nur noch die Funktion einer Reserve für defensive Zwecke zukam.

Militärreorganisation

Die Neuordnung des Militärs hatte eine eminent politische Dimension. Erstens verschwand das noch vom Geist der Befreiungskriege beseelte alte Landwehroffizierkorps. Es wurde in den kommenden Jahrzehnten abgelöst durch den neuen Typus des Reserveoffiziers, dessen Prägung durch den Dienst in der Linienarmee erfolgte. Zweitens konnte sich das Militär als gesellschaftlicher Sonderstand bestärkt fühlen. Denn eine unmittelbare Folge der massiven Heeresvermehrung bildete die Vergrößerung des Offizierkorps. Die Beförderungsaussichten verbesserten sich, die Armee erhielt Zulauf. An sich hätte dies für die inzwischen wieder erstarkende Nationalstaatsbewegung ein positives Element bedeutet. Der Konflikt zwischen Armee und liberalem Bürgertum rührte jedoch daher, daß das Parlament die mit der Aufrüstung und der Strukturreform verbundenen Ausgaben ohne Mitspracherecht nicht hinzunehmen bereit war. Die Landwehr galt der liberalen Mehrheit als Symbol der demokratischen Erhebung gegen die napoleonische Fremdherrschaft. In der Tat wurden mit der Reform ja die liberalen Züge jener Heeresordnung aufgehoben, die der preußische Reformer Generalfeldmarschall Hermann von Boyen als Kriegsminister in

Liberales Element verschwindet

19. Hierzu s. Papke (Anm. 18), S. 194.
20. Seit 1815 war die Stärke der Linientruppen in etwa gleich geblieben, wohingegen sich die Zahl der wehrfähigen Männer massiv erhöht hatte. Dies hatte zur Folge, daß der Anteil der wirklich Ausgehobenen drastisch absank und sich damit in direkter Weise auf die Altersstruktur der Landwehr negativ auswirkte.

den Wehrgesetzen vom 3. September 1814 und vom 21. November 1815 mit der Allgemeinen Wehrpflicht und der Einführung der Landwehr und des Landsturms verankert hatte. Drittens vereitelte der Ausgang des preußischen Heeres- und Verfassungskonfliktes die Entstehung eines demokratisch orientierten deutschen Nationalstaates, notwendig geprägt durch eine Armee unter Parlamentskontrolle und ein Offizierkorps von freiheitlicher Gesinnung ohne Standesdünkel.

Nationaler Überschwang

Der Machtstaat siegte: Nach dreimaliger Ablehnung des Militärbudgets durch beide Kammern des preußischen Parlaments regierte der preußische Ministerpräsident Otto v. Bismarck auf Grund eines verfassungsrechtlichen Tricks ohne Etat. Die beiden Siege im Krieg gegen Dänemark (1864) und gegen Österreich (1866) führten dazu, daß das Parlament Bismarcks verfassungswidriges Verhalten schließlich nachträglich legalisierte, um alsdann in Form eines siebenjähriger Bewilligungszeitraumes (Septennat) auf sein Budgetrecht gleichsam zu verzichten. Der erfolgreiche Krieg gegen Frankreich 1870/71 machte die weitere Diskussion um das Budgetrecht des Reichstages vorerst vollends ‚überflüssig'. Denn das Volk war im nationalen Überschwang zu den Waffen geeilt, die Siege in den ‚Einigungskriegen' wurden jedoch errungen durch die preußische Armee: straff diszipliniert, innerlich geschlossen durch das Bewußtsein, eine ‚Leibgarde' der Monarchie zu verkörpern, und geführt durch ein überwiegend adliges Offizierkorps.

Monarchisches Machtinstrument

Die Armee erhielt eine gefestigte Sonderstellung als alleiniges monarchisches Machtinstrument. Sie wurde nach der geglückten Reichsgründung gerade im liberalen Bürgertum als freiwillig akzeptiertes *„Erziehungsinstitut des Volkes"*[21] geschätzt, dem man als Reserveoffizier angehören mußte, wollte man gesellschaftliche Reputation genießen. Im deutschen Kaiserreich fand zweifellos eine soziale Umschichtung zugunsten der bürgerlichen Anteile im Offizierkorps statt: zwischen 1860 und 1913 stieg der Anteil der Bürgerlichen im preußischen Offizierkorps von insgesamt 35 auf 70%, parallel dazu stieg auch der Anteil der Neupreußen gegenüber den ostelbischen Altpreußen. Doch es war lediglich ein Umbruch, der sich auf die soziale Herkunft, *nicht aber* auf den Geist bezog: Die Bedeutung des Adels blieb darin bestehen, *„daß seine schichtenspezifischen Codices unabhängig von dem quantitativen Verlust weiter im Militär wirkten"*[22].

Adel der Gesinnung

Einen markanten Beleg für diese Entwicklung bilden folgende Sätze des Erlasses Kaiser Wilhelms II. (1888-1918) über die Ergänzung des Offizierkorps anläßlich der Vergrößerung der Armee vom 29. März

---

21. Grundzüge der deutschen Militärgeschichte, Bd. 1, S. 153.
22. Detlef Bald: Vom Kaiserheer zur Bundeswehr. Sozial-Struktur des Militärs: Politik der Rekrutierung von Offizieren und Unteroffizieren (= Europ. Hochschulschriften, Reihe XXXI, Bd. 28), Frankfurt/M. u.a. 1981, S. 7.

1890[23]: „*Der gesteigerte Bildungsgrad unseres Volkes bietet die Möglichkeit, die Kreise zu erweitern, welche für die Ergänzung des Offizierkorps in Betracht kommen. Nicht der Adel der Geburt allein kann heutzutage wie vordem das Vorrecht für sich in Anspruch nehmen, der Armee ihre Offiziere zu stellen. Aber der Adel der Gesinnung, der das Offizierkorps zu allen Zeiten beseelt hat, soll und muß demselben unverändert erhalten bleiben. Und das ist nur möglich, wenn die Offizieraspiranten aus solchen Kreisen genommen werden, in denen dieser Adel der Gesinnung vorhanden ist. Neben den Sprossen der adligen Geschlechter des Landes, neben den Söhnen Meiner braven Offiziere und Beamten, die nach alter Tradition die Grundpfeiler des Offizierkorps bilden, erblicke Ich die Träger der Zukunft Meiner Armee auch in den Söhnen solcher ehrenwerten bürgerlichen Häuser, in denen die Liebe zu König und Vaterland, ein warmes Herz für den Soldatenstand und christliche Gesittung gepflegt und anerzogen werden...*“.

Der jüdische Bevölkerungsanteil hatte unter diesen Umständen keine Chance auf den Offizierberuf[24], und in Abschwächung gilt dies auch für die Segmente der Gesellschaft, die Bismarck als Reichsfeinde gebrandmarkt hatte: Katholiken, Sozialisten und schließlich Liberale, die nicht dem Gedanken des Machtstaates huldigen wollten. Das verstärkte Hineinwachsen des Bürgertums in das Offizierkorps führte zu keiner Beeinträchtigung seiner Homogenität, weil es eben vorwiegend die bürgerliche Oberschicht war, die in die Führungspositionen drängte. Zu den ‚erwünschten‘ Kreisen zählten die Söhne von höheren Beamten und Akademikern, bürgerlichen Gutsbesitzern und Offizieren. Geringere Chancen hatten die Söhne von selbständigen Kaufleuten und Unternehmern. Diese Differenzierung galt nicht minder für das seit den achtziger Jahren im Aufbau befindliche Reserveoffizierkorps.[25] Hinsichtlich der Ausbildung entsprach vollauf der Formel vom „*Adel der Gesinnung*“, daß für den Offizierberuf neben den geforderten formalen Qualifikationsmerkmalen (zu denen seit 1900 auch generell das Abitur gehörte) vor allem Charaktereigenschaften für ausschlaggebend angesehen wurden[26]. Die Ausbildung war daher ge-

Keine Reichsfeinde im Offizierkorps

---

23. Erlaß Wilhelms II. über die Ergänzung des Offizierkorps anläßlich der Vergrößerung der Armee. 29. März 1890, in: Offiziere im Bild von Dokumenten, Dok. Nr. 59, S. 197.
24. Ausführlich Manfred Messerschmidt: Juden im preußisch-deutschen Heer, in: Deutsche jüdische Soldaten. Von der Epoche der Emanzipation bis zum Zeitalter der Weltkriege, hg. vom MGFA, Potsdam 1996, S. 39-62.
25. Ausführlich zur Entwicklung im 19. Jhdt. s. Manfred Messerschmidt: Die preußische Armee, in: Handbuch zur deutschen Militärgeschichte (Anm. 4), Bd. 2, Abschnitt IV, 1. Teil, S. 9-380 und Abschnitt IV, 2. Teil, S. 10-225.
26. Zur Entwicklung unter Kaiser Wilhelm II. s. Wilhelm Deist: Zur Geschichte des preußischen Offizierkorps 1888-1918, in: Das deutsche Offizierkorps 1860-1960, hg. in Verb. mit dem MGFA von Hanns Hubert Hofmann (= Büdinger Vorträge 1977. Deutsche Führungsschichten in der Neuzeit, Bd. 11), Boppard a. Rh. 1980, S. 39-57.

prägt von einer *„starke[n] Voranstellung des Erziehungs- und Willens-moments im Verein mit dem reinen Fachunterricht"*[27].

Feine Unterschiede   Eine gesellschaftliche Differenzierung des Führungspersonals der preu-ßischen Armee ergab sich freilich auf anderen Ebenen. Erstens gab es eine Rangordnung der Waffengattungen: Kavallerie, Infanterie, Artillerie (be-ritten oder zu Fuß), Pioniere und Train, Nachschub. Zweitens wurden Re-gimenter nach Vornehmheit und Alter unterschieden; an der Spitze standen die der Garde. Drittens kam Garnisonsorten ein unterschiedliches Prestige zu; am Ende standen hier die abgelegenen Provinzorte. In den jeweiligen Spitzen blieb der Anteil des Adels weit überdurchschnittlich. Der Dienst in der Garde war eine Exklusivangelegenheit des Adels. Bürgerliche domi-nierten am Ende der jeweiligen Reihung. Für die höheren Offizier-positionen galt im Prinzip dasselbe: 1913 waren, bedingt durch die langen Beförderungszeiten und die Personalpolitik des ‚Militärkabinetts‘, nur 48% aller Obersten und Generale bürgerlich. Bürgerliche hatten im Grun-de nur dann eine Chance auf militärische Spitzenstellungen, wenn sie die Generalstabsausbildung erfolgreich durchliefen.

Enge Welt   Vielleicht noch wichtiger wirkte der Mechanismus der Eingangsaus-wahl: Für die Zulassung als Fahnenjunker waren nicht so sehr Prüfungen und Prüfungskommissionen ausschlaggebend, sondern Beurteilung und Vorschlag des Regiments- oder Bataillonskommandeurs. Die oben be-schriebene Kooptation wirkte nun definitiv als Filter. Wer kooptiert wor-den war, aber den Ritualen nicht folgte, wurde nachdrücklich ausgegrenzt. Ein Duell auszuschlagen, bedeutete noch immer ‚beruflichen Selbstmord‘ zu begehen. Man heiratete ‚standesgemäß‘ und stand im übrigen den Her-ausforderungen der Moderne, sofern sie sich auf das Wirtschaftsleben, die soziale Veränderung der Gesellschaft infolge der Industrialisierung und den damit verbundenen Wandel der Mentalitäten bezogen, sehr distanziert gegenüber. Offizier zu sein, hieß trotz Glanz und Gloria, letztlich in einer engen Welt zu leben – und dies nicht nur wegen geringer finanzieller Mit-tel.

Neuer Faktor Technik   Der Faktor ‚Technik‘ kam erst richtig zur Geltung im Kriegsgeschehen der Jahre 1914 bis 1918. Dieser moderne, gesellschaftlich ‚totale‘ Krieg übertraf in seiner Dimension auf allen Ebenen die Kriege des 19. Jahrhun-derts. Die Truppenteile und Waffengattungen, die sich in Friedenszeiten ei-nes hohen Prestiges erfreuten, erwiesen sich als unzureichend im Sinne ei-ner effizienten Kriegführung. Der nun eintretende grundlegende Funk-tionswandel des Offizierkorps wird am offenkundigsten im Typ des Front-offiziers und des Generalstabsoffiziers, die sich beide gegenüber dem Durchschnittsoffizier des Friedensheeres abhoben. Darüber hinaus ver-

---

27. Karl Demeter: Das Deutsche Offizierkorps in Gesellschaft und Staat 1650-1945. Ge-kürzte Sonderausgabe der 3. Auflage Frankfurt/M. 1963, S. 89.

wischte sich im Laufe des Krieges die Unterscheidung zwischen dem Reserveoffizier und dem einstmals aktiven Offizier. Der Krieg wirkte auf der einen Seite kollektivierend, indem der Faktor ‚Mensch' dem Faktor ‚Technik' untergeordnet wurde. Auf der anderen Seite wirkte er genau gegenteilig: *„Der moderne Volkskrieg individualisierte den Offizier in einem ungeahnten Maße. Persönlichkeitswert und fachliche Fähigkeiten bestimmten die Verwendung des einzelnen, nicht die als selbstverständlich vorausgesetzte offiziermäßige Haltung.*"[28] Die Fähigkeit des Offiziers zur soldatischen Führung in einem Kriege, dessen Erscheinungsform durch den Einsatz moderner Kriegstechnik in bisher nie gekanntem Ausmaße geprägt war, bedurfte einer wesentlich erweiterten Grundlage, als sie bisher im Frieden gelegt worden war.

Dieser Lernprozeß erfolgte zu spät, und als er erfolgte, geschah dies unter dem Vorzeichen der innerlich nicht anerkannten Niederlage Deutschlands im Ersten Weltkrieg. Von nachhaltiger Auswirkung für das Selbstverständnis des Offizierberufes nach der Niederlage des Deutschen Reiches im Ersten Weltkrieg waren die Ablösung der Monarchie durch die parlamentarische Demokratie der ‚Weimarer Republik' und die nach den Bestimmungen des Versailler Vertrages vorzunehmende drastische Reduzierung des Umfanges des Offizierkorps. Der Sturz der Monarchie bedeutete für das Offizierkorps *„den Verlust des ‚Königschildes'!",* d.h. des *„Bezugspunkt[es] seiner politischen Loyalität"* und zugleich auch der *„Basis seiner gesellschaftlichen Selbsteinschätzung als der dem Throne am nächsten stehende Berufsstand, der durch ‚des Königs Rock' von allen anderen abgehoben war"*[29].

In der durch die Alliierten im Versailler Friedensvertrag von 1919 verfügten Reduzierung sah die Führung des neuen Reichsheeres allerdings auch – aus der Not eine Tugend machend – die Möglichkeit, durch Anwendung entsprechender Auswahlkriterien ein gut qualifiziertes Offizierkorps zu schaffen. So forderten die Generale Groener und Seeckt: *„Bei Beurteilung ist der Hauptwert auf Charakter und Gesinnung, auf militärisches Können, weniger auf Wissen, zuletzt auf die wirtschaftliche Lage zu legen. (...) Die Fähigkeit und das Verständnis in der Behandlung Untergebener ist zu berücksichtigen.*"[30] Als nachhaltiger Befürworter eines höheren Bildungsstandes im Offizierkorps erwies sich Seeckt, der konstatierte: *„Die Höhe der geistigen Ausbildung des Offiziers wird für den Wert des Heeres*

Folgen der Niederlage

Charakter Gesinnung Können

---

28. Papke (Anm. 18), S. 197.
29. Heinz Hürten: Das Offizierkorps des Reichsheeres, in: Das deutsche Offizierkorps 1860-1960, S. 231-245, hier S. 239.
30. Schreiben des Ersten Generalquartiermeisters, Generalleutnant Groener, Nr. 3241 vom 26. März 1919 an den preußischen Kriegsminister, Oberst Reinhardt. Bundesarchiv-Militärarchiv [BA-MA], N 46/130. Masch. Abschrift. zit. bei Hürten, Offizierkorps des Reichsheeres, S. 234.

bestimmend sein. "[31] Demzufolge wurde das Abitur zur unabdingbaren Voraussetzung für die Offizierlaufbahn. Konsequenterweise erhielten nun auch Unteroffiziere die Chance einer Übernahme als Offizier. Auf diese Weise sollte das auf 100.000 Mann beschränkte Heer zu einem äußerst effizienten Machtinstrument umstrukturiert werden. Das Reichsheer war konzipiert als ‚Führerheer'. Es bildete den Kern einer großen, im Konfliktfall aus den Angehörigen der Wehrverbände zu mobilisierenden Streitmacht. Geführt wurde es von einem Eliteoffizierkorps mit einem Anforderungsprofil, welches bei jedem Soldaten die Befähigung für die nächst höhere als die regulär bekleidete Dienststellung voraussetzte.

Keine Weimarer Offiziere Nicht zuletzt aufgrund der Erfahrungen im Kapp-Lüttwitz-Putsch, als eine Situation entstanden war, wo ‚Reichswehr auf Reichswehr' zu schießen drohte, hielt insbesondere Generaloberst Hans von Seeckt, der als Chef der Heeresleitung von 1920 bis 1926 den Geist des Reichsheeres der Reichswehr nachhaltig prägte, am Bild eines fest in den überkommenen Wertvorstellungen und den preußischen Erziehungszielen verankerten Offiziers fest. Von daher ist das Urteil, *„die Forschung kennt ein wilhelminisches Offizierkorps und ‚Hitlers Generale', Weimarer Offiziere gibt es nicht"*[32] nicht ganz abwegig. Der Weimarer Republik war freilich mit knapp 14 Jahren Dauer eine zu kurze Existenz beschieden, um prägend wirken zu können.

Neuer Nationalismus Seeckt war fasziniert vom Generalstabsoffizier der preußischen Armee. Er hielt aber noch aus einem anderen Grund ganz bewußt an Formen und idealisiertem Wesen der alten Armee fest: Es galt zu verhindern, daß das Militär in den Strudeln der (Partei-) Politik unterging. Tatsächlich bestand, wie sich im Ulmer Reichswehrprozeß 1930 zeigte, bei manchem der jüngeren Reichswehroffiziere die Gefahr, dem ‚neuen Nationalismus' eines Adolf Hitler zu erliegen. Die revisionspolitische Radikalität des Nationalsozialismus mußte gerade dort wirken, wo Karrierechancen aufgrund extrem langer Stehzeiten im Dienstgrad verbaut schienen.

Keine Integration Seeckts Einstellung war gleichermaßen auch Ausdruck einer inneren Distanzierung von der neuen Staatsform. Sie führte dazu, daß die Demokratie von Weimar dem überwiegenden Teil des Offizierkorps des Reichsheeres ein Fremdkörper blieb, mit dem eine wirkliche Identifikation nicht möglich schien. Auf der anderen Seite zeigte sich bereits in der Revolution von 1918/19, daß die erste deutsche Republik unfähig war, das Militär als (neben der preußischen Polizei) letztlich entscheidenden innenpolitischen Machtfaktor zu integrieren, wirkliche parlamentarische Kontrolle gerade

---

31. Befehl des Chefs des Truppenamtes Nr. 127/11.19.T.4 vom 5.11.1919, abgedruckt in: Offiziere im Bild von Dokumenten, S. 222f.
32. Hürten, Offizierkorps des Reichsheeres, S. 231.

im Bereich der Personalauswahl der Offiziere auszuüben und die Rolle der Reichswehr als Träger einer Nebenaußenpolitik aufzuheben.[33]

Die eigentliche Sinngebung für den Dienst als Offizier bildete nicht die Treueverpflichtung gegenüber der konkreten republikanischen Verfassung, sondern gegenüber dem Abstraktum ‚Staat‘, welcher sich im Vaterlandsgedanken offenbarte. In diesem Sinne hatten die Waffenschulen bei der Ausbildung der Offizieranwärter *„die Grundlage für den einheitlichen Geist des Offizierkorps"* zu schaffen und *„als Pflegestätten vaterländischen Geistes in den Herzen ihrer Zöglinge aus der Liebe zu Vaterland und Volk opferbereite Hingabe an den Beruf und unbeirrbare Pflichttreue"*[34] zu entwickeln. Mit der konsequenten Durchsetzung ihrer Erziehungsziele gelang es der Reichswehrführung, wenigstens in den Zwanziger Jahren ein in seinen Einstellungen doch homogenes Offizierkorps aufzubauen, welches sich allen politischen Erschütterungen zum Trotz *„als eine sozial stabil gebliebene Größe"*[35] erwies.

Vaterländischer Geist

Eine stabile innenpolitische Größe war das Reichsheer letztlich nicht, wie sich in der Endphase der Weimarer Republik zeigte. Die Reichswehrführung war wesentlich am Sturz des Kabinetts Hermann Müller, der letzten mit parlamentarischer Legitimation versehenen Regierung der Weimarer Republik, beteiligt (März 1930)[36]. Die nachfolgenden Präsidialkabinette konnten an einem General von Schleicher nicht ‚vorbeiregieren‘, wollten sie nicht der Autorität des Reichspräsidenten verlustig gehen. Doch trotzdem war die Reichswehrführung nach Kräften bestrebt, das Heer nicht zur Bekämpfung der bürgerkriegsähnlichen Unruhen einzusetzen. Es bedeutete kein Zeichen der Stärke, wenn es im Erlaß des Reichswehrministers Groener vom 22. Januar 1930 hieß: *„Es ist die heilige Aufgabe der Wehrmacht, zu verhindern, daß sich der Riß zwischen Klassen und Parteien je zum selbstmörderischen Bürgerkrieg erweitert. In allen Notzeiten eines Volkes gibt es einen unerschütterlichen Felsen im stürmischen Meer: die Staatsidee. Die Wehrmacht ist ihr notwendiger und sinnfälligster Ausdruck. Sie hat kein anderes Interesse und keine andere Aufgabe als nur den Dienst am Staate. Darin liegt der Stolz des Soldaten und die beste Tradition aus alter Zeit. (...) Nur einer starken Reichsgewalt*

Die Staatsidee

33. Manfred Zeidler: Reichswehr und Rote Armee 1920-1933. Wege und Stationen einer ungewöhnlichen Zusammenarbeit, München 1993.

34. Auszug aus den dienstlichen Anordnungen des Reichswehrministeriums – Chef der Heeresleitung, für die Übergangslehrgänge auf den Waffenschulen, 24. April 1920, in: Offiziere im Bild von Dokumenten, Dok. Nr. 75 (S. 223-224, hier S. 223)

35. Hürten, Offizierkorps des Reichsheeres, S. 242.

36. Ausführlich hierzu Karl Dietrich Bracher: Die Auflösung der Weimarer Republik. 4. Auflage, Villingen 1964, S. 229ff. u. 296ff.; Hans Mommsen: Die verspielte Freiheit. Der Weg der Republik von Weimar in den Untergang 1918-1933, Berlin 1989, S. 226ff. u. 275ff.

wird es gelingen, Deutschlands Geschicke in der Zukunft zu meistern. In der einigen, geschlossenen, überparteilichen Reichswehr findet das Reich sein schärfstes und vornehmstes Machtmittel. In sich muß die Wehrmacht zusammengeschmiedet sein durch Gehorsam und Vertrauen. Dem Soldaten verkörpern die Vorgesetzten den Staat. Wer nicht auf diese, sondern auf radikale Schreier, gleichgültig wo sie stehen, blickt, ist ein Schädling; er wird in der Stunde der Entscheidung versagen. Für die Angehörigen einer Wehrmacht, ob hoch oder nieder, gibt es nur einen Gehorsam, den bedingungslosen."[37]

Ende der Geschlossenheit

Die Worte Groeners weisen bereits auf den verhängnisvollen Lauf, den die Geschichte der bewaffneten Macht mit dem Jahr 1933 einschlagen sollte. Wie würde sich das Militär, orientiert am Prinzip des *„bedingungslosen Gehorsams"* verhalten, sobald die *„radikalen Schreier"* den Staat repräsentierten? Spätestens mit der ‚Machtergreifung' Hitlers im Jahre 1933 begann sich die Geschlossenheit des bis dahin vermeintlich politikabstinenten Offizierkorps lockern. Mithin trifft auch auf das Militär das Urteil des Historikers Thomas Nipperdey zu, für den sich der Erfolg des Nationalsozialismus mit dem Begriff *„Omnibusstruktur"* kurz und bündig erschloß: *„aus der Tatsache, daß er eine Reihe von Kontinuitäten miteinander verband und jedem die seine versprach"*.[38]

Schuld und Scham

Die Geschichte der bewaffneten Macht im NS-Staat zählt zu den umstrittensten Themen der deutschen Militärgeschichte.[39] Festzuhalten ist, daß die Geschichte der Wehrmacht untrennbar verbunden ist mit der Frage nach der Verantwortung und der Schuld, aber auch der Scham über das, was zwischen 1933 und 1945 geschah. Sie bildet deshalb eine Herausforderung für jeden Historiker.

Einig in den Zielen

Zwischen den Militärs und den Nationalsozialisten gab es Gegensätze und zugleich eine Teilidentität in den außen- und gesellschaftspolitischen Zielsetzungen:[40] Von der Machtübernahme der Nationalsozialisten erhoffte die Reichswehr: (1) die Revision des Vertrages von Versailles und Wiedererlangung der ‚Großmachtstellung' des Deutschen Reiches, (2) die Errichtung einer autoritären Staatsform verbunden mit der Durchsetzung von in-

37. Erlaß des Reichswehrminister Groener an die Reichswehr vom 22. Januar 1930, abgedruckt in: Grundzüge der dt. Militärgeschichte, Bd. 2, Freiburg i.Br. 1993, Dok. Nr. M 638 (272-274).
38. Thomas Nipperdey: 1933 und die Kontinuität der deutschen Geschichte, in: ders.: Nachdenken über die deutsche Geschichte, München 1986, 196f.
39. Einen umfassenden Forschungsüberblick gibt das jüngst erschienene Werk von Rolf-Dieter Müller/Hans-Erich Volkmann (Hg.): Die Wehrmacht. Mythos und Realität, München 1999.
40. Manfred Messerschmidt: Die Wehrmacht im NS-Staat. Zeit der Indoktrination, Hamburg 1969; Klaus-Jürgen Müller: Das Heer und Hitler. Armee und nationalsozialistisches Regime 1933-1940, Stuttgart ²1988.

nerer Ordnung und Stabilität, (3) die politische Mitverantwortung und Mitsprache des Militärs als politisch-soziale Funktionselite sowie (4) die Integration der Massen durch Verfolgung ‚nationaler‘ Ziele und ‚Wehrhaftmachung‘ des gesamten Volkes mit Hilfe des Gedankens der ‚Volksgemeinschaft‘.

Dies alles stand unter der Prämisse, das Militär werde letztlich wie bislang als ‚Königsmacher‘ fungieren, seine soziale Exklusivität in gesellschaftlicher Achtung behalten und die Nationalsozialisten als politisches Instrument gebrauchen können. Bewußt ermöglichte die Reichswehrführung die Etablierung der nationalsozialistischen Herrschaft – in völliger Verkennung der Tatsache, sich bei der Beseitigung von Demokratie und Parlamentarismus mit einem ‚Partner‘ eingelassen zu haben, der sich rigoros an die Eroberung des Staates machte, die Gesellschaft ‚gleichschaltete‘ und nicht zuletzt dank des Charismas Hitlers im Begriffe war, eine für Deutschland völlig neuartige Form der totalitären Diktatur zu errichten. Es trat die paradoxe Entwicklung ein, daß das Militär an Prestige, Waffen und Personal gewann und dabei gleichzeitig immer machtloser wurde. *Militär immer machtloser*

Seine Geschlossenheit und damit auch seine Zuverlässigkeit als eigenständiger Machtfaktor gingen (1) ideell verloren mit der bereits 1933 erfolgten selektiven Aufnahme der nationalsozialistischen Ideologie durch die Reichswehrführung, (2) materiell verloren mit dem 1934 einsetzenden Aufbau einer gegenüber dem 100.000-Mann-Heer um ein vielfaches vergrößerten Wehrmacht. Von 1933 bis 1939 erlebte das Heer eine Verzehnfachung seiner zahlenmäßigen Stärke: *„Die Armee wandelte sich von einem Segment der Gesellschaft oder sogar einem Fremdkörper in der Gesellschaft zu einem Abbild der deutschen Gesellschaft, und die gleiche Dominanz, die Hitler in der Bevölkerung Deutschlands erreichte, erreichte er nun in der Wehrmacht und damit über die Wehrmacht.“*[41] *Dominanz über die Wehrmacht*

Die Entwicklung zu einem freilich nur von der Sozialstruktur her pluralistisch-offenen Offizierkorps wurde beschleunigt durch die zur Deckung des großen Offizierbedarfs eintretende *„soziale Veränderung, ‚von unten‘“*[42.] Zahlreiche ehemalige Offiziere und Reserveoffiziere wurden im Zuge der Etablierung eines ‚Ergänzungsoffizierkorps‘ (1933/35 bis 1938) reaktiviert, eine große Zahl gutqualifizierter Berufsunteroffiziere der ehemaligen Reichswehr spätestens mit Einführung der allgemeinen Wehrpflicht (1935) zu Offizieren befördert. Hinzu kamen 1935/36 die Überführung von 2.500 Polizeioffizieren aus den Landespolizeieinheiten in die Wehrmacht sowie die Eingliederung von etwa 1.600 österreichischen Offi- *Soziale Veränderung*

---

41. Hermann Graml: Die Wehrmacht im Dritten Reich, in: Vierteljahrshefte für Zeitgeschichte [VfZ] 45 (1997), S. 370.
42. Bald, Vom Kaiserheer zur Bundeswehr, S. 26.

zieren im März/April 1938. Maßgeblich für die Übernahme all dieser Personenkreise waren *„Charakter, geistige Auffassungsgabe, Führerbegabung und körperliche Leistungsfähigkeit"*[43]. Die Kriterien für die Zulassung zur aktiven Offizierlaufbahn korrespondierten mit der am 25. Mai 1934 erlassenen Vorschrift über die *„Pflichten des deutschen Soldaten"*[44], in denen es hieß: *„Soldatisches Führertum beruht auf Verantwortungsfreude, überlegenem Können und unermüdlicher Fürsorge. Charakter und Leistung bestimmen den Weg und Wert des Soldaten."*

NS-Rassenlehre verbindlich

Nur auf den ersten Blick prägten die bisherigen tradierten soldatischen Wert- und Tugendvorstellungen diesen auch für den Offizier verbindlichen Pflichtenkatalog, der nach der bis zum Ende des Zweiten Weltkrieges in Kraft bleibenden Weisung des Reichswehrminister vom 1. Juni *1934 „in regelmäßigen Zeitabständen im Unterricht zu behandeln und von jedem Soldaten im Wortlaut zu erlernen"*[45] war. Leitwerte wie ‚Charakter und Führerbegabung' sind jedoch nach der ideologischen Ausdeutbarkeit im nationalsozialistischen Sinne zu überprüfen, und dies gilt um so mehr, als in einem Erlaß Blombergs vom 30. Januar 1936 die einheitliche politische Unterrichtung und Erziehung der Offiziere aller Wehrmachtteile auch auf dem Gebiet der NS-Rassenlehre verbindlich geregelt war.[46] Vereinfachend läßt sich festhalten, daß bis unmittelbar vor Kriegsbeginn in der Wehrmacht die Personalpolitik und Personalauswahl für den Offizierberuf nur sekundär nach spezifisch nationalsozialistischen Normen, primär immer noch nach traditionellen militärischen Kriterien und Auswahlmustern erfolgte.[47] Die gesellschaftliche Realität des NS-Regimes, wie auch die rasante Truppenvermehrung relativieren allerdings erheblich die These von

---

43. Herbert Schottelius/Gustav-Adolf Caspar: Die Organisation des Heeres 1933-1939, in: Handbuch zur deutschen Militärgeschichte, Bd. 4, Abschnitt VII, S. 289-399, hier S. 371.
44. Heeresdienstvorschrift 3/4, Marinedienstvorschrift Nr. 15, Luftwaffendienstvorschrift 3/4, Berlin 1936, S. 3f.; s.a. Offiziere im Bild von Dokumenten, Dok. Nr. 97, sowie: Grundzüge der dt. Militärgeschichte, Bd. 2, Freiburg i.Br. 1993, Dok. Nr. M 720a (S. 306).
45. Einführungserlaß des Reichswehrministers von Blomberg vom 1. Juni 1934, Abs. 2, Satz 2, in: Ebd., S. 4.
46. In: Klaus-Jürgen Müller: Das Heer und Hitler. Armee und nationalsozialistisches Regime 1933-1940, Stuttgart 1969, Dok. Nr. 21 (S. 618ff.); als weiterer Beleg s. den Geheimen Erlaß des Oberbefehlshabers des Heeres, Generaloberst von Brauchitsch über die Erziehung des Offizierkorps vom 18.12.1938, in: Offiziere im Bild von Dokumenten, S. 274-277 (tlw. auch abgedruckt in: Klaus-Jürgen Müller: Armee und Drittes Reich 1933-1939, Paderborn ²1989, Dok. Nr. 46 (S. 180-182)
47. Vgl. Ingrid Welcker/Fritz F. Zelinka: Qualifikation zum Offizier? Eine Inhaltsanalyse der Einstellungsvoraussetzungen für Offiziere vom Kaiserheer zur Bundeswehr (= Europ. Hochschulschriften, Reihe XXXI, Bd. 34), Frankfurt/M. u.a. 1982.

einem weiterhin noch ausgeprägten existenten militärischen Reservat-
bereich.[48]

Die Notwendigkeiten des Krieges, insbesondere der steigende Offizier-
bedarf infolge hoher Verluste und Neuaufstellungen, führten insofern zu
einer veränderten Gewichtung, als in allen drei Wehrmachtteilen nunmehr
eindeutig *„funktionale Qualifikationen wie Disziplin, Mut, Durchhaltevermögen, konsequente Ausübung der Befehlsgewalt, persönliches Charisma
usw."*[49] den Vorrang vor anderen Anforderungen an den Offizier erhielten.
In der Konsequenz dieser Entwicklungen standen daher auch die seit Ende
1942 in Kraft getretenen Erlasse über die Rekrutierung des Offiziernachwuchses und die bevorzugte Beförderung. Jeder junge Deutsche sollte
nunmehr nur aufgrund seiner Persönlichkeit und seiner soldatischen Bewährung Offizier werden könne. Ebenfalls waren Bewährung vor dem
Feind sowie *„außergewöhnliche Persönlichkeitswerte und Leistungen, die
zu Verwendungen in maßgebenden Führerstellen geeignet erscheinen"*,
Kriterien für schnelle Beförderung *„ohne Rücksicht auf Dienst- und Le-
bensalter"*[50].

Zweifelsohne förderten diese den militärischen Notwendigkeiten und
Sachzwängen entsprechenden Schritte den Prozeß der Professionalisie-
rung des Offizierberufs im Sinne eines weiteren Aufbrechens gesellschaftlicher Homogenität. Andererseits ist auch nicht zu verkennen, daß Hitler
und ihm willfährige hohe militärische Repräsentanten unter dem Deck-
mantel militärisch begründeter Forderungen und unter Ausnutzung im
Offizierkorps anerkannter Kategorien nachhaltig bestrebt waren, nationalsozialistisches Gedankengut in der Erziehung der Offiziere zur Geltung zu
bringen: soweit, daß Ende 1944 der Terminus ‚Offizierkorps‘ völlig ersetzt
wurde durch den Begriff ‚Militärisches Führerkorps‘.

Wie weit die NS-Ideologie prägenden Einfluß gewann, ist in der historischen Forschung mehr denn je umstritten. Rudolf Absolon gelangte letztlich zu dem Urteil, daß *„die überwiegende Mehrzahl der Offiziere – wie
auch die Masse der realitätsverhafteten Unteroffiziere und Mannschaften – (...) im Nationalsozialismus kein überzeugendes Glaubensbekennt-
nis"* fand. Vielmehr seien *„nicht die nationalsozialistische Ideologie, sondern eher soziale Praktiken und Verhaltensformen innerhalb der militärischen Kampfgruppen die Ursachen für den Zusammenhalt und die Wider-*

*Funktionale
Qualifikation*

*National-
sozialistische
Erziehung*

*Einfluß der
Ideologie?*

---

48. Bernhard R. Kroener: Auf dem Weg zu einer ‚nationalsozialistischen Volksarmee‘, in:
Von Stalingrad zur Währungsreform. Zur Sozialgeschichte des Umbruchs in Deutschland, hg. Martin Broszat, Klaus-Dietmar Henke und Hans Woller, München 1988, 651-
682.
49. Ebd.. S. 113
50. Einleitung des Erlasses vom 4. November 1942 ‚Förderung von Führerpersönlich-
keiten, zur vorzugsweisen Beförderung und zur Verbesserung des Rangdienstalters im
Heer‘, zit. bei Papke (Anm. 18), S. 205.

standsfähigkeit der Truppe" gewesen.[51] Angesichts der phasenweise doch recht hohen Identifikationsbereitschaft der deutschen Bevölkerung mit einem Regime, dessen verbrecherische Dimension sich nur den wenigsten wirklich erschloß, bleibt auszuloten, in welchem Grad die von Absolon beschriebene Gruppenmentalität von der Ideologie des NS-Staates nicht doch determiniert bzw. konditioniert wurde.

Mißbraucht   Die Tragik des Offizierkorps der Wehrmacht lag darin, daß es von Hitler, dem Staatsoberhaupt und Oberbefehlshaber, dem jeder Soldat und Offizier durch den persönlichen Eid unter Anrufung Gottes zu unbedingtem Gehorsam verpflichtet war, als soldatische Führungssubstanz instrumentell gebraucht und dabei mißbraucht wurde; ja sich in (umfänglich noch näher zu quantifizierenden) Teilen auch mißbrauchen ließ.

Widerstand   Die Beschädigung traditioneller soldatischer Tugenden durch ein totalitäres Regime sowie deren unzureichende Fähigkeit zur Immunisierung gegen dieses macht die Definition deutscher militärischer Tradition seit dem Epochenjahr 1945 zu einem äußerst schwierigen Unterfangen.[52] Festzuhalten ist, daß gerade die Offiziere, die im militärischen Widerstand gegen Hitler und das NS-Regime den ‚Aufstand des Gewissens' wagten, dezidiert der preußisch-deutschen soldatischen Tradition verpflichtet waren. Sie hatten Ungnade gewählt, wo Gehorsam nicht länger Ehre bedeutet hätte.[53]

Ambivalenz der Tradition   Die Ambivalenz soldatischer Tradition nach 1945 wird damit nur um so deutlicher. Soldatische Tradition hat nur dann Sinn und Wert, wenn sie sich weder rein auf Sekundärtugenden bezieht, noch die Binnenmoral einer Herrschaftsgruppe stützt oder diese widerspiegelt. Soldatische Tradition muß in ihrer sittlichen Verankerung – das heißt: allein orientiert an der Würde des Menschen! – fest bleiben. Am 12. November 1955 erhielten die ersten Offiziere der Bundeswehr ihre Ernennungsurkunden aus der Hand des ersten Verteidigungsministers der Bundesrepublik Deutschland, Theodor Blank. Bereits in der mehr als fünfjährigen Vorbereitungsphase bestand völlige Einigkeit darüber, daß in der Bundeswehr als Parlaments-

---

51. Rudolf Absolon: Das Offizierkorps des deutschen Heeres 1935-1945, in: Das deutsche Offizierkorps 1860-1960, hg. in Verb. mit dem MGFA von Hanns Hubert Hofmann (= Büdinger Vorträge 1977. Deutsche Führungsschichten in der Neuzeit, Bd. 11), Boppard a. Rh. 1980, S. 247-269, hier S. 267; in diesem Sinne auch Martin van Creveld: Kampfkraft: Militärische Organisation und militärische Leistung 1939-1945, Freiburg i.Br. 1982.
52. Ausführlich Donald B. Abenheim: Bundeswehr und Tradition. Die Suche nach dem gültigen Erbe des deutschen Soldaten, München 1989.
53. Aufstand des Gewissens. Militärischer Widerstand gegen Hitler und das NS-Regime 1933-1945. Im Auftrag des MGFA hg. von Heinrich Walle, 4. durchges. und wesentl. erw. Aufl., Hamburg u.a. 1994 (5., überarb. Aufl. in Vorbereitung. Erscheinungstermin: Juli 2000).

heer *„die Stellung des Offiziers nicht mehr durch Standesprivilegien"*, sondern nur *„durch die Funktion des Berufes für das Gemeinwohl, die persönliche Eignung in diesem Beruf und als Staatsbürger"* bestimmt sein durfte.[54]

Anders war die ‚Geschäftsgrundlage' für die Streitkräfte im kommunistisch beherrschten Teil Deutschlands. *„Die bewaffneten Organe der DDR spielten im Staatsgefüge der DDR ihren Part als Werkzeuge der Partei, von der sie wie alle anderen staatlichen und gesellschaftlichen Organisationen Aufträge und Weisungen erhielten und von der sie mit den in jeder Institution installierten Parteiorganisationen kontrolliert wurden."*[55] *Werkzeug der Partei*

Von daher erfuhr das berufliche Selbstverständnis der Offiziere der Nationalen Volksarmee (NVA) in hohem Maße eine ideologisch bestimmte Ausformung im Sinne der marxistisch-leninistischen Weltanschauung. Vom Offizier der NVA wurde ‚ein fester Klassenstandpunkt' erwartet, der zumindest formell in der fast hundertprozentigen Zugehörigkeit des Offizierkorps zur SED zum Ausdruck kam. Aufgrund der permanent betriebenen Kaderschulung repräsentierte die Armee *„stets auch ein Drohpotential zur inneren Stabilisierung des Systems"*, dem darüber hinaus *„eine wichtige innenpolitische Sozialisierungsfunktion"*, d.h. Erziehungsfunktion im Sinne der SED zukam[56]. *Stabilisierung des Systems*

‚Staatsbürger in Uniform' bedeutet dagegen etwas ganz anderes: Der Soldat der Bundeswehr identifiziert sich mit dem auf der ‚Majestät des Rechts' gegründeten politischen System der Bundesrepublik Deutschland. Ihr dient er als freier Bürger. Aus dieser freiheitlichen Bindung leitet er wesentlich die Motivation zur Erfüllung seiner soldatischen Pflichten ab. Er handelt also weder ‚im Klassenauftrag', noch kommt er politisch betriebsblind seiner Dienstpflicht nach, noch steht er als bloßes Funktionsorgan neben dem Staat. *Staatsbürger in Uniform*

Auf diese Weise konnte nicht zuletzt auch durch das Instrument der allgemeinen Wehrpflicht oder auch beispielsweise durch die Einrichtung der Bundeswehruniversitäten im Verlauf der inzwischen fast 45jährigen Geschichte der Bundeswehr der alte, für den deutschen Obrigkeitsstaat prägende Gegensatz von Staat und Gesellschaft grundsätzlich aufgehoben werden. An der Offizierausbildung wird übrigens geradezu beispielhaft deutlich, daß Bildung in Deutschland nicht mehr das Privileg weniger verkörpert. Mehr noch, es zeigt sich in der Struktur der Bundeswehruniver- *Bildung für alle*

---

54. Hans-Jürgen Rautenberg: Planungen zur Offizierausbildung künftiger deutscher Streitkräfte 1950-1954, in: Das deutsche Offizierkorps 1860-1960, S. 367-388, hier S. 378.
55. Einleitung zu: Im Dienste der Partei. Handbuch der bewaffneten Organe der DDR, Berlin ²1998, X-XI.
56. Rüdiger Wenzke: Die Nationale Volksarmee (1956-1990), in: Im Dienste der Partei. Handbuch der bewaffneten Organe der DDR, Berlin ²1998, S. 423-535 (Zitat auf S. 423)

sitäten, daß Bildung für viele nicht der Forderung nach hohen Standards entgegensteht.[57]

Neues Berufsbild

Die gegenüber der Zeit bis 1945 eingetretenen qualitativen Veränderungen vor allem der politischen und gesellschaftlichen Rahmenbedingungen sowie des Kriegsbildes hatten die Väter der Bundeswehr in ihrer Auffassung bestärkt, daß Militär und gesellschaftliche Moderne nicht länger ein Gegensatzpaar darstellen durften.[58] In der pluralen, arbeitsteiligen Welt, in der auch *„das militärische Strukturgefüge (...) ein komplexer Verbund von Arbeit und Technik"*[59] ist, entwickelt sich das Berufsbild des Offiziers sehr differenziert und funktionsbezogen. Es weist damit ganz hohe Affinität zur nichtmilitärischen Berufsausübung auf. Dies alles hebt den Beruf des Offiziers heute nicht mehr von anderen heraus. Zugewiesen bleibt seit Bestehen der Bundeswehr dem Offizier jedoch seine im Laufe der historischen Entwicklung entstandene besondere Aufgabe, *„Führer, Ausbilder und Erzieher seiner Soldaten"*[60] zu sein.

Bindung an das Wertesystem

Daraus ergeben sich seine besonderen Pflichten als Vorgesetzter, deren Grundlage wiederum die Orientierung am Werte- und Normensystem des freiheitlich-demokratischen Rechtsstaates ist. Diese Bindung ist um so unverzichtbarer, als das Berufsbild des Offiziers der Bundeswehr, von seinem Verfassungsauftrag nach Artikel 87a GG abgeleitet, auch die Notwendigkeit der Bewährung im Krieg, also dem ‚Verteidigungsfall‘, einschließt. Hier liegt die ethische Besonderheit des Offizierberufes, daß er Gewalt anwenden bzw. deren Anwendung befehlen muß. Die Frage der geistigen und sittlichen Fundierung des Offizierberufes war im Angesicht der Massenvernichtungswaffen zu Zeiten des Ost-West-Konfliktes von großer, teilweise sogar provozierender Tragweite. Sie ist es heute nicht minder aufgrund der Tatsache, daß unser Gemeinwesen, ja unsere Welt zu Beginn des neuen Jahrtausends vor völlig neuen Herausforderungen steht.

Offizier zu sein in einer pluralistischen, sich weiter differenzierenden, ja mitunter sich auch kulturell fragmentierenden Gesellschaft, heißt, im Wissen um die Höhen und Tiefen der eigenen Geschichte einen Standort selbstbewußter Offenheit zu finden, der um die eigenen, nicht allein histo-

---

57. Detlef Bald: Der deutsche Offizier. Sozial- und Bildungsgeschichte des deutschen Offizierkorps im 20. Jahrhundert, München 1982, 129ff.

58. Markant der Passus in der ‚Himmeroder Denkschrift‘ vom Oktober 1950: *„daß (...) heute grundlegend Neues zu schaffen"* sei. Näher dazu Hans-Jürgen Rautenberg/Norbert Wiggershaus: Die ‚Himmeroder Denkschrift‘ vom Oktober 1950. Politische und militärische Überlegungen für einen Beitrag der Bundesrepublik Deutschland zur westeuropäischen Verteidigung, Karlsruhe 1977, S. 53.

59. Weißbuch 1975/76 zur Sicherheit der Bundesrepublik Deutschland und zur Entwicklung der Bundeswehr, Bonn 1976, S. 134.

60. Bundesministerium für Verteidigung, Führungsstab der Bundeswehr (Hg.): Handbuch Innere Führung, Bonn 1957, S. 92.

risch geprägten Standards des Offizierberufes weiß und zugleich weiterhin neue Fragestellungen für sich selbst zuläßt. Der Offizier kann also integrierend wirken, indem er die beschriebenen Werte lebt, ohne dabei Vertreter einer gesellschaftlichen Binnenmoral zu werden.

Prüfstand

Was die Zukunft des Offizierberufes betrifft, so kann der Historiker keine ‚patentierten Antworten‘ geben. Angesichts der Herausforderungen des 21. Jahrhunderts wird vieles an Überkommenem auf den Prüfstand gestellt werden müssen, nicht zuletzt, um Tradition und die Erfordernisse der Moderne in Übereinstimmung zu bringen.

Armee der Einheit

Das Ende des Kalten Krieges, die Auflösung der Blöcke und die Wiederherstellung der Einheit Deutschlands bedeuteten für die Bundeswehr eine Zäsur. Als ‚Armee der Einheit‘ trägt sie heute dazu bei, die Folgen von 40 Jahren Teilung beispielhaft zu überwinden. Mit dem neuen Aufgabenspektrum als Instrument der Krisenreaktion im Rahmen der NATO oder der Vereinten Nationen ist die Bundeswehr künftig mit Einsatzformen konfrontiert, die für den einzelnen Soldaten vielfach Neuland bedeuten.

Dienstethos

Ungeachtet der veränderten politischen Rahmenbedingungen bleibt es Kernaufgabe des Offiziers, als Führer, Ausbilder und Erzieher zu wirken und die ihm anvertrauten Untergebenen *„zu einer Truppe zu formen, die im Frieden ebenso wie in Krise und Krieg zuverlässig, einsatzbereit und leistungswillig kämpfen kann und, wenn sie es muß, auch kämpfen will."*[61] Es bedarf dazu mehr denn je eines hohen Maßes an persönlicher Überzeugungskraft, fachlichem Können sowie einer umfassenden Bildung und Ausbildung. Das Dienstethos des Offiziers der Bundeswehr bleibt am Grundsatz orientiert, der schon immer den verantwortungsbewußten Vorgesetzten auszeichnete: *„Selbst-Stehen – Ein-Stehen – Vorn-Stehen"*[62].

61. Ansprache des Generalinspekteurs der Bundeswehr, General Klaus Naumann, anläßlich der 33. Kommandeurstagung der Bundeswehr am 14. Mai 1992 in Leipzig, Manuskript (mschr.), S. 9. (auch in: BMVg, IP-Stab 2 (Hg.): Informationen zur Sicherheitspolitik [Bonn 1992]).
62. Ebd., S. 11.

35

Christian Walther

Im Dienst an einer lebenswerten Welt

Erwägungen zum Beruf des Offiziers

Kein einheitliches Bild

Die folgenden Überlegungen stellen den Versuch dar, Elemente hervorzuheben, die den Beruf des Offiziers heute kennzeichnen. Dabei wird die Einsicht zugrunde gelegt, daß die in den mannigfaltigsten historischen Situationen sowie in den unterschiedlichsten nationalen Traditionen entstandenen Sichtweisen dieses Berufs keine latente Einheit besitzen, die man nur zu mitteln brauchte, um zu einer allgemeingültigen Beschreibung zu gelangen. Wie andere Berufe auch, hat dieser Beruf vor allem in Deutschland Wandlungen durchlaufen. Weder ein romantisierendes noch ein idealisierendes Verständnis können ihm angesichts der Vielschichtigkeit und Vielgestaltigkeit seiner heutigen Aufgaben gerecht werden. Ebensowenig wäre deswegen aber auch seine bloße Beschränkung auf die Planung, Organisation und Anwendung von Gewalt schon eine zureichende Charakterisierung. Gerade die Vielfalt der Anforderungen und die für ihre Bewältigung notwendigen Befähigungen, für die im Angelsächsischen der Begriff *„skill"* steht, der beides umgreift: Befähigung und handwerkliche Professionalität, erlaubt keine eindimensionale Betrachtungsweise. Mit anderen Worten: Wenn über den Beruf des Offiziers am Ende des 20. Jahrhunderts Aussagen gemacht werden sollen, dann geht es vor allem um die Herausstellung neuer Erscheinungsweisen und Voraussetzungen für die Erfüllung der sich ihm stellenden Anforderungen. Die Grundthese lautet daher: An der Schwelle zum 21. Jahrhundert besitzt der Beruf des Offiziers eigene Grundstrukturen, die ihn gegenüber den militärischen Berufsbildern früherer Zeiten auszeichnen und auch unverwechselbar machen. Darin reflektiert sich zugleich eine prinzipiell neue Aufgabenstellung. Sie folgt aus dem nach dem Zweiten Weltkrieg einsetzenden Bemühen, die Verständigung zwischen den Völkern und Nationen zu fördern, damit Frieden gewahrt und gefördert, sowie gewaltsame Konflikte mit friedlichen Mitteln überwunden werden können.

In der Pflicht stehen

Um diese These im Rahmen einer systematischen Betrachtungsweise zu entfalten, ist es zunächst erforderlich, hinter die vielen einzelnen Funktionsweisen, in denen sich dieser Beruf heute konkretisiert, zurückzugehen und danach zu fragen, welches das alle diese Funktionsweisen miteinander verbindende Gemeinsame ist. Dafür bietet sich eine Formulierung an, die Ulrich de Maizière seiner Biographie als Titel vorangestellt hat: *In der Pflicht*.[1]

36

Das also, was alle Offiziere in allen Teilstreitkräften, zum Beispiel den Jäger, Panzergrenadier, Artilleristen, Piloten, Schnellbootfahrer, Nachrichtenoffizier, Logistiker, Sanitätsoffizier usw., miteinander verbindet, ist, daß sie alle in einer unteilbaren Pflicht stehen.

Mit der Erwähnung des Begriffs *Pflicht* stellt sich aber auch schon eine erste Schwierigkeit ein. Denn Pflicht ist eine Tugend. Zwar ist die Forderung unüberhörbar, den Tugenden wieder eine größere Aufmerksamkeit zu zuwenden. Aber sie scheinen heute eben auch zu jenen Eigenschaften zu gehören, die im geistigen Klima der Gegenwart nur noch schwer zu vermitteln sind. Eine vor Übertreibungen nicht geschützte Individualisierung als Folge gesellschaftlicher Wandlungsprozesse, die nicht selten auch mit einem Verlust des Gemeinsinns und einer gewissen Verständnislosigkeit für Moral einhergeht, lassen Tugenden, die ja gerade in der sozietären Umwelt ihr Betätigungsfeld haben, leicht als anachronistisch erscheinen. Um darum zu verstehen, daß es sich hierbei nicht um etwas handelt, dessen man überhaupt entraten kann, sondern um Eigenschaften, von deren Vorhandensein schließlich das Überleben einer Gesellschaft und einer Nation abhängt, ist es unerläßlich, wieder auf die ursprüngliche Bedeutung von Pflicht zu blicken. Danach beinhaltet Pflicht „*Verbindung, Teilnahme, Gemeinsamkeit, Gemeinschaft*". Daraus entwickelte sich die Bedeutung: „*Sorge, Obhut, Pflege*", und im Zusammenhang mit Pflegen und Besorgen kristallisierte sich dann an den Begriff Pflicht die weitere Bedeutung: „*Sitte und Gewohnheit*" an.[2] Pflicht hat es folglich in seiner ursprünglichen Bedeutung im weitesten Sinne mit der *Gestaltung des menschlichen Zusammenlebens* zu tun, deren Pflege jedem einzelnen ebenso zur Pflicht gemacht, wie der einzelne selber dadurch auch in *Obhut* und *Pflege* genommen wird.

Gestaltung des Zusammenlebens

Welche Konsequenz legt sich von dieser Bedeutung her für das Verständnis des Berufs des Offiziers nahe? Die Antwort weist heute in zwei Richtungen:

Zum einen erstreckt sich Pflicht in dem oben beschriebenen Sinne zunächst auf die eigene Nation und Gesellschaft als einer Überlebenseinheit. Die in ihr vereinten Menschen sind das unmittelbare Objekt der Obhut und Pflege, die in ihrem Schutz gegen mögliche und akute Bedrohung von aussen konkret wird. Im Gelöbnis der Soldaten findet dieser Aspekt seinen Ausdruck in der Formel von der *tapferen Verteidigung*. Das unterscheidet aber die Gegenwart von der Vergangenheit, daß es in der Tat anachronistisch wäre, die Erfüllung dieses Berufes noch immer in der bloßen Durch-

Schutz gegen Bedrohung

---

1. *Ulrich de Maizière*, In der Pflicht. Lebensbericht eines deutschen Soldaten im 20. Jahrhundert, 2. Aufl. Herford 1989.
2. Vgl. dazu *W. Kersting*, Art.: Pflicht, Hist. Wörterb. D. Philosophie, hg. v. Joachim Ritter u. Karlfried Gründer, Bd. 7, Sp. 405. Hervorhebungen vom Verf.

setzung nationalistischer oder überhaupt irgendwelcher ideologischen, hegemonialen Ziele zu suchen, obwohl es diese Tendenz, blickt man nur auf die vielen kriegerischen Auseinandersetzungen nach dem zweiten Weltkrieg, bedauerlicher Weise auch immer noch gibt. In dieser Hinsicht haben alle Bemühungen der Vereinten Nationen bisher keine grundlegenden Änderungen herbeizuführen vermocht.

Trans-
nationales
Handeln

Sodann weist der Beruf des Offiziers heute über den eigenen nationalen Bezug hinaus. Internationale Verträge und Paktsysteme geben dem Pflichtbegriff eine neue Dimension. Obhut und Pflege gelten dadurch jetzt auch Menschen, die nicht der eigenen Nation angehören, die aber ebenfalls Schutz benötigen, um ein Dasein in Frieden und Freiheit führen zu können. Die Blauhelme oder auch die SFOR- und KFOR-Truppen sind in dieser Hinsicht zu Symbolen eines korporativen, *transnationalen militärischen Handelns* geworden, das selber als ein Beitrag zur Stabilisierung einer Welt begriffen werden muß, in der Gewaltpotentiale und ihre Eruptionen eben nicht gänzlich eliminiert werden können.[3]

Führungs-
vermögen

Der Beruf des Offiziers erschöpft sich jedoch nicht allein in den beiden aufgezeigten Dimensionen. Vielmehr stellt er darüber hinaus besondere Anforderungen an das *Führungsvermögen.* Unter dem Aspekt eines Dienstes, durch den Pflicht in Obhut, Fürsorge und Pflege konkret wird, erhält Führung eine neue, tiefergreifende Bedeutung. Sie erstreckt sich nicht mehr nur auf die bloße funktionale Ebene des Truppendienstes und die Fürsorge für die anvertrauten Soldaten, wobei gerade auch ihre militärische Ausbildung als Wahrnehmung dieser Fürsorge gesehen werden muß. Schließlich stellt sie eine entscheidende Voraussetzung dafür dar, daß der Soldat im Ernstfall das Risiko, Schäden davon zu tragen, mindern kann. Führung schließt heute vielmehr auch den ganzen Bereich einer zunehmend diffuser gewordenen „corporate identity" ein. Im Unterschied zu gesellschaftlichen Epochen, in denen es erlebte Gemeinschaft und ein Eintreten füreinander gab, wird in der Gegenwart geradezu ein weitreichender Verlust dieses Erlebens und des Füreinander-Daseins als deren Charakteristikum in vielen Untersuchungen hervorgehoben. Eine Folge davon ist zum Beispiel die weitverbreitete Neigung, sich nicht mehr oder doch nur noch sehr bedingt mit Deutschland als einer zu verteidigenden Größe zu identifizieren. Analysen sehen das Individuum und seine Ansprüche im Vordergrund stehen. Meinhard Miegel zum Beispiel, welcher der Individualisierung und ihren Folgen eingehende Studien gewidmet hat,

---

3. Eine gute Übersicht über die gegenwärtig zum Teil erheblich kontrovers geführte Diskussion über Nation und postnationale Sachverhalte gibt *Marc-Andre Walther*, Wird der Nationalstaat noch gebraucht? Zur kontroversen Beurteilung globaler Veränderungsprozesse in den 80er und 90er Jahren, Diplomarbeit an der Universität der Bundeswehr Hamburg, 1997.

hebt in diesem Zusammenhang hervor: *„Die Kategorie des Privaten, die in gemeinschaftsorientierten Kulturen nur eine untergeordnete Rolle spielt, steht in allen individualistischen Kulturen im Mittelpunkt dieser Ordnung* (sc. Der Rechtsordnung, d. Verf.). *Ferner wird dem einzelnen eine Fülle von Rechten gegenüber der Gemeinschaft eingeräumt, die in der Regel nicht mit entsprechenden Pflichten verbunden ist".*[4] Zu einem nicht minder scharfen Urteil kommt eine andere Studie. Sie verweist auf *„eine Zunahme von Egoismus und Hedonismus..., welche die Entsolidarisierung in der Gesellschaft und die Vermeidung von Verpflichtungen im Gefolge haben".*[5] In der *„ökonomisch abgesicherten Moderne braucht man sich nicht mehr gegenseitig. Deshalb sind viele Menschen oftmals nicht mehr auf das gemeinsame Handeln angewiesen".*[6]

Der mit dieser Bemerkung angesprochenen Sachverhalt läßt sich durchaus als ein Grund begreifen, der nicht wenige Zeitgenossen veranlaßt, auch das Militär als eine überflüssige Größe zu betrachten und den Wehrdienst für sich abzulehnen. Daß sich dadurch zugleich ein Gegensatz zu den Erfordernissen des Gemeinwohls aufrichtet, weil damit die Unfähigkeit erzeugt wird, sich im Falle einer möglicherweise auftretenden gewalttätigen Aggression zur Wehr setzen zu können, wird offenkundig nicht beachtet. Ebensowenig, daß das Ganze des Staates und der Gesellschaft ja nur solange funktionsfähig bleibt, wie es auch von willentlich erbrachten Leistungen jedes Einzelnen als seinem Beitrag zu den Erfordernissen des Ganzen getragen wird und nicht ausschließlich auf die anonymen Mechanismen politischer Macht und bürokratischer Funktionseinheiten angewiesen bleibt. Es geht hier also um das für ein demokratisches Staatswesen unerläßliche Zusammenspiel von individueller Ichheit und dem gesellschaftlichen Wir. Gerade dieses Zusammenspiel erscheint aber hochgradig gestört zu sein, wenn der Gemeinschaft „nur noch dienende Funktion" zuerkannt wird. *„Sie hat die Voraussetzungen dafür zu schaffen, daß sich der einzelne allseitig entfalten kann... Um die Erreichung dieses Ziels zu fördern, darf das Ich des einzelnen dem Wir der Gemeinschaft nicht unter- oder auch nur eingeordnet werden".*[7] Die Gesellschaft als reine Wohlfühlgröße, die keine, oder wenn, dann möglichst wenige Pflichten auferlegt, scheint zu einem erstrebenswerten Ideal unserer Tage geworden zu sein.

Zusammenspiel von Ich und Wir

---

4. *Meinhard Miegel/Stefanie Wahl*, Das Ende des Individualismus. Die Kultur des Westens zerstört sich selbst, 2. Aufl. München/Landsberg am Lech 1994, S. 57.
5. *Klaus Dehner*, Lust an Moral. Die natürliche Sehnsucht nach Werten, Darmstadt 1998, S. 21.
6. Ebd., S. 25.
7. *Meinhard Miegel*, Am Ende der Gesellschaft – zerstört uns unsere individualistische Kultur?, in: Gerhard Friedl (Hg.): Was ist los mit Deutschland? Neue Herausforderungen und Chancen für Politik, Wirtschaft und Gesellschaft, München 1995. S. 157.

Keine Bereit-
schaft zum
Engagement

Doch dieser Schein kann trügen. Längst beobachtet man gerade auch unter jungen Menschen eine wachsende Bereitschaft, sich zu engagieren, zu helfen und Gemeinschaftsaufgaben zu übernehmen. Nur finden sich paradoxerweise in der gegenwärtigen Gesellschaft oft nicht genügend Einrichtungen, die auf diese Bereitschaft eingehen, sie fördern und ihr Chancen verschaffen, Gestalt anzunehmen. Es wäre also durchaus wünschenswert, daß die Bundeswehr sich in diesem Bereich verstärkt engagiert, diese vorhandene Bereitschaft aufnimmt und sie weiter entwickeln hilft. Jedenfalls wird darin eine Chance gesehen werden können, ihre ohnehin schon respektable Akzeptanz in der Bevölkerung noch zu erhöhen. Überdies läge darin auch eine erzieherische Funktion, die nicht einfach mit dem bekannten Schlagwort vom Militär als der Schule der Nation gleichgesetzt werden darf.

corporate
identity

Mit der Skizzierung eines bereits von vielen als bedrohlich angesehenen Zustandes unserer Gesellschaft einerseits, aber auch mit der Beobachtung gegenläufiger Trends andererseits werden nicht nur Schwierigkeiten sichtbar, vor denen der Offizier in seiner Eigenschaft als militärischer Führer steht, sondern vor allem auch Chancen. Gerade sie weisen auf Anforderungen hin, die der Offizier erkennen und denen er sich jetzt auch zuwenden muß. Denn er kann an Pflicht- und Solidaritätsbewußtsein, mögen sie bisweilen auch noch so verschüttet erscheinen, als Voraussetzungen anknüpfen, – an Voraussetzungen also, die für eine Armee, ihren Zusammenhalt und die Befähigung zu einer effektiven Auftragserfüllung grundlegend sind. Es geht hier zum einen um die Ausbildung und Förderung eines Wir-Gefühls und einer Identifizierung mit der Institution Militär – also um die Ausbildung dessen, was heute als „*corporate identity*" bezeichnet wird, – welche eine, wenn nicht die entscheidende Grundlage für ein gemeinsames Handeln bilden, dessen Stärke und Effizienz gerade in Krisen- und Gefahrensituationen erlebbar wird. In jüngster Zeit war das beispielsweise bei der Oderüberschwemmung 1997 der Fall.

Verantwor-
tung für die
Gesellschaft

Vor diesem Hintergrund aber weitet sich auch das Aufgabenfeld. Mit dem Beruf des Offiziers verbinden sich jetzt nicht mehr nur gewissermaßen bereits traditionelle Aufgaben wie die der Ausbildung, sowie Planung und Durchführung militärischer Aktionen. Angesichts der beschriebenen Entwicklungen auf dem Gebiet des Gemeinsinns, der Solidarität, der Hilfsbereitschaft und der Bereitschaft, überhaupt Pflichten zu übernehmen, wird es unausweichlich, sich gleichfalls Anstrengungen zu unterziehen, diese erkannten Eigenschaften zu pflegen. Wenn Innere Führung und staatsbürgerlicher Unterricht nicht nur eine folgenlose verbale Beschwörung sein sollen, dann stellen sie das Feld dar, auf dem das sinnvollerweise ebenso eingeübt werden kann wie beispielsweise auch die Entwicklung und Pflege einer Haltung der Toleranz und Unvoreingenommenheit anderen gegenüber, die allerdings auch die Bereitschaft wecken muß, Intole-

40

ranz gleich welcher Art nicht zu dulden. Darin läge dann überhaupt ein Beitrag zur Entwicklung sozialen Verhaltens, seiner Einübung und Förderung, dessen unsere Gesellschaft immer wieder bedarf. Denn das Militär ist kein gesellschaftsfreier Raum. Vielmehr trägt der militärische Führer auch eine Verantwortung dafür, daß, ohne damit militarisierende Ziele zu verfolgen, der Gesellschaft aus dem Bereich des Militärs Kräfte zuwachsen, die sie stützen und ihre humane, demokratische Entwicklung fördern helfen.

Es kann keine Frage sein, daß die Vielgestaltigkeit der Aufgaben gerade auch an die individuelle, charakterliche und bildungsmäßige Entwicklung des Offiziers hohe Anforderungen stellt. Damit wird allerdings kein neuer Bereich betreten. Bereits Clausewitz hat dazu detaillierte Ausführungen gemacht.[8] Die Ausbildung *„individuelle(r) Urteilskraft"* sowie einer „grundsätzliche(n) Kritik- und Korrekturbereitschaft"[9] sind fundamentale Voraussetzungen für eine erfolgreiche Ausübung des Offiziersberufs. Eine wesentliche Hilfe dazu stellt heute auch ein Studium, beispielsweise an den Universitäten der Bundeswehr, dar. Eine intensive, differenzierte, zeitgemäße Ausbildung bekommt zudem noch eine besondere Bedeutung im Hinblick auf Verwendungen beispielsweise im Zusammenhang mit UN-Operationen. Gerade für sie gilt grundsätzlich: *„Die Qualität militärischer Beratung für den Generalsekretär ist für die Maßnahmen zur Friedenssicherung entscheidend. Sein militärischer Berater muß über grundlegende Erfahrungen sowohl im Militärdienst als auch in der Friedenssicherung als Kommandeur, Lehrstabsoffizier und/oder Stabsoffizier verfügen. Unzulänglichkeiten in einem dieser Bereiche machen eine abgerundete Beratung der Vereinten Nationen unmöglich".*[10] In dieser Beschreibung wird besonders die Professionalität des Offiziers hervorgehoben. Zu ihr gehört indes auch noch ein hohes Maß an Verständnis für die politischen, kulturellen und nicht zuletzt religiösen Verhältnisse in den Ländern, in denen ein UN-Einsatz erfolgt.

Dienst im Rahmen der UN ist allerdings nur eine von vielen anderen transnationalen Verwendungsmöglichkeiten. Diese gibt es zum Beispiel in der *Rüstungskontrolle*, in der *Verifikation* und *Konversion* sowie bei der *Überwachung von Waffenstillstand*.[11] In Abwandlung jenes bekannten Diktums von Clausewitz stellt dieser Dienst die Fortsetzung der Friedenspolitik mit anderen Mitteln dar.

Differenzierte Ausbildung

---

8. Vgl. dazu jetzt *Uwe Hartmann*, Carl von Clausewitz, München 1998, bes. S. 133 ff.
9. *Hartmann*. a. O. S. 134 f.
10. *Indar Jit Rikhye*, Friedenssicherung der Vereinten Nationen, in: Die Blauhelme im Einsatz für den Frieden, hg. von Ernst Koch, Frankfurt/M. u. Bonn 1991, S. 116.
11. Vgl. dazu *Heinz Loquai*, Der Beitrag der Bundeswehr zur Rüstungskontrolle und Verifikation, in: Uwe Hartmann Christian Walther (Hg.), Der Soldat in einer Welt im Wandel, Landsberg/Lech-München, 1995, Sp. 109—120.

Partner der Politik Blickt man auf die Vielfalt der Aufgaben, vor die der Offizier außerhalb des eigenen nationalen Rahmens gestellt werden kann, dann gibt sich gleichfalls auch ein weiteres Kennzeichen dieses Berufes zu erkennen. Es ist dies die *Unterstützungsfunktion* für politische Bemühungen, in der Welt wenigstens relative Sicherheitsverhältnisse herzustellen. Die Beendigung vieler kriegerischer Auseinandersetzungen zwischen einzelnen Nationen hat gezeigt, daß dies ohne die Beteiligung von Soldaten im Auftrag der Vereinten Nationen nicht gelungen wäre. In dieser Funktion hat sich der Beruf des Offiziers vor allem als Partner der Politik bewährt. Um jedoch diese Partnerschaft wirkungsvoll ausüben zu können, bedarf es auch wieder einer entsprechenden Ausbildung, wie sie beispielsweise in den skandinavischen Ländern, in Canada oder in Österreich bereits Tradition geworden ist.

Dimension des Glaubens Zum Abschluß ist noch ein Aspekt des Offizierberufs anzusprechen, der mit der Frage in Zusammenhang steht, was dem Offizier hilft, Entscheidungen zu tragen und zu verantworten, die oft mit schwerwiegenden und in ihren einzelnen Wirkungen nicht immer zu übersehenden Folgen verbunden sind. Diese Fragestellung weist über den bisher erörterten Rahmen hinaus in den Bereich, der durch persönliches moralisches Engagement gekennzeichnet ist. Der Beruf des Offiziers ist ohne solches Engagement nicht denkbar. Gleichsam auf einer metatheoretischen Ebene wird erkennbar, daß *Charakter*, der durch den ethischen Wert gekennzeichnet ist, dem Entscheidungen und Beziehungen zu anderen Menschen zugemessen werden, der sich in Treue und gegenseitiger Verpflichtung ausdrückt, sowie *Haltung* Grundvoraussetzungen dafür sind, mit der Vielfalt des Offizierberufs und seinen Anforderungen in einer dem Pflicht- und Dienstcharakter dieses Berufes gemäßen Weise umzugehen. Ulrich de Maizière hat darüber hinaus noch einen „transzendentalen Bezug"[12] thematisiert, in dem der Beruf des Offiziers steht. Es ist dies die Dimension des Glaubens und des Gottvertrauens, das zu allen Zeiten Menschen befähigte, auch in den extremsten Lagen uneigennützig, mutig und tapfer sich der Erfüllung gestellter Aufgaben anzunehmen.

---

12. In der Pflicht, S. 355.

42

1. Der Offizier als Zeitgenosse

Werner von Scheven

Gedanken eines Offiziers

„Soldat ist ein Beruf wie jeder andere". Wie hat die Diskussion um diesen Satz einmal die Gemüter bewegt! Mehr Lebensnähe erhält der Satz wenn man feststellt: Soldat ist ein Beruf mit Eigentümlichkeiten wie jeder andere.

Zu Beginn des Jahres 1999 verbreiteten die Medien, daß das Ansehen der Bundeswehr gestiegen sei. In der Tat hält die Bundeswehr seit ihrer Frühzeit einen der vorderen Plätze in der Skala der Vertrauenswürdigkeit der Institutionen. Zu allen Zeiten hielten große Mehrheiten in der Bevölkerung der Bundesrepublik Deutschland die Bundeswehr für wichtig. In der DDR wurden solche Erhebungen nicht bekannt. In der beruflichen Beliebtheitsskala der Bürger, wie sie Meinungsforschungsinstitute periodisch veröffentlichen, steht der Offizier der Bundeswehr aber fast ebenso beständig auf einem der hinteren Plätze. Der Offizier übt einen Beruf im Widerspruch aus. Der Zeitgenosse scheint die Friedlosigkeit und Gewaltbereitschaft in dieser Welt als eine Entartung, bestenfalls als unerwünschte Normalität anzusehen. Vielleicht erkennt er in ihnen ein Zeugnis seiner eigenen Unzulänglichkeit. Das Sicherheitsbedürfnis des modernen Zeitgenossen läßt der Sicherheitsinstitution Streitkräfte bislang hohe Wertschätzung zukommen. Wer jedoch seinen Beruf diesem Grenzbereich sozialer Existenz widmet, scheint dem gewöhnlichen Zeitgenossen Rätsel aufzugeben. Sein Metier ist so leicht nicht zu begreifen wie etwa das des Lehrers oder des Arztes, mit denen jedermann früh im Leben Bekanntschaft macht. Wer daran leidet und diesen Zustand ändern will, muß wohl mehr dafür tun, daß seine Aufgaben und Tätigkeiten als Offizier einer größeren Öffentlichkeit bekanntgemacht werden. Und dennoch wird eine Änderung der Ansehensskala nur graduell möglich sein, was auch eine Besonderheit dieses Berufes ist.

Nach Herkunft, Gesetz und Selbstverständnis steht der Offizier in Deutschland – keineswegs überall in der Welt – inmitten der Gesellschaft, nicht über ihr und nicht an ihrem Rande. Die meisten Truppenoffiziere dienen nur auf Zeit, weniger als zwanzig Jahre, und wechseln dann in zivile Berufe. Offiziere kommen in der Bundeswehr aus allen Bereichen der Gesellschaft.

Die Zeit des Offizierstandes ist Vergangenheit. Und doch wirken Traditionen aus jener Vergangenheit nach. Ein Beispiel fand große Aufmerksamkeit, als im Jahre 1984 der öffentlich verleumdete General Dr. Kießling sich unter Berufung auf sein Ehrenwort gegen die haltlosen Behauptungen zur Wehr setzte, er habe Umgang in zweifelhaften Milieus. Das Ehrenwort eines Offiziers fand weithin Respekt. Überlieferungen aus vergangenen Zeiten begegnen dem Offizier unverhofft in der zivilen Gesellschaft als Meinungen, Erwartungen und Klischées, mit denen er sich auseinandersetzen muß. Daß auch Ablehnung dazugehören kann, ist Teil der Normalität, ihre Ursachen dürfen aber nicht gleichgültig sein.

Auch die Zeit des Staatsdieners ist vorbei, denn der Staat – das ist die eigene Veranstaltung aller Demokraten, die sich als Nation verstehen. Der staatliche Dienstherr verpflichtet diejenigen zum Dienst an der Allgemeinheit, auf deren Treue das Gemeinwesen auf Gedeih oder Verderb angewiesen ist. Der Treuebegriff hat seit dem 20. Juli 1944, dem Attentat auf den Staatsführer und obersten Befehlshaber der Wehrmacht, im Selbstverständnis des Offiziers eine neue Orientierung erfahren.

Offizier ist ein dienender Beruf. Er kann die Achtung der Gemeinschaft aller Bürger erwarten. Der Offizier darf stolz sein, wenn er dem Gemeinwohl unter Zurückstellung mancher privater Interessen dient. Aber Dienst ist kein gesellschaftlicher Sonderfall, er hat beim Offizier nur seine Besonderheiten. Eine solche ist die Bewahrung und Verwaltung des staatlichen Gewaltmonopols nach außen und der Einsatz desselben unter dem Primat der Politik als Mittel äußerster Entschlossenheit (ultima ratio regum) in einer Notlage der Verteidigung und der Friedenserhaltung, das Ganze unter den Bedingungen internationaler Verflechtungen. Eine andere Besonderheit ist die Treuhandschaft über die allgemeine Wehrpflicht.

Untergegangen ist auch die Deutsche Demokratische Republik. Sie verlangte von ihren Armeeoffizieren, bedingungslos ergebene Militärfunktionäre der Partei (SED) zu sein, die ihrerseits eine besondere Loyalität zur KPdSU bekundete. Etwa 2.500 Offiziere der früheren Nationalen Volksarmee haben sich in der Bundeswehr integriert. Die Bundeswehr hat auch im öffentlichen Urteil ein Beispiel für die Vereinigung der Deutschen seit 1990 gegeben. Dies ist Verpflichtung für die Zukunft.

Der Offizier wird auf Entscheiden und Handeln hin ausgebildet. Aber darum hat der Offizier auch einen geistigen Beruf. Sein Berufsfeld ist komplex und verändert sich dynamisch. Seinen Aufgaben dienen viele Wissenschaften, darum erhält der Offizier des Truppendienstes in der Regel eine wissenschaftliche Qualifikation. Vor allem erwartet der Dienstherr, daß der Offizier die politischen sowie die geistig-moralischen Voraussetzungen, Begleitumstände und Folgen seines Handelns übersieht und daß er sie kommunizieren kann. Der Offizier braucht politische Bildung, ethische Orientierungsmarken und die Fähigkeit zu kommunizieren. Schätzt er diese Anforderungen gering, so wird er zum Militärbürokraten, Militärtechnokraten, Militärhandwerker und verfehlt den Anspruch an seine Profession.

Der Offizier ist auf der Höhe seiner Zeit, das hat schon Scharnhorst von der Armee verlangt. Darum muß er jedoch nicht jede Welle des Zeitgeistes abreiten. Er ist Träger beruflicher Traditionen und geistiger Qualifikationen von hohem gesellschaftlichem Wert. Er dient in Streitkräften, die ihre professionelle Tüchtigkeit und ihre Integrationsbereitschaft im demokratischen Gemeinwesen wie in der Vergangenheit so auch in der Zukunft beweisen werden.

Peter H. Blaschke

Gedanken eines Militärpfarrers

Der Zeitgenosse hat sich entschieden, Soldat zu werden. Er hat seine handwerkliche Ausbildung hinter sich. Er kennt und bejaht seinen Auftrag. Er hat seinen Eid geleistet. Er vertritt seine politische Überzeugung. Er hat seine Familie oder er lebt in einer Partnerschaft. Er liebt seine Hobbies und freut sich auf die Freizeit. Er mißt seine Stellung in der Gesellschaft daran, ob und wie er mit seinen Nachbarn aus- und zurechtkommt. Zeitgenosse sein heißt, aus dem Leben das Beste machen!?

Reicht das? Nein, der Zeitgenosse kommt an der Frage nicht vorbei, woran er sein Leben orientiert. *„Wenn dich nun dein Sohn morgen fragen wird... (5. Mose 6, 20 ff)."* So wird die alttestamentliche Textstelle eingeleitet, in der der Vater Antwort geben muß auf die Frage des Sohnes, welche Geschichte und damit welche Werte die Gegenwart geprägt haben. Für den alttestamentlichen Vater ist die Antwort auf diese Frage die Heilsgeschichte Gottes mit seinem Volk, von der Schöpfung bis zur Gegenwart. Und das Wichtigste ist die Erwählung und Befreiung des Volkes durch Gott.

Für den Zeitgenossen ist die Situation die gleiche: Wenn dich dein Sohn fragt nach dem Sinn des Lebens, nach dem Woher und Wohin und Wozu. Was antwortet der Zeitgenosse? Vielleicht erinnert er sich noch, wie er dem eigenen Vater diese Frage stellte. Und wie er auf die Frage nach dem Woher nur eine ausweichende oder gar keine Antwort bekam. Wir Deutsche kommen um das dunkelste Kapitel unserer Vergangenheit nicht herum. Es ist das Brandzeichen unserer Geschichte, für den Offizier mehr noch als für viele andere. Der Glaube öffnet hier Horizonte, die tragen helfen, was der Zeitgenosse am liebsten ausblenden oder ganz verdrängen möchte. Der Glaube gibt klare Antwort. Gott hat die Welt geschaffen, Gott hat das Leben geschaffen. Und Gott wird die Welt vollenden, er wird sie heil machen, so wie sie am Anfang war. Zwischen Schöpfungsanfang und Erlösungsende der Welt weiß sich der Zeitgenosse von Gott an seinen Ort gestellt, hier und heute, und in Gott geborgen.

Von Jesus wird erzählt, er habe seine Jünger gefragt, was die Leute von ihm hielten (Matth. 16, 13 ff). Die Jünger berichten Jesus, daß die Leute sehr unterschiedliche Antworten gäben, Antworten, in denen Hoffnungen zum Ausdruck kommen, die durch Vergangenheitsbilder vorgeprägt seien. Dann habe Jesus die Jünger selbst gefragt: Was sagt denn ihr, das ich sei? Und Petrus habe geantwortet: *„Du bist der Christus, des lebendigen Gottes Sohn."* Wer diese Antwort des Petrus nachsprechen kann, der glaubt, daß Christus der Garant dafür ist, daß Gott diese Welt nicht im Stich läßt. Dann werden die dunkelsten Kapitel der Geschichte Schreie nach Erlösung. Und Christus heißt dann: Amen, ja es wird geschehen. Das Heil wird kommen. Mehr Ermutigung braucht der Zeitgenosse nicht, um seine Aufgaben anzupacken.

1.1 Werner von Scheven

Auf der Suche nach der Tradition

In einem bekannten Musical erklärt der Milchmann Tevje dem Publikum, wie es in der kleinen Gemeinde Anatevka und ihrem jüdischen Bevölkerungsteil zugeht.
„Sie werden mich fragen, warum wir alle einen Gebetsschal tragen. Ich will es Ihnen sagen: Ich weiß es nicht! Das ist eben Tradition." Es folgt das mitreißende Musikstück *„Tradition..."*. Es gibt uns Gelegenheit, darüber nachzudenken, daß wir eigentlich in Traditionen leben, von ihnen gewissermaßen umspült sind, in Familie, Beruf und Volk, ob wir uns dessen bewußt sind oder nicht.

Worum es geht

Dazugehören Tradition ist eigentlich etwas Selbstverständliches, etwas, das gewiß macht dazuzugehören, etwas, das Identität stiftet und darum nicht mehr hinterfragt wird. Diese Tradition wächst auf historischer Kontinuität. Die Gewißheit stiftende Kontinuität läßt notwendigen Wandel besser ertragen. Ist der Wandel turbulent, gibt Tradition als Ausdruck von Kontinuität dem Einzelnen Orientierung. Traditionalismus hingegen, ein Festhalten an dem, was nicht mehr trägt, wäre eine Barriere gegen den Wandel, die den Blick auf die Erfordernisse der Gegenwart und Zukunft verstellt.

Der Mensch braucht Orientierung Einiges läßt sich davon bereits ableiten. Erste These: Sind die Zeiten turbulent, hält sich der Einzelne als Glied einer Gemeinschaft gern an Traditionen fest, um die Orientierung zu behalten. Es ist wie auf dem Schiff im Sturm: *„Eine Hand für das Schiff, eine Hand für den Mann"*. Eine zweite These: Der Glaube, ohne Tradition leben zu können, ist mit der Gefahr verbunden, die Orientierung, das heißt den Halt zu verlieren. Haltlose Menschen sind wie Federn im Wind. Haltlose Menschen neigen zum Opportunismus, zum Verzagen oder Verzweifeln. Der Offizier darf kein haltloser Mensch sein. Und eine dritte These: Der Offizier sollte sich hüten, ein Traditionalist zu werden, denn der Wandel des militärischen und gesellschaftlichen Umfeldes verlangt stets eine plausible Antwort, warum das Selbstverständliche noch selbstverständlich ist.

Brüche in der Geschichte In der Bundeswehr gibt es Tradition, gibt es gemeinschaftsstiftende Werte. Symbole sollen an sie erinnern. Ist Tradition in der Bundeswehr Ausdruck von Kontinuität? Für eine militärische Gemeinschaft wie das Offizierkorps der Bundeswehr gibt es bei der Frage nach der Herkunft ge-

50

meinschaftsstiftender Werte eher ein Suchen als eine Gewißheit. Historische Brüche oder Diskontinuitäten der Militärgeschichte in Deutschland sind eine Ursache für fehlende Gewißheit. Diese Diskontinuitäten sind es, die uns gelegentlich das Gefühl geben, andere Streitkräfte um den selbstverständlichen Umgang mit Geschichte und Tradition beneiden zu müssen. Das jüngste Beispiel haben die Berufssoldaten erlebt, die bis 1990 in den Streitkräften der DDR gedient haben und heute in der Bundeswehr Dienst tun.

Die historischen Brüche lassen bei uns Deutschen einen selbstverständlichen Umgang mit dem geschichtlichen Erbe nicht zu. Für uns ist Tradition die Suche nach dem noch immer gültigen Erbe, die Benennung dessen, was uns unseren Standort im Fluß der Zeit verstehen läßt, die Pflege dessen, was uns heute hilft, unsere Aufgaben besser zu erfüllen und die Weitergabe dessen, was uns als Führer, Ausbilder und Erzieher unserer Soldaten wichtig erscheint. Für den deutschen Offizier ist Tradition auch mit Arbeit verbunden. *Suche nach dem Erbe*

Die Antworten auf die Frage, was unsere gültige Tradition sei, müssen auf einer allgemeinen, sozusagen politischen Ebene Gemeingut des Offizierkorps sein. Dies gilt, so differenziert das Berufsfeld des Offiziers auch geworden sein mag. Dafür könnte stehen, was Bundeskanzler Konrad Adenauer im Jahre 1954 vor dem Deutschen Bundestag sagte: „*Wir wollen mit der Bundeswehr den Versuch machen, die überlieferten Tugenden des deutschen Soldatentums mit der Demokratie zu verschmelzen.*"

Soweit dürfte bis heute Übereinstimmung bestehen. Die Bundeswehr als älteste deutsche Armee dieses Jahrhunderts ist auch die erste Wehrpflichtarmee in einer Demokratie in Deutschland. Sie ist als Armee in einem Bündnis westlicher Demokratien verfaßt. Sie ist die erste deutsche Armee, in der die militärische Tradition und die Tradition von Freiheit und Demokratie keine Gegensätze mehr sind. Und sie ist eine tüchtige Armee – darum oder trotzdem sei dahingestellt. Sie ist eine Armee, die sich im Einsatz bewährt und von allen, mit denen sie zusammenarbeitet, respektiert wird. *Besonderheiten*

Aber mit dieser Prämisse ist es der Bundeswehr unmöglich, an Traditionsgüter früherer deutscher Armeen vorbehaltlos anzuknüpfen. Denn da standen soldatische Werte zumeist im Konflikt mit Prinzipien demokratischen Zusammenlebens, weil die Staatsverfassung keine demokratische war oder trotz demokratischer Staatsverfassung die geistige Ausrichtung der Berufssoldaten im Widerspruch zur Demokratie stand. Da war die Kaiserzeit, in der das Militärische überhöht und vielfach als Maß gesetzt wurde: Zeit des Militarismus. Da war die Reichswehr, die keine Stütze war, als die Demokratie gestürzt wurde: Armee, Staat im Staate. Und da war die Wehrmacht als Stütze der Macht in der nationalsozialistischen Diktatur: Einheit von Wehrmacht und Staat; Staat eine Funktion der Partei. *Keine Anknüpfung*

Damit wir aber nicht das Kind mit dem Bade ausschütten, dürfen wir getrost beispielgebendes soldatisches Verhalten aus *„vordemokratischen"* Epochen in unsere Zeit übernehmen. Bedingung ist, daß es der Wertorientierung des heutigen Soldaten, seinen gesetzlichen Pflichten und seiner staatsbürgerlichen Mitverantwortung nicht entgegensteht.

Unterhalb der allgemeinen, politischen Ebene, die wir eben abgehandelt haben, kann es ganz unterschiedliche Antworten auf die Fragen geben, welche überlieferten Tugenden des deutschen Soldatentums denn weiter gelten und wie diese mit der Demokratie zu verschmelzen seien. So unterschiedlich wie die Laufbahnen, Waffengattungen und Tätigkeiten der Offiziere in den Streitkräften sind, so unterschiedlich wird sein, was im Einzelnen als traditionswürdig angesehen werden soll.

Maßstab Grundgesetz Darum heißt es folgerichtig im gültigen Traditionserlaß von 1982, daß die Kommandeure und Dienststellenleiter für die Traditionspflege verantwortlich sind. Der Dienstherr geht nämlich von ihrer politischen Bildung aus. Schließlich investiert er ja nicht wenig Zeit und Aufwand in dieses Bildungsziel. Und letztlich vertraut er darauf, daß diese Kommandeure und Dienststellenleiter nichts anstiften oder zulassen, was den Bedingungsrahmen oder auch die Toleranzbreite des Grundgesetzes überschreitet. Man kann wohl feststellen, daß sich dieses Verständnis von Traditionspflege und dieses Vertrauen in die Führungsverantwortlichen in 45 Jahren Bundeswehr bewährt haben. Von spektakulären Fehlleistungen oder latenten Mängeln kann die Chronik der Bundeswehr kaum Zeugnis geben. Freilich wurde die Bundeswehr bis in die jüngste Zeit immer wieder aus der Öffentlichkeit heraus kritisch angegangen, wenn es um besondere Vorkommnisse ging, die Befürchtungen um eine fehlgeleitete Traditionspflege in der Truppe auslösten. Zuweilen empfand die Truppe die Aufregungen – bis ins Parlament hinein – als unangemessen. Doch haben wir es hier eher mit einem Ausdruck der demokratischen Kontrolle zu tun, der sich die Bundeswehr von Anfang an gestellt hat. Dabei zeigt sich die Bundeswehr durchaus als lernendes System, denn was in den Fünfziger Jahren noch für richtig gehalten oder toleriert wurde, würde heute zuweilen als anstößig gelten. Dazu muß man nicht auf den Wellen des Zeitgeistes surfen, es trägt schon die fortschreitende Erkenntnis von der Geschichte oder von der Brauchbarkeit einzelner Liebhabereien für die Aufgaben von heute zu einem sinnvollen Lernprozeß bei.

Wie die Bundeswehr anfing

Krieg als Anknüpfungspunkt Mit den kriegsgedienten Freiwilligen, die 1955/56 in die Bundeswehr kamen, übernahmen die neuen Streitkräfte Tradition. Verhältnismäßig einfach war es, an handwerkliche und organisatorische Traditionen früherer deutscher Armeen anzuknüpfen. Die ersten Vorschriften und Technischen Broschüren waren aus der US-Armee übernommen worden und konnten von vielen nicht gelesen werden. Aber mit dem Wissen der Kriegsteilnehmergeneration konnte der rechte Umgang mit der Technik aus fremden Beständen schnell angeeignet und weitergegeben werden.

Erfahrene Truppenoffiziere gaben ihre im Nachkriegsjahrzehnt geläuterten Erfahrungen mit der Führung und Ausbildung junger Soldaten, insbesondere des Offiziernachwuchses, weiter, wie sie sich in der extremen Situation des Krieges bewährt hatten.

Christliches Menschenbild

Christliche Erziehung aus dem Elternhaus war in den fünfziger Jahren im Offizierkorps und beim Offiziernachwuchs noch weit verbreitet. Man kann fast von einem Allgemeingut sprechen. Der aus einer solchen Erziehung herstammende gemeinsame Wert war das christliche Bild vom Menschen als Geschöpf Gottes. Dieses Bild ist bekanntlich zwischen Freund und Feind nicht teilbar. Wir haben es hier wohl mit einem Beispiel zu tun, wie es dem Nationalsozialismus trotz aller Anstrengungen nicht gelungen ist, das Menschenbild der meisten Offiziere der Wehrmacht durch ein ganz anderes zu ersetzen. Bis in unsere Zeit hat der Verlust christlichen Bekenntnisses in Deutschland zugenommen. Der Kommunismus konnte sich über längere Zeit auswirken. Er hat in der DDR bis zu ihrem Zusammenbruch eine weitgehende Entfremdung von der christlichen Tradition erzwungen. Das Christentum liefert heute nur noch bedingt gemeinsam akzeptierte Werte für den Offizierberuf wie für das deutsche Volk. Jeder Christ muß das bedauern. Um so wertvoller ist der Dienst der Militärseelsorge.

Womit die Bundeswehr es schwer hatte

Was hat aber bei der Traditionspflege der Bundeswehr Schwierigkeiten bereitet? Hier sollen drei Fragen kurz in Erinnerung gebracht werden: Wie halten wir es heute mit der Überlieferung der Wehrmacht des Dritten Reiches? Gibt es ein Festhalten an alten Zöpfen? Wie stehen Inhalte und Formen der Tradition zueinander?

Die Bundeswehr und das Erbe der Wehrmacht

Tragik der Pflichterfüllung

Die Wehrmacht war eine tragende Säule des nationalsozialistischen Staates. In ihrem Namen und von einzelnen Verantwortlichen wurden Kriegsverbrechen und Verbrechen gegen die Menschlichkeit begangen, die den Deutschen vorher niemand zugetraut hätte. In der Wehrmacht dienten mehr als 18 Millionen Männer und Frauen; Deutsche und Österreicher.

Viele von ihnen wurden wissentlich oder zu ihrem nachträglichen Entsetzen in derartige Verbrechen verstrickt. Aber ganz gewiß sind unter diesen Millionen nur wenige, denen die Nachwelt nachsagen kann, daß sie die Wehrmacht zu einer solchen Säule des NS-Regimes mitgestaltet und damit Traditionen deutschen Soldatentums schuldhaft abgeschnitten hätten. Wohl die ganz überwiegende Zahl der Wehrmachtsangehörigen hat in dem Bewußtsein Gehorsam geleistet, ihre Pflicht vor dem Vaterland im Existenzkampf erfüllen und sich auf Gedeih und Verderb an den Eid auf den Führer und Oberbefehlshaber der Wehrmacht halten zu müssen. Die meisten werden erst nach Rückkehr aus Krieg und Kriegsgefangenschaft erkannt haben, was der Oberleutnant der Wehrmacht und spätere Bundeskanzler Helmut Schmidt immer wieder die *„Tragik der Pflichterfüllung einer Generation Deutscher"* genannt hat. Die anmaßende und moralisierende Art, wie heute von manchen Seiten der Gehorsam im Kriege mit der Schuld der *„Täter"* gleichgesetzt wird, ist unhistorisch und denunziatorisch. Sie ist letzten Endes unmenschlich wie jedes Pauschalurteil über vergangenes Geschehen, an dem stets viele Einzelne beteiligt waren. Ob es eine Generation als metaphysische Schuld empfindet, mit der Waffe am kriegerischen Geschehen teilgehabt zu haben, ist allein Sache des Einzelnen und seines Gewissens.

Neuanfang der Tradition Gleichwohl scheint festzustehen, daß die militärische Traditionslinie zu lange unvereinbar mit der Traditionslinie von Freiheit und Demokratie in Deutschland gewesen ist und durch die Epoche des Dritten Reiches unwiderruflich infragegestellt wird. Ist sie endgültig abgerissen und muß alles, was nach 1948 entschieden wurde, als ein völliger Neuanfang gesehen werden?

Anknüpfungspunkte Einiges spricht dafür, daß die militärischen Traditionslinien, welche mit Recht und Freiheit des deutschen Volkes vereinbar sind, durch die nationalsozialistische Intervention von 1933 bis 1945 nicht abgeschnitten worden sind. Viele Angehörige der Wehrmacht haben sich nicht einfach gefügt, als der Oberbefehlshaber Hitler und sein Regime darangingen, deutsche soldatische Traditionen zu zerstören. Es gibt in den Protokollen der Nürnberger Prozesse und in Aussagen hoher Repräsentanten früherer Kriegsgegner übereinstimmend die anerkennende Feststellung, daß die Soldaten der Wehrmacht im Kriege auch in extremen Lagen diszipliniert gewesen seien. Das kann nur heißen, daß sich die Zahl der Übergriffe Einzelner vergleichsweise in beachtlichen Grenzen gehalten hat. Es ist bekannt, daß es viele Deutsche gab, die in der Wehrmacht eine Zuflucht vor der Verfolgung durch die Gestapo fanden. Schließlich sind die Einzigen, die es versucht haben, den Tyrannen zu beseitigen und die prominentesten Opfer des 20. Juli 1944 Angehörige der Wehrmacht gewesen. Ihr Opfer mahnt an den Rang des Gewissens. Das Gewissen ist der Kern der Würde des Menschen. Sie zu schützen, ist Verpflichtung aller staatlichen Gewalt, also auch der Bundeswehr. Es steht der Bundeswehr gut an, sich daran zu erinnern, wo die Wurzeln gewissenhaften Verhaltens von Soldaten im Verlauf eines politischen Mißbrauchs der Armee zu finden sind und welchen Anfechtungen der Einzelne ausgesetzt war. Da wo die Truppe die Erinnerung an bestimmte Truppenteile und militärische Führer der Kriegszeit durch die Ausstellung von Erinnerungsstücken zu erhalten sucht, sollte sie Geschichte und Tradition tunlich unterscheiden. Tradition ist Auswahl aus der Geschichte, die Geschichtsbetrachtung jedoch sollte nichts auslassen.

In der öffentlichen Diskussion wird oft der Eindruck vermittelt, als ginge es bei der Traditionsfrage nur um das Verhältnis zur Wehrmacht des Zweiten Weltkrieges. Das ist eine unzulässige Verkürzung, zu der das Verhalten der Truppe freilich beigetragen hat. Die Bundeswehr ist stolz auf eigene Traditionen wie die Konzeption der Inneren Führung. Die selbst begründeten Traditionen sind im Erlaß genannt. Eine davon ist die Leistung der Kriegsteilnehmergeneration für den Aufbau der Bundeswehr und ihre Integration in der demokratischen Gesellschaft. Dies sollten wir niemals vergessen. *Eigene Traditionen*

Unbewußtes Weiterwirken von Überlieferungen

Es gibt Beispiele dafür, wie Überlieferungen aus der Vergangenheit in der Gegenwart weiterwirken, ohne daß sich die Handelnden dieser Tatsache bewußt sind. Der Ausländer kann oft klarer sehen, was in den deutschen Streitkräften traditionell aus früheren Zeiten weiterbesteht. Briten sagten dem Autor einmal, daß die Armee der DDR mit der Bundeswehr mehr gemeinsam hätte als die Bundeswehr mit ihren Alliierten. Erstaunlich, ahmte doch die Nationale Volksarmee in vielem das sowjetische Vorbild nach und gab es doch so gut wie keine Kontakte zwischen den beiden Armeen in Deutschland. Mit welcher geheimnisvollen Osmose sollten wir es hier zu tun haben? *Gemeinsamkeiten*

Ein anderes Beispiel kommt aus der Führungsakademie der Bundeswehr. Eine Auswertung der Generalstabslehrgänge durch alliierte Gastteilnehmer stellt regelmäßig den hohen Wert der Führung nach dem Auftragsprinzip heraus, gewissermaßen die Freiheit im Gehorsam. Einige ausländische Armeen haben sogar das Wort Auftragstaktik in ihren nationalen Sprachschatz übernommen. Die Auswerter aus Amerika und Frankreich meinten jedoch, sie hätten erst nach langer Ausbildung verstanden, was damit gemeint sei und in ihren Armeen seien sie nicht in der Lage, dieses Prinzip anzuwenden, so gut sie es auch im deutschen Umfeld gelernt hätten. Die Beispiele zeigen, daß Traditionen keine Exportartikel sind. Traditionen sind mit dem unverwechselbaren Nationalcharakter und dem beruflichen Milieu aufs innigste verbunden. Die Beispiele zeigen ferner, daß *Tradition – kein Exportartikel*

Traditionen auch unbewußt – eben selbstverständlich – weitergegeben werden. Hier gilt es aufmerksam zu sein – Tradition ist Arbeit. Das Festhalten an traditionellen Sichtweisen kann gefährlich sein. Die Bader-Meinhoff-Terroristen bauten ihre krude Ideologie von der Verelendung der Dritten Welt ursprünglich auf dem Bild vom edlen Wilden aus der Aufklärungszeit auf.

Defizite   Warum demoralisiert die Diskrepanz zwischen Aufgaben und Mitteln noch immer das deutsche Heer, wie es im de-Maizière-Bericht von 1977 erstmals beschrieben worden ist? Ob hier eine Erfahrung aus dem Kriege nachwirkt, etwa so: Der Auftrag ist zwar wirklichkeitsfremd, aber irgendwie schaffen wir das schon? Warum ist der Ton in der Truppe immer noch so oft anmaßend-unfreundlich? Warum wurde die aus dem Kriege stammende, in der Bundeswehr weiterwirkende Vernachlässigung der persönlichen Ausrüstung und Bekleidung der Soldaten erst in den achtziger Jahren als Defizit in Angriff genommen, als der Unterschied zu den Alliierten gar nicht mehr zu übersehen war? Warum wurde die Tradition des unbegrenzten Verbrauchs der Zeit des Soldaten ebenfalls erst in den achtziger Jahren und dann auch noch von parlamentarischer Seite mit einer Dienstzeitbewirtschaftung beantwortet? Warum waren die Reservisten in der Truppe vielfach fünftes Rad am Wagen und sahen auch so aus? Hat hier die militärische Führung nicht energisch genug Schluß gemacht mit falschen Traditionen?

Andere Traditionen hat die Bundeswehr lange Zeit nicht überall gepflegt, zum Beispiel, daß der Einheitsführer seine Soldaten kennt und ihre Lebensbedingungen in Ausbildung und Einsatz teilt. Oder daß den Offizier eine treffende, unumwundene Sprache auszeichnet. Oder daß der Offizier immer vorn zu sehen ist, auch wenn seine Soldaten in die Kirche gehen. Erst der tatsächliche Einsatz in der Gefahr, wie ihn ein Teil der Truppe seit Jahren im Ausland erlebt, hat Erziehung und Ausbildung in den herangezogenen Einheiten wieder auf den Stand gebracht, wo sie einmal waren. Tradition ist hierzulande eben Arbeit.

Zum Verhältnis von Form und Inhalt

Band zwischen den Generationen   Im Traditionserlaß von 1982 wird Tradition wie folgt beschrieben:
„Tradition ist die Überlieferung von Werten und Normen. Sie bildet sich in einem Prozeß wertorientierter Auseinandersetzung mit der Vergangenheit. Tradition verbindet die Generationen, sichert Identität und schlägt eine Brücke zwischen Vergangenheit und Zukunft. Tradition ist eine wesentliche Grundlage menschlicher Kultur, sie setzt Verständnis für historische, politische und gesellschaftliche Zusammenhänge voraus. "

Diese Formulierung spiegelt zwar ein Verständnis von Tradition als Arbeit wieder, sie stellt aber auch einen sehr hohen Anspruch. Darum heißt es im Erlaß weiter:

„Viele Formen, Sitten und Gepflogenheiten des Truppenalltags sind nicht Tradition, sondern militärisches Brauchtum. Es handelt sich um Gewohnheiten und Förmlichkeiten, wie sie in jeder großen gesellschaftlichen Einrichtung anzutreffen sind. Meist haben sie sich vor langer Zeit herausgebildet. Ihr ursprünglicher Sinn ist oft in Vergessenheit geraten, der Bedeutungszusammenhang zerfallen. Formen, Sitten und Gepflogenheiten tragen jedoch zur Verhaltenssicherheit im Umgang miteinander bei.“

Brauchtum also kein Ausdruck von Tradition, sondern etwas Eigenes? Etwas anderes, obwohl es auf dasselbe zielt, nämlich Verhaltenssicherheit?

Wir verzeichnen hier die vollendete Politisierung des Traditionsbegriffes. Diese Herauslösung des Politischen im Traditionsbegriff stieß auf vielfachen Widerspruch, weil sie als wirklichkeitsfremd angesehen wurde. Gutachten erbrachten den Nachweis, daß im allgemeinen Verständnis der Bevölkerung von der Tradition jenes Brauchtum einen viel größeren Raum einnimmt als die hohen Werte der politisch-erzieherisch intendierten Traditionspflege laut Erlaß.

Ein neuer Verteidigungsminister im Jahre 1983 wollte den Erlaß ändern und – wie in einigen anderen Punkten – diese Begriffsbestimmung ersetzen. In den revidierten Richtlinien, die nicht mehr herausgegeben wurden, sollte es heißen:

„Tradition ist die Übernahme von Werten, Lebenserfahrungen, Institutionen, Gepflogenheiten und Bräuchen. Sie setzt verantwortungsbewußte Auseinandersetzung mit der Vergangenheit voraus und verbindet somit die Generationen. Sie bietet Orientierungshilfe für Aufgaben in Gegenwart und Zukunft.“

Mit dieser Formulierung sollte die als künstlich und lebensfremd empfundene Trennung der „echten“ Tradition von der Konvention aufgehoben werden. Eine ähnlich unpraktische Trennung eines Begriffes hatte es Anfang der siebziger Jahre in der Bundeswehr schon einmal gegeben, nämlich die Trennung von funktionaler und formaler Disziplin. Der Versuch hatte einige Jahre lang verheerende Folgen für das innere Gefüge der Truppe und das Ansehen der Bundeswehr in der Öffentlichkeit.

Die Begriffsbeschreibung des Revisionsversuches kommt der tatsächlichen Überlieferung seit dem 19. Jahrhundert am nächsten. In der Zeit davor war Tradition mehr dem Kirchlich-Religiösen zugeordnet. In deutschen Nachschlagewerken und zugleich auch in militärischen Richtlinien taucht der Begriff Tradition erstmals in der Zeit nach dem I. Weltkriege auf. Dies scheint ein Hinweis dafür zu sein, daß Tradition – früher etwas Selbstverständliches – fortan im staatlich-gesellschaftlichen Bereich zu einem deutschen Problem geworden ist.

Symbole und Zeremonien

In Streitkräften und mit ihnen verbundenen Vereinigungen treten Traditionen in der Regel viel stärker durch Äußerlichkeiten, Symbole, Formen und Zeremonielle in Erscheinung als in anderen Bereichen des gesellschaftlichen Lebens. Die Bundeswehr wurde deshalb von Anfang an herausgefordert, sich mit ihrem Traditionsverständnis auseinanderzusetzen, ja, sich zu rechtfertigen. In anderen gesellschaftlichen Institutionen hat eine öffentliche Diskussion über diese Frage anscheinend nicht stattgefunden. Gewissermaßen fraglos feiern die Gewerkschaften den Tag der Arbeit am 1. Mai, obwohl Hitler diesen Feiertag mit ganz anderen Vorzeichen einführte und die Gewerkschaften gleichzeitig verbot.

Kritikpunkte

Die Bundeswehr hat sich dem Thema gestellt, nicht nur mit der Herausgabe der beiden Traditionserlasse von 1965 und 1982. Dabei entzündeten sich Kontroversen oft nur an wenigen Merkmalen ihres öffentlichen Erscheinungsbildes, wie Schiffs- und Kasernennamen, dem feierlichen Gelöbnis an öffentlichen Plätzen und dem Großen Zapfenstreich. Paraden konnten nicht unter Kritik gestellt werden, weil die Bundeswehr seit langer Zeit wegen des Aufwandes und des zu erwartenden Widerstandes aus der Öffentlichkeit keine mehr abgehalten hat.

*Erkennungs-
wert*

Ja, die Bundeswehr lebt mit einigen problematischen Kasernennamen, die größtenteils aus früheren Zeiten stammen. Sie sollten zum Gegenstand der Unterrichtung gemacht werden, wobei das Prekäre nicht ausgeblendet werden darf. Tatsächlich sind sie im praktischen Leben nichts weiter als Teil des öffentlichen Adressenverzeichnisses, bestenfalls der Lokalgeschichte oder der heimatlichen Identität. Sie haben bis ins Sprachliche hinein einen Erkennungswert für die Bevölkerung im Umgang mit ihrer Bundeswehr, man sollte mit einem Bildersturm daher vorsichtig sein. Sie sind in den meisten Fällen nicht als Ausdruck für die Tradition der Bundeswehr gemeint, können als solcher aber von außen angesehen werden. Für die Reservisten sind sie Orientierungspunkte ihrer Dienstzeit. Wer daran aus der – meist ortsfernen – Öffentlichkeit Anstoß nimmt, sollte sich fragen lassen, ob er gegenüber der Bundeswehr dieselbe Toleranz aufbringt wie gegenüber mancher Gemeinde, wo es problematische Straßennamen in großer Zahl gibt. In den östlichen Bundesländern stößt man heute noch in Fülle auf die Namen von Totengräbern der Demokratie. Vielleicht haben Stadtväter auch hier irgendwann zu einem Bildersturm Stop gesagt.

Formen und Feiern

Mißbrauch

Das Phänomen Tradition ist meist irrational wirksam. Traditionspflege dagegen beruht auf Auswahl. Ausgewählte Traditionsinhalte können nicht befohlen werden, aber sie öffnen auch der Manipulation Tür und Tor, wenn sie auf Akzeptanz treffen. Ein nicht wegzudenkender Bestandteil der nationalsozialistischen Propaganda war die Ausnutzung von Symbolen, Formen und Zeremoniellen. Sie wurde zu teuflischer Perfektion getrieben. Es ist wohl von daher zu erklären, daß es das Zeremonielle und Formale beim Militär ist, das beim Streit um die Tradition meist im Blick steht. Die öffentliche Diskussion um Tradition in der Armee kann überhaupt am Zeremoniellen, an militärischen Formen und Feiern festgemacht werden.

Das Soldatengesetz verlangt ein feierliches Bekenntnis der wehrpflichtigen Soldaten zu ihrer gesetzlichen Grundpflicht, der Bundesrepublik Deutschland treu zu dienen und das Recht und die Freiheit des deutschen Volkes tapfer zu verteidigen. Mit der Form der Gelöbnisfeier zeigt die Bundeswehr, daß sie ihren Rekruten für deren Treuebekenntnis Ehre erweist. Von Zeit zu Zeit – keineswegs immer – gibt sie der lokalen Öffentlichkeit eine Gelegenheit, sich als demokratischer Souverän zu fühlen, sich an den Auftrag des Soldaten zu erinnern und den eigenen Söhnen und Brüdern in Uniform durch Teilnahme an der Feier Dank und Ehre zu erweisen. *Gelöbnisfeier*

Bei den Gelöbnisfeiern auf öffentlichen Plätzen tritt in Städten eher als auf dem Lande oftmals eine Protestszene auf, die die Veranstaltungen zu stören versucht und sich dabei der Unterstützung oder des Verständnisses von im Bundestag vertretenen Parteien gewiß zu sein scheint. Daß im Jahre 1988 auf dem Parteitag einer großen Volkspartei der Beschluß mehrheitlich gefaßt wurde, die Bundeswehr solle das feierliche Gelöbnis der Rekruten nicht mehr in der Öffentlichkeit abhalten, ist heute fast vergessen und spielt auch praktisch keine Rolle mehr. So ändert sich der Zeitgeist. Hier ist wieder nach der demokratischen Toleranz zu fragen, wenn solche Feiern der Truppe gestört werden. Für den Rekruten stellt sich dabei die Demokratie als ein Auftraggeber dar, der das öffentliche Bekenntnis, diesen Auftrag erfüllen zu wollen, eigentlich als ein Ärgernis ansieht, der sich aber zugleich darüber beklagt, die Bundeswehr sei nicht in der Lage, ihren Soldaten den Sinn des Wehrdienstes zu erklären. Man wird mit solchen Kritikern diskutieren müssen, soweit sie sich der Diskussion überhaupt öffnen. Es erscheint dann immer wieder das gleiche Motivbündel: Die Ablehnung des Militärischen oder der Wehrpflicht aus allen möglichen Gründen, die Ablehnung des Zeremoniellen im Erscheinungsbild der Bundesrepublik als Nationalstaat und der Widerspruch gegen ein vermeintliches Herausheben der Soldatenpflichten im Vergleich mit den Pflichten anderer Staatsbediensteter. Hier wird oftmals fehlende demokratische Toleranz zum Widerstand hochstilisiert. Der Beobachter vermißt zumindest eine Distanzierung von bloßen Krawallmachern. Daß die Inpflichtnahme zum Wehrdienst durch den Dienstherrn „*Bund*" mit dem Dienst des Lehrers oder Polizeibeamten gleichbehandelt werden soll, beweist außer einem Mangel an Bildung auch die irregeleitete öffentliche Bewußtseinslage, wonach es jungen Männern ja freistehe, Wehrdienst zu leisten oder Zivildienst. *Demokratische Toleranz?*

Zusammen-
gehörigkeits-
gefühl

Beim Großen Zapfenstreich auf öffentlichen Plätzen muß die Bundeswehr ebenso häufig gegen Störungen durch Protestgruppen geschützt werden. Das Polizeiaufgebot erweckt zuweilen das Gefühl der Peinlichkeit. Hier hat es die Bundeswehr wohl mit demselben Mangel an demokratischer Toleranz zu tun wie beim Gelöbnis außerhalb von Kasernen. Bei einem Teil dürfte es auch nur Intoleranz gegenüber Blasmusik sein. Das als martialisch abgelehnte Zeremoniell ist in Wahrheit eine der friedlichsten und feierlichsten Militärmusikfestlichkeiten, die es in der Welt gibt. Der gültige Traditionserlaß bezeichnet den Großen Zapfenstreich als Ausdruck von Zusammengehörigkeitsgefühl. Zu keinem anderen Zweck wird er wohl auch mitunter bei Schützenvereinen aufgeführt.

Klischee
vom Kadaver-
gehorsam

Diese fast 150 Jahre alte *„Partitur für die ganze Armee"* – vorher gab es nur die Musik der Waffengattungen – enthält wichtige Traditionselemente, über die eine Unterrichtung der Soldaten und der Öffentlichkeit sich lohnt. Der zum Einmarsch der Ehrenformation und des Orchesters gespielte Marsch des Yorck'schen Korps erinnert wohlweislich an den Gehorsam höherer Qualität in der preußisch-deutschen Geschichte und widerspricht damit den Vielen, die das Klischée vom preußisch-deutschem Kadavergehorsam kenntnisarm und gedankenlos weitersagen[1].

Ausdruck für
Disziplin

Das Zapfenstreichsignal und das kommandierte Zeremoniell sind ein Ausdruck der Disziplin. Das Wort Disziplin ist heute im öffentlichen Bewußtsein eher negativ besetzt, aber doch läßt sich mit Beispielen erklären, welche Plage eine Armee ohne Disziplin ist. Diese Beispiele braucht man nicht aus dem Dreißigjährigen Kriege zu holen, in unserer Gegenwart erreichen uns täglich Berichte aus gar nicht so fernen Ländern. Disziplin ist eine Soldatenpflicht, aber sie ist auch ein Gut, an dem die Bevölkerung ein hohes Eigeninteresse haben sollte.

Religiöse
Toleranz

Beten kann nicht befohlen werden. Das Signal zum Gebet ist in Wahrheit kein Befehl zum Gebet, sondern der Aufruf, still zu werden, weil nach der Tradition die Stunde des Gebetes gekommen und Achtung gegenüber denen, die beten – ob Katholik, Protestant, Moslem, Jude oder Orthodoxer – ein Gebot der Kameradschaft und des Zusammenhalts der Armee ist. Es ist in Vergessenheit geraten, daß religiöse Intoleranz in Deutschland ein düsteres Kapitel unserer Geschichte und eine Ursache für die Auswanderung vieler nach Amerika gewesen ist. Es ist genauso vergessen worden, daß religiöse Toleranz zuerst in Preußen, und hier in seiner Armee, durchgesetzt worden ist. Viele Menschen sind aufgrund religiöser Intoleranz in anderen Staaten Europas gerade in Preußen eingewandert. Mit dem Blick auf die Einsatzräume unserer Soldaten auf dem Balkan, aber auch auf manche Quartiere deutscher Städte heute, darf diese historische Errungenschaft

---

1. Der Name Yorck von Wartenburg: Johann 1812 Konvention von Tauroggen, Peter 1944 Aufstand des Gewissens.

religiöser Toleranz in Deutschland mit Fug und Recht bei Gelegenheit in Erinnerung gerufen werden.

Der moderne Mensch will merkwürdigerweise nicht wahrhaben, daß er außer seinem Verstand auch ein Herz hat. Er scheut sich, seine eigene Sinnenhaftigkeit anzunehmen. Sein vermeintlicher Rationalismus verkürzt andere Seiten der eigenen Natur. So begreift er nicht gleich, daß äußerliche Zeichen wie das Aufstehen vor Gericht Anerkennung des Gerichts bedeutet und dies durchaus der Wahrheitsfindung dienen kann. Es fällt ihm schwer, in der militärischen Formensprache den vernünftigen Zweck zu erkennen, nämlich die Übung und Darstellung der Disziplin und Gleichheit. Gewiß, die Nationalsozialisten haben Symbole und die Gefühle der Soldaten fürchterlich mißbraucht, die SED setzte Feier und Symbolik ebenfalls im Übermaß ein; das sollte der Nachwuchs der Bundeswehr wissen. Aber die Vernunft wird darauf bestehen, daß Verschiedenes auch verschieden zu betrachten ist. *Verstand und Herz*

Am 29. Januar 1999 lesen wir in der Frankfurter Allgemeinen Zeitung einen Artikel über die Schlüsselübergabe des neuen Reichstagsgebäudes an den Präsidenten des Deutschen Bundestages. Es heißt: *„Ihr folgt kein Festakt, sondern eine Rede des Bundestagspräsidenten, an die sich eine Regierungserklärung und eine Debatte zum Thema Vollendung der Einheit anschließen. Das ist ein angemessenes Thema; vor allem aber ermöglicht es, das zu vermeiden, wovor man offenkundiges Unbehagen verspürt: Feierlichkeit und Überhöhung. Nur keine Weihestunde – lieber gleich in den parlamentarischen Alltag eintauchen, lautet offenkundig die Devise."* *Keine Weihestunde*

Haben Weimarer Republik und Bundesrepublik nicht eines gemeinsam: ein außerordentlich geringes Profil an Formen und Feiern? Machen sie es vielleicht auch dadurch dem Bürger schwer, sich emotional mit dieser Demokratie zu identifizieren? Wir Deutschen streben mit den Erfahrungen unserer oft unglücklichen Geschichte nach Sicherheit und Geborgenheit. Die Tradition der Freiheit ist vergleichsweise schwach. Freiheit ist eine Herausforderung an den Einzelnen. Mancher ist ihr nicht gewachsen, scheut das Risiko, sucht Sicherheit zuallererst. Viele Menschen im Gebiet der früheren DDR riefen im Jahre 1989 nach Freiheit, verloren nach der Vereinigung aber die Scheinsicherheit des real existierenden Sozialismus bei Wohnen, Arbeiten und Kinderbetreuung. Heute ist der Ruf nach Freiheit verhallt und vergessen, die Klage über den Verlust der Sicherheit aber ist allgegenwärtig. *Identifikationsschwierigkeiten*

Wer die Herausforderung der Freiheit nicht annimmt oder ihr nicht gewachsen ist, wer zudem die Geborgenheit des christlichen Glaubens nicht kennt oder verloren hat, sucht nach einfachen Worten und Erklärungen, empfindet Pluralismus und politische Streitkultur als Mißstand und ist unduldsam gegen Verunsicherungen. Der Einzelne zieht sich in sein Kästchen zurück und entwickelt leicht feindliche Beziehungen mit Individuen *Gemeinsame Grundwerte* und Gruppen in anderen Kästchen, die ihn verunsichern könnten. Kollektive Plausibilitäten zerfallen, überlieferte Selbstverständlichkeiten sind keine mehr. Gemeinschaften, die gleiche Überzeugungen vertreten, werden immer kleiner und immer privater. Zweifel kommen auf, ob unsere Gesellschaft noch von gemeinsamen Grundwerten zusammengehalten wird, wenn einmal ganz schlechte Zeiten kommen.

Sinnkrise? Dieser gesellschaftliche Vorgang spiegelt sich auch in den Streitkräften. Die Armee gerät dabei in eine schwierige Sinnproblematik. In Publikationen wurde auch der Ausdruck Sinnkrise gebraucht. Diesem Phänomen ist mit intellektuellem Aufwand, mit Tradition als Arbeit, nicht völlig beizukommen. Sinnstiftung ist auch ein emotionales Geschehen. Um dabei Manipulationen vorzubeugen, können in den Streitkräften sinnvolle militärische Formen und Feiern nützlich sein. Dies gilt in ziviler Entsprechung für den Staat ebenso. Bei Jörg Splett finden wir eine schöne Beschreibung:

Innehalten „*Bei Fest und Feier tritt der Mensch gleichsam aus dem Fluß der Zeit heraus, in welchem er alltäglich treibt. Er schaut dies Fließen an – im Blick zurück auf die Quelle und die bislang durchmessene Strecke, den Blick voraus auf das geahnte Ziel, zu dem er auf dem Wege ist, in Besinnung auf das Wandern selbst, den ständigen Abschied und das immer neue Auftauchen von Neuem*".

Symbolwandel In der Feier wird das Fest begangen, ihr Vollzug schließt Zeremonielles oder Rituelles ein. In der Vertrautheit des wiederkehrenden Gleichen im Vollzug der Feier erfüllt sich die Erwartung des Menschen nach Sicherheit, nach Identität. Feier vollzieht sich in Gemeinschaft, ob in der Familie oder im Volk. Jeder Gemeinschaftsvollzug setzt Handlungsregeln voraus. Die Sprache des Rituellen ist ein Zeichengebilde. Militärische Formen und Feiern sind solche Zeichen. Sie können auch musikalischen Ausdruck haben. Überlieferte Formen und Symbole büßen ihre Geltung ein, wenn das, wofür sie standen, dahin ist. Solchen Symbolwandel hat es immer gegeben, in historischen Abständen. Heute ist neu, mit welchem Tempo er sich vollzieht.

Autorität

Gemeinschaft stiften Die Armee muß, will sie an Symbolen festhalten, darum bemüht sein, ihren Sinn immer wieder in Erinnerung zu rufen. Was das Symbol ausdrücken soll, ist stets größer als das Symbol selbst. Ein Geschenk kann auch niemals soviel wert sein wie die Zuwendung, die mit dem Geschenk ausgedrückt werden soll. Die Feier ist eine ausdrückliche Gutheißung des Symbols und eine Vertrauenswerbung für das, was mit dem Symbol versinnbildlicht werden soll. Formen und Symbole wollen Gemeinschaft stiften. Für Goethe war Überlieferung nahezu gleichbedeutend mit Autorität im Sinne von (lat.) auctoritas = Urheberschaft.

Man kann fragen, ob die Achtundsechziger-Bewegung in Westdeutschland gegen falsche, weil überholte, Autoritäten aufbegehrte oder sogleich ganze Arbeit leistete, indem sie Autorität prinzipiell infragestellte. Vor 1968 antworteten bei Meinungserhebungen auf die Frage, ob man seine Eltern achten soll, weil sie die Eltern sind, Mehrheiten mit ja. Nach 1973 antworteten auf dieselbe Frage Mehrheiten mit nein. Die Alternative des Elternrespektes war in der Frage so ausgedrückt: ...weil sie sich wohlverhalten. Übertragen wir dies einmal auf das Verhältnis des Bürgers zu seinem Staat hierzulande. Wird er nicht bloß dort und solange geachtet, wo und soweit wie er die Erwartungen erfüllt? Hier hat ein revolutionärer Wertewandel stattgefunden. Die Bundeswehr muß in ihrer Traditionspflege darum bemüht sein, die Autorität zu begründen und zu stärken, ohne die der Dienst und der Auftrag des Soldaten seinen Sinn verliert.

Autorität neu begründen

Was noch fehlt

Im Zuge des europäischen Zusammenwachsens sollte die Bundeswehr die selbst begründeten Traditionen in der internationalen Verständigung und Zusammenarbeit der Streitkräfte hoch bewerten. Es hat in den Neunziger Jahren den Anschein gehabt, als ob die Bundeswehr in der Öffentlichkeit, von wenigen Ausnahmen abgesehen, einseitig mit der nationalen Gelöbnisfeier für die Rekruten aufgetreten ist. Das ist etwas wenig an öffentlich sichtbaren Formen und Feiern für eine Armee, die sich im nächsten Jahrzehnt mit ihren Haupttätigkeitsfeldern auf freiwillige Soldaten abstützt und auf europäische kollektive Konfliktbearbeitung ausrichtet. Ganz davon abgesehen, daß der Wehrsold bald schon in europäischer Währung ausgezahlt wird.

Europäisches Problem

Die Bundeswehr sollte sich mit ihren Verbündeten in Europa zusammentun auf der Suche nach gemeinsamen Erfahrungen aus der Geschichte, nach gemeinsamen gültigen Überlieferungen für Gegenwart und Zukunft. Vielleicht kann daraus allmählich und bedachtsam ein gemeinsamer Bestand an Symbolen, Formen und Feiern abgeleitet werden.

63

1.2 Heinrich Walle

Gehorsam im Konflikt: Widerstehen im NS-Regime

Methodologische Überlegungen über den Eid des Soldaten und das Spektrum von Artikulationen gegen die nationalsozialistische Gewaltherrschaft

Die Szenerie war gespenstisch: Im grellen Licht geparkter Lkws werden in den ersten mitternächtlichen Minuten des 21. Juli 1944 vier Offiziere einzeln in den Hof des Oberkommandos der Wehrmacht in der Bendlerstraße 13 in Berlin vor einen Sandhaufen geführt und von einem Kommando von zehn Unteroffizieren unter dem Befehl eines Leutnants erschossen.

Standgericht   General der Infanterie Friedrich Olbricht, Oberst i.G. Claus Schenk Graf von Stauffenberg, Oberst i.G. Albrecht Ritter Mertz von Quirnheim und Oberleutnant d.R. Werner von Haeften waren am 20. Juli 1944 gegen 23.00 Uhr durch ein Standgericht zum Tode verurteilt worden.

Das Attentat   Oberst i.G. Graf von Stauffenberg hatte an diesem Tage gegen 12.30 Uhr im Führerhauptquartier *„Wolfsschanze"* in der Nähe des ostpreußischen Städtchens Rastenburg den Zünder einer Sprengladung in Gang gesetzt, welche zehn Minuten später in unmittelbarer Nähe Hitlers, in dessen Lagebaracke, detonierte. Wider Erwarten blieb der *„Führer"* am Leben, während vier Teilnehmer der Lagebesprechung ihren Verletzungen erlagen und die meisten der übrigen zwanzig Anwesenden teilweise schwere Verletzungen erlitten.

Staatsstreich   Stauffenberg und sein Adjutant von Haeften, der ihn bei dieser kühnen Aktion begleitet und unterstützt hatte, glaubten fest, daß Hitler dem Sprengstoffanschlag erlegen war. So wurde am Nachmittag des 20. Juli 1944 nach Rückkehr Stauffenbergs in Berlin gegen 16.00 Uhr der Staatsstreich ausgelöst, mit dem die Verschwörer die vollziehende Gewalt im Reich übernehmen und das Unrechtregime des Nationalsozialismus beseitigen wollten.

Durch den Tod Hitlers, dem alle Soldaten der Wehrmacht unter Anrufung Gottes *„unbedingten Gehorsam"* zu schwören gezwungen waren, hofften die Widerstandskämpfer, den *„eidfreien"* Zustand herbeizuführen, der es der Mehrheit der deutschen Soldaten ermöglichen sollte, ohne Gewissenskonflikte eine Abkehr von den nationalsozialistischen Machthabern vollziehen zu können.

Hitler hatte jedoch das Attentat, wenn auch leicht verletzt, überlebt. Sobald diese Nachricht bekannt wurde, brach der Staatsstreich in sich zusammen. Generaloberst Ludwig Beck, geistiger Vater der Verschwörung und designiertes Staatsoberhaupt, starb kurz vor Mitternacht, nachdem er vergeblich versucht hatte, sich selbst zu töten, durch die Kugel eines Feldwebels.

Diese ersten fünf Opfer bildeten den Auftakt einer grausamen Abrechnung des nationalsozialistischen Terrorsystems, dem etwa 250 Offiziere als unmittelbar Beteiligte zum Opfer fielen. Gleichzeitig wurden aus Anlaß der Niederschlagung der Verschwörung nahezu 7.000 Personen verhaftet und etwa 5.000 davon umgebracht. *Die Opfer*

Ziel und Vermächtnis des Widerstandes

Dieser in einem *„Aufstand des Gewissens"* vollzogene Anschlag auf Hitler sollte eine Abkehr von Verbrechen und eine Verhinderung der drohenden militärischen Niederlage des Deutschen Reiches ermöglichen. Den Alliierten sollte zugleich die Ernsthaftigkeit der Oppositionsbestrebungen verdeutlicht werden. Dabei sollte auch die Armee als bewaffnete Macht die Voraussetzung einer Befreiung vom nationalsozialistischen Unrechtssystem schaffen. Die führenden Attentäter hatten das feste Ziel, die *„Herrschaft des Rechts"* als Voraussetzung für Freiheit und Reform wiederherzustellen. Damit zeigte sich gerade im militärischen Widerstand eine Selbstbegrenzung des Handelns und die Anerkennung des *„Primats der Politik"*, wie ihn der preußische Reformer Carl von Clausewitz als Grundlage einer verfassungsmäßigen Einbindung der bewaffneten Macht in den Staat gefordert hatte. Auf dieser Grundlage nahm die Widerstandsbewegung den politischen Konsens voraus, wie er nach 1945 im Grundgesetz der Bundesrepublik Deutschland als Voraussetzung für das Funktionieren unserer freiheitlichen demokratischen Rechtsordnung wurde. *Herrschaft des Rechts*

Dem deutschen Widerstand ist der Erfolg versagt geblieben, das Nazi-Regime zu stürzen. Aber: Diese Frauen und Männer haben ihr Leben gegeben, um Deutschland von der Schande zu befreien, die die nationalsozialistischen Verbrecher über unser Vaterland gebracht haben. Der deutsche Widerstand war wesentliche moralische Voraussetzung für die Rückkehr des deutschen Volkes in die Gemeinschaft der zivilisierten Nationen. *Von der Schande befreien*

Der deutsche Widerstand gegen totalitäre Herrschaft zeigt, daß uns Menschenwürde, Freiheit und Gerechtigkeit nicht geschenkt sind, sondern daß sie errungen und geschützt werden müssen. In dieser Tradition steht auch die Bundeswehr. Ihren Auftrag zum Einsatz für Frieden, Freiheit und Humanität ist sie auch den Frauen und Männern des deutschen Widerstandes schuldig, die für diese Werte ihr Leben gaben.

65

Meuterer oder Attentat und der Versuch des Staatsstreiches vom 20. Juli 1944 waren
Helden aber auch tragische Höhepunkte und Ausdruck äußerster Illoyalität gegenüber einem verbrecherischen System, das Deutschland in einen Weltkrieg
verwickelt hatte, der dann nach weiteren neun Monaten zum *„finis Germaniae"* führte. Dieses Ende hatte Ludwig Beck bereits 1938 in einer seiner
berühmten Denkschriften vorausgesagt. Wenn die Bundeswehr das Anden-
ken der Männer des militärischen Widerstandes ehrt und sie als Vorbilder
für Soldaten sieht, die einen Staat, in dessen Grundgesetz die Menschrech-
te unverrückbar verankert sind, verteidigen sollen, so wird zu fragen sein,
warum diese Männer nicht doch Meuterer oder Revolutionäre waren, die
in einer Art dialektischem Umkehrschluß zu Helden hochstilisiert werden.

Unbedingter Die zentralen Überlegungen aller am militärischen Widerstand Betei-
Gehorsam ligten richteten sich auf das Problem, inwieweit aufgrund des geleisteten
Eides eine Treuepflicht bestand. Die am 2. August 1934 unmittelbar nach
dem Tod des Reichspräsidenten Paul von Hindenburg durchgeführte er-
neute Vereidigung der Soldaten mit der bis 1945 gültigen Eidesformel:
*„Ich schwöre bei Gott diesen heiligen Eid, daß ich dem Führer des
Deutschen Reiches und Volkes, Adolf Hitler, dem Oberbefehlshaber der
Wehrmacht, unbedingten Gehorsam leisten und als tapferer Soldat bereit
sein will, jederzeit für diesen Eid mein Leben einzusetzen"*, war in der
deutschen Militärgeschichte etwas Ungeheuerliches. Als Neuerung wurde
die Anrufung Gottes für alle Soldaten, unabhängig von ihrer Konfession
oder ihrem Glauben, obligatorisch. Noch weitergehend und später so ver-
hängnisvoll aber war die Formulierung *„unbedingten Gehorsam leisten"*
gegenüber einer Person, die keinerlei Einschränkungen aus Gewissens-
gründen zuließ.

Rechtliche Die Soldaten der Reichswehr hatten „Treue der Reichsverfassung" ge-
Bindung schworen und, daß sie *„das Deutsche Reich und seine gesetzmäßigen Einrichtungen jederzeit schützen"* wollten. Damit wird eine eindeutige Festlegung auf eine Rechtsordnung vorgesehen, welche die Grundrechte enthielt und damit auf dem naturrechtlich begründeten Sittengesetz beruhte.

Ein Vergleich von Eidesformeln bis zu den Anfängen stehender Heere
im 16. und 17. Jahrhundert zeigt, daß ein uneingeschränkter Gehorsam de
jure nie verlangt wurde. Der Eid war eine Beteuerung gegenseitiger Verpflichtung. Jede Eidesformel, bis hin zu der bei der Reichswehr gültigen,
enthielt den Hinweis auf eine rechtliche Bindung. Früher waren das in der
Regel die Kriegsartikel, die immer einen Bezug auf das christliche Sittengesetz enthielten, wodurch im Prinzip Grenzen von Befehl und Gehorsam
festgelegt waren. Umgekehrt war auch der Eidnehmer (bis 1918 der jeweilige Landesherr) zur Einhaltung seiner Verpflichtungen gegenüber den Soldaten angehalten, die in den Kriegsartikeln oder in den Gesetzen niedergelegt waren. So handelte es sich beim militärischen Eid immer um ein
Treueversprechen auf Gegenseitigkeit.

Wenngleich die Vereidigung der Reichswehr auf die Verfassung seit 1919 von vielen Soldaten, die aus der alten Armee kamen, als etwas Abstraktes und nicht Greifbares empfunden wurde, so war die neue Vereidigung auf Hitler durch ihren Absolutheitsanspruch keineswegs ein Wiederanknüpfen an die persönliche Bindung, an einen Souverän wie vor 1918. Zu den wenigen, die das damals (1934) schon in der vollen Tragweite erkannten, gehörten vor allem Soldaten, die später beim militärischen Widerstand eine führende Rolle spielen sollten. Offiziere wie Ludwig Beck, Henning von Tresckow oder Hans Oster haben den Eid auf Hitler nur unter größten Bedenken geleistet. Sie hofften, daß Hitler in seiner Forderung nach unbedingtem Gehorsam nicht die Verübung von Verbrechen verlangte. *Wenige erkannten die Tragweite*

Durch den Charakter des militärischen Eides als einem Treueversprechen waren also die Grenzen militärischen Gehorsams von jeher festgelegt. – Treue als ein sittlicher Wert darf nicht zur Befolgung unsittlicher und damit verbrecherischer Befehle mißbraucht werden. *Treue – sittlicher Wert*

Das Offizierkorps, dessen Tradition zum großen Teil aus dem mittelalterlichen Rittertum herrührte, war einem strengen Ehrenkodex verpflichtet, der ebenfalls starke Elemente der christlichen Sittenlehre enthielt. So finden wir in damaligen sogenannten Offiziersspiegeln zum Beispiel Anweisungen, daß der Offizier die Befehle des Königs auszuführen habe, sofern sie nicht seine Ehre verletzen.

Die Folge dieser Verhaltensregeln war, daß Offiziere in deutschen Heeren – in den übrigen europäischen Armeen war das kaum anders – sich immer eine gewisse Unabhängigkeit bewahrt haben. Der willenlose, total funktionierende Erfüllungsgehilfe war nie das Idealbild des deutschen Offiziers. So konnte sich auch aus dieser Haltung heraus jene Auftragstaktik entwickeln, deren wichtigste Säule der loyale, treue und mitdenkende Offizier ist. *Der Offizier denkt mit*

Nun beruht eine Armee seit jeher auf dem Prinzip von Befehl und Gehorsam. Auch in der Vergangenheit war man sich durchaus darüber im klaren, daß menschliche Schwäche und Unzulänglichkeit eine starke Quelle für Ungehorsam ist. So waren die Sanktionen für militärischen Ungehorsam auch gegenüber den Offizieren aller Dienstgrade hart. Dennoch hat es in der deutschen Militärgeschichte eine Reihe von Beispielen des „Ungehorsams" gegeben. *Befehl fordert Gehorsam*

In der in einem Lesebuch für Mädchen von 1941 abgedruckten Kurzgeschichte von Hans Franck „*Das Königsduell*" wird eine Begebenheit geschildert, bei der Friedrich der Große bei einer Truppenrevue einen Leutnant für eine Ungeschicklichkeit über Gebühr tadelt und ihn dadurch vor der Front in seiner Ehre kränkt. Der junge Mann tritt vor den König, nimmt Haltung an und fordert den König zur Wiederherstellung seiner Ehre zum Duell. Er zieht eine seiner Pistolen und ruft: *„Majestät haben den ersten*

67

Schuß. Da ich jedoch Majestät nicht zu befehlen habe, gebe ich ihn für Eure Majestät ab." – Der Leutnant feuert in die Luft und zieht seine zweite Pistole. „*Der zweite Schuß gehört mir*", ruft er dem König zu. „*Da ich aber Majestät die Treue geschworen habe, kann ich nicht auf den König feuern!*" – Nach dieser Erklärung erschießt sich der Leutnant selbst.

Recht auf Ehre   Mag diese Anekdote auch nur erfunden sein und mögen wir heute die Reaktion des in seiner Ehre gekränkten Offiziers als überzogen empfinden, so ist sie andererseits für die Haltung und Auffassung eines Mannes, der eine freiwillige Bindung eingegangen ist und für eine entsprechende Behandlung eintritt, bezeichnend. Darüber hinaus zeigt diese Begebenheit, wie der absolutistische Herrschaftsanspruch eines Monarchen des 18. Jahrhunderts mit dem Recht auf ehrenhafte Behandlung in Konflikt geraten konnte. Von Friedrich dem Großen ist bekannt, daß er sich gegenüber seinen Offizieren durchaus willkürlich verhalten konnte und es keine Instanz der Beschwerde gab. Dennoch wurde von den Betroffenen ehrenvolles Verhalten erwartet, das sie dann fast ausnahmslos teuer bezahlen mußten.

Ungehorsam statt Unehre   Ähnlich, wenngleich nicht so dramatisch, verhielt es sich im Fall des Freiherrn von der Marwitz, der dem Befehl Friedrichs des Großen, das Schloß des sächsischen Ministers, Baron Brühl, zu plündern, nicht nachkam, da er dies mit seiner Ehre nicht vereinbaren konnte. Diese drastische Maßnahme sollte eine Vergeltung für die Plünderung Berlins und des Schlosses Sanssouci sein, an der sich sächsische Truppen beteiligt hatten. Friedrich von der Marwitz mußte seinen Abschied nehmen und starb verbittert. Auf seinen Grabstein ließ er meißeln: „*Ich wählte Ungnade, wo Gehorsam nicht Ehre brachte!*"

Auch der bekannte General von Yorck hatte sich schon als Leutnant geweigert, die Befehle eines Stabskapitäns zu befolgen, der im bayerischen Erbfolgekrieg 1778 eine Altardecke gestohlen hatte. Er wurde deshalb 1780 zunächst aus der Armee entlassen. Er hatte es mit seiner Ehre nicht vereinbaren können, Befehle eines Plünderers auszuführen. Auch die Konvention von Tauroggen, durch die sich der spätere General 1812 – mitten im Krieg – mit seinen Truppen auf die Seite des Gegners schlug und dadurch maßgeblich zur Rettung Preußens und zur Wiedererringung seiner Großmachtstellung beitrug, wurde ihm vom König nie verziehen. Bei der Erhebung in den Grafenstand erhielt er deshalb nicht den Titel nach seiner bedeutendsten geschichtlichen Leistung, sondern nach seinem historisch weniger bedeutsamen Schlachtenerfolg bei Wartenburg.

Übergeordnetes Ziel   Nicht von ungefähr erscheint in der Zeit der Napoleonischen Kriege ein Theaterstück des ehemaligen preußischen Leutnants Heinrich von Kleist, in dem die Problematik des Ungehorsams zur Erreichung eines übergeordneten Zieles literarisch behandelt wird. „*Der Prinz von Homburg*", so der Name des Schauspiels, wurde in Berlin von der Zensur zunächst verboten.

Der eigenmächtig vollzogene Wechsel der Allianz zur Rettung des Staates vor dem sicheren Untergang und der im Kleistschen Drama gegen den Befehl durchgeführte Angriff, der das Kriegsglück wendete, waren extreme Beispiele eines unabhängigen und sittlichen Werten verpflichteten Handelns. Das Kleistsche Beispiel war gar nicht so weit hergeholt, denn solche freien und ungeplanten Entscheidungen hat es im Siebenjährigen Krieg mehrfach gegeben. Letztlich ist daraus die Auftragstaktik entstanden, die bewußt bis auf die unterste Ebene einen Durchführungsspielraum zugestand. Entscheidend war aber, daß diese Aktionen von Erfolg gekrönt waren.

Wer den Unterführern einen gewissen Freiraum in der Methode der *Auftragstaktik* Auftragsdurchführung zugestand, riskierte zwangsläufig auch Pannen. Andererseits gewährte dieses System bei gut ausgebildeten und vor allem loyalen Offizieren eine große Flexibilität in der Führung. Dieser Vorteil überwog. Prinz Friedrich Karl von Preußen, einer der bedeutenden Heerführer in den Einigungskriegen von 1864 bis 1871, war stolz auf die Unabhängigkeit des preußischen Offizierkorps und sah darin eine wichtige Wurzel für dessen überlegene Führungsqualitäten. Er soll zu einem Major, der auf allzu starrer Ausführung taktischer Befehle beharrte, gesagt haben, daß der König ihn nicht zum Stabsoffizier ernannt habe, damit er Befehle ausführe, sondern damit er wisse, wann er einen Befehl nicht auszuführen habe.

Es hat in der Kriegsgeschichte bis 1945 immer wieder Fälle gegeben, wo auf der taktischen Ebene aufgrund der aktuellen Lage anders gehandelt wurde, als ursprünglich befohlen war. Die Fälle, wo ausdrücklich gegen einen eindeutigen Befehl gehandelt wurde, waren durchaus selten.

Wie man diese Dinge allgemein sah, dafür kann ein 1939 erschienener *Gehorsam* Aufsatz des Marburger Rechtsprofessors Erich Schwinge mit dem Titel: *und Verant-* „*Soldatischer Gehorsam und Verantwortung*" gelten. (Von Schwinge *wortung* stammt auch der offizielle Kommentar zum Militärstrafgesetzbuch, der von 1936 bis 1944 sechsmal aufgelegt wurde.)

In diesem Aufsatz wird deutlich, daß seinerzeit die Grenzen von Befehl *Entscheidend* und Gehorsam im Grunde genommen nicht eindeutig definiert waren, *der Erfolg* wenngleich Abweichungen von gegebenen Befehlen im Extremfall gebilligt wurden. Jedoch war das entscheidende Kriterium der Erfolg. Dies war bereits im Kleistischen Drama der springende Punkt. Jeder, der eine dezidierte Nichtbefolgung eines gegebenen Befehles auf sich nahm, riskierte damit sein Leben und wurde nur durch den Erfolg gerechtfertigt. Interessant an Schwinges Ausführungen ist der Umstand, daß einer konsequenten moralischen Diskussion aus dem Weg gegangen wird.

Die Fälle in Schwinges Aufsatz, wo es um vorwiegend sittlich begründete Abweichungen vom Befehl oder um Befehlsverweigerungen ging, lagen alle in der Zeit der Befreiungskriege oder davor. Bei späteren Beispie-

Grenzen von Befehl und Gehorsam len ging es mehr um taktische Fragen. Eindeutig verbrecherische Befehle wurden nicht diskutiert. Das Militärstrafgesetzbuch kannte im § 47 den Tatbestand der Verletzung eines Strafgesetzes durch einen dienstlichen Befehl. Hier wurden bereits, ähnlich wie im § 11 des Soldatengesetzes der Bundeswehr, die Grenzen einer Verbindlichkeit militärischer Befehle angesprochen. Auch in der Auflage von 1944 wird dies noch eingehend behandelt. Jedoch im Gegensatz zum heutigen Soldatengesetz gab es keine eindeutige Abgrenzung, da damals der Begriff der Erfüllung eines Tatbestandes im Sinne des Strafrechts sehr verschwommen war. Im Grunde genommen ist das im § 11 des Soldatengesetzes festgelegte Verbot der Erteilung und Befolgung von Befehlen, die ein Vergehen oder Verbrechen zur Folge hätten, die bisher eindeutigste Festlegung der Grenzen von Befehl und Gehorsam.

Notwehrrecht Was den militärischen Widerstand gegen Hitler und das NS-Regime betrifft, muß festgestellt werden, daß, soweit bekannt ist, bei allen Diskussionen der § 47 des Militärstrafgesetzbuches nie herangezogen wurde. Die Rechtfertigung für die Putsch-Versuche von 1938, 1939 und dann von 1944 wurde vornehmlich aus dem Notwehrrecht abgeleitet. Bereits 1938 hatte Generaloberst Ludwig Beck in seiner Vortragsnotiz vom 16. Juli festgestellt: *„Ihr soldatischer Gehorsam hat dort eine Grenze, wo ihr Wissen, ihr Gewissen und ihre Verantwortung die Ausführung eines Befehls verbietet."* Anlaß zu dieser mutigen Äußerung war seine Befürchtung, daß Deutschland durch Hitlers verantwortungslose Politik in einen Weltkrieg verwickelt werde, der letztlich das *„finis Germaniae"* bedeuten mußte. Insofern befanden sich die Männer des militärischen Widerstandes durchaus in einer alten Tradition des Offizierstandes, die letztlich aus dem christlichen Rittertum herrührte.

In schweren Gewissenskämpfen haben sie sich zu der Erkenntnis durchgerungen, daß der Treueschwur, der von einem verbrecherischen Tyrannen mißbraucht wurde, keine Gültigkeit mehr besaß.

Wiederherstellung des Rechts Die Männer des Widerstandes befanden sich in einem Dilemma: Der Krieg, in den Hitler das deutsche Volk geführt hatte, wurde von den Gegnern mit dem Ziel der Vernichtung Deutschlands geführt. Deshalb sollte in jedem Falle verhindert werden, daß der Staatsstreich zu einer Schwächung der Front führte. Den Männern des Widerstandes ging es um die Rettung Deutschlands und um die *„Wiederherstellung der Majestät des Rechts"*, wie es in ihrer vorbereiteten Regierungserklärung hieß. Deshalb sind diese Männer von jenen Kräften zu unterscheiden, die aus anderen Gründen die Niederlage Deutschlands herbeizuführen suchten.

Die Männer des Widerstandes haben klar erkannt, daß nur durch die Beseitigung Hitlers viele ihrer Kameraden, die das nationalsozialistische Unrechtssystem ablehnten, von einem schweren Gewissenskonflikt befreit, am Werk der Erneuerung Deutschlands mitzuwirken bereit waren. Die Tö-

70

tung Hitlers ist deshalb nicht als politischer Mord zu werten, sondern eher als Hinrichtung eines todeswürdigen Verbrechers.

In allen Darstellungen über den militärischen Widerstand gegen Hitler und das NS-Regime bilden die Ereignisse von Attentat und Umsturzversuch den dramatischen Höhepunkt und diese Aktionen waren auch unbestreitbar die äußerste Form von Widerstand. Das führt dazu, daß von vielen andere Handlungen wie beispielsweise die des Leutnants Michael Kitzelmann, der wegen seiner Äußerungen gegen das NS-Regime und seiner Zweifel am „*Endsieg*" von einem Kriegsgericht wegen „*Wehrkraftzersetzung*" am 11. April 1942 in Rußland zum Tode verurteilt und am 12. Juni 1942 erschossen wurde, oder des Kommandanten von „U 154", Oberleutnant zur See Oskar Kusch, der wegen seiner gegen Hitler und das NS-Regime gerichteten Äußerungen 1944 das gleiche Schicksal erleiden mußte, oder des in der Männerseelsorge engagierten Pallotinerpaters Franz Reinisch, der keineswegs den Wehrdienst als Sanitätssoldat verweigern wollte, wohl aber den Eid auf den gottlosen Hitler nicht abzulegen gewillt war und der deshalb ebenfalls sterben mußte, nicht als Widerstand angesehen werden, da diese Männer ja nicht gegen die NS-Herrschaft gekämpft hätten, indem sie auf deren Umsturz hinarbeiten. Man war bestenfalls geneigt, Michael Kitzelmann oder Franz Reinisch als tragische Opfer der nationalsozialistischen Gewaltherrschaft, aber nicht als Widerstandskämpfer zu akzeptieren. Dagegen wurden die Angehörigen der Widerstandsgruppe „*Weiße Rose*" als Widerstandskämpfer anerkannt, da sie immerhin kämpferische Aktivitäten gezeigt hatten, indem sie Gleichgesinnte um sich scharten und Flugblätter mit dem Aufruf zum Umsturz verteilten. Doch wollte man diese Gruppierung als zum zivilen Widerstand und nicht zum militärischen Widerstand gehörend betrachten, da sich ihre Aktivitäten gegen den Nationalsozialismus auf einem rein zivilen Bereich abgespielt hatten.

Damit, daß man nur diejenigen, die auf einen Umsturz hinarbeiten, als Widerstandskämpfer anzuerkennen bereit war, tritt eine Auffassung zutage, die noch aus den Nachkriegsjahren herrührt, als man zunächst nur die Männer des 20. Juli 1944 als eigentliche Widerstandskämpfer anerkannte, d. h. Personen, die sich unmittelbar die Beseitigung des nationalsozialistischen Herrschaftssystems zum Ziel gesetzt hatten. Andere Gruppierungen, sofern sie nicht zum konservativen Widerstand oder zum Widerstand kirchlicher Kreise gehörten, rückten erst viel später als Angehörige des Widerstandes ins Bewußtsein der Öffentlichkeit. Hier trat auch ein Problem der persönlichen Betroffenheit in Erscheinung, denn die Akteure des 20. Juli 1944 waren durchweg in Positionen, in denen sie auch Gelegenheit zur Teilnahme an der Verschwörung hatten. Das führte dazu, daß viele der damaligen und nicht am Widerstand beteiligten Zeitgenossen ihr regimekonformes Verhalten damit zu rechtfertigen suchten, daß sie aufgrund ihrer

Wiederstand gegen das Regime

Ziel des Widerstands: Umsturz

71

Stellung keine Gelegenheit zum Widerstand gegen das NS-Regime gehabt hätten. Hinzu kam, daß sich auch aufgrund der Entnazifizierung und ihrer recht vordergründigen und teilweise auch ungerechten Durchführung die Einstellung breitmachte, daß der Nationalsozialismus eigentlich von der Masse der Bevölkerung abgelehnt wurde und jeder zumindestens innerlich dagegen eingestellt gewesen sein wollte. Wer, außer den wenigen, die am Umsturzversuch teilgenommen hatten, war dann Widerstandskämpfer gewesen? Erschwerend für die Anerkennung auch anderer Aktivitäten gegen das NS-Regime war der Umstand, daß aufgrund der Verfahrensweise der Nachkriegsrechtsprechung Einzelpersonen und bestimmte Gruppierungen im nachhinein als Straftäter, Landesverräter oder schlechterdings als Kommunisten diffamiert und inkriminiert wurden, was teilweise noch bis zur Gegenwart anhält.

Das Leben eingesetzt

So wie der Historiker nicht legitimiert ist, Schuldzuweisungen zu machen, so ist er auch nicht legitimiert, die moralische *„Qualität"* von Widerstandskämpfern abzugrenzen. Claus Schenk Graf v. Stauffenberg, Hans Scholl, Michael Kitzelmann oder Oskar Kusch waren alle Soldaten und Männer, die aufgrund ihrer Aktivitäten gegen das Unrechtsregime des Nationalsozialismus ihr Leben eingesetzt und verloren haben. Darüber zu befinden, wer von ihnen der moralisch höherwertigere gewesen sein soll, ist keine Fragestellung der Geschichtswissenschaften. Daß die Tat des Attentäters vom 20. Juli 1944 eine andere historische Dimension hat als die Flugblattaktionen des Münchener Medizinstudenten und Sanitätsfeldwebels Hans Scholl oder die Versuche des Kommandanten von „U 154", Oberleutnant z. S. Oskar Kusch, seine Männer über den Unrechtscharakter des NS-Regimes zu informieren, ist keine Frage der moralischen Bewertung. Es ist auch keine Frage nach der Zugehörigkeit zum Widerstand, ob sich diese Personen, die hier nur als Beispiele für viele andere genannt werden, bei ihren Aktivitäten gegen das NS-Regime immer der Todesgefahr bewußt gewesen waren. Sie alle wußten, daß ein Offenbarwerden ihres Tuns für sie tödliche Folgen haben mußte, dennoch hat keiner der drei in selbstmörderischer Absicht gehandelt. Jeder dieser drei Soldaten hatte das getan, wozu er in seiner Stellung und mit seinen Möglichkeiten imstande gewesen ist. Das gemeinsame Anliegen dieser Männer war, sich gegen das Unrecht zur Wehr zu setzen.

Was bedeutet Widerstand?

Kein Verrat

„Es dauerte lange Jahrzehnte, bis die deutschen Widerstandskämpfer ihren angemessenen Platz im deutschen Geschichtsbild fanden und nicht mehr die Objekte für den Spott und die Ignoranz der deutschen Stammtische darstellten. Erst Jahre nach der militärischen Niederlage, welche die

Befreiung vom Nationalsozialismus mit sich brachte und das Hauptziel der Attentäter des 20. Juli erfüllte, konnte Widerstand gegen Hitler somit vom Nimbus des Verrats und der Feigheit befreit und ein Gespür für die sittliche Fundierung der Widerstandshaltung entwickelt werden..."[1]

Diese Feststellung, die Peter Steinbach am Anfang seines 1984 erschienenen Aufsatzes *„Der Widerstand als Thema der politischen Zeitgeschichte"* traf, worin er die geschichtliche Entwicklung des Begriffs „Widerstand" und dessen breites Spektrum am Beispiel der verschiedenen Gruppierungen von Gegnern des Nationalsozialismus aus unterschiedlichen Motiven aufzeigte, weist auf die Notwendigkeit der Definition von *„Widerstand"* hin. Nach Arthur Kaufmann ist Widerstand nicht erst das letzte Mittel gegen einen bereits völlig pervertierten Staat. Widerstand hat vielmehr die Funktion, bereits schon den Anfängen der Perversion zu wehren. Der beharrliche Widerstand gegen den bestehenden Zustand ist notwendig, damit Recht und Rechtsstaat immer und immer wieder regeneriert werden, so daß es zu einer solchen Ausnahmesituation gar nicht erst kommt, in der dem Unrecht allenfalls noch mittels Gewalt begegnet werden kann. So verstanden, ist der Widerstand ein Wesenselement des Rechts, gleichsam sein dynamisches Element und als solches einer gesetzlichen Fixierung naturgemäß entzogen. Widerstand in diesem Sinne ist keine Sache der Gewalt, und sollte Gewalt tatsächlich einmal nicht zu vermeiden sein, so ist sie doch keinesfalls ein Essentiale des Widerstandsrechts.

Den Anfängen wehren

Widerstand ist eine Sache des Geistes, eine staatsbürgerliche Haltung in vielfacher Schattierung: Mißtrauen gegenüber den Mächtigen, Mut zu offener Kritik, Neinsagen zum Unrecht, auch und gerade, wenn es ‚von oben' kommt oder die ‚herrschende Meinung' ist, Weigerung, einem als verwerflich erkannten Ziel zu dienen, Kundmachung widerrechtlicher geheimer Staatsaktionen – der Möglichkeiten sind Legion.

Widerstand – Sache des Geistes

Widerstand ist eine Absage an jene Haltung, die hierzulande als eine hochgeschätzte Tugend sogar sprichwörtlich geworden ist: ‚*Ruhe ist die erste Bürgerpflicht'* – ‚*Gehorsam ist der Christen Schmuck'.* Man fasse das aber nicht als eine Aufforderung zu Krawall und Revolte auf. Es geht um etwas ganz anderes: um die geistige Unruhe, das cor inquietum, und um überlegtes, eigenverantwortliches Handeln."[2]

Überlegtes Handeln

Arthur Kaufmann erklärte dann auch, daß Widerstand nichts mit Revolution zu tun hat, diese sieht er als *„Zwilling der Reaktionen",* denn sobald

---

1. Peter Steinbach, Der Widerstand als Thema der politischen Zeitgeschichte. Ordnungsversuche vergangener Wirklichkeit und politischer Reflexionen, in: Bekenntnis, Widerstand, Martyrium. Von Barmen 1934 bis Plötzensee 1944, hg. von Gerhard Besier und Gerhard Ringshausen, Göttingen 1984, S. 12.
2. Arthur Kaufmann, Einleitung, in: Widerstandsrecht, hg. von Arthur Kaufmann in Verbindung mit Leonhard E. Backmann, Darmstadt 1972 (= Wege der Forschung, Bd 173), S. XIII.

Vier Kriterien

diese gesiegt habe, trachte sie, den erreichten Zustand als unabänderlich zu sichern und jede Veränderung zu verbieten.

An dieser ersten Umreißung des Begriffes Widerstand sind vier Grundaussagen wichtig: Einmal, daß Widerstand zunächst eine geistige Haltung ist, sich dem Unrecht zu widersetzen, zum anderen, daß die Äußerung einer Widerstandshaltung nicht unbedingt die Anwendung von Gewalt bedeutet, drittens, daß Widerstand, d. h. Wider-Stehen bereits dort beginnen muß, wo es gilt, den Anfängen des Unrechts zu wehren und viertens, daß Widerstand eigenverantwortliches Handeln heißt.

Professor Dr. Albrecht Haushofer, der als Angehöriger zum Kreis der Männer des Umsturzversuchs vom 20. Juli 1944 in der Nacht vom 23. zum 24. April 1945 in Berlin erschossen wurde, hatte dies in einem seiner *„Moabiter Sonette"*, das den Titel *„Schuld"* trägt, in lyrischer Form zum Ausdruck gebracht.

Ich klage mich in meinem Herzen an:
ich habe mein Gewissen lang betrogen,
ich hab mich selbst und andere belogen –
ich kannte früh des Jammers ganz Bahn –
ich hab gewarnt – nicht hart genug und klar!
und heute weiß ich, was ich schuldig war...[3].

Widerstand: Gebärde der Weigerung

Ähnlich wie Arthur Kaufmann hat auch Adolf Arndt den Begriff Widerstand umrissen: *„Was ist denn Widerstand? Zum Widerstand wird alles, wodurch ein Mensch sich staatlichem Verlangen nach Gehorsam entzieht. Wird Staatsmacht ohne Maß so mißbraucht, daß sie totalitär nach dem Menschen greift und ihm nichts mehr als Eigenes seiner Menschlichkeit zu belassen sucht, ist jede Gebärde der Weigerung und jedes Zeichen der Mitmenschlichkeit Widerstand. Iwand* [Professor Dr. Hans-Joachim Iwand war 1952 Gutachter im Prozeß gegen Generalmajor Remer, der als Major maßgeblich an der Niederschlagung des Umsturzversuchs vom 20. Juli 1944 beteiligt gewesen war, Anm. d. Verf.] *bildet das Beispiel, daß widerstand, wer zum Grüßen den Hut zog, statt befehlsmäßig den Arm zu heben. In der Tat kann unter einem totalitären Regime jede Geste dieser Art einen Menschen um seine Freiheit, um sein Leben bringen."*[4]

Ergänzend zur Kaufmannschen Definition betont Adolf Arndt hier vor allem, daß sich Widerstand vornehmlich in einem totalitären Regime vollzieht und bereits ein geringfügiges Offenbaren eines Andersseins oder eines Dissenses für den Betreffenden schärfste Sanktionen nach sich ziehen konnte. Die Schärfe solcher Sanktionen bestimmten daher den Charakter

---

3. Albrecht Haushofer, Moabiter Sonette; mit einem Nachwort von Ursula Laack-Michel, München 21982 (1976), S. 47: XXXIX: Schuld.
4. Adolf Arndt, Agraphoi nomoi [d. i. „ungeschriebene Gesetze", Anm. d. Verf.]. Widerstand und Aufstand, in: Widerstandsrecht (wie Anm. 2), S. 528.

auch an sich unbedeutender Handlungen als Widerstand.[5] Hinzu kommt, *Sippenhaft* daß sich diese Sanktionen nicht allein auf den als Regimegegner Handelnden, sondern als Terrormaßnahme auch auf seine Angehörigen und Freunde erstreckten. So wurden beispielsweise die Ehefrauen und Kinder der Verschwörer vom 20. Juli 1944 in „*Sippenhaft*" genommen und das Familienvermögen beschlagnahmt. Auch Heinz Hürten greift diesen Gedanken auf, wenn er in der Diskussion über Widerstandsformen bemerkt, daß solche Äußerungen einer Gegnerschaft durch „*die Tendenz zur Wahrung der eigenen Identität, zur Selbstbehauptung*"[6] gekennzeichnet waren, indem sie dem totalitären Machtwillen des NS-Regimes Grenzen setzen wollten. Solche Handlungen mußten nicht notwendigerweise auf eine Beseitigung der nationalsozialistischen Herrschaft gerichtet gewesen sein. Mit dem Hinweis, daß Artikulationen gegen das NS-Regime – auch wenn sie nicht dessen Umsturz zum Ziel gehabt hatten – Widerstand sein konnten, hat Heinz Hürten ein weiteres wichtiges Kriterium des Widerstandsbegriffes gekennzeichnet.

Stufen des Widerstandes

Barbara Schellenberger untergliedert den Begriff Widerstand in drei *Von Unzufrie-* Stufen: *denheit bis*
1. Punktuelle Unzufriedenheit, die sich in Widerspruchshaltung äußert. *zum generel-*
2. Resistenz durch Nichtanpassung, Selbstbewahrung der Identität, indem *len Nein* man sich der Gleichschaltung zu entziehen suchte.
3. Ein auf den politischen Umsturz ausgerichteter, aktiver Widerstand, verbunden mit einem generellen Nein zum NS-System.[7]

In ihrer Bewertung des katholischen Jugendwiderstandes stellt sie fest: „*Ob in der Form der Nichtanpassung oder des Protestes, die katholischen Jugendlichen sind sehr fühlbare persönliche Risiken eingegangen, dafür bedurfte es nicht erst eines Attentatsversuchs.*" Wie die Dokumentation von Arno Klönne über den Widerstand Jugendlicher im Dritten Reich an

5. Vgl. hierzu: Klaus Tenfelde, Soziale Grundlagen von Resistenz und Widerstand, in: Der Widerstand gegen den Nationalsozialismus. Die deutsche Gesellschaft und der Widerstand gegen Hitler, hg. von Jürgen Schmädeke und Peter Steinbach, München 21986 (1985, 1986), S. 809.
6. Heinz Hürten, Selbstbehauptung und Widerstand der katholischen Kirche, in: Der Widerstand gegen den Nationalsozialismus (wie Anm. 4), S. 240. Vgl. auch: Klaus Gotto, Hans Günther Hockerts, Konrad Repgen, Herausforderung und kirchliche Antwort. Eine Bilanz, in: Katholiken und Nationalsozialismus, Mainz 1980, S. 101 ff., besonders S. 102.
7. Barbara Schellenberger, Katholischer Jugendwiderstand, in: Der Widerstand gegen den Nationalsozialismus (wie Anm. 4), S. 324, auch für das folgende.

vielen erschütternden Fallbeispielen belegt[8], galt dies auch für die Angehörigen anderer Jugendgruppen und der Bündischen Jugend. Oskar Kuschs Konflikt mit dem NS-Regime während seiner Zugehörigkeit zur Bündischen Jugend wies dies in aller Deutlichkeit auf.

Selbstverständlich spielte die Zugehörigkeit zu einer sozialen Gruppe, sei es beispielsweise einer kirchlichen Organisation oder einer politischen Partei, einer ihr nachgeordneten Gliederung oder die Mitgliedschaft in der verbotenen Bündischen Jugend eine entscheidende Rolle, um mit dem NS-System in Konflikt zu geraten.

Langsam reifende Überlegung

Klaus Tenfelde kommt aber zu der Feststellung: *„Soziale Erklärungsansätze für Motive, Formen, Strategien und auch Wirkungen von Widerstand im engeren Sinn können [...] in der Regel nicht überzeugen. Die Bereitschaft zum Risiko für Leben und Gesundheit impliziert wohl stets einen Willensakt und geht auf oftmals langjährige, langsam reifende Überlegungen zurück.“*[9]

Gefährlich

Betrachtet man die Biographien zahlreicher Männer und Frauen der unterschiedlichsten Gruppierungen des Widerstandes, so läßt sich in vielen Fällen doch eine klare und bewußt getroffene Entscheidung nachweisen. Selbst da, wo keine Zeugnisse einer Reflexion über das eigene Handeln vorliegen, legen aber die Stetigkeit und Bewußtheit, mit der sich die Betreffenden gegen das NS-Regime geäußert haben, den Schluß nahe, daß sie sich über die möglichen Sanktionen, die ihnen drohten, in irgend einer Weise bewußt gewesen sind, wenngleich sie auch nicht damit gerechnet haben mögen. Jedermann wußte in den Jahren von 1933 bis 1945, wie gefährlich schon die geringsten Äußerungen gegen das NS-Regime werden konnten.

Militärischer Widerstand

Sonderform: Umsturzversuch

Wolfgang Schieder definiert Militärischen Widerstand als *„organisierten“* Widerstand, den er erst auf der Kommandoebene der Offiziere ansetzte. Er spricht von einem Widerstand der „unteren Linie", d. h. vom Leutnant aufwärts und von einem Widerstand der „oberen Linie", die vom Generalmajor aufwärts beginnt.[10] Schieder bezeichnet damit eine Spezialform des Widerstandes, die sich auf die Umsturzversuche seit 1938 bezog.

---

8. Arno Klönne, Gegen den Strom. Ein Bericht über Jugendopposition im Dritten Reich, hrsg. vom Hessischen Jugendring in Verbindung mit der Hessischen Landeszentrale für Heimatdienst, Hannover, Frankfurt 1958.
9. Tenfelde (wie Anm. 4), S. 807.
10. Wolfgang Schieder, Zwei Generationen im militärischen Widerstand gegen Hitler, in: Der Widerstand gegen den Nationalsozialismus (wie Anm. 4), S. 440 ff.

Peter Hoffmann definiert in einem Beitrag: *„Der militärische Wider-stand in der zweiten Kriegshälfte 1942–1944/45"* Widerstand als ein Spektrum von Aktionen, die von der Ablehnung des Programms dieser Ideologie und ihren Auswirkungen bis zur offenen oder heimlichen Gegentätigkeit reichen.

„Widerstand gegen das nationalsozialistische Regime ist zu definieren als die offene oder versteckte Weigerung, sich der Politik des Regimes zu beugen, äußersten Falles der offene oder geheime Kampf gegen diese Politik und ihre Träger" (S. 395).

Ergänzend stellte Hoffmann fest, daß es aufgrund der perfekten Etablierung der nationalsozialistischen Gewaltherrschaft *„zu verbreiteter und langanhaltender Widerstandstätigkeit in Gestalt der passiven Verweigerung oder der Sabotage, zu einem Volkswiderstand mit der Aussicht, das Regime zu lähmen"* (S. 395) in Deutschland nicht gekommen ist. Ähnlich wie Wolfgang Schieder sieht er den militärischen Widerstand als Sonderform. Jeder der von Angehörigen der militärischen Führung geplanten Umsturzversuche, 1938, 1938 bis 1940 und 1942 bis 1944 war eine besondere Form des militärischen Widerstandes, der trotz Parallelen scharf zu unterscheiden ist. Generell definiert Peter Hoffmann *„militärischen Wider-stand"* als Widerstand einer Organisation gegen Gleichschaltung und Fortnahme der eigenständigen Verantwortlichkeit, *„ferner den Widerstand einer Institution wie des Generalstabes des Heeres gegen eine Politik, die den wohlverstandenen Aufgaben der Institution widersprach und Nation und Staat mit Existenzvernichtung bedrohte"* (S. 397). Andererseits erkennt Hoffmann auch andere Aktionen von Wehrmachtangehörigen gegen das NS-Regime als Widerstand an, wobei die Grenzen fließend sind. Deutlich wird das vor allem am Beispiel des Oberst i.G. Helmuth Groscurth, dessen Teilnahme an den Vorbereitungen zum Staatstreich von 1938 sich vornehmlich aus seiner Zugehörigkeit zum Generalstab des Heeres ergab, während seine gegen das NS-Regime gerichteten Aktivitäten von 1940 und vor allem 1942 in Rußland Reaktionen auf konkrete erlebte NS-Verbrechen waren.

Viele einzelne Aktionen

Damit ist *„militärischer Widerstand gegen Hitler und das NS-Regime"* generell als das Widerstehen von Soldaten der Wehrmacht gegen die Gewaltherrschaft und das Unrecht des Nationalsozialismus zu verstehen. Das schließt die Definitionen von militärischem Widerstand von Wolfgang Schieder und Peter Hoffmann mit ein. Widerstehen von Soldaten gegen die Gewaltherrschaft des Nationalsozialismus vermeidet auch eine Ausgrenzung. Konnten sich an den Umsturzversuchen und am Attentat vom 20. Juli 1944 nur wenige Soldaten in hohen Führungspositionen beteiligen, so war die Zahl derer, die wie Michael Kitzelmann oder Oskar Kutsch durch kritische Äußerungen ihrer Umwelt den Unrechtscharakter des NS-Regimes deutlich machen wollten, weitaus größer.

Im Umkreis des 20. Juli 1944

Nach den vorangegangenen Erörterungen über den Begriff Widerstand sollte man, um Mißverständnisse zu vermeiden, auch eher von Angehörigen des Widerstandes als von Widerstandskämpfern sprechen. Der Terminus Kämpfer beinhaltet sowohl eine agonale Komponente, impliziert aber vornehmlich die Anwendung von Gewalt, wozu nur wenige im Widerstand angesichts der erdrückenden Allmacht des NS-Staates überhaupt Gelegenheit gehabt hatten.

Opfer der nationalsozialistischen Gewaltherrschaft

Opfer des Regimes
Die Angehörigen des Widerstandes sind auch von den bloßen Opfern des NS-Regimes zu unterscheiden. Voraussetzung zum Widerstand waren – wenn auch noch so geringfügige, aber mit schweren Sanktionen bedrohte – Artikulationen des Dissenses. Opfer des NS-Regimes waren vor allem Menschen, die ohne eigenes Zutun durch das NS-Regime an Leib und Leben geschädigt wurden, wie beispielsweise geistig Behinderte, die der Euthanasie zum Opfer gefallen waren. Opfer der nationalsozialistischen Gewaltherrschaft wurden auch Menschen, die zwar Straftaten begangen hatten, aber dafür mit unmenschlich harten Sanktionen belegt worden waren, die in keinem Verhältnis zur Schwere der Tat standen. Dadurch, daß Bagatelldelikte, wie beispielsweise Diebstahl von einigen Stücken Seife nach einem Bombenangriff, als Plünderei mit dem Tode bestraft wurden, sind diese Täter zu Schwerverbrechern abgestempelt worden, so daß die Hinterbliebenen ihre Versorgungsansprüche verloren.

Innere Emigration
Von den am Widerstand Beteiligten und den Opfern des NS-Regimes sind auch diejenigen zu unterscheiden, die zwar den Nationalsozialismus innerlich ablehnten, sich Loyalitätsbekundungen, soweit wie überhaupt damals möglich, enthielten und sich in eine Art „innere Emigration" zurückgezogen hatten.

Die Grenzen zwischen innerer Ablehnung des Nationalsozialismus und der Bereitschaft, nur die allernotwendigsten und unvermeidlichen Loyalitätsbekundungen zu äußern, bis zu den ersten erkennbaren Anzeichen einer Widerspruchshaltung waren fließend, wie auch der Versuch, Personen und ihr widerständliches Handeln in Kategorien einzuordnen, nur ein Erklärungsmodell sein kann.

Oskar Kusch und Michael Kitzelmann als Männer des Widerstandes

Nach diesen Überlegungen sind Oskar Kusch und Michael Kitzelmann eindeutig den Männern und Frauen des Widerstandes gegen Hitler und das NS-Regime zuzuordnen. Ihr Widerspruch zum Nationalsozialismus und dem NS-System beruhte auf einer geistigen Haltung, mit der sie sich dem Unrecht widersetzen wollten.[11]

Als Jugendlicher und Angehöriger der Bündischen Jugend setzte sich Oskar Kusch gegen die Gleichschaltung und Bevormundung durch die Hitlerjugend zur Wehr und wollte dadurch die eigene Identität wahren. Er hat sich damit in der Tat, wie sein Vater zu Recht bemerkt hatte, „für eine persönliche Freiheit, für Menschlichkeit, für Menschenwürde" und damit auch für die Wahrung eines Grundrechts eingesetzt. Als Soldat hatte er sich immer wieder bemüht, seine Kameraden und Untergebenen über die Verlogenheit der NS-Propaganda und den Unrechtscharakter des NS-Systems aufzuklären. *Eigene Identität wahren*

Seine fortwährenden antinationalsozialistischen Äußerungen als Jugendlicher und als Soldat waren nicht spontaner Ausdruck einer augenblicklichen Unzufriedenheit, sondern zielstrebige Versuche, andere vom Unrechtscharakter dieses totalitären Regimes zu überzeugen. Ähnlich hatte es auch der Heeresleutnant Michael Kitzelmann getan. Die Erlebnisse von der Verfolgung seiner Gefährten aus der Bündischen Jugend und die wiederholten Warnungen seiner Freunde legen für Oskar Kusch den Schluß nahe, daß er eine bewußte Entscheidung getroffen haben muß und sich des Risikos, das er damit einging, durchaus bewußt war. Er fühlte sich aber sicher, weil er der Kameradschaft seiner Offizierkameraden und seiner Besatzung vertraute, worin er nach seinen Erfahrungen auf „U 103" unter seinen früheren Kommandanten Winter und Janssen, die Gleichgesinnte waren, auch bestätigt wurde. Daß er für seine Äußerungen den Tod erleiden mußte, war eine Folge des nationalsozialistischen Terrorregimes. Will man seinen Widerstand nach den drei Kategorien von Barbara Schellenberger einordnen, so liegen diese an der Grenze zwischen Resistenz durch Nichtanpassung und Selbstbewahrung seiner Identität sowie dem Beginn eines auf den politischen Umsturz gerichteten aktiven Widerstandes. Als Kommandant eines U-Bootes im Fronteinsatz hatte er zu konkreten Maßnahmen, die auf einen Umsturz des NS-Regimes abzielten, keine Gelegenheit. Vor dem Kriegsgericht wurde ihm aber seine Absicht, sich daran beteiligen zu wollen, vorgeworfen. *Beispiel Kusch*

Oskar Kuschs historische Bedeutung – und das gilt in gleicher Weise auch für Michael Kitzelmann – liegt darin, daß er kein isolierter Einzelfall war. Wie schon seine Crewkameraden bezeugten und wie aus zahlreichen Schilderungen von Wehrmachtsoldaten deutlich wird, haben nicht wenige im Kameradenkreis ihre Ablehnung des Nationalsozialismus mehr oder weniger deutlich zum Ausdruck gebracht. Einige mußten dafür ihr Leben *Auf Kameraden angewiesen*

---

11. Über das Leben und den tragischen Tod von Oskar Kusch: Heinrich Walle, Die Tragödie des Oberleutnants zur See Oskar Kusch, Historische Mitteilungen der Ranke-Gesellschaft, Beiheft 13, Stuttgart 1995.

lassen, viele hatten das Glück, von Kameraden, auch solchen, die damals noch an den Nationalsozialismus glaubten, nicht verraten worden zu sein, Männer, die persönliche Kameradschaft und damit Mitmenschlichkeit höher eingeschätzt haben als fanatische Loyalität zu einer totalitären Ideologie. Oskar Kusch hat, wie zahllose andere Wehrmachtsoldaten auch, zwischen einer militärischen Pflicht für das Vaterland und dem Mißbrauch durch ein verbrecherisches Regime unterschieden. Von diesen Männern wurde Deutschland nicht mit dem Nationalsozialismus oder der nationalsozialistischen Führung gleichgesetzt, wenngleich sie die von der NS-Propaganda betriebene Verquickung von Vaterland und Nationalsozialismus als tragischen Konflikt empfanden, aus dem sie keinen Ausweg sahen.

Es gab ehrenvolles Verhalten

Oskar Kusch hat durch sein Handeln ein Zeichen gesetzt, daß die Soldaten der deutschen Wehrmacht keineswegs der monolithische Block von Vorkämpfern des Nationalsozialismus gewesen sind, als die sie von der NS-Propaganda immer wieder hingestellt wurden. Damit ist sein Schicksal eine Brücke zum Verständnis für die deutschen Soldaten des Zweiten Weltkrieges, die treu und guten Glaubens ihre Pflicht für das Vaterland erfüllt und sich dabei ehrenvoll verhalten haben.

Wahrheit gegen Lüge

Oskar Kuschs Leben und tragischer Tod sind auch eine Verpflichtung für die Soldaten der Bundeswehr und hier vor allem für die Soldaten der Bundesmarine. Er war ein Seeoffizier, der treu und tapfer seine militärische Pflicht erfüllt hatte, aber seine Pflicht nicht allein auf die rein militärische Erfüllung seines Auftrages einzuschränken gewillt war. Er hatte klar erkannt, daß es unverantwortlich war, seine Männer nur für verlogene Propagandaphrasen in den Kampf zu führen. Mit den Worten seines Crewkameraden Horst Frhr. V. Luttitz ist Oskar Kuschs Vermächtnis auf den einfachsten Nenner gebracht: *„Er war nicht bereit, Wahrheit gegen Lüge einzutauschen!"*

Es gab nicht nur die Männer des 20. Juli 1944

Dem Unrecht widersetzt

Militärischer Widerstand war somit nicht allein auf die Männer der Verschwörung vom 20. Juli 1944 beschränkt. Denn ihnen war klar, daß sie den Umsturz nur mit hinreichenden Erfolgsaussichten wagen konnten, wenn sich ein Personenkreis aus entscheidenden Führungspositionen für ein solches Vorhaben gewinnen ließ. So ist der militärische Widerstand im Spektrum der verschiedensten Aktivitäten zu sehen, durch die sich Soldaten aller Dienstgrade auf unterschiedliche Weise dem Unrecht widersetzt und dafür ihr Leben riskiert und auch geopfert haben:

– Aus der Verantwortung des Truppenführers haben Männer wie Generaloberst Hoepner militärisch sinnlos gewordene Durchhaltebefehle nicht befolgt.

– Im Namen der Menschlichkeit haben sich Soldaten geweigert, Juden-
  erschießungen durchzuführen oder in besetzten Gebieten Repressalien
  gegenüber der Zivilbevölkerung auszuüben.
– Aus christlicher Verantwortung haben Soldaten eingegriffen, wenn die
  Militärseelsorge behindert wurde, oder sich gegen gottlose Aufrufe der
  NS-Propaganda gewehrt.
– Wehrdienstleistende Studenten, wie die Mitglieder der „Weißen Rose",
  die als Sanitätssoldaten an der Front standen, haben durch Flugblätter
  das Gewissen der Bevölkerung aufzurütteln gesucht.
– Und am Ende des Krieges haben Soldaten gegen ausdrückliche Befehle
  den sinnlos gewordenen Kampf eingestellt.

Ihrem Gewissen folgen

Sie alle fühlten sich letztlich ihrem Gewissen verantwortlich und haben
deshalb dem Tyrannen den „*unbedingten*" Gehorsam aufgekündigt. Ihr
Vermächtnis für uns Soldaten der Bundeswehr liegt nicht darin, unter dem
Vorwand eines Gewissenskonfliktes die militärische Ordnung von Befehl
und Gehorsam leichtfertig auf Spiel zu setzen.

Die Männer des Widerstandes mögen durch ihr Handeln in den Augen
mancher oberflächlicher Betrachter militärischen Ungehorsam begangen
und die Treue gegen Volk und Vaterland verletzt haben. In der Tat haben
sie jedoch dem Gesetz die Treue gehalten, das Grundlage aller durch Menschen geschaffenen Gesetze ist, dem göttlichen Sittengesetz. Dies wird in
erschütternder Weise aus den Worten von Generalmajor Henning von
Tresckow deutlich, die er kurz vor seinem Tode am 21. Juli 1944 seinem
Adjutanten und Mitverschworenen Oberleutnant Fabian von Schlabren-
dorff anvertraute:

Dem göttlichen Sittengesetz folgen

*„Jetzt wird die ganze Welt über uns herfallen und uns beschimpfen.
Aber ich bin nach wie vor der felsenfesten Überzeugung, daß wir recht gehandelt haben. Ich halte Hitler nicht nur für den Erzfeind Deutschlands,
sondern auch für den Erzfeind der Welt. Wenn ich in wenigen Stunden vor
den Richterstuhl Gottes treten werde, um Rechenschaft abzulegen über
mein Tun oder Unterlassen, so glaube ich, das vertreten zu können, was
ich im Kampf gegen Hitler getan habe. Wenn einst Gott Abraham verhei-
ßen hat, er werde Sodom nicht verderben, wenn auch nur zehn Gerechte
darin seien, so hoffe ich, daß Gott auch Deutschland um unseretwillen
nicht vernichten wird. Niemand von uns kann über seinen Tod Klage führen. Wer in unseren Kreis getreten ist, hat damit das Nessushemd angezo-
gen.*

Für die Überzeugung das Leben geben

*Der sittliche Wert eines Menschen beginnt erst dort, wo er bereit ist,
für seine Überzeugung sein Leben hinzugeben."*

Der Beitrag basiert weiter auf:
Heinrich Walle, Loyalität im Konflikt, in: Offizierbrief, Nr. 17, November 1984, im Auftrag der Männerarbeit der EKD, Verlag Kirche und Mann, Bielefeld 1984, S. 28–31.

81

Derselbe (Hg.) Aufstand des Gewissens. Militärischer Widerstand gegen Hitler und das NS-Regime 1933–1945, vierte, wesentlich erweiterte und überarbeitete Auflage des Kataloges zur Wanderausstellung des Militärgeschichtlichen Forschungsamtes, Herford-Bonn 1994.

Derselbe: Ein Rundgang durch die Ausstellung, in ebd., S. 17–203.

Derselbe: Widerstehen im NS-Regime, Methodologische Überlegungen über das Spektrum von Artikulationen gegen die nationalsozialistische Gewaltherrschaft, in ebd., S. 493–502.

Derselbe: Marineoffiziere im Widerstand gegen Hitler und das NS-Regime, in ebd., S. 631–655.

August Wilhelm Anton Graf Neidhardt von Gneisenau
Preußischer Generalfeldmarschall
* 27.10.1760 in Schildau (bei Torgau)
† 23.8.1831 in Posen

Hat ein Volk Wohlstand, Aufklärung, Sittlichkeit und bürgerliche Freiheit,
dann wird es sich eher vernichten lassen, als solche aufzugeben.

1.3 Hans-Adolf Jacobsen

Wehrmacht und Bundeswehr

Vergleichende Betrachtungen

Deutliche
Unterschiede   Nicht erst im Zusammenhang mit der gegenwärtig in Deutschland zum Teil leidenschaftlich geführten Diskussion um das Für und Wider der sog. Wehrmachtsausstellung ist die Rolle der deutschen Streitkräfte in den Jahren von 1933–1945 mit derjenigen der Bundeswehr seit 1956 kritisch verglichen worden. Im Lichte historischer Erkenntnisse fällt es heute leichter, die grundlegenden Unterschiede in Auftrag, Selbstverständnis, Erziehung im soldatischer Praxis zwischen beiden militärischen Institutionen zu verdeutlichen. Vor allem aber auch, in welcher Weise die neuen Führungseliten nach dem Kriege aus den ebenso erschütternden wie schmerzhaften Erfahrungen einer militanten Vergangenheit versucht haben, daraus die einzig sinnvollen Lehren für Gegenwart und Zukunft zu ziehen. Dabei galt es, die jeweiligen politisch-sozialen Rahmenbedingungen der unterschiedlichen Epochen von Kaiserreich, Weimarer Republik, NS-Regime und Bundesrepublik Deutschland im Kontext des internationalen Systems nicht außer Acht zu lassen.

Von der Strategie der Gewalt zur Politik der Friedenssicherung

Macht- und
Gewaltpolitik   Die Rolle Deutschlands im 19. und 20. Jahrhundert ist bekanntlich stets eng mit derjenigen seiner Armeen verbunden gewesen oder mit dem, was unter der spezifischen Ausprägung des deutschen Imperialismus und Militarismus verstanden worden ist. Das Militär hatte damals Funktionen traditioneller Macht- und Gewaltpolitik ausgeübt, zugleich war seine Stellung in Staat und Gesellschaft besonders herausgehoben. Es waren die Armeen des preußisch-deutschen Staates, die durch ihre Waffentaten die Einigung des Reiches erzwungen und entsprechendes Prestige errungen hatten. Mit ihrer Hilfe hat die deutsche Führung zweimal versucht, eine Weltmachtstellung des Deutschen Reiches zu erkämpfen. Ihre *„Kontinuität des Irrtums"*, ihre maßlose Selbstüberschätzung und ihr weithin ausgeprägtes Unvermögen, die Realitäten in dieser Welt angemessen in das eigene Kalkül miteinzubeziehen, zählten, – von den teils uferlosen, teils wahnwitzigen amoralischen Kriegszielen einma¹ ganz abgesehen, – zu den entscheidenden Gründen für die beiden schicksalhaften Niederlagen von 1918 und 1945. Zur gleichen Zeit haben Millionen deutscher Soldaten auf allen

Schlachtfeldern nicht nur Angst und Schrecken verbreitet, sondern auch unverhohlene Bewunderung wegen ihrer hohen Effizienz hervorgerufen. Die Soldatengeneration nach dem Ersten Weltkrieg war vor allem von dem Fronterlebnis, den revolutionären Wirren und den harten Bedingungen des Versailler Vertrages geprägt. Sie wollte im Zuge der Revisionspolitik als *„Schule der Nation"* das deutsche Volk für den notwendigen *„Befreiungskampf"* wehrhaft machen. In diesem Bestreben wurde sie von den konservativen, rechtsradikalen Kräften in der Weimarer Republik (darunter von den Nationalsozialisten) unterstützt. Als Hitler schließlich 1933 an die Macht kam, galten seine meisten Maßnahmen vornehmlich der Aufrüstung und den Vorbereitungen eines Krieges, der die „Ketten von Versailles" sprengen und dem Deutschen Reich wieder den gebührenden Platz in der Staatenhierarchie verschaffen sollte. Derartige Pläne fanden zumindest bis 1938 weitgehende Zustimmung der hohen Generalität, mag unter dieser auch intern so mancher Kritiker seine Stimme erhoben und gewarnt haben, daß eine dann zu erwartende Ausweitung des Konfliktes katastrophale Folgen haben könnte. Aber Hitler, der außenpolitisch einen Erfolg nach dem anderen verzeichnen konnte, ließ durch seine Medien dem deutschen Volk einhämmern, daß die NS-Führung grundsätzlich immer richtig handele. Nicht der Friede, sondern der *„gerechte"* Krieg sei das eherne Gesetz des Weltgeschehens, zumindest, solange die „Pax Germanica" nicht gesichert schien und damit die Hegemonialstellung Deutschlands in Europa.

Vorbereitung eines Krieges

1939 gehörte die deutsche Wehrmacht wohl zu den schlagkräftigsten und stärksten Heeren der Welt. Auf Grund ihrer Tradition, Erziehung, Ausbildung und des Prinzips vom *„unbedingtem Gehorsam"* (Eid) gegenüber Hitler hatte sie sich im Laufe der Jahre zu einem der aktivsten Erfüllungsgehilfen der nationalsozialistischen Expansion entwickelt und den Krieg als ein legitimes Mittel der Politik betrachtet, ohne sich vielleicht anfangs hinreichend im klaren darüber gewesen zu sein, daß es das langfristige, partiell enthüllte Ziel der NS-Potentaten war, Lebensraum im Osten zu erobern, die *„Rassenfeinde"* zu vernichten und den Aufbau eines Großgermanischen Reiches Deutscher Nation auf rassischer Grundlage durchzusetzen. Aber spätestens seit 1940 traten die bis dahin offenkundiger gewordenen Gegensätze in den operativen Vorstellungen zwischen politischer und militärischer Führung in den Hintergrund, zumal bis dahin die Serie der kaum für möglich gehaltenen deutschen *„Blitzsiege"* auf dem Schlachtfeld die Soldaten und die deutsche Bevölkerung in dem Glauben bestärkte, daß Hitler das Schicksal zwingen und Deutschland wieder den erhofften *„Platz an der Sonne"* verschaffen werde. Aber 1941 änderte sich die Lage grundlegend. Nunmehr stellte eine gewissenlose politische Führung die Wehrmacht vor kaum noch lösbare Aufgaben, denn die sog. Antihitlerkoalition (Großbritannien, Sowjetunion und die USA mit ihren Verbündeten) verfügte bald über fast 75% aller personellen und materiellen Reserven der

Eines der stärksten Heere

Lebensraum im Osten

Welt, gegen die kein anderes Bündnis bestehen konnte. Die von Hitler befohlenen und von der hohen Generalität gehorsamst geführten Feldzüge im Verlaufe des 2. Weltkrieges müssen als eine der hauptsächlichen Ursachen für den permanenten Unfrieden im internationalen System angesehen werden. 1945 war die Strategie der Gewalt, des Terrors und der Unterdrükkung restlos gescheitert. Deutschland hatte die wohl schwerste, im wesent-

Schwerste Niederlage lichen selbstverschuldete militärische Niederlage seiner Geschichte erlitten. Fast 20 Millionen deutscher Soldaten aber hatten in diesem erbarmungslosen Ringen bis zuletzt geglaubt, ihre *„verdammte"* militärische Pflicht tapfer, auch getreu ihrem Fahneneid, erfüllt und ihr Vaterland verteidigt zu haben. Hatten sie nicht vorgelebt, was Selbstlosigkeit, Kameradschaft, Gehorsam und Disziplin bedeuten konnten? Daß dabei viele den Pfad der Untugenden beschritten haben, militärischen Traditionen gegenüber untreu geworden sind und völkerrechtliche Normen sträflich mißachtet haben, dürfte heute kaum noch zu bestreiten sein. Im Rausche des Kampfes und aller nur erdenklichen Überlebensstrategien ist dies möglicherweise in den Kriegsjahren nicht allen hinlänglich bewußt geworden oder ist von vielen ganz einfach verdrängt worden. Zahlreiche Kriegsver-

Verhängnis und Schuld brecherprozesse haben in den darauf folgenden Jahren Verhängnis und Schuld des deutschen Soldatentums enthüllt, wenngleich das ganze Ausmaß von Verführung, Manipulation, Mitverantwortung und Schuld, desgleichen des oppositionellen Verhaltens einzelner Offiziergruppen gegen das NS-Unrechtssystem auch erst durch die internationale Forschung aufgedeckt werden konnte. Was heute in der Wehrmachtsausstellung gezeigt wird, freilich häufig undifferenziert und einseitig, ist seit langem bekannt. Nur haben sich bisher leider noch längst nicht alle Veteranen selbstkritisch damit beschäftigt. Freilich, die summarische Verurteilung deutscher Soldaten, beginnend nach Kriegsende, hat ebensowenig überzeugen können wie so manche politisch-psychologisch verständliche Ehrenerklärung ausländischer Staatsmänner für die ehemaligen Soldaten der deutschen Wehrmacht. Derartige Pauschalurteile können im Lichte historischer Wahrheitsfindung nicht bestehen.

Defensiver Auftrag Im Gegensatz zu ihren Vorgängern ist die Bundeswehr kein Machtinstrument im klassischen Sinne vergangener Jahrhunderte. Ihr Auftrag ist rein defensiv. Seit ihrer Existenz hat sie einen überzeugenden Beitrag zur gemeinsamen Wahrung des Friedens und der Freiheit in Europa geleistet. Desgleichen haben ihre mannigfachen sozialen und peace-keeping Einsätze – letztere im Rahmen internationaler Mandate – bewiesen, im welchem Umfange sich das Selbstverständnis deutscher Soldaten gewandelt hat. Diese Tatsache ist sicherlich auch auf die Veränderungen des internationalen Systems (Bipolarität, Teilung Europas und Deutschlands im Schatten der Atomwaffen), auf die erfolgreiche demokratische und wirtschaftliche Entwicklung in der Bundesrepublik und darauf zurückzuführen, daß eine umfassende neue Wehrgesetzgebung die notwendigen Voraussetzungen für eine Armee in der Demokratie zur Friedenssicherung geschaffen hat.

Hinzu kommt, daß die Militärmacht Deutschland Teil des defensiven Nato-Bündnisses ist (kollektive Verteidigung). Fundament und Garantie der Sicherheit bleiben für sie das Eingebundensein in die westliche Verteidigungsgemeinschaft. Im übrigen hat sie als Mitglied derselben ihren Einfluß regional ausdehnen können.

Traditionsbildung im Widerstreit

Zu den vielen Problemen, mit denen sich die Bundeswehr seit den fünfziger Jahren konfrontiert sah und die es im Geiste von Verfassung, Gesetzen und Völkerrecht zu lösen galt, zählte jenes, ob, in welcher Form und wozu überhaupt „überlieferungswürdige Werte" aus der deutschen Geschichte in der Truppe bewahrt und weitergegeben werden sollten. Gemeint waren damit weniger bestimmte Konventionen (z. B. soldatisches Brauchtum oder Symbole), vielmehr in erster Linie Traditionen, die sittliche Maßstäbe setzen, Orientierung im gesellschaftlichen Umfeld bieten und den Soldaten besser zur gewissenhaften Pflichterfüllung motivieren konnten. Ob dies in der Praxis des Alltages dann allerdings, wie erhofft, gelungen ist, diese Frage kann erst nach relevanten langzeitigen Wirkungsanalysen beantwortet werden, die es jedoch in der gewünschten Form noch nicht gibt.

Traditionen mit sittlichen Maßstäben

Auf jeden Fall war dies kein leichtes Unterfangen – vor allem angesichts der tiefen Brüche in der Vergangenheit und des historischen Spannungsverhältnisses von freiheitlicher und soldatischer Ordnung. Es war verständlich, daß die Diskussion darüber innerhalb und außerhalb der Bundeswehr recht kontrovers geführt worden ist. Die Gegensätze, die hier nicht im einzelnen erörtert werden können, bis hin zum Streit über die Kasernen-Namen, den Zapfenstreich und das öffentliche Gelöbnis, haben die Geister stets von neuem bewegt. So auch im Zusammenhang mit den Richtlinien zum „Traditionsverständnis und zur Traditionspflege in der Bundeswehr" 1965 und 1982. Unstrittig und zu begrüßen war in diesen die Forderung, eine bundeswehreigene Tradition zu bilden, die dem „Staatsbürger in Uniform" und den Normen des westlichen Bündnisses zum Schutze von Freiheit und Recht entsprach.

Kontroverse Diskussion

Viel komplizierter und widersprüchlicher blieb es indessen, Leistungen und menschliche Bewährung der Soldaten in Krieg und Frieden während der nationalsozialistischen Herrschaft gerecht zu würdigen und Leitbilder für die Traditionspflege als Teil der militärischen Erziehung in der Bundeswehr auszuwählen. Schon 1957 hatte der Kdr. der Schule für Innere Führung in Koblenz den Historikern vor Ort die Weisung erteilt, Bilder für

Leitbild aus der Vergangenheit

87

den Treppen-Wandschmuck als eine Art „*Ahnengalerie*" deutschen Soldatentums vorzuschlagen. Für die Jahrhunderte und Jahrzehnte vor dem
30.1.1933 war diese Aufgabe relativ leicht zu lösen, aber bei manchem
Porträt von Offizieren der deutschen Wehrmacht war dies weniger der Fall,
zumal noch längst nicht für alle die dafür erforderlichen Biographien zur
Verfügung standen, um die jeweilige Persönlichkeit in ihrem Tun und Lassen gebührend bewerten zu können. Bei der Luftwaffe kamen eigentlich
nur jüngere „*Vorbilder*" soldatischer Pflichterfüllung (Fliegerhelden) in
Betracht; bei der Marine fand wohl Großadmiral Dönitz bei seinen ehemaligen Untergebenen Zustimmung, aber sein Bild wurde nicht aufgehängt.
Die Gründe dafür dürften inzwischen hinlänglich bekannt sein. Und was
das Heer anbetraf, so einigten sich Lehroffiziere und Dozenten zwar auf
die wichtigsten Repräsentanten des militärischen Widerstandes gegen das
NS-Regime, die Liste der Heeresgeneralität aber wurde mehrfach geändert
bis ein Konsens erzielt wurde. Als Kriterien dafür kamen vor allem gelebte
Humanitas gegenüber anderen, vorbildliche Verhaltensweisen als Truppenführer ohne nennenswerte politische Belastung und menschliche Bewährung in Frieden und Krieg in Betracht.

*Auswahl
delegiert*

Auch in den späteren Jahren gab es immer wieder große Meinungsver-
schiedenheiten in der Bundeswehr bei der Auswahl von sog. Leitbildern.
Da es das Verteidigungsministerium vermied, Namen von „Vorbildern" im
Sinne der Traditionsrichtlinien zu benennen und es den Kommandeuren
bzw. Einheitsführern überließ zu entscheiden, wer für sie „*traditionswürdig*" war, kam es häufig zu Friktionen.

Im ersten Erlaß, der sehr allgemein gehalten war, wurden zwar als Maßstab für die „*Traditonswürdigkeit*" freiheitlich-demokratische Werte gesetzt, im Hinblick auf die Beurteilung der Wehrmacht jedoch klarstellende
Aussagen vermieden. Aufgefordert wurde darin u. a. zur Pflege kamerad-
schaftlicher Beziehungen zu den ehemaligen Soldaten des Dritten Reiches.
Im übrigen werde die Bundeswehr deren soldatische Leistung und ihr Opfer zu würdigen wissen. Der zweite Erlaß war in diesem Punkt schon etwas
präziser formuliert. Jetzt wurde qualifiziert: Im Nationalsozialismus seien

*Verstrickt und
mißbraucht*

die Streitkräfte „*teils schuldhaft verstrickt*", teils „*schuldlos*" mißbraucht
worden. Das Unrechtssystem des Nationalsozialismus könne keine Tradition begründen. Aber trotz der Fortschritte in der kritischen Erforschung der
deutschen Wehrgeschichte von 1933–1945 und der dadurch gewonnenen
Einsicht in das vielfach fatale Wirken der Wehrmacht in dieser Zeit hat
sich die politische Führung der Bundeswehr im Zusammenhang mit der
Traditionspflege lange Zeit nicht zu einem offiziellen Verdikt der Wehrmacht als Organ der NS-Herrschaft durchringen können. Erst Volker Rühe
und sodann Rudolf Scharping in seiner Rede vor der Führungsakademie in
Hamburg am 17.2.1999 haben deutliche Worte gefunden („Die Wehrmacht
als Ganzes kann nicht als Traditionsgeber der Bundeswehr gelten"). Aller-

dings ist eine solche ebenso notwendige wie längst überfällige Aussage bisher noch nicht in neue Traditionsrichtlinien übernommen worden.

Mitte der achtziger Jahre ist ein solcher Versuch unternommen worden. Der 7. Beirat für Fragen der Inneren Führung hatte damals in Zusammenarbeit mit Fü S I 4 des Verteidigungsministeriums nach intensiven Beratungen einen Entwurf für einen neuen, d. h. dritten Traditions-Erlaß ausgearbeitet, in dem der strittige Passus etwa sinngemäß lautete: Die Wehrmacht kann nicht Teil der Tradition der Bundeswehr sein. Ihre Soldaten sind indoktriniert, manipuliert, tragisch verstrickt, aber auch schuldig geworden. Dies schließt nicht aus, daß die meisten von ihnen ehrenhaft gekämpft und ihre Pflicht erfüllt haben. Die Gewissenstreue der Männer, die im militärischen Widerstand ihr Leben für die Rettung des Vaterlandes und zur Befreiung von der NS-Diktatur geopfert haben, gilt es in der Bundeswehr zu bewahren. Aber das Verteidigungsministerium hat es jedoch nicht für opportun gehalten, diese Fassung 1987 zu veröffentlichen.

Entwurf nicht veröffentlicht

Wehrmacht im Rußlandfeldzug

In diesem Zusammenhang muß noch ein wichtiger Aspekt angesprochen werden. Dieser betrifft das Verhalten der deutschen Wehrmacht in Rußland (1941–1944). Was läßt sich heute – und darum geht es in erster Linie, – einigermaßen gesichert aussagen, um das Ergebnis für die Traditionspflege in der Bundeswehr bewerten zu können?

Was die Millionen deutscher Soldaten während der Feldzüge im Osten (einschließlich in Polen und auf dem Balkan) de facto erlebt, gewußt bzw. mitbewirkt haben, soweit es die zahllosen Verbrechen anbetrifft, die von Deutschen und im Namen Deutschlands verübt worden sind, läßt sich heute kaum noch mit Gewißheit sagen. Fraglos waren jedoch Teile der Wehrmacht (vornehmlich des Heeres) weitaus mehr an NS-Verbrechen direkt oder indirekt beteiligt gewesen als es von Memoirenschreibern und in Berichten von Veteranen nach 1945 zugegeben worden ist – ganz zu schweigen von den Tätern. Es gab darüber hinaus viele Mitwisser und solche, die die Mordtaten stillschweigend oder zähneknirschend zur Kenntnis genommen haben, ohne einzuschreiten und zu versuchen, das Schlimmste zu verhüten. Nicht wenige haben Meldung nach oben erstattet, sich jedoch dann dem Unausweichlichen gefügt, als von ihnen Gehorsam und die Konzentration auf die Kampfhandlungen gefordert wurde. Hierbei von der Wehrmacht als Ganzes zu sprechen, dürfte indessen eine unzulässige Verallgemeinerung sein. Die in jüngster Zeit häufig recht apodiktisch formulierten Pauschalurteile sind weder quellenmäßig hinreichend zu begründen noch den Realitäten des totalen, ideologischen Krieges angemessen, zumal bei diesen die zahlreichen bewegenden Zeugnisse von Humanitas, soldatischer

An Verbrechen beteiligt

89

„verdammter Pflichterfüllung" und militärischer Opposition gegen das menschenverachtende NS-Gewaltsystem nur unzureichend berücksichtigt werden.

Instrument der NS-Kriegsführung

Jedoch dürfte ein anderes generelles Urteil nicht mehr zu bestreiten sein, dem sich bisher viele Ehemalige – bewußt oder unbewußt – entzogen haben. Die deutsche Wehrmacht war, wie schon erwähnt, eines der ausschlaggebenden Instrumente der NS-Kriegsführung mit der schon skizzierten Zielsetzung. Während sie selbst vorwiegend militärische Aufgaben zur Ausschaltung der feindlichen Streitkräfte übernahm, und ihre Führung (OKW/OKH) die ideologischen Weisungen Hitlers in Befehlsform faßte, waren es in erster Linie die Sondereinheiten Himmlers, die mittels Terror und Mord den revolutionär-rassistischen Auftrag im Hinterland erfüllten. Aber diese sozialen Institutionen haben gewissermaßen „arbeitsteilig" den gleichen Krieg mit den gleichen Zielen geführt – wenn auch an verschiedenen Fronten und mit den ihnen befohlenen Methoden bzw. Mitteln. Sie alle sind in unterschiedlicher Weise und abgestuft entsprechend der hierarchischen Ordnung in der Truppe für das Geschehen von einst mitverantwortlich. Die meisten Soldaten, im militärischen Gehorsam diszipliniert, durch den Eid an Hitler gebunden und seit 1941 durch ein erbarmungsloses Ringen physisch und psychisch bis zum Äußersten herausgefordert, waren indoktriniert und tragisch verstrickt. Soweit sie an Verbrechen mitgewirkt oder diese geduldet und entsprechende Befehle erteilt haben, sind sie schuldig geworden. Desgleichen diejenigen, die für das Massensterben so-

Nicht nur Opfer sondern Mittäter

wjetischer Kriegsgefangener Verantwortung tragen. Heute wissen wir, daß sie allesamt nicht nur Opfer einer verbrecherischen politischen Führung, sondern, objektiv gesehen, auch im historischen Sinne Mittäter waren, was nicht als eine juristisch Mittäterschaft aufgefaßt oder interpretiert werden darf. Es war nicht zuletzt ihrem Kampfgeist, ihren Leistungen und bestimmten pseudolegitimierten Unterstützungsmaßnahmen bei den Vernichtungsaktionen von SS und Polizei mit ihren Handlangern aus anderen Ländern zu verdanken, daß die NS-Machthaber die rassische „Neuordnung" des Kontinents mit allen jenen Schreckenstaten des Inhumanen einleiten konnten, die Deutschland mit einer schweren historischen Hypothek belastet haben.

Nicht das Vaterland verteidigt

Wenn im Jahre 1998 in der deutschen Presse hin und wieder Todesanzeigen von deutschen Soldaten des 2. Weltkrieges veröffentlicht werden, verbunden mit dem harten Vorwurf, daß der Gefallene zwar sein Leben zur Verteidigung seines Vaterlandes geopfert hätte, die Bundesrepublik Deutschland jedoch nicht bereit sei, seine Ehre zu schützen, so mag dies subjektiv gesehen vielleicht noch verständlich sein. Aber aus unserer Erkenntnis von heute ist festzuhalten und richtig zu stellen: Die deutschen Soldaten haben damals eben nicht, wie ihnen suggeriert wurde, ihr Vaterland verteidigt, sondern sind zu ganz anderen, ‚verwerflichen' Zwecken eingesetzt worden. Im übrigen kann die Bundesrepublik Deutschland hierfür nicht nachträglich in Haftung genommen werden. Ihre Repräsentanten haben jedoch ihre Ehrfurcht vor den Gefallenen und Opfern des Krieges stets von neuem betont.

Vielleicht hat seinerzeit nur eine Minderheit das fast beispiellos zu nennende Dilemma der Wehrmacht erkannt oder erkennen können, daß nämlich die Soldaten unter den damaligen Bedingungen glaubten, mutig für den Sieg kämpfen zu müssen, während sie gleichzeitig für die Niederlage zu beten hatten. Tief beeindruckende Zeugnisse in Briefen aus dem Felde und Tagebucheintragungen haben dies bewiesen. *Dilemma der Wehrmacht*

Es kommt darauf an, endlich ehrlich zu sein und sich zur ganzen Wahrheit zu bekennen – ohne wenn und aber. Dies kann freilich nur demjenigen gelingen, der bei der Beurteilung seines eigenen Verhaltens im Kriege nicht den unlösbaren Gesamtzusammenhang von Politik und Kriegführung im Sinne von Clausewitz aus den Augen verliert und der ebenso willens wie fähig ist, das Böse beim Namen zu nennen, das Bessere nicht zu verschweigen und den Menschen ihre Ehre zu geben. *Das Böse beim Namen nennen*

Aus dem Dargelegten wird deutlich, warum die Wehrmacht als Ganzes kein Teil der Tradition der Bundeswehr sein kann. Das heißt nicht, den Millionen von Soldaten und zahlreichen Verbänden den erforderlichen tiefen Respekt zu versagen, die einen schweren Leidensweg beschreiten mußten und die im Kriege überzeugt waren, diesen aufrecht und tapfer gemeistert zu haben. Die Frage, wer von ihnen als „*Leitbild*" im Sinne der Traditionspflege ausgewählt werden könnte, ist nicht leicht zu beantworten. Zu zeitgebunden waren die Handlungsweisen. Nicht nur die junge Generation wird es schwer haben, diese zu begreifen und diese möglicherweise als „*vorbildlich*" für sich selbst und als einen denkbaren Motivationsschub für ihre konkrete Truppenpraxis zu betrachten, sondern auch die meisten Älteren werden ihr Handeln in den Jahren des übersteigerten Nationalismus und einer ideologischen Kriegführung auf allen Seiten wahrscheinlich kaum noch nachvollziehen können. So wären alle gut beraten, die dieses historische Erbe deutschen Soldatentums als Stachel heilsamer Unruhe für ihr Verhalten in Gegenwart und Zukunft nutzen würden. Hierfür können die Erkenntnisse deutscher Wehrgeschichte und die Prinzipien der Inneren Führung grundlegend sein, desgleichen für die Frage nach den Kriterien für die Traditionspflege in der Bundeswehr. Die Geschichte des westlichen Bündnisses bietet hierfür mannigfache Beispiele. *Respekt vor Leidensweg*

Stachel heilsamer Unruhe

Armee in der Demokratie

Die Führungseliten in der Bundesrepublik Deutschland haben bekanntlich nach 1945 die einzig richtigen Konsequenzen aus der Geschichte des

NS-Totalitarismus gezogen. Für sie war der Grundsatz verbindlich, daß der Krieg nicht mehr als die Fortsetzung der Politik unter Einmischung anderer Mittel gelten dürfe. Der Imperativ deutscher Politik mußte lauten: *Verzicht auf* Verzicht auf Anwendung und Androhung von Gewalt, was eine nationale *Gewalt* oder multinationale Selbstverteidigung im Falle der Gefahr nicht ausschließt. Gleichzeitig wurden alle politischen und rechtlichen Voraussetzungen geschaffen, um den Soldaten der Bundeswehr – im Gegensatz zu dem der Reichswehr und der Wehrmacht – zu befähigen, sich mit der demokratischen Ordnung zu identifizieren und für Frieden und Freiheit einzutreten.

Den Anfängen Am Ende des Jahrhunderts steht die Bundeswehr vor neuen schwerwie- *wehren* genden Herausforderungen, darunter der des Rechtsextremismus. Denen wird sie sich gewachsen zeigen müssen. Eine ihrer Aufgaben wird es bleiben, mit aller Entschiedenheit den Anfängen zu wehren. Mit Rat und Tat ist die demokratische Kultur zu bewahren, zugleich sind die Menschenrechte zu schützen. Auch die Bundeswehr hat im Wissen um das Vergangene und in Verantwortung gegenüber den Werten eines Rechtsstaates und einer freiheitlichen Gesellschaft ihren Beitrag zur Festigung des antitotalitären Konsenses in Deutschland zu leisten. Und schließlich: Zusammen mit ihren Verbündeten wird sie bereit sein müssen, dem Frieden in unserer Zeit zu dienen. Gelingt ihr das in überzeugender Weise, dann dürfte dies eine der folgerichtigsten und zukunftsweisenden Antworten auf Irrwege und Verfehlungen des deutschen Militärs in unserem Jahrhundert sein.

Weiterführende Literatur (Auswahl):

Abenheim, D., Bundeswehr und Tradition. Die Suche nach dem gültigen Erbe des deutschen Soldaten, München 1989;

Anfänge westdeutscher Sicherheitspolitik 1945–1956, hg. v. MGFA (heute Potsdam), Bd. 1–4, München 1982–1997;

Hildebrand, K., Das vergangene Reich. Deutsche Außenpolitik von Bismarck bis Hitler, Stuttgart, 1995;

Jacobsen, H.-A., Vom Imperativ des Friedens. Beiträge zur Politik und Kriegsführung im 20. Jhdt., Düsseldorf 1995;

Müller, K.-J., Das Heer und Hitler. Armee und nationalsozialistisches Regime 1933–1940, Stuttgart 1969;

Poeppel, H., W.-K. Prinz v. Preußen, K.-G. v. Hase (Hg.), Die Soldaten der Wehrmacht, München 1998;

Thiele, H.-G., Die Wehrmachtsausstellung. Dokumentation einer Kontroverse, Bremen 1997.

Der Offizier der Nationalen Volks-armee

*„Man kann seine Biographie nicht im nachhinein
korrigieren, sondern wir müssen mit ihr leben.
Aber uns selbst können wir korrigieren.
Nur erwarte man nicht immer den öffentlichen Kniefall.
Es gibt stumme Scham, die beredter ist als jede Rede –
und zuweilen viel ehrlicher."*
(Rainer Kunze)

1.4.1 Vorbemerkungen

Auch wenn der zeitliche Abstand zwischen der Vereinigung Deutschlands am 3. Oktober 1990 und dem Erscheinen des Buches sicher zu kurz ist, um eine endgültige Antwort darauf geben zu können, ob die „Armee der Einheit" verwirklicht wurde; eine positive Bewertung ihrer bisherigen gelungenen Wegstrecke steht außer Zweifel.

Die Zeit der Euphorie, des unmittelbar erlebten Glücks über die Vereinigung ist in vielen Bereichen des gesellschaftlichen Lebens jedoch inzwischen nüchterner Nachbetrachtung gewichen. Neben den unterschiedlichen ökonomischen Rahmenbedingungen erscheinen die kulturellen Differenzen für die individuelle Betrachtungsebene besonders augenfällig. Diese Unterschiede lösten auf beiden Seiten Überraschungen und Enttäuschungen aus, die heute nicht selten in Ratlosigkeit und Ablehnung enden. Das traf anfangs auch auf den Bereich der militärischen Kultur zu. *Nüchterne Nach-betrachtung*

Der nachfolgende Beitrag will deshalb der Frage nachgehen, ob *„Armee der Einheit"* nur ein einseitiger Integrationsprozeß der Reste der Nationalen Volksarmee – und im besonderen seiner Offiziere – in die Bundeswehr war und ist oder ob es vielleicht doch positive Elemente gibt, die für die Bundeswehr und den Offizierberuf bedeutsam sind.

Der Beitrag wurde von einem ehemaligen Offizier der NVA geschrieben, der in die Bundeswehr übernommen wurde und mit seiner Familie seit sechs Jahren in den alten Bundesländern lebt. Das drückt ein Stück gewachsener Normalität in unserem Land und seiner Bundeswehr aus. Offen bleibt für ihn die Frage nach der Glaubwürdigkeit seiner Aussagen in Ost und West, weil: *Gewachsene Normalität*

- er glaubt, sich in der Bewertung seiner Person nach wie vor zwischen den *„Fronten"* zu bewegen. Das Spektrum ist sehr breit und reicht von Überläufer, Opportunist, Wendehals und rückständiger Ostdeutscher bis zu Kamerad;

Abgesichert • er materiell, auch über seine Dienstzeit hinaus, abgesichert ist. Das ist für die Mehrzahl der Nicht-Übernommenen noch Wunschtraum und führt bei persönlichen Begegnungen nicht selten zu Problemen, weil man im Osten Deutschlands neuerdings als *„verwestlicht"*, also nicht mehr zur alten Gemeinschaft zugehörig – mit ungeschützten, offenen und solidarischen Verhaltensnormen – wahrgenommen wird.

Eine Reihe anerkannter Autoritäten – Wissenschaftler, Politiker und Soldaten – haben über dieses Thema geschrieben. Viele Bücher stehen inzwischen in den Regalen der Bibliotheken und immer neue werden hinzukommen, solange, bis man den Prozeß der deutschen Einheit als abgeschlossen ansieht und seine Betrachtungen darüber endgültig an die Historiker verweist.

Den Herausgebern des Buches ist deshalb zu danken, daß im Kapitel 1. ‚Der Offizier als Zeitgenosse' auch ein Beitrag über den Offizier der Nationalen Volksarmee in Auftrag gegeben wurde. Damit verbindet sich die Annahme, daß der Offizier der NVA in seiner historischen Einordnung von den Herausgebern als Zeitgenosse anerkannt wird. Darüber in komprimierter Form schreiben zu können, ob er diesem Anspruch auch gerecht werden kann, war ein Motiv für diesen Beitrag.

1.4.2 Die Integration Ostdeutscher in die gemeinsame deutsche Gesellschaft und seine Streitkräfte – das Einfache, das schwer zu machen ist?

Soziale Auf-
gabe Des Menschen Vorstellung von Integration ist individuell. Im Zusammenhang mit der Deutschen Einheit wird der Begriff in erster Linie als gesellschaftliche Kategorie im Sinn von sozialer Aufgabe benutzt. Die Integration der Bevölkerung der ehemaligen DDR in die Wertegemeinschaft der Bundesrepublik Deutschland, die Offiziere der NVA – gleich ob in die Bundeswehr übernommen oder nicht – eingeschlossen, hat sich in den zurückliegenden fast zehn Jahren von Person zu Person unterschiedlich entwickelt. Der Zustand der Integration insgesamt kann dabei als ein sich von Jahr zu Jahr weiter stabilisierendes Element des Miteinander bezeichnet werden. Die Regeln dafür wurden jedoch eindeutig vom Westen vorgegeben. Der Preis, den dieser vor sich gehende gewaltige soziale Veränderungsprozeß im Osten Deutschlands von den Betroffenen forderte, war die totale Identitätsänderung. Das hat es nicht wenigen Menschen schwer gemacht, auch innerlich im Westen anzukommen. Für die Offiziere der ehemaligen NVA, die dem Kampf gegen den imperialistischen Klassenfeind verpflichtet waren, hatten die gesellschaftlichen Veränderungen den Zusammenbruch aller bisherigen Wertorientierungen in zugespitzter Form zur Folge. Der zurückzulegende Weg vom ehemaligen Feind zum aner-

kannten Weggefährten war deshalb besonders schmerzhaft. Die psychologische Transformation, deren Wesen darin bestand, von einem Subjekt politischer Kultur zu einem Teilnehmer und Mitgestalter zu werden, war dabei die größte Herausforderung.

Der Begriff Integration selbst ist relativ. Er bedeutet allgemein den Prozeß des Zusammenschlusses von Teilen zu einer Ganzheit und schließt Erneuerung, Wiederherstellung und Vervollständigung ein.[1] Nimmt man jeden Begriff für sich und untersucht ihn auf seine Wirksamkeit im Prozeß der deutschen Einheit im militärischen Bereich, stellt man Besonderheiten fest. Man muß realistisch einschätzen, daß es nicht ein Zusammenschluß von Teilen zu einem Ganzen sein konnte. In den Streitkräften war auch nichts wiederherzustellen, weil sich beide Armeen in ihrem Traditionsverständnis nicht auf frühere Armeen in Deutschland bezogen. Die NVA war als Institution zur Bundeswehr nicht kompatibel. Die Führungsvorstellungen und -verfahren waren unterschiedlich, vor allem aber ihre Wertegrundlagen waren unverträglich. Die von der NVA mit äußerster Energie betriebene Eigenentwicklung von Gegensätzlichkeit zur Bundeswehr mußte sich in dem Moment gegen die NVA stellen, als die veränderten politischen Rahmenbedingungen ihre Existenz zur Disposition stellten.[2] Das Schicksal der NVA als Offizierarmee – der Anteil der Offiziere an der Gesamtstärke betrug überdimensional 37,2% – war besiegelt. Die NVA war ein Instrument des Staates, der sie schuf, ihr die Befehle gab, sie ausrüstete und bezahlte. Folgerichtig konnte es sie nur solange geben, wie es den Staat gab.

Nicht kompatibel

Dagegen ist kritisch anzumerken, daß unmittelbar nach dem Beitritt der DDR zur BRD die Chance auf Vervollständigung und Erneuerung demokratischer Strukturen in der Gesellschaft vertan wurde. Das betraf auch die Bundeswehr, deren Erneuerung sich anfangs fast ausschließlich auf die Einnahme neuer militärischen Strukturen beschränkte, die ihr durch die Verpflichtungen aus dem 2+4 Vertrag (Begrenzung der militärischen Stärke auf 370.000 Soldaten) und dem KSE-Vertrag hinsichtlich ihrer Reduzierungen an Bewaffnung ohnehin vorgegeben waren. Erst mit dem ab 1992 neu formulierten Auftrag und der Debatte um die Beibehaltung der Wehrpflicht lebte die Diskussion um die Legitimation der Bundeswehr und damit auch zum *„Leitbild vom Staatsbürger in Uniform"* wieder auf. Eine Reihe von konzeptionellen Dokumenten, Ausbildungsmethoden und Grundlagen für die Menschenführung in unserer Zeit, die auf ein zukunftsgerichtetes Bild des Soldaten ausgerichtet sind, wurden in den Teilstreitkräften entwickelt. Sie müssen aber noch in ein Gesamtkonzept für die

Reduzierung der Streitkräfte

---

1. Wörterbuch der Soziologie, Ferdinand Enke Verlag, Stuttgart 1969, Seiten 469-473.
2. Conrad, Hans Udo, Die Integration von Offizieren der ehemaligen NVA in das Heer der Bundeswehr, Dissertation an der Universität der Bundeswehr Hamburg, 1996, Seite 255.

Neues Bild
vom Soldaten

Bundeswehr eingefügt werden.[3] Das Urteil des Verfassungsgerichtes von 1994 hat neue Grundlagen für die Streitkräfte in unserer Zeit gelegt und es wird der *„Kommission für die Zukunft der Bundeswehr"* vorbehalten bleiben, ein an die neuen sicherheitspolitischen Verhältnisse angepaßtes Bild des Soldaten zu entwickeln. Das wird bei manchem Offizier, auch aus der ehemaligen NVA, die Sinnkrise und die Zeit der Ungewißheit nach Beendigung des Kalten Krieges endgültig beenden helfen.

Der Drang nach Integration ist flächendeckend. Nur dort, wo Integration vergleichbar sein soll, hat die Wissenschaft[4] versucht, Mindestanforderungen zu definieren. In der Staatslehre wird der Begriff Integration vor allem mit *„einigender Zusammenschluß"* übersetzt, geht von der Realität des Staates als geschlossene Gruppe aus und wird von den Werten des staatlichen Lebens getragen, die im Grundgesetz verankert sind.

Werte
verinnerlichen

Auf das Wesen der *„inneren Einheit"* bezogen, wird Integration oft vordergründig als gemeinsame Verpflichtung auf die Werte des Grundgesetzes proklamiert. Das ist formal sicher richtig, aber vielleicht stand dies im Prozeß der deutschen Einheit zu sehr im Vordergrund. Es wurde schnell verbal angenommen, aber nicht immer verinnerlicht. Die Einigung ist eben nicht nur ein materieller Prozeß. Die Menschen in den neuen Bundesländern stehen hier noch in der Pflicht. Das muß nach zum Teil 40-jährigem Leben unter der doktrinären SED-Ideologie nicht verwundern. Deshalb ist auch die Skepsis zu verstehen, mit der viele Offiziere der Bundeswehr ihren *„neuen Kameraden"* aus dem Osten gegenübertraten.

Integration
als Endpunkt

Ein Grund für dieses Dilemma ist darin zu sehen, daß die Bandbreite von Integration viel größer ist als vielfach angenommen. Die Wissenschaft ist sich im wesentlichen darüber einig, daß für konkrete soziale Systeme in Form von Gruppen und Organisationen eines Staates perfekte Integration nicht vorausgesetzt werden kann. Deshalb stellt Integration lediglich den theoretischen Endpunkt dar. Das trifft auch und gerade im besonderen Maße auf eine Wehrpflichtarmee zu, weil hier Menschen aus unterschiedlichen sozialen Gruppen sehr konzentriert aufeinandertreffen. Die *„Armee der Einheit"* hat anfangs diese Probleme noch zugespitzt, weil antagonistische militärische Kulturen zusammenprallten.

Innerer
Zusammen-
halt

Zum einem benötigt jede Gruppe (z.B. Offizierkorps, Beamte und Angestellte im öffentlichen Dienst u.a.) und Organisation (z.B. Armee, staatliche Verwaltung, ein Betrieb usw.) jedoch ein gewisses Maß an Integration, wenn sie nicht zerfallen soll, nämlich einen gewissen inneren Zusammenhalt und ein Zusammenwirken ihrer Mitglieder. Vielleicht läßt sich so auch nachvollziehen, warum sich noch heute ehemalige Offiziere der NVA „unter sich" treffen.

---

3. Millotat, Christian, Wo steht die Bundeswehr? Plädoyer für ihre gerechte Behandlung und die Würdigung ihrer Leistungen, Europäische Sicherheit 4/98, Seite 14.
4. Wörterbuch der Soziologie, Ferdinand Enke Verlag, Stuttgart 1969, Seiten 469-473.

Auf der anderen Seite gehören abweichende Verhaltensweisen zu den normalen Erscheinungen des Gruppenlebens. Die Grenze zwischen konformem und abweichendem Verhalten ist fließend, die Einheit einer Gruppe im *„Wirbewußtsein"* nicht absolut. Diese Einheit entsteht vielmehr aus der Überwindung von Gegensätzen. Dabei ist es gleich, ob dieser Prozeß innerhalb einer Gruppe oder einer Organisation, bzw. zwischen beiden abläuft. Das Wesen der Integration liegt also nicht in einem konfliktfreien, sondern eher in seinem dynamischen Charakter begründet. Das erklärt zumindest theoretisch die Schwierigkeiten bei der Herstellung der „inneren Einheit" in Deutschland, macht aber auch Mut für eine Verbesserung des erreichten Zustandes. *Überwindung der Gegensätze*

Diesen Gegensätzlichkeiten begegnet man heute in den neuen Bundesländern in vielen Bereichen und auf fast allen Ebenen. In der Zeit des politischen Umbruchs, der Neuordnung und der Schaffung neuer Strukturen auf föderaler und kommunaler Ebene behielten *„SED-Leute"* (die natürlich alle längst ausgetreten waren) noch Positionen im öffentlichen Dienst, in der Wirtschaft und anderen gesellschaftlichen Bereichen. Darüber hinaus konnten sie noch personalpolitische Weichen in „neuen" Institutionen mit hohem Personalbedarf (z.B. Arbeitsämter) stellen, weil keine anderen ausgebildeten Kräfte zur Verfügung standen. Die Verwaltungen wurden ohne genaue Überprüfungen (außer Verdacht auf Tätigkeit für den Staatssicherheitsdienst der DDR) umgebaut. Nur in ehemals zentralen Institutionen, der Staatsapparat als solcher existierte nicht mehr, wurden fast alle Spitzenpositionen von Altkadern gesäubert.[5] Dazu gehörte die Armee, bzw. das, was von ihr übriggeblieben war. Es sollte sich erweisen, daß dies, neben anderen, eine Voraussetzung dafür war, daß die Integration von Angehörigen der NVA in die Bundeswehr im Vergleich zur gesamten Gesellschaft als besser gelungen herausgestellt werden kann. *Neue Strukturen mit alten Leuten*

1.4.3 Antagonistische Armeen = Antagonistische Offiziere

Die NVA und die Bundeswehr waren keine Brüder in Uniform. Das galt von der ersten Stunde an und konnte sich auch mit dem *„Tag der Deutschen Einheit"* nicht schlagartig ändern. Ihre antagonistische Gegensätzlichkeit war prinzipiell.[6]

Gemeinsam war beiden Armeen das Bestreben ihrer politischen Führungen, die Streitkräfte eng politisch einzubinden.

---

5. Gruhn, Werner, Unerkannte Seilschaften, in: Information für die Truppe, Zeitschrift für Innere Führung, Nr. 10, 1998, Seiten 22-29.
6. Bald, Detlef, Militär und Gesellschaft 1945-1990, Nomos Verlagsgesellschaft, Baden-Baden, 1994, Seite 148.

Teilhabe an pluralistischer Verfaßtheit

Für die Bundeswehr bestimmte der Primat der parlamentarischen Politik Norm und Wirklichkeit. Für den Offizier der Bundeswehr führte das zu einer Teilhabe an der pluralistischen Verfaßtheit der Bundesrepublik und einem ausgeprägten System der parlamentarischen Kontrolle.[7] Bereits in der „*alten*" ZDv 10/1 Innere Führung war ausdrücklich festgeschrieben, daß es „*Interessen-, Meinungs- und Wertepluralismus auch unter Soldaten gibt*". Es ist den Offizieren der Bundeswehr fast ausnahmslos gelungen, dieses Bild des Soldaten in der Demokratie vorzuleben. Es ist noch heute oft erstaunlich zu sehen, wie loyal sie zu ihrem Staat stehen und sich dennoch ihre Kritikfähigkeit erhalten haben. Dabei ist es schon paradox, wenn die Marxsche Lieblingsdevise – an allem ist zu zweifeln – im Offizierkorps der Bundeswehr (West) viel ausgeprägter ist als bei den Offizieren der NVA, die zu 96% Mitglieder einer marxistischen Partei waren. Etwas zu hinterfragen, hatte man sich nicht gestattet, dafür war die Selbstzensur im Kopf viel zu stark.

Totaler Einfluß der Partei

In der NVA war der Einfluß der SED total. Dem Primat der parlamentarischen Politik im Westen stand das Modell der einseitigen parteipolitischen Dominanz gegenüber. Die NVA war die Armee der SED. Alle dienstlichen Bereiche waren auf die SED fixiert. Mit dem erhobenen Anspruch, daß der Marxismus/Leninismus die Grundlage jeder Wissenschaft sei, hat die SED selbst die wissenschaftliche Abkopplung gegenüber der Wissenschaft der westlichen Welt betrieben. Der Marxismus/Leninismus wurde damit zum Dogma, weil immer wieder versucht wurde, die veränderten gesellschaftlichen Bedingungen mit der „*alten*" – seit hundert Jahren nicht mehr überzeugend aktualisierten Lehre[8] – zu begründen. Das traf auch auf die Militärwissenschaft zu. Erste Ansätze, in neuen Kategorien zu denken, kamen zu spät.

Intelligenz unterdrückt

Die Offiziere der NVA waren der Parteidisziplin unterworfen und damit einer politischen Arbeit im Sinne der SED verpflichtet. Wenn überhaupt Kritik an bestehenden Zuständen geäußert wurde, wurde sie als Parteikritik geübt und war damit von Anfang an mit einem ideologischen Mantel überzogen. Bei den Offizieren ist so viel Intelligenz und Intellekt unterdrückt worden oder verloren gegangen. Mit der bereits angeführten totalen Fixierung aller dienstlichen Bereiche auf die SED ist, neben der Überbetonung einer ständig hohen Gefechtsbereitschaft, das herausragende Kennzeichen der Militärischen Kultur[9] der NVA und ihr Gegensatz zur Bundeswehr, wo

7. Conrad, Hans-Udo, a.a.O., Seite 26.
8. Dahn, Daniela, Westwärts und nicht vergessen, Rowohlt Taschenbuch Verlag GmbH, 1998, Seite 84.
9. Militärische Kultur ist die Gesamtheit der Vorstellungen, die eine Armee über ihr Selbstverständnis, ihre Eigenart und die ihres Handelns, ihre Aufgabe und ihr inneres Gefüge besitzt; über das also, was ihr das Besondere zu sein scheint, was sie gegen andere Gemeinschaften abgrenzt, was sie diesen gegenüber auszeichnet. Conrad, Hans Udo, a.a.O., Seite 22.

die großen Bemühungen um Integration in die zivile Gesellschaft und das Streben nach hohen technischen Standards die bestimmenden Kennzeichen waren und sind, bereits beschrieben.[10]

Aus der Vielzahl anderer Merkmale Militärischer Kultur und ihrer Gegensätzlichkeit zwischen beiden Armeen (Bezug zum Krieg, Personalführung – hier besonders die Verwendungsbreite des Offiziers in der Bundeswehr, Geheimhaltung, Disziplinarordnung, Ausbildung u.a.) soll auf die „*Führungsphilosophie*" näher eingegangen werden. Im Prozeß der deutschen Einheit war es innerhalb der Streitkräfte das Merkmal, welches in der täglich erlebten militärischen Praxis als der größte Unterschied sichtbar wurde. Deshalb war es auch im Vergleich zu anderen relativ leichter „aufzuarbeiten". *Führungs-philosophie*

Die Führungsphilosophie „*Führen mit Auftrag*" oder auch „Auftragstaktik" der Bundeswehr gab es in der NVA nicht. Jede übergeordnete Führungsebene stellte nicht nur die Mittel zur Verfügung, die für die Erfüllung einer Aufgabe benötigt wurden, sondern legte in aller Regel auch die Verfahren fest, wie die Aufgabe zu erfüllen war. Die Freiheit der Unterstellten war damit sehr stark eingeschränkt. Im Prinzip herrschte der gleiche Zentralismus wie in der staatlich verordneten ökonomischen Planwirtschaft. Die meisten Offiziere waren disziplinierte Genossen, bei denen man nicht zu befürchten brauchte, sie würden zuviel eigene Ansichten haben. Die Grundlagen dafür wurden in einem „*proletarischen Bildungssystem*" gelegt, wo oft das Auswendiglernen von Fakten der Auseinandersetzung und dem Argumentieren zu Widersprüchlichem gegenüber standen. Das machte Führen für Kommandeure einerseits bequem, weil sie sich selten Widersprüchen zu stellen hatten, zum anderen war es anstrengend, weil von ihnen immer die Ideen erwartet wurden. Daß man sich dabei eigentlich immer im inneren Zwiespalt zwischen sozialistisch erziehen und preußisch befehlen befand, hat man meist nicht bemerkt. Zu den bittersten Erfahrungen für die Offiziere gehörte es, erkennen zu müssen, daß nicht der menschliche Wert an sich, sondern seine Gebrauchsfähigkeit im System das Bestimmende im Sozialismus war. Das Prinzip der Kollektivierung stand über allem und basierte auf Unterordnung. *Freiheit eingeschränkt* *Selten Widerspruch*

Es klingt hart, aber der Offizier der NVA war dem der Bundeswehr in der geistigen Flexibilität unterlegen, weil in seinem geistigen Strukturrahmen der „*Befehlstaktik*" das „*Reproduzieren müssen*" vor dem „*Eigenes schaffen wollen*" stand. Im Zusammenhang mit der Übernahme konnte dies für die NVA-Offiziere nur zu dem Schluß führen, daß er in die Deutsche Einheit nicht als Gleichberechtigter gehen würde. Die kompromißlose Orientierung des Integrationsprozesses ausschließlich an der militärischen Kultur der Bundeswehr bedeutete faktisch für die ehem. Angehörigen der *Nicht gleichberechtigt*

---

10. Conrad, Hans Udo, a.a.O., Seite 39.

NVA eine Abwertung ihrer bisherigen Bildung und Ausbildung. Die persönlichen Konflikte wurden dann verschärft, wenn Offiziere der alten Bundeswehr, als Meister der Selbstdarstellung, überbeschäftigt und gestreßt gelten wollten, weil sie glaubten, nur so in der Betrachtungsweise ihrer Mitmenschen als bedeutend erscheinen zu können. Manchem wurde dabei zu erkennen gegeben, daß die NVA schlecht und wertlos gewesen und in der Bundeswehr sowieso alles besser sei.[11] Dabei wurde leider von einem zu idealistischen Bild des Offizierkorps und der Leistungsfähigkeit der Bundeswehr ausgegangen.[12] Und dennoch haben sich viele für eine Übernahme beworben, oft aus Mangel an Alternativen.

1.4.4 Der Einzelne hatte eine Chance

In der ZDv 10/1 ist festgeschrieben, daß die ehemalige NVA keine Tradition für die Bundeswehr begründen kann. Das legt den Schluß nahe, daß es auch kein „Erbe der NVA" gibt.

Frage nach dem Positiven

Damit ist die Betrachtungsweise obsolet, mit der die Frage zu beantworten wäre, ob ein „Erbe der Nationalen Volksarmee" nur negativ beschrieben werden soll oder ob es doch positive Elemente gibt, die für die Bundeswehr und den Offizierberuf bedeutsam sind. Es ging also im Prozeß der Auflösung der NVA nie um das Erhalten von Strukturelementen der NVA als Ganzes, sondern immer um die Übernahme/Weiterbeschäftigung einzelner Soldaten, und zwar nur zu den Bedingungen der „Gemeinschaft Bundeswehr". Unter diesem Aspekt ist es vielleicht verständlich, daß es keine nennenswerten Ansätze gegeben hat, darüber nachzudenken, ob für die Bundeswehr aus der „Erbmasse NVA" auch Positives herausgefunden werden könnte.

Wunden verwachsen

Für den Einzelnen, dessen „eigene/alte Gemeinschaft" nicht mehr existierte und die von der Bundeswehr, in die er integriert werden sollte, rigoros verurteilt wurde, war das eine ausgesprochen komplizierte und zuweilen sehr schmerzhafte Prozedur, die mitunter tiefe Wunden gerissen hat. Nur wer dies verinnerlicht und akzeptiert hatte, konnte hoffen, übernommen zu werden. Die Narben sind inzwischen verwachsen.

Bleibt die Frage, was hatte der Offizier der ehemaligen NVA also einzubringen in die Bundeswehr?

Diszipliniertheit, physische Belastbarkeit und hohe Einsatzbereitschaft, Befähigung zur Organisation, verbunden mit Improvisationstalent, Lernfähigkeit und Lernbereitschaft sind seine ausgeprägten Charakteristika.

---

11. Conrad, Hans Udo, a.a.O., Seite 193.
12. Jablonski, Walter, Leserbrief, Truppenpraxis 1/1993, Seite 106.

100

Das mag nicht viel sein, aber vielleicht war es auch ein Garant für das Gelingen der *„Armee der Einheit"*.

Fazit

Die Frage ist also nicht so sehr, was könnte man als positives Erbe iden- *Anerkannter* tifizieren oder bezeichnen, sondern besser und treffender wäre die Frage – *Partner?* ist der einzelne, ehemalige NVA Offizier auf seinem Weg in die Bundeswehr angekommen? Fühlt er sich als gleichberechtigter und anerkannter Partner im „Vereinten Deutschland" und im besonderen in der Armee der Einheit? Ist sein Verhalten als Soldat der ehemaligen NVA nicht nur, wie 1990 beschrieben, *„...höflich, aufnahmebereit, neugierig auch unsicher bis verlegen... "*[13]?

Da es dazu in der Soziologie bisher kaum fundierte Untersuchungen *Gemeinsames* gibt, kann der Autor diese Frage nur aus der Wahrnehmung seines persön- *Bewußtsein* lichen Umfeldes beantworten. Bezogen auf die Aussage von 1990 bleibt festzustellen: Die Soldaten sind sicher und selbstbewußter geworden. Ein gemeinsames deutsches Bewußtsein hat sich nach fast zehn Jahren deutscher Einheit vor allem auch in der Bundeswehr herausgebildet. Darauf können die Soldaten der Armee der Einheit im Vereinten Deutschland stolz sein, denn es ist allein ihr Verdienst.

1.4.5 Bundeswehr als Beispiel für die Gesellschaft

Wie für die Gesellschaft in Deutschland insgesamt wurde die Identitäts- *Schwierige* bildung für die Offiziere der ehemaligen NVA durch folgende Punkte er- *Identitäts-* schwert[14]: *bildung*
- Überzogenen Erwartungen und Hoffnungen standen Verhaltensgewohnheiten gegenüber, die sich im sozialistischen System entwickelt hatten. Mit diesen praktizierten Verhaltensweisen waren die individuellen Ziele in der Demokratie und Marktwirtschaft nicht zu erreichen.
- Für die Anpassung und Reaktion auf die neuen Gegebenheiten fehlte die Zeit.
- Vorhandene Wissensdefizite über das Funktionieren einer parlamentarischen Demokratie (für Offiziere besonders das augenscheinliche Primat der Politik).

---

13. Conrad, Hans-Udo, a.a.O., Seite 165
14. Vgl. Hirschmann, Kai, Mangelhafte gesellschaftliche Umgestaltung als Krisenpotential, in: Europäische Sicherheit, 2/99, Seite 54.

– Das Erkennen des „*Kommunismussyndroms*", nämlich erkennen zu müssen, in einem System gelebt zu haben, das auf moralischem Mißbrauch beruhte und für das man geschworen hatte, sein Leben einzusetzen.

– Das Gefühl der Bedrohung, einer bisher so nicht gekannten Konkurrenz im Berufsleben ausgesetzt zu sein.

Gesellschaft langsamer

Es ist sicher ein besonderer Vorzug des Militärs, daß man sich im Interesse einer schnellen Einsatzbereitschaft der Lösung von Problemen verzugsloser zuwendet, sich mit auftretenden Fragen für das Erreichen eines optimalen Wirkungsfaktors gründlicher auseinandersetzt, als das in anderen Bereichen der Gesellschaft, wo eine längere kontroverse Diskussion möglich ist, geschieht. Beide Partner in Ost und West haben große Mühe, guten Willen und gegenseitiges Verständnis darauf verwendet, um das gegenwärtige Niveau der Integration zu erreichen.

Kenntnis und Bildung

„*Einen Anspruch auf Offizierstellen können in Friedenszeiten nur Kenntnisse und Bildung gewähren, im Krieg ausgezeichnete Tapferkeit und Überblick bei anständigem Betragen.*"[15] Diese Forderung Gneisenaus im Zuge der preußischen Militärreform ab 1807 könnte auch Maxime für die Übernahme von Offizieren der ehemaligen NVA in die Bundeswehr gewesen sein. Beiden Armeen ist es zum Glück erspart geblieben, gegeneinander zu kämpfen und sich im bewaffneten Kampf bewähren zu müssen. Also konnten nur Kenntnisse und Bildung Kriterien für eine Übernahme sein. Die Bestandsaufnahme war leicht, leichter als in anderen Bereichen der Gesellschaft. Nur jeder achte Offizier der NVA hatte überhaupt die Chance übernommen zu werden.

Dienst in Ost und West

Die konsequent angegangene und schnelle Vermischung, den täglichen Dienst in Ost und West gleichermaßen zu leisten, sowie die Ausbildung, die jeder übernommene Soldat zu absolvieren hatte, sind wesentliche Gründe für den Erfolg der Integration. Auch das sofortige Übertragen von Verantwortung an die „Ehemaligen" gehört dazu.

Die Bundeswehr der Einheit hat sich inzwischen erfolgreich bewährt. Der Einsatz auf dem Balkan und während der Hochwasserflut an der Oder sprechen eine deutliche Sprache.

Neues Demokratieverständnis

Wer Offiziere der ehemaligen NVA beurteilt – gerecht und differenziert, sollte es nicht aus der Perspektive des Richterstuhls tun. Auch ihnen, gleich ob sie heute in der Bundeswehr Dienst tun oder inzwischen Rentner geworden sind, muß man die Fähigkeit zugestehen, sich von einst glühenden Verehrern des Sozialismus zu einem neuen Demokratieverständnis und -verhalten ändern zu können. So, wie es für viele ehemaligen Wehrmachtsoffiziere zehn Jahre nach Beendigung des Krieges auch möglich war.

---

15. Pertz, G.H., Das Leben des Feldmarschalls Grafen Neithardt von Gneisenau, Berlin 1880, Band I, Seite 105.

Mentalitäten entstehen langsam, und sie verändern sich sehr langsam. Sie sind niemals per Befehl zu verändern, sondern nur in mühseligen Wahrnehmungs-, Erfahrungs- und Verständigungsprozessen.

Daran muß man sich aktiv beteiligen. Viele Jahre DDR hinter sich zu haben, ist für sich nicht ehrenrührig, nur muß man es nicht ständig proklamieren.

„Um ihre Aufgaben im heutigen Deutschland erfüllen zu können, müssen die Soldaten Grundlagen und Sinn ihres Auftrages klar erkennen. Das erfordert kritische Besinnung, geschichtliche Rechenschaft und Erinnerung, den Mut zu neuem Beginn und, wenn es sein muß, zu neuen Wegen. Mehr denn je muß der Soldat, besonders der Berufssoldat, davon ausgehen, daß die bewaffnete Macht kein Sonderleben führt und nicht führen kann. Sie ist lebendiges Glied des Volkes und des Staates, dem sie angehört und zu dessen Schutz sie berufen ist. Mit dem Volksganzen verändert sich auch der Soldat..." *Lebendiges Glied des Volkes*

Dieses Zitat stammt nicht etwa aus der Zeit nach 1990, nein: Es ist aus der ersten amtlichen Schrift, die die Dienststelle Blank, Vorgänger des BMVg, 1955! herausgegeben hat. An der Richtigkeit der Aussage hat sich seit über 40 Jahren nichts geändert. Sie trifft vollinhaltlich auch heute für die ehemaligen Offiziere der NVA zu. Die meisten von ihnen haben sich, nach zwangsläufigen Anpassungsschwierigkeiten, das Wertesystem in Deutschland zu eigen gemacht, individuelle Durchsetzungsfähigkeit und leistungsorientiertes Handeln gelernt. Und sie verändern sich mit dem *„Volksganzen"* weiter. Ihr bescheidener Beitrag zu einer erfolgreichen gesellschaftlichen Transformation in Deutschland und in seinen Streitkräften kann im zehnten Jahr der deutschen Einheit positiv bewertet werden.

1.5 Hartmut Löwe

„Soldaten sind Mörder"

Von der Freiheit der Kritik, der Ehre des Soldaten und dem inneren Frieden des Gemeinwesens

I.

Die Empörung ist abgeklungen. Die Emotionen sind zur Ruhe gekommen. Aber das muß nicht so bleiben. Die Verletzungen reichen tief. Auch Narben können bei entsprechender Wetterlage schmerzen.

Soldaten können Mörder sein

Dabei kommt es auf den Zusammenhang an. Die Banden des Schlächters Arkan in Bosnien und im Kosovo Mörder zu nennen, ist eine durchaus zutreffende Beschreibung. Auch bevor noch das Gericht in Den Haag ein Urteil gesprochen hat, übertreibt niemand, der dem serbischen General Mladic tausendfachen Mord nachsagt. Noch immer fällt die Einsicht schwer, aber die Beweise liegen vor: Die deutsche Wehrmacht ist beim Rußlandfeldzug als Mordinstrument mißbraucht worden. So ungerechtfertigt pauschale Vorwürfe sind, es gilt, den Tatsachen ins Auge zu sehen.

Ist der Satz „*Soldaten sind Mörder*" deshalb nicht zu beanstanden? Ist er eine zutreffende Beschreibung?

II.

Tun, was die Verfassung verlangt

Nach den Entscheidungen des Bundesverfassungsgerichts vom August 1994 und Oktober 1995 meldeten sich Mütter von ihren Wehrdienst ableistenden Söhnen zu Wort. Sie waren außer sich und läuteten alle Glocken: Nein, unsere Söhne sind keine Mörder. Sie tun, was die Verfassung von ihnen verlangt. Und deshalb darf sie keiner an den Pranger stellen und als Mörder denunzieren. Ein Staat, der das zuläßt, versagt seinen Bürgern den elementaren Schutz ihrer Ehre. Er ahndet nicht einmal mehr Rufmord.

III.

Der juristische Streit um den Satz „*Soldaten sind Mörder*" hat seine Geschichte. 1931 hatte ihn Kurt Tucholsky in der Weltbühne geschrieben. Die Staatsanwaltschaft erhob Anklage. Da Tucholsky sich bereits nach Schweden zurückgezogen hatte, richtete sie sich gegen den Chefredakteur der Weltbühne Carl von Ossietzky. Das Kriminalgericht Moabit jedoch sprach ihn frei. Der liberale Strafrechtler Karl Binding hatte die Begründung gegeben: *„Nur der Einzelne hat Ehre, wie nur er Leben und Gesundheit besitzt. Eine Kollektivehre von Familien, Ständen, Versammlungen, juristischen Personen, Firmen, Behörden ist ein Unding."* Die Staatsanwaltschaft ging in die Revision. Doch das Berliner Kammergericht bestätigte den Freispruch. Das war am 17. November 1932.

Keine Kollektivehre

Die Geschichte war damit nicht zu Ende. Die Empörung veranlaßte den neuen Reichskanzler, General Kurt von Schleicher, einen Monat später eine „Verordnung zur Erhaltung des inneren Friedens" vorzulegen. Sie fügte in das Strafgesetzbuch die folgende Vorschrift ein: *„Wer öffentlich das Reich oder eines der Länder, ihre Verfassung, ihre Farben oder Flaggen oder die deutsche Wehrmacht beschimpft oder böswillig und mit Überlegung verächtlich macht, wird mit Gefängnis bestraft."*

IV.

Damit war der innere Friede wiederhergestellt. Aber das Problem war nicht gelöst. Politische Auseinandersetzungen lassen sich nicht durch Gerichte und nicht durch Gesetze entscheiden. Die Gerichte können Spielregeln für den Streit vorgeben. Gesetze können verbale Entgleisungen mit Strafen belegen. Emotionen lassen sich so nicht zügeln.

Als die Bundeswehr gegründet wurde, lebte der alte Streit wieder auf. Der Haß auf alles Militärische suchte kräftige Worte. Der Ärger über einen deutschen Wehrbeitrag entlud sich in verbalen Attacken. Die Soldaten, die Hitler niedergezwungen hatten, meinte man zwar nicht, wenn man Tucholsky zitierte. Aber der Widerspruch zum Wehrdienst, das Nein zu einer neuen deutschen Armee war plakativ zusammengefaßt in dem Satz *„Soldaten sind Mörder"*. Die Patmos-Gemeinde in Berlin-Steglitz ließ noch im Jahre 1995 in der U-Bahn Plakate aushängen mit der Aufschrift: „Das lernt man bei der Bundeswehr: drohen, töten, vernichten. Man lernt nicht: Konflikte rechtzeitig erkennen, vermitteln, lösen. Deshalb kann die Bundeswehr keinen Frieden erhalten oder herstellen – auch nicht im Namen der UNO!"

Haß auf Militär

V.

Eine Frau, die mit einem Soldaten verheiratet ist, will nicht die Frau eines Mörders sein. Mütter, deren Söhne Dienst tun in der Bundeswehr, wollen keine Mörder erzogen haben. In der Tat: Ruhig Blut zu bewahren und sich die Unterscheidung zwischen einer Kollektivbeschimpfung und einem persönlichen Vorwurf bewußt zu machen, das ist nicht wenig verlangt. Die

Kein persönlicher Vorwurf

Wirkung der Alltagssprache kümmert sich nicht um juristische Distinktionen. Das Bundesverfassungsgericht jedoch bestand auf Unterscheidungen. In seiner Entscheidung vom 10. Oktober 1995 führte es aus:

Juristische Auslegung

„Auch scharfe und überzogene Kritik entzieht eine Äußerung nicht dem Schutz des Grundrechts ... Das Grundrecht auf Meinungsfreiheit ist allerdings nicht vorbehaltlos gewährleistet ... Wenn es um Beiträge zum geistigen Meinungskampf in einer die Öffentlichkeit wesentlich berührenden Frage geht, spricht jedoch die Vermutung für die Zulässigkeit der freien Rede ... Die Strafgerichte haben der Verurteilung Deutungen der in dem Aufkleber enthaltenen Aussage zugrunde gelegt, die sie bei verständiger Würdigung nicht haben ... Der angegriffenen Entscheidung liegt danach ein Verständnis des Begriffs „Mörder" zugrunde, das sich am Strafgesetzbuch orientiert ... In der Alltagssprache ist ein unspezifischer Gebrauch der Begriffe „Mord" und „Mörder", der nicht auf juristische Abgrenzungen abstellt, durchaus üblich." Derjenige also blieb straflos, der einen Aufkleber mit dem Satz benutzt „Soldaten sind Mörder". Das könne, als ein Zitat von Tucholsky, schon deshalb nicht auf die Bundeswehr bezogen sein, weil es diese 1931 noch gar nicht gegeben habe. Außerdem wisse ein durchschnittlicher Leser, *„daß die Bundeswehr seit ihrer Gründung noch nicht an einer bewaffneten Auseinandersetzung teilgenommen hat und deshalb noch niemand durch die Soldaten der Bundeswehr im Rahmen einer kriegerischen Auseinandersetzung getötet worden ist."*

Spätestens hier argumentiert das Karlsruher Gericht riskant. Seit März 1999 gelten für die Bundeswehr nicht mehr Sonderkonditionen, steht sie nicht länger unter Naturschutz. Daß das nur eine Frage der Zeit war, hätte man vorhersehen und auf derlei windige Argumente verzichten müssen. Rabulistik weckt nur Argwohn beim Volk.

Innerer Frieden ausreichend berücksichtigt?

Das Bundesverfassungsgericht hat der Meinungsfreiheit stets eine überragende Bedeutung zuerkannt. Mögliche Konflikte mit dem Schutz der Jugend und dem Recht der persönlichen Ehre übersieht es zwar nicht einfach. Man kann jedoch fragen, ob es die Balance gewahrt und dem inneren Frieden des Gemeinwesens ausreichende Aufmerksamkeit gewidmet hat. Jedenfalls staunt der Beobachter, welch idealisiertes Bild vom durchschnittlichen Zeitgenossen das Gericht zeichnet. Der hat nämlich, wie Umfragen eindeutig ergeben haben, zwischen den Soldaten der Bundeswehr, der Wehrmacht und der Reichswehr nicht unterschieden. Schlichter ist manchmal lebensnäher.

VI.

Wer den Beruf des Soldaten gewählt hat, weil er den Frieden wahren, fördern und erneuern will, also den Staat in einer seiner Grundaufgaben unterstützen, wird sich über den Aufkleber *„Soldaten sind Mörder"* nicht freuen können. Die Karlsruher Differenzierungen beruhigen ihn nicht, sondern verstärken eher sein Mißtrauen gegenüber Gerichten und Richtern. Doch wer in eine belastete Geschichte eintritt, wird sich nüchternen Sinn und klare Urteilskraft bewahren. Soldat zu werden, das ist in Deutschland noch immer keine Entscheidung wie in England oder Frankreich. Je souveräner er reagiert, von dem böser Verbrechen wegen besudelten Bild des Soldaten nicht wegsieht, zwischen Söldnern und Wahrern des Friedens unterscheidet, inszenierten Aufregungen gegenüber gelassen bleibt, um so eher trägt er bei zu einem neuen und besseren Bild des Soldaten, setzt er alle, die mit einem Zitat Tucholskys Stimmung machen wollen, ins Unrecht. Soldaten haben Empfindungen wie andere auch. Aber sie müssen nicht empfindlich sein. Es steht ihnen frei, sich diejenigen auszusuchen, über deren Beleidigungen nachzudenken sie willens sind. *Neues Bild vom Soldaten*

VII.

Der Staat freilich muß der Meinungsfreiheit dort Grenzen ziehen, wo sie den inneren Frieden gefährdet. Er muß den Meinungsstreit zivilisieren und darf keine Sprache zulassen, die Verwahrlosung fördert. Die Bundeswehr kann notfalls auch mit extremen Vorwürfen und Verunglimpfungen leben. Aber das höchste Gericht sollte nicht ganze Bevölkerungsgruppen der Diffamierung preisgeben. Die Spielregeln eines fairen Streits dürfen nicht mutwillig verletzt werden. Es dient nicht dem Frieden, wenn Pazifisten bellizistisches Vokabular aufbieten. Dann steht dem Gemeinwesen noch vor jeder kriegerischen Auseinandersetzung Unfrieden ins Haus. *Grenzen der Meinungsfreiheit*

2. Der Offizier als Staatsbürger in Uniform

Werner von Scheven

Gedanken eines Offiziers

„Der Soldat hat die gleichen staatsbürgerlichen Rechte wie jeder andere Staatsbürger. Seine Rechte werden im Rahmen der Erfordernisse des militärischen Dienstes durch seine gesetzlich begründeten Pflichten beschränkt."

Dieser § 6 des Soldatengesetzes ist zugleich die Kernaussage der Inneren Führung in der Bundeswehr. Kein Vorgesetzter kann die Erfordernisse des militärischen Dienstes so auslegen, daß der Staatsbürgerstatus eines unterstellten Soldaten über das hinaus beschränkt würde, was die gesetzlichen Pflichten nach dem Soldatengesetz vorschreiben. Das wird in einigen Streitkräften – auch demokratischer Rechtsstaaten – anders gesehen oder gehandhabt, wo man traditionell daran glaubt, daß erst einmal der Geist des zivilen Bürgers mit drakonischen Erziehungsmitteln ausgelöscht werden muß, bevor die Armee einen richtigen Soldaten bekommt. In der Bundesrepublik Deutschland herrscht erstmals in der deutschen Militärgeschichte an dieser Stelle Rechtssicherheit. Das Parlament überwacht – u. a. durch die Institution des Wehrbeauftragten – die Einhaltung der Grundrechte der Soldaten und der Grundsätze der Inneren Führung.

Das einschneidendste Erfordernis des militärischen Dienstes ist durch die Pflichten zur Tapferkeit und zum Gehorsam gegenüber dem rechtmäßigen Befehl gegeben. Das Gesetz verlangt übrigens, gewissenhaft zu gehorchen. Diese beiden Pflichten umschließen die Bereitschaft des Soldaten zum Einsatz unter Lebensgefahr und zum Handeln in einer so extremen Gefahrensituation, die jeden Anderen berechtigen würde, zunächst einmal sein eigenes Leben in Sicherheit zu bringen. Zu dieser Bereitschaft bekennt sich der Offizieranwärter am Beginn seiner beruflichen Ausbildung durch den Diensteid.

Jahrzehntelang war die Vorstellung einer solchen Extremsituation eher hypothetisch. Die Büchse der Pandora blieb im Gleichgewicht des Schreckens verschlossen. Seit dem Jahre 1991 jedoch sind Einheiten der Bundeswehr erstmals außerhalb der Landesgrenzen eingesetzt worden. Dies geschah zunächst im Rahmen der Bündnisverteidigung auf türkischem Hoheitsgebiet und im Mittelmeer. Später wurden die Einsätze im Rahmen der kollektiven Friedenssicherung auf Gebiete außerhalb der Nordatlantischen Allianz ausgedehnt. Heute und in absehbarer Zukunft stehen tausende von Soldaten der Bundeswehr im Einsatz zur Friedenssicherung auf dem Balkan oder bereiten sich darauf vor. In der Übergangszeit sind vereinzelt subjektive Loyalitätsprobleme von Soldaten mit dem Eid auf *„Recht und*

Freiheit des deutschen Volkes" öffentlich bekanntgeworden. Doch sind die Zweifel ausgeräumt worden, als das Bundesverfassungsgericht solche Einsätze zur Friedenssicherung außer Landes als mit dem Grundgesetz vereinbar beurteilte. Hier greift die Pflicht nach § 7 SG, *„der Bundesrepublik Deutschland treu zu dienen".*

In Art 24 Abs. 2 GG heißt es, *„Der Bund kann sich zur Wahrung des Friedens in einem System gegenseitiger kollektiver Sicherheit einordnen; er wird hierbei in die Beschränkung seiner Hoheitsrechte einwilligen, die eine friedliche und dauerhafte Ordnung in Europa und zwischen den Völkern der Welt herbeiführen und sichern."*

Diese Einordnung schließt alle Aufgaben ein, die sich typischerweise aus einer Mitgliedschaft in einem solchen System ergeben, befand das Gericht.

Ein sehr weitgehendes Recht aller Staatsbürger ist die Freiheit der Meinungsäußerung und der politischen Betätigung. Die §§ 10, 12, 14 und 15 SG stecken die Grenzen bei der Ausübung dieser staatsbürgerlichen Rechte in allgemeiner Form ab. Immer wieder in der Geschichte der Bundeswehr sind einzelne – auch hochgestellte – Offiziere mit dem Dienstherrn oder mit Vorgesetzten und Kameraden in Konflikt geraten.

Und doch weist die gängige Rechtsprechung der freien Meinungsäußerung regelmäßig den höheren Rang gegenüber widerstreitenden Pflichten zu.

Der Offizier kann an dieser Stelle in eine schwierige Situation geraten, wenn er bei der Ausübung seiner staatsbürgerlichen Rechte in eine verantwortliche Abwägung mit den Erfordernissen des militärischen Dienstes eintritt. Es kann sein, daß die Prüfung der Gewissensfrage dafür den Ausschlag gibt, wie er sich letztlich entscheidet.

So mancher Bundesminister mußte sich sagen lassen, daß die Innere Führung, das Markenzeichen der Bundeswehr, durchaus unbequeme Offiziere hervorbringen kann. Aber mit solchen Offizieren ist die Bundesrepublik Deutschland nicht schlecht gefahren.

Carl von Clausewitz
Preußischer Generalmajor und Kriegsphilosoph
* 1.6.1789 in Burg (bei Magdeburg)
† 16.11.1831 in Breslau

Und so sind denn auch die meisten Gegenstände halb aus physischen, halb aus moralischen Ursachen und Wirkungen zusammengesetzt, und man möchte sagen: die physischen erscheinen fast nur wie das hölzerne Heft, während die moralischen das edle Metall, die eigentlich blank geschliffene Waffe sind.

Peter H. Blaschke

Gedanken eines Militärpfarrers

Der Staatsbürger in Uniform ist überzeugt, daß der demokratische und soziale Rechtsstaat, wie ihn unser Grundgesetz beschreibt, die Staatsform ist, in der der Einzelne die größtmöglichen Chancen auf Entfaltung seiner Persönlichkeit hat. Darum beteiligt er sich an der politischen Verantwortung, wenigstens, indem er von seinem Wahlrecht Gebrauch macht. Er hat seine Vorstellungen und Überzeugungen, welche Partei am besten und überzeugendsten umsetzt, was die Menschen, er selbst eingeschlossen, brauchen.

Der Staatsbürger in Uniform lebt in einer Zeit, in der Grenzen immer unwichtiger werden. Europa wird die neue politische Größe. So etwas wie Weltgesellschaft kommt in den Blick, z.B. bei den Aktivitäten der Vereinten Nationen. Und in seinem Beruf wird er immer stärker eingebunden in multinationale Strukturen. Da bleibt die Frage nicht aus, ob und wie Werte und Maßstäbe durchgehalten werden können, die er für unverzichtbar hält.

Diese Frage stellt er aber auch, wenn er im eigenen Land vom Mißbrauch der Macht hört oder liest, von Korruption und Bestechung und von Versuchen, selber Recht zu setzen, wo staatliche Gesetze Menschen nicht behagen oder wo staatliche Kontrolle nicht mehr greift.

Alle diese Fragen münden in die eine Frage: Wo ist der letzte Halt, die letzte Instanz, die nicht in Frage steht? Wo ist das sichere Fundament?

Im Alten Testament wird berichtet, wie der Prophet Samuel (1. Samuel 8) beauftragt wird, Gott den Wunsch des Volkes Israel nach einem König vorzutragen, d.h. nach voller staatlicher Macht und Souveränität. Gott versteht diesen Wunsch als Mißtrauen gegen seine Herrschaft. Er ist der eigentliche Herrscher Israels, der eigentliche Herrscher der Welt und der Geschichte. Staatliche Gewalt und Souveränität ist abgeleitet von dieser seiner Herrschaft. Gott geht auf den Wunsch des Volkes nach einem König ein. Aber er läßt das Volk warnen. Sie werden sich staatlicher Macht, dem „Recht des Königs" genau so entziehen, wie sie sich der Herrschaft Gottes immer wieder entziehen. Der Unterschied: Gott kann vergeben. Der König muß strafen.

Jesus antwortet, als man ihn fragt, was der Staat dürfe und was er nicht dürfe, indem er sich eine römische Münze zeigen läßt: „So gebt dem Kaiser, was des Kaisers ist, und Gott, was Gottes ist (Matth. 22, 15 ff)". Seine Jünger haben diese Antwort sicher richtig verstanden in der Weise, daß es hier eine klare Rangordnung gibt, vor allem im Konfliktfalle: „*Man muß Gott mehr gehorchen als den Menschen* (Apostelgeschichte 5, 29)."

Gottes Grundgesetz ist im übrigen immer noch klassisch in den 10 Geboten dargelegt. Einen festeren Halt, einen höheren Wert gibt es nicht. Und der letzte Halt ist Gottes Treue.

2.1 Oskar Hoffmann

Der neue Auftrag und der alte Eid

Der militärische Eid als Bindung soldatischer Pflichten

In fast allen
Kulturen

Der Eid findet sich in fast allen menschlichen Kulturen. In ihm verbinden sich sakrale und magische Vorstellungen, die genutzt werden, um Menschen auch mit ihren emotionalen Empfindungen auf Aussagen oder Zusagen zu verpflichten und bei Eidbruch oder Meineid mit menschlichen oder gar göttlichen Sanktionen zu drohen. Die Beteuerung eines Versprechens oder die Wahrhaftigkeit einer Aussage bei einer übermenschlichen Macht soll einerseits die Glaubwürdigkeit erhöhen, andererseits die Bindung des Eidgebers vertiefen. Mit Hilfe des Eides soll also an die Gewissenhaftigkeit des Schwörenden appelliert und zugleich seine Furcht vor Sanktionen bei Meineid oder Eidbruch verstärkt werden.

Es lag daher nahe, insbesondere den Versprechenseid zur Festigung und Bekräftigung von Herrschaftsbeziehungen zu nutzen[1]. Während im germanischen Volksheer der Wehrdienst noch selbstverständliche Aufgabe des freien Mannes ohne besonderen Akt der Inpflichtnahme war, wandelte sich etwa im 8. Jahrhundert das Wehrrecht in eine Wehrpflicht mit Treueeid als Untertanenpflicht.

Gegenseitiger
Vertrag

Danach entwickelte sich das Lehnsheer des Mittelalters mit der eidlichen Treueverpflichtung gegenüber dem unmittelbaren Lehnsherren. Die Bindung an den Feldherrn wird durch einen zweiseitigen Vertrag geschlossen. Seit dem 17. Jahrhundert wird der Eid unter körperlicher Berührung der Fahne auf das Staatsoberhaupt als obersten Kriegsherrn geleistet – die Entstehung des Fahneneids[2].

Mit Einführung der allgemeinen Wehrpflicht in der preußischen Armee tritt im 19. Jahrhundert eine gesetzliche Untertanenpflicht an die Stelle der privatrechtlichen Abmachung. Durch seinen Eid bekennt sich der Soldat zu dieser Pflicht und bindet sich zugleich an seinen Herrscher.

Verfassungs-
eid

Anfang des 19. Jahrhunderts wurden in Bayern und 1849 auch in der Paulskirchenverfassung Forderungen nach einem militärischen Verfassungseid laut, doch erst 1919 in der Weimarer Republik konnte sich der militärische Eid auf die Verfassung durchsetzen. Ein religiöser Bezug war in dieser Eidesformel nicht vorgesehen.

---

1. Zum politischen Eid allgemein vgl. Ernst Friesenhahn, Der politische Eid, Bonn 1928
2. Vgl. Johannes Fest, Über den Fahneneid, in: Der deutsche Soldat in der Armee von morgen, München 1954, S. 406 – 414

116

Nach der Machtergreifung durch die Nationalsozialisten wurde der Eid 1934 wieder in einen persönlichen Gehorsamsschwur umgewandelt – auf den Führer und Reichskanzler Adolf Hitler. Damit war der Fahneneid im Laufe der Zeit einem vielfachen Wandel unterworfen, vom alten personenbezogenen Treueeid gegenüber dem Lehnsherrn oder dem Monarchen über den Reichsverfassungseid hin zum rein personalistischen Gehorsamseid. Dieser Wandel setzte sich später in der jungen Bundesrepublik Deutschland fort. *Gehorsamseid*

Das Ringen um Eid und Gelöbnis des neuen deutschen Soldaten

Nach der Kapitulation Deutschlands 1945 existierten zunächst keine deutschen Streitkräfte mehr. Erst im Jahre 1954 wurden mit der ersten Wehrergänzung des Grundgesetzes die Voraussetzungen für die Aufstellung einer neuen deutschen Armee geschaffen. In der Folgezeit entbrannte ein heftiges Ringen um Sinn und Zweck des Soldateneides, den viele wegen des furchtbaren Eidmißbrauchs in der totalitären Vergangenheit Deutschlands für überflüssig hielten. Auf keinen Fall wollte man den traditionellen Fahneneid des Militärs mit der personalen Bindung des eidleistenden Soldaten auf das Staatsoberhaupt wiederhaben. *Ringen um den Eid*

Der Regierungsentwurf zum Freiwilligengesetz sah anfangs eine Vereidigung aller Soldaten auf das Grundgesetz vor[3]. Der Verteidigungsausschuß hingegen sprach sich zunächst nur für eine schriftliche Verpflichtung aller Freiwilligen aus. Die Bundesregierung schlug in ihrem Entwurf zum Soldatengesetz einen einheitlichen religiösen Diensteid für alle Soldaten vor – allerdings mit dem Recht, den Eid auch ohne religiösen Bezug zu sprechen. Der Bundesrat wiederum befürwortete eine Verpflichtung statt einer Vereidigung. Der Verteidigungsausschuß schließlich sprach sich 1956 – nach Anhörung vor allem von Vertretern der Kirchen[4] – gegen eine Vereidigung aller Soldaten, aber für eine feierliche Verpflichtung aus. *Eid oder Verpflichtung*

Im Bundestag setzte sich aber schließlich die Meinung durch, von Berufssoldaten und Soldaten auf Zeit doch – wie für die Beamten bereits im Bundesbeamtengesetz verankert – einen Eid zu fordern, weil diese Bewerber sich aus freien Stücken zur Übernahme ihrer Pflichten entschließen. Für den Wehrpflichtigen, den man durch einen erzwungenen Eid nicht in Gewissensnot bringen wollte, wurde ein Gelöbnis als hinnehmbare Gewissensbelastung angesehen. *Eid und Gelöbnis*

3. Vgl. dazu Entscheidungen (II) – Auszüge aus Debatten des Deutschen Bundestages und des Bundesrates über die Wehrverfassung und die innere Ordnung der Bundeswehr 1955/56, Hrsg. vom Bundesministerium der Verteidigung, Bonn 1975
4. Vgl. in: Verhandlungen des Deutschen Bundestages, 2. Wahlperiode 1953, Band 28 (1956), S. 6873 – 6882

Ernsthafte
Diskussion

Am 6. März 1956 beschlossen die Abgeordneten des Deutschen Bundestages Diensteid und feierliches Gelöbnis in ihrer heute gültigen Form. Berufs- und Zeitsoldaten schwören in Anlehnung an den Beamteneid. Wehrpflichtige sprechen dagegen die Gelöbnisformel, sie schwören nicht, sie geloben ihre Treue gegenüber der Bundesrepublik Deutschland. Diese Entscheidung war das Ergebnis einer ernsthaften Diskussion, in der auch durchaus gewichtige Gegenargumente wie z.B. Mißbrauch des Eides erwogen und berücksichtigt wurden. Sie verdeutlicht das Bemühen des Gesetzgebers, auch Fragen der Gewissensentscheidung des einzelnen Soldaten gerecht zu werden[5].

Die Bedeutung von Eid und Feierlichem Gelöbnis

Der Eid stellt in seiner ursprünglichen Bedeutung eine Anrufung Gottes oder einer anderen höheren Macht als Zeuge für die Ernsthaftigkeit eines Versprechens dar *(„Versprechens-Eid")*. Der Eid hat also ethisch-religiöse Bedeutung mit besonderer Inpflichtnahme und Bindungswirkung durch das Gewissen. In Anlehnung daran wird auch im weltlichen Bereich eine feierliche Beteuerung ohne Anrufung Gottes als Eid bezeichnet[6].

Keine religiöse
Handlung

Es ist jedoch zwischen Juristen und Theologen strittig, ob ein Schwur in nichtreligiöser Form ein Eid ist oder nicht. Aus juristischer Sicht können religiöse Handlungen verfassungsrechtlich nicht zwangsweise zugemutet werden. Deshalb sind Eide – rechtlich gesehen – auch keine religiösen Handlungen. Nach dem Urteil des Bundesverfassungsgerichts zum Eid vom 14.11.1972 besitzt der ohne Anrufung Gottes geleistete Eid nach der Vorstellung des Verfassungsgebers keinen religiösen oder in anderer Weise transzendenten Bezug. Erst durch den freiwilligen Zusatz des Schwörenden *„so wahr mir Gott helfe"* werden Eide zum religiösen Akt[7].

Aus der Sicht der Theologen hingegen kann es einen nicht-religiösen Eid eigentlich gar nicht geben.

Feierliches
Versprechen

Für das Gelöbnis stellt sich die Problematik in dieser Form nicht, da es nur ohne religiösen Zusatz gesprochen werden kann. Trotz seiner bewußt gewählten Wortgleichheit mit dem Eid ist es lediglich ein Versprechen in

---

5. Siehe hierzu die umfangreiche Dokumentation in: Hildburg Bethke, Eid – Gewissen – Treuepflicht, Frankfurt 1965, Dokumenten-Anhang S. 256 ff.
6. Zum Begriff des Eides vgl. Evangelisches Kirchenlexikon, Göttingen 1986, Sp. 987 ff. (Stichwort Eid)
7. Beschluß Bundesverfassungsgericht vom 11.4.1972 – 2 VvR 75/71. Vgl. dazu Horst Scheffler: Gott mehr gehorchen – Der Eid des Soldaten zwischen Religion, Pädagogik und Politik, in: Klein, Paul/Walz, Dieter (Hg.): Der Widerstand gegen den Nationalsozialismus und seine Bedeutung für Gesellschaft und Bundeswehr heute, Baden-Baden 1995, S. 61 – 70

feierlicher Form, das formal und rechtlich für die Wehrpflicht-Ausübung des einzelnen Soldaten keine Bedeutung hat. Obwohl der Soldat damit keine Bindung im Gewissen eingeht[8], wird es aber im Erleben des Einzelnen und der Gesellschaft oft als persönliches Bekenntnis empfunden, das eine hohe emotionale Betroffenheit weckt.

Eid und Gelöbnis wirken grundsätzlich nicht rechtsbegründend, da das *Nicht rechts-* Wehrdienstverhältnis gem. § 2(1) Soldatengesetz unabhängig von der Ei- *begründend* des- bzw. Gelöbnisablegung begründet wird.

Der Berufs- und Zeitsoldat kann nicht gezwungen werden, den Eid zu leisten. Ein entsprechender Befehl würde dem ethischen Gehalt des Eides widersprechen. Die Verletzung der Dienstpflicht des § 9 Soldatengesetz durch das Nichtablegen des Eides hat jedoch die Entlassung aus dem Dienstverhältnis zur Folge[9].

Die Eidesleistung des Soldaten hat auch keine selbständige Rechtsfolge. Ein Verstoß gegen den Eid ist weder ein Meineid im Sinne des Strafgesetzbuches noch ist er mit juristischen Sanktionen verknüpft. Belangt werden kann ein eidbrüchiger Soldat nur wegen der zugrundeliegenden Dienstpflichtverletzung.

Das Ablegen des feierlichen Gelöbnisses ist eine Dienstpflicht und kann dem Soldaten befohlen werden[10]. Weigert er sich, begeht er eine Dienstpflichtverletzung, die disziplinar geahndet werden kann. Er wird jedoch – im Gegensatz zum Zeit- und Berufssoldaten – nicht entlassen, sondern verbleibt mit den gesetzlichen Rechten und Pflichten in der Bundeswehr.

Eid und feierliches Gelöbnis haben mehrere Funktionen. Sie sollen die *Integration* Integration des jungen Rekruten in die soldatische Gemeinschaft fördern, *fördern* ihn auf einer emotionalen Ebene an die soldatischen Pflichten binden und durch die Bewußtmachung erzieherisch – appellativ auf den Soldaten einwirken. Hinzu kommt beim Ablegen des Eides mit der religiösen Beteuerungsformel noch eine ethisch – religiöse Funktion als zusätzliche Bindungskraft.

Der eigentliche Sinn des Eides liegt in seiner ethischen Bedeutung. In *Sittliche Bin-* den ersten Richtlinien des Bundesministers der Verteidigung vom 8. Au- *dung* gust 1956 heißt es dazu: *„Das Wesen des Eides, den der Soldat leistet, liegt in der sittlichen Bindung an den Auftrag, den er von der Regierung*

---

8. Zumindest war dies das Ziel des Gesetzgebers, nämlich mit Hilfe des Gelöbnisses einerseits nicht auf eine gewisse eidähnliche Funktion zu verzichten, andererseits aber den wehrpflichtigen Soldaten von möglichen Gewissenskonflikten zu verschonen.
9. § 46(2) 4, § 55(1) Soldatengesetz; vgl. Scherer/Alff, Kommentar zum Soldatengesetz, § 9 RdNr. 4
10. Vgl. Scherer/Alff., Kommentar zum Soldatengesetz, § 9 RdNr. 9; a.A. Stauf, Wolfgang, Befohlene Teilnahme am feierlichen Gelöbnis – ein Verstoß gegen Art. 1 Abs. 1 GG in: Neue Zeitschrift für Wehrrecht, 1978, S. 92 – 96

der Bundesrepublik Deutschland ... erhält. Durch den Eid soll der Soldat sich moralisch verpflichtet fühlen, seinen Dienst an Volk und Staat unter allen Umständen so standhaft, so zuverlässig und mit so hohem sittlichen Ernst zu leisten, wie es sein Gewissen ihm vorschreibt. Der Eid zielt auf die religiösen und moralischen Kräfte, die ein bloßer Rechtsakt nicht erfassen kann."

Der Inhalt des Versprochenen bedarf enger Auslegung, um die Freiheit und damit die Verantwortlichkeit des Eidgebers nicht über Gebühr zu beschränken.

Eid und Treuepflicht

Mit dem in § 9 des Soldatengesetzes vorgeschriebenen Eid und dem feierlichen Gelöbnis bekräftigen die Soldaten in zeremonieller Form die Bindung an ihre Dienstpflichten im Rahmen der Erfüllung des Verfassungsauftrages der Streitkräfte.

Deklaratorische Bedeutung

Der Wortlaut von Eid und feierlichem Gelöbnis entspricht dabei der in § 7 Soldatengesetz normierten Grundpflicht aller Soldaten, der „Bundesrepublik Deutschland treu zu dienen und das Recht und die Freiheit des deutschen Volkes tapfer zu verteidigen". Sie ist die eigentliche gesetzliche Verpflichtung, die dem Soldaten auferlegt wird und wegen deren Verletzung er ggf. zur Rechenschaft gezogen werden kann. Eid und feierliches Gelöbnis haben also, soweit es sich um die Erfüllung von Dienstpflichten des Soldaten handelt, juristisch gesehen nur deklaratorische Bedeutung.

Am Grundgesetz orientiert

Die Pflicht zum treuen Dienen verpflichtet den Soldaten zur Treue gegenüber der Werteordnung der Bundesrepublik Deutschland. Diese beruht auf dem Grundgesetz und den einfachen Gesetzen in der jeweils geltenden Fassung. Der Inhalt der Treuepflicht des Soldaten muß sich notwendig an den Normen des Grundgesetzes orientieren. *„Treu zu dienen"* heißt für den Soldaten, mit all seinen Kräften zur Erfüllung des verfassungsmäßigen Auftrags der Streitkräfte beizutragen. Dies schließt ein, verbindlichen Entscheidungen der Bundesregierung und anderer Staatsorgane im Rahmen der Gehorsamspflicht gemäß § 11 Soldatengesetz Folge zu leisten. Der Soldat muß nach besten Kräften gewissenhaft handeln, um seinen Dienst erfolgreich zu leisten und alles unterlassen, was die Erfüllung rechtlich zulässiger Aufträge beeinträchtigen kann. Treues Handeln zeigt sich also in bestimmten Verhaltensweisen wie Einsatzbereitschaft, Zuverlässigkeit und gewissenhafter Pflichterfüllung. Die Treuepflicht des Soldaten unterscheidet sich damit im allgemeinrechtlichen Gehalt nicht von den Dienst- und Treuepflichten, die anderen Angehörigen des öffentlichen Dienstes auferlegt sind.

Einheitliche Treuepflicht

Die Treuepflicht des Soldaten ist vom Status unabhängig. Es besteht ausschließlich eine gemeinsame einheitliche Treuepflicht für alle Soldaten der Bundeswehr. Allerdings bleibt es dem Dienstherrn überlassen, aus Zweckmäßigkeitserwägungen z.B. auf die Heranziehung von Wehrpflichtigen zu Auslandseinsätzen zu verzichten. Der Bundesminister der Verteidigung hat diese Entscheidung für die bisherigen Einsätze getroffen.

Die Treuepflicht ist im übrigen nicht einseitig, sondern Staat und Soldat sind gem. § 1 Soldatengesetz durch gegenseitige Treue miteinander verbunden[11].

Gefährdung auf sich nehmen

Für den Soldaten – wie auch für Angehörige entsprechender anderer Berufsgruppen wie z.B. Polizei oder Bundesgrenzschutz – folgt bereits aus der Treuepflicht, daß sie in der Erfüllung ihrer Dienstpflichten auch berufsbedingte Gefährdungen auf sich nehmen müssen. Um dem Soldaten den Ernst seiner Aufgabe deutlich vor Augen zu stellen, hat der Gesetzgeber mit der Formulierung *„und das Recht und die Freiheit des deutschen Volkes tapfer zu verteidigen"* diese Verpflichtung zur Tapferkeit nochmals besonders hervorgehoben.

Dem Soldaten soll damit verdeutlicht werden, daß insbesondere, wenn es um den Erhalt von *„Recht und Freiheit"*, also der verfassungsmäßigen freiheitlichen demokratischen Grundordnung der Bundesrepublik Deutschland geht, er im äußersten Fall auch sein Leben für die Verteidigung dieser Werte einsetzen muß.

Ob und inwieweit dies auch für Einsätze gilt, bei denen die Streitkräfte nicht zur Verteidigung eingesetzt werden, sondern z.B. im Auftrag der UNO-Sanktionsmaßnahmen oder humanitäre Hilfseinsätze irgendwo auf dem Erdball durchführen, ist allerdings umstritten.

Tapferkeit ohne Einschränkung

Mit der herrschenden Meinung wird hier aber davon ausgegangen, daß die Verpflichtung zur Tapferkeit keine eigenständige Pflicht darstellt, die etwa lediglich im Falle eines Einsatzes zur Verteidigung Deutschlands zum Tragen kommt, sondern rechtlich immanenter Bestandteil der soldatischen Treuepflicht ist[12]. Das heißt, daß der Dienstherr ein bestimmtes Maß an

---

11. § 1 Abs. 1 Satz 2 Soldatengesetz lautet: „Staat und Soldaten sind durch gegenseitige Treue miteinander verbunden". Der Treuepflicht des § 7 Soldatengesetz steht spiegelbildlich die in § 31 Soldatengesetz verankerte Fürsorgepflicht des Bundes gegenüber.

12. Vgl. Axel Schlegtendal, Ausreichende Geschäftsgrundlage – Inhalt und Reichweite der Treuepflicht des Soldaten in: Information für die Truppe, H. 12/1992, S. 14 – 17. A.A. vor allem Walz, der in der Tapferkeitspflicht eine eigenständige, neben der Treuepflicht angesiedelte Verpflichtung sieht, die auf „Recht und Freiheit des deutschen Volkes und die Einsatzform der Verteidigung" reduziert ist. Vgl. Dieter Walz, Die Reichweite der Soldatischen Tapferkeitspflicht, in: Neue Zeitschrift für Wehrrecht, 1992, S. 55 ff. Die h.M. beruft sich vor allem auf Aussagen im Bericht des Ausschusses für Verteidigung zum Entwurf des Soldatengesetzes, in dem es dazu heißt: „Besondere Erörterungen des Ausschusses gingen um die Frage, ob das Wort „tapfer" in die Grundpflicht des Soldaten aufgenommen werden sollte oder nicht. Aus der Diskussion ergab sich, daß Tapferkeit das Ziel der Erziehung und Selbsterziehung des Soldaten sein soll, dessen

Tapferkeit auch in Friedensverwendungen vom Soldaten erwarten oder einfordern kann, wenn die Umstände es verlangen und die Verhältnismäßigkeit es zuläßt[13].

Pflichten unteilbar

Die Grundpflicht zum treuen Dienen beinhaltet auch keine räumliche Begrenzung auf das Staatsgebiet der Bundesrepublik Deutschland. Soweit der Auftrag einen Einsatz im Ausland erfordert, wird auch dieser von der soldatischen Dienstpflicht erfaßt. Das heißt, daß die Treuepflicht und mithin auch die Pflicht zur Tapferkeit unteilbar sind und gleichermaßen für jede verfassungsgemäße Aufgabenerfüllung der Streitkräfte innerhalb wie außerhalb Deutschlands gelten. Auch auf die Art der Verwendung – von der humanitären Hilfe bis zum Kampfeinsatz – kommt es nicht an. Gemäß dem Primat der Politik entscheidet die Bundesregierung bzw. ggf. der Bundestag im Rahmen des völkerrechtlich und verfassungsrechtlich Zulässigen, wo und wie die Streitkräfte einzusetzen sind.

Dynamisches Rechtsverhältnis

Der Inhalt der Treuepflicht des Soldaten muß sich notwendig an den Normen des Grundgesetzes sowie den übrigen gesetzlichen Regelungen orientieren. Dabei ist das gegenseitige Dienst- und Treueverhältnis nicht statisch mit der Folge, daß Rechte und Pflichten von Beginn des Dienstverhältnisses an unabänderlich festgelegt sind. Es handelt sich vielmehr um ein „dynamisches Rechtsverhältnis", das einer Ergänzung der Rechte und Pflichten im Rahmen der Rechtsordnung zugänglich ist. Die Treuepflicht bestimmt sich also nicht nach einem bestimmten Rechtszustand zu einem bestimmten Zeitpunkt, sondern erstreckt sich vielmehr auch auf Änderungen oder Ergänzungen des Grundgesetzes, wenn diese die Rechte und Pflichten des Soldaten berühren. Treues Dienen bedeutet für den Soldaten damit, auch ihm neu auferlegte Dienstpflichten zu erfüllen.

Damit gilt auch, daß die im Soldatengesetz normierte Grundpflicht und damit auch Eid und feierliches Gelöbnis alle verfassungsgemäßen Aufgaben des Soldaten umfassen[14].

Wille zur treuen Pflichterfüllung stärker als die Furcht ist. Der besondere Ernst seiner Aufgabe soll ihm deutlich vor Augen gestellt werden, damit er die Einsicht gewinnt, daß die Verteidigung von Recht und Freiheit den Einsatz der ganzen Person notwendig macht. Der Ausschuß war der Auffassung, daß hierbei nicht nur an den Verteidigungsfall gedacht werden dürfe, sondern daß das gesamte Verhalten des Soldaten auch im Frieden unter dem Gesichtspunkt dieser Grundpflicht gesehen werden müsse." in: Bundestags-Drucksache 2/2140 vom 29.02.1956, S. 5

13. In der Praxis heißt dies aber auch, daß sich „Tapferkeit" im Frieden in aller Regel auf „Überwindung persönlicher Furcht" reduziert, da gesetzliche Bestimmungen, Dienstvorschriften, Grundsätze der Inneren Führung und das Erfordernis der Verhältnismäßigkeit hier der Befehlsbefugnis des Vorgesetzten (§ 10(4) Soldatengesetz) enge Grenzen setzen

14. Noch nicht beantwortet ist hier die Frage, wie weit die Verpflichtungen aus Eid und feierlichem Gelöbnis gehen und wo die Grenzen liegen. Um den Rahmen dieses Aufsatzes nicht zu sprengen, sollen im Folgenden nur die politischen und vor allem juristischen

Eid und Einsatzlegitimation

Der Eid steht in enger Wechselbeziehung zur Legitimation der Streitkräfte und des militärischen Auftrags.

Der Soldat muß die Möglichkeit haben, die Legitimation jedes Einsat- *Legitimation*
zes prüfen und eventuell auch hinterfragen zu können. Eine politisch, *prüfen*
rechtlich und ethisch überzeugende Legitimation gibt ihm so persönliche
Sicherheit und motiviert ihn, im Sinne seines Eides zu handeln.

Drei Jahrzehnte lang war die Legitimation der Bundeswehr augen-
scheinlich durch die konkrete Bedrohung durch die Sowjetunion und den
Warschauer Pakt gegeben. Doch dieses Legitimationsargument hatte keine
verfassungsrechtliche Bedeutung. Der Auftrag der Bundeswehr wurde
vom Grundgesetz her *„zur Verteidigung"* konkretisiert. Damit war der
Auftrag offen für alle möglichen Risiken und Gefahren, gegen die militärische Verteidigung im weitesten Sinne in Frage kommt. Schutzgut sind dabei in jedem Fall *„Recht und Freiheit des deutschen Volkes"*, also die freiheitlich-demokratische Grundordnung der Bundesrepublik Deutschland,
die nur durch die Sicherung der staatlichen Existenz behauptet werden
kann[15].

Die Verteidigung dieser Werte ist nach wie vor – gemeinsam mit den *Neue Aufträge*
Bündnispartnern – Hauptauftrag der deutschen Streitkräfte. Allerdings
sind seit dem Ende des Ost-West-Konflikts weitere Aufträge hinzugekom-
men, deren Legitimation – man denke an die Einsätze in Kambodscha oder
Somalia – sich nicht so einfach mit *„Verteidigung von Recht und Freiheit
des deutschen Volkes"* begründen lassen.

Die Bundeswehr steht unter dem Primat der Politik. Daraus ergibt sich, *Gehorsams-*
daß Soldaten die Pflicht haben, politischen Entscheidungen Folge zu lei- *begründend*
sten, aber auch das Recht, daß diese Entscheidungen politisch, ethisch und
rechtlich legitimiert sind. Es ist deshalb notwendig, daß die Bundesregierung die Legitimation eines konkreten Einsatzes offenlegt und begründet.
Die Darstellung der Einsatzlegitimation ist dabei kein Selbstzweck, sondern gehorsamsbegründende Rechtfertigung des Einsatzes.

Ausgangspunkt ist die Offenlegung der politischen Legitimation des
Einsatzes. Gerade der Soldat muß die Möglichkeit haben, sich mit dem
Sinn seines Einsatzes auseinanderzusetzen.

Bei der rechtlichen Legitimation geht es um die Vereinbarkeit des *Rechtlicher*
Streitkräfteeinsatzes mit völkerrechtlichen, verfassungsrechtlichen und *Rahmen*
einfachgesetzlichen Vorgaben. Das Recht bildet damit den Rahmen, inner-

---

Aspekte untersucht werden. Hinsichtlich der kirchlichen Ansichten wird auf den Aufsatz „Ich schwöre ..." von Peter H. Blaschke verwiesen (s. S. 142)

15. Vgl. Josef Isensee, Das Recht und die Freiheit des deutschen Volkes – Legitimation und
Schutzgut der Bundeswehr, in: Frieden ohne Macht – Sicherheitspolitik und Streitkräfte im Wandel, Hg. von Hans Michael Baumgartner u.a., Bonn 1991, S. 61 – 80

halb dessen politische Argumente anerkannt werden. Dies schließt die parlamentarische Zustimmung zum jeweiligen Einsatz ein.

Ein Einsatz ist rechtlich legitimiert, wenn die politisch begründeten Einsatzziele mit den rechtlichen Vorgaben zu vereinbaren sind. Ohne rechtliche Legitimation kommt ein Einsatz nicht in Betracht.

Ethische Gesichtspunkte

Neben der politischen und rechtlichen Legitimation muß jede Einsatzentscheidung auch unter ethischen Gesichtspunkten überdacht werden. Ethische Legitimation soll Gehorsam rechtfertigen und festigen. Die Soldaten müssen sicher sein, daß ihr Gehorsam einem ethisch gerechtfertigten Zweck dient.

Gewalt eindämmen

Wesentliches Kriterium zur Prüfung der ethischen Legitimation bildet das Grundgesetz mit seinem Friedensgebot und dem Bekenntnis zu den *„unveräußerlichen Menschenrechten als Grundlage jeder menschlichen Gemeinschaft, des Friedens und der Gerechtigkeit in der Welt"*[16]. Der Einsatz militärischer Gewalt hat nur dann einen friedensbezogenen Gehalt, wenn damit die Ausübung rechtswidriger Gewalt eingedämmt und der Weg zu friedlichen Lösungen geebnet oder offengehalten werden kann.

Am Ende aller Überlegungen zur rechtlichen, zur politischen und zur ethischen Legitimation steht die Legitimität des Einsatzes. Sie gibt dem Soldaten Orientierungssicherheit, erleichtert ihm die Teilnahme am Einsatz und festigt seinen Gehorsamswillen. Sie ist unabdingbare Voraussetzung dafür, daß der Soldat im Sinne seines Eides handeln kann[17].

Die neuen Aufträge der Streitkräfte und ihre Auswirkungen auf die Grundpflichten des Soldaten

Veränderungen des Auftrags

Veränderungen des Auftrags der Bundeswehr hat es seit ihrer Aufstellung wiederholt gegeben. Beispiele sind die Erweiterung des Einsatzes im Inneren der Bundesrepublik Deutschland durch die sog. Notstandsgesetzgebung 1968, sowie die Erweiterung des Auftrags durch den Beitritt zu den Vereinten Nationen im Jahre 1973 (wobei diese Erweiterung erst mit dem Urteil des Bundesverfassungsgerichts vom 12.6.1994 rechtlich *„aktiviert"* worden ist).

Die letzte Veränderung war die Erweiterung des zu verteidigenden Staatsgebiets der Bundesrepublik Deutschland durch den Beitritt der DDR zum Geltungsbereich des Grundgesetzes am 3.10.1990.

16. Art 1 Abs. 2 Grundgesetz. Zum Friedensgebot des Grundgesetzes vgl. Dieter S. Lutz/ Volker Rittberger, Abrüstungspolitik und Grundgesetz, Baden-Baden 1976, Kap. 5. Das Friedensgebot des Grundgesetzes (S. 83 – 110)
17. Vgl. hierzu Oskar-Matthias von Lepel, Legitimationsfragen bei Auslandseinsätzen der Bundeswehr, Arbeitspapier 3/96 des Zentrums Innere Führung, Koblenz 1996

Besonders heftig – wenn auch zum Teil mit unterschiedlicher Zielrichtung – wurde in den ersten Jahren nach Beginn der Auslandseinsätze eine bundeswehrinterne Debatte über den Eid geführt. Aus Sicht der einen Seite sollte die geforderte Änderung der Eidesformel zu einem neuen UN-orientierten Selbstverständnis des Soldaten beitragen. Für die andere Seite stand wahrscheinlich das Bestreben im Vordergrund, der Verpflichtung zur Teilnahme an Auslandseinsätzen die rechtliche Grundlage zu entziehen. Hierbei ging es sowohl um die verfassungsrechtliche Zulässigkeit solcher Einsätze wie auch um die Frage, ob es nicht unterhalb der Verfassungsebene gesetzliche Hindernisse gibt, die der Heranziehung von Soldaten zu Auslandeinsätzen entgegenstehen.

Debatte über den Eid

Die verfassungsrechtliche Diskussion wurde mit dem Urteil des Bundesverfassungsgerichts vom 12. Juli 1994 schlagartig beendet. Nach dieser Entscheidung ist die verfassungsgemäße Aufgabenerfüllung der Bundeswehr nicht auf die Verteidigung i.S. von Art. 87a des Grundgesetzes beschränkt, sondern auch im Rahmen und nach den Regeln gegenseitiger kollektiver Sicherheitssysteme möglich. Die verfassungsrechtliche Grundlage für derartige Einsätze war von Anfang an in Art. 24 Abs. 2 des Grundgesetzes angelegt. Durch den Beitritt zu einem solchen System kollektiver Sicherheit – wie z.B. 1973 beim Beitritt zu den Vereinten Nationen – werden die im Rahmen dieses Systems stattfindenden Einsätze verfassungsrechtlich zulässig.

Systeme kollektiver Sicherheit

Bei der Festlegung des erweiterten Auftrags der Bundeswehr hat es also, juristisch gesehen, eine Ausweitung der soldatischen Pflichten nicht gegeben, denn die im Grundgesetz und im Soldatengesetz enthaltenen verfassungs- und pflichtenrechtlichen Rahmenbedingungen haben sich nicht geändert.

Keine neuen Pflichten

Dies läßt sich auch für – völkerrechtlich legitimierte – militärische Einsätze sagen, die der Verhinderung einer humanitären Katastrophe (z.B. durch massive Menschenrechtsverletzungen) dienen. Gemäß Art. 1 des Grundgesetzes ist es Verpflichtung aller staatlichen Gewalt, die Würde des Menschen zu achten und zu schützen. Damit kann auch der Schutz von Menschenrechten zu den Aufgaben der deutschen Streitkräfte gehören.

Auch bei diesen Einsätzen handelt es sich um eine verfassungsgemäße Aufgabenerfüllung der Streitkräfte, an der jeder Soldat[18] gemäß seiner Treuepflicht mitzuwirken hat.

---

18. Strittig hinsichtlich des Einsatzes von Wehrpflichtigen; vereinzelt wird davon ausgegangen, daß Einsätze, die nicht der Verteidigung Deutschlands dienen, von der Wehrpflicht nicht erfaßt würden. Da es rechtlich ausgeschlossen ist, die staatsbürgerliche Wehrpflicht in eine Weltfriedenspflicht umzudefinieren, sei auch für den Wehrpflichtigen eine Zwangspflicht zum Lebenseinsatz nicht zumutbar. Vgl. Michael Köhler, Internationaler Streitkräfteeinsatz und Wehrverfassung, in: Sicherheit und Frieden, H. 2/1995, S. 85 – 90

125

Gleiches würde auch im Falle einer Grundgesetzänderung gelten, die den Auftrag der Streitkräfte erweitert. Auch hier wäre rechtlich keine Änderung der Grundpflicht bzw. von Eid und Gelöbnis notwendig. Die Bundeswehr ist als Teil der Exekutive gem. Art. 20 des Grundgesetzes an Recht und Gesetz gebunden. Damit sind auch alle Verfassungsänderungen für die Bundeswehr und ihren Auftrag bindend.

Eid neu formulieren?

Dabei darf allerdings nicht übersehen werden, daß eine solche rechtliche Bewertung nicht von vornherein ausreicht, um beim Soldaten die notwendige Akzeptanz zu erreichen. Ein erweiterter Auftrag der Streitkräfte zur (möglicherweise weltweiten) Friedenssicherung oder sogar Friedenserzwingung wird nur dann mit Überzeugung angenommen, wenn er auch unter den veränderten sicherheitspolitischen Rahmenbedingungen auf klarer und überzeugender Grundlage beruht.

Dazu kann auch gehören, daß die Grundpflicht und damit Eid und Gelöbnis neue Aufträge deutlich zum Ausdruck bringen müssen[19].

Exkurs: Der Einsatz deutscher Streitkräfte gegen die Bundesrepublik Jugoslawien Anfang 1999

Humanitäre Intervention

Spricht man vom neuen Auftrag der deutschen Streitkräfte, so muß spätestens seit Anfang 1999 auch das mit einbezogen werden, was man in der Diskussion als *„Nothilfe"* oder *„humanitäre Intervention"* bezeichnet.

Einen Höhe- (oder Wende-?)Punkt hinsichtlich der Einsätze der Bundeswehr stellten die Luftangriffe der NATO unter Beteiligung deutscher Streitkräfte vom 24. März bis 10. Juni 1999 dar, bei denen mit rund 1.000 Flugzeugen 36.000 Angriffe mit Bomben und Raketen gegen militärische und zivile Ziele auf dem gesamten Staatsgebiet der Bundesrepublik Jugoslawien durchgeführt wurden. Bei diesen Luftschlägen sind nach Schätzungen der NATO ca. 5.000 serbische Soldaten und bis zu 2.000 Zivilpersonen ums Leben gekommen. Die Kosten für den Wiederaufbau der zerstörten jugoslawischen Infrastruktur betragen nach Berechnungen der EU-Kommission etwa 70 Mrd. DM.

Abwendung einer humanitären Katastrophe

Der Einsatz deutscher Luftstreitkräfte, vor allem Kampf- und Aufklärungsflugzeuge, war auf Antrag der (CDU/FDP-) Bundesregierung vom 12.10.98 vom Deutschen Bundestag am 16.10.1998 gebilligt worden[20]. Als

---

19. Vgl. Oskar Hoffmann, Deutsche Blauhelme bei UN-Missionen, München/Landsberg 1993, S. 102 ff.
20. Siehe Antrag der Bundesregierung: Deutsche Beteiligung an den von der NATO geplanten begrenzten und in Phasen durchzuführenden Luftoperationen zur Abwendung einer humanitären Katastrophe im Kosovo, in: Deutscher Bundestag, Drucksache 13/11469 vom 12.10.1998, S. 1-4

Begründung für den Einsatz war die Notwendigkeit der Abwendung einer humanitären Katastrophe im Kosovo angegeben worden. Der Einsatz begann erst mehrere Monate nach dem Beschluß, als aus Sicht der NATO alle politischen Initiativen, den Konflikt auf friedlichem Wege zu lösen, gescheitert waren.

Die Angriffe wurden am 10. Juni 1999 eingestellt, nachdem zuvor am 3. Juni das jugoslawische Parlament und die Regierung Milosewic den Forderungen der NATO – nachprüfbares Ende der Gewalt, Rückzug der serbischen Truppen, Übergangsverwaltung für das Kosovo – zugestimmt hatten und am 9. Juni die militärischen Verhandlungen zum Abschluß gekommen waren. *Ende der Angriffe*

Dieser „*humanitäre Einsatz*" warf eine Reihe rechtlicher, politischer und ethischer Fragen auf, die – geht man davon aus, daß wohl auch in Zukunft humanitäre Interventionen unter ähnlich problematischen Voraussetzungen stattfinden werden – Auswirkungen auf die Legitimation derartiger Einsätze und damit unmittelbar für den deutschen Soldaten haben.

Kernproblem war hierbei die zweifelhafte völkerrechtliche Zulässigkeit. Denn da der Sicherheitsrat der Vereinten Nationen wegen eines zu erwartenden Vetos der ständigen Mitglieder Rußland und China handlungsunfähig war und so keine entsprechenden Maßnahmen nach Kap. VII der UN-Charta anordnen konnte, hatte die NATO den Einsatz durch einen entsprechenden Beschluß des NATO-Rats am 16.10.1998 selbst mandatiert. *Völkerrechtliche Zulässigkeit*

Es ist an dieser Stelle nicht möglich, die völkerrechtliche Diskussion um die Zu- oder Unzulässigkeit dieses Einsatzes wiederzugeben, geschweige denn ein Ergebnis vorzulegen[21].

Es ist aber offensichtlich, daß dieser Kampfeinsatz gegen den Willen eines souveränen Staates völkerrechtlich äußerst umstritten ist und – von der Beschädigung des Gewaltmonopols der Vereinten Nationen einmal abgesehen – der Gefahr der Willkür in den internationalen Beziehungen Vorschub leistet. Es ist zu befürchten, daß in Zukunft nicht nur die NATO sondern mit denselben Rechtfertigungsgründen auch andere Bündnisse oder sogar einzelne Staaten dieses Recht der humanitären Intervention zur Verhinderung von Menschenrechtsverletzungen als „*Gewohnheitsrecht*"[22] in Anspruch nehmen, um politische Ziele zu erreichen. *Gefahr der Willkür*

---

21. Seitens des Bundesministeriums der Verteidigung wird der Einsatz militärischer Gewalt ohne mandatierende Resolution des Sicherheitsrates als völkerrechtlich gerechtfertigt angesehen, wenn das Gewaltmonopol des Sicherheitsrats zu einer Lücke bei der Wahrung des Weltfriedens oder der Durchsetzung der Grundwerte der Staatengemeinschaft führt. Dies ist z.B. dann der Fall, wenn einer Resolution des Sicherheitsrats ein Veto droht oder wenn sich die Menschenrechtsverletzung als rein innerstaatlicher Vorgang der Entscheidungskompetenz des UN-Sicherheitsrats entzieht.
22. Siehe z.B. Rupert Scholz, Einsatz von Bodentruppen ernsthaft prüfen. in: FOCUS Heft 15/1999, S. 30: „Das Recht zur humanitären Intervention ist dem Völkerrecht seit lan-

Politischer Druck
Auch die Art der Durchführung dieser „humanitären Intervention", die ganz offensichtlich nach kurzer Zeit vorrangig zum Ziel hatte, politischen Druck auf Regierung, Bevölkerung und militärische Führung Jugoslawiens auszuüben und völlig ungeeignet war, auch nur im geringsten die Fortführung der Menschenrechtsverletzungen zu verhindern, weckt im Nachhinein Zweifel an der völkerrechtlichen Legitimation des Einsatzes.

Nicht ausreichend legitimiert
Aber auch die verfassungsrechtliche Legitimation steht – nicht nur wegen des fehlenden UN-Mandats[23] – auf schwachen Beinen. Zwar ist die NATO gemäß der Entscheidung des Bundesverfassungsgerichts auch ein System gegenseitiger kollektiver Sicherheit, aber ihr Auftrag beschränkte sich – zumindest bis zur Verabschiedung des neuen strategischen Konzepts vom 24. April 1999 – auf die Verteidigung der Mitgliedsstaaten. Eine neue Strategie hat bisher vom Gesetzgeber keine förmliche Billigung erfahren[24].

Darüberhinaus ist auch ein Verstoß gegen den 2+4-Vertrag von 1990 anzunehmen, da dieser zwingend vorschreibt, daß Deutschland *„keine seiner Waffen jemals einsetzen wird, es sei denn in Übereinstimmung mit seiner Verfassung und der Charta der Vereinten Nationen".*

Wenn auch der Bundestagsbeschluß den eingesetzten Soldaten zunächst Rechtssicherheit und aufgrund der überwältigenden Zustimmung auch Rückendeckung gab, ist doch offensichtlich, daß dieser Einsatz nicht in jeder Hinsicht ausreichend legitimiert war.

Neuer Auftrag – neuer Eid?

Die bisherige Darstellung hat deutlich gemacht, daß der Eid des Berufs- und Zeitsoldaten (wie im übrigen auch das feierliche Gelöbnis des Wehrpflichtigen) keine konstitutive Rechtswirkung hat.

Emotionale Ebene
Die Bedeutung des Eides liegt nicht auf der rational-juristischen, sondern auf der emotionalen Ebene. Er zielt durch Appell an die inneren sittlichen Kräfte des Soldaten auf eine Festigung der moralischen Grundlage

---

gem bekannt, gilt prinzipiell also Kraft Gewohnheitsrecht. Als Beispiele gelten der Somalia-Einsatz und der Schutz der Kurden im Irak. Dem gegenüber besteht kein Gewaltmonopol der UNO. Jeder Staat ist vielmehr und grundsätzlich berechtigt, aus humanitären Gründen zu intervenieren, vor allem, wenn es um die Nothilfe für verletzte Menschenrechte geht".

23. Wenn man davon ausgeht, daß das Gewaltmonopol des Sicherheitsrates heute Völkergewohnheitsrecht darstellt, dann steht der Einsatz im Widerstreit mit Art 25 Grundgesetz, nach dem die allgemeinen Regeln des Völkerrechts Bestandteil des Bundesrechts sind.

24. Vgl. Christian Tomuschat, Eine rein humanitäre Intervention? in: Die Welt vom 26.03.1999; ebenso Ulrich Fastenrath, Für alles zuständig in: Der Spiegel Nr. 19/99 vom 10.5.99 S. 19.

128

des soldatischen Pflichtgefühls und stellt einen ständigen Prüfstein für das Gewissen dar.

Rechtlich gesehen kann mit der herrschenden Meinung davon ausgegangen werden, daß die im Soldatengesetz normierte Grundpflicht nicht statisch ist, sondern sich im Sinne eines *„dynamischen Rechtsverhältnisses"* an den jeweils gültigen Normen der Verfassung sowie den übrigen gesetzlichen Regelungen orientiert. *Nicht statisch*

Aus diesem Grunde bedarf es bei einer rechtlich zulässigen Erweiterung des Auftrags der Streitkräfte auch keiner Änderung der mit der Treuepflicht fast gleichlautenden Eides- und Gelöbnisformel.

Die bisherigen neuen Aufträge der Bundeswehr waren damit weitgehend durch Verfassungswandel legitimiert.

Dies ist die rechtliche Sicht.

Daneben ist aber auch deutlich geworden, daß der ernsthaft gegebene Eid – welche Bedeutung man ihm auch zumißt – mehr fordert als das treue und gegebenenfalls tapfere Befolgen von im Soldatengesetz festgelegten Pflichten.

Die Zwecke soldatischen Handelns lassen sich immer weniger mit der allgemeinen Pflicht zur Vaterlandsverteidigung begründen als mit der Verantwortung für die weltweite Geltung von Menschenrechten, Freiheit und Frieden. Streitkräfte werden zunehmend zu Sanktionsinstrumenten gegen Rechtsbruch werden (müssen). *Menschenrechte weltweit*

Damit stellt sich verstärkt die Frage, ob – unbeschadet der vorherrschenden rechtlichen Auslegung – die vom Wortlaut her auf Verteidigung von Recht und Freiheit des deutschen Volkes bezogene Tapferkeitspflicht noch überzeugend zu vermitteln ist.

Es hat sich auch gezeigt, daß die neuen Aufträge politisch, rechtlich und ethisch nicht immer alle Voraussetzungen erfüllen – möglicherweise auch nicht erfüllen können – die für überzeugende Legitimität notwendig und der Bedeutung des Eides angemessen sind. Der Jugoslawien-Einsatz Anfang 1999 hat deutlich gemacht, wie schnell ein Einsatz völkerrechtlich und damit auch verfassungsrechtlich in eine Grauzone geraten und damit erhebliche Legitimationsprobleme aufwerfen kann. Regierung und Parlament haben Soldaten – wobei es unerheblich ist, daß die Zahl nur sehr gering war – in einen Kampfeinsatz geschickt, der in vielfacher Hinsicht umstritten war. Die Streitkräfte wurden hier eingesetzt zur Durchführung eines Auftrages, der rechtlich im Grenzbereich dessen lag, was mit *„dynamischem Rechtsverhältnis"* noch abgedeckt ist. *Rechtliche Grauzone*

Wenn dies so ist und wenn man – legt man das neue strategische Konzept der NATO vom Washingtoner Gipfel im April 1999 zugrunde – davon ausgehen kann, daß ein derartiger Einsatz kein Ausnahmefall bleibt, sondern die wahrscheinliche Friedenssicherung der Zukunft immer dann dar- *Handlungsunfähige UNO*

129

stellt, wenn die UNO handlungsunfähig ist, dann stellt sich doch die Frage, ob diese Art neuer Aufträge mit dem Inhalt des Eides noch in Übereinstimmung steht.

Klarheit auch für Wehrdienstleistende

Dies gilt im übrigen – vielleicht in abgeschwächter Form – auch für das Gelöbnis. Die Tatsache, daß zur Zeit Wehrpflichtige nicht gegen ihren Willen zu besonderen Auslandsverwendungen[25] herangezogen werden, ist eine rechtlich unverbindliche Entscheidung des Dienstherrn aus Zweckmäßigkeitserwägungen und kann jederzeit wieder geändert werden. Grundsätzlich ist auch der Grundwehrdienstleistende verpflichtet, an derartigen Einsätzen teilzunehmen, so daß für ihn das gleiche gilt. Nur für Reservisten ist die Freiwilligkeit der Teilnahme an besonderen Auslandsverwendungen im Wehrpflichtgesetz § 6a inzwischen gesetzlich festgeschrieben.

Aber selbst, wenn in Zukunft die Legitimität und besonders die Legalität der jeweiligen Einsätze im erweiterten Aufgabenspektrum zweifelsfrei gegeben sein sollte, haben sich die Bestimmungsgrößen für Eid und Gelöbnis in seiner bisherigen Form grundlegend geändert.

Neue Eidformel

Wenn es aufgrund der politischen, gesellschaftlichen und völkerrechtlichen Veränderungen zukünftig nicht mehr nur Recht und Freiheit des deutschen Volkes sind, die tapfer verteidigt werden müssen, sondern wenn politische Interessen durchgesetzt, Menschenrechte geschützt und der Frieden gesichert werden sollen, dann sollte dies auch so in den Wortlaut der Grundpflicht sowie der Eides- und Gelöbnisformel aufgenommen werden[26]. Nur wenn auch der erweiterte militärische Auftrag für die Gesellschaft und den Soldaten transparent und für die Diskussion zugänglich ist, kann sich in der Bevölkerung der für die Streitkräfte notwendige Rückhalt und beim Soldaten selbst das gewünschte Verantwortungsbewußtsein und Gehorsamsverständnis entwickeln.

Daher erscheint es nicht sinnvoll, an einer Formulierung der Grundpflicht festzuhalten, die derart erklärungsbedürftig ist. Eine neue Formulierung würde die Bedeutung der neuen Aufgaben symbolisieren und gegenüber dem Soldaten sinnfälliger machen[27].

---

25. Unter „besonderen Auslandsverwendungen" sind Verwendungen der Streitkräfte zu verstehen, „die aufgrund eines Übereinkommens, eines Vertrages oder einer Vereinbarung mit einer über – oder zwischenstaatlichen Einrichtung oder mit einem auswärtigen Staat auf Beschluß der Bundesregierung im Ausland oder außerhalb des deutschen Hoheitsgebietes auf Schiffen oder in Luftfahrzeugen stattfinden"... Vgl. Soldatengesetz § 1 Abs. 3

26. Auch wenn dies hier nicht zutrifft, so sei doch darauf hingewiesen, daß insbesondere im katholischen Kirchenrecht der Versprechens-Eid unter der „Clausula rebus sic stantibus" steht. Danach verliert der Eid seine bindende Kraft, wenn derart wesentliche Änderungen eintreten, daß die Voraussetzungen, unter denen der Eid geleistet wurde, wegfallen. Vgl. Ernst Friesenhahn, Der politische Eid, Bonn 1928 S. 129 ff.

27. Das Problem der inhaltlichen Unbestimmtheit der Eidesformel wurde auch schon frü-

Literaturverzeichnis

1. Bethke, Hildburg: Eid – Gewissen – Treuepflicht, Frankfurt 1965
2. Bundesministerium der Verteidigung, Informationsstab (Hg.): Eid und feierliches Gelöbnis, Bonn 1993
3. Fest, Johannes: Über den Fahneneid, in: Der deutsche Soldat in der Armee von morgen, München 1954, S. 406-414
4. Friesenhahn, Ernst: Der politische Eid, Bonn 1928
5. Nagel, Ernst-Josef: Der Eid – Verpflichtung und Grenzen aus ethischer Sicht, in: ders., Neue sicherheitspolitische Herausforderungen aus ethischer Sicht – Eid, Wehrpflicht, Suffizienz und Friedensordnung, Stuttgart 1994
6. Oberhem, Harald: Der Eid: Ethische Analyse zu seiner Bindungswirkung, in: Klein, Paul/Walz, Dieter (Hg.): Der Widerstand gegen den Nationalsozialismus und seine Bedeutung für Gesellschaft und Bundeswehr heute, Baden-Baden 1995, S. 71-82
7. Scheffler, Horst: Gott mehr gehorchen – Der Eid des Soldaten zwischen Religion, Pädagogik und Politik, in: Klein, Paul/Walz, Dieter (Hg.): Der Widerstand gegen den Nationalsozialismus und seine Bedeutung für Gesellschaft und Bundeswehr heute, Baden-Baden 1995, S. 61-70
8. Walz, Dieter: Die Reichweite der soldatischen Tapferkeitspflicht, in: Neue Zeitschrift für Wehrrecht, 1992, S. 55-58
9. Ders.: Eid und feierliches Gelöbnis des Soldaten der Bundeswehr aus rechtlicher Sicht, in: Klein, Paul/Walz, Dieter (Hg.): Der Widerstand gegen den Nationalsozialismus und seine Bedeutung für Gesellschaft und Bundeswehr heute, Baden-Baden 1995, S. 51-60
10. Zentrum Innere Führung (Hg.): Der militärische Eid – Bedeutung und Wandel (Ausbildungshilfe), Koblenz 1982
11. Zimmermann, Rolf P.: Konversion: auch für Eid und Gelöbnis?, in: Offizierbrief, hg. von der EKD, 24/1992, S. 26-28

---

her kritisch gesehen. Bereits 1970 hatte die damalige Bundesregierung – allerdings aus anderen Gründen – offiziell eingeräumt, daß „eine deutlichere Fassung der in der gegenwärtigen Formel des Soldateneides verwendeten Begriffe notwendig erscheint". Zugleich sollte das Feierliche Gelöbnis durch eine förmliche Belehrung über Rechte und Pflichten ersetzt werden. Diese Absicht wurde dann aber in den folgenden Jahren nicht weiter verfolgt.
Vgl. Weißbuch 1970 zur Sicherheit der Bundesrepublik Deutschland und zur Lage der Nation, Bonn 1970, Ziff. 166

2.2 Ernst Benda

Der Primat der Politik.

I.

Bundeswehr macht keine Politik

Das Prinzip ist von großer Selbstverständlichkeit, und es scheint ganz einfach zu sein: Die Bundeswehr macht keine Politik. Über ihren Einsatz entscheiden - im Rahmen der verfassungsrechtlichen Schranken - die politischen Instanzen, also Bundesregierung und Bundestag. Das Parlament entscheidet über die zahlenmäßige Stärke und die Organisationsstruktur der Bundeswehr; der von ihm beschlossene Haushaltsplan stellt die erforderlichen Finanzmittel zur Verfügung (Artikel 87 a Abs. 1 Satz 1 des Grundgesetzes). Nach bald 50jähriger Erfahrung mit den Streitkräften der Bundesrepublik Deutschland ist es unvorstellbar, daß diese ihre Machtmittel aus eigener Entscheidung einsetzen könnten, etwa um in die innenpolitische Auseinandersetzung einzugreifen. In anderen Ländern geschieht dies bis in die Gegenwart hinein immer wieder. Ebensowenig ist denkbar, daß jemand in der Politik auf den Gedanken kommen könnte, die Bundeswehr in dieser Weise zu mißbrauchen, oder daß er irgendeine Chance auf Erfolg hätte, wenn er es versuchen sollte.

Regeln für den Notstand

Was in Chile, Griechenland, der Türkei oder in afrikanischen Staaten geschehen ist, können wir uns nicht einmal vorstellen, und es ist müßig, solche absurden science-fiction-Szenarios zu entwickeln. Bei den lange zurückliegenden Debatten über eine Notstandsverfassung tauchten sie dennoch immer wieder auf. Das Grundgesetz hat auch für den Fall eines inneren Notstandes den Einsatz der Bundeswehr nur unter genau umschriebenen engsten Voraussetzungen und selbstverständlich nicht auf Grund eigener Initiative zugelassen, sondern nur auf Anordnung der politischen Führung. Dies liegt nicht zuletzt im Interesse der Streitkräfte selbst, die es nicht ertragen würden, in innenpolitische Auseinandersetzungen verwikkelt zu werden. Die vor mehr als vierzig Jahren im Parlament geäußerte Mahnung, man müsse Vorsorge treffen, daß die *„bewaffnete Macht ...nicht die freiheitlich demokratische Grundordnung sprengt"* [1], war im Lichte der Erfahrungen der Weimarer Zeit verständlich. Aber von den Horrorszenarios, die bei den Auseinandersetzungen um die Notstandsverfassung vorgetragen wurden, ist in der Realität nichts übrig geblieben. Die rechtlichen Sicherungen, die das Grundgesetz und die die Bundeswehr betreffen-

---

1. So *Adolf Arndt* am 6.3.1956 im Deutschen Bundestag, vgl, Sten. Prot. der 132. Sitzung, S. 6824 B.

den Gesetze enthalten, verhindern jeden denkbaren Mißbrauch der militä- *Kein Miß-*
rischen Machtmittel. Wichtiger als alle rechtlichen Sicherungen ist, daß *brauch*
die Streitkräfte nach ihrem Selbstverständnis und nach der Einstellung, die
ihre Angehörigen zu dem rechtsstaatlichen und freiheitlichen Gemeinwesen haben, der jeweiligen Regierung loyal dienen, insoweit also den Vorrang der Politik vorbehaltlos anerkennen.

So könnte man meinen, daß es über den *„Primat der Politik"* nichts
weiter zu sagen gibt, weil in der Wirklichkeit von heute keine Probleme erkennbar sind und nicht der geringste Anlaß zu der Befürchtung besteht,
daß dies anders werden könnte.

II.

Indessen liegen die Dinge nicht so einfach, wie es den Anschein hat. Es *Zuständig:*
geht nicht nur um die Frage, wer die Entscheidung über einen Einsatz von *Regierung*
Streitkräften zu den vorgesehenen Zwecken zu treffen hat. Das ist in erster *und Parla-*
Linie die Verteidigung des Landes (Art. 87 a GG) bei einer von außen *ment*
kommenden Bedrohung. Zunehmende Bedeutung wird künftig die Unterstützung von Missionen der Vereinten Nationen im Ausland durch Einheiten der Bundeswehr haben. In einem begrenzten Umfang ist der Einsatz
der Bundeswehr im Inneren erlaubt, etwa zur Hilfe bei Naturkatastrophen.
Alle für solche Einsätze erforderlichen Entscheidungen trifft die Regierung, soweit dies rechtlich erforderlich ist, mit Zustimmung des Bundestages[2].

Die Bundeswehr ist keineswegs die einzige Institution, die es mit dem *Andere auch*
„Primat der Politik" zu tun hat. In Zeitungsberichten der letzten Jahre *betroffen*
taucht dieser Begriff in manchmal überraschenden Zusammenhängen auf.
Hierfür nur einige Beispiele:
– Bei der Vorstellung eines leitenden Mitarbeiters des Bundesnachrich-
  tendienstes wird erwähnt, er diene unter strikter Anerkennung des
  „Primats der Politik"[3];
– ebenso ein leitender Beamter des Bundesinnenministeriums im Bereich
  der inneren Sicherheit[4];
– der Bundespräsident spricht von der Notwendigkeit, den *„Primat der*
  Politik" gegenüber der Brüsseler EU-Bürokratie durchzusetzen[5];
– bei der strafrechtlichen Ahndung von Todesschüssen an der innerdeut-
  schen Grenze wird von den Gerichten bei Grenzsoldaten und ihren mi-

---

2. Dies gilt vor allem für den Einsatz im Rahmen einer Mission der UN, vgl. hierzu
   BVerfGE 90, 286 ff.
3. F.A.Z. vom 12.11.1998, S. 16.
4. F.A.Z. vom 26.4.1995, S. 14.
5. F.A.Z. vom 19.5.1998, S. 10.

2. Der Offizier als Staatsbürger in Uniform

litärischen Vorgesetzten strafmildernd hervorgehoben, in der DDR habe der „*Primat der Politik*" gegolten – das heißt in der Praxis: die militärischen Dienststellen der DDR hätten nicht selbst entscheiden können, sondern unter der obersten Autorität des Politbüros der SED gestanden, das das brutale Grenzregime angeordnet habe[6];

– und, in einem ganz anderen Zusammenhang, in einem Bericht über die Reichstagsverhüllung durch *Christo*: manche Kritiker, die dem Vorhaben skeptisch gegenüber standen, hätten sich schließlich dem „*Primat der Politik*" gebeugt[7];

– schließlich wird dem Bundesverfassungsgericht vorgeworfen, es habe bei seiner Ablehnung, die DDR-„*Bodenreform*" zu verwerfen, sich dem „*Primat der Politik*" unterworfen, also nicht verfassungsrechtlich geurteilt, sondern politisch-opportunistisch gehandelt[8].

Eigenständige Lebensbereiche

Bei allen diesen Beispielen handelt es sich um Lebensbereiche, die eigenständige und wichtige Funktionen des staatlichen oder gesellschaftlichen Lebens betreffen und die hierbei unvermeidlich mit „*der Politik*" in Berührung und auch in Konflikt geraten. Dabei werden mit „*der Politik*" die Staatsorgane gemeint, also vor allem die Bundes- oder eine Landesregierung und die Parlamente. Während für den Beamten nicht anders als für den Soldaten gilt, daß er sich den ordnungsgemäß zustandegekommenen Weisungen vorgesetzter politischer Instanzen zu fügen hat, sollen dies andere, die mit eigenständigen Befugnissen ausgestattet sind, gerade nicht tun: Würde das Bundesverfassungsgericht, wie der Vorwurf zu verstehen ist, keine Rechtsentscheidung treffen, sondern sich politischen Wünschen gegenüber gefügig zeigen, so würde es seine Aufgabe verfehlen. Und die Kunst folgt eigenen Gesetzen, nicht den Weisungen der Politik, und hierin wird sie durch das Grundgesetz geschützt (Art. 5 Abs. 3 GG). Der Vorrang der Politik besteht in solchen Fällen nicht absolut, oder er soll die eigenverantwortliche Aufgabenerfüllung nicht beeinflussen oder beeinträchtigen.

Unterschiedliche Verantwortung

Auf Grenzen des Primats der Politik weist das Beispiel der Grenzsoldaten in der früheren DDR hin. Wer sich einem Befehl beugt, der nicht von seinen unmittelbaren militärischen Vorgesetzten, sondern von dem politischen Machtapparat (dem Politbüro der SED) zu verantworten ist, mag eine mildere Beurteilung verdienen, als wenn er aufgrund eigener Entscheidung gehandelt hätte. In den wegen der Todesschüsse durchgeführten Verfahren mußte die Frage erörtert werden, wie es zu beurteilen ist, wenn

---

6. F.A.Z. vom 20.8.1987, S. 1 anläßlich der Verurteilung des Politbüromitglieds *Egon Krenz* und in F.A.Z. vom 13.9.1996, S. 6 in der Strafsache gegen einen Grenzsoldaten.
7. F.A.Z. vom 26.2.1994, S. 1.
8. F.A.Z. vom 15.3.1997, S. 12.

sich ein Soldat in dem Sinne dem Primat der Politik fügt, daß er auch Weisungen befolgt, die schweres Unrecht bedeuten.

Es kann also nicht schlechthin richtig sein, daß die mit der Erfüllung staatlicher Aufgaben Betrauten die ihnen in Gesetzen oder durch die Entscheidungen der politischen Führung erteilten Weisungen lediglich befolgen müssen, um von eigener Verantwortung frei zu werden. Selbst in der DDR, die den Primat der Politik – das hieß: die Unterwerfung aller staatlichen Stellen unter die Herrschaft des SED-Politbüros – rigoros beanspruchte, galt, daß rechtswidrige Befehle nicht befolgt werden durften. Das Strafgesetzbuch der DDR bestimmte in § 95: *„Auf Gesetz, Befehl oder Anweisung kann sich nicht berufen, wer in Mißachtung der Grund- und Menschenrechte, der völkerrechtlichen Pflichten oder der staatlichen Souveränität der DDR handelt; er ist strafrechtlich verantwortlich."* Damit handelten nach damals geltendem Recht die Mauerschützen wie auch ihre militärischen Befehlsgeber etwa im Nationalen Verteidigungsrat rechtswidrig, wenn sie mit bis zur Tötung reichender Waffengewalt unbewaffnete Zivilisten daran hinderten, von ihrem in Völkerrecht und DDR-Verfassung garantierten Recht, das Land zu verlassen, Gebrauch machen wollten.

Rechtwidrige Befehle nicht befolgen

Erst recht gilt im Rechtsstaat, daß Befehle nicht befolgt werden müssen, wenn sie die Menschenwürde verletzen (§ 11 Abs. 1 Soldatengesetz) und nicht befolgt werden dürfen, wenn dadurch eine Straftat verübt werden würde (§ 11 Abs. 2 Soldatengesetz, § 5 Wehrstrafgesetz). Das ist in der Praxis nicht leicht durchzuführen. Weder kann von dem einzelnen Soldaten verlangt werden, noch wäre es mit der Aufrechterhaltung eines funktionierenden Dienstbetriebes vereinbar, wenn jeder Befehl vor seiner Ausführung erst einmal einer juristischen Überprüfung zugeführt würde. Das Gesetz schützt den dem Befehl Gehorchenden, wenn er nicht erkennt und wenn es nicht offensichtlich ist, daß mit der Ausführung eine strafbare Handlung vorgenommen wird. Aber das erlaubt nicht blinden Gehorsam, sondern verlangt Mitdenken. In einem Rechtsstaat, der die Würde des Menschen achtet und schützt, ist es nicht vorstellbar, daß die Politik zu Handlungen anweist, die etwa den Einsatz von Waffengewalt gegen Unschuldige anordnen oder erlauben. Gesetze, die offensichtlich schweres Unrecht anordnen, würden eindeutig verfassungswidrig sein und keinen Bestand haben. Schon vor einer verfassungsgerichtlichen Überprüfung würden sie im Prozeß der politischen Meinungsbildung und vor dem Tribunal der öffentlichen Meinung verurteilt werden. Wirkliche Konflikte werden daher in Friedenszeiten selten sein. Wenn allerdings Einsätze stattfinden, die mit der Anwendung der militärischen Machtmittel verbunden sind, sind Grenzsituationen denkbar, in denen der Soldat vor der Frage steht, ob ein ihm gegebener Befehl rechtmäßig oder rechtswidrig ist. Andere Angehörige des öffentlichen Dienstes können in die gleiche Konfliktsituation geraten. Der Polizist, der bei einer Geiselnahme das bedrohte Le-

Kein blinder Gehorsam

Grenzsituationen denkbar

ben nur durch einen gezielten tödlichen Schuß auf den Straftäter retten kann, kann nicht nur blind einer Weisung folgen, sondern muß aufgrund der vielleicht nur ihm möglichen Beurteilung der konkreten Lage vor Ort handeln. Die Entscheidung, die von ihm verlangt wird, darf ihn nicht mit der alleinigen Verantwortung belasten; aber die Verantwortung liegt auch bei ihm, nicht nur bei den politisch übergeordneten Stellen.

III.

Am politischen Leben beteiligen

Der Soldat, der zum Nachdenken aufgefordert wird, mag – wie andere Staatsbürger auch – nicht jede politische Mehrheit begrüßen, nicht jeden Politiker in gleichem Maße schätzen und nicht jede Entscheidung der Politik für richtig halten. Er kann – selbstverständlich – wie jeder andere von seinem Wahlrecht Gebrauch machen und so versuchen, eine parlamentarische Mehrheit zu fördern, die seinen eigenen Vorstellungen nahekommt. Er darf sich auch sonst, etwa durch Mitarbeit in einer Partei, politisch betätigen. Auch die Beteiligung an den öffentlichen Angelegenheiten, zumal im örtlichen Umkreis der dienstlichen Tätigkeit, ist nicht nur zulässig, sondern im beiderseitigen Interesse erwünscht. Die Bundeswehr sollte, auch aus der Sicht der Bürger, nicht eine von ihrer Umgebung abgeschlossene Einrichtung sein, die in einer Kaserne, oft außerhalb der Stadtzentren ihr Eigenleben führt. Sie sollte ein Bestandteil des Alltagslebens aller Bürger sein. Beteiligt sich ein Soldat in seiner Gemeinde am öffentlichen Leben, so weitet er seinen Blick über die nur fachlichen Belange hinaus. Das wird auch seinem Dienst zugute kommen, wenn er etwa als Vorgesetzter von Wehrpflichtigen etwas über die Berufswelt seiner Soldaten weiß.

Kein Parteienstreit in der Bundeswehr

Bedenklich kann solche an sich erwünschte und jedenfalls zulässige politische oder gesellschaftliche Betätigung werden, wenn sie den Parteienstreit in die Bundeswehr hineinträgt. Auch in den Parlamenten, in Gemeindeversammlungen und auf Bürgerveranstaltungen, in denen politische Fragen erörtert werden, sollten eigentlich die Unterschiede der Meinungen nicht auseinanderführen, sondern das gemeinsame Bemühen um das gleiche Ziel darstellen. Politische Gegnerschaft sollte nicht in Feindschaft umschlagen, sondern immer die Achtung auch vor anderen Überzeugungen einschließen. Das wird in der Wirklichkeit nicht stets erreicht. Der notwendige und legitime Kampf um die Machtpositionen im Staat kann die Schärfe der Auseinandersetzung so steigern, daß persönliche Verletzungen entstehen. Geschieht dies in gleicher Weise in einer Einheit der Bundeswehr, so wird deren Funktionsfähigkeit beeinträchtigt. Daher fordert das Gesetz (vor allem § 15 des Soldatengesetzes) Zurückhaltung und Mäßigung bei politischer Betätigung: Innerhalb des Dienstes ist eine parteipolitische Tätigkeit nicht zulässig (§ 15 Abs. 1 SoldG), und auch in der Freizeit soll der

Soldat sich so *„verhalten, daß die Gemeinsamkeit des Dienstes nicht ernstlich gestört wird"* (§ 15 Abs. 2 Satz 2 SoldG). Beispiele werden genannt: Es soll nicht für eine politische Gruppe geworben werden, es sollen keine Ansprachen gehalten oder Schriften verteilt werden. *„Die gegenseitige Achtung darf nicht gefährdet werden"* (§ 15 Abs. 2 Satz 4 SoldG) – eine Grundregel, die man sich eigentlich auch außerhalb der Kasernen für die politische Auseinandersetzung wünschen könnte. Der Vorgesetzte mißbraucht seine Stellung, wenn er seine Untergebenen für oder gegen eine politische Meinung beeinflußt (§ 15 Abs. 3 SoldG).

Das Bundesverfassungsgericht hat diese die politische Betätigung im räumlichen Bereich der Bundeswehr beschränkende Vorschrift für verfassungsgemäß erachtet[9]. Das Gericht hat dabei durchaus gesehen, daß auch dem Soldaten das Grundrecht auf freie Meinungsäußerung (Art. 5 Abs. 1 GG) zusteht und er als Staatsbürger wie jeder andere seine Überzeugungen in politischen Fragen bilden und vertreten darf. Daß dies in der militärischen Unterkunft nicht schrankenlos geschehen darf, sondern den Begrenzungen unterliegt, die § 15 SoldG vorsieht, beruht nicht auf einer Furcht vor einer „Politisierung" der Bundeswehr. Diese ist Teil der Gesellschaft; sie wird von den Spannungen und Konflikten der Zeit nicht weniger berührt und betroffen als jeder andere Bereich. Es wäre unrealistisch, sie hiervon isolieren zu wollen. Das Bundesverfassungsgericht hebt einen anderen Gesichtspunkt hervor, der den einzelnen Soldaten schützen soll: Unter den oft räumlich beengten Verhältnissen einer militärischen Einrichtung – einer Kaserne oder eines Schiffes – fällt es dem einzelnen schwerer als in anderen Bereichen, seine Privatsphäre zu bewahren. Auch die Soldaten haben einen Anspruch darauf, nach eigener Entscheidung in der Freizeit *„in Ruhe gelassen zu werden"*[10]. Daher sollen sie davor geschützt werden, *„sich nicht gegen ihren Willen einer sie bedrängenden Inanspruchnahme oder Beeinflussung seitens ihrer Kameraden mit deren Gedankenwelt aussetzen lassen zu müssen"*[11]. Es geht also um die gegenseitige Achtung, nicht um die vermeintliche Gefährlichkeit einer bestimmten politischen Meinung, und damit um die Wahrung von *„Grundregeln der Kameradschaft"*, wie es § 15 Abs. Satz 1 SoldG nennt. Damit ist keineswegs die politische Diskussion insgesamt untersagt, nur sollte sie unter dem – eigentlich auch im außermilitärischen Bereich wenigstens als ethische Verhaltensregel erwünschten – Gebot gegenseitiger Achtung und Rücksichtnahme stehen. Bestehen unter den Soldaten und vor allem auch im Verhältnis von Vorgesetzten und Untergebenen diese Grundvoraussetzungen, so können auch politische Streitfragen erörtert werden. Eine Bundeswehr, die

Schutz der Privatsphäre

Gegenseitige Achtung

9. BVerfGE 44, 197 ff.
10. Vgl. BVerfGE 6, 32 [41]; 27, 1 (6 f.].
11. BVerfGE 44, 197 [203 f.].

sich von dem Geschehen im Lande und in der Welt isolieren würde, ist weder als Realität vorstellbar, noch ist sie wünschenswert.

IV.

Versäumnisse

In den letzten Jahren ist der Bundeswehr vorgeworfen worden, sie toleriere rechtextremistische Tendenzen in ihren Reihen. Einzelne Vorgänge, wie die Einladung eines bekannten und gerichtlich verurteilten Neonazis zu einem Vortrag an der Führungsakademie der Bundeswehr, haben Aufsehen erregt und für Irritationen gesorgt; dies hat auch zu parlamentarischen Untersuchungen geführt. Es ist nicht erstaunlich, wenn rechtsradikale Gruppierungen die Bundeswehr als ein für ihre Zielsetzungen besonders lohnenswertes Objekt ansehen und sich bemühen, dort Anhänger zu finden. Eine Einrichtung, die von der Gesellschaft nicht isoliert lebt, wird die Strömungen der Zeit widerspiegeln, und zu Recht ist auch darauf hingewiesen worden, daß die wehrpflichtigen Soldaten kurze Zeit vor dem Antritt ihres Dienstes die Schulen verlassen haben und das mitbringen, was sie dort gelernt haben, aber auch das, was dort versäumt sein mag. Gibt es Versäumnisse, so können sie in der kurzen Zeit des Wehrdienstes nicht ausgeglichen werden, und auch für die Berufs- und Zeitsoldaten gibt es nur sehr begrenzte Möglichkeiten. In einem Zeitungsgespräch nach dem Vorgang an der Hamburger Führungsakademie hat der Chef des Heeresamtes, Generalmajor *Jürgen Reichardt*,[12] darauf hingewiesen, daß die politische Bildung in der Bundeswehr einen breiten Raum einnehme, daß es kein Gebiet gebe, *„das wir in der Bundeswehr mit größerer Sorgfalt und mit größerer Systematik betreiben als die politische Bildung auf allen Ebenen."* Aber:

Rechtsradika-
lismus

„Wir erkennen natürlich jetzt auch: Rechtsradikalismus ist etwas anderes. *Wie setzt man sich mit Rechtsradikalismus auseinander? Das geschieht doch im Grunde in unserer Gesellschaft überhaupt nicht. Man ist doch weit davon entfernt, rechtsradikale Thesen anzuhören, zu erläutern und zu diskutieren. Kann man das denn überhaupt tun? Auseinandersetzung mit dem Rechtsradikalismus meint doch heute immer das gleiche: Aufklärung über die Verbrechen im Dritten Reich, Aufklärung über die Ziele des Nationalsozialismus und vor allem die Darstellung des Gegensatzes dazu, des freiheitlichen Rechtsstaates. Das geschieht bei uns. Aber was in den Köpfen einiger 20jähriger vorgeht, das wissen wir nicht ..."*

Für Defizite
nicht verant-
wortlich

Auch das ist der Primat der Politik: Die Bundeswehr hängt von den politischen und gesellschaftlichen Realitäten ab, denen sie sich beugen muß. Selbst wenn sie mit ihren begrenzten Möglichkeiten hierzu in der Lage

---

12. Süddeutsche Zeitung v. 12.12.1997.

138

wäre, gehört es nicht zu den Aufgaben der Bundeswehr, in die politische Wirklichkeit einzugreifen. Dann macht es sich die Gesellschaft aber zu einfach, wenn sie die in ihr bestehenden Defizite einer staatlichen Einrichtung anlastet, die nicht Herr, sondern Diener des politischen und gesellschaftlichen Geschehens ist und die einen Anspruch weder erhebt noch erheben darf, vermeintliche Mängel etwa der schulischen Erziehung mit ihren Mitteln auszugleichen. Ob radikale Parteien verfassungsfeindlich sind und wie mit ihnen umgegangen wird, kann die Bundeswehr weder beurteilen, noch darf sie es; hierüber entscheidet im äußersten Falle das Bundesverfassungsgericht, wenn es in zulässiger Weise von einer der antragsbefugten Stellen hierum ersucht wird. Solange dies nicht geschieht, darf weder die Bundeswehr noch eine andere staatliche Einrichtung nach eigener Beurteilung eine erlaubterweise politisch tätige Gruppierung bevorzugen oder benachteiligen; so wie keine Gemeinde unerwünschten Parteien unter Verletzung des Gleichheitsgrundsatzes Versammlungsräume verweigern darf, zu denen sie anderen den Zugang erlaubt, oder eine Rundfunkanstalt bei Wahlwerbesendungen nach ihrem Urteil zwischen den demokratischen und anderen, in dieser Hinsicht suspekten Parteien differenzieren darf. *Zuständigkeit beachten*

Indessen gilt auch: Die Bundeswehr ist, wie jede andere staatliche Stelle, dem Grundgesetz und der dort definierten freiheitlichen und demokratischen Grundordnung verpflichtet, und sie muß als Mittel der Schulung und Erziehung ihres Führungsnachwuchses nicht jede Auffassung und jede Persönlichkeit zu sich bitten. Erst recht gilt dies, wenn davon ausgegangen werden muß, daß diese nicht die Ideale des Rechtsstaates und der Demokratie, sondern andere „Werte" zu verbreiten beabsichtigen. Die Auswahl von Rednern auf solchen Veranstaltungen nach schematischen Kriterien vorzunehmen, hieße, den Erziehungsauftrag zu verkennen. Auch hier bedeutet der Primat der Politik, daß Mitdenken und Mitverantwortung notwendig sind. *Mitdenken*

Soweit, wie dies in Einzelfällen geschehen ist, radikales Gedankengut sich auch innerhalb der Bundeswehr bemerkbar gemacht hat, kann und muß einer so gearteten Politisierung entgegengetreten werden. Werden an der demokratischen Grundhaltung eines Soldaten Zweifel durch belegbare Fakten geweckt, so ist dies auch unter fachlichen Gesichtspunkten von Bedeutung. So hat vor kurzem der Wehrdienstsenat die aktive Funktionärstätigkeit eines Stabsoffiziers für die rechtsgerichteten „Republikaner" als ein Sicherheitsrisiko anerkannt, das zur Zwangsversetzung auf einen Dienstposten berechtige, der nicht sicherheitsrelevant sei[13]. *Polarisierung entgegentreten*

Von der Bundeswehr kann nicht erwartet werden, daß sie in die politische Auseinandersetzung eingreift; dies widerspricht ihrem Auftrag. Verlangen darf man von ihr wie von jedem anderen Bereich des öffentlichen

---

13. Wehrdienstsenat, BVerwG I WB 86.97, vgl. Süddeutsche Zeitung v. 17.10.1998.

Demokratischer
Ordnung ver-
pflichtet

Dienstes, daß sie keine radikalen Tendenzen duldet oder gar fördert, gleichgültig, ob diese als „*links*" oder als „*rechts*" einzustufen sind. Die Angehörigen der Bundeswehr sind, wie jeder Beamte, der im Grundgesetz näher umschriebenen freiheitlichen und demokratischen Ordnung verpflichtet; es ist eine bloße Selbstverständlichkeit, daß die Berufung auf den Primat der Politik nicht von der Verpflichtung befreit, verfassungsfeindliche Tendenzen nicht zu tolerieren, sondern mit den rechtlichen Möglichkeiten zu bekämpfen, über die das Beamten- und Soldatenrecht verfügt. Nicht gleichgültige Indifferenz gegenüber extremistischen Bestrebungen, sondern der entschiedene Einsatz für die Verfassungsordnung der Bundesrepublik Deutschland werden erwartet. Auch insofern wird von den Angehörigen der Bundeswehr wie von jedem anderen Teil des öffentlichen Dienstes nicht Enthaltsamkeit sondern mitverantwortliches Bewußtsein erwartet.

Henning von Tresckow
Generalmajor
* 10.1.1901 in Magdeburg
† 21.7.1944 bei Bialistok

*Das Attentat auf Hitler muß erfolgen um jeden Preis. Sollte es nicht
gelingen, so muß trotzdem der Staatsstreich versucht werden, denn es
kommt nicht mehr auf den praktischen Zweck an, sondern darauf, daß die
deutsche Widerstandsbewegung vor der Welt und vor der Geschichte
unter Einsatz des Lebens den entscheidenden Wurf gewagt hat.*

2.3 Peter H. Blaschke

Ich schwöre...

Ethische und theologische Aspekte des Treueeides

I.

Sinnfrage   Es war schon bemerkenswert, wieviele Mitglieder der neuen Bundesregierung bei ihrer Vereidigung vor dem Deutschen Bundestag im Herbst 1998 auf die religiöse Beteuerung „*...so wahr mir Gott helfe*" verzichteten. Dies ist nicht der Ort, die Kommentare der Betroffenen zu erörtern, die sie abgaben, als sie darauf angesprochen wurden. Aber dies ist der Ort, die Grundsatzfrage zu stellen, ob ein Eid ohne diese religiöse Beteuerung überhaupt noch Sinn macht. Denn diese Frage stellt sich auch im Blick auf den Soldateneid.

II.

Transzenden-   Im § 9 des Soldatengesetzes heißt es nüchtern: „*(1) Berufssoldaten und*
ter Bezug   *Soldaten auf Zeit haben folgenden Diensteid zu leisten: ‚Ich schwöre, der Bundesrepublik treu zu dienen und das Recht und die Freiheit des deutschen Volkes tapfer zu verteidigen, so wahr mir Gott helfe.'*" Es wird dann erläutert, daß der Eid auch ohne die Worte „*so wahr mir Gott helfe*" geleistet werden kann. In diesem Zusammenhang muß auf das Urteil des Bundesverfassungsgerichts vom 11. April 1972 hingewiesen werden, dessen erster Satz lautet: „*Der ohne Anruf Gottes geleistete Eid hat auch nach Vorstellung des Verfassungsgebers keinen religiösen oder in anderer Weise transzendenten Bezug.*"[1]

Weltliches Ge-   Mit diesem Urteil sollte das Argument gegen den Eid außer Kraft ge-
löbnis   setzt werden, daß der Staat durch die Eidforderung religiös manipuliere oder vereinnahme. In der Begründung des Urteils des Bundesverfassungsgerichtes heißt es weiter, daß der Eid ohne die religiöse Formel nur „*die Bedeutung eines besonders ernsten, jedenfalls aber rein weltlichen Gelöbnisses*" habe. Er binde „*allein im Hinblick auf die Verantwortung vor der im Staat vereinigten Volksgesamtheit und die ihr gegenüber bestehenden Pflichten*".

---

1. Zitiert nach: Ev. Kirchenamt für die Bundeswehr (Hg.): Sonderstundenbild für den Lebenskundlichen Unterricht „Eid und feierliches Gelöbnis" Bonn, 1981, Beilage, S. 33 ff

Natürlich ist die Argumentation des Bundesverfassungsgerichtes auch eine Reaktion auf die veränderte religiöse und konfessionelle Landschaft in Deutschland, heute, fast 30 Jahre später und 10 Jahre nach der „Wende" noch einmal mehr. Es sind eben nicht mehr mehr als 90% der Bevölkerung Christen einer der beiden großen Konfessionen. Andere Religionen, vor allem der Islam, haben sich unübersehbar etabliert, aber daneben auch Weltanschauungen in großer Vielfalt: pluralistische Gesellschaft. Von daher ist es auch nicht verwunderlich, daß in den letzten Jahren die Frage diskutiert wurde, ob nicht in der Präambel unseres Grundgesetzes der Passus korrigiert werden müsse, daß das deutsche Volk „im Bewußtsein seiner Verantwortung vor Gott und den Menschen ... dieses Grundgesetz der Bundesrepublik Deutschland beschlossen" habe. Sicherlich ist dieses Bekenntnis in der Präambel unseres Grundgesetzes der Hintergrund dafür, daß die Eidesformel im Soldatengesetz die religiöse Beteuerung als den selbstverständlichen Normalfall ansieht und erst dann erläutert, daß diese Beteuerung auch weggelassen werden kann. Dieser Normalfall spiegelt sich bis heute noch darin wieder, daß nach dem politischen Eid- und Gelöbnisunterricht der Wehrdienstleistenden die Militärgeistlichen beider Konfessionen im Lebenskundlichen Unterricht die ethische und theologische Dimension des Eides behandeln. *Pluralistische Gesellschaft*

An dieser Stelle also noch einmal die Grundfrage: Macht der Eid ohne die religiöse Beteuerung oder deutlicher, ohne Anrufung Gottes, Sinn?

Helmut Thielicke definiert in seiner Theologischen Ethik den Eid folgendermaßen: „Der Eid ist eine Versicherung, die unter Anrufung Gottes als Zeugen an die höchste irdische Autorität, – an den Staat und seine Organe – gegeben wird."[2] Der Eidnehmer ist also die höchste irdische Autorität, der Staat und seine Organe. Nach christlichem Verständnis ist der Staat von Gott in besonderer Weise sanktioniert, weil es hier um die Grundlagen des Gemeinwohls geht. „Denn es ist keine Obrigkeit außer von Gott." (Röm. 13,1) „Denn sie ist Gottes Dienerin, dir zu gut" (Röm. 13, 4). Und die 5. These der Barmer Theologischen Erklärung von 1934 lautet: „Die Schrift sagt uns, daß der Staat nach göttlicher Anordnung die Aufgabe hat, in der noch nicht erlösten Welt, in der auch die Kirche steht, nach dem Maß menschlicher Einsicht und menschlichen Vermögens unter Androhung und Ausübung von Gewalt für Recht und Frieden zu sorgen." *Höchste Autorität*

Der Eid bekräftigt die Partnerschaft zwischen dem Eidgeber, dem Soldaten, und dem Eidnehmer, dem Staat. Dieses partnerschaftliche Verhältnis kann aber nicht Selbstzweck und Maßstab für die Verbundenheit sein, die im Eid zum Ausdruck gebracht wird. Durch die Anrufung Gottes als Zeugen wird das partnerschaftliche Verhältnis transzendiert, kommt der Maßstab in den Blick, wird deutlich, daß Eidnehmer und Eidgeber einem *Partnerschaftliches Verhältnis*

---

2. Helmut Thielicke, Theologische Ethik, 3. Auflage Tübingen 1974 II, 2, S. 461 f.

Dritten gegenüber verantwortlich sind. Er, Gott, ist die letzte Instanz, die die Partnerschaft im Eid zu einer vorläufigen macht. *„Wenn aber so die Anrufung der die Partnerschaft transzendierenden Instanz zum Wesen des Eides gehört, verliert ein ohne diese Anrufung abgelegter Eid seine eigentliche Qualität."*[3]

Totalitäre   Thielicke verweist in diesem Zusammenhang darauf, daß ja gerade to-
Systeme   talitäre Staaten die religiöse Bekräftigung abschaffen, weil sie sich selbst als die letzte Instanz verstehen und uneingeschränkte Bindung und absoluten Gehorsam verlangen. Demgegenüber hat die EKD in der Thesenreihe *„Gewissensentscheidung und Rechtsordnung"* 1997 darauf aufmerksam gemacht, daß die Gewissensfreiheit der prägnanteste Ausdruck dafür sei, daß der religiös und weltanschaulich neutrale Staat für sich selbst und seine Zwecke keine absoluten Werte reklamiere.[4]

Frage nach   Nun könnte man argumentieren, unser demokratischer Staat habe sich
dem Maßstab   ja selbst in seiner Verfassung an die Grundrechte gebunden, die damit Maßstab für die durch den Eid bekräftigte Partnerschaft sind. Und die Gewaltenteilung in unserem Staat garantiere diese Bindung. Aber nicht nur ein Blick auf die Geschichte zeigt, wie unzuverlässig staatliche Systeme sein können. Die Evangelische Kirche in Deutschland hat 1985 in ihrer Denkschrift *„Evangelische Kirche und freiheitliche Demokratie"* darauf hingewiesen, daß auch unsere Demokratie gefährdet ist. *„Gerade der freiheitliche Rechtsstaat ist empfindlich."*[5]

Auch die Grundrechte können also nicht letzte, transzendierende Instanz sein. Weltliche Instanzen sind immer nur vorletzte, der Veränderung und eigenen Begrenztheit unterworfen. Die Väter des Grundgesetzes haben mit ihrem Verweis, daß sie in der Verantwortung vor Gott handelten und entschieden, auf diese unverzichtbare Dimension hinweisen wollen.

III.

Damit müssen wir uns nun mit der Frage beschäftigen, was die Anrufung Gottes im Eid für den, der den Eid ablegt, bedeutet über das hinaus, was bisher schon gesagt wurde. Bevor wir jedoch darauf eingehen, müssen wir eine grundsätzliche Bemerkung machen zur Stellung von Bibel und Kirche zum Eid. An dieser Stelle können jedoch weder eine vollständige Auslegung der Bibelstellen noch eine theologiegeschichtliche Darstellung der Eiddiskussion in der Kirche eingebracht werden. Vielmehr kann es nur

---

3. Helmut Thielicke, a.a.O. S. 462
4. EKD, Gewissensentscheidung und Rechtsordnung – eine Thesenreihe der Kammer für öffentliche Verantwortung der EKD Hannover 1997, Ziff. 37
5. EKD, Evangelische Kirche und freiheitliche Demokratie – das Staat des Grundgesetzes als Angebot und Aufgabe, 3. Auflage, Gütersloh 1986 S. 45

um einige Aspekte gehen, die für die gegenwärtige Frage nach dem Eidverständnis von Bedeutung sind.

Die Frage, ob überhaupt ein Eid abgelegt werden darf oder nicht, war immer schon umstritten. Auch der neutestamentliche Befund gibt keine eindeutige Antwort auf diese Frage. Sowohl in Matth. 5, 34 als in Jakobus 5, 12 wird ein Eidverbot ausgesprochen; in Hebräer 6, 16 dagegen wird der Eid wie selbstverständlich vorausgesetzt. Bei einigen anderen Bibelstellen streiten die Exegeten, ob sie im Blick auf den Eid positiv oder negativ ausgelegt werden können. Zu der bekanntesten neutestamentlichen Stelle, Matth. 5, 34, werden unten einige weitere Ausführungen gemacht. *Eid umstritten*

Nach den reformatorischen Bekenntnisschriften wird der Eid für zulässig erklärt. In der Confessio Augustana von 1530 heißt es in Artikel 16 im Zusammenhang mit der von Gott geschaffenen Obrigkeit, *„das alle Christen mögen... aufgelegte Eide tun"*. Martin Luther begründete den Eid im Zusammenhang der Zwei-Reiche-Lehre. Der Eid gehört in das Reich der weltlichen Notordnungen. Interessant ist, daß Luther den Eid im Zusammenhang mit dem 2. Gebot im Großen Katechismus ähnlich begründet wie an anderer Stelle den Gebrauch des Schwertes. Vom Schwert hatte Luther ja gesagt, daß kein Christ es für sich selber gebrauchen solle, sondern nur um des Nächsten willen zu seinem Schutze. Ähnlich heißt es nun vom Eid im Großen Katechismus: *„Und in Kürze ist das die Meinung: schwören soll man nicht zum Bösen, das ist zu lügen, und wenn es nicht not noch nütze ist; aber zum Guten und des Nächsten Besserung soll man schwören..."* [6] Das bedeutet, daß der Schwörende nicht nur im Eid seinen Dienst an der Gemeinschaft verspricht, sondern daß der Eid selbst als Dienst an der Gemeinschaft verstanden werden muß. Luther drückt das in der Erklärung zum 2. Gebot so aus: Der Eid *„ist ein rechtes gutes Werk, dadurch Gott gepriesen, die Wahrheit und Recht bestätigt, die Lügen zurückgeschlagen, die Menschen zum Frieden gebracht, Gehorsam geleistet und Hader beigelegt werden..."* [7] Für alle Reformatoren, aber nicht nur für sie, gilt: Eide schwören setzt den Glauben an Gott voraus. *Zur Besserung des Nächsten*

Im Mittelpunkt der katholischen Eidlehre steht nicht so sehr die Frage nach der Begründung des Eides, sondern die Frage nach dem rechten Gebrauch oder Mißbrauch des Eides. Für den rechten Eid gibt es drei Kriterien: [8] *Richtiger Gebrauch*

1. veritas in mente – hier ist die Wahrhaftigkeit des Willens des Eidgebers gemeint;

---

6. Zitiert nach Kurt Aland (Hg.): Luther deutsch. Stuttgart/Göttingen, 3. Auflage 1969, Bd. 3, S. 31
7. Ebd.
8. Nach Martin Honecker: Der Eid heute angesichts seiner reformatorischen Beurteilung und der abendländischen Eidestradition. In: Gottfried Niemeier (Hg.): Ich schwöre. München, 1968, Bd. 1

2. judicium in iurante – es muß die subjektive Eidfähigkeit vorhanden sein. Sie ist nicht vorhanden bei Minderjährigen, Geisteskranken, Trunkenen, auch nicht, wenn kein Gottesbewußtsein beim Schwörenden da ist;

3. iustitia in objecto – der Gegenstand, der beschworen wird, muß rechtmäßig sein.

Kriterien
Für die Rechtmäßigkeit eines Eides ist vor allem das zweite und dritte Kriterium wichtig. Wenn dagegen verstoßen ist, ist die Übertretung des Eides weder ein Treuebruch noch ein Meineid. Vielmehr ist der Eid selber als ungültig zu betrachten. Die Kriterien dieser katholischen Eidlehre wurden im 17. Jahrhundert auch Bestandteil der Lehre der lutherischen Orthodoxie.

Grenzen erkennen
Hingewiesen werden muß an dieser Stelle auf die Parallelität zur Lehre vom gerechten Krieg. Es geht offensichtlich auch hier um das Bestreben, den Christen handhabbare Maßstäbe zu geben, die sie die Möglichkeiten und Grenzen des Eides erkennen und danach handeln lassen. Erstaunlich ist jedoch auf der anderen Seite, wie gering die Relevanz sowohl der Lehre vom gerechten Krieg als auch der Lehre vom rechten Eid in der Geschichte war. Insbesondere die Männer des Widerstandes im Dritten Reich hätten nach diesen Kriterien erkennen können, daß sie an ihren Eid dem Führer gegenüber nicht mehr gebunden waren.

Klare Rede
Nach diesen Informationen können wir uns nun jener neutestamentlichen Stelle zuwenden, deren Auslegung nicht nur in der Kirchen- und Theologiegeschichte kontrovers war, sondern die zugleich den Schlüssel bietet für ein neutestamentliches Eidverständnis: Matth. 5, 34. Unter Bezugnahme auf das 2. Gebot geht die Forderung Jesu hier – wie an anderen Stellen der Bergpredigt – weit über dieses Gebot hinaus: *„Ich aber sage euch, daß ihr überhaupt nicht schwören sollt, weder beim Himmel, denn er ist Gottes Thron; noch bei der Erde, denn sie ist seiner Füße Schemel; noch bei Jerusalem, denn sie ist des großen Königs Stadt ... Eure Rede aber sei: Ja, ja; nein, nein. Was darüber ist, ist vom Übel."*

Kein neues Gesetz
Wenn es richtig ist, daß die Bergpredigt nicht unmittelbar in den politischen Bereich des Staates hinein übertragen werden kann, nicht einfach neue, radikale Gesetze verkündigt, die befolgt werden sollen, sondern die Verkündigung des Reiches Gottes und die Frage der Zugehörigkeit der Menschen zu diesem Reich zum Inhalt hat, oder die „Auslegung der Vollkommenheit Gottes",[9] dann bedeutet das für unsere Frage nach dem Eid: Auch hier geht es nicht einfach um ein neues radikales Gesetz für den politischen Alltag des Staates. Vielmehr kann die radikale Forderung Jesu erst in ihrer vollen Bedeutung erkannt werden, wenn man der staatlichen

---

9. S. dazu Trutz Rendtorff: Wie Gott die Welt regiert. Beiträge aus der Evangelischen Militärseelsorge. Heft 39/ September 1982, S. 11 ff.

Eidesforderung Folge leistet. Jesus verbietet ja den Eid nur deshalb, weil Gott selbst keinerlei öffentliche Zeichen der Verbundenheit benötigt.

Helmut Thielicke[10] weist noch auf einen anderen Zusammenhang hin, der mir heute besonders wichtig zu werden scheint: Jesu Ablehnung des Eides sei auch ein Hinweis darauf, daß wir im Äon der Unwahrheit lebten, in dem es die Lüge gibt, die die Schwachheit und Unzuverlässigkeit unserer Worte offenbart. Jesus möchte verhindern, daß sich die Lüge auch in den Eid einschleichen könnte. In einer Zeit des zunehmenden Individualismus und Egoismus besteht die Gefahr, daß der Eid in der Welt der Unwahrheit der einzige Ort der Wahrheit wird. Diese Ausnahmesituation kann aber nicht Sinn und Zweck des Eides sein. Der Wert und die Verläßlichkeit des normalen Wortes müssen erhalten oder wiederhergestellt werden. Und wer in der Gesellschaft stünde hier mehr in der Pflicht als die evangelische Kirche, für die das Wort im Zentrum ihres Dienstes steht.

Ort der Wahrheit

Nein, Gott braucht keine öffentlichen Zeichen der Verbundenheit. Die Vollkommenheit Gottes besteht ja gerade darin, daß der Mensch nicht erst dadurch zu Gottes Reich gehört, nicht erst von Gott angenommen ist, wenn er bestimmte Gesetze und Gebote erfüllt hat und sich dadurch als würdig erwiesen hat. Nein, Gottes Ja zum Menschen geht bedingungslos allen Gesetzes- und anderen Forderungen, die erfüllt werden müssen, voraus.

Das bedeutet für unsere Eiddiskussion: Der Staat, die Gemeinschaft der Menschen, fordert den Eid und mißt mit den bestehenden Gesetzen den Menschen und sein Versprechen ohne Ansehen der Person, unbarmherzig, gnadenlos. Fehler, Versagen, Verschulden werden bestraft nach dem Buchstaben des Gesetzes. Durch die Anrufung Gottes aber kommt die Instanz in den Blick, die den Menschen auch dann noch trägt und hält, auch dann, ja gerade dann immer, wenn er versagt. Damit erst wird der Mensch frei, seine eigene Unvollkommenheit eingestehen zu können. Dadurch erst erkennt der Mensch, daß er durch den Eid nicht besser wird, als er vorher schon immer gewesen ist. Denn in der Unvollkommenheit des Menschen, in der Möglichkeit menschlichen Versagens liegen die Grenzen des Eides.

Ohne Ansehen der Person

Die Befreiung zum Bekenntnis der eigenen Unvollkommenheit macht es zugleich möglich, daß der Mensch dem Eidversprechen auch innerlich voll zustimmen kann, weil er sich vor Gott auch zu seinen letzten inneren Ängsten und Sorgen bekennen kann. Vor Gott ist nichts verborgen. Und die bedingungslose Anteilnahme des barmherzigen Gottes macht jeden Vorbehalt überflüssig.

Vor Gott nichts verborgen

Schließlich aber bedeutet die Anrufung Gottes im Eid, daß der Mensch einen Maßstab anerkennt, der außerhalb aller menschlichen Gesetzlichkeit liegt und jedes Gesetz tranzendiert. Jesus hat diesen Maßstab in das eine Gebot zusammengefaßt: Du sollst deinen Nächsten lieben wie dich selbst.

---

10. A.a.O. S. 469 f.

Letzte Gebor-
genheit

Von hier aus wird das Gewissen des Menschen jenseits allem Pluralismus und jenseits aller Interpretation die Grenzen erkennen lassen, wo Recht in Unrecht und Freiheit in Unfreiheit umschlägt und damit jedes Eidversprechen aufhebt. Der Mensch geht nicht auf in staatlichen Forderungen und Nützlichkeitsdenken der Gemeinschaft. Die Würde hat der Mensch auch schon, bevor das Grundgesetz sie ihm als Grundrecht zuerkennt. Und der Umgang mit menschlicher Schuld geht nicht auf in der Handhabung staatlicher Gesetze. Das Gewissen des Menschen kann sehr wohl schuldig sprechen angesichts der Schuldverstrickung und Güterabwägung, wo menschliche Gesetze noch lange nicht anklagen. In Gottes vorlaufendem Ja zum Menschen kommen alle Gesetze an ihr Ende, liegt die letzte Geborgenheit für den, der sich der Gemeinschaft zum Dienst verpflichtet, liegen aber auch zugleich die Grenzen dieses Dienstes und die Grenzen der Forderung an diesen Dienst. Schließlich bedeutet die Anrufung Gottes im Eid das Eingeständnis, daß nicht menschliches Tun und

Herr der Ge-
schichte

Dienen die Welt vollenden und die Geschichte an ihr Ziel bringen. Gottes bedingungsloses Ja zum Menschen ist Ausdruck seiner Herrschaft über die Menschen und die Welt. Er ist der Herr der Geschichte. Sein Reich ist das Ziel der Geschichte. Es wird nicht von Menschen geschaffen. Aber es nimmt seinen Anfang dort, wo Menschen aus diesem bedingungslosen Ja heraus leben und handeln.

Erst die Bitte im Eid um Gottes Beistand, d.h. das Wissen um Gottes Barmherzigkeit, läßt jene Verantwortung tragen, die der Soldat mit seinem Dienst auf sich nimmt, sie läßt zugleich die Verstrickung in Schuld tragen, in die er sich hinein begibt. Kein Einzelner, keine Gemeinschaft, kein Gesetz, nur Gott allein kann jene letzte Geborgenheit geben, Gewissen trösten: Gott trägt auch da, hält an seinem Ja fest, wo Menschen verurteilen und verurteilt werden.

IV.

Neuer Eid?

Nach diesen Darlegungen müssen wir nun noch einmal zurückkehren zur Formulierung des Soldateneides: Ich schwöre, der Bundesrepublik Deutschland treu zu dienen und das Recht und die Freiheit des deutschen Volkes tapfer zu verteidigen. Wir haben bisher nicht darüber gesprochen, was eigentlich im Eid geschieht. Diese Frage ist deshalb von Bedeutung, weil nach der Wende und im Zusammenhang mit den neuen Aufgaben der Bundeswehr immer wieder die Frage diskutiert wurde, ob wir nicht einen neuen Eid brauchten, ob der Eid, wie er im Soldatengesetz formuliert ist, das alles noch mittrage. Im Blick auf diese Frage ist es notwendig, sich klar zu machen, daß der Eid ja nicht fordert, etwas Bestimmtes zu tun oder zu lassen. Sondern er fordert, etwa zu sein: nämlich ein Subjekt der

148

Treue[11], in diesem Falle gegenüber der Bundesrepublik Deutschland. Ich *Subjekt der* denke, daß die Formulierung des Eides genau das meint: Das *„treu die-* *Treue* *nen"* ist ja nicht konkretisiert, sondern nur in Beziehung gesetzt zum Eid-nehmer, zum Staat. Der Eid beansprucht die ganze Person in ihrem Sein. Es ging also nach der Wende für den Soldaten nicht um die Frage, ob er dies oder jenes mitmachen könne, sondern, ob er grundsätzlich noch mit-machen könne. Zugespitzt gefragt: Bestand die Gefahr, daß die Bundesre-publik Deutschland eine andere zu werden drohte als eben die des Grund-gesetzes? Bestand die Gefahr, daß die Bundesrepublik ihrem eigenen Grundgesetz untreu werden könnte? Dies allein hätte die Treue des Solda-ten seinerseits in Frage stellen müssen.

In dieser Situation wird noch einmal die Bedeutung der religiösen Be- *Vor Gott ver-* teuerung unterstrichen werden müssen. Denn in solchen Zeiten der Unsi- *antworten* cherheit kann und muß der Christ die Frage stellen, ob er das, was er tun soll, vor Gott verantworten kann oder ob der Wille Gottes in Widerspruch gerät zu dem, was der Eidnehmer, der Staat, fordert. Ich habe mich immer gewundert, daß im Zusammenhang mit den Luftangriffen der NATO im Kosovo-Konflikt auch in der Kirche immer nur über das fehlende UN-Mandat diskutiert wurde, nie aber über diese letzte Verantwortung vor Gott. Hätte die Kirche diese Frage gestellt, hätte sie, wenn sie ihre eigenen Erklärungen ernst nimmt, für die Soldaten eine deutliche Ermutigung aus-sprechen müssen.

Schon 1985 hatte die EKD festgestellt, daß die Christen, also auch die *Wahrung von* Soldaten, in diesem Staat deshalb Verantwortung übernehmen könnten, ja *Freiheit und* müßten, weil das Menschenbild des demokratischen Staates eine Nähe *Recht* zum christlichen Menschenbild aufweise.[12] Und dann konkreter: *„Zur* *Wahrung politischer Freiheit und des Rechts muß er (der Staat) seine* *Machtmittel einsetzen."* Damit nimmt die EKD genau die zwei Schlüssel-begriffe auf, die die Formulierung des Eides als Ergänzung des treuen Dienens benutzt: Recht und Freiheit des deutschen Volkes tapfer verteidi-gen. Diese Ergänzung ist ja zugleich die Beschreibung der Bundesrepublik Deutschland: Solange es in der Bundesrepublik um das Recht und die Frei-heit des deutschen Volkes geht, kann man ihr auch treu dienen.

Und im Blick auf die veränderten politischen Rahmenbedingungen in *Schutz be-* Deutschland als Teil eines grenzüberwindenden Europa und als Partner *drohter Men-* der in den Vereinten Nationen zusammengeschlossenen Völkergemein- *schen* schaft formuliert die EKD 1994 den Maßstab für den Einsatz militärischer Macht als *„ultima ratio"* so: *„... ist die Benutzung militärischer Macht um* *so eher zu vertreten, je enger sie im Sinne von Notwehr und Nothilfe auf* *den Schutz bedrohter Menschen, ihres Lebens, ihrer Freiheit und der de-*

---

11. So H. Thielicke a.a.O. S. 465 f
12. Evangelische Kirche und freiheitliche Demokratie, a.a.O. S. 14

mokratisch-rechtsstaatlichen Strukturen ihres Gemeinwesens bezogen bleibt...“[13] Auch hier tauchen die beiden zentralen Begriffe aus dem Eid wieder auf: Recht und Freiheit.

Hilfen geben   Nein, die Bundesrepublik Deutschland stand nie in der Gefahr, eine andere Republik zu werden als die des Grundgesetzes. Und deshalb stand es nie zur Diskussion, ob man ihr treu dienen könne oder nicht. Eine andere Frage ist, ob es für die Soldaten hilfreich sein könnte, auch im Wortlaut des Eides etwas von den veränderten Rahmenbedingungen zu formulieren: Deutschland als Teil des neuen Europa, in dem Grenzen immer weniger eine Rolle spielen, und als Teil der Völkerfamilie der Vereinten Nationen. Und der Tatbestand, daß die Verteidigung von Recht und Freiheit nicht mehr national zu begrenzen ist, weil die Bedrohung eben nicht allein von innen kommt.

V.

Ich habe versucht darzulegen, daß der Eid ohne religiöse Beteuerung seine eigentliche Qualität verliert, weil erst die Anrufung Gottes als Zeugen die Partnerschaft zwischen Eidnehmer und Eidgeber transzendiert. Konsequenterweise wird dieser Tatbestand durch das Bundesverfassungsgerichtsurteil von 1972 bestätigt: Danach habe der Eid eben nur die Bedeutung eines besonders ernsten, jedenfalls aber rein weltlichen Gelöbnisses, das alleine im Hinblick auf die Verantwortung vor der im Staat vereinigten Volksgesamtheit binde.

Öffentlichkeit   Diese Auslegung ist, wenn man es formal betrachtet, in der Gelöbnisfeier der Wehrdienstleistenden optimal umgesetzt, auch dann, wenn dieses Gelöbnis nur in der Kaserne stattfindet. Eigentlich verlangt die Auslegung des Bundesverfassungsgerichtsurteils allerdings das öffentliche Gelöbnis. Eltern und Freunde der Wehrdienstleistenden, aber eben auch Vertreter der Kommunen und andere politische Repräsentanten vertreten die im Staat vereinigte Volksgesamtheit. Sie sind zugleich Zeugen dieses Gelöbnisses.

Demgegenüber findet die Vereidigung der Zeit- und Berufssoldaten fast im *„stillen Kämmerlein“* statt. Es wäre an der Zeit, darüber nachzudenken, ob es nicht gerade für sie eine angemessenere Form der Vereidigung gebe, eine öffentliche. Dann würde auch in der Öffentlichkeit das *„...so wahr mir Gott helfe“* derer zu hören sein, die sich letztlich diesem Gott gegenüber verantwortlich fühlen. Und der Eid ohne religiöse Formel bekäme einen Sinn dadurch, daß die, die Gott als Zeugen anrufen, stellvertretend für die im Staat vereinigte Volksgesamtheit diese unverzichtbare Dimension offenhalten.

13. EKD, Schritte auf dem Weg des Friedens – Orientierungspunkte für Friedensethik und Friedenspolitik, Hannover 1994, S. 17

150

2.4 Hans Peter von Kirchbach

Wenn das Gewissen befiehlt...

1. Einleitung

Befaßt man sich mit der ethischen Dimension des soldatischen Dienstes oder – auch allgemeiner gefaßt – des Dienens, geht es letztendlich um die Rechtfertigung soldatischen Handelns, die Bindung des Auftrags und des Dienens an Werte. Diese Bindung an Werte ist es, die den Soldaten vom Landsknecht unterscheidet, der jedem beliebigen Zweck zur Verfügung steht. *Bindung an Werte*

Handeln in einem Dienst, der in letzter Konsequenz unumkehrbare Eingriffe in Leben und Unversehrtheit bedeuten kann, verlangt im Kern nach Werten, die diese Entscheidungen für den Dienst und zum Einsatz mit der Waffe rechtfertigen. Ohne hier einer Antwort vorgreifen zu wollen, kann dies ein Handeln in die Grenzbereiche des menschlichen Gewissens hinein bedeuten.

Zusammengefaßt geht es um die Frage des: *„Wofür dienen wir?"* Nur wenn wir uns dieser Frage ehrlich stellen und sie positiv beantworten können, haben wir die sittliche, nicht nur eine technokratische Rechtfertigung für die Existenz unserer Bundeswehr. *Wofür dienen wir?*

2. Legitimation des Dienens

Daß der Auftrag der Bundeswehr als wertbezogene Grundlage soldatischen Dienens gelten kann, erweist sich in der Bindung an die grundlegenden, schützenswürdigen Güter. Der Staat hat seine Wertung im Grundgesetz definiert. *Wertung im Grundgesetz*

Dazu gehören für mich die in unserer Verfassung verankerten Grundrechte
– die Wahrung und der Schutz der Menschenwürde,
– die Freiheit der Person,
– die auf den Grundsätzen von Gleichheit und Gerechtigkeit orientierte Herrschaft des Rechts.

Schutz und Erhaltung dieser Werte, des Lebens in Frieden und Freiheit, ist die Zweckbestimmung deutscher Streitkräfte und spiegelt sich in dem oben genannten Auftrag, aber auch im Eid und Gelöbnis wider.

Wertorientiertes Handeln entsteht jedoch nur dort, wo die Werte auf der Grundlage eines eigenständigen und freien Erkenntnisprozesses formuliert

151

worden sind. Die Entscheidung für diese Werte sollte aus freier Selbstbe-
stimmung heraus entstanden sein, als freiwillige Bindung staatsbürgerlichen Handelns an die Werte der Verfassung.

Werte erfahr-
bar machen

Es geht also um die Bindung staatlichen Handelns und die freie Entscheidung des Staatsbürgers, sein Handeln an diesen Werten auszurichten.
Vollzieht man diese Überlegungen nach, erkennt man die Pflicht von
Staatsbürgern, für ihre Fortentwicklung Mitverantwortung zu übernehmen
und sich aktiv in den Staat mit einzubringen. Es bleibt die Pflicht aller, des
Staates und seiner Bürger, die Werte zu vermitteln und erfahrbar zu machen.

Unsere Streitkräfte sind durch die Wehrverfassung als ein Teil des
Grundgesetzes demokratisch legitimiert und verfassungsrechtlich abgesichert. Das Soldatengesetz stellt den einzelnen Soldaten in ein besonderes
Treueverhältnis zu unserem Staat, indem es das Eintreten für die freiheitlich demokratische Grundordnung vorschreibt.

Die militärische ist der politischen Führung untergeordnet, es gilt aus
gutem Grund der Primat der Politik. Darauf zu setzen, reicht allerdings allein nicht aus.

Charakter der
politischen
Führung

Auch die Wehrmacht marschierte nicht aus eigenem Entschluß, sondern
auf Befehl der politischen Führung zur Durchsetzung politischer Ziele. Die
Soldaten der Roten Armee folgten bei ihren Einsätzen zur Unterdrückung
anderer Völker dem Befehl der Politik. Das Kriterium der politischen Führung allein genügt also nicht, es geht auch um den Charakter der politischen Führung. Dies ist für uns Soldaten von ganz entscheidender Bedeutung, denn die politische Führung muß für ihr Handeln an rechtsstaatliche
Normen gebunden sein. Der Staat und seine Verantwortungsträger können
Loyalität verlangen. Der Soldat muß dem Staat und seinen Verantwor-
tungsträgern vertrauen können.

Werteordnung

Die Bindung nicht nur an die Gesetze, sondern an unsere Werteordnung, in der die Würde des Menschen ganz oben steht, in der der Wert des
Menschen nicht an Nationalität, Religion, Rasse oder Hautfarbe gebunden
ist, macht die Legitimität einer politischen Führung aus. Die Bindung aller
an die Grundwerte des Staates macht Dienst in der Spanne zwischen Freiheit und Gehorsam erst möglich: Freiheit des Staatsbürgers, im Spannungsverhältnis mit dem Gehorsam des Soldaten, freiwillig geleistet, an
Grenzen gebunden.

3. Konzeption der Inneren Führung

Das Konzept der Inneren Führung bindet den Auftrag an die Werte des
Grundgesetzes. Diese Feststellung liefert mir das Stichwort zu unserem
Menschenbild, wie es in unserem Grundgesetz verankert ist. Dieses an

Freiheit, Menschenwürde und demokratischem Rechtsempfinden orientierte Menschenbild ist die Basis des in der Konzeption der Inneren Führung formulierten Leitbilds vom Staatsbürger in Uniform.

Die Innere Führung ist eine Neuschöpfung in der deutschen Militärgeschichte und beschreibt das Konzept einer rechtsstaatlichen, zeitgemäßen soldatischen Menschenführung. Aufgabe ist es, die Spannungen auszugleichen und ertragen zu helfen, die sich aus den individuellen Rechten des freien Bürgers einerseits und den militärischen Pflichten andererseits ergeben. Sie ist sowohl Normenlehre für das Verhalten der Soldaten – und fördert somit deren Motivation und Einsicht in die Legitimation des Auftrages – als auch das Gestaltungsprinzip für die Integration der Streitkräfte in Staat und Gesellschaft und für eine menschenwürdige, an der Rechtsordnung orientierte und auf eine effiziente Auftragserfüllung ausgerichtete innere Ordnung. *Zeitgemäße Menschenführung*

Innere Führung wird gern plakativ über den Begriff der zeitgemäßen Menschenführung definiert. Sie aber nur auf dieses Kriterium beschränken zu wollen, wird der tatsächlichen Konzeption nicht gerecht. Innere Führung dient einem Zweck, nämlich dem Sicherstellen der Einsatzbereitschaft der Bundeswehr und dient auf diese Weise der Durchführung des militärischen Auftrags.

Der Soldat der Bundeswehr, so zusammengefaßt, muß nicht nur kämpfen können, er muß dazu auch bereit sein. Dies wird er nur dann tun, wenn er von der Notwendigkeit und der Sinnhaftigkeit des Handelns überzeugt ist. Die Bereitschaft zur Verteidigung von Recht und Freiheit ist ein Ergebnis der Einstellung des Bürgers zum demokratischen Staat und seiner Überzeugung, daß er ein kostbares und unverzichtbares Gut verteidigt. *Bereit sein zum Kämpfen*

Staatsbürger in Uniform und Staatsbürger in Zivil sind zwei Seiten der selben Medaille. Sie gestalten die Ordnung des Staates mit, sie übernehmen Verantwortung, sie binden ihr Handeln an Werte und Gesetze, sie beteiligen sich an der Verteidigung.

Die darin liegende geistig-moralische Anforderung ist eine hohe Herausforderung für die Streitkräfte. Es entspricht christlichem Gedankengut, wenn sich der Soldat versteht als: *Selbstverständnis*
– Verteidiger des Lebens;
– Garant der Menschenrechte und der persönlichen Freiheitsrechte;
– Baumeister des Friedens;
– Diener für Sicherheit und Freiheit aller Völker unter legitimer nationaler oder internationaler Führung.

Die jüngsten Aufträge der Bundeswehr, die Einsätze in Bosnien und im Kosovo machen dieses Verstehen nach außen und nach innen für jeden erfahrbar.

Die Bildungs- und Erziehungsarbeit in den Streitkräften baut auf dem Wissen, den Einstellungen und Verhaltensweisen auf, mit denen die Staats-

Persönlichkeits-entwicklung bürger in die Streitkräfte eintreten. Sie soll die Persönlichkeitsentwicklung fördern mit dem Ziel, den Soldaten zum Handeln im Sinne des Leitbildes vom Staatsbürger in Uniform zu befähigen. Ziele der Erziehung und Ausbildung sind:

1. Der Soldat schützt, rettet und hilft durch Anwendung legitimer und begrenzter Gegengewalt oder deren Androhung.
2. Soldaten schützen durch Kampf und die Fähigkeit kämpfen zu können und zu wollen.
3. Soldaten kämpfen, um Konflikte zu verhindern, Gewaltanwendung zu beenden und den Frieden wiederherzustellen.
4. Das Ausmaß an Gewalt ist an den Geboten der Menschlichkeit zu orientieren, denn sie muß insgesamt dem Ziel dienen, die volle Wahrung der Menschenwürde und den Frieden wiederherzustellen.
5. Soldaten retten, wo das Leben ihrer Mitbürger bedroht ist und sie helfen, wo Gewalt es ausschließt, die Menschenrechte anzuwenden.

Bild des Sol-daten Das aktuelle Bild des Bundeswehrsoldaten ist weiter geworden. Es erteilt eine klare Absage an Weichheit und Zaghaftigkeit genauso wie an den *„gewissenlosen Landsknecht"*, es orientiert sich an schützenswerten Grundrechten und an Professionalität im Sinne der Auftragserfüllung. Es fordert den Helfer in der Not genauso wie die Bereitschaft zum Kampf als Voraussetzung für Hilfe.

Autorität Zeitgemäße Menschenführung bedeutet auch, eigene Fehler einzugestehen. Die sich daraus entwickelnde persönliche Autorität eines Vorgesetzten verschafft ihm ein Klima des Vertrauens mit dem Resultat der Gefolgschaft und des mitdenkenden Gehorsams auch in kritischen Situationen.

Auftragstaktik Unter anderem aus dieser Erkenntnis konnte sich das Prinzip des Führens mit Auftrag als ein wesentliches Element der Leistungsfähigkeit deutscher Streitkräfte entwickeln. Auftragstaktik ist ein der Demokratie angemessenes Führungsprinzip. Nur Vertrauen, ständige Initiative und die Bereitschaft und Fähigkeit aller Soldaten zur gestaltenden Mitwirkung machen dies möglich.

An diesem Punkt schließt sich langsam der Kreis der einzelnen Mosaiksteine mit all seinen Abhängigkeiten. Wenn wir einen mitdenkenden, mithandelnden Soldaten haben wollen, müssen wir ihm zeigen, daß wir ihn als Individuum schätzen und daß es sich lohnt, sich für die gemeinsame Sache, den Schutz der zentralen Werte, einzusetzen.

4. Wertekonflikt des Dienens mit dem Gewissen

Der Soldat denkt an den Krieg, er befaßt sich gedanklich und praktisch damit, und er muß bereit sein, ihn notfalls zu führen. Eigentlich ist dies eine – besser seine – Gewissensfrage.

Wenn das Gewissen „*die Instanz ist, die die Geltung des ethischen Ur-* *Gewissen*
teils gewährleistet; das innere Wissen des Menschen, das es ihm ermög-
licht, zwischen gut und böse, ethisch wünschenswert und ethisch verwerf-
lich, recht und unrecht zu unterscheiden," (aus: Alexander Ulfig, Lexikon
der philosophischen Begriffe, Hamburg 1997) wird dies zur tragenden
Funktion in dem ständigen Konflikt zwischen der Legitimation des soldatischen Dienens und der Bindung des Handelns an das Gewissen.

Im Kalten Krieg, der existentiellen Bedrohung unseres Lebens, stellte
sich diese Frage mit besonderer Schärfe. Heute ist die Diskussion sachlicher geworden, die Fragestellung ist aber die gleiche geblieben.

Für uns Soldaten der Bundeswehr stellt sich im Rahmen des erweiterten
Aufgabenspektrums die Frage des Waffeneinsatzes heute allerdings wesentlich konkreter als zur Zeit des Kalten Krieges.

In Somalia, Bosnien-Herzegowina oder jetzt im Kosovo können die *Einsatz von*
Soldaten urplötzlich vor der Entscheidung des Einsatzes von Waffengewalt *Waffen*
stehen, um, wie es der Auftrag verlangt, letztendlich damit dem Frieden zu
dienen. Die Bereitschaft, Waffen einzusetzen, ist Voraussetzung für den
Erfolg der Mission. Luftangriffe, die Schaden zufügen und Menschen töten, schaffen gleichzeitig die Voraussetzung für ein Ende von Mord und
Vertreibung und bereiten den Boden für konkrete Hilfe und Entwicklung
zum Frieden. Der Konflikt ist vorprogrammiert, denn obwohl der Soldat
das Leben bewahren will, muß er Gewalt anwenden. Er steht zwei gleich-
berechtigten ethischen Forderungen gegenüber:

Er soll dem anderen keinen Schaden zufügen und darf seinen Tod nicht *Konfliktsitua-*
wollen – und er soll gleichzeitig alles tun, um die, die durch fremde Gewalt *tion*
gefährdet sind, vor Schaden und Tod zu bewahren.

Er kann die eine Forderung nicht erfüllen, ohne gegen die anderen zu
verstoßen. Ihm bleibt nur die Wahl zwischen zwei Übeln: Kämpft er nicht,
gibt er das Leben anderer preis; kämpft er, kann es sein, daß er Schaden
und Tod zufügt. Hier zeigt sich die eigentliche Last der Verantwortung,
denn der Soldat kann nicht wählen zwischen Gut und Böse, sondern muß
abwägen zwischen mehr oder weniger, die Verhältnismäßigkeit der Mittel
wahren, um weniger schlechte Lösungen den schlechten vorzuziehen,
wenn es gute nicht gibt. Er trifft mit der Bereitschaft zu solchem Dienst
eine Grundentscheidung. Dies befreit ihn von dem Abwägen im Einzelfall
nicht.

General Ulrich de Maizière faßt diese Problematik wie folgt zusammen: „*Jede Anwendung von Gewalt macht schuldig, auch die in der Not-*
wehr. Die Schuld aber wäre größer, überließe man seine Mitmenschen
wehrlos dem gewaltsamen Zugriff eines Angreifers und lieferte ihn einer
Fremdherrschaft aus, die ein Leben in Freiheit oder unter Wahrung der
Menschenrechte unmöglich macht."

Der Christ darf auf Vergebung hoffen, wenn er bei dem in seinem Gewissen gerechtfertigten Handeln schuldig wird. Wir haben das Glück, in einer Zeit zu leben, wo die Auftragserfüllung die positiven Auswirkungen soldatischen Handelns unmittelbar sichtbar werden lassen. Gerade im Kosovo stellten sich die Fragen des Gewissens: Darf man Krieg führen? Darf man es – angesichts des Unrechts, das den Menschen im Kosovo angetan wurde – unterlassen, zum Waffeneinsatz als letztem Mittel zu greifen. Ich denke, wir können zum Kosovo – trotz noch bestehender Probleme – ein gutes Gewissen haben.

5. Schluß

Werte wie Freiheit, Menschenwürde und Schutz der Rechte können nur dann glaubhaft geschützt werden, wenn sie in den Streitkräften erfahren werden.

Motivation und Einsicht Das Konzept der Inneren Führung bindet die Streitkräfte an die Werte des Grundgesetzes. Es ist die Normenlehre für das Verhalten der Soldaten und fördert deren Motivation und Einsicht in die Legitimation des Auftrags. Es richtet sich an mitdenkende und -handelnde Staatsbürger und wirkt an deren Erziehung mit.

Dann haben wir auch künftig die Armée, die wir brauchen.

Es richtet sich an Vorgesetzte, die sich durch Rückschläge nicht beirren lassen und sich der Bundesrepublik, dem Rechtsstaat, der Demokratie, ihrem Auftrag verpflichtet fühlen und die jungen Soldaten hierfür begeistern. Es richtet sich an Soldaten, die dem Einsatz nicht ängstlich ausweichen, sondern in der Spannung zwischen Freiheit und Gehorsam gestärkt durch ein Gewissen, das an Werte gebunden ist, handelnd sich bewähren.

3. Der Offizier als Kamerad

Werner von Scheven

Gedanken eines Offiziers

Bei Krupp oder in einem Internat wünscht die Leitung von der Belegschaft ein Zusammengehörigkeitsbewußtsein. Bei den Bergleuten ist es Tradition, daß unter Tage der Eine dem Anderen in Not und Gefahr beisteht. Dort steht das Leben und die Gesundheit Vieler auf dem Spiel, wenn ein Einzelner versagt.

Ähnlich ist es bei den Streitkräften, wenn sie eingesetzt werden. Eine zur Verteidigung aufgebotene Bundeswehr wäre mit einer gegnerischen Militärmacht konfrontiert, deren ganzes Bestreben und Gewaltpotential schon vor Eröffnung von Kampfhandlungen darauf abzielt, den Zusammenhalt der Bundeswehr zu zerschlagen, um damit ihre Verteidigungsfähigkeit zu schwächen.

Der Dienstherr verlangt daher von seinen Soldaten, daß sie Kameradschaft halten. Er will ein Zusammenstehen in der militärischen Gemeinschaft, auch in Ungewißheit und äußerster Gefahr für Leib und Leben.

Soldatengesetz, § 12: *„Der Zusammenhalt der Bundeswehr beruht wesentlich auf Kameradschaft. Sie verpflichtet alle Soldaten, die Würde, die Ehre und die Rechte des Kameraden zu achten und ihm in Not und Gefahr beizustehen. Das schließt gegenseitige Anerkennung, Rücksicht und Achtung fremder Anschauungen ein".*

Das Gesetz spricht nicht von Dienstgradebenen. Kameradschaft verpflichtet alle Soldaten, gleichviel ob auf der Rekrutenstube oder im Vorgesetzten- und Unterstellungsverhältnis. Wer einen anderen Soldaten entwürdigend, ehrverletzend oder rücksichtslos behandelt, wer seine Rechte nicht achtet, ihn als Kameraden nicht anerkennt und seine fremde Anschauung nicht toleriert – vorausgesetzt, sie steht den gemeinsamen Dienstpflichten nicht entgegen – schwächt den Zusammenhalt der Bundeswehr. Dieser Zusammenhalt ist jedoch ein hohes Rechtsgut, das jeder Soldat durch sein Verhalten in Schutz nehmen muß.

Gegenseitige Anerkennung, Rücksicht und Achtung fremder Anschauungen sind heute zugleich zivile Tugenden demokratischen Zusammenlebens. Sie reichen über den Kasernenzaun und über die Grenzen der eigenen Staatlichkeit hinaus.

In der Gegenwart muß sich der Zusammenhalt der Bundeswehr auch als Teil eines internationalen Zusammenhaltes alliierter oder befreundeter Truppen in Ausübung kollektiver Verteidigung oder gemeinsamer Friedenssicherung außerhalb Deutschlands bewähren. Das Erlebnis, Seite an Seite mit den Soldaten verbündeter oder auf Zusammenarbeit angewiesener Streitkräfte Ausbildung zu betreiben oder Einsatzaufgaben zu erfüllen, ist heute nahezu Allgemeingut der Bundeswehr geworden. So reicht die Kameradschaftspflicht des Soldaten der Bundeswehr ganz selbstverständlich weit über die Grenzen hinaus, die der Dienstherr in das Soldatengesetz geschrieben hat. Dieses deutlich zu machen und im Alltag Wirklichkeit werden zu lassen, ist eine Erziehungsaufgabe des Offiziers, die mit dem guten Beispiel beginnt.

Der Offizier muß wissen, daß seine Bereitschaft, im Offizierkorps Kameradschaft zu üben, Belastungen und Anfechtungen ausgesetzt sein kann. Der Offizierberuf ist ein Karriereberuf. Karrieren im Offizierkorps vollziehen sich jedoch mit ungleichen Geschwindigkeiten und erreichen ungleiche Ziele. Gewiß hat der Offizier selbst einen Einfluß auf seine Karriere, aber andere wirken entscheidend mit. Dies kann bei den Glücklicheren wie bei den weniger Glücklichen Gefühle und Verhaltensweisen hervorbringen, die zuweilen krank machen, Familien belasten, in den meisten Fällen aber die Kameradschaft auf eine Bewährungsprobe stellen.

Der Offizier kann Grenzsituationen der kameradschaftlichen Toleranz und Rücksichtnahme erfahren, wenn er zum Beispiel schädigendem oder selbstschädigendem Verhalten eines Kameraden beiwohnt und überlegt, ob und wie er eingreifen soll. Ein „kameradschaftliches" Wegsehen oder Kneifen kann die schlechtere Form der Kameradschaft sein oder gar ihr Gegenteil.

Peter H. Blaschke

Gedanken eines Militärpfarrers

Der Kamerad weiß, daß es auf ihn ankommt. Die anderen müssen sich unbedingt auf ihn verlassen könne, so wie er sich auf sie verläßt. Da darf kein Zweifel sein, sogar dann nicht, wenn man persönlich kleine Probleme miteinander hat, der andere nicht gerade sein Typ ist. Natürlich können auch Kameraden versagen, sogar dann, wenn man immer wieder eingeübt hat, worauf es ankommt. Extreme Situationen lassen sich nicht in allen Einzelheiten vorhersehen und vorwegnehmen.

Im Alten Testament wird eine Begebenheit berichtet (Richter 7), wie Gideon sich für den Kampf gegen die Feinde eine kleine, schlagkräftige Truppe zusammenstellt. Wie soll er wissen, auf wen er sich in der extremen Situation des Kampfes verlassen kann? Er läßt die Männer zum Fluß hinuntergehen und befiehlt ihnen zu trinken. Die meisten schöpfen das Wasser mit der Hand und trinken gesittet, wie sie es auch sonst tun. Eine kleine Gruppe aber wirft sich einfach am Fluß nieder und leckt das Wasser mit der Zunge wie ein Hund. Das waren seine Leute. Mit ihnen wollte er es wagen, Gott hatte ihn ausdrücklich auf diese kleine Gruppe von Kameraden aufmerksam gemacht. Sie würden den Schritt vom normalen Leben zur extremen Gefahr schaffen.

Und noch eine Stelle findet sich im Alten Testament zu unserem Thema, die hier zitiert werden muß: *„So ist's ja besser zu Zweien als allein, denn sie haben guten Lohn für ihre Mühe. Fällt einer von ihnen, so hilft ihm sein Geselle auf. Weh dem, der allein ist, wenn er fällt. Da ist kein anderer da, der ihm aufhilft. Und wenn zwei beieinanderliegen, wärmen sie sich; wie kann ein Einzelner warm werden. Einer mag überwältigt werden, aber zwei können widerstehen, und eine dreifache Schnur reißt nicht leicht entzwei."* (Prediger 4, 9 ff). Besser kann man Kameradschaft nicht beschreiben.

Auch Jesus sendet seine Jünger in Zweiergruppen ins Land, um zu predigen und zu heilen (Markus 6, 7 ff). Und es wird denselben Grund haben: Zwei können sich gegenseitig helfen.

Der eigentliche biblische Hintergrund für die Kameradschaft ist Jesu Gebot: *„Du sollst Deinen Nächsten lieben wie Dich selbst!"* (Matth. 22, 39). Für Jesus ist dieses Gebot so wichtig wie das Gebot, Gott zu lieben. Denn im Nächsten begegne ich Gott. Und ich begegne immer zugleich mir selbst wie in einem Spiegel.

3.1 Manfred Eisele

„Im Auftrag der Vereinten Nationen"

Im Einsatz der Vereinten Nationen Kofi Annan, der Generalsekretär der Vereinten Nationen, überreichte dem Sohn des Commandant René de Labarrière am 6. Oktober 1998 in New York die erste Dag-Hammarskjöld-Medaille. Der französische Stabsoffizier war im Juli 1948 im Rahmen der ersten Friedensmission der Vereinten Nationen, der noch heute bestehenden Waffenstillstandskommission für Palästina, UNTSO, in Jerusalem zu Tode gekommen. Er war damit der erste Soldat, der sein Leben im Einsatz für die Vereinten Nationen verlor. Der Sicherheitsrat hat die Medaille, die den Namen des zweiten Generalsekretärs trägt, der selber bei einer Friedensmission für die Vereinten Nationen starb, 1997 gestiftet, um alle diejenigen zu ehren, die als Soldaten oder Polizisten unter der himmelblauen Flagge der Vereinten Nationen ihr Leben ließen. In den gut fünf Jahrzehnten, die seit dem Beginn der ersten *„Friedenserhaltenden Operation"* vergangen sind, ist der Tod von mehr als 1590 „Blauhelmen" zu beklagen.

Erfolge Diese traurige Bilanz darf nicht den Blick auf die unbestreitbaren Erfolge der Friedenseinsätze der Vereinten Nationen verstellen. Annähernd 800.000 Soldaten und Polizisten haben seit 1948 in 51 Friedensmissionen den blauen Helm oder das blaue Barett der Vereinten Nationen getragen; Soldaten des Friedens. Ihr Wirken wurde zeitweilig als Aufbruch in eine neue Weltordnung angesehen und so positiv beurteilt, daß man den *„Blauhelmen der Vereinten Nationen"* 1988 verdientermaßen den Friedensnobelpreis verliehen hat.

Grundpflicht *„Im Auftrag der Vereinten Nationen"* – das verlangt von den Soldaten, die den Blauhelm tragen sollen, eine intensive Auseinandersetzung mit dem Auftrag der Vereinten Nationen. Schließlich ist die grundlegende Motivation der Soldaten für ihren militärischen Dienst immer noch die Auffassung Gerhard von Scharnhorsts, daß jeder Bürger eines Landes dessen geborener Verteidiger sei. *„Der Bundesrepublik Deutschland treu zu dienen, und das Recht und die Freiheit des deutschen Volkes tapfer zu verteidigen ..."* – diese Grundpflicht des deutschen Soldaten, die sich in den Eidesformeln und Soldatenpflichten anderer Armeen in ähnlicher Weise findet, scheint einem Einsatz in fernen Weltgegenden unter der Flagge einer internationalen Organisation entgegenzustehen.

Aber als die Bundesrepublik Deutschland 1973 gleichzeitig mit dem damaligen anderen Staat in Deutschland Mitglied der Vereinten Nationen wurde, verpflichtete sie sich ohne irgendwelchen Vorbehalte zur Einhaltung der Charta dieser weltumspannenden Organisation. Diese Charta ist seit dem Ende des 2. Weltkrieges zum Zentraldokument des internationalen Rechts geworden. Die Vereinten Nationen haben sich darin im Kapitel I, Artikel 1, Absatz 1 als Hauptaufgabe gesetzt, *„den Weltfrieden und die internationale Sicherheit aufrecht zu erhalten, und zu diesem Zweck wirksame Kollektivmaßnahmen zu treffen, um Bedrohungen des Friedens zu verhüten und zu beseitigen, Angriffshandlungen und andere Friedensbrüche zu unterdrücken und internationale Streitigkeiten oder Situationen, die zu einem Friedensbruch führen könnten, durch friedliche Mittel nach den Grundsätzen der Gerechtigkeit und des Völkerrechts zu bereinigen oder beizulegen; ..."* Wenn solche Zielsetzungen auch weitgehend von den Vorstellungen des christlichen Abendlandes geprägt sind, – alleine die Idee der „Gerechtigkeit" mag das andeuten – so werden sie doch von niemandem ernsthaft in Frage gestellt. Im Artikel 2 versichern alle Mitglieder, – also auch Deutschland, – nach Treu und Glauben die Verpflichtungen zu erfüllen, die sie mit der Charta übernommen haben. In Bezug auf das Ziel der Friedenserhaltung wird das in Artikel 43 noch genauer ausgeführt. Danach verpflichten sich alle Mitglieder der Vereinten Nationen, *„zur Wahrung des Weltfriedens und der internationalen Sicherheit dadurch beizutragen, daß sie nach Maßgabe eines oder mehrerer Sonderabkommen dem Sicherheitsrat auf sein Ersuchen Streitkräfte zur Verfügung stellen, ..."*

Ziel: Internationale Sicherheit

Damit Deutschland dieser freiwillig übernommenen Verpflichtung, der Weltorganisation dann Beistand zu leisten, wenn der Frieden in der Welt bedroht ist, überhaupt nachkommen kann, müssen deutsche Soldaten bereit sein, ihre Soldatenpflichten auch *„im Auftrag der Vereinten Nationen"* zu erfüllen.

Das treue Dienen gegenüber dem eigenen Vaterland besteht dann eben darin, daß man sich in dessen Namen in den Dienst einer größeren Sache stellt, wenn der Gesetzgeber und die eigene Regierung das im konkreten Fall so entscheiden.

Im Dienst einer größeren Sache

„Im Auftrag der Vereinten Nationen" werden sich immer militärische Formationen von der Gruppe bis zum Bataillon oder auch einzelne Soldaten aus einer Vielzahl von Mitgliedsstaaten zusammenfinden. So stehen in der kleinen Friedensmission auf der kroatischen Prevlaka-Halbinsel 28 unbewaffnete Militärbeobachter aus 27 Ländern im Einsatz. In Angola und Georgien, in Kuweit und Tadschikistan sind oder waren Militärbeobachter der Vereinten Nationen im Einsatz, zumeist in kleinen Trupps von drei oder vier Offizieren aus ebenso vielen Ländern – ganz auf einander angewiesen in fremder, oft krisengeprägter Umgebung.

Kleine internationale Trupps

Solche Multinationalität hat viele Auswirkungen. Zunächst gilt es, die wahrhaft babylonische Sprachenvielfalt zu überwinden und eine gemeinsame Kommandosprache als Verständigungsgrundlage festzulegen; meistens eine der sechs offiziellen Sprachen der Vereinten Nationen, am häufigsten

163

*Sprach-
barrieren*

Englisch. Aber erstens kann man auch Englisch in sehr verschiedenen Varianten sprechen und zweitens stellt sich die Sprache des jeweiligen Einsatzlandes als nächste Barriere in den Weg zum Frieden. Hier helfen nur lokal rekrutierte Sprachmittler, mit allen sich daraus ergebenden Schwierigkeiten mitmenschlicher Mißverständnisse. Wie oft haben wir im Alltag trotz gemeinsamer Muttersprache Probleme, einander zu verstehen.

Die technischen Aspekte der Kommunikation lassen sich dagegen vergleichsweise einfach lösen. Vom Fernmeldesatelliten über den Computer bis zur sprichwörtlichen Buschtrommel darf man dabei um keine Aushilfen verlegen sein.

Wenn die Herausforderungen der Kommunikation gemeistert sind, stößt man rasch auf den Bereich, der im multinationalen Zusammenwirken die größten Probleme bereitet: unterschiedliche Wertvorstellungen.

*Unterschied-
liche Werte*

„Die Würde des Menschen ist unantastbar." Mit dieser unumstößlichen Festlegung beginnt unser Grundgesetz vom 23. Mai 1949. In ihrem Grundrechtekanon orientiert sich unsere Verfassung durchaus auch an der *„Allgemeinen Erklärung der Menschenrechte"*. Diese wurde nur wenige Monate nach der ersten Friedenserhaltenden Maßnahme der Vereinten Nationen am 10. Dezember 1948 von der UN-Generalversammlung beschlossen. Aber ihr moralisch verpflichtender Charakter hat nicht in allen heute 188 Mitgliedsstaaten der Vereinten Nationen zu demokratisch verfaßten rechtsstaatlichen Ordnungen geführt. Die Auffassung, *„daß mich Gott geschaffen hat samt aller Kreatur"*, und daß alle Menschen Wesen gleicher Würde seien, gilt nicht weltweit. Auch in multinational zusammengesetzten Friedenstruppen sind hier tiefgreifende Unterschiede erlebbar. Deshalb wird man grundlegendes Vertrauen zwischen Vorgesetzten und Untergebenen als Voraussetzung für Disziplin aus Einsicht und freiwillige Mitverantwortung, also die Prinzipien unserer Inneren Führung in vielen Blauhelmkontingenten vergeblich suchen.

*Respekt vor
dem anderen*

Das sagt aber nichts über deren überzeugendes Auftreten, ihre Disziplin und die häufig beeindruckende Leistungsfähigkeit, auch in der kleinen Einsatzgemeinschaft. Die selbstverständliche Pflichterfüllung oft erbarmenswürdig ausgestatteter Kontingente aus armen Ländern darf kein Anlaß zu Überheblichkeit sein, sondern sollte Kameraden aus wohlhabenden Staaten hohen Respekt abnötigen.

*Unterschied-
licher Sold*

Auch die bisweilen geradezu dramatischen Einkommensunterschiede zwingen zur Nachdenklichkeit. Zunächst gibt es da die oft erschütternden Differenzen zur Bevölkerung im Einsatzgebiet. Daneben aber bekommt zwar jeder Staat, der den Vereinten Nationen Truppen stellt, den gleichen Betrag von 1.000 US $ pro Mann und Monat aus der Friedenskasse der Vereinten Nationen erstattet, aber im Einsatz *„im Auftrag der Vereinten Nationen"* erhält mancher Blauhelmsoldat nur um die 20 Dollar von seiner Armee, während sein Nebenmann aus einem reichen Land deutlich mehr

164

als 1.000 Dollar für den gleichen Dienst einstecken darf. Dabei tragen beide das gleiche Risiko für das eigene Leben und die Gesundheit.

„Im Auftrag der Vereinten Nationen" stehen muslimische Blauhelme neben Buddhisten, Hindus neben Atheisten, Schintoisten neben Christen. Vielfach bestimmen strenge religiöse Vorschriften die Tagesabläufe einzelner Soldaten oder ganzer Kontingente bis in die Einzelheiten des täglichen Dienstes hinein. Darauf muß man bei rotierenden Diensteinteilungen Rücksicht nehmen. Auch bei der Bereitstellung von Verpflegung reicht es nicht aus, routinemäßig nach Rationen pro Kopf und Tag zu rechnen, denn oft bedarf es der Freigabe der Nahrungsmittel durch besonders dazu bestellte Feldgeistliche. Diese nehmen bisweilen sogar Einfluß auf die Nutzung von Blutkonserven, um zu verhindern, daß das Blut Ungläubiger in die Adern ihrer Schutzbefohlenen gerät. *Religiöse Unterschiede*

„Im Auftrag der Vereinten Nationen" wird also ein besonders hohes Maß an Toleranz verlangt, sehr viel mitmenschliches Verständnis und durchaus christliche Nächstenliebe.

„Im Auftrag der Vereinten Nationen" haben etliche Blauhelme erstmals die Grenzen ihres eigenen Landes überschritten. Das ist für sehr viele eine große Herausforderung. Für alle aber wird die Begegnung mit der Bevölkerung im Einsatzgebiet zum unauslöschlichen Erlebnis. Dabei erschüttern die Folgen des oft blutigen, häufig sehr langwierigen Konfliktes wie Zerstörung aller Lebensgrundlagen, Vertreibung, Verminung weiter Landstriche und die Verwundung und Verstümmelung zahlreicher unschuldiger Menschen, – Kinder und Frauen –, die meistens noch recht jungen Friedenssoldaten zutiefst. Mancher braucht in solcher Lage seelischen Beistand. Hier kann der Beitrag der Militärpfarrer manche Not wenden, aber gerade die Vorgesetzten sind gefordert. In einigen Fällen mußten die Vereinten Nationen Teams erfahrener Psychotherapie-Experten in Konfliktgebiete entsenden, um Blauhelme zu betreuen, die unter dem Eindruck besonders aufwühlender Ereignisse standen wie blutige Massaker oder die Entdeckung von Massengräbern. *Aufwühlende Erlebnisse*

Die Einsatzregeln der Blauhelme, *„Rules of Engagement",* verlangen zumeist, daß sie sich zwischen den Konfliktparteien unparteiisch verhalten sollen. Das ist oft schwer. Obwohl das Herz des einzelnen Soldaten gerne für eine Seite Partei ergreifen möchte, verlangt der kühle Kopf strikte Neutralität. Da ist es hilfreich, daß Blauhelme grundsätzlich keine *„Feinde"* haben. Deshalb müssen sie sich im Gelände auch ganz „unkriegerisch" verhalten, sozusagen mit offenem Visier operieren und mit ihren weiß gestrichenen Fahrzeugen ihre Präsenz demonstrieren. Die weithin sichtbar wehende Flagge der Vereinten Nationen drückt den politischen Willen der Weltorganisation aus, den Frieden zu sichern. In vielen, von Kriegswirren zerrissenen Gebieten wird sie damit zum Symbol der Hoffnung. *Strikte Neutralität*

Allerdings haben verbrecherische Übergriffe auf Blauhelmsoldaten,

Geiselnahmen und sogar Morde dazu geführt, daß Friedenstruppen der Vereinten Nationen heute oft mit gepanzerten Fahrzeugen und schweren Waffen ausgestattet sind zu ihrem eigenen Schutz und als Ausdruck der politischen Entschlossenheit des Sicherheitsrates, das Mandat der Friedenserhaltung auch gegen Widerstände durchzusetzen.

Bereit zum Kompromiß

Von den Blauhelmsoldaten aber wird zumeist verlangt, daß sie bereit sind zum Kompromiß. Statt den Willen ihrer Vorgesetzten unbedingt und nötigenfalls auch mit Waffengewalt durchzusetzen, müssen sie wissen, daß man Konflikte in Verhandlungen lösen soll. Sie müssen Gesprächsbereitschaft demonstrieren, wo immer das möglich ist und Erfolg erhoffen läßt. Dazu ist es unerläßlich, daß die Blauhelme ihren Auftrag genau kennen und davon überzeugt sind, daß sie einer guten Sache dienen.

Nationale Disziplinar-gewalt

Wenn es Schwierigkeiten mit dem Verhalten der Friedenssoldaten gibt, zwingt das möglicherweise zu disziplinaren Maßnahmen. Aber während die Vereinten Nationen den Einsatz „*ihrer*" Soldaten mit den bereits erwähnten „*Rules of Engagement*" ziemlich detailliert regeln und damit die politischen Grundsätze des jeweiligen Mandats in entsprechende Handlungsanweisungen umsetzen, bleibt die Ausübung der Disziplinargewalt eine ausschließlich nationale Aufgabe der Truppenstellerstaaten. Das ist bei internen Verstößen gegen nationale Bestimmungen, wie die Verletzung der Grußpflicht, problemlos. Aber Aktionen, die sich auf das Verhältnis der Blauhelmkontingente untereinander oder auf die Beziehungen zum Einsatzland auswirken können, führen manchmal zu kritischen Situationen. Bisweilen können Blauhelme den Versuchungen eines relativ freien Marktes im Gebiet ihres Einsatzes nicht widerstehen und engagieren sich mit erheblicher Energie und nicht unbeträchtlichem Erfolg auf dem schwarzen Markt. Im Herkunftsland des Delinquenten sieht man einen solchen Fall vielleicht nur als Kavaliersdelikt an. Dem vom Generalsekretär der Vereinten Nationen eingesetzten Kommandeur der gesamten Friedensmission, dem „*Force Commander*", bleibt dann nur, die Repatriierung des Delinquenten auf Kosten seines Heimatlandes zu fordern und durchzusetzen.

Frauen und Kinder

Etliche Probleme ergeben sich aus der Tatsache, daß es bei manchen Truppenteilen durchaus unterschiedliche Auffassungen zur Rolle der Frau gibt. Das betrifft sowohl Frauen und Mädchen im Konfliktgebiet als auch weibliche Soldaten in benachbarten Kontingenten oder zivile Mitarbeiterinnen der Vereinten Nationen. Prostitution aus Armut oder Gewalt und die Verbreitung von Aids können hier Schwierigkeiten schaffen. Der Schutz von Kindern gehört als Problem in die gleiche Kategorie. Lösungen sind angesichts von zehn- und zwölfjährigen „*Kindersoldaten*" bei manchen Konfliktparteien ebenso schwer zu finden wie bei Eheschließungen von dreizehnjährigen Mädchen. Die Vereinten Nationen versuchen, alle Soldaten einer Friedensoperation mit einer Taschenkarte auszustatten, die in einfachen Worten den Tugendkatalog enthält, auf den sie sich verpflichten sollen. Erfreulicherweise ergänzen viele Nationen das durch überzeugende eigene Maßnahmen. Wenn etwa der jordanische König als Staatsoberhaupt seines Landes persönlich alle seine Blauhelmsoldaten darauf einschwört, mit ihrem Einsatz die Ehre ihres Landes zu mehren, erfüllt das diese nicht nur mit Stolz, sondern führt auch zu beispielhafter Disziplin.

Die Kommandostrukturen von Friedensmissionen der Vereinten Nationen erscheinen auf den ersten Blick klar und eindeutig. Auftraggeber aller *„Friedenserhaltenden Operationen"* ist der Sicherheitsrat. Er erteilt das Mandat und setzt damit die politischen Ziele. Zugleich bestimmt er den quantitativen Umfang der Mission und eine erste Zeitvorgabe für Beginn und unter Umständen voraussehbares Ende. In seinem Auftrag läßt der Generalsekretär von seiner *„Hauptabteilung für friedenserhaltende Maßnahmen"* den multinationalen Einsatz organisieren. Als Chef der Mission wird regelmäßig ein Sonderbeauftragter des Generalsekretärs (Special Representative of the Secretary General) ernannt, häufig ein erfahrener Diplomat oder ein politischer Beamter. Ihm wird ein Soldat, meistens im Generalsrang, unterstellt, der als *„Force Commander"* die militärische Spitze der Operation ist. Die Nationen, die den Vereinten Nationen für den besonderen Zweck einer Friedensmission Truppen unterstellen, behalten sich meistens die letzte Verfügung über ihre eigenen Soldaten vor. Wenn ein Force Commander also Anweisungen an die ihm für den Einsatz unterstellten Truppen gibt, erlebt er besonders bei einigen Verbänden oder Einheiten aus Ländern des *„Nordens"* oder *„Westens"* oder der *„1. Welt"*, daß die Kommandeure dieser Kontingente erst bei ihren nationalen Kommandostellen nachfragen müssen, ob sie die Weisung der Vereinten Nationen ausführen dürfen. Wenn sich derartiges Verhalten regelmäßig wiederholt und häufig mit negativem Ausgang, verschieben sich die Gewichte und Verantwortungsbereiche im Einsatz sichtbar zu Lasten solcher Truppen, die nicht an allzu engen nationalen Zügeln stehen. Das hat nicht nur Auswirkungen in der politischen Diskussion zwischen den Truppenstellern sondern auch auf das Innere Gefüge in der Friedensmission. Wenn nationale Vorbehalte oder Einschränkungen dazu führen, daß etwa manche Blauhelmkontingente nicht mehr Wache stehen können, weil sie auch unter den Bedingungen des unmittelbaren Zwanges keine Waffe einsetzen dürfen, belastet das die multinationale Zusammenarbeit spürbar.

Andererseits kann das entschlossene und erfolgreiche Auftreten eines nationalen Kontingents viele benachbart eingesetzte Blauhelme mitreißen und dauerhaft motivieren. Als Beispiel dafür mag der Einsatz dänischer Leopard I – Kampfpanzer bei Tuzla in Bosnien 1994 dienen.

Zu den besonderen und für viele Soldaten neuartigen Herausforderungen *„im Auftrag der Vereinten Nationen"* gehört die Zusammenarbeit mit nichtmilitärischen Akteuren. Vor allen anderen sind das zivile Polizeibe-

Auftrag vom Sicherheitsrat

Force Commander

Motivation durch Erfolg

Partner:
Polizei amte, die vom Sicherheitsrat in zahlreichen Konflikten an der Seite von Blauhelmtruppen eingesetzt werden. In einigen Fällen verbleiben sie auch nach dem Abzug aller Friedenssoldaten als letzte Komponente einer Friedensmission im Einsatzland, so in Haiti und in Ost-Slawonien. Ebenso wie Militärbeobachter sind Polizisten im Einsatz unter der Flagge der Vereinten Nationen grundsätzlich unbewaffnet. Nur dort, wo es im Krisengebiet keine örtliche oder regionale Polizei gibt, tragen auch UN-Polizisten Waffen, weil sie dann selber für die Aufrechterhaltung von Recht und Ordnung verantwortlich sind, wie beispielsweise bei der UN-Mission im Kosovo. Normalerweise aber ist ihr Auftrag ein ganz anderer als derjenige der Blauhelm-Soldaten, obwohl auch die UN-Zivilpolizisten Uniform tragen und Dienstgrade haben. Außer in Sonderfällen wie im Kosovo sollen sie nicht selber Recht und Gesetz im Einsatzland durchsetzen, sondern durch tätige Überwachung der jeweiligen Polizeien des Konfliktgebietes helfen,

Vertrauen auf- das Vertrauen der Bürger in ihre Polizei zurückzugewinnen oder gar von
bauen Grund aus aufzubauen. Da die Polizei der sichtbarste Ausdruck der Staatsgewalt gegenüber den Bürgern ist, kommt dieser Arbeit sehr große Bedeutung zu. „UN Civil Police" kommen nicht wie die meisten Soldaten in festgefügten Einheiten, sondern immer als einzelne Beamte. Sie müssen wenigstens sechs Jahre Polizei-Erfahrung haben und sind damit gestandener als die Blauhelmsoldaten. Aber sie haben wenigstens die gleichen Schwierigkeiten in der multinationalen Zusammenarbeit wie die Soldaten. Da sie stets hautnah mit der Bevölkerung und der Polizei des Krisengebietes zusammenarbeiten müssen bei Verkehrsüberwachung und Verbrechensbekämpfung, Ausbildung von Polizeinachwuchs und Rückkehr von Vertriebenen, werden sie noch mehr gefordert als ihre militärischen Kameraden. In etlichen Missionen müssen sich diese Polizisten mit dem blauen Barett der Vereinten Nationen auf die Hilfe der Blauhelmsoldaten verlassen, wenn sie bedroht werden. Bis zum Eintreffen der UN-Zivilpolizei müssen Blauhelmsoldaten bisweilen sogar deren Aufgaben wahrnehmen, von der Verkehrsregelung über die Verbrechensbekämpfung bis zur Errichtung von Gefängnissen. Hier ist in besonderer Weise wechselseitiges Verständnis füreinander und tätige Hilfsbereitschaft notwendig.

Hilfs- Das gilt ähnlich in der Kooperation mit den zahlreichen Hilfsorganisa-
organisationen tionen in den Einsatzgebieten. Vom Internationalen Komitee des Roten Kreuzes über den Flüchtlingskommissar der Vereinten Nationen, die UN Entwicklungshilfe oder Ärzte ohne Grenzen engagieren sich sehr viele Menschen in den Gebieten unserer Erde, wo Mitmenschen in Not sind. Sie organisieren humanitäre Hilfstransporte, bilden einheimisches Personal zum Minenräumen aus, führen Impfprogramme durch und helfen in vielfältiger Weise, Not zu lindern. Blauhelmsoldaten sind stets aufgerufen, solchen Organisationen, wo immer möglich, helfend zur Seite zu stehen, dient deren Aktivität doch dazu, Bedingungen zu schaffen, die es den Menschen

168

in kriegszerstörten Gebieten möglich machen, mit ein wenig Zuversicht an den Wiederaufbau ihrer Heimat zu gehen. Meistens waren die Mitarbeiter solcher Hilfsorganisationen schon vor dem Eintreffen der ersten Blauhelme im Einsatz und zumeist bleiben sie auch noch lange, nachdem der letzte Blauhelmsoldat die Flagge der Vereinten Nationen eingerollt hat und nach Hause geflogen ist. *Unterschiedliche Zustimmung*

Es gibt Streitkräfte, die den Einsatz einiger ihrer Soldaten bei einer Friedensmission als unliebsame Unterbrechung ihrer auf den Krieg gerichteten Anstrengungen ansehen. Sie befürchten, daß ihre Soldaten unter der himmelblauen Flagge der Vereinten Nationen verweichlichen. Darum müssen die Rückkehrer sich einem intensiven Remilitarisierungsprogramm unterziehen, um wieder als „*richtige*" Soldaten, als „*Krieger*" anerkannt zu sein. Andere Staaten sehen mit Bedenken, daß ihre Soldaten im multinationalen Umfeld „falsche" Eindrücke von Toleranz, Mitverantwortung und vielleicht gar Demokratie mitbringen könnten. Aber die große Mehrzahl der Nationen, die Truppen zu Friedenseinsätzen der Vereinten Nationen entsandt haben, sind beeindruckt davon, daß ihre junge Mannschaft gereift aus dem Konfliktgebiet zurückkommt.

„*Im Auftrag der Vereinten Nationen*" lernen Soldaten rasch, ihren Kameraden aus den anderen Kontingenten, den Zivilpolizisten und den Vertretern vieler privater Organisationen, die mit ihnen im Konfliktgebiet dienen, um den Frieden zu erhalten und zu sichern, mit Respekt zu begegnen. Haben sie sich bisher darauf vorbereitet, den Frieden für ihr eigenes Land dadurch zu erhalten, daß sie sich um Kriegstüchtigkeit bemüht haben, so erkennen sie nun die Herausforderung, der sie sich gerade als Soldaten stellen müssen, wenn sie in einem anderen Land dienen, um den Frieden wiederherzustellen. Jahrhundertelang galt als Motto der nationalen Sicherheit das Wort des Vegetius „*Si vis pacem, para bellum.*" (Wenn Du Frieden willst, bereite Dich auf den Krieg vor.) Als Erkenntnis aus mehr als zwei Jahrtausenden kriegerischen Geschehens muß es heute lauten „*Si vis pacem, para pacem!*" (Wenn Du Frieden willst, gestalte den Frieden!). Das ist zuerst natürlich ein Appell an die verantwortlichen Politiker, entsprechend den Idealen der Charta der Vereinten Nationen ihre jeweiligen politischen Ziele ohne Androhung oder Anwendung von Gewalt anzustreben. Der zu Recht hochgeachtete Generalsekretär der Vereinten Nationen, Dag Hammarskjöld, sagte, es sei falsch, ausgerechnet Soldaten den Auftrag zu erteilen, den Frieden unter der Flagge der Vereinten Nationen wiederherzustellen und zu erhalten, aber nur Soldaten seien dazu in der Lage. *Frieden vorbereiten*

In diesem Sinne kehren viele Soldaten aus dem Einsatz „*im Auftrag der Vereinten Nationen*" nachdenklich in ihre Heimat zurück. Ihnen ist deutlich geworden, daß sie gerade als Soldaten nicht dem Kriege verpflichtet sind sondern dem Frieden.

169

3.2 Benno L. Ertmann

Soldat und Tugenden

Einleitung

Aufzählung

General a.D. Ulrich de Maizière hat sich in „*De Officio*[1]" dem Thema „*Soldatische Tugenden und militärische Verantwortung in unserer Zeit*" ausführlich gewidmet. Mit seinen Überlegungen begreift er dabei Soldatische Tugenden als soldatische Pflichten und arbeitet die aus seiner Sicht wichtigsten Soldatischen Tugenden heraus, die auch im Soldatengesetz begründet sind: Dienen und Treue (§7), Gehorsam (§11), Tapferkeit (§7) und Kameradschaft (§12). Nach seinen Worten gibt es den Begriff der Soldatischen Tugend seit langer Zeit.[2] Sie werden als überzeitliche Werte bezeichnet und verstanden. De Maizière führt aus, daß zum ersten Mal in der deutschen Militärgeschichte Soldatische Tugenden nicht durch Erlasse von Oberbefehlshabern festgelegt sind, sondern mit dem Soldatengesetz als gesetzliche Pflichten durch das Parlament normiert wurden.

Hat sich etwas geändert?

Seit den Überlegungen de Maizière's sind 15 Jahre ins Land gegangen. Nach wie vor hat das Soldatengesetz seine Gültigkeit. Der Wortlaut des Soldatengesetzes ist in diesem Zeitraum grundsätzlich nicht verändert worden. Auch die Eides-/bzw. Gelöbnisformel für die Soldaten der Bundeswehr ist unverändert geblieben (Sie benennt die Soldatischen Tugenden: Treue, Dienen und Tapferkeit)[3]. Wenn man die Soldatischen Tugenden ausschließlich am Wortlaut des Soldatengesetzes mißt, könnte man zu dem Schluß kommen: Es hat sich nichts verändert. Also legen wir den Stift beiseite und gehen wir zur Tagesordnung über. Diese Sicht wäre jedoch ver-

---

1. De Officio, Zu den ethischen Herausforderungen des Offizierberufs, Hg. Evangelisches Kirchenamt für die Bundeswehr, Hannover 1985, S. 229 ff.
2. Bei Clausewitz heißt es zu kriegerischen Tugenden – ohne Soldatische Tugenden zu benennen:" Krieg ist ein bestimmtes Geschäft (und wie allgemein auch seine Beziehung sei, und wenn auch alle waffenfähigen Männer eines Volkes dasselbe trieben, so würde es immer ein solches bleiben), verschieden und getrennt von den übrigen Tätigkeiten, die das Menschenleben in Anspruch nehmen. Von dem Geiste und Wesen dieses Geschäftes durchdrungen sein, die Kräfte, die in ihm tätig sein sollen, in sich üben, erwecken und aufnehmen, das Geschäft mit dem Verstande ganz durchdringen, durch Übung Sicherheit und Leichtigkeit in demselben gewinnen, ganz darin aufgehen, aus dem Menschen übergehen in die Rolle, die uns darin angewiesen wird: das ist die kriegerische Tugend des Heeres in dem einzelnen." In: Carl von Clausewitz, Vom Kriege, Frankfurt 1980, Ullstein Verlag, S. 160.
3. „Ich gelobe (schwöre) der Bundesrepublik Deutschland treu zu dienen und das Recht und die Freiheit des Deutschen Volkes tapfer zu verteidigen (so wahr mir Gott helfe)."

kürzt und würde der Bedeutung des Themas nicht gerecht.[4] Normen und Gesetze werden immer auch am individuellen Erleben und aktuellen Zeitgeschehen gemessen. Deshalb stellt sich die Frage nach der Bedeutung und Aktualität von Soldatischen Tugenden immer auch vor dem Hintergrund des gesellschaftlichen und sicherheitspolitischen Umfelds und des daraus resultierenden Auftrags für die Soldaten der Bundeswehr.

Sind heute im allgemeinen gesellschaftlichen Sprachgebrauch „Soldatische Tugenden" noch gegenwärtig? Insgesamt stößt man nur noch recht selten auf dieses Begriffspaar. Ist das Internet ein Maßstab von Aktualität gesellschaftlicher Wirklichkeit, kommt man an einer entsprechenden Recherche nicht vorbei. Bemüht man das „World Wide Web" mit einem entsprechenden Suchalgorhythmus, ist das Ergebnis ernüchternd. Während die Suche nach „Tugenden" mit fast 900 Treffern von Erfolg gekrönt ist und auch „Ritterliche Tugenden"[5] vorkommen, ergibt die Verknüpfung mit „soldatisch" Fehlanzeige[6].
Sprachge-brauch

Die Aktualität und Bedeutung von Soldatischen Tugenden wird allerdings deutlich, wenn man das veränderte sicherheitspolitische Umfeld näher beleuchtet und die Herausforderungen skizziert, denen sich der Soldat der Bundeswehr heute gegenübersieht.

Verändertes sicherheitspolitisches Umfeld

Im Gegensatz zur politischen und strategischen Landschaft des Kalten Krieges, die von der eindimensionalen Bedrohung durch die Sowjetunion bestimmt war, müssen wir heute Sicherheitspolitik differenzierter betrachten. In Westeuropa hat sich durch Integration und transatlantische Zusammenarbeit ein in der Geschichte beispielloser Stabilitätsraum gebildet. Es liegt in unserem Interesse, diese Stabilitätszone auf ganz Europa auszuweiten. Stabilität entsteht dort, wo Demokratie und Menschenrechte gelten, wo es wirtschaftliche Wohlfahrt und soziale Gerechtigkeit gibt, wo benachbarte Staaten friedlich und gut zusammenarbeiten. Wenn heute Stabilität nicht exportiert wird, werden wir morgen Instabilität importieren. Also: Das Risiko heute heißt Instabilität.
Beispielloser Stabilitäts-raum

---

4. Auch de Maizière verengt das Thema nicht auf das Soldatengesetz, sondern stellt Soldatische Tugenden in den Bezugsrahmen der militärischen Führungsverantwortung.
5. Zu Ritterlichen Tugenden heißt es dort: Er soll stets die Wahrheit sprechen. Er soll seinem Herrn stets ergeben sein. Er soll nicht nach Beute gieren. Er soll zum Schutz seines Herrn nicht das eigene Leben schonen. Er soll für das Wohl des Staates bis zum Tode kämpfen. Er soll Glaubensfeinde und Ketzer bekämpfen. Er soll Arme und Schwache verteidigen. Er soll die gelobte Treue nicht brechen und nicht meineidig werden.
6. Bei der hier verwandten Suchmaschine „www.yahoo.de"

Neue Risiken   Die existentielle Bedrohung der Vergangenheit ist verschwunden - sie wird für die absehbare Zeit auch nicht wieder entstehen. Aber es gibt eine Fülle neuer, komplexer Risiken. Im ersten Halbjahr 1998 gab es weltweit 42 Konfliktherde bzw. Krisenregionen.

Auf dem Balkan, im Kaukasus, im Nahen Osten und in Nordafrika gibt es tief verwurzelte ethnische, religiöse und nationalistische Gegensätze, die immer wieder zu gewaltsamen Auseinandersetzungen führen können. In der möglichen Verbindung von Fundamentalismus und Terrorismus ebenso wie in der zunehmenden Verbreitung von Massenvernichtungswaffen und zugehöriger Trägermittel liegen die künftigen Risikopotentiale für die westliche Wertegemeinschaft. Verantwortungsvolle Sicherheits- und Verteidigungspolitik hat sich diesen mehrdimensionalen und vielschichtigen Risiken zu stellen.

Ziele   In unserem besonderen Interesse liegen[7]:

– Entwicklung der Europäischen Union zu einer handlungsfähigen Staatengemeinschaft;

– das Atlantische Bündnis bleibt unverzichtbares Instrument für Stabilität und Sicherheit Europas;

– die USA sind als Stabilitätsfaktor in Europa unverzichtbar;

– alle Anstrengungen unternehmen, um den Demokratisierungsprozeß in den Staaten Mittel und Osteuropas unumkehrbar zu machen;

– Ausbau der Partnerschaft mit Rußland, der Zusammenarbeit mit der Ukraine und den übrigen Teilnehmern der Partnerschaft für den Frieden.

Auftrag für die Streitkräfte

Rolle der Bundeswehr   Für die deutschen Streitkräfte bleibt die Landes- und Bündnisverteidigung – die Fähigkeit zu kollektiver Verteidigung – Kernaufgabe, auch unter den veränderten sicherheitspolitischen Rahmenbedingungen. Mit den für diese Kernaufgabe notwendigen militärischen Fähigkeiten kann die Bundeswehr auch eine verantwortungsvolle Rolle im Rahmen des erweiterten Aufgabenspektrums im *„Nicht Artikel 5 Bereich"* übernehmen[8]. Dies schließt humanitäre Aufgaben ein. Flexibilität und Mobilität sind Schlüsselbegriffe für Auftrag und Struktur der Bundeswehr. Multinationalität ist künftig eine zentrale Bestimmungsgröße militärischer Füh-

---

7. Vgl. hierzu auch den Wortlaut der Koalitionsvereinbarung zwischen der SPD und BÜNDNIS 90/DIE GRÜNEN – Aufbruch und Erneuerung – Deutschlands Weg ins 21. Jahrhundert – vom 20.10.98, S. 44 ff.

8. Hier geht es um militärische Einsätze, die über den Artikel 5 des NATO-Vertrags hinausreichen (z.B. Wahrnehmung von humanitären Aufgaben oder militärischer Einsatz

rung[9]. Streitkräftegemeinsames Denken und Handeln sind unter den künftigen Bedingungen bestimmende Merkmale für den Einsatz der Bundeswehr.

Was bedeutet dies alles nun konkret für den Soldaten der Bundeswehr?

Zu Zeiten des Kalten Krieges waren unsere Streitkräfte vorgesehen als *Abwehr der* Mittel der Abschreckung und für den Einsatz nach Versagen der *Bedrohung* Abschreckungspolitik zur Abwehr einer existentiellen Bedrohung des eigenen Staates und des Bündnisses durch die Streitkräfte des Warschauer Pakts. Gegenstand der Vorsorgeplanung war die Abwehr einer umfassenden militärischen Bedrohung in Europa. Militärpolitisch betrachtet war der Streitkräfteeinsatz in diesem äußersten Extremfall die entscheidende Einsatzoption. Die Streitkräfte erfüllten zwar mit ihrer bloßen Existenz eine politische Funktion, es gab aber keinen Einsatz, der den Zwecken aktueller Politikgestaltung über die Abschreckung hinaus dienlich gemacht wurde. Das Motto für den Soldaten lautete damals: „Kämpfen können, um nicht kämpfen zu müssen".

Dagegen sind heute die Streitkräfte neben ihrer Kernaufgabe der Lan- *Instrument* des- und Bündnisverteidigung ein einsetzbares Instrument der aktuellen *der Sicher-* Außen- und Sicherheitspolitik zum Zwecke der Friedenssicherung und *heitspolitik* Friedenskonsolidierung auch außerhalb des eigenen Landes. Streitkräfte im friedensbewahrenden Einsatz unter einem VN-Mandat oder in einer sonstigen völkerrechtskonformen Militäraktion (der NATO, OSZE, WEU) im Ausland werden für außenpolitische Zwecke vorgehalten und eingesetzt, um politischen Zielen Nachdruck zu verleihen.

---

im Rahmen SFOR-Stabilization Force - im ehemaligen Jugoslawien). Artikel 5 des NATO Vertrags lautet: „Die Parteien vereinbaren, daß ein bewaffneter Angriff gegen eine oder mehrere von ihnen in Europa oder Nordamerika als ein Angriff gegen sie alle angesehen werden wird; sie vereinbaren daher, daß im Falle eines solchen bewaffneten Angriffs jede von ihnen in Ausübung des in Artikel 51 der Satzung der Vereinten Nationen anerkannten Rechts der individuellen oder kollektiven Selbstverteidigung der Partei oder den Parteien, die angegriffen werden, Beistand leistet, indem jede von ihnen unverzüglich für sich und im Zusammenwirken mit den anderen Parteien, die Maßnahmen, einschließlich der Anwendung von Waffengewalt, trifft, die sie für erforderlich erachtet, um die Sicherheit des nordatlantischen Gebiets wiederherzustellen und zu erhalten....". Artikel 5 kennzeichnet damit den klassischen Bündnisfall.
9. Weiterführende Überlegungen zur Frage von Tugenden in Bezug auf bi-/ und multinationale Stäben/Verbänden würde den Rahmen dieses Beitrags sprengen. Verwiesen wird an dieser Stelle auf den Beitrag des Sozialwissenschaftlichen Instituts der Bundeswehr, Zwei Jahre Deutsch-Niederländisches Korps, Eine Begleituntersuchung 1995-1997, Strausberg, September 1998.

173

Einsatz konkret

Damit erhöht sich für den deutschen Soldaten die Wahrscheinlichkeit, in einen Einsatz gehen zu müssen. Die Einsatzwahrscheinlichkeit ist nicht mehr abstrakt, sie ist konkret faßbar. Heute muß sich im Grunde jeder Soldat darüber im klaren sein, daß er nach Schaffung der entsprechenden politischen Voraussetzungen in den Einsatz auch außerhalb Deutschlands und auch des Bündnisgebiets gehen muß. Dies stellt neue Anforderungen an Selbstverständnis, an Anforderungsprofile und Qualifikationen, an Ausbildung und an Menschenführung.[10]

Erweiterter Auftrag

Der Soldat bleibt Verteidiger von Freiheit, Recht und Frieden. Sein Auftrag hat sich jedoch erweitert. Er muß nicht nur kämpfen können, um nicht kämpfen zu müssen. Heute geht es zusätzlich darum, Menschen und Völkern aus Not und Gefahr zu helfen, zerstörte Staaten wieder aufzubauen und Friedensstörer in die Schranken zu weisen. Dabei werden Soldaten mit menschlichem Elend und der Gefahr für Leib und Leben persönlich konfrontiert. Auch humanitäre Hilfe ist unter den gegebenen Bedingungen in Krisenregionen nicht ohne Risiko. Die Übergänge zwischen Erhaltung und Durchsetzung des Friedens sind oft fließend; Selbstverteidigung und Kampf, um humanitäre Hilfe ans Ziel zu bringen, können ineinander übergehen.

Dies kann bedeuten, daß er auch dann in den Einsatz geht, wenn in Deutschland tiefster Friede herrscht. Dann sitzen der Staatsbürger in Zivil und der Staatsbürger in Uniform im Einsatzfall nicht mehr im gleichen Boot.

Soldatische Tugenden wieder im Rampenlicht

Neue Qualität

Diese veränderte Auftragslage rückt auch die Bedeutung von Soldatischen Tugenden wieder ins Rampenlicht. Sie gewinnen eine neue Qualität. Der Soldat der Bundeswehr hat sich verpflichtet, treu zu dienen. Treu dienen bedeutet, zuverlässig sein auch dort, wo niemand Aufsicht führt. Gehorsam sein auch dort, wo scheinbar ein zu enges politisches Mandat gegen die eigene Lagebeurteilung steht. Der Soldat der Bundeswehr hat sich verpflichtet, tapfer zu sein. Tapfer sein bedeutet, trotz aller Gefahr für Gesundheit, Leib und Leben seine Pflicht zu erfüllen.

Besonders deutlich wird diese neue Qualität soldatischer Tugenden, wenn man sich Ereignisse aus der jüngsten Vergangenheit vor Augen führt.

---

10. Das Zentrum Innere Führung stellt sich dieser Herausforderung und untersucht Konsequenzen für Erziehung und Ausbildung; hierzu auch: Innere Führung 1998, hg. vom Zentrum Innere Führung, Koblenz 1998.

Srebrenicza

In Sebrenicza waren UN-Soldaten in schwierigstem Umfeld extremen Belastungen ausgesetzt. Ohne im Grunde darauf vorbereitet zu sein, wurden sie Augenzeugen von grausamsten Massakern an unschuldigen Zivilisten. Menschenrechtsverletzungen schwerster Art wurden nicht verhindert. Der ausdrückliche Wortlaut des UN-Mandats hatte die Soldaten nicht zum Eingreifen für den Schutz der Zivilbevölkerung autorisiert, obgleich dieser Kerngedanke jeder UN-Mandatierung implizit zugrunde liegt. Eigentlich hätten die UN-Soldaten eingreifen können und auch müssen. Sie waren im Spannungsfeld zwischen den *„Rules of Engagement"* und eigenen Wertvorstellungen. Das Problem war nicht zu bewältigen.

Gehorsam gegen Überzeugung

Ruanda

Im Jahr 1994 begleiteten belgische Soldaten in Ruanda die ruandische Ministerpräsidentin zu Verhandlungen mit Rebellen in dem Glauben, damit die Chance für eine friedliche Lösung des Konflikts offenzuhalten. Bei dieser Mission wurden sie entwaffnet, gerieten in eine ausweglose Situation und wurden allesamt grausam ermordet. Im Grunde war dieser Ausgang absehbar; dennoch vertraute man auf eine friedliche Verhandlungslösung.

Ausweglos

OSZE Mission in Tschetschenien

Während des Einsatzes von OSZE-Beobachtern in Tschetschenien flammten die Auseinandersetzungen der Bürgerkriegsparteien urplötzlich wieder auf, so daß die Beobachter unvermittelt mit einer Situation konfrontiert waren, die einem Krieg sehr nahe kommt.

Damit war den OSZE-Beobachtern vor Ort die Geschäftsgrundlage für ihren Einsatz entzogen, während die entsendenden Regierungen weiter davon ausgingen. Unvermittelt befand sich der Beobachter in einer konkreten kriegerischen Situation, was völlig anderes Verhalten von ihm verlangte, als es die OSZE-Regularien und die Erwartungshaltungen zu Hause zuließen.

Grenz-situation

Soldatische Tugenden als ethisches Gerüst zur Bewältigung von Grenzsituationen

Schon 1825 hat Clausewitz erkannt, daß der Zustand der Seele den entscheidenden Einfluß auf die kriegerischen Kräfte hat. Entscheidend dabei

175

ist, wie der Soldat psychologische Grenzsituationen zu bewältigen in der Lage ist."[11]

Kernfrage

Die oben beschriebenen Situationen machen dies deutlich. Dort stellt sich ganz aktuell die Frage, wie Menschen mit Grenzsituationen zwischen Leben und Tod umgehen und trotz äußerster physischer und psychischer Belastungen handlungsfähig bleiben. Dies bildet im Grunde den Kerngedanken von Soldatischen Tugenden und zugleich auch den ethischen Bezugsrahmen: Es ist die Auseinandersetzung mit Leben und Sterben.

Töten und Sterben

De Maizière hat diesen Gedanken wie folgt vorgetragen[12]: „Wir wollen versuchen, darüber ganz offen, ja schonungslos zu sprechen. Wer aufgefordert wird, sich auf den Kampf vorzubereiten, ja notfalls auch zu kämpfen, wird sich mit zwei Problemen auseinandersetzen müssen, nämlich mit dem Töten und mit dem Sterben. Bei der Benutzung von Waffen, auch in der Notwehr, muß er unter Umständen den Angreifer töten. Er muß aber auch selbst in die Gefahr hinein handeln, er muß vorbereitet sein, durch den Angreifer getötet zu werden, d.h. zu sterben. Für den militärischen Vorgesetzten, aber auch für den, der die politische Verantwortung trägt, stellt sich dieses Problem noch härter dar. Er nämlich muß anderen befehlen, zu töten; und er muß anderen befehlen, gegebenenfalls auch zu sterben. Hierin sehe ich das eigentliche Problem, den Spannungsbogen von Soldat und Christ, einer für einen gewissenhaften Christen unendlich schweren Spannung."

Ethisches Fundament

In solchen Situationen wird der Soldat nur dann bestehen, wenn er neben dem konkreten Handlungsmuster von Befehl und Gehorsam auch über ein ethisches Fundament verfügt, wie es Soldatische Tugenden beschreiben. Für derartige extreme Situationen wird es niemals Musterlösungen geben. Jeder Soldat muß hier seine ganz persönliche Antwort finden und seine Verantwortung tragen. Aus dieser Sicht ergibt sich aus den im Soldatengesetz normierten Soldatischen Tugenden ein weiterer Bedeutungsgehalt: das verantwortungsvolle Aushalten und Ausgestalten dieses Spannungsbogens von Verantwortung für den militärischen Auftrag einerseits bis hin zum Grenzbereich für Leben und Sterben andererseits. Dieser Verantwortung muß sich jeder einzelne stellen. Es gibt dabei kein Entrinnen. Dieser zutiefst moralischen Verantwortung kann man sich auch nicht

---

11. Clausewitz hat 1825 geschrieben: „Krieg in seiner eigentlichen Bedeutung ist Kampf, denn Kampf ist allein das wirksame Prinzip in der mannigfaltigen Tätigkeit, die man in der weiteren Bedeutung Krieg nennt. Kampf aber ist ein Abmessen der geistigen und körperlichen Kräfte vermittelst der letzteren. Daß man die geistigen nicht ausschließen darf, versteht sich von selbst, denn der Zustand der Seele hat ja den entscheidenden Einfluß auf die kriegerischen Kräfte." Carl v. Clausewitz, Vom Kriege, Frankfurt 1980, S. 82

12. Aus: Ulrich de Maizière, Zu den ethischen Grundlagen unserer Verteidigung, in Evangelischer Arbeitskreis der CDU/CSU, Vortragsmanuskripte aus den Jahren 1979/80

entledigen. Auch die soldatische Gemeinschaft alleine bietet hier keine entlastende Zuflucht.

Generaloberst Beck hat ein beredtes Zeugnis eines nicht korrumpier- *Konsequenzen* baren Gewissens und einer sittlich begründeten Verantwortung von zeitlo- ser Gültigkeit abgelegt, als Hitler 1938 rücksichtslos auf einen Krieg zu- steuerte, dies mit den Worten: *„Der soldatische Gehorsam hat dort eine Grenze, wo Ihr Wissen, Ihr Gewissen und Ihre Verantwortung die Ausfüh- rung eines Befehls verbieten... Finden Ihre Ratschläge und Warnungen kein Gehör, dann haben Sie das Recht und die Pflicht vor dem Volk und vor der Geschichte, von Ihren Ämtern abzutreten. Es gibt Zeiten des Ab- wartens und der Zurückhaltung. Und es gibt Zeiten, wo Hervortreten und Handeln die oberste Pflicht ist. Und es ist fluchwürdig, den toten Gehor- sam eines Volkes zu seiner höchsten Tugend zu stempeln."*

Soldatische Tugenden und Erziehungsauftrag

Dies verleiht auch dem Erziehungsauftrag wieder einen neuen Stellen- *Erziehungs-* wert. Darin liegt auch die tiefe Verantwortung aller Vorgesetzten, die Sol- *auftrag* daten für derartige Einsätze vorbereiten sollen. Selbstverständlich kann sich dieser Erziehungsauftrag nicht auf die Streitkräfte beschränken. Er muß die Gesellschaft einbeziehen, insbesondere auch jene gesellschaftli- chen Gruppen, die sich mit ethischen Fragen in besonderer Weise beschäf- tigen. Die Kirchen sind hier ebenfalls in der Pflicht.

Vor diesem Hintergrund ist zu begrüßen, daß Papst Johannes Paul II beim Dritten Internationalen Kongreß der Katholischen Militärbischöfe hervorgehoben hat, daß Militärseelsorge sich der Person des Soldaten und seiner Familien anzunehmen, dabei aber auch die Rolle des Soldaten als Verteidiger seines Landes und der Menschenrechte zu würdigen habe. Dies gelte in besondere Weise, wenn Streitkräfte in internationaler Zusammen- arbeit unter Führung der Vereinten Nationen zur Verteidigung der Men- schenrechte eingreifen, wo immer diese verletzt werden.

Soldatische Tugenden und gesellschaftliche Verantwortung

Mit den geänderten sicherheitspolitischen Rahmenbedingungen und *Verantwor-* dem erweiterten Auftrag für die Streitkräfte trägt die Gesellschaft eine be- *tung der* sondere Verantwortung für ihre Soldaten auch in moralischer und ethischer *Gesellschaft* Hinsicht.

Der Flugzeugführer gibt seine persönlichen Wertsachen vor seinem Einsatz über dem ehemaligen Jugoslawien ab und muß damit rechnen, nicht zurückzukehren, vielleicht in einem gewaltbereiten Umfeld in Gefangenschaft zu geraten. Gleichzeitig lebt seine Frau mit Kindern zu Hause in einem gesellschaftlichen Umfeld, das von Frieden und Alltag geprägt ist. Gesellschaftliche Betroffenheit findet nicht statt, sie bleibt auf die Familie beschränkt.

Es gibt eine Verpflichtung der Soldaten gegenüber der Gesellschaft. Es gibt aber auch eine Verpflichtung der Gesellschaft gegenüber dem Soldaten und seiner Familie. Die Betroffenen haben auch gegenüber der Gesellschaft und ihren maßgeblichen Gruppierungen berechtigten Anspruch auf moralische und ethische Unterstützung und Hilfestellung; insbesondere auch, daß der Spannungsbogen gesehen wird einerseits zwischen extremer Belastung – was betroffene Familien einschließt – und Friedensalltag andererseits.[13] Bleibt dieser Spannungsbogen geschlossen, können sich auch Auswüchse in Richtung einer „Söldnermentalität" gar nicht erst entwickkeln.

Zusammenfassung

Tugenden aktuell Mit dem veränderten sicherheitspolitischen Umfeld und dem daraus resultierenden erweiterten Aufgabenspektrum erhalten Soldatische Tugenden wieder einen neuen Stellenwert. Sie sind aktueller denn je. Dabei ist zwischen einzelnen Tugenden keine hierarchische Ordnung herstellbar. Sie wirken gleichrangig und nur in ihrer Synergie können sie sich entfalten.

Der erweiterte Auftrag für die Streitkräfte erweist sich als zunehmend komplexer und kann auch Extremsituationen einschließen. Dieses Bewußtsein muß auch in der Gesellschaft verankert sein und damit auch die Einsicht, daß Soldatische Tugenden ein Echo finden, das ihrem Stellenwert angemessen ist. Aus der Bedeutung Soldatischer Tugenden erwächst insgesamt auch ein besonderer Ausbildungs- und Erziehungsauftrag, der sich nicht nur an die Streitkräfte, sondern auch an die Gesellschaft und in besonderer Weise an die Kirchen richtet.

---

13. Einen gelungenen Beitrag hat hierzu Steven Spielberg mit seinem viel beachteten Film „Der Soldat Ryan" geliefert. Auf bemerkenswerte Weise – dabei auch zielbewußt schockierend und im Grenzbereich für die psychische Belastbarkeit von Kinobesuchern – werden dort zugespitzt und nuanciert die o.a. Fragen thematisiert.

Ludwig Beck
Generaloberst
* 29.6.1880 in Biebrich (Rhein)
† 20.7.1944 in Berlin

Es ist ein Mangel an Größe und an Erkenntnis der Aufgabe, wenn ein Soldat in höchster Stellung in solchen Zeiten seine Pflichten und Aufgaben nur in dem begrenzten Rahmen seiner militärischen Aufträge sieht, ohne sich der höchsten Verantwortung vor dem gesamten Volke bewußt zu sein.

3.3 Hans-Dieter Bastian

Kameradschaft

„Ich hatt' einen Kameraden", dichtete der spätromantische Schwabe Ludwig Uhland und gab mit seinem Lied einer Unzahl militärischer Gedächtnisfeiern einen lyrischen Ausdruck. *„Der Zusammenhalt der Bundeswehr beruht wesentlich auf Kameradschaft"*, statuierte 1956 das Soldatengesetz im § 12. In der Hochspannung zwischen Poesie und Gesetzesvorschrift ist von Kameradschaft zu reden.

Menschliche Lebensform   Da ist zuerst die Beobachtung fällig, daß mit dem Begriff eine menschliche Lebensform gemeint ist, die keineswegs auf Soldaten und militärische Verbände beschränkt werden kann. Wir sprechen mit Recht von Schul-, Sport-, Berg- und Feuerwehrkameraden. Auch nach einer langen, bewährten Ehe scheint das Wort Kameradschaft am Platz zu sein. Was haben diese so radikal unterschiedlichen Situationen gemeinsam? Kameradschaft, so definiere ich, ist eine Lebensform der Notwehr und der Nothilfe, mit der Menschen um Bewährung, um Beistand und um Überleben kämpfen. Dabei gilt die Regel: Je größer und bedrohlicher die Not, desto intensiver das Erlebnis der kameradschaftlichen Lebensform. Alle Beispielsituationen lassen sich mit diesem Modell durchleuchten und erklären.

Bedrohung   Schüler wollen und müssen sich gegen die Macht der Lehrer und die Übermacht der Schule behaupten. Sportvereine möchten ihre Gegner im Wettkampf besiegen. Die Gefahren im Hochgebirge schweißen die Alpinisten zusammen. Der alltägliche Lebenskampf (Sorge um Kinder, Krankheiten, Beruf, Einkommen usw.) macht aus Mann und Frau vertraute Ehekameraden. Wichtig ist überall die Zeitperspektive: Sobald die Gefahren verschwunden sind, laufen die Kameraden schnell auseinander. Die Kameradschaft unter Schülern wird nach der Schulentlassung rasch zur verklärten Erinnerung. Sind Jugend und Pubertät, also die charakteristischen Lebensphasen einer natürlichen Identitätsschwäche, vorüber, kommt es auf die kameradschaftliche Nothilfe gegen die Welt der Erwachsenen nicht mehr so genau an. Die Verhaltensmuster werden neu vermessen.

Emotionale Grundlage   Kameradschaft als Lebensform basiert auf emotionalen Bindungen, nicht auf rationalen Vorstellungen und Prinzipien. Ihre Grundlage ist die emotionale, nicht die rationale Intelligenz des Menschen. Diese Verwurzelung der Kameradschaft im Gefühlsleben hat tiefgreifende Konsequenzen. Gefühle sind lebensgeschichtlich viel älter als sprachliche Begriffe; sie werden langsamer, intensiver und auf andere Weise gelernt als kognitive Fähigkeiten. Schon der Säugling hat das Bedürfnis, sich der Bindung an seine Mutter mit verläßlichem Gefühlskontakt zu vergewissern. *„Basic* *trust* " (Urvertrauen) hat das der amerikanische Psychologe Erik Erikson genannt und damit den Zellkern für das komplizierte Wesen der Kameradschaft bestimmt. Kameraden binden sich auf Gegenseitigkeit mit dem Gefühl des unbedingten, also in Notlagen belastbaren Vertrauens. Ihre wechselseitige emotionale Abhängigkeit wird nicht mit Definitionen konstruiert oder abstrakten Vorschriften reguliert, sondern ist frühkindlich un- bzw. vorbewußt fundiert, in der Jugendphase forciert und wird im Erwachsenenalter je nach Lebenssituation modelliert. Natürlich gibt es auf den Feldern des modernen Berufslebens vielfältige Beispiele für wechselseitige Unterstützung, für Kollegialität der Nähe und der höflichen Distanz, aber Kameradschaft als Lebensform der Nothilfe auf der Grundlage unbedingten Vertrauens gibt es nur dort, wo Menschen im Miteinander auf Gedeih und Verderb aufeinander angewiesen sind. Das ist wörtlich zu verstehen! In der Regel ist menschliches Leben im Alltag auf Gedeih, d.h. auf gefahrloses, angstfreies Tun und Lassen eingestellt. Dort aber, wo es plötzlich um Leben und Tod gehen kann, wo ohne jede Alternative auf Gedeih und Verderb gehandelt werden muß, dort taucht das Bedürfnis nach Kameradschaft ursprünglich auf. Betroffen sind hier alle sozialen Institutionen, die auf Gedeih und Verderb angelegt sind und handlungsfähig sein müssen: Familien, Feuerwehr, Polizei und Streitkräfte. Institutionen auf Gedeih, die sich mit Loyalität, Kollegialität und bürgerlicher Höflichkeit begnügen, werden bekanntlich im Ernstfall geschlossen: Schulen, Universiäten, Betriebe, Büros, Kinos und Theater.

Unbedingtes Vertrauen

Das Konstruktionsprinzip „*auf Gedeih und Verderb*", mit dem sich Kameradschaft reguliert, überspringt alle Verhältnisse der Sympathie und Antipathie, ignoriert Leistungen und Fehler, Stärken und Schwächen des Mitmenschen. Auch der unsympathische, fehlerhafte, schwache Mit-Soldat wird von dieser Lebensform umfaßt und mitgetragen. Weil das so sein muß, sind einige wichtige Abgrenzungen fällig. Kameradschaft verhält sich zu den scheinbar vergleichbaren Lebensformen der Freundschaft und der Verwandtschaft vollständig asymmetrisch. Freunde darf sich jeder suchen (und abwählen). Verwandte vermitteln die Familienverhältnisse und gestatten sehr unterschiedliche Distanzen. Zur Kameradschaft verpflichtet der unverwechselbare Auftrag der Bundeswehr, und zwar auf Gedeih und Verderb. Wer mit der mehr oder weniger guten Absicht, militärische Eigentümlichkeiten zu verwischen, den Leitbegriff der Kameradschaft gegen den der Solidarität auswechseln möchte (Vorschläge dieser Art hat es in der Bundeswehrgeschichte gegeben), verwirbelt problemblind die spezifischen Handlungsebenen. Er verwechselt die Bundeswehr mit einem wirtschaftlichen Interessenverband oder einer politischen Partei.

Auf Gedeih und Verderb

Der erste Satz im § 12 SG trifft eine maßgebliche Feststellung. Er ordnet nicht an, sondern bestätigt lapidar eine Erfahrungstatsache: Der Zusammenhalt der Bundeswehr beruht wesentlich auf Kameradschaft. Damit

Erfahrung

wird erheblich mehr ausgesagt, als Juristen und militärische Vorgesetzte gemeinhin ahnen. Nämlich: Nicht Organisation oder deren Hierarchie, sondern Kameradschaft qualifiziert die grundlegende Lebensform der Streitkräfte und garantiert ihren Zusammenhalt. Anders gesagt: Die Bundeswehr als Organisation staatlicher Notwehr und Nothilfe erfährt ihr wichtigstes Lebenselixier in einem Element, das von grundsätzlich anderer Qualität ist als die Rationalität von Vorschriften, Organisationsplänen und *Wechselseitige* Befehlen. Der Zusammenhalt der Bundeswehr steht und fällt mit dem *Bindung* wechselseitigen Bindungsgefühl des Vertrauens unter den Soldaten. Die These hebelt das militärische Gehorsamsprinzip (§ 11 SG) nicht aus und relativiert es auch nicht. Befehl und Gehorsam betreffen die Funktion, Vertrauen und Kameradschaft die Kondition der Streitkräfte. Daß Gehorsam und Kameradschaft dem Soldaten gesetzlich als Pflicht verordnet werden, bedeutet nicht, daß beide gleichmäßig und gleichartig als Normen exekutiv wirken. Da Kameradschaft nur im Medium der emotionalen Intelligenz existiert, kann sie weder direkt befohlen noch indirekt erzwungen werden. Wie alle Lebensformen mit emotionaler Grundlage werden Bindungen des Vertrauens in langfristigen Erziehungsprozessen gelernt. Sie gehören nicht in den mit Lernzielen gesteuerten und kontrollierten Unterricht, sie zählen auch nicht zum Stoff der Ausbildungspläne, sondern sind in den komplexen, rational nicht aufzuschlüsselnden Vorgängen der Erziehung und Bildung zu Hause. Kameradschaft lernt der Soldat in den unzähligen, nicht organisierten und gar nicht organisierbaren Situationen des militärischen Dienstes: in Kasernen und auf Übungsplätzen, im Wachdienst und während einer Gefechtsübung, in der Ordnung des Stabsdienstes und Büros weniger als unter den Unwägbarkeiten eines militärischen Handlungsauftrags.

Bringschuld Unter den Lebensbedingungen einer Wehrpflichtarmee ist die Durch-
der Vorgesetz- führung des § 12 SG keine Bringschuld des Rekruten, sondern eine seiner
ten Vorgesetzten. Junge Männer kommen heute aus gesellschaftlichen Verhältnissen, in denen sie Kameradschaft meist nur in der freundlichen Form der Schule und des Sports, sehr selten aber unter den herben Voraussetzungen von Gedeih und Verderb kennengelernt haben. Die bekannte Tatsache, daß viele Wehrpflichtige in ihren Familien als Einzelkinder aufgewachsen sind, verschärft das Problem. So ist es in keiner Weise verwunderlich, wenn sie in den ersten Ausbildungswochen bei der Bundeswehr ein unbewußtes, schülerähnliches Schutzbedürfnis entwickeln, um sich als Kameraden gegen Vorgesetzte und Dienstbetrieb zu behaupten. Mit soldatischer Kameradschaft hat das noch sehr wenig zu tun. Vorgesetzte auf allen Dienstgradebenen müssen den ihnen untergebenen Soldaten kommunikative Angebote machen und Möglichkeiten eröffnen, emotionale Bindungskontakte plausibel, d.h. im militärischen Dienstbetrieb aufzubauen. Vertrauensverhältnisse lassen sich weder kommandieren noch dirigieren, sehr wohl aber

inszenieren und privilegieren. Wie geschieht das? Am schlechtesten mit Sonderveranstaltungen vom Typ „*Kameradschaftsabend*", am besten mit einer unaufdringlichen Hilfe und Unterstützung während des normalen Dienstes, am allerbesten mit einem erlebnisfähigen Füreinander-Eintreten über alle Dienstgradgrenzen hinweg. Kameradschaft darf sich nicht nach Dienstgraden hierarchisch fragmentieren lassen. Wo dies trotzdem geschieht (Kameraden sucht und findet man nur unter Unteroffizieren, Offizieren, Stabsoffizieren usw.) wird der militärische Zusammenhalt nachhaltig verspielt. Es bilden sich Fraktionen, Seilschaften, „*Flaschenzüge*", die nur sich selbst, nicht aber dem Ganzen genügen. *Hilfe im Dienst*

Die für ihren Handlungszweck unvermeidlich hierarchisch organisierten Streitkräfte beeinflussen strukturell auch die Prozesse der soldatischen Erziehung und Bildung. Diese gelingen oder mißlingen zuverlässig „*von oben nach unten*". Ein soldatisch ungebildeter Vorgesetzter wird vermutlich auch die Kameradschaft in seinem Dienstbereich ruinieren. Denn diese wird, wie alle zwischenmenschlichen Gefühle, durch das Einfühlen mit dem anderen, durch Identifikationsprozesse vermittelt. Wo es dem Vorgesetzten an der Bereitschaft und Fähigkeit fehlt, sich in andere einzufühlen, greift deren Bindungsbedürfnis enttäuscht ins Leere. Der Aufbau eines wechselseitigen Vertrauens scheitert. *In andere einfühlen*

Im Blick auf den § 12 SG muß jeder Vorgesetzte bedenken, daß Kameradschaft zwar gelernt, aber keineswegs direkt gelehrt werden kann. Um Gefühle zu lernen, Bindungskontakte und Vertrauen im Erwachsenenalter aufzubauen, bedarf der Mensch des Mit-Menschen, der Soldat des anderen Soldaten, am besten eines Vorgesetzten, der zu einfühlendem Denken und Handeln fähig ist. Kameradschaft wird nicht durch Tagesbefehle oder in Hörsälen, sondern am glaubwürdigen Vorbild gelernt. Im Zusammenhalt der Kameradschaft sind Soldaten zwar gleichberechtigt, hinsichtlich des kameradschaftlichen Identifikationslernens, des Lernens am Vorbild aber ungleich verpflichtet. Die Wahl eines Vorbildes und die Identifikation mit ihm sind (meist) unbewußte freie Akte des einzelnen. Die Funktion, als Vorbild zu erscheinen, ist zwangsläufig in die Rolle der militärischen Autorität eingeschrieben. Ein Vorgesetzter, der diese Rolle nicht erfüllt, das kameradschaftliche Vorbild also verweigert oder nur unzureichend vergegenwärtigt, entzieht den Identifizierungen den Halt, verzögert die Reifung des Vertrauens und verwirrt das emotionale Klima seines Dienstbereichs. *Glaubwürdiges Vorbild*

Potenz und Reichweite der rationalen und emotionalen Intelligenz des Menschen sind begrenzt. Der „*Apparat*" unserer Gefühle funktioniert auf andere Weise als unser Denkapparat. Zwischenmenschliche Gefühle sind von der Natur auf kurze Entfernungen und kleine Zahlen eingerichtet. Wir können zu unzählig vielen Mitmenschen rational sprechen, aber nur mit wenigen einfühlsam wechselseitig handeln. Die Kameradschaftspflicht, die der § 12 SG kühn auf die ganze Bundeswehr bezieht, muß darum im mili- *Konkreter Erfahrungsraum* tärischen Alltag wieder und wieder in den konkreten Erfahrungsraum übertragen werden. Dort aber herrschen die Maßstäbe emotionaler Lebensformen. Der höchste Befehlshaber und der kleinste Rekrut haben gruppendynamisch eines gemeinsam: Sie leben kameradschaftlich immer und notwendigerweise in kleinen Gruppen. Kameradschaftspflichten lassen sich zwar für eine Großorganisation oder einen Großverband abstrakt definieren, erlebnisfähige Bindungskontakte des gegenseitigen Vertrauens aber nur in überschaubaren Verhältnissen verwirklichen. Den lebensechten Kameraden (also nicht den rhetorisch beschworenen) gibt es nur, darin hat der Dichter Uhland recht, *„an meiner Seite"*, als Mit-Mensch und Mit-Soldat. Aus der kameradschaftlichen Perspektive betrachtet, bedeutet Truppenführung, eine große und weitgehend unbekannte Gruppe mit Hilfe von bekannten Kleingruppen zu führen.

Kleine Kampf-
gemeinschaft
Genau hier verzahnt sich das Problem der Kameradschaft mit dem, was in den Vorschriften der Bundeswehr *„die kleine Kampfgemeinschaft"* genannt wird. Dahinter steht eine sehr alte militärische Grundsatzerfahrung. *„Das Führen von Massen wie von Wenigen beruht auf einer Aufteilung in kleinste Einheiten. Eine Aufteilung in kleinste Einheiten bildet die Grundlage der Truppenführung."* So schrieb der Ming-General Ch'i Chi-kuang (1528 – 1588) im ältesten chinesischen Militärhandbuch. An dieser Einsicht hat sich bis heute nichts geändert. Denn trotz aller modernen Nachrichtensysteme: der Gefühlsapparat der Menschen ist noch derselbe. Die kleine Kampfgemeinschaft deckt sich bekanntlich nicht unbedingt mit den Strukturen der militärischen Organisation. Sie ist eine Gruppengefüge, das sich aus Initiative und Situation, weniger aus Plan und Vorschrift entwickelt. Kleine Kampfgemeinschaften, handlungsfähige kleine militärische Gruppen können ohne einen bestimmten Reifegrad der Kameradschaft nicht entstehen. Ohne einen verläßlich belastbaren Vertrauenskontakt ist die kleine Kampfgemeinschaft ebenso wenig existenzfähig wie die sog. Auftragstaktik, also der von keiner Vorschrift definierte Führungsstil, mit dem in einem vorgegebenen Handlungsspielraum taktisch initiativ und selbständig entschieden werden kann, und zwar auf allen Befehlsebenen. Die aufgewiesenen Aspekte machen deutlich, daß die Kameradschaft keinesweg mit einem simplen *„Betriebsklima"* verwechselt werden darf, das man nach Belieben pflegen oder vernachlässigen kann. Kameradschaft

Energie-
zentrum
bildet das psychosoziale Energiezentrum, mit dem die Truppenführung die Qualität militärischer Gruppen und – in Tateinheit – das Niveau taktischer Entscheidungen gestaltet. Kameradschaft, kleine Kampfgemeinschaft und Auftragstaktik bilden eine soldatische Handlungstrias. Wer sie an einer wichtigen Stelle zerstört, bringt das empfindliche Gesamtsystem zum Einsturz.

Überprüfen wir im folgenden die aufgezeigten Verhältnisse an operativen Lagebildern der neueren Kriegsgeschichte. Dabei gehe ich davon aus, daß die Plausibilität der kameradschaftlichen Lebensform nicht in der Theorie, sondern in der soldatischen Erfahrung, letztlich im Einsatz und im kriegerischen Gefecht erwiesen oder widerlegt wird.

Unmittelbar nach dem Sechs-Tage-Krieg im Juni 1967 wurden israelische Soldaten interviewt:[1]

„Amos: Mußtest du ihnen nicht doch irgend etwas erklären, für den Augenblick, in dem die Kugeln pfeifen würden?

Shai: Ich habe viel erklärt. Eigentlich waren es nur die bekannten Schlagworte. Mein Hauptproblem war, ihnen die abstrakte Idee von der Verteidigung der Heimat auf das konkrete Verhalten während des Kampfes zu übertragen. Ich habe mich sehr bemüht, ihnen klarzumachen, daß sie während der Kämpfe an nichts anderes denken dürften als an die Bedienung der Waffen, an die Ausführung der Befehle und das Weiterleiten von Befehlen. Und dann würden sich alle Bedenken auflösen. Das war recht theoretisch, denn ich hatte ja selbst noch nie gekämpft.

Amos: Und sie wußten das?

Shai: Ja.

Amos: Und war das nicht mit Vertrauensschwierigkeiten verbunden? Wurde nicht gefragt: „Was weißt du schon?" „Was hast du schon zu sagen?"

Shai: Ich war für sie wie Gott persönlich.

Amos: Wie erklärst du das?

Shai: Ich glaube, es ist das Vertrauen zum Vorgesetzten oder der Trieb, sich auf etwas zu verlassen. Denn die Angst war da. Es war eine verborgene Angst, und ich glaube, daß der Trieb, sich auf etwas zu verlassen, sehr natürlich ist für die Soldaten ... Die Gestalt ihres Vorgesetzten symbolisiert für sie die Sicherheit. Die Angst drückte sich bei ihnen aus in ihrem blinden und prompten Gehorsam auf meine Befehle, in die Stellungen zu gehen. Ich versuchte, die Einheit zusammenzuhalten."

Einsatzpraxis

Das vorstehende Gespräch dokumentiert und bestätigt in allen Facetten unsere Analyse, ja markiert einige Profile noch schärfer. Das Gefecht katapultiert den Soldaten menschlich in eine rundum neue, bedrohliche Lage: In eine Extremsituation, in der seine Vorstellungs- und besonders seine Gefühlswelt neu konstruiert werden muß. Geläufige Leitbilder verschwinden oder versagen ihre Hilfe. Das von Ängsten bewegte Schutzbedürfnis taucht auf. Der *„Trieb, sich auf etwas zu verlassen"*, entlädt sich eruptiv, sucht den oder die Partner. Das Verhältnis zum Vorgesetzten gerät auf den Prüfstand. Dieser sagt: *„Ich war für sie wie Gott persönlich."* Aus der angstfreien Friedenserfahrung geurteilt, ist das leeres Pathos. Im Zeigelicht der realen Gefechtserfahrung bedeutet das gewählte Bild eine symbolische Andeutung für Größe und Gewicht der kameradschaftlichen Erwartungen,

Extremsituation

---

1. Gespräche mit israelischen Soldaten, 2. Aufl., Darmstadt 1973, S. 179

unter die sich der israelische Vorgesetzte gestellt fühlte. Er symbolisiert für seine Soldaten Sicherheit. Wie macht er das? Dienstgrad und Befehls-appelle können ihm nicht helfen, in den Augen seiner Mit-Soldaten zu be-stehen. Je größer deren Unsicherheit, je stärker die aktuellen Ängste, desto mächtiger die Erwartungen an die Kameradschaft, die sich im Vorgesetzten personifiziert. Als nach dem Ende des Kosovo-Krieges (1999) deutsche Tornado-Besatzungen über ihre Erfahrungen, Eindrücke und Gefühle wäh-rend des Einsatzes im Rahmen der NATO-Operation *„Entschlossene Kraft"* gefragt wurden, antwortete ein Hauptmann: *„Da merkst du: Mensch, das ist Kameradschaft"*[2].

Entscheidende Situation — Situationen der militärischen Bewährung, also Einsatzbedingungen, im äußersten Fall: das Gefecht, sortieren die gruppendynamischen Prioritäten unter den Soldaten völlig neu. Erlebte und erfahrene, verweigerte und ge-scheiterte Kameradschaft geben dem Zusammenhalt ein ganz neues Ge-sicht. In einem anderen Interview sagt ein israelischer Soldat:[3] *„Was man Frontkameradschaft nennt, ist sehr stark. Doch andererseits, dieses An-gewiesensein auf jemanden, der Befehle gibt im Augenblick der Gefahr – führt zu extremen Erscheinungen nach dem Kampf: Wer im Kampf in Ord-nung war, der wird anschließend in den Himmel gehoben. Und wer ver-sagt hat, selbst wenn er sonst nicht so schlecht ist, ist in seiner Gruppe er-ledigt. Anscheinend gibt es in diesen Dingen keine Kompromisse, keine Zwischentöne."*

Keine Halb-heiten — Kameradschaftliche Lebensformen wirken dort, wo sie erwartet und er-fahren werden, unerbittlich. Sie dulden weder Abzüge noch Halbheiten. Einen kleinlichen Kollegen nimmt die zivile Belegschaft hin. Ein halber Kamerad wird unter Soldaten, besonders in Notlagen, nicht toleriert, am allerwenigsten als Vorgesetzter.

Verständliche Lebensform — Die beiden Gesprächstexte, die von israelischen Soldaten formuliert wurden, typisieren das Problem der militärischen Kameradschaft in Ex-tremsituationen anschaulich und authentisch. Sie belegen aber auch über-deutlich, daß der kameradschaftliche Bindungskontakt kein irrationales, sprachloses Widerfahrnis, sondern eine verständliche Lebensform dar-stellt, die im mitfühlenden Denken reflektiert werden kann und de facto auch unter *„einfachen"* Soldaten reflektiert und diskutiert wird. In allen Dienstgradgruppen wird Kameradschaft niemals sprachlos behandelt oder nur schweigend erduldet, sondern aus gegebenen Anlässen, für die meist ein ausgezeichnetes Gruppengedächtnis besteht, erörtert, kritisiert und be-wertet.

Bindung an die Männer — 1953 versuchte Franz Pöschl, Stabsoffizier im 2. Weltkrieg, in einem Vortrag *„Das Rätsel der Standhaftigkeit"* zu ergründen, besonders die Fra-

---

2. IFDT 9-10, 1999, S. 14
3. A.a.O. S. 178

186

ge zu beantworten, warum er selbst gegen Kriegsende die Präsenz bei seiner Kampftruppe einer möglichen Abkommandierung an die Kriegsakademie vorgezogen hatte:[4] *„Oft und oft fragte ich mich später, warum hast du das getan? – und immer wieder fiel die Antwort gleich aus: nicht die Ehre, nicht die Pflicht, nicht der Eid, oder was sonst noch an ähnlichen Begriffen anzuführen wäre, ließen mich so handeln; ein unheimliches Etwas band mich an meine Männer. Manche mögen es mit dem zum Überdruß gebrauchten und ausgehöhlten Namen der „Kameradschaft" bezeichnen. Es war mehr, – oder – vielleicht war es wirklich das, was die Kameradschaft ausmachte, als man noch nicht jedes mitmenschliche Gefühlchen so nannte. Es war das Gewissen, es war das dunkle, nicht immer voll bewußte Wissen um die unlösbare Verbundenheit mit dem Nächsten; dem Nächsten, den man vielleicht manchmal ablehnen konnte ob seiner Fehler, Mängel oder Schwächen, von dem man aber wußte, daß er mich nötig hatte, so wie ich seiner bedurfte."*

Vorstehender Beitrag verdient eine mehrfache Lektüre, um sich die vielfältigen Dimensionen der Kameradschaft bewußt zu machen. Wer diese leichtfertig übersieht, landet bei den „mitmenschlichen Gefühlchen", die nur als Karikatur des Problems gelten können. *Keine Gefühlchen*

Taktische Grundsätze in Führungsvorschriften beruhen in der Regel auf durchdachten Kriegserfahrungen. Das gilt in gleicher Weise auch für die Grundsätze der Kameradschaft. Der amerikanische Offizier S.L.A. Marshall (Soldaten im Feuer, 1950) hat seine Beobachtungen unter den Invasionstruppen 1944 folgendermaßen verarbeitet:

„Wer Gefechte mitgemacht hat, weiß aus Erfahrung, daß, wenn es hart auf hart geht, jeder kämpft, um seinem Kameraden zu helfen, gerade wie eine Kompanie kämpft, um mit den Truppen in ihrer Flanke Schritt zu halten. Die Dinge müssen so einfach liegen, denn ein allgemeines Ideal wird, wo man eine Salve feuert oder einen Hügel angreift, plötzlich lebendig. Im Moment, wo die harte Wahl zwischen Leben und Tod an uns herantritt, werden die in der Theoriestunde gehörten Worte glatt vergessen, aber die Anwesenheit eines lieben Kameraden bleibt gegenwärtig."

Zusammenfassend läßt sich sagen: Das Band, das militärische Gruppen in Situationen des Auftrags, besonders in Gefechtssituationen zusammenhält, wird nicht von Ideen, politischen Überzeugungen oder Pflichtbewußtsein, nicht einmal von rigiden Zwangsmaßnahmen geflochten, sondern wesentlich von den Zugehörigkeits- und Beistandsgefühlen der Kameradschaft. Diese Bilanz kann in der Kriegsgeschichte auch negativ gelesen werden. Ohne Kameradschaft, ohne den vertrauten Bindungskontakt zum Mit-Soldaten und zum Vorgesetzten, helfen weder Organisation noch Waffentechnik, weder Appelle noch Zwangsmittel. Die sog. Alarmeinheiten *Beistandsgefühle*

---

4. in: Von der Verantwortung des Offiziers. Beiträge aus der Ev.MS 1979, Nr. 30, S. 43

der deutschen Wehrmacht, am Ende des Krieges aus zerschlagenen Verbänden schnell zusammengestellt, waren ohne Kampfwert. Ihnen fehlte gerade jenes *„Rätsel der Standhaftigkeit"*, die wechselseitige Kameradschaft. Als die US-Army während des Vietnamkrieges vorgesetzte Offiziere (Einheitsführer) im schnellen Austausch (mehrmals jährlich) durch die Truppe schob, zerfiel der Zusammenhalt der Kampfeinheiten nachhaltig. Man führte als Notbehelf das sog. *„Buddy-Buddy-System"* ein, eine Zweierbindung, die eine Dienstzeit überleben sollte. Die Methode erwies sich als brüchige Prothese.

Reicht das Füreinander?

Schließlich ergibt sich die wichtige Frage: Ist Kameradschaft ein sich selbst erfüllender Zweck, genügt die Erfahrung des Füreinander-Einstehens; koste es, was es wolle, gleichgültig für was und wofür? Wenn dem so wäre, würde sich die Bundeswehr einer Räuberbande verdächtig angleichen, die auch auf ein gewisses Maß von zuverlässigem Miteinander nicht verzichten kann, um auf ihre Weise erfolgreich zu sein. Wer leichtfertig und geschichtsblind Kameradschaft als *„Sekundärtugend"* einstuft, hat von der hier verhandelten Problematik keine Ahnung. Wie die im Extremfall erlebte Kameradschaft zur Frage nach dem Bestimmungsgrund soldatischer Standhaftigkeit führt, so leitet sie zielsicher die gründlich Fragenden zur Konfrontation mit dem eigenen Gewissen. Gewissenlose, ethisch unorientierte, ethisch ungebundene Kameradschaft entwertet den Zusammenhalt im Ursprung und macht aus Soldaten nützliche Gewalttäter, die mit blindem Gehorsam für jedes Verbrechen gebraucht werden können. Das 20. Jahrhundert bietet hier traurige, entsetzliche Beispiele.

Kamerad-schaft und ethische Bindung

Wie tiefgreifend soldatisches Ethos, Gewissensprüfung und bewährte Kameradschaft miteinander verbunden sind, offenbart der militärische Widerstand gegen Adolf Hitler. Vorbereitung und Durchführung des Attentats vom 20. Juli 1944 lagen in den Händen von Männern, die nicht durch militärische Organisation, nicht durch Dienstgrad und Waffengattung, sondern durch eine ethisch am Gewissen orientierte Kameradschaft miteinander verbunden waren. Das Leben eines Generals lag hier ganz selbstverständlich in den Händen eines jungen Leutnants; die Sicherheit exponierter Hauptakteure konnte von einer scheinbar am Rande stehenden Nebenfigur aufs höchste gefährdet werden. Der ehemalige Oberleutnant i.G. Peter Sauerbruch, Regimentskamerad und Vertrauter des Grafen Stauffenberg, beschreibt das so:[5]

Vertrauen nicht miß-braucht

„Unter uns Regimentsangehörigen gab es eine sehr enge Kamerad-schaft. Ich weiß nicht, ob es eine klassische Definition für diesen Begriff gibt, für uns bedeutete er jedenfalls ein tiefes Vertrauen zueinander und Hilfsbereitschaft füreinander. Gefahr und Verantwortung, Entscheidung

---

5. In: H. Walle Hg., Aufstand des Gewissens. Militärischer Widerstand gegen Hitler und das NS-Regime, Herford 1994, S. 433 f.

188

und Gewissensnot bleiben keinem Soldaten erspart. Sich darüber ausspre-chen zu können mit einem anderen, der ähnliches durchmacht, und wis-sen, daß der andere dieses Vertrauen nicht mißbraucht, das geschieht eben unter Kameraden. Die kameradschaftliche Bindung stellt einen ei-genständigen Wert dar, der sich von je her unabhängig von dem stähler-nen Gerüst der Hierarchie des Befehls und Gehorsams erhalten hat. Sie war zwischen Vorgesetzten und Untergebenen genau so möglich wie zwi-schen Gleichgestellten. In den Vernehmungen nach dem 20. Juli ist immer wieder deutlich geworden, wie Diktatoren und ihre Sicherheitsorgane die-se echte Kameradschaft hassen und verteufeln. Ihr Werkzeug ist ja gerade gegenseitige Verunsicherung und Mißtrauen aller gegen jeden."

Dieser überaus wichtige Beitrag bestätigt: Kameradschaft als soldati-sche Lebensform wächst und wirkt *„unabhängig von dem stählernen Ge-rüst der Hierarchie"*. Und halten wir fest: Kameradschaftliche Lebensfor-men sind nicht monologisch, sondern dialogisch angelegt. Das zuverlässi-ge Miteinander und Füreinander geschieht nicht schweigsam, sondern sucht das Gespräch. *Dialogisch*

Wenn die Bundeswehr den militärischen Widerstand gegen Hitler sinn-voll in ihr Traditionsbewußtsein aufnimmt, so tut sie dies nicht aus Bedürf-nissen der Legitimation oder eines sentimentalen Heroismus, sondern um sich exemplarisch der ethischen Bindung, der Gewissensverpflichtung je-ner Kameradschaft zu vergewissern, die sie in ihren eigenen Reihen päd-agogisch überliefern und glaubwürdig praktizieren muß. *Gewissens-verpflichtung*

Eine so verstandene Kameradschaft steht von ihrer Fehlform, der Kameraderie, ebenso weit entfernt wie von jenem blinden Zusammengehö-rigkeitsgefühl, das Soldaten zu berserkerhaften Kampfmaschinen degra-diert. Fördert Kameraderie nur die egoistischen Bedürfnisse ausgewählter Cliquen (rheinisch: Klüngel), so spricht der Berserker auch dem militäri-schen Gegner sein Menschentum ab. Das Thema „Keine Kameraden", das Elend und Verderben sowjetischer Kriegsgefangener in deutschen Lagern schildert, bietet bedrückende Anschauung. Aus ihrem Verständnis des § 12 SG würden die Soldaten der Bundeswehr auch den gefangenen militäri-schen Gegner als Kameraden erkennen und anerkennen müssen.

Wenn ich abschließend den Blick auf eine theologische Argumentation richte, so genügt der Hinweis auf den Kommentar zum Soldatengesetz von Werner Scherer: Kameradschaft ist als *„das auf sittlicher Grundlage er-wachsende Einstehen füreinander zu verstehen, das letztlich seine Wurzeln hat in dem Satz: Liebe Deinen Nächsten!"*[6] Der Jurist hat richtig beobach-tet. Der kleine Satz, der im Gleichnis Jesu (Lukasevangelium Kap.10, 33) den Samariter zum Nächsten des halbtoten Opfers verwandelt (*„da er ihn* *Liebe Deinen Nächsten*

6. Vgl. Jürgen Schreiber, Pflichten und Rechte des Soldaten der Bundeswehr, Frankfurt 1970, S. 29

sah, jammerte ihn"), dieser Satz bildet die Mutterwurzel für die Lebens-form der kameradschaftlichen Hilfe und Nothilfe. Was sie theologisch be-deutet, hat mit nüchterner, treffsicherer Bildersprache bereits die alttesta-mentliche Weisheit (Prediger Kap. 4, 9–12) beschrieben:

„Zweie sind besser daran als nur einer; sie haben doch einen guten Lohn für ihre Mühe. Denn fallen sie, so hilft der eine dem andern auf. Doch wehe dem Einzelnen, wenn er fällt und kein andrer da ist, ihm auf-zuhelfen! Und liegen zwei beieinander, so haben sie warm; wie aber könn-te einer allein erwärmen? Und mag einer auch den Einzelnen überwälti-gen, so halten ihm doch die Zweie stand; und gar die dreifache Schnur ist nicht so bald zu zerreißen."

3.4 Günter von Steinaecker

Zeit zum Zuhören

Zum Umgang mit Menschen in den Streitkräften

Viele Aspekte des Offizierberufes hatten mich von Anfang an für ihn eingenommen: der Dienst für Staat und Gesellschaft, Übungen, Schießen und Biwaks, schwierige Organisationsaufgaben, die Waffentechnik, der häufige Wechsel der Verwendungen und so fort.

Immer aber beschäftigte mich ein Aspekt ganz besonders: der Umgang mit dem Menschen unter den verschiedensten Perspektiven: als Untergebener, Gleichgestellter oder Vorgesetzter, aus der Sicht von Führen, Ausbilden und Erziehen, als Disziplinarvorgesetzter oder ganz einfach als Mitmensch und Kamerad.

Ein Erlebnis in der Rekrutenzeit verstärkte mein Interesse. Fast alle unsere damaligen Ausbilder waren Soldaten des zweiten Weltkrieges. Ihre Erfahrungen prägten Ausbildung und Erziehung in unserer Batterie und gaben ihnen eine unbestrittene Autorität. Natürlich gab es auch Unterschiede in Befähigung und Leistung. Aber im Umfang mit Menschen erlebte ich mit den Ausbildern dieser Generation entgegen zahlreichen anderen Behauptungen eigentlich nur gute Beispiele. So auch hier.

Damals hatte ein Rekrut in unserer Gruppe, der stets still und ungelenk auftrat, ernste Sorgen, weil es zu Hause weder mit den Eltern noch mit der Freundin klappte. Mit unserer damaligen Lebenserfahrung waren wir Kameraden in Stube und Zug zur seelischen Hilfestellung noch ungeeignet. Der freundlich-joviale Batteriechef war zu weit entfernt und der junge Leutnant bedurfte selbst noch menschlicher Prägung. Nur unser Gruppenführer, ein schon älterer kriegsgedienter Stabsunteroffizier, der aufgrund seiner – wie wir zunächst meinten – *„überschaubaren Intelligenz"* von uns mehr toleriert denn geachtet wurde, der aber klare Vorstellungen und Ziele vertrat, wandte sich immer mehr unserem hilfesuchenden Stubengenossen zu. Wir konnten zahlreiche Gespräche und aufmunternde Gesten beobachten, sahen beide auch beim gemeinsamen Bier und bemerkten die langsame Veränderung unseres Kameraden in einen freundlichen, selbstbewußten und optimistischen Soldaten, der wieder lachen konnte und sogar seine Dienstzeit später verlängert hat.

Zuwendung

Mit dieser Entwicklung wuchs die Anerkennung und Autorität des Gruppenführers in unserem Kreise stetig an. Wir bemerkten, welche Lebenserfahrung, sichere Ruhe und humanes Fingerspitzengefühl sich in der

Lebenserfahrung

191

Persönlichkeit unseres Stabsunteroffiziers vereinigten. Da er auch als Geschützführer anschließend ein guter Lehrer war und mit seinen Vorgesetzten geschickt umzugehen verstand, ist er mir bis heute als Beispiel eines erfreulichen Ausbilders und vorgesetzten Kameraden in Erinnerung geblieben. Damals hatte er mir – sicher unbewußt – eine Vorstellung davon vermittelt, wie gute Menschenführung aussehen und was sie bewirken kann.

Umgang mit Menschen

Nicht nur beim Militär ist der Umgang mit Menschen ein Thema von zentraler Bedeutung. Klima, Zusammenarbeit und Erfolg einer Organisation werden auch in zivilen Betrieben in gleicher Weise davon beeinflußt. Das belegt die inzwischen kaum mehr zählbare Fachliteratur. Doch meine ich, daß besonders militärische Aufgaben ohne guten Umgang mit Menschen auf Dauer nicht erfolgreich wahrgenommen werden können!

Als ich am Ende der fünfziger Jahre die Offizier- und dann die Truppenschule besuchte, spielte das Fach „*Menschenführung*" noch eine nachrangige Rolle. Derartige Fähigkeiten wurden mehr als Talent oder Folge von Lebenserfahrung angesehen.

Werteordnung selbstverständlich

Wenn sich diese Meinung bis heute grundlegend verändert hat, dann ist das auch eine Konsequenz der seit dem Ende des zweiten Weltkrieges gewandelten Werteordnung und Lebenseinstellung unserer Gesellschaft. Beide haben im Grundgesetz ihren Ursprung. Denn dessen Normen und Maxime durchdrangen im Laufe der Zeit das Denken und Handeln der Menschen in Deutschland und wurden zum selbstverständlichen Bestandteil ihres täglichen Lebens.

Rechter Umgang mit Freiheit

Wer diesen langwierigen Entwicklungsprozeß nicht selbst miterlebt oder wieder vergessen hat, kann ihn – wie in einem Zeitraffer – bei unseren ostdeutschen Landsleuten noch einmal beobachten. Dabei läßt sich auch die Wiederholung der Erfahrung wahrnehmen, wie mühselig es ist, bei einem plötzlichen und ungewohnten Massenangebot an Freiheit, an Recht und Wohlstand seine Persönlichkeit und sein Verhalten nach dem damit verbundenen Menschenbild auszurichten: Also auf die Entwicklung von Individualität und Selbständigkeit, auf Initiative zur vorausschauenden Lebensgestaltung, sowie auf die Erkenntnis hin, daß Freiheit und Eigenständigkeit nur dann von dauerhaftem Bestand sein können, wenn verantwortungsbewußt und sorgfältig mit ihnen umgegangen wird und die mit ihnen verbundenen Schranken und Pflichten gewissenhaft wahrgenommen werden.

Eingebunden

Alles das gilt auch für die Bundeswehr als Teil der staatlichen Organisation und der Gesellschaft. Die Geschichte der Inneren Führung spiegelt diese Entwicklung wider, jener Führungsphilosophie des militärischen Lebens, die uns Soldaten in die staatliche Lebensordnung, in Heimat und Gesellschaft einerseits sowie in die beruflichen Pflichten und deren Verwirklichung andererseits einbindet.

192

Sie war anfangs mehr eine Auseinandersetzung mit der Vergangenheit *Wahrzeichen*
und eine mühsame Eingliederung militärischer Verteidigungsanstrengun-
gen in eine vom Kriegsleiden gezeichnete Umwelt. Im Laufe der Jahre hatte sie eine Vielzahl unterschiedlicher Herausforderungen und Probleme innerhalb und außerhalb der Bundeswehr zu bestehen. Man denke nur an die
68er Jahre, an die Nachrüstungsaufregungen im vorigen Jahrzehnt oder an
die Auflösung der NVA und Übernahme vieler ihrer Soldaten. Immer war
dabei die Menschenführung ein Hauptthema. Heute ist die Innere Führung
Wahrzeichen und Motor zeitgemäßen Denkens und Handelns sowie pro-
fessioneller Berufsausübung unserer Soldaten geworden. Das haben auch
unsere Nachbarn im Osten schnell erkannt und fragen nach Rat und Hilfe
für die Anpassung ihrer Armeen an zeitgemäße westliche Standards.

Auch die Innere Führung geht vom Kern des Grundgesetzes aus, der *Entfaltung der*
Würde des Menschen, von der Entfaltung der Persönlichkeit und eigenver- *Persönlichkeit*
antwortlichen Lebensgestaltung des freien Bürgers. Zugleich hat sie aber
die Vorgaben zur Gemeinschaftsgebundenheit und Gemeinschaftsbezogen-
heit der Rechte und Pflichten des einzelnen Staatsbürgers einzubeziehen,
die im Soldaten besonders deutlich werden. Denn *„seine Rechte werden
im Rahmen der Erfordernisse des militärischen Dienstes durch seine gesetzlich begründeten Pflichten beschränkt"*, besagt das Soldatengesetz.

Wenn aber das Menschenbild des Grundgesetzes auf der einen Seite *Freiheit be-*
dem Bürger grundsätzlich weite Freiheitsrechte einräumt und auf der ande- *schränkt*
ren Seite dem *„Staatsbürger in Uniform"*, also dem Soldaten, erhebliche
Einschränkungen der militärischen Aufgabe wegen auferlegt, dann folgt
daraus, daß auch der Umgang der Soldaten untereinander besonderen Regelungen unterworfen sein muß. Sie sind im Soldatengesetz enthalten und
werden mit Hilfe der Inneren Führung für den Gebrauch im täglichen
Dienst verständlich und anwendbar gemacht. Die Innere Führung um-
schließt mehrere Aufgabenfelder, die alle ineinander greifen. Ich beschrän-
ke mich im folgenden auf den Bereich der Menschenführung, der Fürsorge
und der Betreuung.

Menschführung geht vom Willen aus, den Soldaten als Staatsbürger
und Individuum zu akzeptieren, sein Leben und seine Vorstellungen ernst
zu nehmen, ihn von Sinn und Rechtmäßigkeit seiner dienstlichen Aufgaben
zu überzeugen und damit zu entsprechendem selbständigem Handeln anzu-
regen.

Oder anders ausgedrückt: Wenn man militärisches Führen einmal knapp *Menschen ge-*
als *„Ordnen und Überzeugen, im besonderen Fall auch Anordnen und* *winnen*
Zwingen" beschreibt, dann gilt es bei der Menschenführung, *„den Menschen zu gewinnen, um sein Handeln zu erreichen"*. Mit diesem Verständnis der Menschenführung kommt auch zum Ausdruck, daß bei der hierarchisch vorgegebenen Ungleichheit der Dienstgrade doch ihre menschliche
Gleichheit grundsätzlich anerkannt bleibt. Das ist eine besonders wichtige

193

Maxime für den Umgang der Vorgesetzten mit den Untergebenen. Daher weist das Soldatengesetz auch dem Vorgesetzten die wesentliche Verantwortung in diesem Verhältnis zu, beläßt aber dem Untergebenen noch erhebliche Verantwortung für sein eigenes Tun.

Selbstverständlich Ich habe immer wieder festgestellt, daß Menschenführung dann erfolgreich ausgeübt wird, wenn sie nicht als Pflicht, sondern als Selbstverständlichkeit empfunden wird. Sie gelingt vor allem dort, wo der Vorgesetzte mit seinen Soldaten verständnisvoll umgehen will, wo er sie nicht nur mit dem Verstand als Persönlichkeiten wahrnimmt, sondern mit seinem ganzen praktischen Verhalten als gleichwertige Mitmenschen anerkennt. Das schließt selbstverständlich die Anwendung von Kritik, Tadel und disziplinarer Ahndung ein, wenn sie erforderlich werden.

Beteiligung Menschenführung hat Erfolg, wenn der Vorgesetzte Gespräche aufnimmt, informiert, zuhört, den richtigen Ton trifft, gerecht bleibt und seine Befugnisse mit Augenmaß und Konsequenz anwendet. Zu einer guten Menschenführung gehört auch die sinnvolle Beteiligung des Soldaten am Dienstgeschehen, vor allem aber an den für die Vertrauensperson oder den Personalrat gesetzlich vorgegebenen Zuständigkeiten. Richtig angewandte Beteiligung bedeutet Hilfe und nicht Belastung im Führungsprozeß. Dabei sollte man die vielen nützlichen Helfer im Prozeß der zwischenmenschlichen Beziehungen nicht vergessen wie den Truppenarzt, den Militärpfarrer, den Sozialarbeiter, den Drogenberater und immer wieder: den vermittelnden Kameraden. Wer gar ohne Herz führt oder Menschen nicht mag, sollte in höheren Verwendungen von vornherein eine „*menschenfreie Spezialistenaufgabe*" anstreben.

Angeborene Talente Ganz sicher gibt es geborene Talente im Umgang mit Menschen, die mit Humor, Gelassenheit, feinem Einfühlungsvermögen aber auch notwendiger Härte im richtigen Moment mühelos Gehör und Anerkennung finden. Häufig führen gute Beispiele aus Elternhaus und Schule zu dieser Befähigung. Doch ist Menschenführung nach übereinstimmender Ansicht der Fachwelt lehr- und lernbar. Unzählige Beispiele belegen es.

Lehr- und lernbar Für diese Lehr- und Lernbarkeit haben die Streitkräfte außerordentlich viel getan, vermutlich weit mehr als andere große Organisationen im Staat oder in der Wirtschaft. Vor allem gibt das Zentrum Innere Führung seit Jahren hochwertige und für die Praxis bemerkenswert nützliche Hilfen für die Lehre und Ausbildung heraus, von Broschüren über multimediale Unterrichtshilfen bis hin zu computerunterstützten Angeboten für das Selbststudium. Darüber hinaus haben Heer, Luftwaffe, Marine und Sanitätsdienst eigenes Ausbildungsmaterial erarbeitet, welches die Ergebnisse des Zentrums ergänzt oder spezielle Themen behandelt. In der Truppe und an den Schulen der Bundeswehr stehen diese Schriften und sonstigen Materialien zur Verfügung.

So ist eigentlich alles getan, um eine gute Menschenführung möglich zu machen. Und doch weist der Bericht der Wehrbeauftragten in jedem Jahr neue Mängel nach. Natürlich können sie bei 340.000 Soldaten nicht ausbleiben. Dieser Gedanke wäre absurd. Aber sucht man nach den Gründen, dann stößt man weniger auf die mangelnden Fähigkeiten von Vorgesetzten als sehr oft auf ungünstige Rahmenbedingungen, die zu Verfehlungen führen. Ausbildungdichte, Fehl an Gerät und Material, Personalabgaben, Verwaltungsaufwand und fossile Büroausstattung sowie immer wieder mangelnde Zeit habe ich noch als Begründungen der Truppe im Ohr. Und diese Gründe sind nicht falsch. Zum Teil durchziehen sie die Bundeswehrgeschichte, wie etwa das Phänomen der mangelnden Zeit. Ich erinnere mich, wie ich schon als Bataillons-Kommandeur dem damaligen Wehrbeauftragten einmal nachgewiesen hatte, daß ich exakt die Hälfte meiner 450(!) Kommandeur-Dienst-Tage aufgrund anderer Aufträge nicht im Bataillon sein konnte! Damit fehlte mir wichtige Zeit für meine Hauptaufgabe in der ohnehin zu kurzen Verwendungsdauer! *Rahmenbedingungen*

Der Zeitmangel wurde mit der dreijährigen Verwendungsdauer der Chefs und Kommandeure im Heer zwar gemildert aber nicht beseitigt. Das Führungspersonal ist weiterhin zu hoch belastet. Ausbildung und Erziehung müssen ohne ausreichende Zeit aber immer ein Torso bleiben. Die weitere Verkürzung des Grundwehrdienstes ließ die Zeit noch knapper werden. Daher wird man auch in Zukunft mit diesem Kernproblem leben müssen. Es bleibt ein Grund für den immer beklagten „*Leerlauf*" im Garnisondienst. *Zu hoch belastet*

Ein guter Umgang mit Menschen ist bereits für den Dienst im Frieden von hoher Bedeutung, erst recht aber für den Ernstfall.

Der nun schon fast selbstverständliche Einsatz der Bundeswehr im Rahmen des erweiterten Auftrages hat gerade für die Weiterentwicklung der Menschenführung noch einmal eine Steigerung gebracht. Und das sowohl in Bewußtsein und Haltung der länger dienenden Soldaten und ihrer Angehörigen, als auch in der Wahrnehmung der Wehrpflichtigen sowie ihrer Freunde und Eltern. Denn nach fast 40 Jahren erfolgreicher Ausrichtung auf Abschreckung, Kriegsverhinderung und Friedensdienst wurde der „*Staatsbürger in Uniform*" plötzlich mit dem Ernstfall konfrontiert, der die bisherige Ausbildungsroutine in die Realität eines dauerhaften Einsatzes übergehen ließ. Zwar sind bisher noch nicht alle Soldaten betroffen, und gottlob gab es noch keine verlustreichen Gefechtshandlungen. Doch übte das vorhandene persönliche Risiko mit der latenten Gefährdung von Leib und Leben im Einsatzgebiet bemerkbaren Einfluß auf das Selbstverständnis und die Ausbildung aller Soldaten aus, ganz gleich, ob Längerdiener oder Wehrpflichtige. Bis heute waren mehr als 50.000 deutsche Soldaten an Auslandseinsätzen beteiligt. Sie wirken überall in der Truppe als prägende Multiplikatoren. Und wenn in Befragungen fast 70% der Solda- *Dauernder Ernstfall*

195

ten mit ihren Vorgesetzten und 65% mit dem Klima in ihrem Umfeld zufrieden sind, dann können sie sich eigentlich nur als positive Multiplikatoren auswirken!

Aufgaben

In aller Kürze hatte die Bundeswehr drei wesentliche interne Aufgaben zu bewältigen:
– die Planung und Organisation des neuartigen Einsatzes einschließlich der Bewilligung zusätzlicher sozialer Leistungen für das persönliche Risiko des Soldaten,
– die Vertiefung, Erweiterung und Intensivierung der Ausbildung für die zum Einsatz kommenden Soldaten, und
– die seelische wie geistige Vorbereitung, Bewußtseinsbildung und auch fürsorgende Begleitung dieser Soldaten und ihrer Angehörigen sowie eine entsprechende Nachbereitung.

Alle Aspekte, besonders aber die letzten, betreffen Menschenführung, Fürsorge und Betreuung im besonderen. Es ist wohl richtig, daß diese drei Aufgabenfelder erstmals in der Geschichte der Bundeswehr in ihrer wirklich überragenden gemeinsamen Bedeutung nach innen und nach außen deutlich wurden.

Demokratisches Bewußtsein

Mit dieser neuen Herausforderung der Bundeswehr wurde erkennbar, daß die in den langen Jahren des Kalten Krieges vermittelten Inhalte der Inneren Führung im Sinne ihrer Schlüsselbegriffe „Legitimation, Integration, Motivation" die Grundlagen für ein solides demokratisches und soldatisches Bewußtsein gelegt hatten. Sie gelten heute noch. Existenz und Aufgaben der Bundeswehr entsprechen unserer Rechtsordnung, der *„Staatsbürger in Uniform"* und seine Familie sind anerkannte Teile der Gesellschaft, und der Soldat kennt seine Aufgaben in Frieden und Einsatz und tut sein Bestes zu ihrer Erfüllung.

Angehörige einbeziehen

Zugleich wurde aber auch deutlich, daß dieses Rüstzeug für einen Ernstfall noch nicht ausreichte. Daher mußte die Arbeit der Inneren Führung unverzüglich auf die Erfordernisse des erweiterten und nunmehr primär gewordenen Auftrags ausgedehnt werden. Außerdem machten schon die ersten Erfahrungen mit einem Auslandseinsatz darauf aufmerksam, wie sehr die Angehörigen der Soldaten in nahezu alle Aspekte als Beteiligte einzubeziehen waren.

Menschenführung, Fürsorge und Betreuung waren also in ihrem ganzen Spektrum an die Gegebenheiten und die Gefahren des präsenten Ernstfalles anzupassen.

Auch in dieser Situation reagierte die Bundeswehr schnell und erfolgreich. Parallel zu der intensiven militärfachlichen Ausbildung wurden Konzepte, Lehr- und Lernunterlagen für den sensiblen Bereich der Menschenführung erarbeitet, in Seminaren und Tagungen mit betroffenen Sol-

196

daten erprobt und dann in der Praxis angewandt und fortentwickelt. Waren anfangs noch die Erfahrungen anderer Armeen eine entscheidende Hilfe, so konnten mit dem Fortgang unserer Auslandseinsätze auch immer mehr eigene Erkenntnisse einbezogen werden. Inzwischen haben die didaktischen Grundlagen für die Nutzung vor, während und nach Einsätzen einen sehr hohen Standard erreicht. *Eigene Erfahrungen*

In Verbindung mit den eigenen praktischen Erfahrungen der Offiziere und Unteroffiziere in der Mehrzahl aller Verbände kann somit ein bereits sehr hohes Niveau der seelischen, geistigen und praktischen Vorbereitung der Soldaten auf den jeweiligen Einsatz gewährleistet werden.

Alle Erkenntnisse aus den bisherigen Einsätzen führten vor allem zu der Feststellung, daß die grundsätzlichen Vorgaben für den Umgang mit Menschen im Frieden auch für den Einsatz gelten. Das Fundament stimmt also. Aber es wurden wesentliche Verschärfungen deutlich: Zum Beispiel vermehrt das ständige Zusammensein, oft auf engem Raum, die zwischenmenschlichen Reibungsflächen oder: Die außergewöhnlichen Belastungen verstärken die psychische Anfälligkeit oder: Ein Fehlverhalten im Dienst oder der Familie gegenüber hat tiefergehende Folgen: am Dienstort, weil der Schutz einer Privatsphäre fast ganz fehlt, und in der Familie, weil Klärungen nur über Telefon oder Brief herbeigeführt werden können usw. Denn die schnelle Information über das Handy (das fast jeder Soldat besitzt) ersetzt nicht das Gespräch am Familientisch! *Verschärfungen*

Außerdem umgibt der wirkliche Ernstfall den Soldaten: Nicht nur die bloße Trennung von zu Hause, sondern vor allem Invalidität und Tod sind als mögliche Realitäten in die eigene Lebensplanung wie in die der Familie einzubeziehen. Viele setzen zum ersten Mal ein Testament auf oder schließen eine Lebensversicherung ab, auch weil sie der Risikohaftung des Bundes für die Soldaten nicht trauen. *Ernste Lage*

Nicht zuletzt stellen die Auslandseinsätze höhere Forderungen an die Qualität der praktischen Menschenführung selbst.

Das beginnt bei der beispielhaften Lebensführung des Vorgesetzten vor Ort, die ihm Vertrauen, Sympathie, Autorität und damit das Fundament seines Wirkens überhaupt einbringt – oder eben nicht! Das beinhaltet neben der fachlichen Qualifikation das Gespräch mit dem Nebenmann, die Personenkenntnis, den persönlichen Ratschlag oder die aufmunternde Geste des Vorgesetzten oder Kameraden, aber auch den Besuch am Krankenbett oder die bemerkbare (!) leistungsgemäße Anerkennung und Förderung sowie die konsequente Maßregelung bei Fehlverhalten. *Beispiel nötig*

Noch wichtiger als in der Garnison ist hier die helfende Dienstaufsicht und vor allem die – zumindest zeitweise – Begleitung bei konkreten Einsatzaufträgen, insbesondere dann, wenn sie höhere Risiken mit sich bringen. Der gemeinsame Sport und ein Besuch im Wohncontainer zum richtigen Moment gehören schon zu den Selbstverständlichkeiten.

Ziel dieses Verhaltens der Vorgesetzten sollte es sein, beim Einzelnen wie bei der Gemeinschaft den Sinn des Einsatzes bewußt, die Motivation hoch und die Fürsorge angemessen zu halten.

Vorgesetzter ist auch nur ein Mensch

Bei allem sollte aber nicht übersehen werden, daß auch der Vorgesetzte ein Mensch ist. Mit Stärken und Schwächen, mit einer „*Tagesform*" und natürlich auch mit Problemen. Auch er bedarf der Anlehnung, des Gesprächs oder des Ratschlags.

Insofern ist erfolgreiche Menschenführung nie eine Einbahnstraße. Sie sollte zwar beim Vorgesetzten originär beginnen, aber stets ein Dialog mit Wirkungen auf beiden Seiten bleiben. Denn auch der Vorgesetzte braucht Zustimmung, Anerkennung und Korrektur.

Deshalb erfordern Gespräche mit unterschiedlichen Meinungen oft weniger die so häufig beschworene „*Zivilcourage*" als vielmehr die diesbezügliche Kameradschaft des Untergebenen seinem Vorgesetzten gegenüber. Denn sie soll ja beiden helfen, ihre Pflicht und Verantwortung leichter zu tragen und ihre soldatischen Aufgaben zu meistern.

Gegenseitiges Verständnis

Hier sind vor allem die jeweils höheren Vorgesetzten aufgefordert, in entsprechender Weise zu wirken, um die hemmende Hierarchie des Befehlsweges mit einem Band gegenseitigen Verständnisses und Vertrauens zu unterlegen. Das gelingt vor allem dann, wenn sie im persönlichen Gespräch den Stil dozierender Belehrung vermeiden und dem Sprichwort entgegenwirken: „*Wer viel spricht, hört nichts*". Zeit zum Zuhören tut auch hier not. Fürsorge und Betreuung sind eng mit der Menschenführung verbunden. Das Soldatengesetz legt die Pflicht zur Fürsorge sowohl dem Vorgesetzten als auch dem Dienstherren auf.

Individuelles Wohl

Mit der Fürsorge des Vorgesetzten sind mehr die praktischen Maßnahmen des persönlich individuellen Wohls des Soldaten und seiner Angehörigen verbunden, von der Urlaubsgewährung über die Laufbahnförderung bis hin zu den „*Familienbetreuungszentren*", die in der Truppe die Verbindung zwischen dem Soldaten im Einsatzland und seiner Familie zu Hause sowie auch unter den Familien aufrecht erhalten.

Finanzielle Rahmenbedingungen

Die Fürsorgepflicht des Dienstherren dagegen betrifft mehr die finanziellen und sozialen Rahmenbedingungen für den Soldaten im und außer Dienst und für seine Familie. Stichworte dafür sind: Wohnungsfürsorge, Auflagen der Personalführung, Hilfen für die Mobilität der Familie usw. Das „*Bundeswehrsozialwerk*" und das „*Soldatenhilfswerk der Bundeswehr*" wurden in diesem Sinne für soziale Verbesserungen oder akute Notfallhilfen geschaffen. Alles soll die Rahmenbedingungen für den militärischen Dienst verbessern helfen.

Vertrauen verbessern

Die Auslandseinsätze erweitern auch die Fürsorgepflichten des Dienstherren, insbesondere hinsichtlich der politischen, rechtlichen und sozialen Risikoabsicherung für Invalidität und Tod. Den bisherigen Maßnahmen scheinen die Soldaten allerdings noch wenig Vertrauen entgegenzubringen,

198

denn diese unterscheiden noch zu wenig zwischen den heimatlichen Normalbedingungen und der Gefährdungssituation in den neuartigen Einsatzformen.

Dagegen konnte ich mich mehrfach davon überzeugen, wie hoch das Vertrauen in die Vorgesetzten auch in Bosnien und im Kosovo ist. Ebenso in die Arbeit der „Familienbetreuungszentren", in die vorbereitende Ausbildung, die Logistik und auch in die Sanitätsversorgung. Wie bei dem laufenden Einsatz im Kosovo zu sehen ist, benötigen aber neue Probleme auch bei der Fürsorge und Betreuung erhebliche Zeit zu einer befriedigenden Lösung.

Im Unterschied zur Fürsorge betrifft die Betreuung genau genommen *Freizeitgestaltung* Angebote des Dienstherrn für eine sinnvolle Freizeitgestaltung. Sie reichen von der Gastronomie der Heimbetriebe über die Maßnahmen der Freizeitbüros oder Zuteilung von Zeitungen bis hin zu den Weihnachtsfeiern der Kompanien, die aus „Betreuungsgeldern" bezahlt werden.

Aber es gibt auch Betreuungsverantwortung außerhalb der Streitkräfte. *Soldatenheime* Militärseelsorge und Bundeswehr schufen gemeinsam die Evangelische und Katholische Arbeitsgemeinschaft für Soldatenbetreuung (EAS und KAS). Sie werden von Kirchen- und Bundesmitteln getragen und bieten allen Soldaten und deren Familien ihre bewährten Soldatenheime zur vielseitigen Nutzung an. Gute Gastronomie, viele Freizeitaktivitäten, Computer-Arbeitsgemeinschaften, Weiterbildungskurse und Möglichkeiten zu Familien- und anderen Feiern gehören zu ihren attraktiven Offerten. Ähnliche Programme werden in vielen Standorten ohne Soldatenheime im Rahmen der sog. „Offenen Betreuung" angeboten, häufig in Verbindung mit den Freizeitbüros der Truppe. Großer Beliebtheit erfreuen sich auch die beiden „Oasen" in Railovac und Prizren, die Zentren der Militärseelsorge und gastronomische Highlights zugleich sind.

Insgesamt sind Fürsorge und Betreuung ein Angebot an den Soldaten und seine Angehörigen, das oft wenig bekannt ist und noch mehr genutzt werden könnte.

Zu den bisher genannten Aspekten des Umgangs mit Menschen in der *Umgang mit ausländischen Soldaten* Bundeswehr gesellt sich seit einigen Jahren eine weitere Dimension: der Umgang mit ausländischen Soldaten.

Bisher war uns Deutschen dieses Thema nur aus den NATO-Stäben, wenigen multinationalen Verbänden bei Luftwaffe und Marine oder einigen Patenschaftsverhältnissen bekannt. Doch beschränkten sich diese Begegnungen auf gesellschaftliche und sportliche Ereignisse oder gemeinsame Übungen. Es waren meistens kurze Zeiträume, die von freundlicher Besuchsatmosphäre gekennzeichnet waren.

Das hat sich verändert. Jetzt zielt die gemeinsame Einsatzaufgabe unseres Bündnisses immer mehr auf integrierte Militärstrukturen und multinationale Verbände.

Damit wird der Umgang mit Menschen vor allem dort vor neue Herausforderungen gestellt, wo Soldaten verschiedener Nationen dauerhaft *„Schulter an Schulter"* arbeiten.

Ein charakteristisches Beispiel dafür ist das I. Deutsch-Niederländische Korps in Münster, weil es zum Vorreiter einer besonders tiefen Integration militärischer Truppenteile bestimmt wurde. Zwar kannten sich die fusionierten Stäbe schon lange aus guter nachbarschaftlicher Zusammenarbeit. Jetzt aber sollten die Soldaten zweier Länder mit verschiedenen Biographien und Kulturen zu einer gemeinsamen Identität finden!

Priorität Mensch

Das konnte nur gelingen, wenn dem *„Faktor Mensch"* hohe Priorität eingeräumt wurde. Weil sich alle Verantwortlichen dieser Maxime bewußt waren, wurde der beginnende Entwicklungsprozeß von viel gutem Willen, günstigen materiellen und infrastrukturellen Rahmenbedingungen sowie hohem menschlichen Einsatz begleitet.

Integration

Zehn *„Spielregeln für die internationale Zusammenarbeit"* wiesen den Weg mit dem Kernsatz: *„So viel binationale Integration wie möglich, so wenig nationale Eigenständigkeit wie nötig".* Damit wurde auch auf das wichtige Fingerspitzengefühl hingewiesen, welches die neuartigen binationalen Vorgesetztenverhältnisse begleiten mußte. Denn gerade am Anfang war sehr viel Menschliches zu bewältigen sowohl bei denen, die mit persönlichen Mühen in ein anderes Land aufzubrechen hatten, als auch bei denen, die liebgewordene Strukturen aufgeben und nun mit Fremden teilen mußten. Von allen Offizieren und Unteroffizieren wurde viel praktische Menschenführung verlangt.

Hilfestellung

In den binationalen Abteilungen und Gruppen halfen besonders zugeschnittene Seminare, Land, Leute, Geschichte, Kultur und Eigenarten beider Nationen ebenso wie die neuen dienstlichen Arbeitsverfahren kennenzulernen. Abendliche Biergespräche schlugen erste private Brücken. Gemeinsame Sport-, Ausbildungs- und gesellschaftliche Veranstaltungen sowie möglichst viele weitere Begegnungen mit den Familien ließen weitgehend harmonische Verbindungen entstehen.

Bei positiven oder negativen Besonderheiten sprach man bald nicht mehr von *„den Deutschen"* oder *„den Holländern"*, sondern im Sinne eines binationalen Teamdenkens von *„wir zusammen – gegen den Rest der Welt"*, was alle guten Mannschaften auszeichnet.

Je selbstverständlicher die menschliche Integration im Laufe der Zeit gelang, desto mehr bemerkte man, wie sich die grundsätzlichen Aspekte von Menschenführung, Fürsorge und Betreuung beider Nationen glichen.

Erfolgreiches Miteinander

Das menschliche und soldatische Vorbild, die klare Information, das teilnehmende Gespräch, Lob und Tadel, Förderung und Sorge um das Wohlbefinden, oder auch die Chance zur Beteiligung am Führungsprozeß, der stets in der Verantwortung des Vorgesetzten bleibt, sind hier wie dort die wesentlichen Grundlagen für ein erfolgreiches menschliches Miteinan-

200

der. Daß damit auch die vornehmsten Aufgaben des Offiziers angesprochen sind, betrachte ich als eine Selbstverständlichkeit. Mir hatte der eingangs erwähnte Stabsunteroffizier den Weg gewiesen. Seinen Typus gibt es überall. Auch in den anderen Streitkräften. Es lohnt sehr, sich an solchen Menschen ein Beispiel zu nehmen. Denn überall ist der Umgang mit Menschen eine Kunst. Und wie sagte es doch Karl Valentin? – *„Kunst ist schön, macht aber viel Arbeit!"*

Das gilt auch hier.

3.5 Barbara von Steinaecker

Belastung oder Chance – Kommt die Familie eines Soldaten zu kurz?

Normale Soldaten- familie

„Einen Soldaten willst Du heiraten? Na, dann schaff Dir mal einen Umzugswagen und Campingmöbel an. Deine Kinder tun mir jetzt schon leid! Und überhaupt – gibt es da nicht was Besseres?" Das waren nur einige der Kommentare, die ich vor meine Eheschließung hörte. Nun, ich habe ihn damals trotzdem geheiratet! Und selbst nach 14 Umzügen und 7 verschiedenen Schulen für unsere inzwischen erwachsenen Kinder sind wir auch nach 30 Jahren noch eine Familie. Eben – eine ganz *„normale Soldatenfamilie"*.

Diese Art, Familie zu leben, möchte ich in meinem Artikel etwas genauer betrachten. Dabei stütze ich mich nicht nur auf meine eigenen Erfahrungen sondern vor allem auf zahlreiche Gespräche mit Soldatenfamilien, deren Beiträge ich z. T. wörtlich wiedergebe. An dieser Stelle sei allen Familien, vor allem den Frauen, für ihre Unterstützung und Bereitschaft zu Gesprächen gedankt.

Gliederung

Am Anfang möchte ich einige Gedanken zu Ehe und Familie im heutigen gesellschaftlichen Umfeld skizzieren, um dann nach den Besonderheiten im Leben von Soldatenfamilien zu fragen. Anschließend werden kurz mögliche Hilfen seitens der Bundeswehr aber auch in Form von Selbsthilfe angesprochen. Zum Schluß frage ich nach den persönlichen Fähigkeiten, die meiner Meinung nach für das Gelingen eines Familienlebens wichtig sind und schließe die Soldatenfamilie damit ein.

Vielfalt

Seit 50 Jahren leben wir in einem freiheitlichen demokratischen Staat, der die Rechte des Einzelnen schützt und die Vielfalt der Entfaltung des gesellschaftlichen Lebens ermöglicht. Freiheit – das bedeutet auch Vielfalt. Und genau die spiegelt sich in einigen Schlagworten unserer Gesellschaft wider: Pluralismus – im Sinne der Vielfalt von Lebenschancen; eine offene Gesellschaft – im Sinne eines nahezu unbegrenzten Angebotes an Lebensmöglichkeiten; und Individualismus – im Sinne des Rechts auf Entfaltung der eigenen Persönlichkeit.

Davon bleiben natürlich auch Ehe und Familie nicht unberührt, denn von jeher sind sie von kulturellen Rahmenbedingungen abhängig gewesen. Freiheit spiegelt sich daher auch im jetzt geltenden Eherecht wider, gibt es doch den Partnern die Möglichkeit, eigenverantwortlich und ohne staatli-

202

che Einmischung über die Art des Umganges miteinander in ihrer Ehe zu entscheiden. Auch das gesellschaftliche Umfeld ist in seiner Be- bzw. Verurteilung von Formen des Zusammenlebens zurückhaltender geworden. Den Ausspruch *„das tut man nicht"* hört man selten; im Gegenteil, *„man"* darf (fast) alles tun.

Auffallend ist das veränderte Rollenverhalten von Frau und Mann. Ursachen mögen die Planbarkeit der Familiengründung, die Berufstätigkeit der Frau aber sicher auch der z. Zt. schwierige Arbeitsmarkt oder eine drohende Arbeitslosigkeit sein. Nicht zuletzt spielt auch die wachsende Bedeutung von privater Sphäre und Freizeit gegenüber dem Beruf eine Rolle. Waren bisher Männer auf eine lebenslange Vollzeiterwerbstätigkeit eingestellt und fühlten sich damit zuständig für die Versorgung der Familie, so hat sich das geändert. Die klassische *„Hausfrauen-"* oder patriarchalisch gelebte *„Versorger-Ehe"* weicht mehr und mehr der *„Zuverdienerin-Ehe"*. *Verändertes Rollenverhalten*

Neben den positiven Seiten der Freiheit sind aber auch deren Schattenseiten wie Werteverlust und Orientierungskrisen nicht zu übersehen. Das wird gerade in den neuen Bundesländern deutlich, wo der Umgang mit der neu gewonnenen Freiheit auf einem langen Weg mühsam erarbeitet werden muß. Mit der Auflösung veralteter Strukturen fallen auch hilfreiche Stützen weg. Für den Einzelnen kann das Verunsicherung und Überforderung bedeuten: *„Habe ich die richtige meiner vielen Lebensmöglichkeiten gewählt? Komme ich dabei selber auch zu meinem Recht und zur Entfaltung meiner Fähigkeiten?"* Diese Fragen stehen ständig hinter den vielen zu fällenden Entscheidungen und bergen neben der eigenen Verunsicherung auch die Gefahr der Selbstüberschätzung, da alles von der eigenen Person ausgehend beurteilt wird. Das trifft auch für den Bereich der Ehe und Familie zu, besonders, wenn es um Entscheidungen für oder gegen eine Eheschließung geht oder um die Frage, wie eine Ehe und ein Familienleben zu führen sind. *Orientierungskrise*

Die Lage der Familie ist heute schwieriger und die Konflikte liegen offener zutage als zu der Zeit, in der das *„Familienoberhaupt"* oder gar der Staat noch das *„Sagen"* hatte. Mögen einige das auch bedauern, so sollte man doch nicht zurückblicken, sondern sich darauf konzentrieren, die Zukunft zu gestalten.

So wie der Soldat als *„Staatsbürger in Uniform"* bezeichnet wird, so ist auch die Soldatenfamilie ein Teil der Gesellschaft und hat sich mit denselben Fragen auseinander zu setzen wie jede andere Familie. Darüber hinaus entstehen aber aus der Pflicht des Soldaten, jederzeit für einen Einsatz verfügbar zu sein, – eine Norm, die auf dem heutigen gesellschaftlichen Hintergrund ohnehin schwer verständlich zu machen ist –, praktische Folgen, die die Familien stärker an den Beruf des Mannes binden als allgemein üblich und ihr mitunter auch erheblich zu schaffen machen. Frauen *Stärker gebunden* von Soldaten – unabhängig vom Alter – fühlen sich dadurch mit ganz besonderen Herausforderungen konfrontiert und bejahen deshalb auch meistens die Frage *„Ist der Beruf ihres Mannes ein besonderer Beruf?"*

Besonderheiten Als Besonderheiten werden genannt: Zwang zur Mobilität, häufige Abwesenheit des Mannes und hohe Arbeitsbelastung, der Umgang mit der Waffe und u. U. der Einsatz des Lebens, (beides vor allem vor dem Hintergrund eines Auslandseinsatzes), die Herausforderung der Ost-West Integration, mangelnde gesellschaftliche Akzeptanz. Einzeln sind diese Punkte auch bei anderen Berufen zu finden, in dieser Häufung und Intensität aber wohl nur beim Soldatenberuf.

Versetzung Auf einige dieser Besonderheiten möchte ich im Folgenden eingehen.

Als besonders gravierend und oft als tiefer Einschnitt in das Familienleben wird die Versetzung des Mannes an einen anderen Standort empfunden. Nach dem Abwägen aller Vor- und Nachteile verlangt sie von der Familie immer wieder die Entscheidung: *„Umziehen oder am alten Wohnort bleiben?"*

Anfang der 90er Jahre wurde im Zuge der Strukturveränderungen der Streitkräfte eine besonders große Zahl von Familien von häufigen Versetzungen betroffen. Deren Folgen waren vermehrte Unruhe und geringere Möglichkeiten eigener Zeitplanung. Das scheint sich nun zu verbessern. Gab es noch 1993 rund 21.000 Versetzungen von verheirateten Soldaten mit Wechsel des Standortbereiches im Inland, so lag die Zahl 1998 bei ca. 6.500. Eine deutliche Entspannung, die wenigstens für einige Jahre anhalten sollte.

Umzug oder *nicht* Für weit über die Hälfte dieser 6.500 Familien stellte sich allerdings die Frage eines Umzuges gar nicht. Gründe dafür waren z. B. der voraussehbar sehr kurze Verbleib am neuen Standort oder auch eine Versetzung innerhalb der Standortgrenzen. Im Fachjargon: eine Umzugskostenvergütung wurde nicht zugesagt. Weit weniger als der Hälfte, nämlich 2.800 Familien, wurde der Umzug vergütet, und damit mußten sich diese Familien für oder gegen einen Umzug entscheiden. 1998 entschlossen sich 1.242 Familien für einen Ortswechsel mit der ganzen Familie, der größere Teil – 1.564 Familien – blieb am alten Wohnort und nahm eine Trennung in Kauf.

An diesen Zahlen erkennt man, daß das Mobilitätsproblem nicht alle Soldatenfamilien gleichermaßen intensiv betrifft, viele werden nur selten oder auch gar nicht versetzt. In diesen Familien wirkt sich der Beruf des Mannes mehr über lange Dienstzeiten oder einsatzbedingte Sonderbelastungen aus.

An diesen Zahlen wird aber auch deutlich, daß im Hinblick auf den Umzug vom Dienstherrn kein Zwang ausgeübt wird, auch wenn die Familie vor Ort in zahlreichen Verwendungen – besonders in Kommandeurverwendungen und multinationalen Stäben – wünschenswert ist. Nach anfänglichem Zögern hat sich vor einigen Jahren das BMVg auch auf diese Entwicklung eingestellt. Ein Zeichen dafür sind die Erleichterungen, die beim Verbleib am alten Standort gewährt werden, z. B. beim Trennungsgeld, so daß zumindest finanzielle Nachteile der doppelten Haushaltsführung einigermaßen aufgefangen werden können. Dagegen hat mittlerweile manche umziehende Familie das Gefühl, finanziell ins Hintertreffen zu geraten, denn die erstatteten Umzugskosten decken bei weitem nicht die tatsächlichen. Ob der Bund hier – ungewollt – das Nicht-Umziehen begünstigt?

Aber zurück zu den Überlegungen *„Umziehen oder nicht?"* Mehr als die Hälfte der Familien bleibt heute am alten Wohnort. Das bedeutet ein getrenntes Familienleben. Die Gründe, die eine derartige Entbehrung rechtfertigen, sind vielfältig. Zunächst sind es spezielle familiäre Situationen, z. B. die Schulsituation der Kinder, Krankheit oder die Pflege von Familienangehörigen. Außerdem gibt *„Frau"* den eigenen Beruf heute ungern auf, ist sie doch nicht sicher, am neuen Wohnort einen geeigneten Arbeitsplatz wiederzufinden. Allgemein wollen heute höhere Ansprüche befriedigt werden, so daß ein weiterer Verdienst im Familienbudget eingeplant ist. Bei weniger verdienenden Soldaten ist er sogar zwingend notwendig. Auch der Auszug aus dem gerade gebauten Haus kann finanziell nachteilig sein. Aber es sind nicht nur finanzielle Aspekte. Auch der Wunsch der Frau nach einem eigenen Tätigkeitsbereich außerhalb der Familie und die Sicherung des eigenen Rentenanspruches sind nachvollziehbare Gründe, die einem Umzug entgegenstehen. Manchmal hört man auch, der Mann sei ja sowieso dienstlich so stark eingebunden, daß man auch am gemeinsamen Wohnort eine quasi Wochenendehe führe. Dann sei es schon besser, das bekannte Umfeld am alten Ort zu behalten und ungestörtes Familienleben zu genießen.

Gegen ein getrenntes Familienleben spricht allerdings auch einiges. Als nachteilig empfunden werden die Strapazen der wöchentlichen Heimfahrt; u. U. wird der Vater am Wochenende sogar als eine Art *„Eindringling"* in der Familie betrachtet. Schließlich hat die Frau während der Woche die Familie ja geleitet! Statt erwünschter Entspannung gibt es durch hohe Erwartung und Konzentration aller anstehenden Fragen eher Streß.

Schwierig wird es für die Frau, an Veranstaltungen am Standort des Mannes teilzunehmen. Sein Arbeitsumfeld, seine Kameraden und deren Frauen bleiben ihr weitgehend unbekannt. Repräsentation in der Öffentlichkeit, Gestaltungsmöglichkeiten im zivilen und militärischen Raum schränken sich auf ein Minimum ein. Das kann sich u. U. nachteilig auf das zwischenmenschliche Klima im Verband und in multinationalen Verbänden auswirken. Eine Zweiteilung im Sinne von *„das ist Dein Beruf, ich habe mein Leben"* kann nicht ausbleiben.

Noch etwas, über das Männer in der Regel selten sprechen: Nicht nur Frau und Kinder, auch der Mann braucht sein *„Nest"*. Gerade bei einem

Eigenständig- keit

Hohe Erwar- tungen

Keine Teil- habe

belastenden Beruf sind Rückzugsmöglichkeiten und Stützen im privaten Bereich sowie vertraute, außerdienstliche Ansprechpartner von hoher Bedeutung. Fehlt das, wird Einsamkeit während der Woche auf anderen Wegen kompensiert. Arbeit ist sicher nur einer unter ihnen. Vertrauen ist in jeder Ehe wichtig, aber hier bekommt es einen noch höheren Stellenwert.

Der andere Teil der Familien entscheidet sich für einen Umzug der ganzen Familie. Für diese Familien sind die obigen Nachteile so schwerwiegend, daß sie sagen: *„Eine Wochenendehe ist eine zu große Belastung für uns alle. Wir vermeiden sie wenn möglich."*

Schutzraum
Familie

Für sie bedeutet Familie notgedrungen noch mehr Heimat, sie ist ein Schutzraum in dem man sich nach jedem Ortswechsel erst einmal sicher fühlt. Der Wunsch, das Leben gemeinsam zu leben, steht für sie sehr stark im Vordergrund. *„Wir halten als Familie sehr eng zusammen,"* ist oft zu hören. Diesen Zusammenhalt zu schaffen, erfordert Kraft, eine Leistung, die vor allem von der Frau erbracht wird und Anerkennung verdient. Familien erkennen dann auch schnell, daß sich häufige Umzüge, Kinder und berufliche Karriere beider Ehepartner nicht vereinbaren lassen. In der Regel konzentriert die Frau ihre Kraft auf die Familie und eine Teilzeitbeschäftigung.

Entwurzelung

Selbstverständlich wissen auch diese Familien um die Nachteile eines Ortswechsels. Neben den oben angeführten Belastungen wird als besonders gravierend die Entwurzelung empfunden, die mit jedem Umzug einhergeht. Es gibt am neuen Ort in der Regel keine Großfamilie, keine vertrauten Nachbarn, keine Freunde, also kein soziales Netz, das Sicherheit gibt und im Notfall auffängt. *„Es geht ins Nichts, man fühlt sich allein, wir sind nie wirklich zu Hause"* sind typische Sätze, die besonders in Gesprächen mit Frauen immer wiederkehren. Da der Mann in der Regel von seiner neuen Aufgabe voll beansprucht wird, bleibt die Familienarbeit Aufgabe der Frau. Daß der Vater der *„Unsicherheitsfaktor"* in der Familie ist, empfinden gerade die Kinder oft sehr stark. Auch hier muß die Frau ungewollt oder gewollt selbständig sein und wird zur Managerin der Familie, die das dringend benötigte Nest baut.

Auf einander
angewiesen

Aber auch die positiven Seiten, die ein Umzug und ein gemeinsamer Lebensmittelpunkt mit sich bringt, sind diesen Familien sehr wohl bewußt. Man sollte sie ruhig lauter benennen, auch wenn es gängiger erscheint, über Nachteile zu klagen! Nachfolgend einige Zitate:

„Ich brauche das ständige Feedback und die Rückenstärkung durch meine Frau." (Soldat)

„Es war nicht leicht, aber ich glaube, wir haben viel gelernt, was Flexibilität, Sozialverhalten und Anpassungsfähigkeit betrifft und sind unseren Altersgenossen damit um einiges voraus." (zwei Soldatenkinder nach dem Abitur).

Von Frauen ist zu hören: *„Wir haben geheiratet, um unser Leben gemeinsam zu gestalten."*

„Ich muß aktiv und selbständig sein. Sonst läuft nichts. Bei dieser Art des Lebens habe ich genau so große Chancen zur Persönlichkeitsentwicklung wie in einem vollen Berufsleben. Ich finde außerdem, daß es vielfältiger ist."

„Mein Mann lädt bei mir seine dienstlichen Fragen ab, ich bespreche unsere familiären und meine beruflichen mit ihm. Das schweißt uns zusammen."

„Ich nehme gerne an dienstlichen Veranstaltungen teil, übernehme auch gerne Repräsentationspflichten. Das hat auch Einfluß auf das Klima in der Einheit meines Mannes und ist Teil unseres gemeinsamen Lebens."   *Einfluß auf das Klima*

„Wir haben uns auf jeden neuen Standort, seine Herausforderungen, seine Menschen gefreut."

„Jeder Umzug ist eine Chance für unsere Ehe. Wir besprechen viel Grundlegendes miteinander und starten gemeinsam etwas Neues."

Ob die Familie umzieht oder nicht, ist in jedem Fall ihre ganz persönliche Entscheidung. Dabei ist Kommunikation innerhalb der ganzen Familie besonders wichtig, um sich den Schwierigkeiten zu stellen und gemeinsam einen Weg zu suchen.

Kommunikation innerhalb der Familie, Flexibilität und Selbständigkeit sind aber auch bei anderen Problemen gefragt, die sich bei Soldatenfamilien ergeben.

Eines davon ist die berufsbedingte längere Abwesenheit des Mannes   *Abwesenheit* durch Lehrgänge und Auslandseinsätze. Besonders junge Familien haben dabei z. T. große Schwierigkeiten. Wenn sich die Frau in der für sie noch neuen Rolle als junge Ehefrau und Mutter selber erst zurecht finden muß, wird sie durch diese Belastungen zusätzlich verunsichert.

In diesen jungen Familien oder in einer noch ungefestigten Beziehung   *Warum gerade* können besonders längere Auslandseinsätze mit monatelangen Trennungen   *er?* problematisch werden. Ob vermehrte Trennungen oder Scheidungen die Folge sind, läßt sich nicht eindeutig beantworten; eine menschliche Überforderung ist aber häufig damit verbunden. Daher sollte der Dienstherr genau prüfen, wen er in derartige Verwendungen schickt. Auf jeden Fall erfordern die Auslandseinsätze eine verstärkte Fürsorge nicht nur für den Soldaten im Einsatz, sondern auch für die Familie zu Hause. Zivile Freunde können die Verpflichtung zum Auslandseinsatz nur selten verstehen, was die häufige und wenig hilfreiche Frage zeigt: *„Warum muß gerade Dein Mann gehen?"*

Der Auslandseinsatz lenkt die Aufmerksamkeit noch auf ein anderes Thema: Auch wenn der Soldatenberuf nach heutigem Verständnis den Krieg verhindern soll, impliziert er immer auch die Notwendigkeit des Tötens, bzw. die Möglichkeit, selbst einer Kriegshandlung zum Opfer zu

Angst fallen. Eine ganz natürliche Reaktion darauf ist Angst. Das gilt sowohl für den Soldaten vor und während des Einsatzes als auch für die Familie, die Angst um den Mann und Vater, aber auch um die eigene Zukunft hat. Angst, Invalidität und Tod sind Themen, die stark tabuisiert sind, über die nur unter dem Druck der unmittelbaren Ereignisse gesprochen wird. Für Familien ist ein Gesprächsangebot – z. B. vom Militärpfarrer im Rahmen eines Familientreffens – vor und während des Einsatzes sicher hilfreich.

Innere Unsicherheit Ein weiterer Punkt der *„Besonderheiten"* scheint schon fast zur Normalität zu gehören: die Integration der ehemaligen NVA Soldaten und die Stationierung der Bundeswehr in den Neuen Bundesländern. Beides ist bemerkenswert gut gelungen. Fragt man aber Familien in Ost und West, so spürt man schnell, welche Kraft das für die Einzelnen kostet. Neben den strukturellen Schwierigkeiten für die in den Osten versetzten West-Familien – anfangs mangelndes Wohnungs- und Schulangebot, noch heute mangelndes Arbeitsangebot für die Frau – war es die über Jahrzehnte gewachsene gegenseitige Fremdheit, die ein Einleben auch heute z. T. noch schwierig macht. Bei Gesprächen mit Frauen ehemaliger NVA Soldaten habe ich immer wieder gespürt, wieviel Angst und innere Abwehr – *„in den Westen gehe ich nie!"* – mit dem Sprung in eine für sie fremde Welt zu überwinden waren und wieviel innere Unsicherheit und Einsamkeit dafür in Kauf genommen werden mußten. Ich habe größte Hochachtung vor den Familien, die diese schwierige Zeit bewältigt haben. Integration in Ost und West – das heißt auch heute noch viel Durchstehvermögen und Fingerspitzengefühl im Umgang miteinander.

Mangelnde Akzeptanz Darüber hinaus ist eine Besonderheit immer noch die mangelnde gesellschaftliche Akzeptanz des Soldatenberufes. Die Zeiten, in denen auch die Familie deswegen angegriffen wurde, sind zwar vorbei, aber noch gut in Erinnerung. Heute dagegen haben Soldatenfamilien trotz der hohen Einschätzung der Bundeswehr in empirischen Untersuchungen mitunter den Eindruck, zwar nicht ausgeschlossen zu sein, aber zu einer *„uniformierten Randgruppe"* gezählt zu werden, von der die Umwelt falsche oder gar keine Vorstellungen hat.

Insgesamt scheint mir die Häufung dieser Besonderheiten und deren Intensität der Grund dafür zu sein, daß die Familie eines Soldaten enger an den Beruf des Mannes gebunden ist als es normalerweise üblich ist. Die damit einhergehende Beeinträchtigung des Familienlebens wird durch die oben erwähnten Veränderungen der Familienstrukturen noch verstärkt. Hilfestellung ist geboten.

Verbesserung durch den Dienstherrn In den letzten Jahren ist von Seiten des Dienstherrn viel getan worden, trotzdem müssen Verbesserungen, angefangen von der Wohnungsfürsorge bis hin zur Personalplanung, immer wieder angemahnt werden. Flexiblere Gestaltung des Umzugskostenrechts, Förderung von Versetzungen innerhalb einer Region, längere Fristen zwischen der Ankündigung und der tatsäclichen Versetzung sind einige Stichworte. Wichtig ist, daß der Einzelne und die Familie nicht nur „*verwaltet*" werden, sondern daß gute, bereitwillig zur Verfügung gestellte Informationen und Hilfsangebote Beratung und Unterstützung geben. Das trägt dazu bei, Unsicherheit und Angst zu vermeiden.

Besonders wichtig sind Informationen, Beratung und Unterstützung beim Auslandseinsatz sowohl für den Soldaten als auch für die Familie. Schriftliches Informationsmaterial mag gut sein, Gespräche, Treffen der Familien, Seminare vor dem Einsatz sind sicher wirkungsvoller, da oft sensible Bereiche berührt werden, wie am Thema „*Angst*" deutlich wurde.

Gute Vorbereitung

Während des Einsatzes leisten die Familienbetreuungszentren gute Arbeit und stehen auch für ganz konkrete Hilfen zur Verfügung. Schwierig wird es allerdings für einzelne Familien, die nicht im Bereich des Verbandes leben. Für sie ist das zuständige Familienbetreuungszentrum oft zu weit entfernt. Sie brauchen besondere Ansprache.

Auch die Zeit nach dem Einsatz bedarf der Fürsorge. Es braucht Zeit, bis der Mann seine Eindrücke verarbeitet hat. Zeit braucht aber auch die ganze Familie, um sich wieder aneinander zu gewöhnen. Der Wunsch nach einem Urlaub unmittelbar nach dem Einsatz oder einem Familienseminar wird oft laut. Rüstzeiten und Seminare der Militärseelsorge und der Evangelischen und Katholischen Soldatenbetreuung sind nicht nur vor und während des Einsatzes sinnvoll sondern auch danach wünschenswert.

Zeit danach

Gerade beim Auslandseinsatz ist deutlich geworden, was neben der institutionellen Hilfe Eigeninitiative bewirken kann. So haben sich von Frauen organisierte Familientreffen und Telefondienste gut bewährt. Interessanterweise nehmen die Frauen das Angebot, selber anzurufen, aber erst dann verstärkt wahr, wenn sie ihrerseits angerufen worden sind und die Hemmschwelle von außen durchbrochen wurde. Allein ein Angebot zur Hilfe reicht offensichtlich nicht aus. Menschen in sie belastenden Situationen wollen „*abgeholt*" werden, man muß auf sie zugehen.

Eigeninitiative

Kontakte von Familien untereinander und Hilfestellung von Frau zu Frau im Notfall und bei der Bewältigung von Trennungsschwierigkeiten bedeuten viel. Nur – um im Notfall zu helfen, muß man sich kennen. Vor diesem Hintergrund halte ich Frauentreffs auch außerhalb der Auslandseinsätze für wichtig und kann die folgende Aussage einer Frau nachvollziehen: „Schade, daß nur noch so wenige umziehen. Dann wird für die Familien auch nichts mehr organisiert. Mir haben die Kontakte zu den Kameradenfrauen gerade am neuen Standort immer sehr geholfen." Meine Antwort darauf: „*Wenn die Frau des Kommandeurs nicht am Ort wohnt, wie es früher üblich war, und deshalb nichts organisiert: warum nehmen Sie dann nicht selber die Initiative in die Hand?*"

Kontakte wichtig

Die Schwierigkeiten, mit denen eine Soldatenfamilie konfrontiert wird, lassen sich aber nicht nur durch Hilfestellungen von außen lösen. Es erscheint mir auch wichtig, besondere persönliche Fähigkeiten zu entwikkeln, die schwierige Situationen meistern helfen und zum Gelingen des Ehe- und Familienlebens beitragen. Vielleicht erscheint nach diesen abschließenden Überlegungen die Frage, ob „die Familie eines Soldaten zu kurz kommt" in einem anderen Licht.

Beruf mitgeheiratet

Jeder Mensch entwickelt sich im Laufe seines Lebens weiter; um dabei miteinander und nicht auseinander zu gehen, bedarf es des ständigen Gedankenaustausches mit dem Partner. Gespräche sind wichtig! Schon am Anfang einer geplanten Lebensgemeinschaft sollten beide Partner über ihre jeweiligen Zukunftsvorstellungen sprechen. Vor allem aber sollte der junge Soldat mit seiner zukünftigen Lebenspartnerin über die Besonderheiten seines Berufes reden. Die Frau eines Soldaten heiratet nicht nur ihren Mann, sondern auch ein Stück seines Berufes mit – darüber müssen sich beide klar sein!

Aktivität, Flexibilität und Selbständigkeit sind schon angesprochen worden. Wer dazu noch über die Gabe der Selbstdisziplin und ein Stück Optimismus verfügt, hat es sicher leichter. Mit optimistischer Einstellung im Sinne von „*self fullfilling prophecy*" läßt sich manche Situation besser meistern. Sicher gibt es Menschen, denen es nicht vergönnt ist, das Leben positiv anzupacken, und die an starken Belastungen u. U. scheitern. Ich meine aber, daß bis zu einem gewissen Grade manches erlernbar ist.

Mündige Menschen

Eine Ehe ist auf Dauer angelegt. Diese zeitliche Dimension entlastet von einer zermürbenden Dauerreflexion über den jeweiligen gegenwärtigen Zustand, sie ermöglicht Gelassenheit, verpflichtet andererseits aber auch zu Verläßlichkeit in gegenseitig gelebter Achtung, Rücksichtnahme und Loyalität. Dabei haben sicher auch Kinder in einer verläßlichen, sicheren Beziehung eine größere Chance, sich zu mündigen Menschen zu entwickeln.

Wille zur Gemeinsamkeit

Diese gegenseitige Bindung hat nichts Beengendes oder Autoritäres, sondern sie ist eine Herausforderung zur persönlichen Gestaltung und steht damit in eigener Verantwortung. Das erfordert allerdings Disziplin, Willen zur Gemeinsamkeit und Durchhaltevermögen, Eigenschaften, die konträr zu einer Ich-bezogenen „*Konsum- und Wegwerfgesellschaft*" stehen. So gesehen ist das „Leitbild Ehe" ein Angebot, das gerade in der heutigen Gesellschaft Orientierung geben kann.

Viele Soldatenfamilien müssen durch die beruflichen Umstände mit größeren Belastungen leben als andere Familien. Vermehrte Scheidungshäufigkeit wäre die logische Folgerung. Das scheint aber, besonders bei Familien, die sehr häufig versetzt wurden, nicht der Fall zu sein. Das sollte nachdenklich machen!

Der „*Pionier der Glücksforschung*", Mihaly Csikszentmihalyi, vertritt die These, daß nur zielgerichtete Aktivität und das Annehmen von Herausforderungen zur Entfaltung von Kräften und damit zu größerem Selbstbewußtsein führt. Von nichts hängt aber nach seiner Meinung die Empfindung, ein glücklicher Mensch zu sein, mehr ab als vom Selbstwertgefühl.

Selbstwert-gefühl

Oder frei nach Augustinus: *„Unsere großen Erzieher sind Liebe, Sinn und Not."*

Ich denke, gerade in der Belastung der Soldatenfamilie kann eine Herausforderung und somit eine Chance liegen. Eine Chance, persönliche Stärken für eine selbstverantwortlich gestaltete und damit gelingende Ehe und ein lebendiges, sich gegenseitig befruchtendes Familienleben zu entwickeln. In sofern sind auch Familie und Bundeswehr – als lebendiger, nie fertiger Prozeß verstanden – eine lohnende und lebbare Aufgabe, die allerdings gemeinsam von allen Beteiligten zu leisten ist.

4. Der Offizier als Vorgesetzter

Werner von Scheven

Gedanken eines Offiziers

Kommandeure, Kommandanten und Kommandierende Generale, Kompaniechefs und Chefs der Stäbe, truppendienstliche Vorgesetzte, Disziplinarvorgesetzte, Vorgesetzte mit besonderem Aufgabenbereich und solche aufgrund besonderer Anordnung, Fachvorgesetzte und Vorgesetzte aufgrund eigener Erklärung, usw: Es gibt in der Bundeswehr viele Arten von Vorgesetzten. Jeder hat einen oder mehrere Vorgesetzte, er steht in einer hierarchischen Kette von Befehlsbefugten.

Es gibt elf Dienstgradstufen der Offiziere, einschließlich der Generale und Admirale, und noch mehr Besoldungsstufen. Einerseits werden im Zivilleben Hierarchien immer flacher – es soll bereits Unternehmen ohne Hierarchie geben – andererseits halten Streitkräfte an ausgedehnten Hierarchien fest. Zeichen und Rituale unterstreichen hierarchische Positionen, insbesondere die der Truppenführung.

Der Sinn dessen kann vor allem in der Notwendigkeit und Schwierigkeit gesehen werden, den politischen Willen bei der Gestaltung und im Einsatz der Streitkräfte unverfälscht und ungebrochen bis auf die Ebene des Gewehrschützen durchzusetzen.

Militärische Macht ist ausschließlich Instrument der politischen Führung. Die Vorgesetzten in der Armee stehen dafür ein, daß das militärische Instrument so beschaffen ist und so verwendet wird wie der politisch verantwortliche Dienstherr es fordert. Wo Militär der politischen Hand entgleitet, wird das Mittel zum Zweck, herrschen Putsch, Chaos und Warlords.

Es ist daher von höchstem öffentlichen Interesse, daß die Vorgesetzten in den Streitkräften aufgrund von Disziplin, Gewissenhaftigkeit und Kompetenz Vertrauen verdienen. Darum ist die Bundeswehr von Anfang an offen gegenüber dem Interesse der Öffentlichkeit. Umfragen geben Zeugnis davon, daß die Bundeswehr noch mehr öffentliches Vertrauen genießt als viele andere demokratische Institutionen.

Der militärische Vorgesetzte hat alle Pflichten des gewöhnlichen Soldaten. Zusätzlich sind ihm die Pflichten des Vorgesetzten aufgegeben (SG, § 10), die ihn in besonderer Weise in Pflicht nehmen. Der Vorgesetzte soll in Haltung und Pflichterfüllung ein Beispiel geben. Er soll sich bewußt sein, daß von seiner Persönlichkeit und seinem Tun erzieherische Wirkungen ausgehen.

Das Gesetz unterscheidet nur an wenigen Stellen zwischen Offizieren und Unteroffizieren. Es spricht vielmehr beide Laufbahngruppen als Vor-

gesetzte an. Dies kann eine Begründung für das allgemein kameradschaft-
lich-kooperative Verhältnis zwischen Offizieren und Unteroffizieren sein.
In der Armee der untergegangenen DDR gab es im Verhältnis viel mehr
Offiziere und viel weniger Unteroffiziere als in der Bundeswehr. Die Offiziere waren in allem deutlicher von den Unteroffizieren und Fähnrichen
abgehoben, als es in der Bundeswehr üblich ist. Offiziere der Nationalen
Volksarmee hatten darüber hinaus abgestufte Privilegien in der Gesellschaft, ein Umstand, der dem Offizier der Bundeswehr fremd ist.

Der Offizier wird aus- und fortgebildet, damit er imstande ist, als Vorgesetzter in übergeordneten Zusammenhängen mitzudenken. Er soll als
Staatsbürger in Uniform die Einbindung seines Berufes sowie die politischen Voraussetzungen, Begleitumstände und Folgen seines Handelns bedenken. Wenn er von seiner Freiheit Gebrauch macht, darüber, wenn ange-
bracht, auch zu sprechen, empfindet die politische Führung diesen Offizier
mitunter als einen unbequemen Untergebenen.

Die politische Sinnvermittlung war in der NVA den Politoffizieren mit
einer eigenen Nomenklatur übertragen. Für die Bundeswehr hat der Gesetzgeber die staatsbürgerliche und völkerrechtliche Unterrichtung der
Soldaten in die Hand des Vorgesetzten gelegt.

Der Dienstherr traut dem umfassend ausgebildeten militärischen Vorgesetzten zu, daß er knapp formulierte Aufträge selbständig umsetzen wird
und seinerseits diejenigen mit Aufträgen führt, die ihm als Führer einer
Truppe unterstellt sind.

Als Führer seiner Soldaten im Einsatz ist der junge Offizier stets vorn,
wo er von den Geführten gesehen wird und diese seinem Beispiel folgen
können.

Nach wie vor ist richtig was an anderer Stelle geschrieben wurde:
Offizier sein heißt Selbststehen
Offizier sein heißt Einstehen
Offizier sein heißt Vornstehen.

Peter H. Blaschke

Gedanken eines Militärpfarrers

Der Vorgesetzte kennt seine „*Pappenheimer*". Er weiß um ihre Fähigkeiten und Schwächen. Er hört zu, wenn sie von ihren Sorgen und Problemen berichten oder auch von ihren Freuden und Erfolgen. Und auch die privaten, die familiären Verhältnisse sind ihm nicht fremd. Zugleich weiß er: Seine Soldaten schauen auf ihn. Sein Befehl muß gedeckt sein durch seine Person: Geheimnis des Vertrauens. Vorbild ist wichtig wie eh und je.

Im Alten Testament wird die Geschichte eines Vorgesetzten erzählt, der dieses Vertrauen eines ihm Untergebenen schändlich mißbraucht (2. Samuel 11): Der König David hat sich in die Frau Uria's verliebt. Er schläft mir ihr. Sie wird schwanger. Zunächst läßt David den Uria zu sich kommen, so als wollte er sehen, was das für ein Mensch sei. Uria zeigt sich als ein Mann von hoher Moral und Solidarität: In der Krisensituation eines sich abzeichnenden kriegerischen Konflikts bleibt er bei seinen Leuten, die sich auf diesen Krieg vorbereiten, obwohl er nach Hause gehen könnte und nachts mit seiner Frau zusammensein könnte. Und David, der Vorgesetzte, nutzt diese Solidarität und das Vertrauen aus. Er schickt Uria dort an die Front, wo er sicher sein kann, daß er fällt. Und Uria wird getötet. Damit scheint der Weg frei, von der Frau Besitz zu ergreifen. Aber der Vorgesetzte David muß sich vom Propheten Samuel sagen lassen, er habe Uria ermordet. Die Pflicht zur Fürsorge ist in ihr Gegenteil verkehrt. David erkennt zwar seine Schuld, aber zu spät. Er hat nicht nur gemordet, sondern er hat auch das Ideal des Vorgesetzten in den Schmutz gezogen.

Im Neuen Testament wird dazu die positive Gegengeschichte erzählt (Matth. 8, 5 ff): Ein Hauptmann kommt zu Jesus in Karpernaum und bittet um Hilfe für den kranken, leidenden Knecht. Er hätte sicher genug andere, die ihm zu Diensten sein könnten. Aber für ihn kommt es auf diesen Einen an: Er leidet große Qual. Und da er mit seinen eigenen Befehlen nichts mehr ausrichten kann, macht sich dieser Vorgesetzte selbst auf den Weg zu dem, von dessen Befehl er Hilfe erwartet: Der Vorgesetzte wird zum Untergebenen. Jesus stellt diesen Hauptmann als Vorbild hin: Für ihn ist der Untergebene genauso Mensch wie er selbst. Und er, der Vorgesetzte weiß, daß seine Befehlsgewalt begrenzt ist. Wo aber die Befehlsgewalt aufhört, hört die Verantwortung noch lange nicht auf.

4.1 Hans-Christian Beck

... mehr noch als fachliches Können

Einleitung

Moralische Bindung Streitkräfte sind Organ des demokratischen Staates zur Sicherung der eigenen und der internationalen Friedens- und Rechtsordnung. Die ethisch legitime Erwartung von Staat und Gesellschaft an militärisches Handeln gilt funktionaler Effizienz bei der Erfüllung dieser Aufgaben sowie der moralischen Bindung des militärischen Handelns an die durch die staatliche Rechts- und Friedensordnung geschützten Werte. Die professionelle Qualität militärischen Handelns kann deshalb nicht durch die Festlegung fachlicher Fertigkeiten und Kenntnisse hinreichend definiert werden, sondern verlangt ist die Integration dieser Fertigkeiten in ein (berufs)ethisch fundiertes Selbstverständnis, das die Problematik des aktiven und passiven Gewaltrisikos militärischen Handelns und die damit verbundenen moralischen, psychischen und physischen Gefährdungen des Soldaten reflektiert.

„Sittliche geistige und seelische Kräfte bestimmen, mehr noch als fachliches Können, den Wert des Soldaten in Frieden und Krieg. Diese Kräfte zu entwickeln, ist Aufgabe der soldatischen Erziehung. Sie wird in jedem militärischen Dienst wirksam, vornehmlich in der Ausbildung, die von Erziehung nicht zu trennen ist.“[1]

Auch wenn diese Kernaussage so in nachfolgenden Vorschriften der Inneren Führung bis hin zur heute gültigen Zentralen Dienstvorschrift 10/1 nicht fortgeschrieben wurde, so besteht sie in leicht modifizierter Form noch heute in der Zentralen Dienstvorschrift 66/2 *„Lebenskundlicher Unterricht“*[2]

Verbindliches Modell Gegenstand einer soldatischen Ethik ist zum einen die Formulierung und Begründung berufsbezogener normativer Verhaltenserwartungen durch die Rechte und Pflichten des Soldaten in seinem beruflichen Handlungsfeld festgelegt werden, zum anderen die Entwicklung und Darstellung eines für die Angehörigen der Streitkräfte verbindlichen Modells des *„guten Soldaten“*. Letzteres enthält ein *„realistisches Idealbild“*, in dem elementare, interpretationsoffene Aussagen über Ziel und Zweck der Streitkräfte, gewünschte Verhaltensweisen und Werthaltungen der Soldaten festgelegt werden.

---

1. Handbuch Innere Führung, S. 91
2. Vgl. ZDv 66/2, Abschnitt A, Ziffer 1

218

Innere Führung ist von ihrer historischen Entwicklung und ihrem materialen Gehalt her eine soldatische Berufsethik, die durch berufsspezifische Rechts- und Moralnormen die Geltung der normativen Prinzipien des demokratischen Rechtsstaats im militärischen Handeln sicherstellen soll, auch wenn ein selbstkritischer Rückblick auf die Geschichte der Inneren Führung in der Bundeswehr nicht übersehen kann, daß gegenläufige Tendenzen zur Interpretation der Inneren Führung als Führungstechnologie gelegentlich favorisiert wurden und werden. *Keine Führungs-technologie*

Die richtig interpretierte Innere Führung der Bundeswehr mit ihren Grundsätzen und Zielen[3] ist eine Berufsethik, die auf Forderungen und Vorgaben des demokratischen Rechtsstaats antwortet, dem es um seine Integrität als Rechtsstaat geht, der in allen Bereichen staatlichen Handelns die Bindung an die Werteordnung der Verfassung gewährleisten muß. *Vorgaben des Rechtsstaats*

Eine auf diesen Voraussetzungen entwickelte soldatische Berufsethik verabschiedet die Vorstellung einer soldatischen Sondermoral. Dies impliziert einen Bruch mit der tugendethischen Tradition soldatischer Berufsethiken. Wobei dies keine generelle Ablehnung der legitimen berufsmoralischen Gehalte dieser Tradition bedeutet, sondern ihre Realisierung unter den Bedingungen eines soldatischen Dienstes in einem demokratischen Rechtsstaat.

Bereits 1957 war mit der damaligen Formulierung eine Professionalität soldatischen Handelns gemeint, die auf dem Menschenbild des Grundgesetzes basiert. Diese findet sich im Leitbild vom Staatsbürger in Uniform, das durch das Soldatengesetz festgeschrieben wurde. Ziel der Inneren Führung ist es nach wie vor, militärisches Handeln an die Werteordnung der Verfassung im Leitbild des (berufsmoralisch) „guten" Soldaten, des „Staatsbürgers in Uniform" zu binden. *Leitbild „guter" Soldat*

Entsprechend diesem Leitbild ist moralische Kompetenz ein unverzichtbarer Bestimmungsfaktor der Qualität militärischen Handelns.

Moralisch kompetent handelt der Soldat, der sich an den berufsmoralischen Normen der Inneren Führung orientiert und aus innerer Zustimmung die Grundwerte, auf denen unsere Rechts- und Staatsordnung basiert, in seinen Dienst einbringt. Moralische Kompetenz, die normgerechtes Handeln und die freie Anerkennung dieser Normen zum Ziel hat, kann letztlich nicht befohlen oder durch Sanktionen erzwungen werden. Die Wirksamkeit von Normen im zwischenmenschlichen Zusammenleben hängt in hohem Maße von der ungezwungenen Anerkennung ab. Moralische Kompetenz ist deshalb Resultat von Bildung und Reflexion. *Zustimmung zu Grundwerten*

---

3. Vgl. ZDv 10/1 Kapitel 1 und 2

Entwicklung moralischer Kompetenz als Ergebnis von Bildungsprozessen in den Streitkräften

Bildung

Unterscheidung

Dem Begriff *„Bildung"* kommt für die Konzeption der Inneren Führung, eine bedeutende Rolle zu. Ohne diesen vieldeutigen Fundamentalbegriff der pädagogischen Fachsprache in allen Einzelheiten zu analysieren, kommt es doch darauf an, das seinerzeit maßgebliche Bildungsverständnis von dem heute in der Pädagogik und auch in der Bundeswehr herrschenden Verständnis abzugrenzen. Wer dies leisten will, kommt nicht umhin, auf das Problem der Unterscheidung von Erziehung und Bildung im deutschen Sprachgebrauch hinzuweisen. Oft werden die Begriffe sinngleich genutzt. Auch die Frage, welcher Begriff jeweils dem anderen über- bzw. unterzuordnen ist, wird immer wieder aufgeworfen.

Als sich Ende des 18. Jahrhunderts die Auffassung entwickelte, daß unter Bildung das Hervorbringen der Menschlichkeit des Menschen in eigener Anstrengung zu verstehen ist, war es Wilhelm von Humboldt, der Bildung als Oberbegriff fixierte. Seit dieser Zeit wird Bildung sowohl als Zustand als auch als Prozeß verstanden.[4]

Zustand und Prozeß

So wird im weiteren Verlauf Bildung als Rahmenbedingung (Zustand und Prozeß) verstanden, die zur ganzheitlichen Entfaltung des Individuums führt und von ihm selbst ausgelöst wird. In Bezug auf die Bundeswehr bedeutet dies, für den Soldaten Rahmenbedingungen zu schaffen, die ihn in seiner Entwicklung des Denk- und Urteilsvermögens sowie seines Wertebewußtseins unterstützen.

Diese Klarstellung ist bedeutsam, da sie deutlich macht, daß die moralische Kompetenz, die aus den sittlichen, geistigen und seelischen Kräften besteht, im Zusammenhang mit Soldaten, also mündigen erwachsenen Bürgern, kein Ziel der Erziehung, sondern der Bildung ist.

Leitbild

Die Initiierung von Bildungsprozessen ist eine zentrale Aufgabe pädagogischen Handelns in der Bundeswehr. Für das Verständnis von Bildungsprozessen in der Bundeswehr ist eine Erinnerung an das pädagogische Leitbild der preußischen Heeresreform, in deren Tradition die Innere Führung steht, unerläßlich.

Leitbegriff

Die Humboldsche Bildungstheorie bildet die geistige Grundlage der Theorie vom Kriege von Clausewitz. Im Sinne Scharnhorsts und Clausewitz[5] diente der Erziehungsbegriff ausschließlich zur Bezeichnung des pädagogischen Handelns in Kadettenanstalten. Zur Bezeichnung des geforderten erwachsenenpädagogischen Handelns wurde der Bildungsbegriff

---

4. Vgl. Art. „Bildung", S. 314
5. Vgl. Militär- und Reorganisationskommission an den Staatsminister Freiherr vom Stein, in: Vaupel 1938/1968, S. 191 ff

verwendet. Der Bildungsbegriff ist der pädagogische Leitbegriff der preußischen Heeresreform.

Auch zur Zeit der preußischen Heeresreform mußte der Soldat auf seine Aufgaben im Gefecht vorbereitet werden. Die militärischen Aufgaben mußten damals wie heute aus dem Kriegsbild abgeleitet werden. Das *„neue Kriegsbild"* ist, so die damaligen Reformer, durch das Prinzip der Unbestimmtheit des Krieges gekennzeichnet. Die Unbestimmtheit des Krieges stellt eine Ableitung des bildungstheoretischen Prinzips der Unbestimmtheit des Menschen dar. Der Krieg wird als „Gebiet des gesellschaftlichen Lebens" freier Menschen gesehen[6]. Das neue Kriegsbild und die daraus abgeleiteten militärischen Aufgaben forderten den flexiblen und in komplexen Situationen selbständig denkenden und handelnden und dabei verantwortlichen Soldaten. Dieses neue Leitbild der preußischen Heeresreform galt nicht nur für die höchsten militärischen Führer, sondern für jeden Soldaten. Hier wird deutlich, daß die damalige Reformidee die Grundlage für den Staatsbürger in Uniform bildet.

Flexibel und selbständig

Dieser Soldat als Staatsbürger in Uniform muß über moralische Kompetenz verfügen, wenn er den Ansprüchen, die sich aus dem Menschenbild des Grundgesetzes ableiten, gerecht werden will. Dies gilt im besonderen Maße für den militärischen Vorgesetzten.

Moralische Kompetenz

Moralische Kompetenz umfaßt Urteils- und Handlungsfähigkeit. In diesem Sinne muß der Soldat militärisches Handeln nach moralischen und rechtlichen Prinzipien beurteilen können. Die geforderte Urteilskompetenz betrifft nicht nur die *„großen"* Fragen nach der Legitimität militärischer Gewaltanwendung und sicherheitspolitischer Optionen, sondern im gleichen Maße die Fragen der Interaktion in den Streitkräften und die Gestaltung der soldatischen Ordnung. Moralische Urteilsfähigkeit setzt Sach- und Fachkenntnis und einen Mindestbestand an Werte- und Normenwissen voraus. Darüber hinaus ist auch Diskursfähigkeit notwendige Voraussetzung.

Urteils-kompetenz

Ziele von Bildungsprozessen in den Streitkräften

Es kommt demzufolge darauf an, Bildungsprozesse zu initiieren, die das Erreichen differenzierter moralischer Kompetenz gewährleisten. Es sind Rahmenbedingungen zu schaffen, unter denen jeder Soldat seine *Per-*

6. v. Clausewitz, C. Berlin 1832, Bonn 1991, S. 303

sönlichkeit weiter entwickeln kann. Dazu gehört ein *differenziertes Werte- und Normenwissen.* Dies bildet die Voraussetzung für seine *Urteilsfähigkeit* und für die Fähigkeit, *Verantwortung* zu übernehmen.

Persönlichkeitsentwicklung

Wenn Persönlichkeitsentwicklung Voraussetzung zur Erlangung moralischer Kompetenz ist und diese wiederum für jeden Soldaten zwingend ist, stellt sich die Frage, was die Bundeswehr bisher veranlaßt hat, eine solche Kompetenz zu entwickeln.

Eigenverant-
wortlichkeit
fördern

Hier bietet es sich zunächst einmal an, die gültigen Vorschriften daraufhin zu prüfen. Die ZDv 10/1 Innere Führung (1993) bietet da einige Ansatzpunkte. Im Grundlagenkapitel dieser Vorschrift steht: *„Der Staat und seine Institutionen sind daher verpflichtet, die Eigenverantwortlichkeit des Menschen zu fördern und seine freie, am Gewissen orientierte und an Recht und Gesetz gebundene Entscheidung zu respektieren ..."*[7] Im Kapitel „Ziele und Grundlagen wird dies noch einmal verdeutlicht: *„Diese Ziele werden im Leitbild des Staatsbürger in Uniform verdeutlicht, das idealtypisch die Forderungen an den Soldaten der Bundeswehr beschreibt: – eine freie Persönlichkeit zu sein, – als verantwortungsbewußter Staatsbürger zu handeln, – sich für den Auftrag einsatzbereit zu halten"*[8]. Darüber hinaus ist noch die Ziffer 215, die sich mit Bildung und Erziehung befaßt, zu betrachten. Auch wenn diese Ziffer eine begriffliche Stringenz vermissen läßt, stellt sie die Bedeutung von Persönlichkeitsentwicklung wie folgt heraus: *„Sie (die Bildungs- und Erziehungsarbeit) fördert die Persönlichkeitsentwicklung mit dem Ziel, den Soldaten zum Handeln im Sinne des Leitbildes vom Staatsbürger in Uniform zu befähigen. "*

Wie wird dieses Ziel der Persönlichkeitsentwicklung in der Praxis der Bundeswehr operationalisiert?

Auseinander-
setzung

Wer die Leitsätze für die Praxis der Inneren Führung zu Rate zieht, findet zwar die Begriffe Persönlichkeitsentwicklung, Verantwortung usw. als Zielsetzung, doch Aussagen wie dies zu erreichen ist, sind nur spärlich zu finden wie z. B. im Leitsatz 1: *„setzt sich mit den Grundfragen ... auseinander ... fördert die geistige Auseinandersetzung ..."*[9]. Die Weisung zur Intensivierung der historischen Bildung in den Streitkräften[10] gibt einige Hinweise, welchen Beitrag die historische Bildung zur Persönlichkeitsentwicklung des militärischen Führungspersonals leisten kann.

7. ZDv 10 / 1 Innere Führung, Ziffer 102
8. Ebd., Ziffer 203
9. Ebd., Anlage 1
10. Vgl. Generalinspekteur der Bundeswehr, Weisung zur Intensivierung der historischen Bildung in den Streitkräften, S. 1, S. 3

Ein Blick in den Lernzielkatalog Innere Führung[11] hilft nicht weiter. Hier wird Innere Führung als Ausbildungsgebiet definiert und in die Ausbildungsteilgebiete – Menschenführung, – Politische Bildung, – Betreuung und Fürsorge, – Wehrrecht, Soldatische Ordnung und – Kriegsvölkerrecht eingeteilt[12].

Voraussetzungen schaffen

Ein Rückblick auf v. Humboldt ist auch hier hilfreich, so wie es auch die Preußischen Reformer getan haben. In deren Verständnis soll Bildung als Selbstzweck die Voraussetzung schaffen, sich mit den gesellschaftlichen Rahmenbedingungen prüfend auseinanderzusetzen, um so ggf. verändernd wirken zu können. Dabei fordert v. Humboldt gerade vom Staat und seinen Institutionen, dazu beizutragen, daß die Staatsgewalt nicht über ein absolut notwendiges Maß (zum Wohl der Gesellschaft) hinaus, sich in Privatangelegenheiten des Bürgers einmischt[13]. Das heißt die freie Person entscheidet selbst über ihr individuelles Sich-Bilden.

Bildungsziele

Daraus leiteten die preußischen Reformer für den soldatischen Bereich folgende Ziele ab:
– Selbstbildung der Soldaten, insbesondere der Offiziere.
– Die Pflicht, zur Bildung des Mitmenschen beizutragen, ohne ein pädagogisches Herrschaftsverhältnis zu begründen.
– Die Förderung der Selbständigkeit und Selbsttätigkeit der Untergebenen im militärischen Tun.
– Den systematischen Zusammenhang von Charakter- und Verstandesbildung sowie von Theorie und Praxis.

Die hier beschriebenen Ziele sind auch der geistige Anknüpfungspunkt für die Reformer der 50er Jahre um Baudissin gewesen.

Leider ist es ihnen nicht gelungen, den Humboldtschen Bildungsbegriff für ihre konzeptionellen Überlegungen zu rekonstruieren, was auf eine zu geringe historisch-systematische Auseinandersetzung mit den pädagogischen Konzepten der Heeresreformer um Scharnhorst schließen läßt.

Erziehung als Selbsterziehung

Baudissin übernahm zwar weitestgehend das Konzept Scharnhorsts, versah es aber mit einem anderen Etikett, dem Erziehungsbegriff. Allerdings verstand er damit Erziehung als Selbsterziehung des mündigen Bürgers, also durchaus im Sinne des Bildungsbegriffes, was heute von vielen maßgeblichen Leuten in der Bundeswehr anders und damit falsch interpretiert wird.

---

11. Lernzielkatalog Innere Führung, 1988
12. Ebd., S. 3
13. Vgl. v. Humboldt, W., Bildung und Sprache, S. 9

Werte- und Normenwissen

Handlungs-
sicherheit

Normative Leitidee pädagogischen Handelns ist die Bildung des Adressaten, um diesem Handlungsorientierung und Handlungssicherheit zu ermöglichen[14]. Diesem Ziel dient die Normen- und Wertevermittlung als ein Element moralischer Bildung.

In einer pluralistischen Gesellschaft muß sich pädagogisches Handeln immer der Spannung zwischen sittlicher Autonomie des einzelnen und normativer Verbindlichkeit vergegenwärtigen. Die gesellschaftliche Pluralität von Lebensformen und Lebensstilen, Konzepten eines gelingenden Lebens, Formen der Weltinterpretation und des Selbstverständnisses spiegelt sich in den Streitkräften wider. Die Anerkennung dieser Pluralität in den Streitkräften ist mehr als nur Indiz für die Integration der Streitkräfte in die Gesellschaft, sondern hat ihren ethischen Grund in der sittlichen Autonomie der Person.

Normative
Verbindlich-
keiten

Ausgangspunkt von Bildungsprozessen ist deshalb der Respekt und die Achtung vor der konkreten moralischen Identität des einzelnen. Gleichwohl ist militärisches Handeln wie das gesellschaftliche Zusammenleben generell auf die Wirksamkeit und Geltung elementarer, normativer Verbindlichkeiten angewiesen, die gemeinsames Handeln ermöglichen und die verträgliche Koexistenz der unterschiedlichen Lebensformen und Lebensstile sicherstellen. Gerade für das der Effizienz verpflichtete Handeln der Streitkräfte ist die Verständigung auf einen gemeinsamen Wertekonsens unverzichtbar.

Allen Men-
schen zugute

Besondere Bedeutung für Bildungsprozesse, die Differenzierung und Erweiterung des Werte- und Normenwissen eines individuellen Ethos anstreben, kommt den Menschenrechten[15] zu als den fundamentalen moralischen Prinzipien, auf denen unsere Staats- und Rechtsordnung und daraus abgeleitet die soldatische Berufsethik aufbaut. Die Menschenrechte formulieren moralische Anspruchsrechte, Freiheits,- Mitwirkungs- und Sozialrechte, die unabhängig von der einzelnen konkreten Rechtsordnung allen Menschen zukommen und für alle in jeder Situation gelten. So sehr Menschenrechte auf die Gewährleistung durch eine öffentliche Autorität verwiesen sind, formulieren sie schon auf der vorrechtlichen Ebene ein Gefüge moralischer Rechte und Pflichten. Wenn Menschenrechte jedem Menschen zukommen, ist jeder zugleich Subjekt von Rechten und Pflichten gegenüber anderen Rechtssubjekten[16].

Bildungsprozesse in den Streitkräften können sich daher nicht auf eine positivistische Vermittlung von Werten und Normen, auf Instruierung und

---

14. Vgl. Kaiser, Sinn und Situation
15. Vgl. Höffe, Ethikunterricht in der pluralistischen Gesellschaft, S. 30-35
16. Vgl. Zurbuchen, Menschenrechte uns Menschenwürde, S. 11-15

Belehrung über Inhalte einer soldatischen Berufsethik beschränken, sondern müssen ihr menschenrechtliches Begründungsfundament erkennen lassen. Nur wenn dies gewährleistet ist, besteht eine realistische Erwartung auf eine freie ungezwungene Anerkennung und innere Zustimmung zu berufsmoralisch verbindlichen Normen und Werten.

Begründungs-fundament

Diese Forderung nach Erkenntnis des Menschenrechtsethos ist eine Herausforderung an die Bildungspraxis in den Streitkräften, zumal dort, wo Innere Führung und Recht gelehrt wird.

So sind Normen im Bereich der Streitkräfte in hohem Maße durch gesetzliche Vorgaben und streitkräftespezifische Vorschriften festgelegt. Daher ist gerade der Anteil „*Recht*" in allen Lernzielkatalogen der Bildungseinrichtungen der Bundeswehr in operationalisierter Form zu finden.

Recht und Werte

Anders stellt sich dies im Bereich der Werte dar, weil sie einerseits einen niedrigeren Verbindlichkeitscharakter haben als Gesetze und andererseits zwar in Zielkataloge eingebracht werden können, aber ihre tatsächliche Überprüfbarkeit nur indirekt aus dem Verhalten gegeben ist.

So ist es auch bei dem Versuch der Reformer um Baudissin mit dem Handbuch für Innere Führung 1957 dabei geblieben, im Bereich der Werte Ziele festzuschreiben.

Urteils- und Handlungsfähigkeit

Historische Betrachtungen machen deutlich, daß sich besonders Soldaten immer wieder in Lagen befunden haben, die als Konflikt- oder sogar als Dilemmasituationen zu bezeichnen waren. Moralische Urteils- und Handlungsfähigkeit sind Voraussetzungen solche Situationen zu bewältigen.

Konfliktsituation

Moralische Urteilsfähigkeit zeigt sich in Diskursfähigkeit, d.h. der moralisch kompetente Soldat ist argumentationsfähig und kann sein Handeln mit Gründen rechtfertigen. Die Möglichkeit des Konfliktes zwischen Gehorsam und Gewissen kann nicht ausgeschlossen werden. Es ist vorstellbar, daß in einer konkreten Situation, in der eine Entscheidung unabweisbar wird, das Gewissen höhere Verbindlichkeit beansprucht als ein Befehl. In diesem Sinne gilt die Freiheit des Gewissens (Art. 4 (1) GG) auch für Soldaten. Ihre Inanspruchnahme legt allerdings die Pflicht auf zu prüfen, was als Gewissensentscheidung Bestand hat[17]. In diesem Zusammenhang zeigt sich dann Anwendungskompetenz des Soldaten, d.h. sein Vermögen, in Entscheidungssituationen generelle Normen, die immer für eine Vielzahl von Situationen Verhaltenserwartungen formulieren, situationsgerecht zur Geltung zu bringen. Moralische Urteilsfähigkeit verlangt mehr als Re-

Handeln rechtfertigen

---

17. Vgl. Fröhling / Rausch, Entscheiden und Verantworten, S. 6

gel- und Normengehorsam, vielmehr den sach- und situationsgerechten Gebrauch moralischer und rechtlicher Normen.

Demokratisches Ethos Moralische Handlungsfähigkeit zielt auf den Erwerb von Haltungen und Dispositionen, die berufsethisch richtiges Handeln ermöglichen und zum Handeln motivieren. Sie formieren die Einstellungen, Interessen und Motive des einzelnen so, daß moralisch richtiges und militärisch erforderliches Handeln möglich und wahrscheinlich wird. Sie bestimmen die persönliche, moralische Qualität (Charakter) des Soldaten. Für den Staatsbürger in Uniform sind die Pflichten und Tugenden des Soldatengesetzes unverzichtbare, weil für erfolgreiches Handeln notwendige Haltungen, aber sie bedürfen einer Erweiterung durch die Haltungen eines demokratischen Ethos: Partnerschaft, Achtung des anderen in seiner Verschiedenheit (Toleranz), Dialogfähigkeit, Loyalität gegenüber den Verhaltensregeln demokratischer Machtgewinnung, Fairness.

Verantwortung

Mit seiner Person einstehen Der moralisch kompetente, verantwortlich handelnde Soldat ist Ziel von Bildungsprozessen in den Streitkräften. Die Verantwortung des Soldaten erstreckt sich nicht nur auf die konkrete und sachgemäße Ausführung seines Auftrages (funktionale Verantwortung), sondern er muß auch die moralische Verantwortung für sein Handeln übernehmen. Die begrifflich und sachlich notwendige Unterscheidung von funktionaler und moralischer Verantwortung bedeutet keine Trennung in der militärischen Praxis. Moralische Verantwortung setzt funktionale Verantwortung voraus. Der Soldat und besonders der Offizier als Vorgesetzter steht deshalb an dem Ort der ihm zugewiesenen funktionalen Verantwortung mit seiner Person für die moralische Legitimität seines Handelns ein.

Interessen anderer berücksichtigen Die Pflicht zur moralischen Verantwortung militärischen Handelns gründet in der ausdrücklichen Verpflichtung auf Anerkennung und Schutz der Menschenwürde. Das Grundgesetz schützt mit der Menschenwürde die Autonomie des einzelnen zu selbstbestimmter und selbstverantwortlicher Lebensführung. In der wechselseitigen Anerkennung und Respektierung dieser Autonomie erwächst für jeden die moralische Pflicht, sein Handeln demjenigen gegenüber zu rechtfertigen, der von den Folgen dieses Handelns betroffen ist. Jedes Handeln, das die Interessen der Betroffenen unberücksichtigt läßt, verletzt die Menschenwürde, weil es den Menschen als bloßes Mittel für instrumentelle Erfordernisse und strategische Zwecke mißbraucht.

Kants Maxime Kant hat dieses Verständnis von Menschenwürde als Selbstzweckcharakter des Menschen wohltuend realistisch formuliert. *„Handle so, daß du die Menschheit sowohl in deiner Person als auch in der Person eines* *jeden anderen niemals bloß als Mittel, sondern jederzeit zugleich auch als Zweck behandelst".* Realistisch ist diese Formulierung des kategorischen Imperativs, weil ihr die Einsicht zugrunde liegt, daß Menschen in Institutionen und Organisationen für deren legitime Zwecke „instrumentalisiert" und verzweckt werden. Instrumentelles und strategisches Handeln in den Streitkräften ist jedoch begrenzt durch Normen, die den einzelnen als Träger von Rechten schützen und nicht der normativen Erwartung nach militärischer Effizienz nachgeordnet werden dürfen.

Das Recht ist eine zentrale Ordnungsstruktur der Interaktion und Kooperation in den Streitkräften, es eröffnet aber zugleich einen Handlungsspielraum, den der einzelne verantwortlich gestalten muß. In diesen durch Rechtsnormen nicht geregelten Handlungsbereichen geschieht verantwortliches Handeln durch Abwägen von Erfordernissen des militärischen Auftrags und den berechtigten Interessen des einzelnen. *Zentrale Ordnungsstruktur*

Verantwortung in ihrer funktionalen und moralischen Dimension ist der Grundbegriff der soldatischen Berufsethik. Sie bildet die Verbindung zwischen den traditionellen soldatischen Tugenden / Pflichten, die durch das Soldatengesetz Rechtsgeltung haben und dem auf den Menschenrechten basierenden demokratischen Ethos des *„Staatsbürgers in Uniform".* Wo militärisches Handeln verantwortlich geschieht, werden die unverzichtbaren Charakteristika soldatischer Tüchtigkeit eingebunden in das Ethos des demokratischen Gemeinwesens. Verantwortliches Handeln im Schutz der Menschenwürde als berufsethischer Grundnorm deutlich. *Berufsethische Grundnorm*

Folgerungen für den Offizierberuf

Bevor hier Folgerungen gezogen werden können, sind zunächst noch die Begriffe Beruf, Berufsbild und berufliches Selbstverständnis zu klären.

Berufsbild kann als die Beschreibung einer Berufsausbildung bzw. eines Berufes definiert werden. Zusätzlich findet sich unter dem Begriff Berufsbild häufig auch die Beschreibung der Anforderungen, die in einem Beruf an den Berufsausführenden gestellt werden. Bei Aussagen über das Berufsbild werden in aller Regel auch Aussagen über das Verständnis von Beruf gemacht, was bis zur Beschreibung eines bestimmten Berufsethos führen kann. *Berufsbild*

Aussagen zum Berufsbild des Offiziers formulieren sowohl praktische Anforderungen und Qualifikationen für den Beruf als auch Einstellungen und Haltungen, die für diesen Beruf notwendig sind.

Wenn Berufsbild als eine vorwiegend von außen definierte Beschreibung verstanden wird, so kommt dem Begriff des Selbstverständnisses die Funktion der individuell gewählten Verortung in einem Gesamtsystem zu. Selbstverständnis ist dabei die Aussage eines Individuums über das eigene *Selbstverständnis*

Verhältnis zum vorgegebenen Berufsbild. Selbstverständnis ist damit auch eine Reaktion auf gemachte Erfahrungen in einem konkreten Beruf. Somit ist dieses Selbstverständnis nicht statisch, sondern wandelbar. Es gibt in der Geschichte der Bundeswehr kein allgemeingültiges, verbindliches Berufsbild des Soldaten und Offiziers. Es gab und gibt aber verschiedene Konzeptionen, die unterschiedliche Auffassungen im *„Selbst-Bildnis"* und differenzierte Bewertungen der Rahmenbedingungen widerspiegeln.

Berufsver-
ständnis muß
entstehen

Inhaltlich reicht die Bandbreite dieser Überlegungen von einer weitgehenden Öffnung und Anpassung der Streitkräfte an Werte und Normen, Bedingungen und Entwicklungen der zivilen Gesellschaft bis hin zu der Auffassung, den Krieg als einzige Bezugs- und Orientierungsgröße zu sehen und die Besonderheiten der Streitkräfte übermäßig zu betonen. Angesichts dieser widerstreitenden Zielvorstellungen strebte die militärische Führung phasenweise einen spannungstolerierten Ausgleich an: *„Ein gemeinsames Berufsverständnis kann nicht verordnet werden. Es muß ... durch natürliche Weise entstehen"*[18].

Einbindung
in Rechtsord-
nung

Als Rahmenbedingungen für ein Berufsbild und ein entsprechendes Selbstverständnis sind die verfassungsrechtlichen, sicherheitspolitischen, gesellschaftlichen sowie technisch-wirtschaftlichen Umstände zu berücksichtigen, die sich in einem ständigen Entwicklungsprozeß befinden. Ausgangspunkt und Grundlage für die Auswahl und Bewertung des soldatischen Berufsbildes sind die rechtliche Einbindung der Bundeswehr in die Verfassung- und Rechtsordnung und die Werte der demokratischen Grundordnung. Der besonders hohe Legitimationsbedarf des Soldatenberufes ergibt sich aus der Besonderheit des Militärs als Instrument staatlichen Gewaltmonopols.

Doppel-
funktion

Im Staat erfüllt der Soldat eine Doppelfunktion. Als Staatsbürger nimmt er am politischen, geistigen und sozialen Leben teil und trägt politische Mitverantwortung. Als Staatsdiener hat er besonders verfassungstreu zu sein und verantwortungsbewußt zu handeln. Politische Mitverantwortung zwingt aber auch zur kritischen Loyalität. Ausgehend von der Mündigkeit des einzelnen müssen heute auch dem Soldaten Ermessensspielräume gewährt und seine Kritik ausgehalten werden. Die hierarchische Struktur des Militärs mit dem Prinzip von Befehl und Gehorsam steht häufig im Widerspruch zu demokratischen Ansprüchen. Eine soldatische Ethik, die diesen Widerspruch aushält, muß der besonderen Verantwortung für besonnene Machtausübung gerecht werden.

Es kommt also besonders beim Offizier, als Soldat und Vorgesetzter, darauf an, sich als Vertreter eines sehr vielseitigen Berufes zu verstehen, dessen Anforderungen sich ständig wandeln und der eine fortlaufende An-

---

18. Generalinspekteur der Bundeswehr, Generalinspekteurbrief 1/88

passung an Kriegsbild, soldatisches Handwerk und gesellschaftliche Entwicklungen verlangt.

Streitkräfte in der Demokratie müssen für den Offizierberuf den bereits gebildeten Staatsbürger gewinnen, der seine persönliche Bildung als lebenslangen Lernprozeß versteht und müssen darüber hinaus Voraussetzungen schaffen, daß der bildungsfähige und -willige Offizier auch in die Lage versetzt wird, *„Sich-zu-Bilden"*. Nur so kann Persönlichkeitsentwicklung hin zur Urteilsfähigkeit mit der Bereitschaft zur Übernahme von Verantwortung wachsen. Nur auf diesem Wege kann eine berufsethische Grundhaltung entwickelt werden, die verantwortliches Handeln am Schutz der Menschenwürde konkretisiert. *Persönlichkeits-entwicklung*

Zur Situation von Bildungsprozessen in den Streitkräften

Nachdem aufgezeigt wurde, was die Aussage bedeutet, daß sittliche, geistige und seelischen Kräfte mehr noch als fachliches Können den Wert des Soldaten bestimmen, soll abschließend noch ein Blick auf die Situation von Bildungsprozessen geworfen werden.

Auf die Tatsache, daß es Baudissin nicht gelungen ist, sein pädagogisches Konzept im Sinne Scharnhorsts auf den neuhumanistischen Bildungsbegriff zu fixieren, und auf die daraus resultierenden Mißverständnisse im Zusammenhang mit der Entwicklung der Inneren Führung wurde bereits hingewiesen.

Eine gravierende Folge ist, daß sich der Bildungsauftrag im hier dargestellten Sinne in der Bundeswehr nicht ausreichend in Vorschriften niedergeschlagen hat, wenn man die erwähnten Aspekte der ZDv 10/1 einmal unberücksichtigt läßt.

So verwundert es auch nicht, daß die Aufgabe des Offiziers in den Streitkräften in Vorschriften und Weisungen als Führer, Ausbilder und Erzieher beschrieben wird. In der Teilkonzeption für die bereichsübergreifende Aufgabe (TKBA)[19] wird zudem noch Ausbildung als übergeordneter Begriff aufgeführt, dem Bildung untergeordnet wird. Hinzu kommt, daß im Bundeswehrsprachgebrauch Bildung und Ausbildung oft vermischt oder als deckungsgleich betrachtet werden. Es scheint, daß man sich mit der Unstrukturiertheit von möglichen Bildungsprozessen im Rahmen von Ausbildung zufrieden gibt. *Unstrukturiert*

Strukturierte Bildungsangebote werden da unterbreitet, wo sie durch den Gesetzgeber als Rechtsnorm bereits vorgegeben sind. Zu nennen wäre hier § 33 SG (Staatsbürgerlicher und völkerrechtlicher Unterricht), aus

19. Vgl. Generalinspekteur der Bundeswehr, Teilkonzeption für die bereichsübergreifende Aufgabe (TKBA) Ausbildung, S. 2

dem sich einerseits die Pflicht ergibt, Soldaten aller Ebenen ein differenziertes Normenwissen auf diesen Fachgebieten zu vermitteln. Zugleich leitet sich daraus ein Recht der Soldaten auf politische Bildung ab.

Verbesserungsbedürftig

Die Weisung des Generalinspekteurs der Bundeswehr zur Durchführung der politischen Bildung in den Streitkräften[20] macht mit folgenden Feststellungen deutlich, daß Recht und Pflicht in der Praxis auch anderen Realitäten unterworfen sind. *„...Die Lagefeststellung hat aber auch ergeben, daß in weiten Bereichen der Streitkräfte politische Bildung in quantitativer und qualitativer Hinsicht verbesserungsbedürftig ist. ... Insgesamt ist der Stellenwert der politischen Bildung im Bewußtsein vieler Vorgesetzter eher gering...“*

Berufsethik verinnerlichen

Das bedeutet, daß Offiziere einen rechtlich vorgegebenen Auftrag zur Initialisierung von Bildungsprozessen der ihnen anvertrauten Soldaten nicht ausreichend nutzen. Dies ist im Sinne der Rechtsposition des Staatsbürgers in Uniform hoch problematisch, und darüber hinaus stellt sich auch die Frage, inwieweit die Innere Führung als Berufsethik überhaupt von Vorgesetzten erkannt und verinnerlicht wird.

Der Absatz 2 des § 33 SG, der die Unterrichtung des Soldaten über ihre staatsbürgerlichen und völkerrechtlichen Pflichten und Rechte vorschreibt, wird zumindest in den Laufbahnlehrgängen innerhalb der Streitkräfte quantitativ hinreichend berücksichtigt. Auch neue Lagen, wie die „rules of engagement" bei UN-Einsätzen, werden im notwendigen Umfang berücksichtigt.

Ein weiterer Bereich, der besonders zur Entwicklung von Bildungsprozessen führen kann, ist der Lebenskundliche Unterricht. Gerade er steht in direktem Sinnbezug zum hier gestellten Thema. Auch wenn der Lebenskundliche Unterricht nicht auf gesetzlicher Vorgabe sondern auf der Zentralen Dienstvorschrift, der ZDv 66/2 beruht, so stellt diese doch eine rechtsverbindliche Vorgabe dar.

„In besonderer Weise soll der Lebenskundliche Unterricht dem einzelnen Soldaten die Verantwortung für seine Lebensführung klarmachen, ihn die Notwendigkeit von Selbstzucht und Maß erkennen lehren und sein Pflichtbewußtsein stärken."

Moralische Kompetenz

Dieses zur Vermittlung von moralischer Kompetenz bedeutsame Unterrichtsfach liegt nicht in der Hand des militärischen Vorgesetzten, es wurde durch den Bundesminister der Verteidigung mit Zustimmung der evangelischen und katholischen Kirche der Militärseelsorge übertragen. Die Dienststellenleiter, Kommandeure usw. sind lediglich für die Gewährleistung der Rahmenbedingen zuständig. Dies hat dazu geführt, daß Vorgesetze sich auf diesem Gebiet nicht verantwortlich fühlen, dieses nicht

---

20. Vgl. Generalinspekteur der Bundeswehr, Weisung zur Durchführung der politischen Bildung, S. 4

wahrnehmen und von sich aus wenig Anstrengungen unternehmen, Bildungsangebote zu unterbreiten.

Ohne an dieser Stelle bewerten zu wollen, ob sich diese Abgabe von Bildungsverantwortung an die Militärseelsorge bewährt hat, ist festzustellen, daß seit Aufstellung der Bundeswehr der Säkularisierungsprozeß in den Streitkräften vorangeschritten ist, nicht zuletzt durch die Mehrzahl der konfessionslosen Soldaten aus den neuen Bundesländern. Daher ist zu prüfen, ob der derzeit gegebene Rahmen noch ausreicht, um zur Gewinnung moralischer Kompetenz beizutragen.

Säkularisierungsprozeß

Fazit

Die hier angestellten Überlegungen unterstreichen, daß die sittlichen, geistigen und seelischen Kräfte mehr noch als fachliches Können den Wert des Soldaten bestimmen. Es kam dabei darauf an, die Bedeutung von moralischer Kompetenz für den soldatischen Dienst mit ihren Kernelementen Werte- und Normenwissen, Urteils- und Handlungskompetenz und Bereitschaft zur Übernahme von Verantwortung herauszuarbeiten. Es sollten aber auch Denkanstöße gegeben werden, damit die Bundeswehr in Theorie und Praxis dem hohen Anspruchsniveau, das an Streitkräfte in der Demokratie zu stellen ist, gerecht wird. Die theoretischen Voraussetzungen, diesen Ansprüchen gerecht werden zu können, waren und sind gut. Das Hauptdefizit lag und liegt in noch nicht genügend systematischen, das gesamte Berufsleben begleitenden Bildungsangeboten zur ethisch-moralischen Reflexion. Darüber hinaus ist noch immer nicht das Bewußtsein gegeben, das militärische Handeln an den Grundsätzen der Inneren Führung zu orientieren. Dies wird solange so bleiben, wie Innere Führung als Gesamtkonzeption und nicht als Bildungsaufgabe verstanden wird.

Hohes Anspruchsniveau

Literatur:

1. Art. „Bildung"; in: Brockhaus-Enzyklopädie, 19. Aufl., Bd. 3, Mannheim 1989, S. 313-315
2. Clausewitz, C. von: Vom Kriege, Berlin 1832, Bonn 20. Aufl. 1991
3. Fröhling, H.-G. / Rausch, W.W.: Entscheiden und Verantworten – Konfliktsituationen in UN-Einsätzen, Zentrum Innere Führung, Koblenz 1996 (Arbeitspapier 1/96)
4. Generalinspekteur der Bundeswehr, Generalinspekteurbrief 1/88, Bonn 1988
5. Generalinspekteur der Bundeswehr, Teilkonzeption für die bereichsübergreifende Aufgabe (TKBA) Ausbildung, Bonn 1990
6. Handbuch Innere Führung, Bundesministerium der Verteidigung, 3. Aufl. Bonn 1964 (Schriftenreihe Innere Führung)
7. Höffe, O.: Ethikunterricht in der pluralistischen Demokratie, in: Treml, A. K. (Hg.), Ethik macht Schule!, (edition ethik kontrovers 2), Frankfurt/M. 1994

8. Humboldt, W. v.: Werke in fünf Bänden, Bd. 1: Schriften zur Anthropologie und Geschichte, hg. von Flitner, A. / Giel, K., 2. Aufl., Darmstadt 1969
9. Kaiser, A.: Sinn und Situation, Grundlinien einer Didaktik der Erwachsenenbildung, Bad Heilbrunn 1985
10. Lernzielkatalog Innere Führung, Generalinspekteur der Bundeswehr, Bonn 1988
11. Militär-Reorganisationskommission an den Staatsminister Freiherr vom Stein, in: Vaupel 1938/1968 S. 191 ff.
12. Weisung zur Durchführung der politischen Bildung in den Streitkräften ab 01.01.1996, Bundesministerium der Verteidigung, Generalinspekteur der Bundeswehr, Bonn 12.07.1995
13. ZDv (Zentrale Dienstvorschrift) 10/1 Innere Führung, Bundesministerium der Verteidigung, Bonn 16.02.1993
14. ZDv (Zentrale Dienstvorschrift) 66/2 Lebenskundlicher Unterricht, Bundesministerium der Verteidigung, Bonn 05.11.1959
15. Zurbuchen, S.: Menschenrechte und Menschenwürde, Arbeitsblätter für ethische Forschung Nr. 27, Hg.: Schweizerischer Arbeitskreis für ethische Forschung, April 1992

Vom Auslandseinsatz zurück

Die Erlebnisse von Zerstörung, Verbrechen und Terror, die mit Auslandseinsätzen verbunden sind, müssen verarbeitet werden. Forderungen an den Vorgesetzten
(unter Mitarbeit von: Brigadegeneral Fritz von Korff, Oberst Friedrich Jeschonnek, Oberstarzt Dr. Jürgen Canders, Oberst i. G. Roland Schneider, Oberstleutnant i. G. Dieter Weigold).

Häuserwand
schußzernarbt
Flüchtlingskind
blaßgedarbt
Straßendorf
tot und leer
Elternpaar
sorgenschwer
Buschgefild
Minentod
Grabkreuzewald
tränenrot

Oh Mensch
wie dünn ist's Gewand
das Dich mit Gott verband
darunter Bestienart
wild und so grausam hart

Dieter Weigold, 23. Februar 1996

Mit diesem eindrucksvollen Gedicht hat einer unserer Bataillonskommandeure seine Empfindungen zu Beginn der IFOR-Mission ausgedrückt, als deutlich wird, in welch bedrückender Atmosphäre von Tod, Zerstörung und Verwüstung sich der Einsatz vollziehen wird.

Unzählige Gebäude im Einsatzgebiet sind nur noch Ruinen oder Steinhaufen, in Sarajewo viele davon aus dem freudigem Anlaß der Olympischen Spiele von 1984 erbaut. Auf dem Lande und in der Stadt ist die Art der Zerstörung eine abstoßende Wissenschaft für sich. Da sind bei Wohn-

Zerstörung

233

häusern mittels einer Kerze im Schornstein und eingelassenem Gas Dächer und Fenster einfach weggesprengt worden, ohne daß die Fassaden Kampfspuren aufweisen. Wände an anderen Hausruinen sind mit Tausenden von Einschüssen von Maschinenwaffen geradezu zersägt worden.

Auf der Flucht Es brennt immer irgendwo, weil Menschen anderen Leid antun oder verbrannte Erde hinterlassen wollen. Wir werden die ärmlichen Trecks nicht vergessen, mit denen sich traurige, hungrige Menschen auf die Flucht begeben. Friedhöfe ziehen sich mit neu aufgeschütteten Grabhügeln bis in die Vorgärten hinauf. Massengräber werden gefunden. Warnschilder „*Vorsicht, Scharfschützen!*" geben deutlich Auskunft, was Menschen durchlitten, wie sie ihren Hunger mit Kohlköpfen gestillt haben, die auf jedem freien Fleckchen Erde, das für Scharfschützen nicht einsehbar war, angepflanzt worden sind.

Minengefahr Minen bleiben einer der Hauptrisikofaktoren. Unglaublich viele sind vergraben worden. Die Hauptgefährdungszone liegt auch vor der Haustür unserer Basis. Als geräumt angegebene Minenfelder geben keine Gewähr, daß sich dort nicht doch noch Minen befinden. Eine gerade aus der Heimat angekommene Kompanie wird Zeuge, wie die Särge einer gefallenen britischen Panzerbesatzung mit knappem militärischen Zeremoniell in ihre Heimat überführt werden. Die Minengefahr ist keine Fiktion, sie ist real. Wir stoßen auf Minen im Hochgebirge, an Brückenbaustellen und Straßen, auf Eisenbahndämmen und Wiesen. Einer unserer Kameraden wird durch eine Mine schwer verwundet. Der Minenräumpanzer „*Keiler*" bildet das starke Rückgrat unserer Räumaktivitäten zur eigenen Sicherheit. Kann er wegen zu weichen oder felsigen Untergrundes nicht eingesetzt werden, ist antiquierte Minensuche per Hand die einzige Möglichkeit, sichere Arbeitsbedingungen für unsere Männer und Frauen zu schaffen. Umsicht, Gelassenheit und Entschlossenheit unserer Kampfmittelräumer nötigen mir größten Respekt ab.

Nicht automatisch Ordnung Die Umsetzung des Dayton-Vertrages zieht, wie nicht anders zu erwarten, keineswegs automatisch Ordnung in den Gebieten der ehemaligen Konfliktparteien nach sich. In den Bergen gibt es zunächst noch Ausbildungslager unterschiedlicher Gruppierungen, für die ein Friede aus ideologischen Gründen undenkbar ist. Andere verdienen am Chaos. Die Wiederkehr von Ordnung hätte das Ende ihrer lukrativen Drogen- oder Waffengeschäfte bedeutet. Unsere Karten sind immer mit Hinweisen gefüllt, die auf irgendeine Form der Gewalt hinweisen. Außerdem haben wir deutlich die an uns Deutsche gerichtete Drohung von Karadzic im Ohr, daß unser Erscheinen die Fortsetzung des Krieges zur Folge habe und wir ein spezielles Ziel serbischer Angriffe sein würden.

Das ungezügelte Morden im Kosovo, die humanitäre Katastrophe und die Rachegelüste der Ethnien stellen die Soldaten der Kosovo Force (KFOR) heute bei der Bewältigung ihrer Friedenmission vor noch härtere

Herausforderungen, als wir sie bei IFOR und der Stabilization Force (SFOR) erlebt haben.

Während in Kroatien und Bosnien-Herzegowina beim Eintreffen unserer deutschen Kontingente schon alliierte militärische Präsenz vorhanden war, ist diese im Kosovo erst herzustellen. Aufgaben kommunaler und polizeilicher Autorität sind zu übernehmen und durchzusetzen. Das in einem Umfeld, wo täglich gebrandschatzt, Gewalt angewendet und gemordet wird; wo täglich Leichen, Waffenlager und Massengräber gefunden werden und die Minengefahr deutlich vor Augen geführt worden ist. Unsere Soldaten müssen damit umgehen, und sie tun es mit Ernst, Umsicht und beispielhafter Entschlossenheit. Unsere jungen heimkehrenden Soldaten und ihre Vorgesetzten haben Dinge erlebt, die weit außerhalb der Erfahrungswelt unserer heutigen Gesellschaft und unserer Existenz liegen. *Neue Dimension*

Sind aus diesen gefahrvollen Umständen andere Folgerungen für Vorgesetzte zu ziehen als die, die deutsche Offiziere und Unteroffiziere schon in den Jahren des „Kalten Krieges" gelehrt wurden? Unterscheidet sich der klassische Kampfeinsatz in Landes- oder Bündnisverteidigung von der Friedensmission im erweiterten Aufgabenspektrum? Das Ziel im Kampfeinsatz ist, die gegnerische Armee zu zerschlagen, um so die Voraussetzungen für einen Waffenstillstand und Frieden zu erlangen. Bei Friedensmissionen sind Vereinbarungen zwischen ehemaligen Konfliktparteien getroffen worden, die die Soldaten auffordern, die Wahrung der Friedensvereinbarungen zu überwachen oder notfalls durchzusetzen. Stets sind auch hier die Regeln des Humanitären Völkerrechtes in bewaffneten Konflikten zu beachten. Die Voraussetzungen für die Anwendung militärischer Gewalt werden jedoch in Einsatzrichtlinien (Rules of Engagement, ROE) detailliert gefaßt. Militärische Gewalt darf nur in dem Maße angewandt werden, wie es zur Erfüllung des Auftrages notwendig ist. Soldaten in Friedensmissionen müssen immer ihren Willen und ihre Fähigkeit zur Deeskalation beweisen. Die Friedensmission ist in ihrer Alltäglichkeit nicht die Operation der Kommandeure von Verbänden oder Großverbänden, sondern ihr Erfolg ist entscheidend abhängig von umsichtiger Verantwortungs- und Entscheidungsfreude der Patrouillenführer vor Ort, also junger Offiziere und erfahrener Unteroffiziere, und vom ebenso umsichtigen und entschlossenen Auftreten ihrer Soldaten. Sie sind es auch, die in erster Linie mit dem Elend und den Scheußlichkeiten von Kampfhandlungen und Verbrechen konfrontiert werden. Dies stellt nicht die drückende Last der Verantwortung für ihre Männer und Frauen bei höheren Vorgesetzten in Frage. Das Spektrum des Handelns bei Friedensmissionen ist ungeheuer groß, damit situationsgerecht die notwendige Entscheidung getroffen und nicht überreagiert wird. *Friedensvereinbarungen überwachen* *Entschlossenes Auftreten*

Im Einsatz findet das Leben in der Gruppe statt, die ihre Einsätze gemeinsam „fährt". Dies ist ein „Mikrokosmos", der durch Überschaubar- *In der Gruppe* keit, klare Verhaltensregeln und Normen sowie die rationale und mentale Verpflichtung gegenüber dem Auftrag bestimmt ist. Das Empfinden der gegenseitigen Abhängigkeit steht im Gleichgewicht mit dem Bewußtsein, sich auf die Kameraden verlassen zu können. Alle sind jederzeit verfügbar, hoch motiviert, immer ihr Bestes zu geben, und keiner käme auf den Gedanken, sich bei Fehlschlägen zu fragen, ob vielleicht Böswilligkeit im Spiel war. Vor diesem Hintergrund muß sich der Vorgesetzte einer nüchternen Fehleranalyse auch und gerade bezogen auf die eigenen Stärken und Schwächen stellen. Die notwendige Vertrauensbasis beruht immer auf Gegenseitigkeit, uneingeschränktes Vertrauen resultiert aus der Tatsache, daß Zusammenarbeit und Zusammenleben inhaltlich und ohne Vorbehalte, sachlich wie emotional, von der Auftragserfüllung bestimmt werden.

Rolle der Vorgesetzten
Dieses Vertrauen ist die Basis für erfolgreiche Führung, und sie erleichtert das Leben im Einsatz und vermindert Streß ganz wesentlich. Hierzu trägt Handlungssicherheit bei, die sich aus klaren Ordnungen, auch Hierarchien, Werten, Maßstäben und Normen ergibt. Wertvoll sind offenbar unser erworbenes soldatisches Selbstverständnis und unsere gesellschaftlich gewachsenen Wertvorstellungen, die auch in der vorbereitenden, auftragsorientierten Ausbildung vor Einsatzbeginn in der Heimat nochmals verdeutlicht worden sind; so daß im Einsatz in rechtsfreien Räumen durch alle Dienstgradgruppen entsprechend fest im eignen Wertsystem orientiert gehandelt wurde. Bestimmend und prägend ist aber die vorbildlich gelebte Eindeutigkeit, mit der Vorgesetzte handeln und für Werte einstehen.

Disziplin und Selbstdisziplin
Die Einsicht in die Notwendigkeit hierarchischer Ordnung ist auf allen Ebenen und in allen Bereichen gegeben, ihre Anwendung und Durchsetzung erwarten Soldaten im Einsatz. Der Führungswille und Führungsanspruch des Vorgesetzten dürfen zu keiner Zeit Zweifel an der Unteilbarkeit der Verantwortung aufkommen lassen. Dies gibt gerade in schwieriger Lage den Soldaten die bereits vorher beschriebene Handlungssicherheit. Auch die Forderung nach Disziplin und Selbstdisziplin darf nie in Frage stehen. Der Vorgesetzte unterwirft sich dieser besonderen Herausforderung demonstrativ. Für alle diese notwendigen Faktoren sind Regeln aufgestellt, mit deren Beachtung jede Art von Betrieb aufrechterhalten werden kann. Aber in extremer Lage im Einsatz reichen diese vordergründigen Verhaltensrichtlinien allein nicht aus, um bei Angst um das eigene Leben oder vor Verwundung trotzdem der Auftragserfüllung verhaftet zu bleiben. Die gefühlsmäßige Bindung an Auftrag, Vorgesetzte und Kameraden muß entwickelt sein.

Militärisches Zeremoniell wichtig
Ein wesentliches Element ist dabei die Bedeutung und Wirkung von militärischen Zeremoniellen: Sie markieren Meilensteine, wie Anfang und Ende oder die Würdigung einer herausragenden Leistung eines Einzelnen oder der Gruppe. Sie formen und fügen eine Gemeinschaft zusammen und signalisieren, daß alle den gleichen Regeln und Befehlen gehorchen. Sie

vermitteln das Empfinden von Gleichklang und Konsens sowie Teil einer verschworenen Gemeinschaft zu sein. Dies gibt ein Bewußtsein der Stärke und Identität. Diese überwiegend gefühlsmäßigen Vorgänge werden im Einsatz intensiv und bereitwillig erlebt. Man ist sich bewußt, daß man *„aufeinander angewiesen"* ist.

Nach der Schilderung der Rahmenbedingungen, unter denen sich die bisherigen Auslandseinsätze vollzogen haben, wenden wir uns den Forderungen an den Vorgesetzten im Einsatz zu. Ein Vorgesetzter ist kein künstliches, immer gleich reagierendes Wesen, sondern ein Mensch aus Fleisch und Blut mit Stärken und Schwächen, wie die ihm unterstellten Soldaten auch. Vielleicht ist er das erste Mal im Einsatz, in einer extremen Situation; vielleicht schaut er auf gediegene und umfassende Erfahrungen in einem langen Berufsleben zurück. Vielleicht hat das Leben schon mannigfaltige Herausforderungen für ihn parat gehabt; vielleicht ist er aber auch ohne Besonderheiten aufgewachsen. Er hat möglicherweise nicht schlafen können, weil ihn Sorgen um seinen Auftrag drücken oder sein Kind zu Hause erkrankt ist. Aber im Einsatz ist die Privatsphäre massiv eingeschränkt, zeitlich und räumlich.

Forderungen an den Vorgesetzten

Der Vorgesetzte ist immer öffentlich und kann sich diesem Umstand nicht entziehen. Rettungsanker ist eine sensible Distanz, die er sich auferlegt. Sie darf auf gar keinen Fall Herzlichkeit, Zuwendung, Zuhören und gefühlsmäßige Wärme ausschließen, sondern erfordert diese sogar in besonderem Maße. Dieses Verhalten gewährleistet aber die auch emotionale Unabhängigkeit des Vorgesetzten. Nur die gleichgewichtige Betonung der Faktoren des Spannungsfeldes aus sensibler Distanz, Unabhängigkeit, Durchsetzungsfähigkeit und menschlicher Zuwendung läßt hinter dem Vorgesetzten einen Menschen mit Herz erkennen, der sich „ungeschminkt" mit seinen Stärken und Schwächen präsentiert. Nur bei Führung mit Herz sind Soldaten in einer Ausnahmesituation, wie im Einsatz, bereit, Härten und überdurchschnittliche Forderungen zu ertragen.

Immer öffentlich

Dies läßt sich vom Vorgesetzten nur bewältigen, wenn er ehrlich mit sich selbst umgeht und um eigene Stärken und Schwächen weiß. Dies befähigt ihn, eigene Stärken und die seiner Mannschaft wirkungsvoll einzusetzen, ohne sich in zerstörerischer Selbstkritik zu üben oder überzogene Zuversicht markieren zu müssen. Der Vorgesetzte muß sich darüber im klaren sein, daß er sich im Einsatz nicht hinter einer Rolle verstecken kann – das verhindert schon seine fehlende Privatsphäre – oder nur *„so tun"* kann, *„als ob"*. Er ist immer mit seiner ganzen Persönlichkeit gefordert. Das Mißverhältnis zwischen gespieltem Anspruch und der Wirklichkeit wird immer sehr schnell offenbar, auch bei einfacher strukturierten Soldaten, die den erkannten Mangel zwar nicht in Worte fassen können, ihn aber deutlich spüren und dann mit unausgesprochenem und unterschwellig empfundenem Mißtrauen reagieren.

Immer er selbst

Vertrauen in die Führung des Vorgesetzten ist aber der Schlüssel zur erfolgreichen Auftragsbewältigung. Vertrauen will erworben sein. Der Könner oder Meister seines Faches überzeugt. Aber im Einsatz muß mehr dahinter sein, denn die Kommunikationsfähigkeit des Vorgesetzten ist gefragt. Er muß das Ziel des Auftrages nicht nur in schriftlicher und mündlicher Form allgemeinverständlich, sondern auch mit unzweideutiger Körpersprache ohne große Worte verdeutlichen können, damit der Untergebene die Absicht begreift und in deren Rahmen handeln kann. In der non-verbalen, emotionalen Kommunikation des Vorgesetzten, die als Führungsmittel eingesetzt wird, erkennt der Untergebene das Herz und den Charakter seines Vorgesetzten und wird von Kontinuität, Stabilität und Selbstvertrauen überzeugt, auch davon, daß der Vorgesetzte sich mit den Risiken des Auftrages auseinander gesetzt hat und sie für beherrschbar hält. Hier schaut er hinter die Fassade und erhält den entscheidenden Eindruck vom Sinn, von Notwendigkeit und Zweckmäßigkeit der Befehle und Entscheidungen . Führung ist in dieser Lage dann erfolgreich, wenn die emotionale Seite, – das Herz – mit dem mündlich vorgetragenen oder schriftlich fixierten deckungsgleich ist. Im Umkehrschluß wirken sich Mißstimmungen, Niedergeschlagenheit und mangelnde Überzeugung des Vorgesetzten von der Richtigkeit von Entscheidungen vorgesetzter Dienststellen direkt auf die Stimmungslage der Soldaten aus. Sie verlieren die Zuversicht. Die Fähigkeit, qualifizierte Zuversicht auszustrahlen, sie glaubwürdig zu vermitteln und so den Untergebenen zu motivieren und seine Zuversicht zu stärken, ist die wichtigste Eigenschaft des Führers im Einsatz.

Unerläßlich ist, daß der Vorgesetzte informiert und nicht spekuliert, Vertrauliches aber auch für sich behalten kann. Der Umfang der Information und ihre Zuverlässigkeit sind ausschlaggebend für den Bestand des Vertrauens. Nichts verbreitet sich eiliger im Einsatz, selbst bei schwierigsten Kommunikationswegen, als das zerstörerisch wirkende Gerücht. Gerüchte entstehen schnell, wenn Vorgesetzte den dringenden Informationsbedarf der Truppe nicht erkennen. Typische Momente erhöhten Bedarfes sind Kontingentwechsel, schwere Unfälle und widersprüchliche Aussagen zu bevorstehenden Operationen. Um Moral und Zusammenhalt aufrechtzuerhalten, gehören die Vorgesetzten vor die Front und dies besonders bei abgesetzten Kräften auf vorgeschobenen Posten. Der Führer ist sich bewußt, daß er die persönlichen, privaten Bezugspunkte und Koordinatensysteme seiner Untergebenen ersetzen muß. Er gibt dem Soldaten die Gewißheit, daß er alle Informationen wahrheitsgemäß von seinem Vorgesetzten erfährt. Das war in Mazedonien sehr schwierig:

Der Befehlshaber sagt beim Appell: *„Kein Einsatz von Bodentruppen im Kosovo!"*

Im Fernsehen sieht und hört man: *„Erster gefährlicher Kampfeinsatz."* – Also doch Bodentruppen?

Vertrauen – Schlüssel zum Erfolg

Der Risiken bewußt sein

Zuverlässigkeit der Information

Die Freundin, die Eltern und die Ehefrau ruft wegen der Fernseh- und Zeitungsberichte an und ist tatsächlich voller Angst.

Jeder hat die Wahrheit gesagt; die Medien bezogen sich allerdings bei ihren Aussagen auf den Einsatz der Tornados.

Hier sorgt der Führer in besonderem Maß für Ruhe, Sicherheit, Zuversicht und Vertrauen, zumal auch die Berichte von Gewalttaten der Jugoslawischen Streitkräfte, der Polizei, der UCK und von paramilitärischen Gruppen bekannt geworden sind.

Ich denke, die Führer vor Ort haben es gut gemacht, aber es war sehr schwierig.

Der Soldat muß sich darauf verlassen können, daß sein militärischer Führer die Gesetze und Kulturen achtet und unter den Augen seiner Truppe kein Verbrechen wider die Menschlichkeit begangen wird. Wir können uns nach dem Einsatz nach wie vor in die Augen sehen und sind jederzeit in der Lage, vor Recht und Gesetz Rechenschaft abzulegen. Aufgrund ihrer gefühlsmäßigen Bindung an den Auftrag und auch an den Vorgesetzten sind Soldaten beeinflußbar. Hier liegt eine besondere Verantwortung der Vorgesetzten, denn diese Beeinflußbarkeit könnte auch mißbraucht werden, wenn der Vorgesetzte nicht den christlichen abendländischen oder humanistischen Werten unbedingt verpflichtet ist. *Gesetze und Kulturen achten*

Der Vorgesetzte erwirbt Vertrauen, weil er seine Soldaten von vorne führt, ihnen vorangeht und ihnen vorlebt, daß er immer fähig und bereit ist, das Einsatzrisiko verantwortungsbewußt mit ihnen zu teilen. Ein Beispiel dafür ist folgende Handlung: Um das Risiko im Umgang mit Minen zu minimieren, werden an einer Brückenbaustelle Schützendruckminen in zweistelliger Zahl mit einem Pionierpanzer DACHS beseitigt, der mit zwei Kommandeuren und einem freiwilligen Oberfeldwebel als Fahrer besetzt ist. Verantwortungsbewußtsein beweist ein Vorgesetzter ebenfalls dann, wenn er die erforderlichen Schutzbestimmungen in Anzug und Ausrüstung mit eigenem Vorbild durchsetzt. Die Soldaten lesen die Ernsthaftigkeit einer Bedrohung am Verhalten ihrer Vorgesetzten ab. Ein Vorgesetzter, der von seinen Untergebenen nicht mehr verlangt als von sich selbst, kann auch mit notwendiger Härte die Erfüllung des Auftrages durchsetzen, wenn Soldaten subjektiv glauben, ihre Leistungsgrenze erreicht zu haben. *Vorangehen*

Der so in der Verantwortung stehende Vorgesetzte kennt seine Soldaten genau und wird sie deshalb fordern, aber nicht überfordern. Letzteres hätte augenblicklich Vertrauensverlust zur Folge. Deshalb ist Fürsorge ein wesentlicher Aspekt der Führungsverantwortung. Fürsorgliche Führung ist an folgendem Beispiel zu ersehen: Zu Beginn der IFOR-Mission waren allen deutschen Soldaten die Morddrohungen von Karadzic gegen sie gegenwärtig. Deshalb gingen allen Einsätzen intensive Kommandeurserkundungen voraus, beim ersten Einsatz in der Republica Srbska mit meiner beweglichen Befehlsstelle. Neben notwendigen Absprachen sollte auch getestet *Nicht überfordern* werden, wie die serbische Bevölkerung auf deutsche Soldaten reagiert. Ein weiteres Beispiel ist unser hoher Sicherheitsstandard: Das Konzept erweist sich als richtig, als bei einem Minenunfall und bei einer schweren Verletzung durch ein umfallendes Brückenteil in kürzester Zeit reagiert werden kann. Viele dieser Einsätze zeigen auch die stille Tapferkeit unserer Frauen und Männer: Ein schwerer Lastkraftwagen eines Konvois gleitet einen immer steiler werdenden Hang hinunter. Der Fahrer springt erst ab, nachdem er seinen vor Angst erstarrten Beifahrer hinausgeworfen hat. Beide bleiben schwerverletzt in minenverseuchtem Gelände liegen. Notarzt und Kameraden bergen die Verletzten mit gebotener Vorsicht, Umsicht und Entschlossenheit. Eine Hubschrauberbesatzung fliegt beide bei Nacht und in unbekanntem, gebirgigem Gelände aus. Auch die rasche Unterrichtung der Angehörigen gelingt planmäßig vor der Verlautbarung der Presse. Damit führten unsere Soldaten ihre Aufträge in dem Gefühl der Sicherheit aus, daß sie immer herausgeholt werden und die bestmögliche medizinische Versorgung erhalten. Das Konzept steht im Einklang mit dem Entwurf der Vorschrift „Truppenführung", die in ihrer Nr. 3823 fordert: *„Bei allen Friedensmissionen steht die Sicherheit der eigenen Soldaten im Vordergrund. Dies ist oberstes Gebot für die militärischen Führer aller Ebenen. Solange das Mandat nichts anderes bestimmt, geht Schutz vor Wirkung..."* „Andererseits schafft energisches Durchgreifen gleich zu Beginn Respekt, aus dem erst recht langfristig Schutz erwächst."

Fürsorge bedeutet auch, daß psychische Belastungsreaktionen, die sich aus den generellen Besonderheiten eines Auslandseinsatzes, aber besonders aus dem Umgang mit Zerstörung, Tod und Verwundung ergeben, frühzeitig erkannt und, wenn möglich, vermieden werden. Dies ist eine äußerst schwierige Aufgabe, die detaillierte Vorkenntnisse des Vorgesetzten erfordert, besonders deshalb, weil Streßsymptome oftmals Bestandteil des Alltages geworden sind und deshalb nicht mehr als Besonderheit empfunden werden. Nachwirkungen werden leicht unterschätzt. Bei „Veteranentreffen" kann man feststellen, daß zu manchem Ereignis noch immer Gesprächsbedarf besteht. Aus eigenem Erleben weiß ich um die Bedeutung der Hilfe durch Militärseelsorger, Truppenpsychologen und Truppenärzte in Fällen wie Minenunfälle, Leichenbergung nach Flugzeugabsturz oder einem einfachen Lagerkoller. Aber bei aller Hilfe durch die Spezialisten bleibt es Führungsaufgabe des Vorgesetzten, sich um die ihm anvertrauten Soldaten zu kümmern.

Wenn seine Soldaten zu ihm Vertrauen haben, weil er als Vorgesetzter glaubwürdig ist, dann wird es ihm auch gelingen, die Streßbewältigung wirkungsvoll einzuleiten und durchzuführen. Der Vorgesetzte muß sich einerseits davor hüten, die Verantwortung für Streßbewältigung an Spezialisten abzuschieben, andererseits darf er den professionellen Rat nicht ausschlagen.

Sicherheits-standard

Besondere Belastungen

Führungsaufgabe ungeteilt

240

Besondere Leistungen der Soldaten müssen gewürdigt werden. Das *Gruppen-*
darf aber nicht dazu führen, daß sich der Vorgesetzte nur noch mit den Lei- *leistung*
stungsstarken abgibt und die Schwächeren unbeachtet läßt. Alle müssen
persönlich gefordert werden , auch unter Inkaufnahme eines geringeren,
aber noch erträglichen Ergebnisses. Eine Gruppenleistung ist immer dann
besonders wertvoll, wenn sie von allen Mitgliedern nach bestem Können
erbracht worden ist. Genauso soll eine Fehleranalyse auf die Leistungs-
schwächeren nicht demotivierend wirken. Deshalb darf Kritik nicht ver-
nichtend wirken, sondern muß eine Perspektive auf Besserung aufzeigen.
Dies darf aber auf keinen Fall bedeuten, daß objektive Fehler verschleiert
werden. Hilfe und Zuwendung durch den Vorgesetzten sollen auch hier
deutlich werden.

Der Alltag unserer Soldaten im Einsatz darf nicht nur von der Forde- *Erfolg und*
rung nach Auftragserfüllung und Leistung bestimmt werden und jeder Tag *Mißerfolg tei-*
ein „*Donnerstag*" sein, wie es eine Redewendung beschreibt. Nein, nicht *len*
jeder Tag darf gleich aussehen, auch wenn das Einsatzgeschehen keine
Langeweile aufkommen läßt. Ventile sollen geschaffen werden mit denen –
besonders nach besonders hoher Belastung – auch aufgestaute Spannungen
und Enttäuschungen abgebaut werden können. Ein Erfolgserlebnis – und
dies ist hoffentlich meistens der Fall – soll übermütig begangen werden.
Bei Erfolg und Mißerfolg ist auch immer der Vorgesetzte dabei. Er identifiziert sich mit dem Ergebnis und zeigt – besonders wichtig bei Mißerfolg
– die Perspektive heraus aus dem Dilemma. Das demonstriert seine sensible Distanz, Unabhängigkeit und Bereitschaft zur Teilhabe auch am Risiko. Auf die Gestaltung des Sonntages kommt es besonders an. Es ist der *Sonntags-*
biblische Ruhetag. Wäre er es nicht, er müßte geschaffen werden. Unsere *gestaltung*
Soldaten bestehen darauf, so wie sie bewußt an einem solchen Tage bei
höchster Auftragsdichte mit Stolz auch ein „*Durcharbeiten*" einfordern
würden. Normal ist die Stunde der Besinnung beim gut besuchten Feldgot-
tesdienst, zu dem auch viele Soldaten ihren Weg finden, die sonst der Kirche fern stehen. Wie im sonntäglichen Gottesdienst in der Heimat hat man
auch im Einsatz den Pfarrer, den man „*mag*", der immer da ist, im Lager,
bei der Patrouille und auf der Baustelle. Seine Gespräche werden immer
gerne angenommen, und der eine oder andere möchte seinen Weg zurück
in die Kirche mit dem Taufgelübde dokumentieren.

Die Leistungsfähigkeit von Soldaten läßt nach, wenn sie keine oder kei- *Nachrichten*
ne guten Nachrichten von zu Hause erhalten haben. Deshalb ist Familien- *von zu Hause*
betreuung eine wichtige Führungsaufgabe, die für den Vorgesetzten nicht
dadurch Bedeutung erlangen darf, daß es nur um die Erhaltung der Einsatzbereitschaft der Soldaten geht. Wäre dies die Motivation, so würde
dies zu einem erheblichen Vertrauensverlust führen. Im Vordergrund steht
einzig und allein das ehrliche Bemühen, in einer außergewöhnlichen Lage,
die ein Einsatz immer darstellt, Sorgen der Familien und Soldaten abzuhel-

fen, ein wichtiger Fürsorgeaspekt. Die Vorgesetzten halten zu den Familienbetreuungseinrichtungen ihrer Heimattruppenteile enge Verbindung und versetzen diese in die Lage, umfassend, aber auch mit gebotener Sensibilität, bei Veranstaltungen oder im Einzelgespräch berichten zu können. Gut informierte Angehörige erleben den Einsatz mit bemerkenswerter innerer Stabilität mit. Ehefrauen der Vorgesetzten, deren Männer im Einsatz oder zu Hause ihren Dienst versehen, können mithelfen, manches frauenspezifische Problem ohne große Umstände zu lösen.

Führen mit Auftrag   Unsere Führungsphilosophie sieht in Übereinstimmung mit dem Konzept der „Inneren Führung" das *„Führen mit Auftrag"* vor. Auch dieses Prinzip beruht auf gegenseitigem Vertrauen zwischen dem militärischen Führer und den ihm unterstellten Vorgesetzten. Der Übergeordnete unterrichtet über seine Absicht, setzt erfüllbare Ziele und stellt erforderliche Kräfte und Mittel bereit. Dem Unterstellten wird die Freiheit bei der Durchführung des Auftrages gewährt, soweit es seinen Kräften entspricht. Bei den vergangenen Friedensmissionen haben wir politische Rahmenbedingungen vorgefunden, die der Handlungsfreiheit oft enge Grenzen setzen. Trotz dieser Einschränkungen gilt das Führungsprinzip weiter, denn nur so kann vor Ort innerhalb eines enger gewordenen Spielraumes Handlungsfreiheit erhalten oder Initiative wiedergewonnen werden. Ein Vorfall

Beispiel   bei Doboj in Bosnien illustriert eine solche Lage: Dort ist ein junger Oberleutnant mit seinen Soldaten und seinem Konvoi bei Nacht in eine Schießerei zwischen Serben und Bosniaken geraten. Er sichert den Konvoi rundum mit klaren Befehlen, läßt unter Deckung eines Transportpanzers drei auf der Straße liegende verwundete Zivilisten durch seinen beweglichen Arzttrupp versorgen, klärt mit schwedischen Sicherungskräften auf und führt den Konvoi erfolgreich zum Ziel. Was mich besonders beeindruckt, ist seine klare und entschlossene Stimme, mit der er mir vor Ansatz der Aufklärung Lage und Absicht meldet. Dies gibt mir die Gewißheit, daß der junge Offizier und seine Soldaten die Sache im Griff haben.

Kooperation   Alle bisherigen Auslandseinsätze fanden in Rahmen multinationaler Friedenstruppen statt. Die nationalen Kontingente kamen aus den Staaten der NATO, des ehemaligen Warschauer Paktes oder den Unterzeichnern des Projektes *„Partnership for Peace"*, und wir arbeiteten eng mit ihnen zusammen. So wurde auf der Brückenbaustelle von deutschen und rumänischen Pionieren die Bauausführung gestaltet, während österreichische Lastkraftwagen den Schotter transportierten und ukrainische Fallschirmjäger die Zufahrtsstraße sicherten. Bei der deutsch-französischen Brigade arbeiten Franzosen, Deutsche, Albaner und Ukrainer eng zusammen. Im deutschen Sektor im Kosovo sind Soldaten aus den Niederlanden, der Türkei, Schweden, Österreich und Rußland eingesetzt. Die Zusammenarbeit ist nicht immer einfach, aber sie funktioniert. Die Zusammenarbeit ist notwendig, denn eine so zusammengewürfelte, multikulturelle Truppe beein-

242

druckt die ehemaligen Konfliktparteien und ist an sich schon ein Spannungen abbauender Faktor, und dies besonders dann, wenn ehemalige Gegner mit einander kooperieren. Dies dokumentierte nach außen ein gutes Beispiel in einer von der Geschichte geprägten Region. Ein multinationaler Großverband funktioniert in kritischer Lange, dessen Zusammensetzung aufgrund der historischen Ereignisse der letzten 100 Jahre bis vor kurzem für undenkbar gehalten wurde. Ein deutscher General führt in *einer* Brigade neben deutschen auch russische, türkische und österreichische Soldaten auf dem Balkan. Das stellt die Glaubwürdigkeit eindrucksvoll unter Beweis, wenn KFOR fordert, daß die Ethnien wieder für die Zukunft in Frieden einen Weg des Zusammenlebens gehen sollen. Der Umgang untereinander ist eine große Herausforderung, die vom Vorgesetzten nicht nur die Beachtung der kulturellen und geschichtlichen Hintergründe des Gegenübers verlangt, sondern auch eine ausgeprägte Kompromißfähigkeit. Entscheidungen fallen im Bewußtsein der Partnerschaft. Die andere Seite der Medaille ist allerdings, daß unsere Soldaten – besonders bei Beginn der Friedensmission auf dem Balkan – kritischen Blicken seitens unserer alliierten Partner ausgesetzt waren, wie sie mit ihrem Auftrag auch unter den schwierigen Einsatzbedingungen umgehen würden. Umsicht, Entschlossenheit und absolute Zuverlässigkeit erlaubten uns bald, unseren Platz im multinationalen Gefüge zu sichern. Die Leistung wurde anerkannt.

Kompromiß-fähigkeit

Truppenübungen in der Heimat, die in der Regel zeitlich begrenzt sind, zeigen oftmals Vorgesetzte, die, mit einem Minimum an oder gänzlich ohne Schlaf auskommend, immer ansprechbar sind. Dieses Verhalten wird in den Schlußbesprechungen kritisiert, bleibt aber eigentlich immer ohne Folgen. Militärische Führer, die sich zu Hause so verhalten haben, müssen im Einsatz umdenken, denn sie gefährden sonst die ihnen anvertrauten Soldaten. Ständige Übermüdung im ohnehin belastenden Einsatz schwächt die Fähigkeit des Vorgesetzten, analytisch und systematisch zu denken und zu einer angemessenen Bewertung zu gelangen. Notwendige Stabilität, qualifizierte Zuversicht sowie Umsicht und Entschlossenheit werden reduziert. Der Vorgesetzte hat nur noch das naheliegende Ziel vor Augen, Gedanken an folgende Operationen verblassen und weiterführende Überlegungen werden nicht mehr angestellt. Die unterstellte Truppe erhält dann für die Vorbereitungen nachfolgender Maßnahmen nicht mehr genug Zeit, Fehler müssen in Kauf genommen werden und die Sicherheit der Truppe ist gefährdet. Deshalb muß sich der militärische Führer wie auch die ihm Unterstellten um Regeneration bemühen, Ruhezeiten schaffen sowie ihre Einhaltung einfordern und überwachen. Ein wichtiger Schritt ist auch die Delegation von Verantwortung, wie sie unsere Führungsphilosophie vorsieht. Auch hier zeigt sich, wer bereit ist, Vertrauen zu schenken.

Schlaf not-wendig

Unsere Vorgesetzten und ihre Soldaten haben ihre Aufträge von Kambodscha über Somalia bis ins ehemalige Jugoslawien zu jeder Zeit in ein-

Auftrag erfüllt

drucksvoller Weise erfüllt. Sie waren bescheiden, aber immer umsichtig und entschlossen. Ihr Weg wurde von unserer deutschen Öffentlichkeit und von kritischen ausländischen Augen begleitet. Die überwiegende Mehrheit ist zu dem Ergebnis gekommen, daß man sich auf unsere Streitkräfte verlassen kann, auch wenn eine ausländische Journalistin unsere Soldaten als *„Weicheier"* bezeichnet hat, weil sie der Bevölkerung des Einsatzlandes und der Presse mit zu freundlichen Gesten gegenübergetreten waren. Tatsächlich hatten unsere Soldaten mit ihrer umsichtigen und entschlossenen Art zu handeln Vertrauen gewonnen, das nicht allen Streitkräften entgegengebracht wird. Unsere Soldaten waren tapfer und fühlten sich fähig und bereit, Recht zum Wohle der Zivilbevölkerung gleichgewichtig gegenüber allen Konfliktparteien durchzusetzen.

Es hängt von der Persönlichkeit ab Der Einsatz in einer Friedensmission unterscheidet sich in der Forderung an den Vorgesetzten in vielen Bereichen nicht vom klassischen Kampfeinsatz in Landes- oder Bündnisverteidigung. Wie in unseren Vorschriften über die Truppenführung niedergelegt, beeinflußt die Persönlichkeit des Vorgesetzten mit seinem Beispiel, seiner Überzeugungskraft, seiner Umsicht und Entschlossenheit das Leistungsvermögen der ihm anvertrauten Soldaten. Auch geistige Beweglichkeit, hohe Belastbarkeit, die Entschlossenheit, die Initiative zu bewahren und, wenn sie verlorengegangen ist, diese wiederzuerlangen, die Fähigkeit, Kritik zu ertragen und zu äußern, die Einfühlsamkeit, Gerechtigkeit zu wahren und sich zu kümmern, sind Eigenschaften und Fähigkeiten, die den Vorgesetzten gestern und heute ausgezeichnet haben und die immer Bestandteil unserer militärischen Führerausbildung gewesen sind.

Angriffe auf die Soldaten Im Einsatz in Friedensmissionen in Übereinstimmung mit der Charta der Vereinten Nationen haben die Konfliktparteien der Anwesenheit von militärischen Verbänden aus vielen Nationen zwar zugestimmt, dennoch sehen sich die Soldaten immer wieder Angriffen von undisziplinierten Gruppen der ehemaligen Konfliktparteien – auch wenn unsere Soldaten alle Parteien gleichgewichtig behandeln – und kriminellen Banden gegenüber. Auch Menschen, die um ihr blankes Überleben und das ihrer Angehörigen kämpfen, bedrohen und gefährden unsere Soldaten. Oberstes Ziel aller Überlegungen ist, wie und ob ohne Anwendung von militärischer Gewalt der Auftrag erfüllt werden kann. Dies verlangt viel Geduld und Fingerspitzengefühl, selbst in knisternder Anspannung, damit die Lage nicht ohne Not eskaliert. Die frühzeitige Androhung militärischer Gewalt und Demonstration der Fähigkeit und des festen Willens zur Anwendung angemessener Gewalt beeindruckt andererseits den potentiellen Angreifer, der so von seinem gewaltsamen Vorhaben abläßt. Führen die bisherigen, wohl abgewogenen Maßnahmen nicht zum Erfolg, dann muß mit aller Entschlossenheit auch von der Waffe Gebrauch gemacht werden. Aber wieder müssen Vorgesetzter und Untergebener die Fähigkeit besitzen, deeskalierend zu wirken, um die Gesamtsituation nicht umkippen zu lassen und den Gesamterfolg der Friedensmission nicht zu gefährden. Unsere Soldaten haben bisher immer so gehandelt, und der Einsatz im Kosovo ist sicher ein eindrucksvolles Beispiel. Ich bin davon überzeugt, daß die Forderungen an die Vorgesetzten in Friedenseinsätzen besonders hoch sind. Das breite Spektrum der Verhaltensmöglichkeiten geht vom demonstrativen Verzicht von Waffengewalt bis hin zur abgewogenen Anwendung der Grundsätze des Gefechts der verbundenen Waffen. Über allem steht der Schutz unserer eigenen Soldaten, die aber auch immer bereit sind, keine Verbrechen gegen die Menschlichkeit zuzulassen und dem Frieden im gemarterten Lande eine Chance zu geben.

Eindrucks-volles Beispiel

Unsere Soldaten haben viel erlebt, wenn sie heimkommen. Sie haben sich mit entsetzlichem Elend, mit den Scheußlichkeiten des Krieges, mit Tod, Verderben und Zerstörung auseinandersetzen müssen. Ihre Vorgesetzten, die der gleichen Belastung ausgesetzt waren, haben ihnen geholfen, die Dinge zu verarbeiten und einsatzbereit zu bleiben. Dies ist eine gewaltige Herausforderung und Forderung an unsere Vorgesetzten, am existenziellen Abgrund Glaubwürdigkeit, Zuversicht, Vertrauen, Umsicht und Entschlossenheit auszustrahlen und den Auftrag zu erfüllen.

Herausforderung

4.3 Klaus Wittmann

Die NATO hat viele Gesichter

Einleitung

Die neue NATO

Der Vergleich des Nordatlantischen Bündnisses von 1989 mit dem von 1999 macht den Unterschied offenbar: *Einerseits* ist zwar die *„Neue NATO"* nicht eine völlig andere NATO, denn wichtige Elemente der Kontinuität bleiben bestehen. Dazu gehören die transatlantische Verbindung, die Fähigkeit zur kollektiven Verteidigung der Bündnismitglieder, die integrierte militärische und Kommandostruktur, die gemeinsame Streitkräfteplanung (die zugleich eine Renationalisierung der Sicherheitspolitiken verhindert). Vor allem aber sind die gemeinsamen Wertvorstellungen aus dem Vertrag von Washington zeitlos: Demokratie, Freiheit der Person, Herrschaft des Rechts und friedliche Konfliktregelung sowie Kohäsion und Solidarität bei Bedrohung.

Konflikt-verhütung

Andererseits könnte jedoch gegenüber der NATO der Ost-West-Konfrontationszeit, deren Truppen gegen Invasionsfähigkeit und -planung des sowjetbeherrschten Warschauer Pakts entlang des Eisernen Vorhangs im *„General Defence Plan"* in hohem Bereitschaftsstand aufgereiht waren, der Paradigmenwechsel krasser nicht sein:[1] Risiken sind diffuser, unvorhersehbarer und schwerer militärisch zu bekämpfen als die eindimensionale *„Bedrohung"*. Zur kollektiven Verteidigung kommt im Rahmen einer neuen Kernaufgabe der NATO ihr Beitrag zur Konfliktverhütung und zum Krisenmanagement hinzu. Bündnisverteidigung sowie friedenserhaltende oder -erzwingende Einsätze sind nur multinational vorstellbar, wie auch die Streitkräftestrukturen immer stärker multinational werden. Zugleich sind Partnerschaft und Kooperation Teil der neuen Schwerpunkt-

Partner-schaft für den Frieden

aufgabe geworden. Partnerschaft für den Frieden trägt zur Prägung der Partnerarmeen bei, nicht zuletzt derer, die im Warschauer Pakt früher der NATO gegenüberstanden. Zugleich bereitet sie die Zusammenarbeit in gemeinsamen Friedensoperationen vor. Im Geflecht der *„sich gegenseitig verstärkenden"* Institutionen, die für europäische Sicherheit relevant sind, ist die NATO zentraler Mitwirkender, aber nicht Solospieler. Der Kosovo-Konflikt hat sowohl die Stärken als auch die Schwächen dieses Konzepts, aber auch die Erfordernisse zu seiner Fortentwicklung demonstriert.

---

1. Zur Umorientierung der NATO nach dem Ende des Kalten Krieges, vgl. Rob de Wijk, NATO on the Brink of the new Millenium. The battle for consensus. London-Washington 1997 sowie David S. Yost, NATO transformed. The Alliance's new roles in international security. Washington 1998

„Verteidigung der Bundesrepublik Deutschland" ist angesichts der dramatischen Verbesserung der deutschen Sicherheitslage zum unwahrscheinlichsten Fall geworden. Und die Diskussion darüber ist noch frisch, ob die neue Situation *„durch den Eid gedeckt"*, ob man nicht *„unter anderen Vorzeichen"* in die Bundeswehr eingetreten sei. Also liegt die erste „Anforderung an den Offizier" darin, die veränderte Lage zu begreifen und zu verarbeiten. Dem widmet sich dieser Beitrag zunächst, während er am Schluß auf die konkreten Anforderungen an den heutigen Offizier eingeht.

Unwahrscheinlicher Fall

Die „neue NATO"

Beim 50-Jahre-Jubiläums-Gipfeltreffen des Bündnisses in Washington (April 1999) wurde durch die Staats- und Regierungschefs das neue *„Strategische Konzept"* der Allianz verabschiedet. Es ist das nach dem NATO-Vertrag wichtigste Grundlagendokument der Allianz. Es legt den Zweck und die Aufgaben der NATO dar und enthält die Leitlinien für die künftige Ausrichtung der Streitkräfte.[2]

Bereits das Strategische Konzept von 1991 hatte die Strategie der *„Flexible Response"* und der Vorneverteidigung (MC 14/3) aus der Zeit des Kalten Krieges abgelöst. Als Ausdruck einer *„Strategie ohne Gegner"* hatte es die Neuausrichtung der NATO nach dem Fall der Berliner Mauer dokumentiert: weitgefaßter Sicherheitsbegriff, der das militärische Element in den Zusammenhang aller für Stabilität und Sicherheit maßgeblichen Faktoren stellt; eine neue Risikoeinschätzung nach Wegfall der Bedrohung aus dem Osten; höherer Stellenwert des Krisenmanagement; Bedeutung von Dialog und Kooperation anstelle überwundener Blockkonfrontation; Forderung nach flexiblen, mobilen Truppenteilen sowie Aufgliederung der Streitkräfte in Krisenreaktions-, Hauptverteidigungs- und Verstärkungskräfte.

Neues Konzept nach 1991

Seit 1991 sind weitere tiefgreifende Entwicklungen eingetreten: Die Sowjetunion besteht nicht mehr; blutige Konflikte sind in Europa aufgebrochen; die Wirksamkeit der Vereinten Nationen zu ihrer Befriedung entwickelte sich nicht so, wie nach Ende des Ost-West-Konfliktes erhofft; ehemalige Gegnerstaaten wurden Mitglieder der NATO, die sich weiter zur Politik der Offenen Tür bekennt; die Partnerschaft für den Frieden und der Euro-Atlantische Partnerschaftsrat geben dem Konzept kooperativer Si-

Neue blutige Konflikte

---

2. Zur Erarbeitung der Strategischen Konzepte von 1991 und 1999 vgl. Klaus Wittmann, Das Bündnis wandelt sich. In Truppenpraxis 1/1992, S. 10-20 und ders., Gewandeltes Selbstverständnis und erweitertes Aufgabenspektrum. Der Weg zum neuen Strategischen Konzept der NATO. In Truppenpraxis / Wehrausbildung 7-8/1999, S. 468-477; zugleich in: Europäische Sicherheit 8/99, S. 12-19.

Neue Partner-schaft

cherheit Gestalt und Inhalt; an Rußland ging das Angebot zur strategischen Partnerschaft, dessen Annahme sich im NATO-Rußland-Rat manifestiert; mit der Ukraine gibt es ein besonderes Kooperationsverhältnis und mit bestimmten Mittelmeeranrainern einen etablierten Dialog; die gestiegene Verantwortungsbereitschaft der Europäer findet ihren Ausdruck in der Entwicklung der Europäischen Sicherheits- und Verteidigungsidentität (ESVI) innerhalb der Allianz.

Nicht tatenlo-ses Zusehen

Zudem hat die NATO 1994 den Vereinten Nationen und der OSZE ein grundsätzliches Unterstützungsangebot gemacht und sich, wie in Bosnien und im Kosovo, entschlossen, bei Völkermord und gewaltsamer Vertreibung auch im Inneren eines Staates nicht tatenlos zuzusehen, sondern zu handeln. Damit hat sie neue Aufgaben übernommen, ohne daß die bisherige Kernaufgabe der kollektiven Verteidigung hinfällig geworden wäre. Der Allianzbeitrag zur Konfliktverhütung und Krisenbewältigung fügt sich in die zunehmend engere Zusammenarbeit mit anderen sicherheitsrelevanten Organisationen wie VN, OSZE, EU und WEU ein.

Kontinuität und Wandel

Das neue Strategische Konzept ist das „*Manifest*" der „*neuen NATO*". Es nimmt die neuen Entwicklungen und Bündnisentscheidungen seit 1991 auf und verknüpft Bewährtes mit Neuem, Kontinuität mit Wandel. Es stellt den unveränderten Zweck der NATO aus dem Vertrag von Washington dar, nämlich Gewährleistung von Freiheit und Sicherheit ihrer Mitglieder mit politischen und militärischen Mitteln bei unverändertem Ziel einer gerechten und dauerhaften Friedensordnung in Europa. Es fügt den klassischen Kernaufgaben Sicherheit, Konsultation und kollektive Verteidigung eine vierte hinzu: Verbesserung der Stabilität und Sicherheit im euro-atlantischen Raum durch den Allianz-Beitrag zu Konfliktverhinderung und Krisenmanagement einerseits, durch Partnerschaft und Kooperation andererseits.

Charakteristi-ka festgelegt

Aus einer Analyse des Sicherheitsumfelds mit vielfältigen Gefahrenmomenten, aber auch neuen Chancen, leitet das Strategische Konzept die Aufgabenfelder im einzelnen ab, wobei transatlantische Bindung, militärische Fähigkeiten für das gesamte Aufgabenspektrum und Verantwortung der Europäer in der Allianz wichtige Voraussetzungen bleiben. Der NATO-Beitrag zu Konfliktverhütung und Krisenmanagment sowie Konzept und Instrumente von „*Integration und Kooperation*" – im Interesse euro-atlantischer Sicherheit und Stabilität – werden dargelegt und die Bedeutung von Rüstungskontrolle, Abrüstung und Nichtverbreitung betont. Zum Schluß legt das Strategische Konzept die Charakteristika der künftigen Bündnisstreitkräfte fest. Ihre Fähigkeit zur kollektiven Verteidigung des Bündnisgebietes, wo und wie immer es bedroht sei oder angegriffen werden möge, bleibt die Basis. Auch wenn dieser Fall nicht mehr sehr wahrscheinlich erscheint: Die Gewißheit eigener Sicherheit ist Voraussetzung für alles andere, was die NATO unternimmt. Aber hierfür, und mehr noch für

Krisenreaktionseinsätze, müssen die NATO-Streitkräfte in weit stärkerem Maße als zuvor über Fähigkeiten wie Flexibilität, Mobilität, Durchhaltefähigkeit, Verlegbarkeit und Interoperabilität verfügen.

Der Ausgang der wichtigsten Streitfragen in der Revision des bisherigen Strategischen Konzepts entspricht deutschen Auffassungen: Die NATO wird nicht „*Weltpolizist*", sondern bleibt auf den euro-atlantischen Raum, vor allem Europa und seine Peripherie, konzentriert. Die Berufung auf die VN-Charta, wie sie auch im Vertrag von Washington steht, ist eindeutig, die Prärogative des VN-Sicherheitsrats wird bekräftigt; ein Handeln ohne sein ausdrückliches Mandat, wie im Kosovo, wird auch künftig die Ausnahme bleiben. Das Strategische Konzept bekennt sich dabei ausdrücklich zur Leitschnur des Völkerrechts. Im Hinblick auf die ESVI wird die Perspektive des Amsterdamer Vertrages für eine Sicherheits- und Verteidigungspolitik der EU, welche Unterstützung mit NATO-Mitteln genießen würde, offengehalten; die transatlantische Verbindung soll dadurch gestärkt, nicht etwa geschwächt werden.

Keine Welt-polizei

Die Neufassung des Strategischen Konzepts bringt Zweck, Wesen, Aufgaben und sicherheitspolitischen Ansatz der „neuen NATO" klar zum Ausdruck, so wie sie von allen 19 Mitgliedstaaten gemeinsam getragen werden. Es dokumentiert Selbstverständnis und Zukunftsfähigkeit des Nordatlantischen Bündnisses.

Katalysator Ex-Jugoslawien

Schicksal von Grundsatzdokumenten wie dem Strategischen Konzept ist es allerdings, daß oft das tatsächliche Geschehen der Konzeption, die Praxis der Theorie vorauseilt. Während der graduellen Anpassung der NATO an ein dramatisch sich veränderndes sicherheitspolitisches Umfeld hatte die Entwicklung im ehemaligen Jugoslawien katalytische Wirkung für die Zuwendung zu neuen Allianzaufgaben und die Funktion eines Testfalles für ihre künftige Relevanz: Das ungehinderte Wüten des entfesselten serbischen Nationalismus und das menschliche Leiden aufgrund rücksichtslosen, kriminellen Vorgehens gegen andere Ethnien führten zu schweren Einbußen der Glaubwürdigkeit der sicherheitsrelevanten Institutionen. Die Ohnmacht insbesondere der Europäer und die Blockierung der Vereinten Nationen enttäuschten die Erwartungen der Geschundenen wie der europäischen Öffentlichkeit. Über das menschliche Leid hinaus drohte die Destabilisierung der gesamten Balkanregion. Nachdenken über die mögliche Pflicht zur „humanitären Intervention" setzte ein, aber auch über den Zusammenhang zwischen den politisch-diplomatischen Anstrengungen und dem militärischen Instrument.

Testfall Balkan

Zwar lassen sich Krisen nicht militärisch lösen, aber daß gegenüber Ak-

Abschreckung muß glaubwürdig sein

teuren wie Milosevic die Politik durch Gewaltandrohung oder auch -anwendung untermauert werden muß, zeigt ein hypothetisches Gedankenspiel: Bei der Beschießung von Dubrovnik durch serbische Artillerie im Herbst 1991 hätten wohl – wäre sich die internationale Gemeinschaft einig gewesen – wenige Schläge aus der Luft, oder auch schon deren glaubwürdige Androhung, ausgereicht, um der Entwicklung der nachfolgenden Jahre eine völlig andere Richtung zu geben. Mangels glaubwürdiger Abschreckung aber wurde der serbischen Kriegsmaschine kein Einhalt geboten, und es dauerte bis Mitte 1995, als die Mörsergranate auf dem Marktplatz von Sarajewo, die Entdeckung der Scheußlichkeiten in Srebrenica und die Geiselnahme an UN-Blauhelmsoldaten das Maß vollmachten und die NATO-Staaten dazu brachten, sich aufzuraffen und mit Bombardements die Entwicklung hin zum Dayton-Friedensabkommen für Bosnien und Herzegowina zu erzwingen.

Über Zuständigkeit hinaus

Erst recht war die *„ethnische Säuberung"* im Kosovo, wo Vertriebene gezielt zur Destabilisierung der Nachbarländer eingesetzt wurden, zum Prüfstein der These vom *„innerstaatlichen Konflikt"* und des Gebots der Nicht-Einmischung geworden – und zum Katalysator für Entwicklungen im transatlantischen Verhältnis, in der NATO, für die Bundeswehr und bezüglich der Völkerrechtspraxis. Konfliktverhinderung, Krisenmanagement, Friedensschaffung und -bewahrung – all dies sind Aufgaben, welche nicht allein in der Zuständigkeit der NATO sind, denen sie sich aber – als die einzige Organisation *„mit Zähnen"* – nicht entziehen darf.

Der deutsche Beitrag

Kontroverse Diskussion

Die *raison d'être* der deutschen Streitkräfte leitet sich weitgehend aus der NATO-Mitgliedschaft Deutschlands ab; die Bundeswehr ist in weit stärkerem Maße „Bündnisarmee", als dies bei den anderen Alliierten der Fall ist. Doch konnte die Bundesrepublik Deutschland, absorbiert von den Wiedervereinigungsaufgaben und befangen in ihrer sicherheitspolitischen Sonderrolle als Frontstaat im Kalten Krieg, sich nicht im selben Tempo auf die neuen Erfordernisse umstellen wie die Verbündeten. Noch gut erinnerlich ist das Abseitsstehen im Golfkrieg, als andere Bündnispartner für die Beteiligung mit einer Fregatte weit mehr politischen Kredit bekamen als Deutschland mit seinen beträchtlichen finanziellen und logistischen Leistungen. Auch die Absurdität, daß eine Regierungspartei, um das Nichtaussteigen deutscher AWACS-Besatzungen zu gewährleisten, vor das Bundesverfassungsgericht zog, war Ausdruck der kontroversen Stimmungslage, in der gegen *„gewachsene internationale Verantwortung"* des wiedervereinigten Deutschland *„Selbstbeschränkung"* und *„Kultur der Zurückhaltung"* ins Feld geführt wurde. Gerade auf dem Balkan dürfe angesichts historischer Negativerfahrung nie wieder ein deutscher Soldat eingesetzt werden, hieß es, man müsse Teil der Lösung, nicht des Problems sein. Und hitzige Debatten gab es darüber, ob *„der Bundesrepublik Deutschland treu zu dienen"* auch Aufträge außerhalb der Landes- und Bündnisverteidigung abdecke. Zugleich wurde klar, daß von Deutschland, das in der Zeit der Ost-West-Konfrontation der Solidarität seiner Alliierten teilhaftig wurde, im neuen Aufgabenspektrum ebenfalls Solidarität erwartet wurde.

Durch die Entscheidung des Bundesverfassungsgerichts vom Juli 1994 *Steigerung* sowie die behutsam und schrittweise stets im Konsens der wichtigen parlamentarischen Kräfte gesteigerte Beteiligung von Bundeswehrkräften in Bosnien und im Kosovo sowie deren anerkannte Leistungen wurde Deutschland wie selbstverständlich Teil der internationalen Befriedungs- und Wiederaufbauaktion. Die Schrittfolge führte – nach, u. a., Kambodscha und Somalia – über die Beteiligung an AWACS-Flügen im Zusammenhang mit den NATO-Luftschlägen 1995, die Unterstützung *„von außerhalb"* (z. B. Lazarett Trogir, Unterstützungsverband) der *„Implementation Force"* (IFOR) über die *„Stabilization Force"*, wo Deutschland u. a. den Chef des Stabes, ein Brigadehauptquartier und einen gepanzerten Kampfverband stellt, die Beteiligung mit Tornado-Flugzeugen an der Luftoperation gegen Jugoslawien bis zur *„Kosovo-Force"* (KFOR), wo Deutschland den Stellvertreter, seit Oktober 1999 sogar den Befehlshaber, und eine Brigade stellt. Bei alledem ist naturgemäß Mitsprache und Besetzung von Spitzenpositionen abhängig vom geleisteten Beitrag. Und wer hätte vor wenigen Jahren noch gedacht, daß der Stab der deutsch-französischen Brigade im gemeinsamen Einsatz bei Sarajewo im Rahmen der SFOR sowohl effiziente Friedenssicherung durchführen als auch Zusammenarbeit auf der Grundlage einer nationalen Aussöhnung von historischer Dimension demonstrieren würde?

Konzeptionelle Aspekte

Aus der geschilderten Entwicklung und der letztendlich erfolgreichen *Vier Schwer-* Kosovo-Operation ergeben sich insbesondere in folgenden vier Bereichen *punkte* Lehren und Fragen, die auch das Selbstverständnis der Bündnisstreitkräfte und ihrer Soldaten im Kern berühren: Völkerrechtliche Legitimationsgrundlage für *„Nicht-Art. 5-Operationen"*, Krisenmanagement, Zusammenarbeit der Institutionen und Verantwortung der Europäer.

Völkerrecht: Im Kosovo kollidierten wie nie zuvor das Recht auf terri- *Interessenkol-* toriale Integrität und nationale Souveränität eines Staates mit der Ver- *lision* pflichtung zum Schutz von Menschenrechten und Menschenwürde. In einer schwierigen Abwägung wurde festgestellt, *„daß es Situationen gibt, in denen die Internationale Gemeinschaft das Recht des Einzelnen stärker* *gewichten muß als die nationale Souveränität eines Staates*"[3]. Und die NATO rang sich angesichts der Blockierung des UN-Sicherheitsrats und aufgrund des Beschlusses von zunächst 16, dann 19 demokratischen Regierungen zum Handeln durch im Sinne der KSZE-Grundakte von Helsinki, nach der die Achtung der Menschenrechte nicht mehr ausschließlich innere Angelegenheit eines Staates ist.

Moralisches Gebot

„*Humanitäre Intervention*" kann, wo sie annähernd erfolgversprechend ist, moralisches Gebot sein. Zwar war sie im Kosovo, sowohl unter dem Gesichtspunkt der Legitimität als auch der Kriterien wie Tauglichkeit, Angemessenheit und Verhältnismäßigkeit der Mittel und schließlich hinsichtlich der Nichterreichung des ersten Ziels „*Vermeidung der ‚ethnischen Säuberung'*", nicht unumstritten. Doch mögen die Entschlossenheit der NATO, ihre Kohäsion auch angesichts öffentlicher Kritik und das Durchhaltevermögen der 19 Regierungen heilsame Wirkung für die Zukunft haben und zumindest gegenüber Despoten in Europa oder im euroatlantischen Raum eine gewisse Abschreckung bedeuten. Der israelische Ministerpräsident Barak soll das Vorgehen der NATO auf dem Balkan ein „Signal an die Diktatoren der Welt" genannt haben: „*Schwere Verbrechen gegen die Menschlichkeit bleiben nicht länger ungestraft*".[4]

Krisenmanagement versäumt

Krisenmanagement: Die Kosovo-Krise hatte man 10 Jahre lang kommen sehen, vorbeugendes Krisenmanagement war – nicht nur in Dayton – versäumt worden. Es zeigte sich, wie in Bosnien, daß in jeder Hinsicht der militärische Preis um so höher wurde, je länger die Krise schwelte, je komplexer der Konflikt wurde und je mehr folgenlose Drohungen Milosevic in Sicherheit wiegten. Das obige Dubrovnik-Beispiel kann man nicht oft genug wiederholen: Die präventive Diplomatie bedarf von Anfang an eines militärischen Rückgrats. Im Kosovo hat die Dreifach-Strategie von „*konsequentem militärischen Druck, energischen diplomatischen Anstrengungen und umfassender humanitärer Hilfe Erfolg gehabt*", so der Bundesverteidigungsminister am 10. Juni 1999 vor dem deutschen Bundestag.[5] Aber es war ein später Erfolg nach lange verzögerter internationaler Befassung mit der Kosovo-Krise.

Politische Imperative

Problematisch und letztlich nicht vermeidbar war im Kosovo-Konflikt auch, wie militärische Erfordernisse (Überraschung, überwältigende Gewaltanwendung, Schwerpunktbildung, effektive Waffenwirkung, Ungewißheit im Kopf des Gegners, z.B. durch Planung einer Bodeninvasion, der

---

3. Rede des Bundesministers der Verteidigung, Rudolf Scharping, anläßl. der Debatte im Deutschen Bundestag zum Antrag der Bundesregierung zur deutschen Beteiligung an einer internationalen Sicherheitspräsenz im Kosovo am 10. Juni 1999 (Pressemanuskript, S. 3 f)
4. So US-Außenministerin Albright in: Spiegel-Gespräch „Ohne uns läuft nichts". In: Der Spiegel 30/1999, S. 143-146, S. 144
5. Scharping, a.a.O., S. 1

252

Grundsatz „Eingreifen = Durchgreifen") durch politische Imperative (Vermeidung von Verlusten, Minimierung von Schäden bei der Zivilbevölkerung, Bewahrung der Kohäsion der Allianzmitglieder) relativiert oder sogar außer Kraft gesetzt wurden: Die ewige Frage des Zusammenspiels von Politik und Militär (von Gerhard Ritter als *„Staatskunst und Kriegshandwerk"* thematisiert) stellt sich auch bei den zusätzlichen NATO-Kernaufgaben Konfliktverhütung und Krisenmanagement. Sie verlangt neue, *Neue Ansätze* kreative Gedankenansätze nicht zuletzt darüber, wie Krisenursachen früh erkannt und am Ort ihres Entstehens angepackt werden können, bevor sich die Wirkungen der Krise in destabilisierender Weise ausbreiten. Aber Krisenmanagement ist nicht vorwiegend eine militärische Kategorie; eine Krisenprävention ist erforderlich, die viele Aspekte umfaßt, – politische, diplomatische *und* militärische, aber auch wirtschaftliche, soziale und nicht zuletzt entwicklungspolitische.[6]

„Interlocking Institutions": Einerseits hat sich viel pragmatische Zu- *Kompliziertes* sammenarbeit zwischen mit Sicherheit in Europa sowie Stabilität und Wie- *Schnittmuster* deraufbau auf dem Balkan befaßten Organisationen entwickelt, andererseits gliche ein Organigramm aller dort tätigen Leiter, Truppenteile, Institutionen, Sonderbeauftragter, Koordinationen, *„NGOs"* (Nicht-Regierungsorganisationen) usw. einem komplizierten, recht unübersichtlichen Schnittmuster. Institutionelle Mißgunst, Prestigefragen, personelle Besetzungsforderungen und Finanzierungsprobleme hemmen den Fortschritt nicht viel weniger als die *„Abhängigkeitskultur"* und Feindseligkeit der Einheimischen. In diesem Umfeld bewegen sich die Friedenstruppen, die durch militärische Strukturen, Organisation, Verfahren, Gerät und Fähigkeiten weit besser als zivile Organisationen zur raschen Hilfe imstande sind, denen aber dadurch viel mehr Unterstützungsaufgaben aufgebürdet werden, als ihrem Kernauftrag, ein sicheres Umfeld zu schaffen, entspricht.

Bessere Reaktionsfähigkeit der zivilen Organisationen ist ebenso von- *Polizeiauf-* nöten wie ein Nachdenken über stärkere Übernahme von polizeiähnlichen *gaben* Aufgaben durch das Militär[7], wie es im Kosovo umständehalber unvermeidlich war (und wie es in der Militärsoziologie schon lange im Zusammenhang mit dem Konzept der *„constabulary forces"* diskutiert wird) bzw. die Stärkung von Gendarmeriekräften. Auch die Stärkung der CIMIC-Komponente (zivil-militärische Zusammenarbeit) gehört in diesen

---

6. Vgl. die sehr bedenkenswerte Rede der Bundesentwicklungsministerin: Heidemarie Wieczorek-Zeul, Sicherheitspolitische Bezüge der Entwicklungspolitik. Rede zur Abschlußveranstaltung des Kernseminars der Bundesakademie für Sicherheitspolitik am 28. Mai 1999, Pressemitteilung BMZ

7. Nicht zu verwechseln mit der jüngst erneut angefachten (und fehlgeleiteten) Diskussion über einen Einsatz der Bundeswehr „im Inneren".

Zusammenhang. Beides bedingt aber zielgerichtete Ausbildung und Ausrüstung der dazu bestimmten Truppenteile.

*Organisation
der Zusam-
menarbeit*
  Eine Voraussetzung für den Erfolg ist der Dialog aller sicherheitsrelevanten Institutionen miteinander, die Entwicklung ihrer jeweils spezifischen Fähigkeiten und die Organisation ihrer Zusammenarbeit. Eine *„europäische Sicherheitsarchitektur"* entsteht nicht auf dem Reißbrett sondern nur unter Nutzung der historisch entstandenen Institutionen. Dabei
muß auch der *„Stabilitätspakt"* für den Balkan nicht als statisch, sondern
als Prozeß verstanden werden und einem regionalen Ansatz folgen, an dem
alle Staaten der Region und alle relevanten Organisationen beteiligt sind.

*Militärische
Defizite*
  Europäische Verantwortung: Der Kosovokonflikt muß den Europäern
endgültig die Augen geöffnet haben über ihre *„Technologie-, Finanz- und
Willenslücke"*[8] hinsichtlich des Krisenmanagement mit militärischen Mit-
teln. Das böse Wort machte die Runde, Amerika sei für den Krieg zustän-
dig und Europa für den Frieden (d.h. die Wiederaufbaukosten); und in der
Tat zeigten sich überdeutlich die militärischen Defizite der europäischen
NATO-Nationen auf Gebieten wie Aufklärung, Präzisionsbewaffnung,
Verlegefähigkeit, Zielaufklärung, Luftbetankung, Rettung abgeschossener
Piloten, Führungsfähigkeit und Interoperabilität. Ob Europa zu einem politischen Akteur wird, der z. B. auf dem Balkan, integralem Teil seiner
selbst, Frieden zu bewahren vermag, hängt nicht nur von Strukturen und
Prozeduren der *„europäischen Sicherheits- und Verteidigungsidentität"*
(ESVI) ab, sondern auch davon, ob es sich die militärischen Fähigkeiten
schafft, die diese unterfüttern. Amerikanischen Unilateralismus oder ame-
rikanisches Abseitsstehen zu beklagen wird in Zukunft nicht mehr genügen. Nach der Währungsunion wird die in Maastricht und Köln angelegte
Verteidigungsunion der nächste Schritt des europäischen Einigungswerks
sein müssen. Im Krisenmanagement ist Aufgabenteilung zwischen der
NATO und der Europäischen Union erforderlich.

Integration und Kooperation

*Stabilitäts-
transfer*
  Dem vorbeugenden Krisenmanagement dient auch das Konzept des
„Stabilitätstransfers", das Kooperation und Partnerschaft, Elementen der
neuen, vierten NATO-Kernfunktion, zugrunde liegt. Es hat einerseits zur
Aufnahme von drei neuen NATO-Mitgliedern, Polen, Ungarn und Tsche-
chische Republik, geführt und zur erklärten Politik der *„offenen Tür"* für
weitere Beitritte in der Zukunft entsprechend Artikel 10 des Washingtoner
Vertrags. Gleichzeitig prägt es sich aus in der Partnerschaft für den Frieden

---

8. So Michael Stürmer beim „Welt am Sonntag"-Forum „Bundeswehr und Gesellschaft"
   am 05.07.1999 in Berlin

(PfP) und der engen Zusammenarbeit mit Rußland, aber auch im Verhältnis zur Ukraine und im Mittelmeerdialog. Weitergabe von Werten und Erfahrungen der NATO-Armeen (aber auch Lernen über die Partnerländer) und die Vorbereitung gemeinsamer Operationen stehen im Zentrum dieser Aktivitäten, aber sie haben Wirkungen darüber hinaus, denkt man z. B. nur an die Regelung von Nachbarschafts- und Minderheitsproblemen zwischen zahlreichen Staaten Zentral-, Ost- und Südosteuropas, welche allein durch die Hoffnung auf NATO-Mitgliedschaft zustande kam, in die ein Aspirant keine solchen Konfliktherde einbringen darf. All das hat ein Geflecht von Kooperation und Partnerbeziehungen geschaffen, das den Beteiligten implizit Sicherheit verschafft, und trägt zur Stabilisierung der jungen Demokratien bei.

Im NATO-Hauptquartier eröffnet der tägliche Umgang mit Angehörigen der Partnerstaaten völlig neue Perspektiven und Erfahrungen, und das enge Zusammenwirken in den SFOR- und KFOR-Schutztruppen zeigt die Früchte des jahrelangen Strebens nach Interoperabilität. Multinationalität ist der Ausdruck der Erkenntnis, daß es auf Fragen äußerer Sicherheit keine nationalstaatlichen Antworten mehr gibt, und von Deutschlands neun Nachbarn (von denen zwei Neutrale sind) haben sich sechs der Bundeswehr in multinationalen Streitkräften verbunden. *Interoperabilität*

*

Dies sind die neuen Rahmenbedingungen für künftige NATO-Aktivitäten, die für den Offizier der Zukunft Parameter des Handelns sind. Worin bestehen nun konkrete Folgerungen für sein Berufsbild?

Zum neuen Berufsbild des NATO-Soldaten

Drei grundsätzliche Erkenntnisse leiten sich aus diesen Entwicklungen und den obigen konzeptionellen Überlegungen ab: Sie betreffen das erweiterte Aufgabenspektrum, den Einsatzcharakter der Aufgaben und die Multinationalität.

Erstens bedeutet zwar das erweiterte Aufgabenspektrum der NATO nicht nur „*neue Aufgaben*", denn es baut auch weiterhin auf der Fähigkeit zur Verteidigung auf – die, dann nicht mehr linear an einer Paktgrenze zu denken, auch in operativer Hinsicht („*freies Operieren*", Initiative) wesentlich anspruchsvoller ist. Es bedeutet aber eine wesentlich vergrößerte Skala von Bündnisaufgaben, von der Verteidigung über die gewaltsame Durchsetzung von Waffenstillstand und Friedensregeln, die Bewahrung eines Friedenszustandes oder einer Waffenruhe (peacekeeping), die vorbeugende Stationierung (preventive deployment), die „*show of force*", Rettungs- und Schutzaufgaben, Flüchtlingsversorgung, Wiederaufbau bis hin *Größere Aufgabenscala* zur Übernahme ziviler Verwaltungsfunktionen – mit jedem Tag der Erfahrung in Bosnien und im Kosovo scheint das Spektrum sich auszuweiten. Hinzu kommen die unter *„Kooperation und Partnerschaft"* zusammengefaßten Aufgaben, an denen NATO-Streitkräfte im Frieden intensiv beteiligt sind: Partnerschaftsaktivitäten und -übungen, Beratung von Partnerstreitkräften, Vertrauensbildung, Verifikation.

Einsatz für alle

Zweitens hat sich die Bundeswehr zu einer Armee im Einsatz gewandelt, in einem Einsatz, der nicht nur die unmittelbar im Einsatzland stationierten Kräfte betrifft, sondern die Streitkräfte insgesamt erfaßt und involviert. Dies bringt Dienst *„rund um die Uhr"* *(„bei uns ist immer Donnerstag")* ebenso mit sich wie die Berührung mit Leid und Elend, mit dem *„Mensch als des Menschen Wolf"*, mit Tod und Verwundung, mit Gesetzlosigkeit und uns unbekannter Grausamkeit. Eigene Wertvorstellungen können von dieser Erfahrung nicht unberührt bleiben. Der Bundeswehr-Soldat erfährt sich im Rahmen des NATO-Einsatzes als Soldat der Menschenwürde und der Menschenwerte.

Keine nationale Lösung mehr

Drittens sind unter all diesen Aufgaben – im Frieden, im Krisenmanagement und in der Verteidigung – keine mehr denkbar, die rein national zu lösen wären. Vielmehr ist Multinationalität zur Grundgegebenheit geworden. Sie ist politisch gewollt und bringt breite Beteiligung und damit stärkere Legitimation, politische Unterstützung, Solidarität und Kohäsion zum Ausdruck. Zugleich ist aber ehrliche Rechenschaft unabdingbar über die Probleme und Aufgaben, die sie mit sich bringt für Ausbildung, Interoperabilität, Logistik und Führbarkeit. Die größten Herausforderungen stellt sie wohl im Bereich der *„menschlichen Interoperabilität"*, wo Fremdsprachenkenntnis, Mentalität, Geschichte, Tradition und Doktrin wesentliche Bestimmungsgrößen sind.

Multinationalität unterschiedlich

Multinationalität hat unterschiedliche Ausprägungen – die multinationalen Korps der Alliierten, bei denen kaum unterhalb der Divisionsebene gemischt wird, und die Multinationalität der *„Nicht-Art. 5-Kriseneinsätze"* gemeinsam mit Partnern, die teilweise nur einzelne Züge einbringen und wo dementsprechend sogar multinational gemischte Kompanien zum Einsatz kommen. Seit Beginn des PfP-Programms unterliegt dieses ständiger Intensivierung bis hin zur Verabschiedung eines „Politisch-militärischen Rahmendokuments für NATO-geführte PfP-Operationen" und zur Erarbeitung eines *„Operational Capabilities Concept"* (OCC). Wie der Stabilitätspakt wird so auch die Friedenssicherung in Bosnien und im Kosovo eine Sache ganz Europas bzw. der euro-atlantischen Gemein-

Voraussetzungen

schaft. Und die Fähigkeit zum multinationalen Zusammenwirken beruht nicht zuletzt auf Aufgeschlossenheit, Toleranz und Achtung gegenüber den Charakteristika alliierter und Partner-Streitkräfte sowie auf Respekt vor Kultur und Geschichte anderer Nationen. Auch unterschiedliche Führungsvorstellungen und -traditionen kommen zusammen, und in multinationalen

Truppenteilen wird man nicht alle Maximen der Inneren Führung immer durchsetzen, geschweige denn anderen oktroyieren können

Auch andere konkrete Forderungen stellt das erweiterte Aufgabenspektrum an den Soldaten der NATO. Es kann nicht darum gehen, reine „*Peacekeeping-Streitkräfte*" auszubilden; der für die härtesten Anforderungen im Gefecht ausgebildete Soldat wird auch den militärischen Aufträgen am „*weicheren*" Ende des Spektrums gewachsen sein – aber nicht umgekehrt. Die klassischen Forderungen bleiben bestehen, die sich auch in den „*Leadership*" – Gedanken des Inspekteurs des deutschen Heeres finden[9]: geistig-ethische Bindungen, Auftragstaktik, Führungskönnen, Beherrschen operativer und taktischer Grundsätze, Initiative und aktives Handeln, Führen von vorn mit dem Teilen der Strapazen und Risiken im Einsatz, Tapferkeit, Kameradschaft und Fürsorge, Zivilcourage, Kreativität, Durchsetzungs- und Durchhaltewille.

Auch bei Aufträgen im Rahmen der Krisenbewältigung und der Friedenssicherung sind diese Eigenschaften erforderlich; und die physische und psychische Belastung wird nicht geringer sein als im Gefecht. Doch kommen in Waffenstillstandssituationen, inmitten bisher verfeindeter, sicher haßerfüllter und rachsüchtiger Bevölkerungsgruppen zusätzliche Forderungen an psychologisches Einfühlungsvermögen und diplomatisches Geschick hinzu. Eine Mischung aus Entschlossenheit und Dialogbereitschaft gehört zur Grundausstattung des Verhaltens, und der Soldat – nicht nur der Offizier – ist oft genug in die Rolle des Vermittlers und Schlichters gestellt. Auch die Aufgaben des Schützens, Rettens und Helfens, Hilfeleistung und Wiederaufbau von Infrastruktur, zivil-militärische Zusammenarbeit erfordern kreatives, innovatives Lösungsverhalten und Improvisationsgabe, Ruhe bewahren in schwierigen Situationen, die Fähigkeit zum Verkraften von Rückschlägen und zum Meistern überraschender Situationen sowie Überzeugungskraft durch Glaubwürdigkeit und Aufrichtigkeit.

Belastung wird größer

Und eine klare, ethisch fundierte Grundeinstellung bezüglich Recht, Gesetz und Menschlichkeit ist erforderlich, wobei die völkerrechtliche Frage der Gewaltandrohung oder -anwendung zur Unterstützung der moralisch, nämlich menschenrechtlich motivierten politischen Ziele von zentraler Bedeutung ist. Dies hat die Legitimitäts-Diskussion in der Kosovo-Krise nachdrücklich bewiesen. Bei der Ausweitung der NATO- und Bundeswehraufgaben wird deutlich, daß die Konzeption des Staatsbürgers in Uniform für die Bundeswehr als politisches und sittliches Fundament auch in der Zukunft tragen wird. Der „*Staatsbürger in Uniform*" begründet ein soldatisches Ethos, das sich aus unserer Verfassung ableitet. Sie bindet al-

Ethisch fundierte Grundeinstellung

---

9. Leadership: Der militärische Führer im Einsatz - Forderungen für Erziehung und Ausbildung. Inspekteur des Heeres, Bonn,

Menschen-
würde –
höchstes Gut

les staatliche Handeln der Bundesrepublik Deutschland, ob nach innen oder nach außen, an die Zielsetzung: Sicherung von Freiheit, Frieden, Recht und Menschenwürde. Schutz der Menschenwürde als höchstes Gut ist der ethische Kern des soldatischen Selbstverständnisses in der Bundesrepublik – hier dokumentiert sich der radikale Unterschied zur Wehrmacht, aber auch zur Nationalen Volksarmee.

Wenn also der Staatsbürger in Uniform im Rahmen der NATO oder zukünftig auch der WEU / EU für den Schutz der Menschenrechte und -würde in Europa eintritt, dann ist dies auch in politisch-historischer Sicht nur konsequent und steht im Einklang mit dem Wertefundament der Bundeswehr. Das Bewußtsein, daß die geistigen Traditionen sowie die Werte und Ideale Europas und der euroatlantischen Gemeinschaft schützenswert sind, muß in der Europäischen Sicherheits- und Verteidigungsidentität ebenso klar Ausdruck finden, wie es Geist und Inneres Gefüge von NATO- und europäischen Truppenteilen prägen muß.

Claus Schenk Graf von Stauffenberg
Oberst i. G.
* 15.11.1907 in Jettingen
† 20.7.1944 in Berlin

*Wir wollen eine neue Ordnung, die alle Deutschen zu Trägern des Staates
macht und ihnen Recht und Gerechtigkeit verbürgt.*

4.4 Hannsjörn Boës

Militärische Gewalt – was sie leisten kann

I. Gewalt und Macht

Sprachliche Unterscheidung

„Und bist du nicht willig, so brauch' ich Gewalt", läßt Goethe den Erlkönig in seinem gleichnamigen Gedicht drohen. Goethe verwendet das Wort Gewalt sichtlich im Sinne physischen Zwangs. So wie hier ist dieser Begriff für uns auch heute weitgehend negativ belastet. Uns fehlt die sprachliche Feinheit, wie sie der Brockhaus durchaus definiert. Er unterscheidet nämlich zwischen Gewalt als Durchsetzungsvermögen in Macht – und Herrschaftsbeziehungen (lat. potestas) sowie Gewalt als rohe, gegen Sitte und Recht verstoßende Einwirkung auf Personen (lat. violentia).[1] Während die englische und die französische Sprache mit „power" und *„violence"* bzw. *„pouvoir"* und *„violence"* der sprachlichen Unterscheidung des Lateinischen folgt, vereinigt die deutsche Sprache beide Auslegungen in einem. Damit erfährt dieser Begriff eine geradezu inflationäre Ausdehnung. Wir vergessen folglich allzu leicht, daß Gewaltanwendung auch notwendiger Bestandteil von Machtausübung einer legitimen Herrschaft ist und sein muß.

Kraftvolle Führung

Macht und Gewalt liegen in einer Demokratie eng beieinander. Demokratie bedarf einer wirksamen, kraftvollen Führung, obwohl nicht wenige Mitbürger der Ansicht sind, eine solche Staatsform vertrage keine machtvolle Führung und schon gar nicht Gewaltanwendung. Aber das Gegenteil ist richtig: Demokratie leidet eher an *zu wenig* als an *zu viel* Führung. Kraftvolle Führung ist in der Demokratie unentbehrlich. Wer sie verweigert oder ablehnt, untergräbt die Lebenskraft der Demokratie. Dabei sei hier nochmals deutlich hervorgehoben, was nicht immer in unserem Land akzeptiert wurde und wird, daß Führung ohne Gewaltanwendung im Sinne der potestas nicht erfolgreich sein kann. Hinzuzufügen ist, obwohl selbstverständlich, daß dies immer auf dem Boden geltenden Rechts zu geschehen hat. Ortega y Gasset[2] hat es vor einigen Jahrzehnten sehr prägnant in einem Zweizeiler zusammengefaßt: *„Recht ohne Macht ist Ohnmacht, Macht ohne Recht ist Unrecht"*.

---

1. Brockhaus, Enzyklopädie, Neunzehnte Auflage von 1989
2. Ortega y Gasset, Jose, span. Kulturphilosoph und Soziologe (1883-1955)

An zwei alltäglichen Beispielen möchte ich noch einmal demonstrieren, *Beispiele*
was gemeint ist: Kaum ein Bürger kommt auf den Gedanken, Verkehrsregeln oder Steuern – ob geliebt oder nicht – in Form gültiger Gesetze als
Ausdruck staatlicher *Gewalt*ausübung einzustufen. Und doch ist dies, wie
vieles andere mehr, schlichter Ausdruck staatlicher Macht, eben Anwendung von Zwang. Ebenso verhält es sich mit der polizeilichen Autorität.
Ohne Eingreifen polizeilicher Gewalt herrscht keine Ordnung, fehlt es an
Innerer Sicherheit. Und ohne Ordnung wird es keine freie Entfaltungsmög-
lichkeit des Individuums geben können.

Auch in der wichtigsten Keimzelle eines Volkes, der Familie, geht es *Auch in der*
nicht ohne Anwendung von Zwang ab. Erziehung ist eben nicht nur – wie *Familie*
es Pestalozzi einmal formulierte – *„Beispiel und Liebe"*, sondern auch immer mit Durchsetzung eines Willens zum Wohle des Ganzen, d.h. unter
Anwendung (sanfter) Gewalt, verbunden. Ein in den 60er Jahren einge-
schlagener Weg der sogenannten „antiautoritären Erziehung" ist in meinen
Augen daher auch im Prinzip kläglich gescheitert. Ist es doch eine Binsen-
weisheit, daß Kinder so früh wie möglich Grenzen aufgezeigt bekommen
müssen (und sie wollen es auch!). Sonst ergeben sich spätestens dann Probleme, wenn junge Menschen erstmals mit der wirklichen *„Obrigkeit"* in
Berührung kommen (Lehrer, Verkehrsregeln, Wehrpflicht u.ä.).

Um das Bild abzurunden, sei noch darauf verwiesen, daß ein wesentli-
ches Merkmal sowie untrennbarer Bestandteil funktionierender Demokra-
tie sich in der *Gewaltenteilung* widerspiegelt, nämlich der Trennung in
– Legislative
– Exekutive
– Judikative

Beiläufig sei erwähnt, daß hier der Begriff Gewalt in Verbindung mit
Teilung einen eher positiven Anstrich hat.

II. Militärische Macht

Einen ganz wesentlichen Faktor staatlicher Exekutive stellen Streitkräf- *Politikfähig-*
te dar. Objektiv ist festzuhalten, daß Streitkräfte einem Staat zur Politik- *keit*
fähigkeit verhelfen. Ein Staat, der sich nicht zu verteidigen vermag, kann
schnell zum Spielball werden, wie uns die Geschichte lehrt.

Ein mir unbekannt gebliebener Politiker drückte es einmal auf einfache
Art so aus: *„Jeder Staat hat eine Armee. Entweder seine eigene oder eine
fremde"*.

Der griechische Geschichtsschreiber Thukydides[3] bezeichnete es vor
2400 Jahren so: *„Recht und Frieden herrschen nur zwischen Gleich-*

---

3. Thukydides, griech. Begründer moderner Geschichtswissenschaft (460-400 v. Chr.)

starken; sonst machen die Starken, was sie wollen, und die Schwachen erleiden, was sie müssen".

Und vor rund 2000 Jahren schrieb der Evangelist Lukas:[4] *„Welcher König will sich auf einen Krieg einlassen gegen einen anderen König und setzt sich nicht zuvor hin und hält Rat, ob er mit zehntausend dem begegnen kann, der über ihn kommt mit zwanzigtausend? Wenn nicht, so schickt er eine Gesandtschaft, solange jener noch fern ist, und bittet um Frieden."*

Neuerlich, aber eher vereinzelt, wurde sogar die Ansicht vertreten, daß den Streitkräften in der Bundesrepublik aufgrund ihrer zentralen Bedeutung als Machtfaktor bezüglich der Handlungsfähigkeit eines Staates die konstitutionelle Stellung einer *„vierten Gewalt"* zukäme.[5]

Kein unkontrolliertes Eigenleben

Dagegen spricht sehr eindeutig, daß gerade Streitkräfte wegen ihrer Bedeutung im politischen Leben eines Staates kein unkontrolliertes Eigenleben führen dürfen. Das Normengefüge der Gewaltenteilung in unserer Verfassung hat sich bewährt, weil es eine wechselseitige Kontrolle und vor allen Dingen eine ausgewogene Machtverteilung im Staat sicherstellt.

Natürlich ist die Kontrolle des Machtfaktors Streitkräfte in einer Demokratie von zentraler Bedeutung. Die Bundeswehr unterliegt demzufolge auch einer verfassungsrechtlich verankerten parlamentarischen Kontrolle, insbesondere durch das Amt des/der Wehrbeauftragten. Eine noch wirksamere Kontrolle aber, eine quasi außerparlamentarische, besteht in meinen Augen in der Institution der *„Allgemeinen Wehrpflicht"*:

Politische Auseinandersetzung

– Die Wehrpflicht zwingt Millionen Bürger, sich mit den Belangen von Streitkräften, der bewaffneten Macht, auseinanderzusetzen. Sie erzeugt damit öffentliches Interesse und politische Aufmerksamkeit.

– Die Wehrpflicht trägt zur Angleichung streitkräfte-interner und gesellschaftlicher Entwicklungen bei.

– Sie fördert die Entwicklung stärkeren staatsbürgerlichen Bewußtseins und wirkt einer verhängnisvollen Isolierung als *„Staat im Staate"* entgegen. Einem Mißbrauch militärischer Gewalt wird durch diese Einbindung in die Gesamtbevölkerung wirksam entgegengetreten.

– Letztlich – und nicht unbedeutend – garantiert erst die Wehrpflicht eine hohe Einsatzbereitschaft. Gerade durch die Nutzung von zivilberuflichen Kenntnissen, Fähigkeiten und Fertigkeiten unserer jungen Grundwehrdienstleistenden werden Streitkräfte wirklich professionell. Damit widerspreche ich ausdrücklich einer in der Öffentlichkeit weit verbreiteten Meinung, daß nur eine Berufsarmee über echte Professionalität verfügen kann.

---

4. Lukas-Evangelium, Kap.14, Verse 31 ff
5. Hörchens, Angela, S. 19ff

262

III. Sicherheitspolitik im Wandel

Mit der Vereinigung unseres Vaterlandes und der darauf folgenden Auf- *Veränderung*
lösung der UdSSR und des Warschauer Vertrages hat sich die sicherheitspolitische Lage insbesondere in Europa grundlegend gewandelt. Ich brauche Einzelheiten dieser dramatischen und geradezu schicksalhaften Veränderung nicht darzulegen, sie sind hinreichend bekannt und auch noch präsent.

Deutschland war vier Jahrzehnte der Osten des Westens und der Westen
des Ostens. Nun sind wir wieder die Mitte, was durchaus auch eine Last
sein kann.[6]

Hieraus sind für unser Land neue Aufgaben und Pflichten erwachsen. *Noch kein*
Die infolge der langjährigen Konfrontation im Kalten Krieg weitgehend *Frieden*
auf Landesverteidigung ausgerichteten Streitkräfte, insbesondere die Bundeswehr, mußten reformiert werden, was Aufgabenstellung, Struktur und
Stationierung betraf. Eine akute Bedrohung an unserer Landesgrenze war
entfallen, neue Risiken an anderer Stelle entstanden oder sind dort verblie-
ben. Aber aus der Abwesenheit von Krieg in Europa wurde beileibe noch
kein Frieden. Vielmehr kehrte der Krieg mit seinen schrecklichen Folgen
zurück.

Der Golfkrieg 1991 verursachte dann in unserem Land einen regelrech- *Angemessener*
ten Schock. Die Verbündeten forderten von uns einen angemessenen mili- *Beitrag*
tärischen Beitrag. Doch unsere Politiker – jahrzehntelang fixiert auf die
bewährte Strategie der Abschreckung und Vorneverteidigung innerhalb des
NATO-Bündnisses – verwiesen mehrheitlich auf die Einschränkung, die
sich vermeintlich aus unserer Verfassung ergab. Es wurde im wahrsten Sinne ein Verfassungsschutz aufgebaut, hinter dem die Politiker unseres Landes *„in Deckung gingen"*. Doch die Diskussion über die Frage, trägt unsere Verfassung Einsätze *„out of area"* ja oder nein, war nicht mehr aufzu-
halten.

Nach der Wiederbewaffnungsdebatte in den fünfziger und der Diskussi- *Armee für den*
on über die Nachrüstung in den achtziger Jahren kam es damit jetzt zur *Frieden*
dritten grundsätzlichen Auseinandersetzung über die zukünftige Außen-
und Sicherheitspolitik. Die Soldaten der Bundeswehr standen im Kreuz-
feuer, doch die Bundeswehr wurde ja schon immer fälschlicherweise unter
Berufung auf das Wort des früheren Bundespräsidenten Gustav Heine-
mann eine *„Friedensarmee"* genannt: *„Der Friede ist der Ernstfall"*.
Stattdessen hätte man von ihr besser als *„Armee für den Frieden"* sprechen sollen. Und wie weit die Vorstellung der Abschreckungstheorie ging,
konnte man dem durchaus eingängigen Slogan des damaligen Generalinspekteurs Ulrich de Maizière entnehmen: *„Kämpfen können, um nicht*

---

6. Stürmer, Michael, FAZ 1991

263

Auf den Krieg vorbereiten

kämpfen zu müssen". Wäre denn der Auftrag der Bundeswehr verfehlt, aber zugleich auch erledigt gewesen, wenn die Abschreckung eines Tages versagt hätte und die ganze geballte militärische Gewalt losgebrochen wäre? Als der seinerzeitige Kommandierende General des II.Korps, Generalleutnant Werner Lange, in einer Jahresausbildungsweisung der 80er Jahre kriegsnahe Ausbildung forderte, ging ein Aufschrei durch die Medien, und die Politiker hatten Erklärungsbedarf. Aber es gab und gibt nichts zu erklären: Streitkräfte sind immer auf den Ernstfall – und der heißt Krieg – vorzubereiten, d.h. auszubilden und zu erziehen. Doch diese Erkenntnis war schwer zu vermitteln.

Kriegsfähig

In einem Beitrag des Instituts für Friedensforschung und Sicherheitspolitik an der Universität Hamburg (IFSH) von 1993 wird der damaligen Bundesregierung vorgeworfen, die militärische Macht unserer Streitkräfte von der Verteidigungsfähigkeit (dieser Auftrag, so wird ausgeführt, war ja unstrittig) heimlich zur Kriegsfähigkeit zu führen. Ich zitiere: *„Ein prinzipiell kriegsfähiges, das heißt aus den Fesseln der rechtlichen und politischen Beschränkung des Gebrauchs seiner Streitkräfte ausschließlich zur Verteidigung befreites Deutschland ist das Ziel."*[7]

Als Beweis für seine Behauptungen führt er eine Passage aus einer Ansprache des späteren Generalinspekteurs der Bundeswehr, General Klaus Naumann, aus dem Jahre 1989 an:

Zur militärischen Machtanwendung bekennen

„Die deutsche Einschätzung der Rolle militärischer Macht ist es, die unsere Situation im Bündnis so ungeheuer erschwert. (...) In diesem zusammenwachsenden Europa, das in einer interdependenten Welt entsteht, und das immer, in jeder seiner Handlungen, globalen Kontext zu berücksichtigen hat, muß man Macht in allen Facetten ausüben können. Wir haben infolge unseres Verhaftetseins aus geschichtlicher Erfahrung in einem Versöhnungs- und Friedenspathos Probleme, uns mit der legitimen Anwendung von Gegengewalt auseinanderzusetzen. Insofern sind wir Deutsche völlig isoliert im Bündnis. (...) Solange wir diesen Widerspruch nicht auflösen und uns zu militärischer Machtanwendung bekennen können, werden wir im zusammenwachsenden Europa eine untergeordnete Rolle spielen, werden Politik- und Handlungsfähigkeit verlieren."[8]

Gleichgewichtig

Aus den Ausführungen des Dr. Lutz vom IFSH wird deutlich, wie sehr die Begriffe *„militärische Gewalt"* oder *„militärische Macht"* noch immer Reizwörter in unserer Gesellschaft sind. Zwischen politischer und militärischer Verantwortung wird nicht unterschieden. Da werden die Begriffe *„Verteidigungsfähigkeit"* und *„Kriegsfähigkeit"* so in einen Zusammenhang gebracht, als handle es sich um eine aggressive Steigerung. Jeder Offizier aber lernt, daß Verteidigung ebenso wie Angriff als Gefechtsarten

---

7. Lutz, Dieter S. (Hgb), S.17
8. A.a.O. S.18

264

militärische Formen einer Operation sind und gleichgewichtig im Rahmen der Gesamtstrategie nebeneinander stehen. Die Verteidigung ist Teil eines Krieges, so wie der Angriff es auch ist. Indem ich Streitkräfte kriegsfähig ausbilde, sind sie zur Führung sowohl einer Verteidigungs- wie auch Angriffsoperation befähigt. Unterscheiden wir denn Panzer, Geschütze, Flugzeuge oder Fregatten nach Verteidigungs- oder Kriegsfähigkeit?

Das Herstellen möglichst hoher Einsatzbereitschaft gehört zu den vordringlichsten Aufgaben jedes militärischen Vorgesetzten und muß von der militärischen Führung überwacht und sichergestellt werden.

In diesem Zusammenhang möchte ich aber auch eindringlich darauf verweisen, daß sich Politiker aller demokratischen Parteien, ganz gleich ob sie die Regierung stellen oder sich in der Opposition befinden, mit Fragen der Kriegführung und der Anwendung militärischer Macht befassen sowie auseinandersetzen müssen. Nur wer die Wirkung und Auswirkung kennt, kann im entscheidenden Moment schnell, sicher und richtig handeln. Auch das gehört zum Primat der Politik. Die früheren WINTEX/CIMEX-Übungen der NATO waren stets eine günstige Gelegenheit, sich in dieser schwierigen Materie untereinander auszutauschen. Nicht in allen Ländern, auch nicht in dem unsrigen, haben die wirklich verantwortlichen Politiker dies auch genutzt. *Sicher und richtig handeln*

Kommen wir zurück zur Grundsatzdebatte um die Auslandseinsätze der Bundeswehr. Erst das Urteil des Bundesverfassungsgerichts vom 12. Juli 1994 beendete die seit 1989 andauernde rechtswissenschaftliche Diskussion um die Zulässigkeit von Einsätzen „out of area" der Bundeswehr. Der Streit über diese Frage war quer durch Parteien und Fraktionen gegangen, ja sogar mitten durch die Regierungskoalition. *Verfassungsrechtlich zulässig*

Das Gericht erklärte solche Einsätze für verfassungsrechtlich zulässig. Wegen der großen Bedeutung für die zukünftige Sicherheitspolitik unseres Landes aber auch für die Bundeswehr selbst seien hier die vom 2. Senat des Bundesverfassungsgerichts aufgestellten Leitsätze zum Grundsatzurteil auszugsweise aufgeführt:[9]

„1. Art. 24 Abs. 2 GG berechtigt den Bund nicht nur zum Eintritt in ein System gegenseitiger kollektiver Sicherheit und zur Einwilligung in damit verbundene Beschränkungen seiner Hoheitsrechte. Er bietet vielmehr auch die verfassungsrechtliche Grundlage für die Übernahme der mit der Zugehörigkeit zu einem solchen System typischerweise verbundenen Aufgaben und damit auch für eine Verwendung der Bundeswehr zu Einsätzen, die im Rahmen und nach den Regeln dieses Systems stattfinden. *Eintritt hat Konsequenzen*

2. Art. 87a GG steht der Anwendung des Art. 24 Abs. 2 GG als verfassungsrechtliche Grundlage für den Einsatz bewaffneter Streitkräfte im Rahmen eines Systems gegenseitiger kollektiver Sicherheit nicht entgegen.

---

9. Dau/Wöhrmann (Hg.), S. 180ff

Zustimmung des Parlaments

3. a) Das Grundgesetz verpflichtet die Bundesregierung, für einen Einsatz bewaffneter Streitkräfte die – grundsätzlich vorherige – konstitutive (Anmerkung: = rechtsgestaltende Wirkung) Zustimmung des Deutschen Bundestages einzuholen.

b) ...
4. ...
5. a) ...
b) ...

Unter fremdem Kommando

6. Hat der Gesetzgeber der Einordnung in ein System gegenseitiger kollektiver Sicherheit zugestimmt, so ergreift diese Zustimmung auch die Eingliederung von Streitkräften in integrierte Verbände des Systems oder eine Beteiligung von Soldaten an militärischen Aktionen des Systems unter dessen militärischem Kommando ... "

Gewaltmonopol der UNO

Mit diesem Urteil verweist das Gericht eindeutig auf die Konsequenzen, die sich aus der Mitgliedschaft in den Vereinten Nationen (UN) ergeben. Es stellt klar, daß die sich daraus abgeleiteten Verpflichtungen zu Beschränkungen der eigenen Hoheitsrechte entsprechend der eigenen Verfassung (GG) führen. Man muß schlicht zur Kenntnis nehmen, daß die UNO – und das ist sicherlich ein völkerrechtliches Novum – nicht mehr, wie seit 1947 üblich, ausschließlich friedenserhaltende Maßnahmen (Peacekeeping) anordnet, sondern nunmehr auch friedenserzwingende Maßnahmen (Peaceenforcement) nach Kap VII der Charta der VN durchführt. Der ehemalige Außenminister Klaus Kinkel sprach sogar vom Gewaltmonopol der UNO.[10]

Eid bleibt gültig

Damit war die so vehement geführte Diskussion schlagartig verstummt. Die Bundeswehr beteiligt sich schon seit Jahren an den verschiedensten Einsätzen unter einem UN-Mandat. Auch die zeitweilig aufgekommene Unsicherheit, ob der Eid, den jeder Zeit- und Berufssoldat ablegt, diese Einsätze überhaupt abdeckt, war damit beseitigt. Die Formulierung „...der Bundesrepublik Deutschland treu zu dienen..." entspricht in vollem Umfang der gesetzlichen Grundlage aller Einsätze unter UN-Mandat.

IV. Folgerungen

Wandel

Mit der Zustimmung Gorbatschows 1987 zur Nullösung bei den Mittelstreckenraketen begann in atemberaubender Schnelle der größte politische Wandel dieses Jahrhunderts. Und der Golfkrieg 1991 stellt zudem den vorläufig letzten Wendepunkt in der vieltausendjährigen Militärgeschichte dar. Der frühere sowjetische Außenminister Eduard Schewardnaze begründet dies so:

---

10. Ehrhart, Hans-Georg / Haglund, David G. (Eds), S.139

„Man muß den Unterschied zwischen dem Einsatz von Gewalt in der Vergangenheit und anläßlich der Golfkrise erkennen: Im Grunde genommen ist er gleichbedeutend mit dem Unterschied zwischen Willkür und Gesetzlichkeit."[11]

Militärische Macht hat infolge der radikalen strategischen Veränderungen einen neuen, aber nicht kleineren Stellenwert erhalten. Der nahtlose Übergang am Ende des Golfkrieges von militärischer Gewaltanwendung gegen einen Verletzer internationalen Rechts in die Operation *„Provide Comfort"*, d.h. die nach Nordirak geflohenen Kurden vor Saddam Hussein in einer großangelegten Aktion zu schützen, macht diesen Wandel signifikant. Streitkräfte müssen zukünftig auch zu derartigen Hilfs- und Schutzaktionen befähigt sein.

Schutzaktion

Es ist hier nicht der Platz, eine weitergehende Analyse dieses bedeutsamen Wandels anzustellen. Es sollen aber ein paar Auswirkungen auf die Anforderungen zukünftiger Generationen von Soldaten, d.h. insbesondere militärischer Führer, aufgeführt werden.

Hierfür ist zunächst ein Rückgriff auf den Kommandierenden General der alliierten Streitkräfte im Golfkrieg erforderlich. General Schwarzkopf ist nach dem Krieg häufig gefragt worden, warum die militärische Führung nicht den – strategisch sinnvollen – Schritt gegangen ist, Bagdad zu besetzen und die irakische Armee, insbesondere die Garde, komplett auszuschalten. Er hat dies sehr eindringlich u.a. damit begründet, daß das UN-Mandat sich auf die Befreiung Kuwaits erstreckte, nicht aber die Besetzung Iraks abdeckte.[12] Präsident G. Bush hatte das politische Ziel und damit seine persönliche Glaubwürdigkeit *über* einen noch so wichtigen und erstrebenswerten militärischen Erfolg gestellt. Zugleich erteilte er den Auftrag für die schon erwähnte Operation *„Provide Comfort"*. Dies zeigt nicht nur den Primat der Politik, sondern noch deutlicher, daß militärische Auseinandersetzungen zukünftig nur begrenzte militärische Erfolge haben werden, daß übergeordnete Ziele im Sinne einer Gesamtstrategie, nämlich die Wiederherstellung und Sicherung eines dauerhaften Friedens erreicht werden müssen. Hierfür haben Streitkräfte zunehmend Präventions-, Interventions-, Ordnungs- und Schutzfunktionen zu übernehmen. Sie müssen dafür umorganisiert, ausgebildet, zumTeil neu ausgerüstet und motiviert werden.

Nur Mandat erfüllen

Gustav Däniker sagt dazu: *„Die verbleibenden Streitkräfte sind nicht mehr Instrumente der Machtpolitik mit anderen Mitteln, wie noch im 19. und auslaufenden 20. Jahrhundert, sondern werden zu Garanten einer primär auf Stabilisierung und Befriedung ausgerichteten Außenpolitik von Staaten, Bündnissen und der UNO."*[13]

Garant für Stabilisierung

11. Däniker, Gustav, Schweizer Divisionär und Prof. für Kriegsgeschichte, S.7
12. Schwarzkopf, H. Norman, US-General, S. 497ff
13. Däniker, G. S. 169

267

Miles protector

Diese Dimension führt zu einer völlig neuen Denkweise für die Soldaten. Ausschließlich militärisches Denken und Handeln kann es zukünftig nicht mehr geben. Däniker bezeichnet den neuen Soldatentypus dann auch folglich als *„miles protector"*[14]. Das Leitbild des Soldaten als Kämpfer tritt eher in den Hintergrund. Er soll zukünftig eben auch Beschützer, Helfer und Retter im Sinne des übergreifenden Auftrags einer Friedenswiederherstellung oder Friedensbewahrung sein.[15] Der Einsatz deutscher Soldaten im ehemaligen Jugoslawien gibt uns bereits deutliche Bilder dieses neuen, weitgefächerten Einsatzspektrums. Eine derartige Entwicklung hat Auswirkungen auf die Anforderungen des zukünftigen militärischen Führers. Der derzeitige Inspekteur des Heeres, Generalleutnant H. Willmann, nimmt in seiner Grundsatzweisung „Leadership. Der militärische Führer im Einsatz – Forderungen für Erziehung und Ausbildung" darauf sehr konkret Bezug.[16]

Leitbild annehmen

Ich bin überzeugt, daß die jetzt aktiv dienenden und künftige Generationen von Offizieren dieses neue Leitbild annehmen. Der Offizier wird der zunehmenden Globalisierung seines Berufes folgen. Er wird viele Wochen und Monate seiner Dienstzeit außerhalb unseres Landes verbringen müssen. Dies wird Auswirkungen nicht nur auf sein zukünftiges Familienleben haben. Er wird seinen nunmehr viel weiter gesteckten Auftrag als Herausforderung annehmen. Dies auch deswegen, weil er sicher sein kann, daß sein Handeln auf klarer rechtlicher und moralisch – ethischer Grundlage erfolgt. Offizier sein heißt heute mehr als nur Kämpfer sein. Er wird zugleich zum Helfer und Beschützer oder schlicht Retter, schon weil er davon überzeugt ist, daß Frieden und Menschlichkeit diesen Schutz brauchen, aber auch seiner Hilfe bedürfen.

Literaturverzeichnis

1. Lutz, Dieter S. (Hg.) „Deutsche Soldaten weltweit?", RORORO Aktuell Mai 1993
2. Lutz, Dieter S. „Deutschland und die kollektive Sicherheit", Band 42, Leske+Budrich 1993
3. Dau/Wöhrmann (Hg.) „Der Auslandseinsatz deutscher Streitkräfte", Eine Dokumentation des AWACS-,des Somalia-,und des Adria-Verfahrens vor dem Bundesverfassungsgericht, Verlag C.F.Müller, Heidelberg 1996
4. SIPRI-Report No 12 „Challanges for the New Peacekeepers", Trevor Findlay, Oxford University Press, 1996
5. Hörchens, Angela „Der Einsatz der Bundeswehr im Rahmen der Vereinten Nationen". Peter Lang GmbH Europ. Verlag der Wissenschaften, Ffm., 1994

---

14. A.a.O. S.143
15. A.a.O. S.185
16. Willmann, Helmut, Generalleutnant, Juni 1998

6. Ehrhart, Hans-Georg / Haglund, David G. (Eds) „The New Peacekeeping and European Security: German and Canadian Interests and Issues", Band 93, Nomos Verlagsgesellschaft, Baden-Baden, 1995

7. Brockhaus, Enzyklopädie, Neunzehnte Auflage von 1989, Verlag F.A.Brockhaus, Mannheim

8. Schwarzkopf, H.Norman, General The Autobiographie „It doesn't take a hero", Linda Grey, Bantam Books, 1992

9. Däniker, Gustav, Divisionär „Wende Golfkrieg: Vom Wesen und Gebrauch künftiger Streitkräfte". Report-Verlag, Frankfurt am Main, 1992.

10. Willmann, Helmut, Generalleutnant „Leadership. Der militärische Führer im Einsatz - Forderungen für Erziehung und Ausbildung". Juni 1998

4.5 Gottfried Küenzlen

Erziehen wozu?

**Die Erziehungsaufgabe des Offiziers und die Strömungen
des gegenwärtigen Zeitgeistes**

I. Hinführung

*Botschaften
vom richtigen
Leben*

Wo von ‚*Erziehung*‘ die Rede ist, ist immer auch die Rede von den geistig-kulturellen Strömungen, von denen die Gegenwart bestimmt ist. Dies in zumindest zweierlei Hinsicht: Woraufhin erzogen werden soll, mit welchen äußeren und inneren Maßstäben und Zielen sich dies verbindet, ist wesentlich bestimmt von den Maßstäben, Zielen und Gütern, die in einer Gesellschaft als bestimmend und wertvoll gelten. Sodann gilt es, sich der Einsicht zu erinnern, daß Erziehen *vorab* allen pädagogischen Handelns immer schon geschieht. ‚*Erzogen*‘ wird, ehe denn die Erziehung beginnt. Immer sind wir – als Heranwachsende und Erwachsene – in unserer Lebensführung hineingestellt in das Gesamt der in einer Gesellschaft wirkenden offenen oder geheimen Botschaften vom richtigen und guten Leben. Diese üben ihren prägenden Einfluß aus auf unser Denken, Handeln und Fühlen. So wird die Reflexion über Erziehung, wie auch das pädagogische Handeln selbst, nicht nur mit den sozialen und strukturellen, sondern auch mit den geistig-kulturellen Lagen rechnen müssen, in denen gegenwartsbestimmt ‚*Erziehen*‘ geschieht.

*Auf neue
Entwicklungen
beziehen*

Deshalb auch müssen die Institutionen, zu deren integralen Aufgaben Erziehung gehört, immer wieder neu ihre gesellschafts- und kulturbezogenen Grundannahmen wie auch die darauf aufbauenden pädagogischen Konzepte durchmustern, um sie – in Anknüpfung oder Widerspruch – auf die neuen gesellschaftlichen und kulturellen Entwicklungen beziehen zu können.

*Geistig-
moralische
Neugründung*

Dies gilt selbstverständlich auch für die Bundeswehr. Von ihren Anfängen an galt ihr ‚*Erziehen*‘ als eine wesentliche Aufgabe. Schon die ersten tastenden Versuche der Konzeption einer möglichen bundesdeutschen Wiederbewaffnung wurden in dem Bewußtsein unternommen, daß diese ein geistig-moralisches Fundament als Grundlage von Erziehung und Bildung des Soldaten gewinnen müsse. Der entscheidende Grundantrieb war hierbei – unter dem Eindruck der Rolle der Wehrmacht im nationalsozialistischen Staat –, daß eine neue deutsche Armee nicht nur eine organisatorische, sondern insbesondere eine geistig-moralische Neugründung darstellen müsse. So findet sich in der ‚*Himmeroder Denkschrift*‘ vom Oktober 1950, in der erste Grundsatzüberlegungen einer möglichen Wiederbewaffnung formuliert sind, die programmatische Aussage, daß die Bedingungen eines militärischen Neuaufbaus sich gänzlich von denen der Vergangenheit unterscheiden müssen, um „... *ohne Anlehnung an die Formen der alten Wehrmacht heute grundlegend Neues zu schaffen.*"[1] Das *„Nie wieder"* war die Hauptmaxime, die auch den militärischen Wiederaufbau und seine Bildungs- und Erziehungsaufgabe wesentlich bestimmen sollte.

Gänzlich unterscheiden

Es ist bekannt und häufig beschrieben worden, daß der entstehenden Bundeswehr unter der Verpflichtung einer *„Inneren Führung"* der *„Staatsbürger in Uniform"* zum Leitbild und Erziehungziel wurde. Im Kern ging es schon 1955 darum, daß der Soldat sich mit der Werteordnung des Grundgesetzes, insbesondere mit dessen von *„Freiheit"* und *„Verantwortung"* geprägten Menschenbild identifizieren und den militärischen Dienst mit der Waffe als Teil seiner staatsbürgerlichen Mitverantwortung begreifen möge, um so „... *nicht politischer Anteillosigkeit [zu] verfallen oder engem militärischem Fachdenken ...* "[2]

Mit Freiheit identifizieren

An diesem Gedanken Innerer Führung hat die Bundeswehr festgehalten, auch wenn es in den folgenden Jahrzehnten darum gehen mußte, die Ausgestaltung einer *„Inneren Führung"* in die neueren gesellschaftlichen und kulturellen Entwicklungen zu stellen. So heißt es in einer Neufassung der Grundsätze der Inneren Führung: *„Führung und Ausbildung bedürfen der Ergänzung durch Bildung und Erziehung. Maßstab sind die Werte des Grundgesetzes und die im Soldatengesetz festgeschriebenen Pflichten und Rechte der Soldaten. Die Bildungs- und Erziehungsarbeit in den Streitkräften baut auf dem Wissen, den Einstellungen und Verhaltensweisen auf, mit denen die Staatsbürger in die Streitkräfte eintreten. Sie fördert die Persönlichkeitsentwicklung mit dem Ziel, den Soldaten zum Handeln im Sinne des Leitbildes vom Staatsbürger in Uniform zu befähigen."*[3]

Zum Handeln befähigen

Es ist hier nicht der Ort, das genauere Verständnis von Erziehung bzw. Bildung, das dem neueren Konzept der *„Inneren Führung"* zugrunde liegt, zu diskutieren.[4]

Aus dem obigen Zitat sind aber zwei Grundannahmen festzuhalten, die das Konzept der Inneren Führung und den Erziehungsauftrag der Bundeswehr von Anfang an bestimmt haben: Die Bindung an die Werteordnung des Grundgesetzes und die Einbindung des soldatischen Auftrags in das allgemeine gesellschaftliche Gefüge. Letzteres hatte schon Graf von Baudissin auf die prägnante Formel gebracht: *„In Streitkräften soll keine autonome soldatische Erziehung angestrebt werden, die Zeichen und Be-*

Keine autonome Erziehung

---

1. H. J. Rautenberg/N. Wiggershausen: Die Himmeroder Denkschrift vom Oktober 1950, Karlsruhe 1985, S. 57
2. W. Graf v. Baudissin: Vom künftigen deutschen Soldaten. Gedanken und Planungen der Dienststelle Blank, Bonn 1955, S. 26
3. BMVg Fü S I 4: Zentrale Dienstvorschrift 10/1: Innere Führung, Bonn 1993, Ziffer 215

ginn von Militarismus wäre. Das Mitgebrachte wird auf das Ganze hinge-führt. So werden die Nation und der Staat zur Schule der Streitkräfte und nicht umgekehrt die Streitkräfte zur Schule der Nation. "[5]

Was wird mit-gebracht?

Was aber ist dieses „*Mitgebrachte*" heute? Mit welchen „*Einstellun-gen und Verhaltensweisen*" ist zu rechnen, mit denen die „*Staatsbürger in die Streitkräfte*" eintreten? Jedes Konzept von Erziehung innerhalb der Streitkräfte muß sich – neben vielem anderen – dem Ernst der Frage stel-len: Welches sind die gegenwärtigen Orientierungsmuster und Wert-haltungen, die heute als gesellschafts- und kulturbestimmend gelten kön-nen? Welche Botschaften vom richtigen und guten Leben, welche Mächte

Miterzieher

der Lebensführung prägen als offene oder geheime „*Miterzieher*" unser heutiges Denken, Handeln und Fühlen? Kurz: Wie läßt sich die gegenwär-tig geistig-kulturelle Lage beschreiben, in die auch ein militärisches Kon-zept von Erziehung und Bildung gestellt ist? Diese Lage im Zugriff einer knappen Skizze zu beschreiben, ist der Versuch der folgenden Abschnitte.

II. 1 Säkularisierung als Prozeß zunehmender Verdiesseitigung

Himmelreich auf Erden

Um gegenwartsdiagnostisch zu verstehen, was heute Säkularisierung oder „*Säkularismus*" heißt, ist kurz an eine geschichtliche Einsicht zu er-innern: Die säkulare Moderne begann ihren Siegeszug im Namen eines neuen Glaubens; des Glaubens nämlich, der Mensch könne als Regisseur seines Schicksals sein Heil und seine Erlösung innerweltlich realisieren. Die Geschichte wurde so zur innerweltlichen Heilsgeschichte, in der „*wir auf Erden schon das Himmelreich*" (H. Heine) errichten können. Der Glaube an die Geschichte als innerweltliche Heilsgeschichte, der Glaube an die Wissenschaft und die auf ihr gründende Technik, aber auch der Glaube an das politische Handeln etwa in Gestalt des Glaubens an die heil-bringende Macht der Revolution – dies waren die säkularen Glaubens-mächte, die wesentlich die Geschichte der säkularen Moderne bestimmt haben. Mochte der alte Glaube, der des Christentums, auch als abgedrängt oder als überwunden gelten, so stiegen doch „*aus den Gräbern die neuen Götter und begannen – nunmehr in Gestalt unpersönlicher Mächte – neu ihren ewigen Kampf.*" (Max Weber)

Die Moderne hat also ihre eigene säkulare Glaubensgeschichte; eine Geschichte hochgespannter Hoffnungen, Träume von Heil und Erlösung

---

4. Vgl. z. B. Zentrum Innere Führung: Kursbuch 2000, Koblenz 1993; oder: Generalin-spekteur der Bundeswehr: Teilkonzeption für die bereichsübergreifende Aufgabe Aus-bildung (TKBA), Bonn 1990

5. Paul v. Schubert, Wolf Graf v. Baudissin: Soldat für den Frieden, München 1969, S. 221

und der Versuche, sie innerweltlich herzustellen. Zur Signatur der Gegenwart gehört es nun, daß diese Träume vom Menschen als dem Regisseur seines Heils weithin zerronnen sind.[6] Nicht nur das Christentum ist entkräftet, entkräftet ist auch eine an ihren säkularen Glaubenshoffnungen müde gewordene Moderne. Auch die neuen Götter, die *„unpersönlichen Mächte"* sind alt geworden. Übrig geblieben ist eine schiere Diesseitigkeit, die von ihren einstigen Antrieben und Hoffnungszielen nichts mehr weiß. Fast scheint, daß die kulturkritische Vision Nietzsches vom *„letzten Menschen"* der europäischen Kulturentwicklung inzwischen zur kulturellen Realität geworden ist. Vor über 100 Jahren hat Nietzsche der Zukunft Europas diese Prognose gestellt: Die westliche Kulturentwicklung wird einen Menschentyp hervorbringen, der in schiere Eindimensionalität und Trivialität gebannt, sein Leben führt, ohne noch etwas über sich selbst hinaus zu wissen; der wie Nietzsche sagt, seinen *„Stern"* über sich verloren hat. So wurde zur bestimmenden Orientierungsmacht, aus der viele Menschen heute ihr Leben führen, jene bloße Diesseitigkeit, die auf hedonistisches Gegenwarterleben reduziert bleibt und keine Sinn- und Hoffnungsgehalte über sich selbst hinaus mehr kennt. Schon vor über 80 Jahren hat Max Weber die geistige Situation der Zeit in den Satz gefaßt: *„Die äußeren Güter dieser Welt gewinnen zunehmende und schließlich unentrinnbare Macht über die Menschen."* Seitdem ist dieser Prozeß zunehmender Verdiesseitigung unaufhaltsam vorangeschritten. Im Ergebnis heißt dies, daß für immer mehr Menschen Fragen nach den sogenannten *„letzten"* Dingen ganz fremd und unverständlich werden.

Freilich gehört es zur vollen Einsicht in die kultur- und gesellschaftsprägende Kraft des Säkularismus, daß der Prozeß säkularer Verdiesseitigung weitergeht – mit seinen eigenen Botschaften vom richtigen und guten Leben. Mögen auch die *„großen"* Verheißungen des Säkularismus erschöpft sein, geblieben sind doch die säkular-diesseitigen Orientierungen und Lebensführungsangebote, die die geistig-kulturelle Lage westlicher Gesellschaften mit prägen. So wäre es ein Irrglaube anzunehmen, daß es Säkularismus gäbe ohne seine eigenen Orientierungsbotschaften. Zu nennen ist z. B. der präsente *praktische Atheismus*. Wie es scheint hat die Religionskritik des 19. Jahrhunderts insofern in die kulturelle Breite gewirkt, als sie – freilich ausgewandert aus den Denkgehäusen der Philosophen – nunmehr ohne Theorieansprüche die Praxis der Lebensführung breiter Schichten mitbestimmt. Unübersehbar ist, daß die Fragen nach Transzendenz, nach Jenseits und Ewigkeit im Lebensführungshaushalt vie-

Diesseitigkeit

Hedonismus

Neue Orientierungsbotschaften

---

6. Ich habe den Siegeszug und die Krise der säkularen Glaubensgeschichte der Moderne genauer darzustellen versucht in: G. Küenzlen: Der Neue Mensch. Eine Untersuchung zur säkularen Religionsgeschichte der Moderne, München ²1995, Neuauflage, Frankfurt 1997

ler Menschen keinen Platz mehr haben. Wenn Brecht das atheistische Credo formuliert: *„Ihr sterbt mit allen Tieren und es kommt nichts nachher"* – dann scheint dies zur Maxime eines praktischen Atheismus der Lebensführung vieler geworden zu sein.

Die schiere Diesseitigkeit als Lebensform: Dies meint, das die *„äußeren Güter der Welt"* nun mehr selbst quasi-religiösen Wert gewinnen.

II. 2 Geltungsschwund von Kirche und Christentum

Man muß nicht ausführlich begründen, wie sehr dieser Befund fortschreitender Säkularisierung Stellung und Schicksal des europäischen Christentums und der christlichen Kirchen berührt. Denn jedes christliche Lebens- und Orientierungsangebot muß mit einer solchen geistigen Lage rechnen, die wesentlich durch die eben beschriebene Tendenz säkularer Verdiesseitigung geprägt ist.

Schwächung der Kirchen

Dabei geht es nun weniger um die empirisch erhebbaren Daten, mit denen sich die Schwächung der gesellschaftlichen Bedeutung der Institution Kirche belegen ließe. Solche Daten sind immer auslegungsbedürftig und zeigen zudem im Westen Deutschlands eine immer noch sehr hohe Quote von Kirchenmitgliedschaft auf, wohingegen die Mitgliedschaft in einer christlichen Kirche im Osten Deutschlands, unter 30 Prozent liegend, eine klare Minderheitenposition markiert. Entscheidend ist vielmehr – jenseits flüchtiger und interpretationsbedürftiger Religionsstatistik – die Einsicht: Kirche und Christentum haben ihre fraglose Gültigkeit als öffentliche *„Lebensmacht"* (M. Weber) weitgehend verloren. Die gesellschaftliche Bindekraft der christlichen Kirchen nimmt ab, der Traditionsbruch mit der christlichen Überlieferung nimmt zu.

Selbst-säkularisierung

Dabei interessiert im Zusammenhang dieser Überlegungen weniger die ansonsten wichtige Frage, ob nicht die Kirchen selbst in den vergangenen Jahren durch einen Prozeß der Selbstsäkularisierung ihre eigene Überflüssigkeit mit produziert haben – wie dies vor allem für den Protestantismus zu konstatieren wäre. Doch gefragt werden muß, wie der säkulare Zeitgenosse z. B. mit der Tatsache umgehen soll, daß es Amtsträger der Kirche selbst sind, die dem zentralen Glaubenssymbol des Christentums, dem Kreuz – seit Jahrtausenden Ausdruck der religiösen Selbstvergewisserung des Christentums – den Abschied geben.[7] Hierbei geht es nicht um die subjektive religiöse Erlebniswelt des betreffenden *„Fernsehpfarrers"*, es geht vielmehr um die soziale Außenwirkung eines solchen Vorgangs, dessen Botschaft ja nur heißen kann: Die Kirche demonstriert ihre selbstpro-

---

7. Vgl. das Interview des „Fernsehpfarrers" Fliege im Magazin „Penthouse" 6/99

duzierte Überflüssigkeit. So gewiß ein solcher Vorgang nicht verallgemeinert werden darf, und so gewiß sich heutige kirchliche Realität auch ganz anders darstellt, so gilt doch: Sollte sich der Prozeß kirchlicher Selbstsäkularisierung fortsetzen, führte dies die Kirchen in ihrer Außenwahrnehmung in Unkenntlichkeit und soziale Amorphie.

In eigener Weise fügt sich in diesen Befund auch die *„neue Gehässigkeit"* ein, die sich gegenwärtig gegenüber Kirchen und Christentum neu formiert. Der Blick in die Medienlandschaft zeigt, daß Kirche, aber auch das Christentum selbst, überwiegend Gegenstand negativer, ja hämischer Kritik sind. Kaum eine Talk-Show im Fernsehen, in welcher Kirche und Christentum in ihrer *„Rückständigkeit und Lebensfeindlichkeit"* nicht vorgeführt würden. Kaum eine Stimme, die sich auch nur in distanziert-sympatisierender Weise für Kirche und Christentum erhöbe. Die Zahl der Freunde der Kirche und wohl auch des Christentums ist zumindest unter den Anführern der veröffentlichten Meinung ganz klein geworden. *(Gegenstand negativer Kritik)*

Dabei ist die Suche und Sehnsucht nach religiöser Vergewisserung auch in der säkularen Kultur nicht etwa ausgestorben: Sie lebt, wenngleich weitgehend ausgewandert aus den Mauern der Kirche, etwa in der bunten, verwirrenden Landschaft von Sekten und religiösen Sondergemeinschaften, aber auch in den Formen einer frei vagierenden Religion. Da blüht es reichlich: Esoterik und Okkultismus, Astrologie, Geisterglaube, indianische-, germanische-, indische-, chinesische-, tibetische Religionsversatzstücke – all dies fließt in bunter Mischung zusammen. Dazu treten der Missionswille und das Sendungsbewußtsein anderer Weltreligionen wie vor allem des Islam, die den Westen und eben auch Deutschland als Missionsgebiet entdeckt haben. So haben Christentum und Kirche nunmehr auch ihr *religiöses* Monopol verloren. Kirche und Christentum sind – zumindest tendenziell – eine Wahlmöglichkeit auf dem Markt der religiösen Möglichkeiten geworden. *(Ausgewandert)*

So also ist die gegenwärtige Diagnose von Kirche und Christentum, die Diagnose ihrer Krise. Die Herkunftsreligion Europas hat ihre kulturelle Bindekraft verloren. Vermutlich haben wir noch gar nicht begriffen und können noch gar nicht verstehen, was dies für die Zukunft unseres Gemeinwesens bedeuten wird.

II. 3 Kulturelle Globalisierung

Unübersehbar ist also zumindest in Westeuropa der kulturelle Geltungsverlust des Christentums und damit die Entkräftung seiner Herkunftsreligion. *(Geltungsverlust)*

Freilich ist sogleich der andere Befund zu nennen: Wenn wir den Blick über Europa hinaus richten, ist nicht die Entkräftung sondern die Revitalisierung der Religion unübersehbar. Die Religion weltweit ist in die Geschichte zurückgekehrt.

Revitalisierung

Wir verstehen die heutige Weltlage nicht mehr, wenn wir nicht erkennen, daß *auch* die Religion, das heißt religiöse Geltungsansprüche, wieder ein Faktor des Geschichtsprozesses geworden sind. Diese religiöse Revitalisierung, oft in die mißleitende Formel *„Fundamentalismus"* gepreßt, hat weite Teile der sogenannten Dritten Welt erfaßt. Der Islamismus steht uns dabei gewiß als das augenscheinlichste Beispiel vor Augen. Dieser Aufschwung, ja Ansturm, von Religion gilt aber auch für das Christentum und hier insbesondere für ein protestantisch-evangelikales Christentum, vor allem pfingstlerischer Prägung. In ungeheurer Dynamik erfaßt diese religiöse Bewegung weite Gebiete Ost- und Südostasiens, Afrikas und nahezu alle Länder Lateinamerikas. Keine Rede von Entkräftung der Religion, auch der christlichen. Dies gilt übrigens auch für die Vereinigten Staaten, wo Religion die Lebensführung vieler Millionen bestimmt und bis in die Fragen der politischen Gestaltung prägenden Einfluß ausübt. So betrachtet ist Europa, insbesondere Westeuropa ein weltgeschichtlicher Sonderfall vollzogener Säkularität. Religion weltweit hingegen hat die Propheten ihres Untergangs überlebt.

Missionswille des Islam

Doch auch in Europa selbst ist der teils leise, teils spektakuläre, weil konfliktbeladene Zufluß anderer Weltreligionen keine bloße kulturelle Marginale mehr. Insbesondere ist noch einmal der Islam zu nennen, dessen Missionswille und Sendungsbewußtsein zumindest die Metropolen des Westens schon längst erreicht hat.

Globalisierung der Kultur

In seiner möglichen kulturellen Dramatik erst noch ausstehend, wird dieser Prozeß vorangebracht durch den Vorgang kultureller *Internationalisierung* und *Globalisierung*, in den heute die westliche Kultur hineingerissen ist. Globalisierung ist nicht nur ein Wirtschaftsprozeß, als der er gegenwärtig meist diskutiert wird, sondern auch ein Kulturvorgang. Globalisierung der Kultur heißt im Kern, *„daß alle ... alten und neuen Nationalkulturen in eine durchgängige und allseitige Beziehung getreten sind und einander durchdringen. ... So ist eine neue Lage entstanden, die sich wohl mit der Spätantike vergleichen läßt, in der das Römische Weltreich schließlich alle Völker und Kulturen der Ökumene – das war die ‚ganze bewohnte Erde' – vereinte. In dieser Lage aber verlieren die Kulturen ihre Selbständigkeit. Die Kulturgrenzen fallen, der allseitige Austausch wird zur alltäglichen Realität."*[8]

Botschaften überall präsent

Es ist offenkundig, daß solch kulturelle Globalisierung grundstürzende Wirkungen ausübt. Denn im Ergebnis bedeutet der skizzierte Befund, daß im Horizont kultureller Globalisierung auch alle Botschaften vom richti-

---

8. F. Tenbruck: Die kulturellen Grundlagen der Gesellschaft. Der Fall der Moderne, Opladen 1989, S. 274

gen und guten Leben, abgelöst von ihrer nationalen und kulturellen Herkunft, überall präsent und als Möglichkeiten menschlicher Erfahrung und Orientierung überall greifbar sind.

II. 4 Pluralismus der Sinnangebote

Die Rede von der „pluralistischen Gesellschaft" ist zwar zu einer inzwischen reichlich abgestandenen Formel zur Kennzeichnung moderner Lebensverhältnisse geworden; doch es geht im Zusammenhang unserer Fragen zunächst um folgende Einsicht: Der Pluralismus der Moderne ist auch ein Pluralismus der Sinnorientierungen. Das heißt, daß modernitätstypisch ganz unterschiedliche Lebens- und Weltdeutungen kulturell zuhanden sind, der Mensch also – in bestimmten Grenzen allerdings – die Möglichkeit der Wahl besitzt. *,Möglichkeit der Wahl'* heißt freilich gleichzeitig: Zwang zur Wahl! *„Man kann nicht mehr ... nicht wählen: denn es ist unmöglich, die Augen davor zu verschließen, daß eine Entscheidung die man fällt, anders hätte ausfallen können."*[9]

Wahl der Sinnorientierungen

Dieser Pluralismus der Sinndeutungen ist ein Ergebnis des Verlustes der *Selbstverständlichkeit* überlieferter Sinntraditionen, der die Moderne durchweg kennzeichnet. Waren unsere Vorfahren noch weitgehend eingebunden in die fraglose Gültigkeit überlieferter Tradition, so ist im Prozeß zunehmender Modernisierung solche Selbstverständlichkeit erschüttert worden.

Verlust der Selbstverständlichkeit

Dieser Verlust fragloser Gültigkeit überlieferter Orientierung betrifft alle Felder sinnhaften Handelns. Ob Erziehung, Sexualität, Partnerwahl, Familie, Umgang mit Krankheit oder Gesundheit, Sterben und Tod: Die Bewältigung unserer Daseinsverhältnisse ist weitgehend nicht mehr geleitet durch die Selbstverständlichkeit einer sinnverbürgenden Kulturtradition, die vor uns da war, sondern hineingestellt in die prinzipielle Pluralität von Lebensstilen, Orientierungsmustern und Werthaltungen.

Pluralität von Lebensstilen

Mit solcher Pluralität verbindet sich eine bestimmte *Relativierung* der Lebensorientierung. Wenn ich aus dem Angebot wähle, heißt dies ja, daß ich prinzipiell auch anders hätte wählen können und dies – wer weiß – vielleicht auch morgen tun werde. Meine Orientierungen sind im subjektiven Erlebnishorizont insofern auch gar nicht mehr notwendigerweise auf Dauer gestellt. Das Bewußtsein von ihrer Relativität, vielleicht gar ihrer Beliebigkeit, ist das Ergebnis eines faktischen gesellschaftlichen und kulturellen Pluralismus und des durch den Verlust überlieferter Selbstverständlichkeit gesetzten Zwanges zur Wahl; oder wie manche Soziologen

Relativierung

---

9. P. L. Berger/Th. Luckmann: Modernität, Pluralismus und Sinnkrise, Gütersloh 1995, S. 56

Zusammen-
basteln

sagen, der Notwendigkeit, mir mein Leben ‚*zusammenzubasteln*‘. Manche sprechen hier von einer neuen Form von Identitätsgewinnung, der sogenannten ‚*patchwork-identity*‘.

Kampf um
Wahrheiten

Freilich gilt es, eine noch ganz andere Dimension des Pluralismus wahrzunehmen, ohne die wir nicht wirklich verstehen können, worum es beim herrschenden Pluralismus wesentlich auch geht. Die Rede von Relativismus und Beliebigkeit ist nur eine Seite des herrschenden Pluralismus. Es gibt noch eine ganz andere. Im Pluralismus der Lebensorientierungen geht es auch um konkurrierende, sich ausschließende Auffassungen vom wahren und richtigen Leben. In ein Bild gefaßt: Der Markt der Sinnangebote ist auch ein Kampfplatz von Wahrheiten. Der Platz der Wahrheit, aus der Menschen ihr Leben führen, bleibt nicht leer. Die Wände von denen etwa Kreuze abgenommen werden, bleiben nicht unbesetzt, sondern füllen sich über kurz oder lang, bildlich oder tatsächlich mit den Ikonen eines anderen Glaubens. Man verharmlost sich das Verstehen gegenwärtiger geistig-kultureller Lagen, wenn man nicht erkennt, daß Pluralismus auch Konkurrenz bedeutet, ja Kampf unterschiedlicher Daseinsauffassungen und Wertorientierungen, und die Entschlossenheit, diese kulturell durchzusetzen.

III. Anfragen und Herausforderungen

Hinweise

Vor welche Anfragen und Herausforderungen stellt die so beschriebene Lage die Erziehung- und Bildungsaufgabe auch der Bundeswehr? Dies auch nur in ersten Anläufen ausreichend zu entfalten, wäre eine eigene, hier nicht zu leistende Aufgabe. Die folgenden Punkte verstehen sich als unvollständige und ganz vorläufige Hinweise, von denen ich annehme, daß sie die Perspektive für ein heutiges Erziehungs- und Bildungskonzept mitbestimmen.

Realität wahr-
nehmen

1. Die oben beschriebene geistig-kulturelle Gemengelage gilt es, in ihrer vielschichtigen und vielgesichtigen Realität wahrzunehmen. Dazu gehört, daß wir gegenwärtig nicht von der *einen* Haupttendenz heutiger Lebensorientierung und heutigen Lebensgefühls ausgehen können. Wie sich unsere Gesellschaft in unterschiedliche und teils sich gegenseitig isolierende „soziale Milieus" aufgliedert, so finden sich in der kulturellen Dimension ganz unterschiedliche Einstellungen zu Lebensorientierungen und Lebensstilen. Man kann davon ausgehen, daß die in der Gesamtgesellschaft präsenten Orientierungen sich, zwar nicht deckungsgleich, aber doch weitgehend auch *innerhalb* der Bundeswehr finden. Konkret: Der Offizier hat zu tun mit gut trainierten Mitgliedern einer auf Hedonismus ausgerichteten „Erlebnisgesellschaft" ebenso wie mit wertebewußten Konservativen, mit Drogenerfahrenen ebenso wie

mit Anhängern einer *„Neuen Askese"*, mit dezidierten Nichtchristen ebenso wie mit überzeugten Christen, mit türkischen Migrationsfamilien Entstammenden ebenso wie mit solchen, die im Rechtsradikalismus ihre geistige Heimat suchen – und so weiter.

2. Hierbei ist freilich unverzüglich anzufügen: Ein Erziehungs- und Bildungskonzept *muß* nicht jede Strömung des gegenwärtigen Zeitgeistes widerspiegeln. Der Zeitgeist ist ein flüchtiges Gebilde und groß ist die Veraltungsgeschwindigkeit auf dem Markt der Sinnorientierung. Dies gilt auch für die Strömungen eines wissenschaftlichen Zeitgeistes und seines Deutungsanspruches. So galt z. B. noch vor wenigen Jahren als gesichertes Ergebnis der Einstellung von Jugendlichen der Slogan: *„no future"*. Davon ist heute ersichtlich nicht mehr die Rede und die Beispiele ließen sich fortsetzen, die zeigen, daß manch wissenschaftlich sich gebende Zeitdeutung schnell zur Makulatur geworden ist. *Schnell überholt*

3. Der auch in der Bundeswehr präsente Pluralismus der Orientierungen ist zunächst die faktische Ausgangslage von Erziehung und Bildung. Ihn gilt es aber auch als Bereicherung und Herausforderung wahrzunehmen. Die Erziehungs- und Bildungsaufgabe wird um so anspruchsvoller, ja spannender, wenn „das Mitgebrachte" in seiner Vielfalt, Buntheit und auch Widersprüchlichkeit auf- und angenommen wird. *Pluralismus als Herausforderung*

Freilich gilt es, solchen Pluralismus auch in seiner anderen, oben beschriebenen Dimension wahrzunehmen: Pluralismus als Ort unterschiedlicher, sich ausschließender Wahrheitsansprüche und darauf gründender Werte. Werte aber sind immer bestreitbar. Einen Wert setzen heißt, sich gegenüber einem anderen abzugrenzen. Werte realisieren sich auch nicht von selbst: Sie müssen verteidigt und kulturell durchgesetzt werden – gegenüber anderen Werten. Da jede Erziehungsauffassung – ob eingestanden oder nicht – wertorientiert ist und sein muß, gilt es, die leitenden Werte und die darauf aufbauenden Erziehungsziele klar zu benennen und offensiv zu vertreten. Für die Bundeswehr bedeutet das z. B., daß die im Soldatengesetz festgelegten Pflichten (Treue, Tapferkeit, Disziplin, Einsatzwille und Kameradschaft) zwar gewiß in gesellschaftsverträglicher Weise reformuliert werden müssen, als Erziehungsziele des Soldaten aber offensiv nach außen zu vertreten sind. Der Pluralismus lebt geradezu davon, daß die unterschiedlichen Orientierungen und Werthaltungen um ihre gesellschaftliche Wirksamkeit und kulturelle Präsenz streiten. *Werte offensiv vertreten*

4. Die Werteordnung des Grundgesetzes gilt, wie eingangs erwähnt, als das grundlegende Erziehungsziel der Streitkräfte. Aber auch diese Werteordnung versteht sich nicht von selbst. Sie hängt, wie alle Setzung, von Werten, davon ab, ob sie in der ethischen Kultur ihrer Bürger verankert ist. Was gesellschaftlich nicht kulturkräftig ist, kann auch staatlich auf Dauer nicht garantiert werden. Die unveräußerliche Würde des *Immer neu aneignen*

Menschen, die Freiheit der Person, der Schutz des Lebens usw. – diese Werte unserer Verfassung müssen immer wieder neu angeeignet und dann auch verteidigt werden. Hier bedarf es auf Seiten der ‚Erzieher‘ eines neuen Mutes zu geistiger Entschiedenheit: Wo die Werteordnung des Grundgesetzes leise oder laut bezweifelt, unterhöhlt und ausgelaugt werden soll, ist geistige Entschiedenheit gefordert – geistige Entschiedenheit, die gerade nicht das Gegenteil von Toleranz ist, vielmehr deren Voraussetzung.

Begegnung der Kulturen

5. Wenn nicht alle Anzeichen trügen, steht die Bundeswehr vor einer ganz neuen Erziehungs- und Bildungsaufgabe: Wie gehen wir mit der neuen Kulturlage um, die durch Begegnung der Kulturen (*„Multikulturalismus“*, Multiethnizität usw.) gekennzeichnet ist? Hier werden wir gesamtgesellschaftlich, aber auch innerhalb der Streitkräfte, zu Antworten finden müssen. Wer heute z. B. als Soldat im Kosovo eingesetzt ist, wird unausweichlich mit dem Zusammenprall unterschiedlicher Kulturen, Religionen und Herkunftstraditionen konfrontiert. Doch auch innerhalb der Streitkräfte selbst wird eine zunehmende *„multiethnische“* Zusammensetzung neue Fragen stellen. Was z. B. heißt *„Menschenbild des Grundgesetzes“* oder *„Staatsbürger in Uniform“* im Verstehenshorizont eines Soldaten türkisch-islamischer Herkunft? Die Fragen ließen sich fortsetzen; sie münden in die Feststellung, daß auch die Bundeswehr mit ihrem Konzept von Erziehung und Bildung neue Antworten auf die Herausforderung finden muß, die sich aus dem Prozeß kultureller Globalisierung ergeben. Auch die Streitkräfte bleiben nicht unberührt durch die neue Lage und durch die dadurch gegebene Herausforderung: Ob wir tatsächlich vor einem *„clash of civilizations“* (Huntington) stehen, sei dahingestellt. Daß wir aber in Europa, nicht zuletzt durch die Asylanten- und Migrationsströme und durch die globale Kopräsenz aller Kulturen, vor die Frage gestellt sind, wer wir sind und sein wollen, ist unübersehbar. Auch hält die Zauberformel von der multikulturellen Gesellschaft, an die sich weite Teile der heutigen Kulturintelligenz klammern, dem nüchternen kulturdiagnostischen und historisch belehrten Blick nicht stand: Multikulturelle Gesellschaften ohne eine bestimmende Hauptkultur hat es nie gegeben und kann es auf Dauer auch nicht geben.

Wer sind wir?

Christliche Fundamentierung

6. Unsere europäischen Herkunftstraditionen sind kulturell entkräftet. Dies gilt insbesondere für die Herkunftsreligion Europas: das Christentum. Und dennoch, oder gerade deshalb ist auch an ein der Säkularität und Pluralität verpflichtetes Erziehungskonzept die Frage zu stellen, ob es nicht *auch* christlicher Fundamentierung bedarf. Die Werteordnung des Grundgesetzes, insbesondere ihre Auffassung vom Menschen, ist ohne deren christliche Herkunftswurzel nicht zu begreifen. Vielmehr aber noch geht es im Kern darum: Es wird für den künftigen Weg unse-

rer Kultur und Gesellschaft mitentscheidend sein, *welches* Bild vom
Menschen künftig kulturkräftig sein wird; ob etwa die im Christentum
bewahrte Auffassung vom Menschen, die dessen Unverfügbarkeit, Per-
sonalität und Freiheit meint, seine prägende Kraft neu gewinnen kann,
oder ob sein Erosionsprozeß endgültig sein wird.

7. Schließlich: Erziehung kann nicht alles. Wie auch überall sonst, so sollte auch die Bundeswehr ihre Erziehungs- und Bildungsaufgabe nicht
mit Forderungen und Zielen überfrachten. Die Streitkräfte sind tatsächlich nicht die „Schule der Nation" und können es auch heute weniger
sein denn je. Auch für das pädagogische Handeln gilt die entlastende
Einsicht, daß unser Handeln immer begrenzt ist und wir ohnedies *„das
Ganze"* nicht übersehen. Diese Einsicht hat der Philosoph Karl Jaspers
1945 in einem Vortrag *„Vom europäischen Geist"* formuliert: *„Was geschehen wird, kann niemand wissen. In den unbestimmten Horizonten
der europäischen Zukunft aber kann sich jeder fragen, wo er steht und
was er will. Niemand sieht das Ganze. Wir sind immer nur darin, nicht
außerhalb und nicht über ihm. Wenn wir leben in dem Bewußtsein: Wie
wenig oder nichts der Einzelne am Gang der Dinge ändert, so weiß gerade das auch niemand. Niemand braucht zu wissen, wozu Gott ihn als
Werkzeug benutzt ... unsere menschliche Sache ist es, im Umgrei-
fenden, daß wir nie übersehen, das Mögliche zu ergreifen."*[10]

*Nicht über-
frachten*

---

10. Karl Jaspers: „Vom Europäischen Geist" (1946/47), Würzburg 1979, S. 21

5. Der Offizier als Manager

Werner von Scheven

Gedanken eines Offiziers

Manager sind für das wirtschaftliche Wohlergehen von Betrieben oder Unternehmungen verantwortlich. Die letzte Verantwortung tragen jedoch die Eigentümer. Auf den Beruf des Offiziers übertragen, handeln Offiziere wie Manager in einem militärtechnischen Großunternehmen, dessen Eigentümer der demokratische Souverän ist. Das deutsche Parlament bestimmt durch die Gesetzgebung und wacht über eine besonders ausgestaltete parlamentarische Kontrolle über die innere und äußere Verfassung des *„Unternehmens Bundeswehr"*. Das Grundgesetz regelt, worin die unternehmerische Tätigkeit in der Bundeswehr besteht. Es regelt, welche Leistung in Form der Verteidigung, von bewaffneten Einsätzen anderer Art oder Nothilfeeinsätzen bereitzustellen ist. In den meisten Fällen liegt die letzte Entscheidung, ob, wann und wie die Leistungsbereitschaft der Bundeswehr abgerufen wird, im Parlament. Vor allem aber legt der Bundestag fest, wieviel Geld aus dem Staatshaushalt jährlich für die verschiedenen Aufgaben der Bundeswehr zur Verfügung gestellt wird. Im Rahmen solcher Vorgaben handelt der Offizier als Manager eigenverantwortlich.

In Friedenszeiten gleicht die Bundeswehr einem großen Ausbildungsunternehmen mit entsprechender Logistik unter den Bedingungen der schnellen Herstellung der Einsatzbereitschaft im Bedarfsfalle. Dabei wechselt die Bundeswehr jedes Jahr mehr als die Hälfte ihres Personals aus. Der Offizier muß bereit sein, immer wieder aufs Neue von vorn anzufangen. Dabei stellt sich durchaus auch die Bedingung des Wettbewerbs dem Offizier als Manager, nämlich mit der potentiellen Kampffähigkeit von denkbaren Gegnern. Ein möglicher Gegner ist durch angemessene Einsatzbereitschaft der aufzubietenden Gegengewalt von der Gewaltanwendung abzuhalten.

Es gibt viele Gemeinsamkeiten im zivilen und militärischen Management. Darum werden viele Offiziere durch ein wissenschaftliches Studium auf Managementaufgaben zusätzlich vorbereitet. Welche Merkmale aber unterscheiden den Offizier als Manager vom Manager in der Wirtschaft?

Der Offizier nutzt zugewiesene Mittel, er kann sie weder vermehren noch einsparen, noch zurückstellen. Auch dem ökonomischen Umgang mit seiner Technik sind in einem Ausbildungsbetrieb wie der Bundeswehr Grenzen gesetzt. Er muß anvertrautes Personal verwalten und meist knappe Mittel bewirtschaften. Er muß Bestände, Kontrollen, Pläne und Ergebnisse der Ausbildung nachweisen, usw. Dadurch wird der Offizier aber nicht zum Manager im Sinne eines Büro- und Konferenzarbeiters. Nur auf der Ebene der Einheit kann die Frage gewissenhaft beantwortet werden, ob die Ausbildung der Truppe ihre Ziele erreicht. Übergeordnete Stäbe haben sich durch Personalrotation und Leben mit der Truppe urteils- und entscheidungsfähig zu halten. Eine Beibehaltung der Aufgaben und Ziele bei gleichzeitiger Kürzung der Mittel durch die oberste Führung kann auf der Einheitsebene selektiven Gehorsam und problematische Zustandsmeldungen hervorrufen. Hier ist gewissenhafter Gehorsam und Courage des Offiziers gefragt. Höhere Stäbe haben ein Dienstverständnis gegenüber den Aufgaben auf der Ebene der Einheitsführer zu pflegen.

Der Offizier hat professionelle Mitarbeiter, deren Leistungsmotivation durch individuelle Gestaltung der Bezüge nicht beeinflußt werden kann, weil solche Instrumente nicht zur Verfügung stehen. Daher muß die Motivation aus anderen Quellen gespeist werden als dies gemeinhin in der Privatwirtschaft geschieht. Sinnerfüllung, Forderung in der Leistung, Bestätigung des Erfolges, sorgfältige und langfristige Förderung im Werdegang sind Instrumente, die in Streitkräften eine besondere Bedeutung haben.

Dem Offizier als Manager sind wehrpflichtige junge Männer für eine bestimmte Zeit ihres Lebens anvertraut. Diese große Gruppe von „Mitarbeitern auf Zeit" bringt wenig oder keine Identifikation mit dem Unternehmen Bundeswehr mit, wie es bei Zeit- und Berufssoldaten vorausgesetzt oder entwickelt werden kann. Soldaten im Grundwehrdienst müssen gewissermaßen, vom Nullpunkt beginnend, zu der Leistung herangezogen werden, die der Gesetzgeber des Bundes von ihnen erwartet. Darin liegt eine besondere Erziehungsaufgabe, aus der der Offizier viel Berufszufriedenheit gewinnen kann.

Aus den vorgenannten Merkmalen leitet sich der Grund für ein pädagogisches Studium an den Universitäten der Bundeswehr ab, dem sich viele Offiziere unterziehen.

Im bewaffneten Einsatz treten unvergleichliche zusätzliche Anforderungen an den Offizier als Manager heran. Sie sind nur zu bewältigen mit einem starken Charakter, einer robusten Gesundheit und einer Ausbildung bis hin zu Übungen, wie sie an Hochschulen nicht vermittelt werden können. Wer Menschen führen will, muß Menschen mögen. Soldaten im Gefecht müssen Vertrauen in ihre Führung haben. Darum ist es seit den Schützengräben des Ersten Weltkrieges ein deutscher militärischer Grundsatz, daß der Offizier Gefahren und Entbehrungen mit seinen Soldaten teilt.

Faßt man alle Merkmale des Unterscheidens zwischen militärischem und zivilem Management zusammen, so liegt der überragende Unterschied auf dem Feld der Menschenführung (zivil: Führung im Mitarbeiterverhältnis). Schon in Friedenszeiten, viel mehr noch im bewaffneten Einsatz, wird der Offizier regelmäßig vor Anforderungen gestellt, die dem zivilen Manager nur in Ausnahmefällen begegnen. Seit ihren Anfängen stellt sich die Bundeswehr dieser Tatsache. Sie hat sogar einen eigenen Begriff geprägt: Innere Führung. Innere Führung ist die Lehre von der Führung, Ausbildung und Erziehung von Staatsbürgern in Uniform in der Bundeswehr. Sie hat sich bis heute bewährt, weil sie keine Doktrin ist, sondern eine umfassende Konzeption, die den Anforderungen der Zeit angepaßt wird, ohne jede Welle des Zeitgeistes mitzureiten.

Der berufliche Erfolg beim Offizier der Streitkräfte steht und fällt mit der Bewährung in der Menschenführung, die auch schwersten Belastungen standhalten kann.

Peter H. Blaschke

Gedanken eines Militärpfarrers

Der Manager richtet sein Denken und Handeln aus an Kategorien wie Effizienz, Wirtschaftlichkeit, Erfolg. Er weiß aber, daß Erfolg nicht auf Kosten von Menschen gehen darf, nicht auf Kosten von Menschlichkeit. Menschlichkeit ist nicht der Preis, sondern das Ziel des Erfolges. Und Erfolg darf nicht auf Kosten der Zukunft gehen, um sich in der Gegenwart alles leisten zu können. Zukunft ist die Dimension des Erfolgs, die Maßstäbe für die Gegenwart liefert.

„Gott schuf den Menschen zu seinem Bilde... (1. Mose 1, 27)". Das ist die biblische Begründung aus dem Alten Testament für die Menschenwürde, deren Schutz und Achtung oberstes Gebot ist, auch und gerade, wenn es um Erfolg geht. Unter dieser Voraussetzung erfolgt der Auftrag Gottes an den Menschen: *„Seid fruchtbar und mehret euch und füllet die Erde und machet sie euch untertan...* (1. Mose 1, 28)". In dem *„Mehret euch und füllet die Erde"* wird die Dimension der Zukunft in doppelter Weise ausgedrückt: einmal als Mahnung: Vergiß über den eigenen Bedürfnissen nicht, daß die nachfolgenden Generationen auch noch leben wollen und leben können. Zum anderen in der Gewißheit: Auch die mit Menschen gefüllte Erde ist reich genug für menschenwürdiges Leben. Und das *„Machet sie euch untertan"* wird im nächsten Kapitel des Alten Testaments erläutert durch das Bild des Gartens, in den Gott den Menschen setzte, *„daß er ihn bebaute und bewahrte* (1. Mose 2, 15)".

Gott wiederholt nach dem Ende der Sintflut seine Garantie für die Lebensbedingungen der Menschen auf der Erde: *„Solange die Erde steht, soll nicht aufhören Saat und Ernte, Frost und Hitze, Sommer und Winter, Tag und Nacht* (1. Mose 8, 22)".

Im Neuen Testament erzählt Jesus ein Gleichnis (Matth. 25, 14 ff), an dem sehr schön deutlich wird, wie Gott seinen Auftrag an die Menschen verstehen möchte, sich die Erde untertan zu machen, indem sie sie bebauen und bewahren sollen: Ein Mensch geht außer Lande und vertraut seinen Knechten sein Vermögen an. Entsprechend ihrer Tüchtigkeit erhält der eine mehr, der andere weniger. Es wird weiter erzählt, daß zwei aufgrund ihrer Tüchtigkeit das anvertraute Vermögen verdoppeln. Vielleicht ist das das Geheimnis, warum Gott das Leben auf dieser Erde garantieren kann: Der nach dem Bilde Gottes geschaffene und auf diesen Gott vertrauende Mensch ist tüchtig, phantasievoll, einsatz- und risikobereit. Er kann Gottes Reichtum verdoppeln.

288

Einer, so wird weiter erzählt, vergräbt das anvertraute Vermögen aus Angst. *„Du böser und fauler Knecht..."*, das ist Gottes Urteil über diesen Menschen, der sich nicht einsetzt, dessen Horizont selbstgenügsam an den Grenzen des eigenen Lebens endet.

5.1 Otto Freiherr Grote

Der Offizier und die Bewahrung der Schöpfung

Gefährdung

In den letzten 60 Jahren des 20. Jahrhunderts haben zwei Menschengenerationen der Erde als ihrem eigenen begrenzten Lebensraum weit mehr Schaden zugefügt als die ungezählten Generationen zuvor. Würde die gesamte heutige Menschheit nach dem derzeitigen Standard der hochindustrialisierten Länder leben, so ein Allgemeinplatz unter Fachleuten, dann wäre die Erde in wenigen Jahrzehnten ein unwirtlicher Planet.

Lebensgrund- lage sichern

In unserer Zeit darf sich niemand, der für mehr als sich selbst Verantwortung trägt, der Auseinandersetzung mit der Frage entziehen, wie wir die Lebensgrundlage für zukünftige Generationen sichern können. Der Offizier als Führer, Erzieher und Ausbilder vorwiegend junger Menschen wird sich diesem Thema besonders stellen müssen, zumal Kriege in erheblichem Maße zur Zerstörung der Umwelt beitragen und auch die militärische Ausbildung in Friedenszeiten von einem großen Teil der Bevölkerung mit erheblichen Schäden an Natur und Umwelt in Verbindung gebracht wird. Bevor wir uns aber den Besonderheiten von Militär und Umwelt zuwenden, sollen als Vorverständnis einige allgemeine Betrachtungen zum Umweltschutz in unserer Zeit angestellt werden.

Natur – Umwelt – Schöpfung

Natur schätzen

Wenn wir von der Erhaltung der Erde als einem bewohnbaren Planeten sprechen, bieten sich für das zu schützende Gut drei Begriffe an: Natur – Umwelt – Schöpfung. Unter Natur verstehen wir, genau genommen, Landschaften und Gewässer mit ihren Lebewesen, die von menschlicher Tätigkeit nicht oder nur unwesentlich verändert sind. Solche Bereiche, die sich der Besiedlung entziehen und nennenswerte wirtschaftliche Nutzung nicht zulassen, finden sich in Mitteleuropa nur noch marginal, etwa im Hochgebirge. Unsere Wälder sind Kulturwälder, die Landschaft eine von Menschenhand geprägte Kulturlandschaft. Spricht man heute von Natur und Naturschutz, geht es meist um naturnahe Landschaften, in denen die natürlichen Standortfaktoren vorherrschen.

Weil von Schutzmaßnahmen selbstverständlich die menschlichen Siedlungen, die wirtschaftlichen Nutzflächen und andere gestaltete Bereiche nicht ausgeschlossen werden sollen, haben sich seit etwa drei Jahrzehnten *Lebens-* die Bezeichnungen Umwelt und Umweltschutz eingebürgert. Dabei muß *gerechte Um-* man sich darüber im Klaren sein, daß der Umweltbegriff schillernd und *welt* zwiespältig ist, denn zur modernen Umwelt des Menschen gehört leider auch vieles Naturfeindliche oder dem Menschen als sozialem Wesen Unzuträgliche. Trotz dieser Einschränkungen faßt man heute unter Umweltschutz alle Maßnahmen zur Erhaltung und Schaffung lebensgerechter Umweltbedingungen zusammen.

Der Schöpfungsbegriff, vor allem durch seine religionsgeschichtliche *Schöpfung –* Herkunft geprägt, umfaßt zunächst das Hervorbringen unserer Erde als ein *Ganzheit* Werden aus einem Urzustand, bezeichnet vor allem aber das Hervorgebrachte selbst. In der Schöpfung sind alle Teile einem Ganzen zugehörig, miteinander verwoben und auf eine gemeinsame Weiterentwicklung angelegt. Sie umfaßt also auch die Beziehungen der Menschen untereinander, die Wechselwirkung zwischen Mensch und Natur, zwischen Mensch und Landschaft und das kulturelle Erbe im weitesten Sinne. Die Schöpfung und ihre Weiterentwicklung sind ein wichtiger ethischer Maßstab, an dem der Schutz der Umwelt sich messen lassen muß.

Die Bedrohung der Schöpfung

Der rasanten Veränderung unserer Lebensbedingungen durch Bevölke- *Aus dem* rungsexplosion und moderne Industriegesellschaft im 19. und 20. Jahrhun- *Gleichgewicht* dert waren die herkömmlichen Denk- und Verhaltensmuster der Menschen und ihre Sozialordnungen nicht gewachsen. Man erkannte zu spät, daß Luft und Meer bei der ungeheuren Zunahme der Verschmutzungen nicht mehr unendlich waren, daß man die Natur großräumig und nachhaltig aus dem Gleichgewicht brachte, daß ein Kosten-Nutzen-Vergleich bei der Erzeugung von Gütern auch den Aufwand für die Entsorgung einschließen muß, und daß Schadensvermeidung weitaus preiswerter ist als Schadensbeseitigung.

Der hohe Energiebedarf und seine Deckung vor allem durch fossile *Folgeschäden* Brennstoffe hat die CO_2-Bilanz unseres Planeten aus dem Gleichgewicht gebracht, mit unabsehbaren Folgen für das Klima. Ungezählte naturfremde, ja naturfeindliche Chemikalien werden in gewaltigen Mengen erzeugt und oft ohne Rücksicht auf Art und Dauer der Folgeschäden an Boden, Luft und Wasser, an Mensch, Tier und Pflanze eingesetzt. Unfälle mit großen Mengen von Umweltgiften gehören zur Tagesordnung. Zu lange hat man in kräftig wachsenden Produktionsumfängen die Voraussetzung menschlichen Wohlstands gesehen, die Umweltbelastungen bis hin zu den Abfallbergen, auf denen früher oder später das Meiste landet, wurden verdrängt. Millionen von Arbeitsmaschinen befähigen den Menschen heute zu ungeahnten Eingriffen in die Landschaft und zum Raubbau an der Natur; der Flächenverbrauch durch Bautätigkeit hat in Deutschland ein bedrohliches Ausmaß angenommen.

Auf Kosten der Zukunft

Selbst die Landwirtschaft, in der Vergangenheit Inbild naturnahen Wirtschaftens, hat sich in weiten Teilen durch massiven Einsatz von Chemikalien, Anpassung an industrialisierte Anbaumethoden und durch Massentierhaltung in die Reihe der Umweltsünder begeben. Auch die heutige Lebensweise der Menschen ist eine nicht zu unterschätzende Gefahr für die Umwelt. In den hochentwickelten Industriestaaten ist eine Überflußgesellschaft nur widerwillig bereit, zugunsten des Umweltschutzes Abstriche an ihrem Konsum- und Freizeitverhalten hinzunehmen – und in den ärmsten Ländern kann man sich Umweltschutz nicht leisten; zwischen beiden Polen finden sich alle Formen des fließenden Übergangs. Gemeinsam ist den Wohlhabenden und den Armen, daß sie auf Kosten der zukünftigen Generationen leben.

Ausdehnung der Wohngebiete

Umweltbelange lassen sich dort leichter vertreten, wo Natur und Schöpfung noch erfahrbar sind, wo die Entfremdung des Menschen von seinen Wurzeln nicht zu weit fortgeschritten ist. Die immer schnellere Ausdehnung menschlicher Wohngebiete geht jedoch einher mit der Zunahme trostloser, naturferner und zutiefst unwirtlicher Siedlungsformen. Manchmal fragt man sich, wo denn beim Menschen die Grenzen eines artgerechten Wohnens und Lebens zu ziehen sind. Seine ausgeprägte Überlebensfähigkeit, eine besondere Stärke des Menschen, wird spätestens hier zur Schwäche: Er ist leider kurzfristig anpassungsfähiger, als es seinen langfristigen Interessen dienlich ist. Gewalt, Umweltfeindlichkeit, Verlust von Verantwortungsgefühl und gestörte soziale Beziehungen sind oft Folgen von städteplanerischen Versäumnissen und Fehlentwicklungen – auch sie eine Gefahr für die Schöpfung.

Von den gewaltigen Zerstörungen durch Kriege soll an anderer Stelle die Rede sein.

Wo stehen wir heute?

Der Gefahren bewußt

In den vergangenen drei Jahrzehnten hat sich weltweit die Einstellung zu Umweltfragen deutlich geändert. Wir sind uns der Gefahren für die Zukunft der Schöpfung bewußter geworden und haben die Notwendigkeit des Gegensteuerns erkannt. Auch die besondere Verantwortung der wohlhabenden Industrieländer – die, zugegeben, in der Vergangenheit die Hauptsünder waren – ist unumstritten. Es wurden nationale, europäische und weltweite Programme und Verhaltensregeln entworfen und sicher auch schon meßbare Erfolge erzielt – wenn man beispielsweise an die Verbesserung der Sauberkeit unserer Flüsse denkt.

Noch herrschen aber Unzulänglichkeiten, Versäumnisse und Fehlentwicklungen vor, die nicht zu übersehen sind:

– Man gibt sich nicht selten mit der Verringerung von Schadenszuwächsen zufrieden, wo doch das Ziel die Verminderung der Schadensumfänge und das Rückgängigmachen entstandener Schäden sein muß.

– Man setzt sich bescheidene Nahziele und überläßt die dicken Brocken nachfolgenden (Politiker-)Generationen.

– Bei der Umwelterziehung werden mitunter Feindbilder aufgebaut und Nebenkriegsschauplätze geschaffen, statt Sachkunde zu vermitteln und Wege zu zeigen, wie man durch eigenes Vorbild überzeugt.

– Schaufensterprojekte lenken in vielen Fällen von schwerwiegenden Mängeln und Gefahren ab oder täuschen flächendeckende Erfolge vor.

– Mit Umweltzerstörung werden immer noch große Gewinne erzielt. Die Bereitschaft und Fähigkeit unserer Behörden, dies nachhaltig zu verhindern, ist um so schwächer ausgeprägt, je mehr Geld im Spiel ist.

Zu wenig

Die Bevölkerung nicht nur in unserem Lande sieht aber, und ist das Entscheidende, in der Frage der Erhaltung unserer Umwelt eines der wichtigsten Thema unserer Zeit und ist auch bereit, ihren Beitrag zu leisten. Die Führungskräfte aller Bereiche sind aufgerufen, dieser Bereitschaft durch Sachverstand und persönliches Engagement Richtung, Ziel und Ausdauer zu geben.

Eines der wichtigsten Themen

Die zerstörerische Gewalt des Krieges

In der ganzen Menschheitsgeschichte ist der Krieg das Sinnbild von Gewalt und Zerstörung gewesen, auch wenn Naturkatastrophen oder Seuchen ähnlich verheerende Wirkung entfalten können. Aber der Krieg verursacht mutwillig herbeigeführte Schäden an Leib, Leben und materiellen Gütern, und seine vernichtende Wirkung geht meist weit über das Erreichen seines Hauptzieles hinaus, dem Gegner den eigenen Willen aufzuzwingen, indem man ihn militärisch besiegt. Schon in alten Zeiten schloß die Besiegung eines Gegners nicht nur das Beutemachen ein, sondern oft auch die bewußte Zerstörung seiner Lebensgrundlagen, indem seine Siedlungen verbrannt, seine Felder verwüstet, sein Vieh getötet und seine Brunnen vergiftet wurden.

Zerstörung im Krieg

Die moderne Wissenschaft und Technik unseres Jahrhunderts hat den Streitkräften Waffen und Einsatzmittel an die Hand gegeben, die an Zerstörungskraft ein noch vor wenigen Generationen unvorstellbares Ausmaß erreicht haben. Hier ist nicht nur an die gewaltige Zunahme der Feuerkraft, an die Befähigung zum nachhaltigen Flächenbombardement und die Ausrüstung mit Millionen von Rad- und Kettenfahrzeugen zu denken, sondern auch an die durch kriegsbedingte Zerstörung freigesetzten Schadstoffe, sei

Zerstörungspotential

Gefahr durch chemische Waffen es bei der Bombardierung von Industrieanlagen, sei es durch Vernichtung von Betriebsstofflagern und Munition im Kampfgebiet. Bereits geringe Versuche mit seßhaften chemischen Kampfstoffen (etwa beim Üben von Angriff und Verteidigung in mit Lost vergiftetem Gelände durch die Wehrmacht) oder der Einsatz von Entlaubungsmitteln durch die Amerikaner im Vietnamkrieg haben die Langzeitfolgen chemischer Waffen vor Augen geführt. Welche Zeitbombe die umfangreiche, nach dem 2. Weltkrieg in der Ostsee versenkte chemische Munition darstellt, können wir derzeit nur ahnen. Nicht zu vergessen sind die Millionen Tonnen Beton, die in Gestalt von Bunkern, Stellungen, Panzersperren und Militärbasen in manchen Gegenden zu den dauerhaftesten Erinnerungen an vergangene Kriege gehören. Welche Möglichkeiten die moderne Welt darüber hinaus einer militärisch sinnlosen, nur von Rachegedanken getragenen Umweltkriegsführung eröffnet, hat das Inbrandsetzen der kuwaitischen Ölfelder durch den Irak im Golfkrieg angedeutet. Die Mittel des Krieges sind spätestens mit der Entwicklung und Herstellung von Massenvernichtungswaffen zu einer tödlichen Gefahr für die gesamte Schöpfung geworden.

Verhältnismäßigkeit der Mittel Da bewaffnete Auseinandersetzungen, insbesondere wenn einer Seite die völlige Niederlage droht, dazu verführen, das Ausmaß der Gewaltanwendung immer weiter bis zur Maßlosigkeit zu steigern, muß man auch in zukünftigen Kriegen mit dem Einsatz aller verfügbaren Mittel rechnen. Leider, so zeigt die geschichtliche Erfahrung, neigen nicht nur Gewaltherrscher oder gesetzlose Außenseiter dazu, das Völkerrecht und die Verhältnismäßigkeit der Mittel im Kriege grob zu mißachten, sondern auch rechtsstaatliche Regierungen und deren Streitkräfte sind vor schwerwiegenden Fehlverhalten bis hin zu eindeutigen Kriegsverbrechen nicht gefeit. Der Offizier als sachkundiger Berater der militärischen und politischen Führung wie auch als Vorgesetzter auf allen Ebenen trägt in diesem Zusammenhang eine große Verantwortung, der er sich nicht mit dem Hinweis auf den Primat der Politik oder das Prinzip von Befehl und Gehorsam entziehen kann. Der ungeheure Erfolgsdruck im bewaffneten Konflikt, die Zeitnot, in der die meisten Entscheidungen zu treffen sind, die Notwendigkeit des Handelns ins Ungewisse und nicht zuletzt die Sorge um die eigene Truppe sind Rahmenbedingungen, unter denen nur ein fester Charakter, geistige Unabhängigkeit und sachkundige Überzeugungskraft dazu befähigen, dieser Verantwortung gerecht zu werden.

Die Ausbildung im Frieden

Die Bundeswehr hat das Glück gehabt, nach ihrer Schaffung über 40 Jahre lang in keine Kriegseinsätze ziehen zu müssen. Die Vorbereitung auf den Krieg in all seinen Formen bleibt aber selbstverständlich Kern ihrer

Ausbildung, auch wegen der kriegsnahen Einsätze im Rahmen der Friedenserhaltung – notfalls auch Friedenserzwingung – denen sich unser Land im Zusammenwirken mit den Verbündeten und im Auftrag der Völkergemeinschaft nicht entziehen kann und will. Bei dieser Ausbildung sind die Streitkräfte im Grundsatz an die allgemeinen Umweltschutzbestimmungen unseres Staates gebunden, wenn auch aus verständlichen Gründen im Einzelbereichen Ausnahmeregelungen erforderlich sind – etwa für das Fahren im Gelände, das Üben mit scharfer Munition oder für die Tiefflugausbildung. Im Bewußtsein der Bevölkerung verbinden sich oft Erinnerungen und Bilder aus Kriegszeiten mit der Ausbildung von Soldaten im Frieden, vor allem im Zusammenhang mit der Nutzung von Schieß- und Übungsplätzen. Das führt – bei den einen gewollt, bei den anderen ungewollt – zwar zu übertriebenen Vorstellungen von Gefahren und Zerstörungen, unbestreitbar besteht aber ein Interessengegensatz zwischen der Notwendigkeit einer kriegsnahen Vorbereitung auf den Einsatz und dem Schutz der Umwelt, ein Gegensatz, mit dem sich jeder Vorgesetzte auseinandersetzen muß. Beim Ziel der Ausbildung kann eine verantwortungsbewußte militärische und politische Führung keine Abstriche machen: Jeder Soldat hat das selbstverständliche Recht, bestmöglich – und das heißt realitätsnah und gründlich – auf die vorhersehbaren Formen von Einsätzen vorbereitet zu sein. Es stellt sich also die Frage, welche Umweltschäden mit der Durchsetzung dieser Forderung verbunden sind und welche Möglichkeiten der Minderung es gibt.

Ausnahme-regelung

Interessen-gegensatz

Im Wesentlichen werden Übungs- und Schießplätze in unserer Zeit durch die gleichen Erscheinungen bedroht, die wir schon in der außermilitärischen Welt kennengelernt haben: die rasante Zunahme von technischer Leistungsfähigkeit, Motorisierung und Produktion chemischer Umweltgifte. Auch die Bundeswehr hat erst durch Fehler gelernt. Vor dreißig Jahren wurde im freien Gelände zu sorglos mit Öl, Betriebsstoffen und Chemikalien hantiert, wurde zuviel im Sand vergraben und zuviel Vegetation mutwillig zerstört. Wer entsinnt sich nicht der Flächen, die nur noch aus Kettenspuren bestanden mit gelegentlich einem verkrüppelten Baum zur Zielansprache.

Fehler der Vergangenheit

Wir haben seitdem viel gelernt; die allgemeinen Umweltschutzvorschriften werden in kaum einem anderen Bereich so konsequent durchgesetzt wie in der Bundeswehr. Begünstigt wurde dies durch mehrere Besonderheiten:

Den Soldaten sind Umweltaspekte wie Landschaft, Vegetation oder Wetter vertrauter als vielen anderen Berufsgruppen; in einer straffen Organisation mit ausgeprägter Dienstaufsicht lassen sich neue Vorschriften schnell und nachhaltig durchsetzen; die Streitkräfte sind – auch das hebt das Problembewußtsein – ein bevorzugter Gegenstand öffentlicher Auseinandersetzungen in Umweltfragen. Die Bundeswehr erkannte überdies auch

Straffe Organisation

Oasen ihr Eigeninteresse an naturnahen, abwechslungsreichen Übungsräumen, die sie inzwischen durch planvollen Landschaftsschutz, durch Wechsel zwischen Nutzung und Erholung und durch Auflagen für die übende Truppe bewußter pflegt. Eine solche umweltschonende Nutzung ist natürlich auf größeren Flächen leichter zu verwirklichen als auf kleinen. Unvoreingenommene Naturschützer haben seit langem anerkannt, daß Übungs- und selbst Schießplätze heute zu Oasen für bedrohte Tier- und Pflanzenarten geworden sind, wozu nicht zuletzt die Abwesenheit von Pflanzenschutzmitteln, Pestiziden und künstlicher Düngung beigetragen haben.

Was wird aus den Übungs- plätzen? Militärische Liegenschaften gehören oftmals zu den letzten großflächigen naturnahen Landschaftsräumen in der Nähe von Garnisonsstädten. Wie stark ihr Schutz von der Sperrgebiets-Eigenschaft abhängt, zeigt das Schicksal des jeweils letzten Übungs- und Schießplatzes im Stadtgebiet von Berlin in der ersten Hälfte dieses Jahrhunderts: kaum der militärischen Nutzung entzogen, da waren sie schon als Flugplätze zubetoniert. Wird man ähnlich mit den Liegenschaften umgehen, die in diesen Jahren wegen des Abbaus von Streitkräften in Deutschland in zivile Hände zurückgegeben wurden?

Hinterlassen- schaft Anfang der 90er Jahre verdeutlichten uns erschreckende Bilder auf den Liegenschaften der sowjetischen Streitkräfte im Beitrittsgebiet, welche Welten zwischen einer umweltbewußten Nutzung und einem rücksichtslosen Umgang mit Natur und Landschaft liegen können. Warum die Westgruppe der Truppen ein solches Ausmaß an Zerstörung und Vergiftung, an Vernachlässigung und akuten Gefahren hinterlassen hat, ist leicht zu erklären: Berufssoldaten und Wehrpflichtige waren ohne das nötige Problembewußtsein aufgewachsen – in ihrer Heimat war Umweltschutz noch weitgehend ein Fremdwort, das Land schien unerschöpflichen Reichtum an Naturlandschaften zu haben und selbst dort, wo massive Schäden sichtbar wurden, unterblieben Gegenmaßnahmen, weil keine Mittel zur Abstellung der Mängel verfügbar waren. In der DDR war außerdem an Kontroll- oder gar Eingriffsrechte der an sich zuständigen deutschen Behörden nicht zu denken. Die Bundeswehr hat sich übrigens in den Jahren des Abzugs der sowjetischen Truppen als wirksamer Entwicklungshelfer in Umweltfragen bewährt, wobei sich zeigte, daß die russischen Soldaten mit dem neuen Thema aufgeschlossen und lernfähig umgingen.

Der Offizier als Ausbilder und Führer

Sachkenntnis Kein Offizier kann in unserer Zeit seine Aufgabe erfüllen, ohne sich mit Fragen des Umweltschutzes auseinanderzusetzen, und die unerläßliche Voraussetzung dafür ist eine solide Sachkenntnis. Der militärische Ausbilder und Führer muß mit den wesentlichen Wechselwirkungen zwischen

296

Mensch, belebter und unbelebter Natur ebenso vertraut sein wie mit den *Umweltrecht*
für ihn erheblichen Bestimmungen des Umweltrechts und mit den Gefährdungen, die von seiner Tätigkeit (und nicht selten von seiner Untätigkeit)
ausgehen können. Er muß die Notwendigkeiten der militärischen Ausbildung und des Einsatzes gegen die Belange des Natur- und Umweltschutzes
abwägen können, und er muß in der Lage sein, durch geeignete Maßnahmen Schäden so weit wie möglich zu vermeiden, zu verringern oder zu beseitigen.

Sachkunde und persönlicher Einsatz für die Schonung von Natur und *Überzeu-*
Umwelt sind die Voraussetzung für Glaubwürdigkeit und Überzeugungs- *gungskraft*
fähigkeit des Offiziers als Vorgesetzter gegenüber den ihm anvertrauten
Soldaten wie auch als Vertreter der Bundeswehr im Dialog mit Außenste-
henden, seien es von militärischen Einsätzen Betroffene, fachlich interes-
sierte Beobachter, mehr oder weniger voreingenommene Kritiker oder ein-
gefleischte Gegner aller Soldaten.

Der Ausbilder in unserer Wehrpflichtarmee hat es mit jungen Menschen *Neue Erfah-*
zu tun, die zunehmend in städtischem Milieu, also eher naturfern, aufge- *rung*
wachsen sind. Zum Umweltschutz haben viele zwar eine ausgeprägte Meinung, aber wenig praktische Kenntnisse und Erfahrungen, können beispielsweise ein mit Wintersaat bestelltes Feld vielfach nicht von einer Wie-
se unterscheiden und sind vor allem selten gewohnt, beim Umweltschutz
selbst Hand anzulegen. Zumindest in der allgemeinen Grundausbildung, in
den meisten Fällen aber während der gesamten Dauer des Wehrdienstes,
kommen die Soldaten nun hautnah mit dem Thema Natur und Umwelt in
Berührung, machen neue Erfahrungen im Umgang mit Gelände, Wetter
und Jahreszeiten.

Hier kann der militärische Vorgesetzte erzieherisch ansetzen, das Um- *Steuerung*
weltbewußtsein wecken und stärken, die notwendigen Kenntnisse und Fähigkeiten zum Vermeiden und Beseitigen von Umweltschäden vermitteln.
Er muß auch dem jugendlichen Mutwillen entgegentreten, der sich beim
Umgang mit modernen Waffensystemen, mit geländegängigen Fahrzeugen
und selbst mit Luftfahrzeugen schnell einstellt, wenn man versucht ist, bis
an die Grenzen des Machbaren zu gehen und dabei entstehende Gefahren
und Zerstörungen auf die leichte Schulter nimmt.

Dieser Mutwille tritt oft in fremder Umgebung stärker in Erscheinung *Außerhalb der*
als in heimatlicher Umgebung, weil gewissermaßen die soziale Rückkopp- *Heimat*
lung weitgehend fehlt. So waren in den vergangenen Jahrzehnten, als in
Deutschland noch umfangreich im freien Gelände geübt wurde, die ange-
richteten Manöverschäden, etwa auf die Zahl der Panzer-Einsatztage bezogen, bei den Stationierungskräften meßbar höher als bei den Truppenteilen
der Bundeswehr. Um so nachhaltiger muß der Offizier die Dienstaufsicht
bei Auslandseinsätzen ausüben und sicherstellen, daß die Soldaten stets
ein Beispiel an Umweltbewußtsein bieten. Die Weitergabe unserer Maß-

stäbe beim Umgang mit der Schöpfung, von der schon im Zusammenhang mit dem Abzug der sowjetischen Streitkräfte die Rede war, muß ein wesentliches Element beim Auftreten deutscher Truppen außerhalb unserer Grenzen sein. Dies ist besonders wichtig für friedenssichernde Einsätze, bei denen es darum geht, Ausbrüche von Gewalt unter den Konfliktpartien zu verhindern. Denn zwischen der Zerstörung der Umwelt und Gewalt gegen Menschen besteht ein enger Zusammenhang: Die Verwüstung der Lebensgrundlagen, von den Wohnhäusern über die wirtschaftliche Infrastruktur bis zu den Feldern und Fluren, ist oft die Vorstufe für die Anwendung von Gewalt gegen die Bevölkerung, von der Vertreibung bis hin zur Vernichtung; und die Entfernung des Gegners aus seiner angestammten Heimat zerstört in Jahrhunderten gewachsene Beziehungen zwischen Mensch und Landschaft und führt zu einer Verödung der betroffenen Landstriche für Generationen, wie viele Beispiele in unserem Jahrhundert gezeigt haben. Die Fähigkeit zu militärischen Einsätzen kann, so haben wir gesehen, nur durch eine wirklichkeitsnahe, intensive Ausbildung erreicht werden, die völlig ohne Beeinträchtigungen für die Umwelt nicht vorstellbar ist. Durch baulichen Lärmschutz, Verlagerung von Ausbildungs- und Schießlärm in die Tiefe großer Übungsplätze, Einschränkung von Schießzeiten und Tiefflugbetrieb sowie vor allem durch große Fortschritte beim Einsatz von Simulatoren und weitestgehendem Verzicht auf Übungen im freien Gelände – dies alles vor dem Hintergrund der drastischen Truppenreduzierungen in Deutschland – ist die Natur und insbesondere die Bevölkerung in den letzten Jahren stark entlastet worden.

Gewalt gegen Mensch und Umwelt

Entlastung

Bei der Gefechtsausbildung und dem Üben für den Einsatz können alle Offiziere, vor allem die Einheitsführer und Kommandeure, durch ihr persönliches Engagement im täglichen Dienst die Belastungen für die Umwelt noch weiter mindern. Aktives Mitgestalten am Ausbau vielseitiger, regenerationsfähiger Übungsplätze im ständigen Gespräch mit den Fachleuten der Forstverwaltung und der zivilen Bundeswehrverwaltung kann wesentlich dazu beitragen, das Ausbildungsinteresse mit dem Umweltschutz in Einklang zu bringen. Durch vorausschauendes Planen, verbunden mit Beweglichkeit bei organisatorischen Maßnahmen, läßt sich oft ein bestimmtes Ausbildungs- oder Übungsziel besonders umweltverträglich erreichen: etwa durch das Zusammenlegen von Ausbildungsabschnitten verschiedener Truppenteile oder durch kurzfristiges Eingehen auf besondere Wetterbedingungen, denn extreme Feuchtigkeit, Frost oder sommerliche Trockenzeiten können erheblichen Einfluß auf Schadensumfänge haben.

Aktives Mitgestalten

Wer bei Ausbildung und Einsatz den Umweltschutz stets sachkundig im Auge behält, dabei zweckmäßige und in den Auswirkungen vertretbare Lösungen sucht, wer die einschlägigen Bestimmungen gegen Trägheit, Unwissenheit und Mutwillen durchsetzt, der wird auch jederzeit in der öffentlichen Diskussion bestehen können.

298

Geistige Auseinandersetzung

Auch der geistigen Auseinandersetzung mit Kritikern der Bundeswehr *Über-* rund um das Thema Umweltschutz wird sich der Offizier in unserer Zeit *zeugungs-* nicht entziehen können. Zunächst geht es dabei um jene Menschen, die *arbeit* sich durch Schieß- und Übungsplätze in ihrer Nähe, durch Tiefflugbetrieb oder durch Einsätze der Bundeswehr im freien Gelände stärker als andere Bevölkerungsgruppen in Mitleidenschaft gezogen sehen. Bei ihnen verbinden sich im Regelfall die Angst vor Gefahren mit übertriebenen Vorstellungen von der Umweltschädlichkeit des militärischen Ausbildungs- und Schießbetriebs und dem Wunsch, die Belästigungen lieber anderen aufzubürden. In den neuen Bundesländern hat sich zudem mancher Widerstand gegen die Übernahme von Liegenschaften durch die Bundeswehr geregt, weil man offensichtlich die Begleiterscheinungen früherer Nutzung durch die sowjetischen Streitkräfte vor Augen hatte.

Gegen das Florians-Prinzip helfen in erster Linie klare und sachgerech- *Eindruck vor* te Entscheidungen sowie Standfestigkeit auf Seiten der politischen Organe. *Ort* Diffuse Ängste und Voreingenommenheiten kann aber die Bundeswehr selbst am besten abbauen, indem sie das Gespräch sucht, sachlich informiert und dem betroffenen Personenkreis die Möglichkeit gibt, sich persönlich einen Eindruck an Ort und Stelle zu verschaffen. Es hat sich etwa bewährt, Vertretern der jeweiligen Gemeinwesen und der beteiligten Umweltschutz-Organisationen den Besuch eines vergleichbaren, bereits seit Jahren genutzten Bundeswehr-Geländes zu ermöglichen, um Vorurteile abzubauen. Auf diesem Wege ist mancher Kritiker sogar zum entschiedenen Befürworter einer geplanten militärischen Nutzung geworden, und der eine oder andere Umweltschützer hat zu seiner Überraschung unter den Soldaten durchaus überzeugte und überzeugende Verbündete im Kampf für seine gute Sache gefunden. Die Übungs- und Schießplätze, so konnte man sich überzeugen, sind naturnäher als fast jede land- oder forstwirtschaftliche Nutzfläche – und die Bundeswehr trägt zudem noch die Kosten für die Absicherung und Landschaftspflege in diesen Reservaten.

Es gibt, das ist wahr, aber auch Menschen, die sich nicht nur weigern, *Für eigene* an einer solchen Informationsveranstaltung der Bundeswehr teilzunehmen *Zwecke* – das ist ihr gutes Recht –, sondern die auch andere davon abhalten wollen, *instrumentali-* sich ein eigenes Bild zu machen. Und damit sind wir bei einer zweiten *sieren* Gruppe von Bundeswehr-Kritikern: den eingefleischten Gegnern allen Militärs, die Anwohnerproteste und Umweltschutzgruppen lediglich für ihre Zwecke zu instrumentalisieren versuchen und an einer Versachlichung der Debatte naturgemäß kein Interesse haben. Sich mit dieser Personengruppe argumentativ auseinanderzusetzen, ist höchst unerquicklich, man sollte aber einer Diskussion zumindest dann nicht aus dem Wege gehen, wenn die Hoffnung besteht, im Zuhörerkreis nicht nur auf verschlossene Ohren

Reduzierung zu stoßen. Wie schwer das ist, zeigt das jüngste Beispiel Wittstocker Heide: Die Sowjetarmee flog auf ihrem „Bombodrom" jährlich 25.000 Einsätze unter Verwendung von scharfer Munition – die Bundeswehr will unter Verzicht auf scharfe Munition höchstens 3.000 Einsätze pro Jahr fliegen – so hat es der Bundestag 1993 mit dem Truppenübungsplatzkonzept beschlossen. Kommentar eines prominenten Literaturwissenschaftlers: „*Entweder wir befördern die zivile Gesellschaft weiter, oder wir setzen die unheilvolle Kontinuität von Sowjetarmee und Bundeswehr fort.*"

Auch aus anderen Bereichen kennt man leider solche Versuche im demokratischen Entscheidungsprozeß unterlegener Gruppen, die Maßnahmen und Organe unseres Rechtsstaats verbal oder tätlich so anzugreifen, wie man es besser, Mut und Gelegenheit vorausgesetzt, in einem untergegangenen totalitären Regime getan hätte – eine betrübliche, zeitbedingte Verhaltensstörung.

Der Offizier und die Bewahrung der Schöpfung – das ist, wie wir gesehen haben, alles andere als eine rein militärische Angelegenheit. Vielmehr ist das Thema eines der wichtigsten unserer Zeit und durchzieht alle Lebensbereiche.

Breiter Die mit der Zerstörung der Umwelt verbundenen Gefahren werden gern
Konsens verdrängt, weil sie einerseits von vielen Menschen noch nicht als existenzielle Bedrohung wahrgenommen werden, und weil andererseits dem zur Abhilfe nötigen gewaltigen Aufwand im Vierjahresrhythmus politischer Verantwortlichkeiten nur wenig Vorzeigbares gegenübersteht. Um so nachdrücklicher und beharrlicher müssen sich alle, die in Staat und Gesellschaft Verantwortung tragen, im Großen wie im Kleinen und jenseits allen Freund-Feind-Denkens, für einen breiten Konsens einsetzen mit dem Ziel der Erhaltung einer lebenswerten Umwelt auch für zukünftige Generationen.

Werner Krätschell

Biblische Schlußgedanken

Dem Chaos Die Entfaltung des christlichen Glaubens in der Lehre von der Schöp-
entnommen fung wurzelt im Zeugnis der biblischen Botschaft. Vor allem die beiden Schöpfungsberichte am Anfang der Bibel, im 1. Buch Mose, beschreiben Gott als den, der durch sein Wort und sein in Schritten vorangehendes Ordnungshandeln die Schöpfung und den Menschen in ihr als besonderes „*Geschöpf*" dem Chaos entnommen hat. Hinter allem Sich-Verhalten des Menschen zu Gott und ebenso zur Schöpfung bleibt also die dunkle Ge-

300

fahr, wieder in das Chaos zurückzufallen. Diese Gefahr hat leider mit der ständigen Weiterentwicklung des durch den Menschen Machbaren nicht ab-, sondern zugenommen.

In den ersten 11 Kapiteln der Bibel, deren Inhalt traditionell als „*Urgeschichte*" bezeichnet wird, ist in der Sintflutgeschichte bereits ein Szenario des Rückfalls in das Chaos beschrieben. Nur Gottes gnädiges Eingreifen bewahrt die Schöpfung und die Menschheit – welch unzertrennliche Einheit! – vor dem Aus. Gott verpflichtet sich sogar am Dankaltar des Noah, trotz der „*Bosheit des Menschen von Jugend auf*", den lebenserhaltenden Kreislauf der Natur zu sichern. Aber in den entsprechenden Sätzen der Selbstverpflichtung Gottes ist bereits eine Grenze formuliert, die alle inzwischen um die Bewahrung der Schöpfung Bemühten und um die Weiterexistenz des blauen Planeten Bangenden mit großer Unruhe wieder zu hören gelernt haben: „*Solange die Erde steht, soll nicht aufhören Saat und Ernte, Frost und Hitze, Sommer und Winter, Tag und Nacht*" (1. Mose 8, 22). „*Solange die Erde steht...*" – da ist sie wieder zu spüren, die unheimliche Nähe des Chaos und die Gefahr des Zurückfallens der gesamten Schöpfung in jene Dunkelheit.

Solange die Erde steht

Zu Martin Luthers Zeiten waren die Menschen noch ganz ausgeliefert den übermächtig erscheinenden Kräften der Natur. Entsprechend demütig und dankbar empfanden sie es, wenn sie gesichert leben durften. So hat Luther in seinem Kleinen Katechismus den ersten Artikel des Glaubensbekenntnisses „*Von der Schöpfung*" noch ganz aus dieser Demut und Dankbarkeit Gott gegenüber in einer sprachlichen Meisterleistung in die persönliche Lebenswelt des Menschen in seiner Zeit übertragen.

Leben in Dankbarkeit

In unserer Zeit ist für Glaubende und für alle verantwortlich denkenden Menschen aus der Angst vor den Gewalten der Natur die Angst vor der Gewalt der Menschen gegen die Natur geworden, die die gesamte Schöpfung in ihrer Weiterexistenz bedroht. Unsere Aufgabe kann es darum nur sein, die von Gott der ganzen Schöpfung eingestiftete Balance wieder neu zu entdecken und in das persönliche wie öffentliche Bewußtsein zu heben. Ein starkes Motiv für ein solches verantwortliches Leben ist der Verweis auf die Auswirkung unserer Taten und unserer Untaten gegenüber der Schöpfung Gottes auf die nächsten Generationen, denen wir Lebensmöglichkeiten entweder erhalten oder, oft für immer, zerstören.

Angst vor eigener Gewalt

Vor 100 Jahren war in deutschen Schul-Lesebüchern Fontanes Gedicht „*Herr von Ribbeck auf Ribbeck im Havelland*" zu finden. Der alte Ribbeck hatte vor seinem Ende darum gebeten, ihm eine Birne mit in den Sarg zu legen – ahnend, daß sein Sohn die für den Alten selbstverständliche und großzügige Fürsorge für die nächste Generation nicht mehr wahrnehmen würde. Aus seinem Grab wuchs dann ein Birnbaum heran, der die Kinder wieder freizügig mit Birnen, Symbol für Nahrung und Wohlbefinden, versorgte. Laßt uns zu solchen „*Alten*" werden, die über das Vergessen der

Fürsorge für die nächste Generation

„*Jungen*" hinausdenken und nächsten Generationen Nahrung und Lebens-
qualität sichern helfen.

> „*...So spendet Segen noch immer die Hand*
> *Des von Ribbeck auf Ribbeck im Havelland.*"

Wolf Stefan Traugott Graf von Baudissin
Generalleutnant
* 8.5.1907 in Trier
† 5.6.1993 in Hamburg

Das innere Gefüge der Streitkräfte ist ihre sittliche, geistige und rechtliche Gesamtverfassung. Innere Führung verwirklicht die Grundsätze und Integration dieser Gesamtverfassung in Ausbildung, Erziehung und Betreuung der Soldaten; sie ist die vornehmste Aufgabe der militärischen Vorgesetzten.

5.2 Klaus Dau

Der Offizier und das Recht

Überein-
stimmung in
der Rechts-
ordnung

Die Grundpflicht des Soldatengesetzes, der Bundesrepublik Deutschland treu zu dienen und das Recht und die Freiheit des deutschen Volkes tapfer zu verteidigen (§ 7 Soldatengesetz), nimmt auch der Wortlaut des Soldateneides (§ 9 Abs. 1 Soldatengesetz) auf. Als rechtlicher und ethischer Maßstab des militärischen Auftrags bindet sie vor allem den Offizier, der als Vorgesetzter wegen seiner herausgehobenen Stellung in besonderem Maße für die Erfüllung seiner Dienstpflichten verantwortlich ist. Im Pflichtenkanon des Soldatengesetzes stellen vornehmlich die neuen Aufgaben deutscher Streitkräfte im Rahmen und nach den Regeln eines Systems gegenseitiger kollektiver Sicherheit den Offizier als Führer und Vorgesetzten auch vor neue rechtliche und ethische Herausforderungen. Die Einsatzregeln für die Anwendung bewaffneter Gewalt (rules of engagement) sind auf die spezifischen Anforderungen einer bestimmten militärischen Operation ausgerichtet, sie geben dem Soldaten bindend vor, unter welchen Voraussetzungen, in welchem Umfang und mit welchen Mitteln er von bewaffneter Gewalt Gebrauch machen darf. Sie stellen sicher, daß bewaffnete Gewalt nur in Übereinstimmung mit der internationalen und nationalen Rechtsordnung steht. Solange sich der vom Vorgesetzten befohlene Einsatz bewaffneter Gewalt in den Grenzen dieser Rechtsordnung hält, ist er auch ethisch gerechtfertigt. Wo bewaffnete Gewalt diesen Raum verläßt, insbesondere die Wertordnung des Grundgesetzes mißachtet, den Grundsatz der Verhältnismäßigkeit verletzt und damit gegen die kontrollierte Begrenzung auf militärische Ziele verstößt, ist sie ethisch nicht mehr verantwortbar. Dies ist bei der folgenden Strukturierung der rechtlichen Rahmenbedingungen für den Offizier im besonderen im Bewußtsein zu behalten.

Kein rechtli-
ches Risiko

In seiner ersten Entscheidung zum Auslandseinsatz deutscher Streitkräfte vom 8. April 1993 im einstweiligen Anordnungsverfahren traf das Bundesverfassungsgericht eine bemerkenswerte Feststellung. Der Soldat trage kein rechtliches Risiko, wenn sich später (im Hauptsacheverfahren) die Verfassungswidrigkeit des Einsatzes ergeben sollte. Die Verantwortung für die verfassungsrechtliche Zulässigkeit dieses Einsatzes (Beteiligung deutscher Soldaten an der Überwachungsmission der AWACS-Flugzeuge über Bosnien-Herzegowina) trügen nicht die an dem Einsatz beteiligten Soldaten, sondern die Bundesregierung. Das Gesetz (§ 11 Soldatengesetz) stelle die Soldaten von dieser Verantwortlichkeit frei. Bei späterer Feststellung der Verfassungswidrigkeit des Einsatzes würde zwar das Vertrauen der Soldaten darauf enttäuscht werden, daß eine so weittragende Entscheidung auf einer gesicherten verfassungsrechtlichen Grundlage beruhe. Demgegenüber aber werde die Bundeswehrführung darauf verweisen können, daß ihre Befehle auf einer verantwortlichen Beurteilung der komplexen Rechtslage durch die dafür zuständige demokratisch legitimierte Bundesregierung beruhten.

Diese Ausführungen des Bundesverfassungsgerichts verdienen in mehrfacher Hinsicht Beachtung. Mit seiner Entscheidung vom 8. April 1993 vollzog das oberste deutsche Gericht nicht nur den ersten Schritt zur Legitimierung des Auslandseinsatzes deutscher Streitkräfte und damit zur Erweiterung ihres herkömmlichen Aufgabenspektrums. Es zeichnete neben einem befehlsrechtlichen Befund mit dem Hinweis auf Verantwortung und Vertrauen des Soldaten auch Konturen ethischer Prämissen für die Erfüllung des Verfassungsauftrages der Streitkräfte. Der Befehl hat wie jeder staatliche Akt bis zum Beweis des Gegenteils die Vermutung der Rechtmäßigkeit und damit der Verbindlichkeit für sich. Dieser Grundsatz geht auf die Überlegung zurück, daß der Soldat auf die Autorität seiner Vorgesetzten vertrauen darf. Er kann die Gewähr dafür haben, daß der Vorgesetzte befugt ist, richtige Entscheidungen zu treffen und in Ausübung seiner Befehlsgewalt die ihm gezogenen rechtlichen Grenzen einhält. In dieser Fähigkeit zur richtigen Entscheidung liegt die Autorität des Vorgesetzten begründet, die ihrerseits wiederum die Vermutung der Rechtmäßigkeit auslöst. Der Vertrauensvorschuß an den befehlenden Vorgesetzten ist auch eine Erklärung dafür, warum es zwischen der Rechtmäßigkeit eines Befehls und der Gehorsamspflicht keine Kongruenz gibt.

Mit der Forderung, Befehle nur zu dienstlichen Zwecken und nur unter Beachtung der Regeln des Völkerrechts, der Gesetze und der Dienstvorschriften zu erteilen, hat sich das Soldatengesetz (§ 10 Abs. 4) von einer bloßen Gesinnungsethik distanziert, die spätestens seit Max Weber ohnehin (als ethisches Orientierungsprinzip) allein in Frage steht. Das ethische Niveau des Soldatengesetzes ist vielmehr eine Verantwortungsethik, die mehr bedeutet als nur das Einstehen für die Unbedingtheit der militärischen Pflichterfüllung durch den Untergebenen. Die Verantwortungsethik bürdet dem Offizier auch die Verantwortung für den Inhalt der von ihm veranlaßten Entscheidung auf. Dieser verantwortungsethische Imperativ für die Befehlsgewalt des Offiziers findet sich in einer für das Wehrstrafrecht wichtigen Entscheidung des Bundesgerichtshofs vom 17. Mai 1970 wieder, wenn er die Verantwortung des Offiziers auf die Recht- und Zweckmäßigkeit des Befehls erstreckt. Wählt der Vorgesetzte zum Erreichen eines dienstlichen Zweckes ein falsches Mittel und trifft ihn hierbei der Vorwurf des groben Mißgriffs, eines Mißbrauchs der ihm anvertrauten Befehlsgewalt, handelt er pflichtwidrig. Solange aber der Vorgesetzte un-

Legitimierung von Auslandseinsätzen

Auf Autorität vertrauen

Verantwortungsethik

ter Berücksichtigung der Lage, in der er sich befand, den Befehl für recht-mäßig halten durfte, kann ihm aus seinem nachträglich als falsch erkannten Entschluß nicht der Vorwurf einer Pflichtverletzung gemacht werden. Hier schließt sich der Kreis zu der eingangs erwähnten Entscheidung des Bundesverfassungsgerichts.

Grenzen des Gehorsams Anspruch auf Gehorsam löst nur der Befehl aus, der verbindlich ist. Der Untergebene ist nicht ungehorsam, wenn er einen Befehl nicht befolgt, der die Menschenwürde verletzt oder der nicht zu dienstlichen Zwecken erteilt worden ist. Ein Befehl, der dem Untergebenen aufgibt, ein Verbrechen oder Vergehen zu begehen, darf überhaupt nicht befolgt werden. Andererseits löst der Befehl den Anspruch auf Gehorsam aus, durch den der Untergebene eine Ordnungswidrigkeit beginge oder Dienstvorschriften verletzte. Die hier nur geringe Verletzung der Rechtsordnung ist durch die gesetzliche Auflösung der Pflichtenkollision zwischen Rechtsgehorsam und militärischem Gehorsam zugunsten der militärischen Anordnung gerechtfertigt, daher auch ethisch verantwortbar.

Vollziehende Gewalt Die Wertordnung des Grundgesetzes und die Verpflichtung, diese Werte zu bewahren und notfalls gegen einen äußeren Angriff zu verteidigen, sind die ethischen Grundlagen des Staatsauftrages zur Verteidigung. Auch Inhalt und Grenzen soldatischer Rechte und Pflichten finden sich daher in der Verfassung. Die Bundeswehr ist nach ihrer politischen und staatsrechtlichen Einordnung in das System des Rechtsstaates Teil der vollziehenden Gewalt. Aus dieser verfassungsrechtlichen Zuweisung folgt, daß auch die Bundeswehr sich von den rechtsstaatlichen Grundsätzen leiten lassen muß, die in unserem Staatswesen die vollziehende Gewalt beherrschen. In der Erfüllung ihrer Führungsaufgabe und ihres Verteidigungsauftrages ist sie an Gesetz und Recht gebunden (Art. 20 Abs. 3 Grundgesetz).

Urfunktion des souverä-nen Staates Viele Jahre war der Verfassungsauftrag deutscher Streitkräfte allein durch die Landes- und Bündnisverteidigung definiert. Im Schutz der territorialen Integrität, der Sicherheit der Bürger sowie der freiheitlichen demokratischen Grundordnung offenbarte sich die klassische Urfunktion eines souveränen Staates, zur individuellen und kollektiven Selbstverteidigung fähig zu sein. Das Gewaltverbot des Art. 2 Nr. 4 der Charta der Vereinten Nationen und das in Art. 26 Abs. 1 Grundgesetz enthaltene Verbot eines Angriffskrieges bezeichnen die völker- und verfassungsrechtlichen Grenzen.

Mit der Einnahme neuer sicherheitspolitischer Strukturen in Mitteleuropa zu Beginn dieses Jahrzehnts, insbesondere aber unter dem Eindruck der Wiedervereinigung Deutschlands und Rückgewinnung der vollen staatlichen Souveränität, gewann die Einsicht an Boden, Deutschland in die internationalen Handlungsfelder sicherheitspolitischer Verantwortung mehr als bisher einzubinden. Dies bedeutete vor allem die volle Teilnahme Deutschlands an friedensbewahrenden und friedenschaffenden Operatio-

306

nen der Vereinten Nationen. Diese neuen Aufgaben der Bundeswehr stellten nicht nur die verfassungsrechtlichen Handlungsspielräume des Grundgesetzes auf den Prüfstand, sie mußten sich auch ethisch an der Verpflichtung orientieren, allein dem Frieden in der Welt zu dienen. Die jahrelange politische Konfrontation und rechtliche Diskussion um die Frage, ob die Bundeswehr auch außerhalb ihrer Bündnisverpflichtung einen militärischen Beitrag im Rahmen einer internationalen Friedensordnung leisten dürfe, beendete erst das Bundesverfassungsgericht mit seiner wegweisenden Entscheidung vom 12. Juli 1994. Fortan ist es verfassungsrechtlich zulässig, deutsche Streitkräfte im Rahmen und nach den Regeln eines Systems gegenseitiger kollektiver Sicherheit im Ausland einzusetzen. Mit der durch das Bundesverfassungsgericht vorgeschriebenen, grundsätzlich vorherigen konstitutiven Zustimmung des Deutschen Bundestages zu bewaffneten Einsätzen deutscher Streitkräfte im Ausland ist die Bundeswehr als *„Parlamentsheer"* fest in die demokratisch rechtsstaatliche Verfassungsordnung eingebunden. Auf dieser Grundlage haben die Soldaten der Bundeswehr auch im Auslandseinsatz nunmehr Rechtssicherheit, mit der parlamentarischen Zustimmung zum Einsatz ihrer Waffen haben sie zugleich die ethische Legitimation ihres Auftrags im Rahmen einer internationalen Friedensordnung.

Ethische und rechtliche Orientierung

Weder die Berufung auf den Wortlaut des Soldateneides mit seiner vorgeblichen Beschränkung der soldatischen Treuepflicht auf die Bundesrepublik Deutschland noch die individuelle Ablehnung eines vom Sicherheitsrat der Vereinten Nationen mandatierten Auslandseinsatzes aus Gewissens- oder politischen Gründen entlassen den Soldaten aus seinem Auftrag. Der Zweite Wehrdienstsenat des Bundesverwaltungsgerichts hat in einer Entscheidung vom 31. Juli 1996 unmißverständlich deutlich gemacht, daß es dem Soldaten verwehrt sei, Gegenstand und Umfang seiner Verpflichtung zum treuen Dienen im Rahmen der Erfüllung des verfassungsmäßigen Auftrags der Bundeswehr nach seiner persönlichen Vorstellung einschränkend zu interpretieren. Das Recht steht nicht zur Disposition des einzelnen, ist nicht von seiner Zustimmung abhängig. Im übrigen stellen die im geltenden Völker-, Verfassungs- und Wehrrecht enthaltenen rechtlichen Vorgaben den Offizier der Bundeswehr kaum vor eine Gewissensentscheidung. Der sittliche Wert seiner militärischen Aufgabe einschließlich ihres rechtlichen Standortes ist deutlich und unabhängig von politischen Konstellationen für jeden begreifbar und verpflichtend.

Auftrag eindeutig

Keine Einschränkungen

Der Verfassungsstaat schuldet seinen Bürgern die äußere Sicherheit durch militärischen Schutz. Diese Verpflichtung ist in der europäischen Verfassungstradition seit der Erklärung der Menschenrechte von 1789 mit den Grundrechten eng verknüpft. Auch das Bundesverfassungsgericht hat in mehreren Entscheidungen eine derartige rechtliche Schutzverpflichtung des Staates anerkannt. Daher umfaßt der Handlungsauftrag zur Verteidi-

Schutzverpflichtung des Staates

Kriterien

gung auch den Schutz und die Rettung deutscher Staatsangehöriger im Ausland, wenn sie in Lebensgefahr geraten und andere Hilfe nicht möglich ist. Die 1994 vom Kirchenamt der Evangelischen Kirche in Deutschland herausgegebene Schrift „*Schritte auf dem Weg des Friedens – Orientierungspunkte für Friedensethik und Friedenspolitik*" rechtfertigte eine humanitäre Intervention mit militärischen Zwangsmitteln nur, wenn

– die Entscheidung über ein solches Eingreifen, die nicht der Souveränität einzelner Staaten überlassen bleiben darf, im Rahmen und nach den Regeln der Vereinten Nationen getroffen wird,

– die Politik im Rahmen des Schutzes oder der Wiederherstellung einer rechtlich verfaßten Friedensordnung über klar angebbare Ziele einer Intervention verfügt,

– die an Zielen gemessenen Erfolgsaussichten nüchtern veranschlagt werden,

– von Anfang an bedacht wird, wie eine solche Intervention beendet werden kann.

Es wird zu zeigen sein, ob dieser Kriterienkatalog Bestand hat.

Nicht tatenlos zusehen

Die unter dem Namen „*Libelle*" bekannt gewordene Evakuierungsoperation vom 14. März 1997, mit der deutsche Soldaten in akuter Lebensgefahr befindliche deutsche Staatsbürger aus der albanischen Hauptstadt Tirana befreiten, hat der Frage nach der Rechtfertigung humanitärer Interventionen tagespolitische Aktualität gegeben. Das Recht auf humanitäre Intervention unterliegt völkerrechtlich einem rechtsbildenden Prozeß zur Verfestigung des einzelstaatlichen Interventionsrechts. Nach Ende des Kalten Krieges zeichnet sich in der Staatspraxis zunehmend eine Entwicklung ab, wonach die Staatengemeinschaft schwersten Menschenrechtsverletzungen im Innern eines Staates nicht tatenlos zusehen darf. So ist inzwischen anerkannt, daß die Menschenrechtssituation in einem Staat nicht zu dessen „*inneren Angelegenheiten*" gehört. Eine Evakuierung zur Rettung eigener Staatsangehöriger mit Einwilligung des betroffenen Territorialstaates wirft aus völkerrechtlicher Sicht keine Probleme hinsichtlich der Achtung der Souveränitätsrechte dieses Staates auf. Aber auch bewaffnete Interventionen zur Rettung eigener Staatsbürger ohne Einwilligung des betroffenen Territorialstaates sind völkerrechtlich unbedenklich. Zwar gilt grundsätzlich zwischen Völkerrechtssubjekten das universelle Gewaltverbot des Art 2 Nr. 4 der Charta der Vereinten Nationen. Evakuierungs-

Wenn Leib und Leben gefährdet sind

maßnahmen der in Frage stehenden Art sind jedoch als ultima ratio zulässig, wenn Leib und Leben der eigenen Staatsangehörigen unmittelbar gefährdet sind und die fremde Staatsgewalt nicht willens oder in der Lage ist, Schutz zu gewähren. Eine solche Intervention setzt weiterhin voraus, daß friedliche Streitbeilegungsmittel (diplomatische Aktivitäten) erschöpft sind oder von vornherein keinen Erfolg versprechen, und daß ein Mandat des Sicherheitsrates der Vereinten Nationen für die Durchführung einer solchen Operation nicht oder nicht rechtzeitig zu erwarten wäre und der Einsatz bewaffneter Gewalt nicht unverhältnismäßig in die geschützten Rechtsgüter des fremden Staates und seiner Bewohner eingreift. Diese Grundsätze entsprechen im wesentlichen den Kriterien, die das Europäische Parlament zum Recht auf Intervention aus humanitären Gründen in eine Entschließung vom 20. April 1994 aufgenommen hat und mit der es das Ziel verfolgt, zur Weiterentwicklung des einzelstaatlichen Rechts auf humanitäre Intervention beizutragen und die EU-Staaten zur Bildung einer entsprechenden Staatspraxis aufzufordern.

Auch die deutsche Beteiligung an den von der NATO geplanten, begrenzten und in Phasen durchzuführenden Luftoperationen zur Abwehr einer humanitären Katastrophe im Kosovo-Konflikt war eine ultima ratio-Entscheidung. Bundesregierung und Parlament hatten die Frage zu beantworten, ob ein Einsatz der NATO – und damit auch deutscher Streitkräfte – auch ohne ein Mandat der Vereinten Nationen zulässig sei. Der vom Deutschen Bundestag am 16. Oktober 1998 gefaßte Beschluß war eine Entscheidung für die Wahrung der Menschenrechte und lageabhängig gegen das Gewaltmonopol der Vereinten Nationen. Das Ergebnis dieser Abwägung ist nicht ungewöhnlich; Einsätze der NATO auch außerhalb des Gewaltmonopols der Vereinten Nationen liegen durchaus innerhalb ihrer rechtlichen Möglichkeiten, so die Einsätze zur Landes- und Bündnisverteidigung bei einem bewaffneten Angriff auf das Bündnisgebiet oder die Bundesrepublik Deutschland, bei Maßnahmen zur Krisenbewältigung, wenn der betroffene Staat dem zugestimmt hat und die Maßnahmen sich im Rahmen des Völkerrechts, insbesondere der Charta der Vereinten Nationen halten und bei Einsätzen in Wahrnehmung des Rechts auf kollektive Selbstverteidigung zugunsten von Drittstaaten, die ihrerseits rechtswidrig angegriffen werden. Im übrigen kann das Gewaltmonopol der Vereinten Nationen Lücken aufweisen, in die hinein sich völkergewohnheitsrechtliche Positionen in Richtung auf ein Interventionsrecht aus humanitären Gründen entwickeln. Dabei handelt es sich nicht mehr um zwischen- (z. B. 2. Golfkrieg), sondern um innerstaatliche Konflikte (Kosovo). Diese sind insbesondere durch die systematische Verfolgung der Zivilbevölkerung und damit verbundene massive Menschenrechtsverletzungen gekennzeichnet (Ruanda, früheres Jugoslawien). Innerstaatliche Konflikte und Menschenrechtsverletzungen entziehen sich jedoch der Kompetenz des Sicherheitsrates der Vereinten Nationen, soweit dieser die Vorgänge nicht als *„grenzüberschreitende Friedensbedrohung"* (Art. 39 der Charta der Vereinten Nationen) einstuft (wie im Fall Somalia). Zudem können die betroffenen Menschen nicht das Recht auf Selbstverteidigung in Anspruch nehmen. Darüber hinaus enthalten weder die Allgemeine Erklärung der Menschenrechte von 1948 noch die Konvention über die Verhütung und Bestrafung von Völkermord von 1948 oder das Internationale Übereinkom-

Für die Wahrung der Menschenrechte

Gewaltmonopol hat Lücken

Handlungs-fähigkeit ver-bessern men zur Beseitigung jeder Form von Rassendiskriminierung von 1966 Regelungen, die die Vertragsstaaten berechtigen, die Bestimmungen der Übereinkommen mit bewaffneter Gewalt im Drittstaat durchzusetzen. Solange es nicht gelingt, die Handlungsfähigkeit des Sicherheitsrates der Vereinten Nationen zu verbessern, muß es als ultima ratio zur Wahrung des Weltfriedens und zur Durchsetzung der Grundwerte der Staatengemeinschaft erlaubt sein, militärische Gewalt auch ohne eine mandatierende Resolution des Sicherheitsrates der Vereinten Nationen einzusetzen. Die völkerrechtliche Diskussion um die Rechtfertigung der humanitären Intervention ist noch im Fluß, doch die Verantwortung für die Erhaltung der Menschenrechte verbietet jede rechtliche und ethische Indifferenz gegenüber Völkermord und ethnischen Säuberungen.

310

Teamfähig

In diesem Beitrag geht es nicht nur darum darzulegen, wie die Zusammenarbeit zwischen Vorgesetzten, Untergebenen und Fachleuten sichergestellt werden kann, sondern es geht auch darum, wie trotz des hierarchischen Aufbaus der Bundeswehr und unter den besonderen Bedingungen von Befehl und Gehorsam in den Streitkräften Teamgeist unter den Soldaten der unterschiedlichen Dienstgrade entstehen kann. *Teamgeist trotz Führung*

Jeder Vorgesetzte, der Soldaten führt, weiß, was Führung ist. Allerdings werden Führungsprinzipien häufig wenig reflektiert, da Selbstverständliches meist wenig Überdachtes ist. Es erscheint daher am Anfang nützlich, bevor wir uns dem Thema Teamfähigkeit zuwenden, den Begriff der Führung zu klären und für uns selbst knapp zu durchleuchten.

Führung ist die zielbezogene Einflußnahme. Die Geführten sollen dazu bewegt werden, bestimmte Ziele, die sich meist aus den Vorgaben der übergeordneten Führung ableiten lassen, zu erreichen. Konkret können derartige Ziele im militärischen Bereich beispielsweise die Verbesserung der körperlichen Leistungsfähigkeit, die Veränderung des Betriebsklimas in der Kompanie, das Erreichen bestimmter Ausbildungshöhen oder das Erfüllen vorgegebener Lieferquoten oder Forderungen an die Höhe der Einsatzfähigkeit des Materials sein. *Zielbezogene Einflußnahme*

Die Wege und die Einflußnahme zur Erreichung dieser Ziele sind jedoch höchst unterschiedlich. Das Verhalten vieler Stelleninhaber in der Organisation Bundeswehr wird zielbezogen beeinflußt, ohne daß unmittelbar irgendein Vorgesetzter diesen Einfluß ausübt. Es sind vielmehr Strukturen, die Aktivitäten steuern und koordinieren. Man denke dabei an unsere Stellenbeschreibungen, Vorschriften, Technischen Anweisungen u. a. Man denke dabei aber auch an Leistungsanreize wie das leistungsbezogene Besoldungssystem mit seinen Möglichkeiten besonderer Zulagen und Prämien, aber auch an das Personalentwicklungssystem unserer soldatischen und zivilen Mitarbeiter. *Einfluß durch Strukturen*

Jeder, der jedoch die Praxis kennt, weiß es: Auch wenn die Vorschrift noch so klar definiert ist, Ausnahmefälle bis ins Detail durch Sondervorschriften geregelt sind, machen es die Menschen aus – und hier insbesondere die Vorgesetzten –, wie Vorgaben in gelebte Realität umgesetzt werden. Am Führer wird es meist liegen, ob trotz der Vorschriften flexibel und kreativ gearbeitet wird oder *„Dienst nach Vorschrift"* ausgeübt wird. Das Verhalten des Vorgesetzten, seine Art, Ziele zu verdeutlichen, Aufgaben zu koordinieren, Mitarbeiter durch Gespräche zu motivieren, Ergebnisse zu *Abhängig vom Menschen* kontrollieren, Freiraum zu geben, Erlebnisse zu schaffen, wird zum zentralen Bestandteil der Führung, die sich dann als zielbezogene Beeinflussung von Unterstellten durch Vorgesetzte mit Hilfe der Kommunikation und Information definieren läßt.

Führungs-philosophie
Mit dem Konzept der Inneren Führung besitzen die Streitkräfte eine praxisorientierte Führungsphilosophie, die die militärischen Notwendigkeiten mit den Bedürfnissen des Einzelnen verknüpft und so wirkungsvoll zur Geltung bringt.

Leistungsfähige Streitkräfte brauchen hochmotivierte, einsatzbereite und vom Sinn und Zweck ihrer Aufgabe überzeugte Soldaten, die bereit sind, Verantwortung zu übernehmen und für die Sicherheit unseres Landes einzutreten.

Besonders die militärischen Führer sind gefordert, beispielgebend und prägend auf das Verhalten und die Einstellung von Soldaten einzuwirken. Dies erfordert mehr als fachliches Wissen und Können; wer Führungsaufgaben wahrnimmt, muß sich mit den Menschen, die ihm anvertraut sind, beschäftigen, über ihre Bedürfnisse, Interessen und Einstellungen informiert sein, um sie zu verstehen und dann auch angemessen reagieren zu können.

Team und Hierarchie
Wenn man nun von Führung und Teamfähigkeit in den Streitkräften spricht, muß man die Besonderheit militärischer Strukturen sehen. Der soldatische Bereich ist hierarchisch aufgebaut, im Vergleich zur Wirtschaft wird der Befehl mit dem Anspruch auf Gehorsam erteilt und damit viel strikter und auch unbedingter.

Für die Armee ist das Prinzip Befehl und Gehorsam konstitutiv. Wer Befehle erteilt, die ausgeführt werden müssen, der führt; wer Gehorsam leistet, der wird geführt oder läßt sich führen. Wer befiehlt, der vertraut darauf, daß sein Befehl akzeptiert und ausgeführt wird; wer gehorcht, der vertraut darauf, daß kein Vorgesetzter seine Befehlsgewalt mißbraucht.

Keine Ein-bahnstraße
Menschenführung in den Streitkräften ist also keine Einbahnstraße. Für das Betriebsklima sollen sich beide, Vorgesetzte wie Untergebene – oder besser Mitarbeiter – verantwortlich fühlen. Damit ist bereits eine wesentliche Voraussetzung für Teamfähigkeit geschaffen oder vorhanden.

Die neue HDv 100/100 drückt das bisher Gesagte zusammenfassend so aus: Führen mit Auftrag ist oberstes Führungsprinzip im Heer. Es beruht auf gegenseitigem Vertrauen. Führen mit Auftrag verlangt von jedem Soldaten neben gewissenhafter Pflichterfüllung und dem Willen, befohlene Ziele zu erreichen, die Bereitschaft zur Übernahme von Verantwortung, zur Zusammenarbeit und zum selbständigen, schöpferischen Handeln im Rahmen des Auftrages.

Klare Ziele
Diese Führungsvorschrift fordert vom militärischen Vorgesetzten, daß er über seine Absichten informiert, klare und erfüllbare Ziele setzt, die notwendigen Kräfte und Mittel bereitstellt und den Untergebenen Freiheit bei

312

der Durchführung des Auftrages gewährt. Damit sind wichtige Voraussetzungen für erfolgreiche Teamarbeit bereits genannt
- Information,
- klare Zielsetzung und
- Beteiligung der Mitarbeiter.

Bereits als junger Kompaniechef einer Panzerkompanie habe ich erlebt, *Information*
wie wichtig die Information und Beteiligung meiner Zugführer und des *und Beteili-*
Kompaniefeldwebels war. Gab es damals schwierige Aufträge – und die *gung*
hatten damals noch nichts mit den heute viel höheren Anforderungen z.B.
bei der Vorbereitung von Einsätzen außerhalb Deutschlands zu tun – wurde in einer kurzen Besprechung informiert, wurden Ziele formuliert und
gemeinsam über den Weg zum Ziel diskutiert. Nach Abwägen und Aufnahme aller guten Ideen wurde entschieden und das Ergebnis ließ sich fast immer sehen. Alle waren stolz über die dann erreichte Leistung. Jeder hatte
dazu beigetragen und dabei auch das Beste gegeben.

Der kooperative Führungsstil ist in besonderem Maße geeignet, die *Kooperativer*
Einstellung der Mitarbeiter zur Aufgabe, zur Leistung und nicht zuletzt zu *Führungsstil*
ihrem Vorgesetzten günstig zu beeinflussen. Dies hängt auch mit anderen
Kriterien zusammen. So will der Mitarbeiter einen fest umrissenen Aufgabenbereich innerhalb seiner Organisation. Er will auch eigenverantwortlich arbeiten, über entsprechenden Einfluß in seinem Arbeitsumfeld verfügen, anerkannt sein und im Kameradenkreis eingebunden sein.

Während ein Vorgesetzter, der autoritär führt, alle Entscheidungs- und *Gruppen-*
Kontrollbefugnisse an sich reißt, jedes Detail selbst entscheidet, von sich *zugehörigkeit*
und seiner Anwesenheit geradezu abhängig macht, baut der kooperative
Führer sein Team gänzlich anders auf und berücksichtigt Wünsche, Ideen
seiner Untergebenen, teilt Verantwortung und stellt bewußt die Gruppen-
aufgabe heraus, fördert das Gefühl der Gruppenzugehörigkeit und erfüllt
auch den Wunsch nach persönlicher Anerkennung des Einzelnen.

Die vielfältigen Aufgaben und Anforderungen, denen sich der Führer, *Spezialisten*
vom Gruppenführer bis hin zum General, heute stellen muß, bringen es mit
sich, daß jeder kaum noch über alle Spezialkenntnisse verfügen kann. Der
Arbeitsalltag der Führungskräfte ist heute vielfältig aufgefächert. Sie können sich kaum über längere Zeit ein und derselben Aufgabe widmen, werden immer wieder unterbrochen und mit neuen Situationen konfrontiert.

Auch wenn im allgemeinen z.B. der Kompaniechef, bezogen auf seinen
eigenen Ausbildungsgang, zunächst noch als Spezialist begann, so kann er
nicht mehr alles wissen – wissen veraltet auch sehr schnell –, und er bedarf
der Beratung von Spezialisten.

Die Hauptaufgabe des Führers besteht heute, und dies gilt für die
Friedensausbildung, die Zeit in der Krise und im Krieg gleichermaßen, ne-
ben der Information seiner Untergebenen im Setzen von Zielen und der
Überwachung des Zielerreichungsgrades.

313

Ziele notwendig

Wir erleben es im Arbeitsalltag immer wieder, daß Tätigkeiten angeordnet werden oder ablaufen, ohne daß ihr Sinn der Gruppe, dem Zug, der Kompanie gegenüber ausreichend definiert worden wäre oder erkennbar wird. Arbeiten ohne Ziel ist dann die Konsequenz und das, obwohl die Geführten Ziele brauchen, an denen sie sich orientieren können. Ziele sind gewissermaßen die *Leuchtfeuer für das Handeln...*, so beschreibt Dietrich Dörner in einem schönen Bild die Bedeutung von Zielen.

Bündeln von Fähigkeiten

Ohne Ziel läuft jedes einzelne Gruppenmitglied in eine andere Richtung. Erst gemeinsame Ziele bündeln die Fähigkeiten der Menschen und bringen den Einzelnen in die Gruppe ein. Geht es beim Handeln ohne Ziel um die Arbeit eines Einzelnen, so ist dies schon schlimm genug; geht es um eine Gruppe, so können kaum befriedigende Ergebnisse herauskommen und stören damit die Bildung von Zusammengehörigkeitsgefühl und Arbeit im Team.

Wozu helfen also die Ziele in der Teamarbeit?

Zeit-management

Sie sollen die Motivation abgeben für eine fruchtbare, erfolgreiche Zusammenarbeit und das Team den Sinn des eigenen Tuns erkennen lassen. Beiträge und eigene Ideen der Gruppenmitglieder lassen sich so viel günstiger einordnen und auch die Zeit wird besser genutzt. Gerade der Zeitaspekt ist heute von besonderer Bedeutung. Ist doch in der ohnehin freizeitorientierten Gesellschaft die eingebrachte Zeit im Beruf vielfach nur die finanzielle Basis für die Gestaltung der Freizeit. Wichtig ist also auch ein konsequentes Zeitmanagement, um die Untergebenen nicht zu überfordern und zu motivieren. Klar gesetzte Ziele weisen aber auch die zu gehende Richtung, entwerfen geradezu eine Vision des Endprodukts, egal ob dies eine handwerkliche, planerische oder ausbildungszielorientierte Arbeit ist. Anders ausgedrückt findet sich in einem genau definierten Ziel die optimale gedankliche Vorarbeit oder Planung wieder. Die Gruppe, die Geführten, aber auch der Führer, müssen genau wissen, wohin wollen wir? Dieses Wissen ist eine wichtige Vorbedingung für Teamfähigkeit.

Handlungs-spielraum

Eine andere Vorbedingung ist das Stichwort Handlungsspielraum. Beim Zitat aus der Führungsvorschrift HDv 100/100 wurde dies schon sehr deutlich. Dabei gibt es zwei Arten von Handlungsspielraum: den des Führers und den der Geführten. Ein Führer, der überlastet ist, nie Zeit hat, immer im Druck und Zugzwang steht und immer nur reagiert, statt selbst handeln zu können, ist ein schlechter Führer. Bei Zeitdruck gehen seine Entscheidungen sehr häufig zu Lasten seiner Soldaten. Das Freihalten bzw. Schaffen von Handlungsspielraum ist eine der wichtigsten Voraussetzungen für echte Teamfähigkeit.

Mitarbeit und Mitdenken

Der Führer ist auch immer auf das Mitwirken von Menschen angewiesen, die sich loyal verhalten, mitdenken und gemeinsame Ziele aus eigenem Antrieb verfolgen. Und hier spielt das Verhalten des jeweiligen Führers eine wichtige, bedeutsame Rolle, denn es ruft bei den Geführten Reak-

314

tionen und spezielle Verhaltensweisen hervor. Dabei ist entscheidend, daß das Team Kreativität entwickelt, gegebenenfalls neue Wege beschreitet und auch bisher nicht verfolgte Lösungen sucht. Um dieses Verhalten zu fördern, muß jeder Vorgesetzte sich selbst prüfen, ob er gerade die Eigenschaften besitzt bzw. sein Verhalten der Gruppe gegenüber so wählt, daß Mitarbeit und Mitdenken gefördert werden.

Kreativität und willige Mitarbeit werden durch folgende Eigenschaften des Vorgesetzten gefördert: *Gefördert*
– Offenheit und Toleranz,
– Risikobereitschaft,
– Kritik- und Konfliktfähigkeit,
– Flexibilität und durchaus auch Originalität,
– Sensibilität für die eigenen und fremden Denkprozesse und
– den Mut, auch unkonventionelle Lösungen zu akzeptieren.

Kreativität wird dagegen verhindert durch *Verhindert*
– Hinweise auf früher gesammelte Erfahrungen. Den Spruch, *„Das haben wir immer so gemacht"*, kennt jeder fast als absolute Bremse,
– autoritäres Verhalten,
– Überhäufung mit Routine-, aber auch Detailarbeit,
– sofortige Bewertung von Ideen, ohne auch nur kurz darüber nachzudenken und
– den Allwissenheitsanspruch von Experten oder Vorgesetzten.

Die Überbetonung des Sicherheitsaspektes in der Arbeit gehört auch zu diesen Kreativitätskillern. Hier gilt es aber deutlich zu betonen, daß damit nicht die Sicherheitsbestimmungen zum Schutz der Gesundheit der anvertrauten Soldaten gemeint sind. Es geht hier um Absicherungsdenken, das die Untergebenen sofort erkennen. Es gibt aber auch noch andere Killerphrasen, wie *„Ja, aber..."*, *„Dafür haben wir keine Zeit, kein Geld"*, *„Viel zu aufwendig"* oder *„Das funktioniert ja ohnehin nicht"*. Sie sind ein Tabu beim Sammeln von Ideen und fördern kaum das Mitdenken im Sinne des Ganzen. *Kreativitätskiller*

Es gibt für die Förderung der Teamarbeit noch einen weiteren Aspekt, der sicherlich nicht von jedem so gesehen wird. Ich meine die Mitbeteiligung am Entscheidungsprozeß. Viele sehen hier vor allem die gesetzliche Pflicht zur Beteiligung. Ich meine aber viel mehr die notwendige Aufgabe des Vorgesetzten zu informieren, Fachkompetenz seiner Mitarbeiter zu nutzen und in der soldatischen Hierarchie die Untergebenen spüren zu lassen, daß sie gerade dort, wo es sie selbst betrifft, gehört werden. Daher wird hier nun auch kurz das weite Feld der Partizipation, der Mitbeteiligung, zu betrachten sein. *Mitbeteiligung*

Fachkompe-
tenz nutzen

Als Leitziele in der demokratisch verfaßten Gesellschaft wird mit Mitbeteiligung angestrebt, Fachkompetenz und Ideenreichtum möglichst vieler Menschen für die Gestaltung des Gemeinwesens nutzbar zu machen. Dies gilt für die Armee, auch wenn sie hierarchisch aufgebaut ist, ähnlich wie für den Wirtschaftsbetrieb. Beide Bereiche sind darauf angewiesen, daß Mitarbeiter nicht nur Befehlsempfänger sind, sondern Weisungen gewissenhaft durchführen und auch daran interessiert sind, die Ziele des Betriebes oder ihrer Kompanie, ihres Bataillons, als etwas zu betrachten, das sie persönlich angeht.

Innerlich
kündigen

Der vielfach heute zu hörende „*Ohne-mich-Standpunkt*" ist nach meiner Beobachtung gelegentlich auch eine Folge unangemessener Menschenführung. Vorgesetzte blockieren Bemühungen um Mitwirkung, – ich bin bereits vorher beim Thema Kreativität darauf eingegangen –, bei der Lösung organisatorischer und fachlicher Aufgabenstellungen. Sie frustrieren zum Mitdenken und Mitarbeiten bereite Untergebene so lange, bis diese innerlich kündigen. Auch Untergebene haben bisweilen gute, weiterführende Gedanken. Dies wird auch von Vorgesetzten manchmal übersehen.

Nur wer ge-
fragt wird,
kann raten

Gerade im militärischen Bereich gibt es sehr viele Fachleute. Auf der Einheitsebene denke ich an den Zugführer und den Kompaniefeldwebel. Der Truppenarzt, der Militärgeistliche, sehr oft die Angehörigen des Sozialdienstes, die Truppenverwaltungsbeamten aber auch die Rechtsberater zähle ich zu diesen Fachleuten, besser auch Fachberatern, die vor allem den Bataillonskommandeuren, aber auch den Kompaniechefs mit Rat und Tat zur Seite stehen. Aber auch bei diesen Fachleuten gilt das bereits Gesagte: Nur wer informiert ist, gefragt wird, kann mit Rat und Tat zur Seite stehen. Und sind wir doch einmal ganz ehrlich, wie oft vergessen wir genau in diesen Bereichen die frühzeitige Beteiligung bzw. Information. Meist ist es doch so, daß dann Hilfe gesucht wird, wenn das Kind schon in den Brunnen gefallen ist. Man kennt die Sorgen des Soldaten, er hat finanzielle Probleme, flüchtet sich in Drogen. Gerade in so einem Fall ist die gemeinsame Arbeit von Arzt, Seelsorger, Sozialarbeiter und Kompaniechef gefragt. Wichtig ist dabei nur, daß der Anstoß vom Vorgesetzten kommen muß, um zu gemeinsamer Hilfe zu kommen.

Potential:
Wehrpflichtige

Es gibt aber noch einen anderen Aspekt der besonderen Ausnutzung der fachlichen Befähigung: unsere wehrpflichtigen jungen Männer. Ich frage mich sehr oft, warum Kompanien und Bataillone nicht erkennen, welche Perlen, welche hohe fachliche Qualifikation bei unseren jungen Soldaten vorhanden ist, ohne daß dies jemand weiß. Auch wenn die Kreiswehrersatzämter gute Arbeit bei der berufsnahen Einplanung leisten, hilft das einfache Kennenlernen und Fragen vielleicht auch mit, besonderes Wissen und Können unserer jungen wehrpflichtigen Soldaten besser zu nutzen.

Entscheidungs-
findung

Doch nun zurück zur Beteiligung. Unsere Bundeswehr hat von Anfang an auf Partizipation als Leitidee gesetzt. Man verstand in den Streitkräften darunter die Teilnahme und Teilhabe von Untergebenen an den Entscheidungen ihrer Vorgesetzten, die sie unmittelbar berühren. Beteiligung zielt dabei auf den Prozeß der Entscheidungsfindung, der dem eigentlichen Entscheidungsakt und endgültigem Entschluß vorgelagert ist. Dieser wird danach im militärischen Bereich in Auftrag und Befehl umgesetzt und so für alle Betroffenen verbindlich.

Die Innere Führung soll dabei u.a. die Verbindung zwischen den professionellen Erfordernissen der militärischen Aufgabe und den staatsbürgerlichen Grundrechten festlegen. Für den Soldaten bedeutet dies, daß seine Freiheit als Staatsbürger in Uniform nur dann und insoweit eingeschränkt wird, wie dies die Einsatzbereitschaft der Armee erfordert. Menschenführung in Streitkräften ergänzt somit das militärisch unabdingbare Funktionsprinzip von Befehl und Gehorsam durch Regeln der Mitbestimmung, Mitwirkung und vor allem der Mitverantwortung für den einzelnen Soldaten. Damit wären wir aber auch wieder bei einer entscheidenden Voraussetzung für Teamarbeit und Teambefähigung. *Mitbestimmung*

Wichtig ist die nicht neue Erkenntnis in den Streitkräften: Militärische Führungsverantwortung wird durch Beteiligung nicht ausgehöhlt. Militärische Entscheidungen werden eher dabei erklärt, offengelegt und bilden so die Basis für die Erhöhung des Vertrauens. Ohne hier einzuschränken, muß aber auch deutlich bleiben, daß Mitwirkung auf Grund der soldatischen Aufgabe mit dem zivilen Bereich nicht gleichgesetzt werden kann und im Krieg ihre Grenzen findet. Ich glaube aber, daß klar geworden ist, daß Beteiligung sich zunächst auf den Prozeß der Entscheidungsfindung bezieht. Sie greift damit nicht in die Entscheidungsbefugnisse des Vorgesetzten ein, nimmt aber Einfluß. Beteiligung beginnt also mit der Anhörung, besser im Gespräch mit Soldaten. Sie kann zu einer gemeinsam herbeigeführten, gemeinsam getragenen Entscheidung führen. Sie kann aber auch bedeuten, daß unterstellte Soldaten über bestimmte Angelegenheiten selbst und eigenverantwortlich mit Erlaubnis ihrer Vorgesetzten bestimmen und dies schafft eine gute Basis für Teamarbeit. *Offenlegen*

Ein letzter und für mich nicht zu unterschätzender, wichtiger Aspekt bei der Bildung von Teamfähigkeit ist das gemeinsam Erlebte. Wer kennt nicht das gute Gefühl einer Gruppe, die nach einem schweren Orientierungsmarsch zusammensitzt und noch einmal im Gespräch alle schwierigen Passagen wie einen Film Revue passieren läßt. Dabei spielt es dann keine Rolle mehr, daß einer der konditionell schwächeren Soldaten erheblicher Hilfe bedurfte und die Gruppe etwas langsamer war. Nein, alle sind stolz, gemeinsam das Ziel erreicht und die gestellte Aufgabe erfüllt zu haben. Das gleiche gilt für eine Gefechtsübung im Gefechtsübungszentrum, bei der am Ende der Führer sein besonderes Lob ausspricht. Insofern ist die Forderung nach erlebnisorientierter Ausbildung im Programm zur Verbesserung der Attraktivität des Wehrdienstes genau der richtige Weg zur Erreichung *Gemeinsam erleben*

der Teamfähigkeit einerseits, aber auch zur Bildung von Zufriedenheit andererseits. Führt sie doch Führer und Geführte im Team zusammen und fördert Kameradschaft und Zusammenhalt.

Zusammenfassend gilt es zu fragen: Wie schafft der Vorgesetzte die Basis für eine gute Teambefähigung? Ich denke, es gibt einige Prüffragen, die vom Vorgesetzten immer wieder gestellt werden sollten. Meine Prüffragen an mich selbst sind die folgenden:

Prüffragen – Wie gehe ich mit meinen Mitarbeitern um? Dabei unterscheide ich nicht zwischen dem Grundwehrdienstleistenden, der mir in der Ausbildung begegnet, dem zivilen Mitarbeiter und dem Brigadekommandeur mit sehr hoher Verantwortung.

– Berücksichtige ich die Belange der Soldaten? Kenne ich meine Mitarbeiter? Mit dieser Frage meine ich nicht nur die typischen Fragen des Friedensbetriebes, hier geht es auch um Belange im Einsatz und um Fragen, die genau in dieser Situation die Soldaten besonders beschäftigen: ihre Familien, Frau und Kind.

– Frage ich nach der Meinung meines Mitarbeiters? Wenn ich ein Team haben und formen will, ist diese Frage unerläßlich.

– Nutze ich die Fähigkeiten aller Mitarbeiter? Dabei geht es mir um alle Soldaten: den jungen Rekruten genauso wie den Unteroffizier, den Kompaniefeldwebel, den Stabsoffizier, der z.B. als ausgewiesener Spezialist für Verkehrswesen, Ausbildung oder als z.B. Logistiker arbeitet, und unseren Reservisten.

Eigene Ver- – Setze ich klare Ziele? Nur wer das Ziel kennt, kann den eigenen Weg
antwortung bestimmen.

– Gebe ich Spielraum für eigenes Handeln? Auf die Auftragstaktik im militärischen Bereich bin ich dabei sehr genau eingegangen.

– Schaffe ich gemeinsame Erlebnisse? Gerade über das gemeinsam Erlebte und sehr oft verbunden mit dem Stolz auf die eigene erreichte Leistung wird der Zusammenhalt und die Kameradschaft im Team gestärkt.

– Suche ich das Gespräch und informiere ich? Diese letzte Frage ist für mich eine der wichtigsten Prüffragen. Nur im ernsten Dialog kommt Teamarbeit wirklich zustande.

Wenn diese Fragen alle mit ja beantwortet werden können, denke ich, ist eine gute Basis seitens der Vorgesetzten geschaffen, Teambefähigung zu erreichen.

Wir müssen den Soldaten als Mitarbeiter verstehen, der stolz auf seine eigene Leistung ist, zu der er gedanklich beigetragen hat. Nur so entsteht Wirgefühl und im soldatischen Bereich auch Kameradschaft. Gemeinsame Leistung führt zu einem guten Team und wenn dann auch noch das Lob des Vorgesetzten nicht vergessen wird, haben wir fast alles richtig gemacht.

318

5.4 Heinrich Walle

Technikrezeption der militärischen Führung in Deutschland

„Heil jenem gesegneten Zeitalter, das die gräßliche Wut jener satani-   *Verfluchte*
schen Werkzeuge der Geschützkunst noch nicht kannte. Ihrem Erfinder,   *Maschine*
dessen bin ich überzeugt, wird jetzt in der Hölle der Lohn seiner teufli-
schen Erfindung, mittels deren ein ehrloser feiger Arm einem mannhaften
Ritter das Leben rauben kann und inmitten der Tapferkeit und Tatenlust,
die den Busen der Helden entzündet und beseelt, eine verirrte Kugel da-
herkommt, die da – abgeschossen von einem, der vielleicht, als er die ver-
fluchte Maschine abfeuerte, vor dem Aufblitzen sich selber entsetzte und
entfloh – in einem Augenblick das Denken und Leben eines Mannes ab-
schneidet und vernichtet, der dessen noch lange Jahrzehnte hindurch zu
genießen verdient hätte. Und wenn ich also dieses bedenke, so möchte ich
beinahe sagen, es tut mir in der Seele weh, diesen Beruf eines fahrenden
Ritters ergriffen zu haben in einem so greulichen Zeitalter wie diesem, in
dem wir jetzt leben.“[1]

So skurril dieses Lamento des Ritters von der traurigen Gestalt, Don Quijote, uns heutigen Zeitgenossen auch erscheinen mag, das der spanische Dichter Miguel de Cervantes (1547–1616) seinem Titelhelden in den Mund gelegt hat, so illustriert es aber in plakativer Deutlichkeit Bedeutung und Tragweite technischer Entwicklungen für das Kriegswesen.

Das Zitat umreißt aber auch die Problematik der Technikrezeption   *Atavismus*
durch ihre militärischen Anwender. Einerseits wird modernste Technik von den Soldaten verzugslos angewandt, andererseits aber trauern die gleichen Anwender in einer Art von resignierender Nostalgie Zeiten nach, als die Technik noch nicht so vollkommen und ihre Auswirkungen noch nicht so tödlich gewesen sind. Diese atavistische Haltung im Umgang mit moderner Technik scheint offenkundig seit je her für Militärs symptomatisch gewesen zu sein. In Rezeption und Umgang von Technik durch die militärische Führung ist eine bemerkenswerte Ambivalenz von nahezu hemmungslosem Fortschrittglauben einerseits und geradezu borniertem Festhalten am Althergebrachten feststellbar.

In seinem Aufsatz *„Geist und Technik in Utopie und Wirklichkeit mili-*

---

1. Miguel de Cervantes Saavedra, Der sinnreiche Junker Don Quijote von der Mancha, deutsch von Ludwig Braunfels, München o. J., 38. Kap., S. 399.

Vier Elemente

tärischen Denkens im 19. und 20. Jahrhundert"[2] spricht Michael Salewski von vier konstitutiven Elementen militärischen Denkens. Unter Geist wird hier die moralisch-emotionale Komponente und unter Utopie die Vorwegnahme zukünftiger Verhältnisse, die sich auf technische Erfindungen stützen, im Sinne von Thomas Morus (1478–1535) und Francis Bacon (1561–1626) verstanden. Das Spannungsfeld von Utopie und Wirklichkeit ist durch die o. g. Ambivalenz von starrem Beharren auf dem Bewährten als dem Wirklichen und von ins Phantastische hineinreichenden Vorstellungen zukünftiger Entwicklungen gekennzeichnet, die kaum noch Möglichkeiten einer Verwirklichung aufweisen.

Begriff Technik

Um dieses Phänomen der ambivalenten Rezeption von Technik durch die Militärs erklären zu können, ist es notwendig, zunächst darüber zu reflektieren, was unter dem Begriff Technik zu verstehen ist und die Frage zu stellen, was die militärische Führung im jeweiligen Fallbeispiel aus der Technikgeschichte unter Technik verstanden hat.

Vernunft und Gefühl

Das Militär ist eine Form der Gesellschaft, deren Funktionieren einerseits durch eine fast bis zum Extrem gesteigerte Rationalität gekennzeichnet ist, während andererseits beim Militär die emotionale Komponente eine Bedeutung hat, die dort in ihrer Wertigkeit in nichts derjenigen nachsteht, die sie in religiösen Gemeinschaften hat. Die durch Tradition sich vollziehende Übernahme und Verbindlichmachung von Wertvorstellungen aus der Vergangenheit, die sich in Symbolen, in Verhaltensformen, d. h. Zeremonien und in Vorbildern manifestiert, prägt das Militär in entscheidendem Maße. Dieser Vorgang vollzieht sich unreflektiert und emotional, wenngleich die übernommenen Wertvorstellungen einer späteren reflektorischen Überprüfung standhalten können müssen.[3] Daß davon der Geist als erste Komponente des militärischen Denkens, wie es Salewski postuliert hat, in nachhaltiger Form geprägt wird, ist unverkennbar, so daß der Umgang mit Technik hiervon in ganz besonderem Maße bestimmt ist. So werden zu dieser Problematik einige Überlegungen im Folgenden anzustellen sein.

Von diesen theoretischen Grundüberlegungen ausgehend, wird dann an einigen technikgeschichtlichen Fallbeispielen aus der Militärgeschichte die unterschiedliche Form von Technikrezeption durch die militärische Führung verdeutlicht.

---

2. Michael Salewski, Geist und Technik in Utopie und Wirklichkeit militärischen Denkens im 19. und 20. Jahrhundert in: Militär und Technik. Wechselbeziehungen zu Staat, Gesellschaft und Industrie im 19. und 20. Jahrhundert, im Auftrage des Militärgeschichtlichen Forschungsamtes hrsg. von Roland G. Foerster und Heinrich Walle, Vorträge zur Militärgeschichte Bd. 14, Herford – Bonn 1992, S. 75.

3. Heinrich Walle, Tradition – Floskel oder Form. Neue Wege zu alten Werten, in: Von der Friedenssicherung zur Friedensgestaltung. Deutsche Streitkräfte im Wandel, im Auftrag des Militärgeschichtlichen Forschungsamtes hg. von Heinrich Walle, Herford – Bonn, 1991, S. 238 f.

Überlegungen zum Begriff der Technik

„Jeder weiß, was Technik ist; und dennoch weiß es niemand. Wohl be-   *Fehlanzeige*
ging die Technikforschung jüngst zwei Jubiläen: 1777 begründete Johann
Beckmann mit seiner ‚Anleitung zur Technologie‘[4] sowohl deren Begriff
wie deren Programm, und 1877 legte. E. Kapp mit seinen ‚Grundlinien ei-
ner Philosophie der Technik‘[5] die erste derartige Monographie vor. Wohl
sind in diesen und in etlichen nachfolgenden Versuchen einige bemerkens-
werte Teileinsichten zur Problematik der Technik entwickelt worden. Es
fehlt jedoch noch immer der umfassende Orientierungsrahmen, der so-
wohl der Multidemensionalität wie der zugrundeliegenden inneren Ein-
heitlichkeit der Technik gerecht würde."[6]

Günter Ropohl weist mit diesen Sätzen aus dem Vorwort seines Bandes   *Komplexität*
„Eine Systemtheorie der Technik" auf die Aporie einer allgemein verbind-   *der Technik*
lichen und umfassenden Bestimmung des Begriffs Technik hin. Ropohl
faßt das Ergebnis seiner Untersuchungen dahingehend zusammen, daß die
Komplexität der Technik nur in einem interdisziplinären Ansatz erfaßt
werden kann, der die heterogenen Beschreibungs- und Erklärungsstränge
zu einem kohärenten Geflecht zusammenfügt.[7] Für die hier anzustellenden
Betrachtungen soll gleichsam als Arbeitsbegriff die Definition von Technik aus dem Philosophischen Wörterbuch von Walter Brugger S. J. von
1951 wiedergegeben werden.[8] Technik, vom griechischen techne abgeleitet, bedeutet zunächst in der Antike in gleicher Weise wie später im Mittel-
alter der Begriff Kunst = ars, jede Gestaltung sinnlich wahrnehmbarer Dinge zum Zwecke eines Bedürfnisses oder im Dienst einer Idee, d. h. sowohl
das Können des Notwendigen wie des Schönen.

Erst in zweiter Linie bedeutet Technik in Ableitung davon das Formale,
d. h. die mittelbaren Regeln einer solchen Gestaltung (z. B. die Technik
des Klavierspielens).

Während die Kunst dem Ästhetischen zugewandt ist, beinhaltet Technik

---

4. Johann Beckmann, Anleitung zur Technologie oder zur Kenntnis der Handwerke, Fabriken und Manufacturen, vornehmlich derer, die mit der Landwirtschaft, Polizey und
Cameralwissenschaft in nächster Verbindung stehen, nebst Beyträgen zur Kunstge-
schichte, Göttingen 1780 (Wien¹ 1777).
5. E. Kapp, Grundlinien einer Philosophie der Technik, Braunschweig 1877.
6. Günter Ropohl, Eine Systemtheorie der Technik. Zur Grundlegung der Allgemeinen
Technologie, München – Wien 1979, S. 9.
7. Ebd., S. 314.
8. Walter Brugger S. J., Stichwort „Technik" in: Philosophisches Wörterbuch, hrsg. von
Walter Brugger S. J. Freiburg⁴ 1951, S. 347 f.; vgl. auch Philosophisches Wörterbuch,
begr. von Heinrich Schmidt, neu bearbeitet von Georgi Schirschkoff, Stuttgart²¹ 1982
(= Kröners Taschenausgabe, Bd. 11), S. 686, Stichwort „Technik". Die dort angegebene
Definition deckt sich sachlich mit der von Walter Brugger S. J.; vgl. auch Heinrich
Stork, Einführung in die Philosophie der Technik, Darmstadt² 1989 (1977), S. 1 f.

auch die Ausnutzung der Naturschätze und Naturkräfte im Sinne menschlicher Bedarfsdeckung.

Handwerkliche Technik

Das Handwerk oder die handwerkliche Technik, d. h. die Technik des vorindustriellen Zeitalters, beschränkte sich lange auf die Anwendung von bloßen Werkzeugen (d. h. Mitteln der körperlichen Einwirkung; im engeren Sinn: ohne Vermehrung der Arbeitskraft) und sog. Arbeitsmaschinen (d. h. handbetriebenen Werkzeugen mit Vermehrung der Arbeitskraft, z. B. Rollen und Keilen).

Maschinentechnik

Die Technik des industriellen Zeitalters, d. h. die Maschinentechnik, schritt auch zur Anwendung von Werkzeugen, die durch Naturkräfte oder durch sog. Kraftmaschinen, wie z. B. Dampfmaschinen, Verbrennungs- oder Elektromotoren, betrieben werden. Dieser Fortschritt war nur aufgrund umfassender Naturerkenntnisse möglich.

Nach Brugger ist Technik die der menschlichen Bedarfsdeckung dienende planmäßige Ausnutzung der Naturschätze und Naturkräfte aufgrund der Naturerkenntnisse.

Brugger unterscheidet im Gegensatz zu anderen Autoren schärfer zwischen dem eigentlichen Inhalt des Begriffes Technik und den Ursprüngen, Bedingungen und Rückwirkungen von Technik. Diese zu beschreiben ist Anliegen der Technikphilosophie:

Verbesserungen und unerwünschte Folgen

Eine Philosophie der Technik hat als Teil einer allgemeinen Kulturphilosophie sowohl den Ursprung und die Bedingungen der Technik in der Natur des Menschen, seinen Anlagen, Kräften und Bedürfnissen nachzuweisen. Sie hat aber auch die vielgestaltigen Rückwirkungen der Technik auf den Menschen und die konkrete Gestaltung des menschlichen Lebens im einzelnen wie auch in der Gemeinschaft zu untersuchen. So kann Brugger in seiner Bewertung der Technik einmal durchaus die segensreiche Macht der Technik und die durch sie erreichten Verbesserungen der Lebensbedingungen der Menschheit erklären, zum anderen aber kommt er nicht umhin, auf eine ganze Reihe von unerwünschten Folgen hinzuweisen, die allerdings nicht dem Wesen der Technik entspringen, sondern aus deren mangelnder Einordnung in den Gesamtbereich des Lebens durch den die Technik anwendenden Menschen verursacht werden.

Daraus ergeben sich für Brugger folgende Konsequenzen:

Technik muß dienen

Die Verselbständigung oder Überordnung der Technik über Wirtschaft und die übrigen Lebensbereiche im Sinne einer Technokratie führen zur Überproduktion, Versklavung des Menschen unter die Maschine und damit zur sozialen Desorganisation. Technik muß dienen und darf nicht herrschen.

Mit seinem Hinweis auf die Gefahren durch eine Auslieferung an technische Sachzwänge weist Brugger auf den Vorsokratiker Heraklit hin, der die Ambivalenz des durch Gegensatz, d. h. durch Krieg erreichten technischen Fortschrittes im Spannungsfeld zwischen Freiheit und Sklaverei gesehen hatte. Volker Schmidtchen erinnert in diesem Zusammenhang als Beispiel an die Folgen der technischen Umsetzung von Ergebnissen der Kernforschung, indem er feststellte, daß wir Sklaven einer Entwicklung geworden sind, die am 16. Juli 1945 in Alamogordo mit der ersten Explosion einer Bombe auf nuklearer Basis begann.[9]

Durchaus mit Brugger in sachlicher Übereinstimmung stehend, aber dessen Definition wesentlich ergänzend, sieht der Technikphilosoph und -soziologe Günter Ropohl Technik in ihrer Vielfalt als ein Beziehungsgeflecht aus Wissens-, Sach- und Handlungssystemen. Er erkennt eine *naturale*, eine *humane* und eine *soziale* Dimension der Technik. *„Technik ereignet sich zwischen der Natur, dem Individuum und der Gesellschaft."*[10]

Beziehungs-geflecht

Der Vorgang, den man als Technisierung zu bezeichnen pflegt, gehört unbestritten zu den Merkmalen der Neuzeit. Klaus Tuchel spricht davon, daß die Technik zu unserer natürlichen Umwelt geworden ist.[11] Damit beeinflußt die Technik als integraler Bestandteil der menschlichen Natur in ganz entscheidender Weise Leben und Handeln des Menschen.

Militär und Technik

Technik besaß für das Kriegswesen seit den Anfängen der Menschheitsgeschichte eine herausragende Bedeutung. Clausewitz erklärte das Ziel jeder kriegerischen Auseinandersetzung, den Gegner zur Erfüllung des eigenen Willens zu zwingen, was in letzter Konsequenz nur durch seine Niederwerfung und Wehrlosmachung zu erreichen sei.[12] Zur Problematik der ethischen Legitimation sei hier festgehalten, daß für die Bundeswehr die

Ziel: Nieder-werfung

9. Schmidtchen, Militärtechnik im 20. Jahrhundert, in: Die Technik. Von den Anfängen bis zur Gegenwart, hg. von Ulrich Troitzsch und Wolfhart Weber, Stuttgart 1987, S. 530. Gerhard Zweckbronner, Technikgeschichte, eine Brücke zwischen mathematisch-naturwissenschaftlicher und literarisch-geisteswissenschaftlicher Kultur. Allgemeine Betrachtungen zu Gegenstand, Methode und Funktion der Technikergeschichtsschreibung, in: Aus Lehre und Forschung der Universität Stuttgart, JAHRBUCH 1983, S. 81.
10. Ropohl, Systemtheorie der Technik (wie Anm. 6), S. 30–46; vgl. auch ders. Historische und systematische Technikforschung, in: GESCHICHTE UND GESELLSCHAFT 4, 1978, 2: Technik und Gesellschaft im 19. und 20. Jahrhundert, hg. von Reinhard Rürup S. 223–233, hier S. 229.
11. Klaus Tuchel, Der Mensch und seine Technik, in: Forum der Technik. Eine Rundschau über die wichtigsten Zweige der Technik als Beitrag zum Verständnis des Kulturgeschehens unserer Zeit, Zürich 1966, S. 1.
12. Schmidtchen, Streitkräfte und Rüstung. Eine historische Betrachtung zum Verhältnis von Militär und Technik, in: WTS-INFO, MITTEILUNGEN DES VEREINS DER FREUNDE UND FÖRDERER DER WEHRTECHNISCHEN STUDIENSAMMLUNG KOBLENZ 6 1987, S. 48, F. Schmidtchen beruft sich auf Vom Kriege. Hinterlassenes Werk des Generals Carl von Clausewitz, hrsg. von Werner Hahlweg, Bonn[16] 1952, S. 89 f.

sittlichen Maßstäbe ihres Einsatzes im Grundgesetz der Bundesrepublik Deutschland eindeutig festgeschrieben sind.[13]

Überlegenheit Die Erreichung eines solchen von Clausewitz erklärten Zieles einer kriegerischen Auseinandersetzung hat eine Überlegenheit zur Voraussetzung, die von einem möglichst optimalen Zusammenwirken von militärischem Führertum, Kampfmoral, Ausbildungsstand und Zahl der Truppen, aber auch von der Qualität der Waffen und des Gerätes wie auch von einer funktionierenden Logistik abhängig ist. Diese Komponenten beeinflussen sich wechselseitig und müssen nicht alle auf gleichem Wertniveau stehen, so daß eine Kompensation der Unterlegenheit einzelner Faktoren in gewissen Grenzen durchaus möglich ist, wofür es in der Militärgeschichte zahlreiche positive und negative Beispiele gibt. Letztlich sind Technik, Produktion und Organisation, die sich in Qualität und Quantität von Waffen und Gerät sowie des personellen und materiellen Ersatzes niederschlagen, immer durch gezielte Maßnahmen zum erhofften Vorteil beeinflußbar. Daraus erklärt sich bereits das permanente Streben nach höchster Perfektion des militärisch verwendbaren Materials.

Militärische Technik enthält als Begriff eigentlich nur das in vielfältiger Ausformung vorhandene, zur Kriegsführung notwendige Instrumentarium. Dazu gehören Waffen und Gerät, d. h. Rüstungsgüter samt der für ihren effizienten Einsatz vorauszusetzenden Organisationsstruktur.

Rüstung als komplexer Begriff der militärischen Technik

Auswertung von Erfahrung Zeiten des Friedens oder des Waffenstillstandes dienen der Auswertung militärischer Erfahrungen, zumeist von solchen aus dem letzten Kriege. Dies geschieht zur Vorbereitung auf einen möglicherweise erneut durchzustehenden Waffengang. Militärische Technik ist damit im Frieden (d. h. gegebenenfalls in einer Phase der Kriegsvorbereitung) als Problem der Konzeption, Konstruktion und Beschaffung von Waffentypen und anderem Material sowie der Ausformung der geeigneten Organisation zu sehen. Im Kriege, d. h. bei ihrem Einsatz als Kriegstechnik, muß sie hingegen die Anforderungen von Mobilisierung der Streitkräfte, von Strategie und Taktik erfüllen. Damit ergeben sich bereits auf den Bereich von Militär und Technik unmittelbare Wechselwirkungen, wie sie Volker Schmidtchen erklärt:

„Taktisches Verhalten wird in entscheidendem Maße von Qualität wie Quantität der technischen Ausstattung der Streitkräfte bestimmt. In ähnlicher Weise beeinflußt diese auch die operative Planung. Die Führungskunst eines Feldherren zeigt sich vor allem in der Einbeziehung der ihm

---

13. Vgl. hierzu Anm. 3.

*verfügbaren technischen Möglichkeiten im Hinblick auf das angestrebte
taktische Ziel im Gefecht oder auch in größerem Rahmen auf die strategische Zielsetzung des militärischen Konfliktes insgesamt. Die hier erwähnten Möglichkeiten liefert ihm die Rüstung. "*[14]

Mit dem Begriff *„Rüstung"* wird sowohl die Bewaffnung, d.h. die Aus-   *Rüstung*
stattung der Streitkräfte mit Waffen als auch der Vorgang bezeichnet, der
zu der Konzipierung und Herstellung dieser Ausstattung selbst hinführt.
Damit enthält der Begriff *„rüsten"* auch Maßnahmen der Vorbereitung auf
ein Ereignis im militärischen Bereich, d. h. auf den Krieg. Rüstung umfaßt
immer Anstrengungen, welche die Befähigung der Streitkräfte zum Führen
einer kriegerischen Auseinandersetzung sicherstellen sollen. Dies kann in
der völlig legitimen politischen Absicht einer Garantie von Sicherung der
eigenen staatlichen Souveränität erfolgen.

Die bleibende Differenz. Das Militär als Sonderform der Gesellschaft

So entscheidend eine Rezeption von Technik davon abhängt, was man   *Sonderform*
unter dem Begriff Technik versteht, so ausschlaggebend für Umgang und
Bewertung von Technik sind die Strukturen und Denkweisen der sie nut-
zenden Gruppierungen der Gesellschaft. Dies ist beim Militär als eine Sonderform der Gesellschaft besonders zu beobachten.

Soldaten sind gezwungen, bei Erfüllung ihres Auftrages Vernichtungs-   *Vorbereitung*
potentiale einzusetzen. Bestimmte Situationen des Kampfauftrages zwin-   *auf den*
gen zur Tötung des Gegners. Was in der Eidesformel so lapidar als *„tapfer*   *Kampf*
verteidigen" bezeichnet wird, heißt im Klartext, daß der Soldat bei Erfüllung seines Auftrages nicht nur die Gefährdung seines eigenen Lebens in
Rechnung stellen muß, sondern darüber hinaus, daß er sogar gegebenenfalls unter bewußter Aufgabe seines eigenen Lebens sowie des Lebens seiner Kameraden den Auftrag führen muß und dabei gezwungen ist, andere
Menschen zu töten! Eine Armee als soziales System besitzt nach Morris
Janowitz einzigartige Merkmale wegen der kriegerischen Auseinandersetzung, die für die militärischen Führer eine fortwährende Realität ist. Die
Vorbereitung auf den Kampf bestimmt ganz den Aufbau und die Strukturen der Organisation.[15] So sehr die in höchstem Maße technisierten Armeen der Gegenwart anderen bürokratisch-technischen Großorganisation
ähnlich sind, unterscheiden sie sich dennoch durch ihre Funktion, Gewalt
abzuschrecken und sich auf vielfältige Situationen wechselseitiger Gewaltanwendung und damit auch auf das Hinnehmen empfindlicher Verluste

14. Schmidtchen, Streitkräfte und Rüstung (wie Anm. 12), S. 49.
15. Morris Janowitz, The Military Establishment: Organization and Disorganization, in: R.
    K. Merton und Robert A. Nisbet (Hg.), Contemporary Social Problems, New York
    1961, S. 518.

auch an technischen Mitteln einstellen zu müssen in ganz besonderem Maße. Daher kann auf vortechnische, spezifisch militärische Organisationsformen und Verhaltensweisen (d. h. auf solche aus der Zeit vorindustrieller Technik) nicht verzichtet werden; sie müssen ebenfalls vorbereitet und eingeübt werden.

Unterstützen-
de Funktionen
Da in modernen, volltechnisierten Armeen nur noch wenige Soldaten direkte Kampfaufträge zu erfüllen haben, übt die Mehrzahl der Soldaten nur unterstützende Funktionen für ihre unmittelbar mit dem Einsatz von Waffensystemen beauftragten Kameraden aus, sei es im Nachschub und bei der Versorgung, sei es bei der Wartung, Pflege und Instandsetzung von Gerät, im Fernmeldebereich oder auch in der vom Aufwand her gesehen nicht unbeträchtlichen Administration, die auch im Ernstfall aufrechterhalten bleibt. Die hierbei ausgeübten Tätigkeiten unterscheiden sich kaum von ähnlichen Funktionen in der zivilen Wirtschaft oder Industrie, so daß von daher gesehen vielleicht die Besonderheiten des militärischen Dienstes und die davon abgeleiteten Normen in Frage gestellt werden. Diese Entwicklung setzte bereits gegen Ende des 19. Jahrhunderts mit der damals zunehmend beginnenden Technisierung der Armeen ein. Dennoch bleibt eben ein bestimmter „Rest" bestehen, der nach Ludwig von Friedeburg als Wesensunterschied zwischen Militär und demokratischer Gesellschaft unaufhebbar ist.

Die Rolle traditionell überkommener Symbole und Zeremonien in deutschen Streitkräften

Aus der Zeit
der Linear-
taktik
Die in den modernen Armeen gebräuchlichen militärischen Verhaltensweisen, d. h. die heute noch üblichen Elemente traditionellen militärischen Formaldienstes, stammen aus der Zeit der Lineartaktik. Aus antiken Vorbildern entstanden, erreichte sie im 18. Jahrhundert ihre höchste Ausprägung. Was damals durchaus noch dem Zwecke eines optimalen Waffeneinsatzes diente, begann mit der Einführung des ersten Modells eines Hinterladers, das sowohl im Liegen geladen als auch abgefeuert werden konnte, schon seit der Mitte des 19. Jahrhunderts aus technischen Gründen zu veralten. Bereits im Ersten Weltkrieg hatte der Formaldienst für den Einsatz der Infanterie im Gefecht seinen praktischen Zweck verloren.

Disziplinie-
rung
Daß aber die im 18. Jahrhundert noch praktischen Zwecken dienenden Formen militärischen Drills zugleich auch der Disziplinierung der Soldaten dienten, war eine Erfahrung, die für die Zeitgenossen eine Selbstverständlichkeit war und deren Wert die militärische Führung so hoch einschätzte, daß sie dafür sogar die Verletzung der Menschenwürde in Kauf zu nehmen bereit war. Andererseits aber hatte man auch die Erfahrung gemacht, daß man mit der Einübung bestimmter militärischer Formen außer

326

zur Disziplinierung auch ein Mittel zur Förderung des inneren Zusammenhaltes, zur psychischen Stabilisierung und zum Ausdruck des Selbstwertgefühles der Soldaten hatte.

Diese hier nur skizzenhaft dargestellte Bedeutung des hohen Stellenwertes von Tradition und ihrer tradierten Manifestationen für das Militär weist in bezug auf Umgang und Bewertung von moderner und seit der Mitte des 19. Jahrhunderts das Bild und die Strukturen von Streitkräften immer mehr dominierender Technik auf eine Problematik hin, die bis zum heutigen Tage diskutiert wird. Es handelt sich um die Frage, wie man die moderne Technik mit ihrer naturwissenschaftlich begründeten Rationalität mit emotional überkommenen Wertvorstellungen aus vorindustriellen Zeiten in Einklang bringen kann. Dieses Problem besteht keineswegs beim Militär allein, sondern auch in anderen Fachbereichen wie beispielsweise der Medizin, ist aber bei Streitkräften als hierarchisch gegliederte Form der Gesellschaft besonders ausgeprägt.

Tradition und Technik

Die in den 60er Jahren in der Bundeswehr lebhaft geführte Diskussion über die Notwendigkeit der Beibehaltung von Traditionen aus vorindustriellen Zeiten in einer hochtechnisierten Armee begann schon, wie die Untersuchungen von Dieter Storz zeigen, in den 90er Jahren des 19. Jahrhunderts, als man unter dem Eindruck der Einführung neuartiger Waffen, die eine Abkehr von der bisher üblichen Gefechtstaktik erforderlich machte, die Notwendigkeit der Beibehaltung und Einübung militärischer Verhaltensformen aus dem Zeitalter der Lineartaktik in Frage zu stellen begann.[16] Wie Storz aus zeitgenössischen Publikationen der Jahre 1890 bis 1914 nachweisen konnte, erkannten die damaligen Militärs durchaus die Notwendigkeiten der modernen Technik, wollten aber die positiven psychischen Effekte, wie Stabilisierung, Disziplinierung oder Ausdruck des Selbstwertgefühls, die durch die tradierten Formen erreichbar waren, als Erfahrungswerte auf keinen Fall missen. In der Diskussion aus den Anfangsjahren der Bundeswehr ging es zusätzlich um die Frage, ob solche Traditionen mit der freiheitlichen, demokratischen Rechtsordnung, zu deren Verteidigung die Bundeswehr berufen ist, im Einklang stünde. Fasziniert von den Hervorbringungen der modernen Technik und ihrer Dominanz glaubte man, völlig auf solche traditionellen Formen verzichten zu können, da die Technik selbst die mit ihren Produkten umgehenden Soldaten disziplinieren würde.[17] Gegen das Klischee des traditionsbewußten,

Notwendigkeit von Traditionen

Tradition und Rechtsordnung

16. Dieter Storz, Kriegsbild und Rüstung vor 1914. Europäische Landstreitkräfte vor dem Ersten Weltkrieg, Militärgeschichte und Wehrwissenschaften Band 1, hg. im Auftrage der Wehrtechnischen Studiensammlung des Bundesamtes für Wehrtechnik und Beschaffung von Wolfram Funk, Hans-Peter Harstick u. a., Herford – Bonn – Berlin 1992.

17. Vgl. hierzu Walle, Tradition – Floskel oder Form? (wie Anm. 3); vgl. auch Johannes H. von Heiseler, Militär und Technik. Arbeitssoziologische Studien zum Einfluß der Technisierung auf die Sozialstruktur des modernen Militärs, in: Studien zur politischen und

aristokratisch eingestellten Offiziers, der die moderne Technik aus Borniertheit ablehnte, abwertete und ihr verständnislos gegenüberstand, war das Klischee eines modernen Offiziertyps entstanden, der aufgrund seiner demokratischen Grundeinstellung vor Mißbrauch geschützt, alle Probleme mit Hilfe komplexer Technologie zu lösen im Stande wäre.

Die Auswirkungen militärischer Traditionen auf die Technikrezeption

Charismatiker Wie die Militärgeschichte in vielen Beispielen zeigt, sind militärische Führer, die aufgrund besonders ausgeprägter charismatischer Fähigkeiten große Erfolge erreicht hatten, da es ihnen gelungen war, durch Ansprechen der Emotionen ihrer Soldaten diese zu höchsten Leistungen anzuspornen, auch immer Männer gewesen, die die waffentechnischen Errungenschaften ihrer Zeit meisterhaft zu nutzen verstanden. Andererseits aber ist, wie Michael Salewski feststellte, bei militärischen Führern des späten 19. Jahrhunderts und auch der beiden Weltkriege immer wieder ein ausgeprägter Atavismus zu beobachten gewesen. *„Tirpitz, der Technokrat par excellence war ein geistig atavistischer Krieger.“*[18] Eine Erklärung für dieses Phänomen liegt mit Sicherheit darin begründet, daß auch heute noch gültige militärische Tugenden, wie Tapferkeit, Treue, Kameradschaft und Pflichterfüllung in der Tradition des Rittertums, d. h. in der aristokratischen Welt des christlich geprägten abendländischen Mittelalters begründet sind und in ihren Ursprüngen bis in die Antike zurückreichen. Von da-
Flucht in Zei- her lag es nahe, daß sich militärische Führer in einer Zeit gesellschaftlicher
ten des Um- Umwälzungen, wie sie durch die Industrialisierung in Deutschland seit der
bruchs Mitte des 19. Jahrhunderts in zunehmend fortschreitender Form bewirkt wurden, den Konsequenzen einer immer mehr um sich greifenden und komplexer werdenden Technik durch die Flucht in eine scheinbar heile Welt der Vergangenheit zu entziehen suchten.

In einem kritiklosen Rückgriff auf Tradition liegt aber eine Gefahr der geistigen Erstarrung und eines Verschließens vor den Konsequenzen des technischen Fortschritts begründet. Durch das im Militär notwendige Prin-

---

gesellschaftlichen Situation der Bundeswehr, 2. Folge, hg. von Georg Picht, Witten – Berlin 1966 (= Forschungen und Berichte der Evangelischen Studiengemeinschaft, Bd. 21/II), S. 66–158; vgl. auch Wido Mosen, Eine Militärsoziologie, Technische Entwicklung und Autoritätsprobleme in modernen Armeen, Berlin – Neuwied 1967 (= Soziologische Essays) Nach Mosen reicht die vor- oder nichttechnische Armee bis ins 20. Jahrhundert. Vgl. auch Henning Eichberg. Militär und Technik als historische Problemstellung. Ein methodologischer Versuch, in: Militärgeschichte. Probleme – Thesen – Wege, ausgew. und zusammengest. von Manfred Messerschmidt, Klaus A. Maier, Werner Rahn und Bruno Thoß, Stuttgart 1982 (= Beiträge zur Militär- und Kriegsgeschichte, Bd. 25), S. 236.
18. Salewski, Geist und Technik (wie Anm. 2), S. 85.

zip von Befehl und Gehorsam wird eine solche Tendenz begünstigt. Diese Feststellung berechtigt aber keineswegs zu einer generellen Absage an Tradition und die durch sie tradierten Werte, sondern unterstreicht nur das Postulat einer geistigen Auseinandersetzung und der geistigen Durchdringung mit den Errungenschaften moderner Technik und ihrer vielfältigen Auswirkungen, wie sie in den o. g. Überlegungen zur Definition des Begriffes Technik dargelegt wurden. Bei allen Untersuchungen über den Umgang der militärischen Führung mit technischen Neuerungen – und das gilt keineswegs allein für das Zeitalter industrieller Technik – muß stets bedacht werden, welches Risiko die Übernahme einer technischen Neuerung, sei es auf dem Sektor der Bewaffnung oder auch nur der Ausrüstung, bedeutete, wenn man damit noch keine hinreichend genügenden Erfahrungen machen konnte. Der Autor eines utopischen Romans braucht auf die tatsächliche Realisierbarkeit einer Zukunftstechnologie keine Rücksicht zu nehmen, der zukünftige Szenarien einer militärischen Auseinandersetzung durchdenkende Militär steht hingegen in einem äußerst risikoreichen Spannungsfeld von Utopie und Wirklichkeit und muß alles vermeiden, den Boden der Realisierbarkeit nicht zu verlassen.

Geistige Auseinandersetzung mit der Technik

Technikrezeption der militärischen Führung in Deutschland im Zeitalter der Industrialisierung

Als am Vorabend der industriellen Revolution in Deutschland der preußische Reformer Generalleutnant Gerhard Johann David von Scharnhorst (1755–1813) die neue, am 15. Oktober 1810 in Berlin eröffnete Kriegsschule für die Ausbildung des Offiziernachwuchses der preußischen Armee konzipierte, maß er der Technik den Stellenwert eines integralen Bestandteils der Kultur bei. Der Lehrplan dieser Schule deckte weitgehend das Spektrum der damaligen technischen Wissenschaften ab und bot somit den Offizierschülern die Möglichkeit, die Technik in einem weiteren Zusammenhang als lediglich in einer rein waffentechnischen Nutzungsmöglichkeit zu sehen. Gemeinsam mit den Offizieren der Infanterie und Kavallerie wurden hier auch die Offiziere für die damals mehr technisch bestimmten Waffengattungen wie Artillerie und Ingenieurkorps ausgebildet. Nach 1816 gab man diese eher polytechnisch konzipierte Ausbildung auf und unterrichtete nur noch die Artillerie- und Ingenieuroffiziere an der neugegründeten Vereinigten Artillerie- und Ingenieurschule in den militärtechnischen Fächern.[19] Fortan erhielten nur noch die Offiziere der Artillerie, der Pioniertruppe und vor allem der technisch orientierten Spezial-

Technik – Bestandteil der Kultur

---

19. Hans Joachim Wefeld, Ingenieure aus Berlin. 300 Jahre technisches Schulwesen, Berlin 1988, S. 122 ff.

zweige, wie etwa die der Feuerwerker oder bei der Marine die für den Schiffsantrieb zuständigen Ingenieuroffiziere, eine dezidiert technisch ausgerichtete Spezialausbildung. Für die Truppenoffiziere des Heeres und die Seeoffiziere der Marine wurde militärische Technik vornehmlich objektbezogen als Waffen-, Munition-, Geräte- oder Schiffbau- und Schiffsmaschinenkunde vermittelt. Damit war man durchaus in der Lage, die waffen- und gerätetechnischen Parameter des eingeführten Materials zu beherrschen, jedoch war eine solche, eng zweckgebundene Ausbildung nicht dazu geeignet, die immer komplexer werdende technische Entwicklung in einem größeren Zusammenhang zu begreifen. Erst nach 140 Jahren führte man in der neugegründeten Bundesmarine nach dem Konzept des damaligen Inspekteurs der Marine, Vizeadmiral Friedrich Ruge, unter dem Schlagwort „Studium navale generale" erneut eine polytechnisch ausgerichtete Ausbildung für die Seeoffiziere der Marine ein. An den seit den 70er Jahren eingerichteten Bundeswehruniversitäten erhalten etwa zwei Drittel der dort studierenden Truppenoffiziere aller Teilstreitkräfte vor ihrer militärtechnischen Spezialisierung eine Ausbildung aus dem Bereich der Ingenieurwissenschaften.

Objektbezogene Technikausbildung

Im Verlauf des 19. Jahrhunderts prägte sich eine bemerkenswert zwiespältige Einstellung der militärischen Führung zur Technik aus. Einerseits griff man die Hervorbringungen der modernen Industrietechnik bewußt auf, wie beispielsweise die Einführung des Zündnadelgewehrs, wo das preußische Heer als eine der ersten europäischen Armeen seit den 40er Jahren einen Hinterlader einführte, mit dem aufgrund des Umstandes, daß diese Waffe im Liegen geladen werden konnte, eine völlige Abkehr von der bis daher immer üblichen Lineartechnik eingeleitet wurde, ein Vorgang der sich immerhin über eine Zeitspanne von mehr als sechs Jahrzehnten vollzog. Man führte in den 60er Jahren bei der Artillerie die damals modernsten Hinterlader mit neuartigen Sprenggeschossen ein und verstand vor allem, das revolutionärste Transportsystem des 19. Jahrhunderts, die Eisenbahn, schon seit den 40er Jahren bewußt als Mittel der Beweglichmachung und Mobilisation moderner Massenheere zu nutzen. Man hatte durchaus begriffen, daß erst die Eisenbahn eine volle Ausnutzung der durch die allgemeine Wehrpflicht verfügbaren Personalressourcen ermöglichte.

Zwiespältige Einstellung

Modernstes Gerät

Andererseits aber prägte sich bei den Militärs im 19. Jahrhundert in Deutschland eine bemerkenswerte atechnische Attitüde aus, die analog zur gleichen Entwicklung im zivilen Bereich letztlich zu einer Unterbewertung der Technik führen mußte. Dies geschah hier kaum aus Gründen einer Hinwendung zu neuhumanistischen Bildungsidealen als vielmehr aus der o. g. atavistischen Einstellung heraus, da man die klassischen militärischen Tugenden durch die Errungenschaften der modernen Technik in Frage gestellt sah, wie dies bereits in dem eingangs erwähnten Zitat von Cervantes

Tugenden durch Technik infrage gestellt

330

aus dem 16. Jahrhundert zum Ausdruck kam. Offensichtlich hatten viele
Militärs Schwierigkeiten, die moderne Technik und ihre Auswirkungen mit
den traditionellen Wertvorstellungen in Einklang zu bringen.

Generell ist festzustellen, daß man nicht erkannte, daß die immer komplexer werdende moderne Industrietechnik integraler Bestandteile operativer und strategischer Überlegungen hätte sein müssen. Den technischen
Spezialisten bei Heer und Marine billigte man zwar eine wichtige und unverzichtbare Rolle zu, glaubte aber, daß diese Offiziere keine eigentlichen *Eigentliche*
Kampfaufgaben zu erfüllen hatten. Dies hatte zur Folge, daß mit Ausnah- *Kampfauf-*
me der Artillerie und der Pioniertruppen, die mit zu den eigentlichen *gaben*
Kampftruppen gehörten, die Offiziere der technischen Speziallaufbahnen
den Truppenoffizieren gesellschaftlich und laufbahnrechtlich nicht gleich-
gestellt waren.

Technikrezeption in der Kaiserlichen Marine

Besonders deutlich ist diese Einstellung an der Behandlung des Marine- *Keine Gleich-*
Ingenieuroffizierkorps gewesen, worüber Werner Bräckow 1974 eine *stellung*
grundlegende Untersuchung vorgelegt hatte.[20] Bis in die 70er Jahre war die
Dampfmaschine eigentlich nur ein für Manöver und das Gefecht einsetzba-
rer Hilfsantrieb des Segelkriegsschiffes gewesen. Das zu ihrer Bedienung
erforderliche Personal wurde deshalb nicht als Kombattanten, sondern als
Hilfspersonal angesehen und die Ingenieure, denen die Leitung der Ma-
schinenanlagen oblag, galten als mehr oder weniger besser ausgebildete
Handwerker. Als Folge der technischen Entwicklung und der zunehmenden Komplexität der Schiffstechnik wurde die Stellung der Ingenieure allmählich verbessert, sie erhielten Offizierstatus, waren aber weder gesellschaftlich noch laufbahnrechtlich bis 1918 den Seeoffizieren gleichge-
stellt. Für die Admirale der Kaiserlichen Marine, die alle noch in der Ära
des Segelschiffes ihre Dienstzeit begonnen hatten und deren Auffassungen
von Offizierberuf durch die „*Marinegenerale*" Stosch und Caprivi geprägt
worden waren, galten als Kämpfer und damit als vollwertige Soldaten nur *Vollwertige*
die Männer des Deckspersonals. Daß die Ingenieuroffiziere auf den mo- *Kämpfer*
dernen Linienschiffen seit der Jahrhundertwende qualifizierte Techniker
waren, deren Ausbildung der ihrer zivilen Kollegen gleichwertig war und
daß diese Offiziere im Schiffsgefechtsdienst bei der Bekämpfung von
Trefferwirkungen wie Wassereinbrüchen, Feuer- und Dampfgefahr die
gleichen militärischen Tugenden unter Beweis zu stellen hatten, wie ihre
Kameraden vom Seeoffizierkorps, wurde nur sehr zögernd zur Kenntnis

---

20. Werner Bräckow, Die Geschichte des deutschen Marine-Ingenieuroffizierkorps, Olden-
burg – Hamburg 1974.

genommen. Obwohl man in der Marineführung seit der Jahrhundertwende Defizite in der technischen Ausbildung und im technischen Verständnis bei den Seeoffizieren feststellen mußte, führte dies nicht zu einer grundlegenden Reform der Ausbildung. In der Kaiserlichen Marine gab es keine Seeoffiziere, die über eine technikwissenschaftliche Ausbildung verfügten.

Keine eigene technische Ausbildung

Alle Entscheidungen über Konzeption und Bewaffnung der modernen Kriegsschiffe wurden von Seeoffizieren bestimmt, die die Lösung technischer Einzelfragen an zivile Ingenieure übertrugen, die aber selber an den grundlegenden Entscheidungen nicht beteiligt wurden. Wie aus Bräckows Darstellung deutlich wird, hatte man bei der Kaiserlichen Marine den eigentlichen Begriff der Technik auf Antriebstechnik verengt. Für die Schiffbautechnik waren die Werften mit ihren zivilen Ingenieuren zuständig, während die komplexe Technik der Schiffsartillerie als Waffenkunde betrachtet wurde, deren Entwicklung ebenfalls von zivilen Ingenieuren bestimmt wurde. Salewski stellte dazu fest:

„Sogar noch nach 1918 fanden sich in den klassischen Werken zur Seekriegslehre und -geschichte abfällige Bemerkungen zur Technik. Otto Groos bedauerte, daß ‚die besten Köpfe ... von Organisation und Technik in Anspruch genommen‘[21] wurden, und Alexander Meurer urteilte über die französischen neuen Marinetechniken als ‚eitle Sucht, vor allen anderen Nationen zu glänzen‘ und behauptete – 1925! – apodiktisch: Die Lebensfragen der Nation ‚sind niemals durch die Technik, sondern nur durch die Tat‘[22] zu lösen.“[23]

Technikrezeption in der preußischen Armee

Von atechnischer Attitüde bis Technikbejahung

Generell läßt sich in der Technikrezeption durch die militärische Führung deutscher Streitkräfte vom frühen 19. Jahrhundert bis in die Frühzeit der Bundeswehr eine Ambivalenz zwischen atechnischer Attitüde, die zur Unterbewertung führte und zwischen einer durchaus erstaunlichen, bis hin zu einer geradezu technokratisch bestimmten Technikbejahung in Einzelfragen beobachten.

In den *„Verordnungen für die Höheren Truppenführer vom 24. Juni 1869"* stellte der ältere Moltke fest:

„4. Die Handhabung großer Heereskörper ist im Frieden nicht zu erlernen. Man ist auf das Studium nur einzelner Faktoren, so namentlich des Terrains, und auf die Erfahrung aus früheren Feldzügen beschränkt. Aber

---

21. Otto Groos, Seekriegslehren im Lichte des Weltkrieges. Ein Buch für den Seemann, Soldaten und Staatsmann, Berlin 1929, S. 3.
22. Alexander Meurer, Seekriegslehre in Umrissen. Seemacht und Seekriege vornehmlich vom 16. Jahrhundert ab, Berlin – Leipzig 1925, S. 284.
23. Salewski, Geist und Technik (wie Anm. 2), S. 85.

das Fortschreiten der Technik, erleichterte Kommunikation, neue Bewaff-
nung, kurz völlig veränderte Umstände lassen die Mittel, durch welche
früher der Sieg errungen wurde, und selbst die von den größten Feldher-
ren aufgestellten Regeln vielfach als unanwendbar auf die Gegenwart er-
scheinen." [24]

Der spätere Generalfeldmarschall Helmuth Graf von Moltke (1800–
1891), den man durchaus zu den Pionieren der Eisenbahn rechnen kann,
hatte hier auf Konsequenzen hingewiesen, welche die militärische Führung
aus den Errungenschaften der modernen Industrietechnik ziehen mußte.
Weitergehende Aussagen über die Bedeutung und Tragweite der Technik
haben sich in seinen Schriften jedoch nicht finden lassen. Die ganze Ambivalenz der Technikrezeption wird aus einem Erlaß Generalfeldmarschalls
Paul von Hindenburg (1847–1934) deutlich, den dieser als Chef des Generalstabes des Feldheeres im Großen Hauptquartier am 22. November 1916
zum Thema Kriegführung und Generalstab verfaßte und an sämtliche
Chefs der Generalstäbe, Abteilungschefs und Divisionsgeneralstabsoffi-
ziere adressierte. Hindenburg zog in diesem Erlaß die Folgerungen aus den
Materialschlachten von Verdun und der Somme für die Neugestaltung der
Ausbildung der Generalstabsoffiziere. Hindenburg geht von der Erkenntnis aus, daß sich die Mittel der Kriegführung geändert hatten und fordert
zunächst eine Verbesserung der Kampfkraft der Infanterie, die nach seiner
Überzeugung die Hauptlast des Krieges zu tragen habe, durch eine Intensivierung der Ausbildung. Er stellt dann jedoch fest:

„Wir dürfen uns aber der Tatsache nicht verschließen, daß dies trotz
aller Anstrengungen in vollem Umfange nicht gelingen wird. Durch die
Fortschritte der Technik (neue Bewaffnung und Ausrüstung der Infanterie,
Vermehrung der Artillerie und der Minenwerfer, Vergrößerung der Kali-
ber und der Schußweiten, ungeheurer Munitionseinsatz, Entwicklung der
Luftstreitkräfte und des Nachrichtenwesens) sind neue Kampfmittel ge-
schaffen. Durch diese müssen wir die geringer werdende Leistungsfähig-
keit der Infanterie zu ersetzen und außerdem unsere Kampfkraft in ihrer
Gesamtheit zu stärken suchen. ... Wir müssen also schnell lernen und wie-
der umlernen, um neue Mittel neuen Verhältnissen entsprechend auszuge-
stalten und anzuwenden. ... Um vorwärts zu kommen, müssen wir stets
über unsere eigenen Erfahrungen hinaus voraus denken, Taktik und Tech-
nik im dauernden Fortschreiten halten, die persönlichen Anschauungen
durch Gedankenaustausch und lebendige Eindrücke an der Front erwei-
tern.

Diese Arbeit zu leisten, ist und bleibt die verantwortungsvolle Aufgabe
des Generalstabsoffiziers.

Tragweite der Technik er-
kannt

Technik er-
setzt Lei-
stungsfähig-
keit

---

24. Helmuth von Moltke, Verordnungen für die Höheren Truppenführer vom 24. Juni 1869,
in: Kriegstheorie und Kriegsgeschichte, Carl von Clausewitz, Helmuth von Moltke, hg.
von Reinhard Kosellek, Band 23, Frankfurt 1993, S. 434.

Bündelung der Spezialisten

Die technischen Fortschritte haben dazu geführt, daß immer mehr Spezialoffiziere, die ihr Sondergebiet maßgebend beherrschen, zu den höheren Stäben treten. Diese Offiziere neigen naturgemäß zur Einseitigkeit. Die Folge ist ein immer weiter gehendes Auseinanderfallen der gesamten Kampfhandlung. Zweckmäßiges Fortschreiten der Entwicklung, zweckmäßige Verwendung aller Mittel für einen Zweck kann nur gewährleistet sein, wenn eine Zentralstelle, die zugleich dem Kampfe am nächsten steht, alle Sonderwaffen gleichmäßig beherrscht.

Generalstabsoffizier

Die gesamten Einzelkräfte zu ganzheitlicher Wirkung zu bringen, dazu ist – seiner Bezeichnung entsprechend – der Generalstabsoffizier da. Er muß in dem Wesen aller Waffen und aller technischen Hilfsmittel gründliche Kenntnisse haben, in ihrer praktischen Verwendung unabhängig vom Berater sein, zumindestens Vorschläge sachverständig beurteilen können. Nur wer in diesem Sinne fortschreitet, eignet sich heute zum Generalstabsoffizier. ... Der in der Bewegung und in großen Schlachten Entscheidung suchende Angriffskampf mit Armeen, die in der alten Manneszucht, im alten Angriffsgeist erzogen sind, deren Kampfkraft durch die moderne Technik auf's äußerste gesteigert ist, und die wir richtig zu verwenden wissen, bleibt unser militärisches Zukunftsideal, auf das sich Deutschlands Zukunft auch weiterhin aufbauen wird."[25]

Hindenburgs Erlaß enthält drei beachtenswerte Punkte:

Möglichkeiten der Technik ausloten

Zunächst einmal wird dort der Bedeutung der Technik für die Bereitstellung moderner Waffen und Ausrüstung als materielle Voraussetzung einer erfolgreichen Durchführung des militärischen Auftrages ein durchaus adäquater Stellenwert zugebilligt. Mehr noch, es wird auch mit Nachdruck gefordert, die Kampftaktik aus den Parametern der neuen Waffen abzuleiten, d. h. hier wird, wenn auch noch etwas verschlungen oder in atechnischer Attitüde ausgedrückt, die Forderung nach geistiger Auseinandersetzung mit den Hervorbringungen der modernen Industrietechnik erhoben, um deren Grenzen und Möglichkeiten voll ausloten und praktisch umsetzen zu können. Insofern wiederholt dieser Erlaß von 1916 die gleichen Forderungen aus Moltkes *„Verordnungen für die Höheren Truppenführer"* von 1869. In Hindenburgs Erlaß spiegeln sich aber auch die blutigen Erfahrungen eines Einsatzes militärischer Neuerungen im Geist der Vergangenheit (Salewski)[26] wider, wie sie in den ungeheuren Personalverlusten vor Verdun und an der Somme im Frühjahr und im Sommer 1916 offenkundig geworden waren, als Hunderttausende im Feuer der Maschinengewehre verbluteten, weil man in der Infanterietaktik keine Konsequenzen

---

25. Bayerisches Hauptstaatsarchiv, Abtl. IV Kriegsarchiv: Bestand Alpenkorps, Band 9, Akt 2, Blatt 531–533: Chef des Generalstabes des Feldheeres, M. J. Nr. 10.000 vom 22. 11. 1916: Betr. Kriegsführung und Generalstab.
26. Salewski, Geist und Technik (wie Anm. 2) S. 81.

aus den Möglichkeiten dieser neuen Waffe gezogen hatte, die im Stellungskrieg den Verteidiger einem Angreifer überlegen werden ließ. Man hatte zwar seit Ende der 80er Jahre das Maschinengewehr und seine Wirkung gekannt, aber nicht begriffen.

Als zweites Merkmal wird hier die Auffassung von der moralischen Überlegenheit des deutschen Soldaten vertreten, der, ausgerüstet mit modernsten Waffen, schier unbesiegbar ist. Hier klingen Gedanken an, die nach 1918 in der Reichswehr geradezu mythische Bedeutung erlangen sollten, nämlich die Kompensation zahlenmäßiger und materieller Unterlegenheit durch überlegene Moral, was wiederum ein Hinweis auf die Prävalenz des o. a. Atavismus war. Als dritter Punkt sei hier noch auf die Doktrin des Bewegungskrieges hingewiesen, die Hindenburg hier im Sinne der vom älteren Moltke maßgeblich geprägten Schule operativen Denkens vertritt:

„…Ob und wann wir wieder den Angriff im Großen aufnehmen und dem Kriege durch schnelle gewaltige Schläge und durch Bewegung sein früheres richtiges Bild wiedergeben können, muß dahingestellt bleiben. Wir werden um so eher dazu kommen, je überlegter unser Kräfteeinsatz in der Abwehrschlacht und im Stellungskriege jetzt gehandhabt wird."[27]

Als unmittelbare Folgen dieses Erlasses wurden damals neue Taktiken eines flexiblen Einsatzes der Infanterie entwickelt, wie sie dann in Stoßtrupps und in Sturmbataillonen praktiziert werden sollten. Seit Oktober 1916 nahm man auch in Deutschland die Entwicklung und den Bau von Panzerwagen auf.

Die unmittelbare Konsequenz dieses Erlasses, nämlich die technische Komponente in der Ausbildung zu Generalstabsoffizieren wesentlich zu erhöhen oder ingenieurwissenschaftlich ausgebildete Offiziere selbst zu Generalstabsoffizieren auszubilden, wurde nicht gezogen, auch nicht nach 1918 bei Reichswehr und Wehrmacht. Zwar verfügte die Wehrmacht über eine Anzahl ingenieurwissenschaftlich hochqualifizierter Offiziere. Sie wurden in erster Linie im Heereswaffenamt eingesetzt, wo sie die Gewähr dafür boten, daß die Entwicklung von Waffen, Munition, Gerät und Fahrzeugen dem jeweiligen Stand der Technik entsprach. In einer Studie über *„Ursachen für zu späte oder fehlende Ausnutzung moderner technischer Entwicklungen zum Erringen oder Erhalten der Rüstungsüberlegenheit im Zweiten Weltkrieg"*, die um 1957 im Militärgeschichtlichen Forschungsamt von ehemaligen Wehrmachtoffizieren erarbeitet wurde, heißt es dazu:

„Auffällig ist, daß beim Heer nur ein Diplom-Ingenieur, nämlich der Chef des Stabes des Wehrwirtschaftsamtes, Generalstabsuniform trug. Sonst fand nicht einer der technisch ausgebildeten Offiziere Verwendung

Unbesiegbar

Technische Ausbildung verstärken

---

27. Kriegsführung und Generalstab (wie Anm. 25) Blatt 533, S. 3.

im Generalstab des Heeres, weder in der operativen und taktischen Füh-rung noch im Quartiermeister- und Transportwesen noch im Nachrichten-wesen, ja nicht einmal in der Technischen Abteilung. "[28]

Schlußbetrachtungen

Offenkundig hat sich erst in der Mitte des 20. Jahrhunderts die Auffas-sung durchgesetzt, daß man den Begriff Technik zunächst nicht allein auf Technik des Industriezeitalters verengen darf und daß unter Technik auch deren gesellschaftliche, wirtschaftliche, kulturelle und politische Kompo-

Infra-gestellung nenten zu subsummieren sind.

Was das konkret heißt, wurde deutlich, als sich in der Zeit des *„Kalten Krieges"* die beiden atomar gerüsteten Weltmächte gegenüberstanden und eben diese atomare Technik den Soldatenberuf insgesamt infrage stellte. Denn die Anwendung dieser Technik bedeutete die Gefahr, daß letzten En-des alles zerstört werden konnte, was eigentlich verteidigt und geschützt werden sollte. In der Evangelischen Kirche wurde angesichts dieses Di-

Heidelberger Thesen lemmas leidenschaftlich die Frage diskutiert, ob ein Christ überhaupt noch Soldat sein könnte. In den *„Heidelberger Thesen"* von 1959, in denen die-ses Dilemma aus christlich-ethischer Sicht aufgearbeitet worden ist, heißt es:

- These 1: Der Weltfriede wird zur Lebensbedingung des technischen Zeitalters.
- These 3: Der Krieg muß in einer andauernden und fortschreitenden An-strengung abgeschafft werden.
- These 8: Die Kirche muß die Beteiligung an dem Versuch, durch das Dasein von Atomwaffen einen Frieden in Freiheit zu sichern, als eine heute noch mögliche christliche Handlungsweise anerkennen.
- These 9: Für den Soldaten einer atomar bewaffneten Armee gilt: Wer A

Dilemma gesagt hat, muß damit rechnen, B sagen zu müssen; aber wehe den Leichtfertigen!

Abschreckung wird zum neuen zentralen Stichwort: Anhäufung von Technik im Sinne eines *„Gleichgewicht des Schreckens"*, damit diese Technik möglichst nie angewendet würde. Die Bundeswehr selbst hat dies in unterschiedlichen Formulierungen in der Form aufgenommen, daß es darum gehe, daß der Soldat durch sein Dasein verhindert, das, wozu er ausgebildet worden sei, auch anzuwenden.

---

28. Militärgeschichtliches Forschungsamt: Studie A 29: Ursachen für zu späte oder fehlen-de Ausnutzung moderner technischer Entwicklungen zum Erringen oder Erhalten der Rüstungsüberlegenheit im Zweiten Weltkrieg, bearbeitet von Major Dr. Brausch, Major Fischer, Oberstleutnant a. D. Greffrath, Dr. Sandhofer, Dr. Schmidt-Richberg, Oberst-leutnant i.G. Dr. Stahl, Bibliotheksrat Dr. Zoske, ohne Ort und Jahr, Blatt 11, S. 7.

Hier ist nach dem Ende des Kalten Krieges eine entscheidende Wende eingetreten. Auch wenn die atomare Bedrohung nicht aus der Welt ist, wie das Beispiel Indien/Pakistan zeigt, so ist doch die automare Konfrontation beendet. Die Handlungsspielräume für die Militärs sind wieder größer geworden. Und sie werden genutzt. *Größere Handlungs- spielräume*

Die Evangelische Kirche hat auf diese neue Situation mit den Orientierungspunkten zur Friedensethik und Friedenspolitik von 1994 „*Schritte auf dem Weg des Friedens*" reagiert. Militärische Gewalt wird als „*ultima ratio*" anerkannt, als äußerste Erwägung oder Maßnahme im Sinne von Notwehr und Nothilfe. „*... ist die Benutzung militärischer Macht umso eher zu vertreten, je enger sie im Sinne von Notwehr und Nothilfe auf den Schutz bedrohter Menschen, ihres Lebens, ihrer Freiheit unter demokratisch-rechtstaatlichen Strukturen ihres Gemeinwesens bezogen bleibt und je gezielter und begrenzter sie nur die militärischen Angriffsmittel zerstört.*"[29]

An dieser Stelle sei auf ähnliche Überlegungen hingewiesen, die von Soldaten der Vereinigung „*Gemeinschaft Katholischer Soldaten*" (GKS) angestellt wurden und zu dem Vorschlag geführt hatten, in der Zentralen Dienstvorschrift (ZDv) 12/2 „*Politische Bildung in der Bundeswehr*", vom 29. Januar 1973 allen Soldaten zur Pflicht zu machen, sich über die Erfüllung des Auftrages der Sicherung des Friedens mit militärischen Mitteln hinausgehend für eine aktive Friedensgestaltung einzusetzen.[30] Diese Forderung war im Entwurf der neuen ZDv 10/1 „*Innere Führung*" von 1990 noch einmal ausdrücklich niedergelegt worden.[31] Die Männer der GKS hatten sich damit auf den Artikel 83 der „*Pastoralen Konstitution über die Kirche in der Welt von heute (Gadium et Spes)*" des II. Vatikanischen Konzils, der mit dem Satz beginnt: „*Um den Frieden aufzubauen, müssen vor allem die Ursachen der Zwietracht in der Welt, die zum Kriege führen, beseitigt werden, an erster Stelle Ungerechtigkeiten*",[32] berufen. Man hat damit klar zum Ausdruck gebracht, daß vor einer militärischen Verteidigung des Friedens die Schaffung einer gerechten Friedensordnung unter den Völkern stehen muß, zu deren Mitgestaltung auch die Soldaten aufgerufen sind. Damit wurde ein Wandel von der traditionell überkommenen Aufgabe der Friedenssicherung zur Friedensgestaltung ein- *Aktive Friedensge- staltung*

---

29. EKD-Texte 48: Schritte auf dem Weg des Friedens. Ein Beitrag des Rates der EKD, 2. Auflage, Hannover 1994, S. 17.
30. Zentrale Dienstvorschrift (ZDv) 12/1: Politische Bildung für die Bundeswehr vom 29.1.1973, Kap. 3, 303, S. 5 und Kap. 3, 304, S. 6.
31. Zentrale Dienstvorschrift (ZDv) 10/1: Innere Führung, 1. Prüfentwurf der Neufassung von 1990. BMVg, FÜS I 4, Az 35-01-00 vom 1.10.1990.
32. Karl Rahner/Herbert Vorgrimmler, Kleines Konzilskompendium. Sämtliche Texte des Zweiten Vatikanums, Freiburg[26] 1994, S. 543: GS 83.

geleitet.[33] Unter dem Motto *„Schaffung einer gerechten Friedensord-nung"* standen dann auch die Einsätze der Bundeswehr im Auftrag der Vereinten Nationen 1992 in Kambodscha und Sarajewo sowie 1993 in Somalia. Schutz des Lebens, der Freiheit, ist die zentrale Aufgabe auch des Soldaten. Und Technik ist ein Mittel zur Erreichung dieses Ziels. Dabei geht es auch immer um den Schutz der Soldaten selbst, die diese technischen Mittel anwenden.

Reichen technische Mittel aus Auch am Beispiel der Auseinandersetzung um das Kosovo ist dieser Zusammenhang besonders deutlich geworden: Der Einsatz der Luftwaffe und die Bombadierung militärischer Ziele in Serbien und im Kosovo waren ja von Anfang an von der kontroversen Diskussion begleitet, ob der Einsatz dieser technischen Mittel ausreiche oder ob zu einem bestimmten Zeitpunkt Bodentruppen eingesetzt werden müßten. Die Entscheidung für die Luftschläge war die Entscheidung für die Technik, um den Einsatz der eigenen Soldaten und ihre damit verbundene Gefährdung zu verhindern. Wie ambivalent dieser Einsatz von Technik war, wurde deutlich, wenn statt militärischer zivile Ziele getroffen und zivile Opfer beklagt wurden. Das löste eine Rechtfertigungsdiskussion auf der einen und eine Sinndiskussion auf der anderen Seite aus. Ob es letztlich die Folge dieses Technikeinsatzes war oder die Folge politischen Drucks oder beides, was zum Einlenken Serbiens führte, wird wohl erst die Geschichte zeigen. Das Einlenken *Kampfeinsatz* Serbiens hatte allerdings zur Folge, daß nun wieder die Soldaten selbst gefragt waren. Ihr jetziger Einsatz und ihre technische Ausrüstung dienen dem Schutz des Lebens und des friedlichen Zusammenlebens der Menschen in diesem Gebiet, mithin einem Bemühen zur Schaffung einer gerechten Friedensordnung. Die Gefahren für das Leben der eingesetzten Soldaten sind deutlich größer geworden. Auch durch die Bedrohung der Technik: Minenräumung. Aber es wäre das Ende des Soldatenberufs, wenn die Technik den Einsatz des eigenen Lebens für andere überflüssig machen würde.

Technik verantworten Alles das macht deutlich: Technik kann nur im Dienst der Menschen stehen und von ihnen muß der Einsatz der Technik verantwortet werden. Je klarer die Ziele sind und je breiter der Konsens darüber ist, umso eher gelingt das. Auf diesem Hintergrund darf aber nicht aus den Augen verloren werden, daß es eben auch eine andere Grundentscheidung gibt als die, Leben zu schützen. Die jüngsten Nachrichten aus China, daß dieses Land in der Lage ist, eine Neutronenbombe bereitzustellen, mit der Gebäude und Technik geschützt und eben nur Menschen vernichtet werden können, macht dieses beängstigend deutlich.

33. Heinrich Walle, Gemeinschaft katholischer Soldaten (GKS); eine Lobby für den Frieden, in: Katholische Christen in der Bundeswehr, hg. vom Katholischen Militärbischofsamt, Köln 1987, S. 46f.

338

Betriebsleiter

**Ein ganz normaler Diensttag in einer selbständigen Panzer-
aufklärungskompanie**

Der Kompanietruppführer meldet sich bei seinem Kompaniechef. Die *Kalkulieren*
jährliche Kalkulation der Haushaltsmittel für Übungskosten wurde durch
ihn vorbereitet und ist jetzt vom Kompaniechef zu überprüfen und zu ge-
nehmigen. Es gilt, jedes Vorhaben des folgenden Jahres auszuplanen. Vor-
aussichtliche Stärken, die Dauer der Übung, den Einsatz und die Kosten
für Transportmittel sind zu berücksichtigen. Jedem Vorhaben ist eine Priorität zuzuordnen. Die Prioritäten geben die Bedeutung für die Erfüllung
des Ausbildungsauftrags wieder. Kein Übungsvorhaben darf vergessen
werden, kein Übungsvorhaben darf *„hineingeraten"* werden, denn die
Haushaltsmittel werden gemäß dieser Kalkulation zugewiesen. Im nächsten Jahr wird monatlich Kalkulation und tatsächlicher Mittelabfluß verglichen. Abweichungen wird der Kompaniechef begründen müssen.

Kaum hat sich der Kompanietruppführer abgemeldet erscheinen Kom- *Entscheiden*
panieschirrmeister und Versorgungsfeldwebel. Sie benötigen dringend die
Entscheidung über den dezentralen Kauf von Ersatzteilen. Die noch verfügbaren Haushaltsmittel für Ersatzteilkäufe stehen in keinem Verhältnis
zur Wichtigkeit des ausgefallenen Fahrzeugs und dem in diesem Jahr zu
erwartenden Bedarf. Der Kompaniechef entscheidet, daß die zentrale Er-
satzteilversorgung abgewartet wird und die entsprechend längere Ausfall-
zeit des Kfz akzeptiert wird.

Ist der Kompaniechef ein Betriebsleiter?

Die soeben dargestellten Tätigkeiten und Entscheidungen erscheinen
wie gewöhnliches betriebswirtschaftliches Handeln. Sie hätten zur gleichen Zeit in ähnlicher Form in jedem zivilen Betrieb anfallen können..

Wenige Tage später nimmt die gleiche Einheit mit dem Kompanie- *Übung*
gefechtstand an einer computergestützten Rahmenübung teil.

Die Brigade hat den Auftrag, einen Gegenangriff zu führen. Ihre Panzeraufklärungskompanie wird diesem Angriff voraus gegen recht starke
Sicherungskräfte aufklären. Der Auftrag ist eindeutig. Es gibt mehrere
Möglichkeiten des Handelns. Keine Möglichkeit wird Verluste ausschließen. Die Entscheidung ist, wie immer, unverzüglich zu treffen. Der Kompaniechef fällt seinen Entschluß und setzt ihn mit seinem Gefechtstand-
personal in Befehle und Maßnahmen um. Im Computersystem wird anschließend der Verlauf des Gefechts simuliert. Sechs Stunden später ist der

Auftrag erfüllt, aber inzwischen sind zwei gepanzerte Spähtrupps und ein gepanzerter Radartrupp ausgefallen. Zum Glück nur in der Simulation. Im Einsatz wären jetzt 20 Soldaten gefallen oder verwundet.

Mit den verbliebenen Kräften der Kompanie wird die Übung fortgeführt. Entschlüsse, Befehle und Maßnahmen von gleicher Art werden bis zum Übungsende ununterbrochen abgefordert werden.

Sich eine vergleichbare Situation in einem zivilen Betrieb vorzustellen, fällt schwer. Der Kompaniechef ist also doch kein Betriebsleiter? Ist er mehr?

Die gültigen Weisungen und die Aussagen unserer Vorgesetzten sind eindeutig.

Beruf sui generis
Der Offizier ist *„Führer, Erzieher und Ausbilder"*. Der Offizierberuf ist ein Beruf *„sui generis"*. Kein anderer Beruf fordert den Einsatz des eigenen Lebens unter Eid. Der Offizier des Heeres ist geprägt von *„Leadership"*.

Einsatz des Lebens
Seine Fähigkeiten beweist er vor der Front, „unter dem Gefechtshelm", in der Führung seiner Einheit *„im Gefecht"*. Der Offizier führt von vorne. Seine zentrale Aufgabe ist die Führung von Menschen. Er trägt die Verantwortung für Gesundheit und Leben anderer und hat die Pflicht, von sich und anderen notfalls den Einsatz des Lebens zu verlangen. Der Offizier muß sich zu den ideellen Werten, die unsere Gesellschaft tragen, bekennen.

Die Leitung eines Betriebes wird dort nicht gefordert. In der Personalauswahl werden die oben angeführten Anforderungen in den Mittelpunkt gestellt.

Gewinn-maximierung
Für den Betriebsleiter gelten andere Forderungskataloge.

Der Betriebsleiter bewirtschaftet eine Wirtschaftseinheit. Sie kann ein Produkt herstellen oder eine Dienstleistung bereitstellen. Produkt oder Dienstleistung werden auf dem Markt angeboten und abgesetzt. Jede Entscheidung dient wenigstens langfristig zur Gewinnmaximierung. Die in der Wirtschaftseinheit arbeitenden Menschen sind Produktions- und Kostenfaktoren. Der persönliche Einsatz wird als solcher nicht vergütet. Grundsätzlich bestimmt der erzielte Gewinn über persönliches Einkommen, Aufstieg und Ansehen. Ideelle Werte sind für gutes Wirtschaften nicht zwingend erforderlich. Sie können unter Umständen sogar mit wirtschaftlich notwendigen Entscheidungen kollidieren.

Vergleich
Sind der Offizier und der Betriebsleiter trotzdem vergleichbar? Oder schließen sich nicht beide Rollen für ein und dieselbe Person aus? Ist die Betrachtung des von ideellen Werten beseelten Offiziers als gewinnorientierter Betriebsleiter ohne moralische Verpflichtung nicht sogar verwerflich?

Die zu Beginn geschilderten Szenarien lassen vermuten, daß eine scharfe Trennung vielleicht doch nicht möglich ist.

In Zeiten knapper Ressourcen (Wann waren Ressourcen jemals ausrei-

340

chend?) kann sich auch eine Armee nicht der Mittelbewirtschaftung entziehen!

Die einer Volkswirtschaft zur Verfügung stehenden Ressourcen sind begrenzt. In einer Welt geänderter sicherheitspolitischer Rahmenbedingungen und Mittelknappheit in den öffentlichen Haushalten müssen die für die Landesverteidigung bereitgestellten Finanzmittel effizient eingesetzt werden. Mittelverwendung ohne hinreichende Begründung und Nachweis der Effizienz wird als Verschwendung empfunden. *Knappe Ressourcen*

Aber nicht nur die finanziellen Mittel sind begrenzt. Die Ressource Personal ist ebenso nicht mehr unbeschränkt verfügbar.

Jeder Mitteleinsatz muß im Blick auf die Auftragserfüllung gerechtfertigt sein und nötigenfalls begründet werden.

Auch vergleichbare Bereiche wie das Gesundheitswesen, in denen die Bewirtschaftung der Finanzmittel täglich zu ethischen Konflikten führen muß, können sich dem Zwang zu sparsamen Mitteleinsatz nicht entziehen.

Das Bewirtschaften der knappen Ressourcen in der Armee wird sicher eine Aufgabe des Offiziers sein müssen. Wer sollte ihm diese Aufgabe abnehmen. Sie an die Bundeswehrverwaltung zu „delegieren", würde bei fortschreitender Mittelverknappung entscheidungsunfähig machen. *Aufgabe des Offiziers*

Der „*betriebswirtschaftliche*" Anteil der Aufgaben eines Offiziers steht in direkter Abhängigkeit von seiner Dienststellung. Die Führungsverwendung eines weitgehend autonomen Truppenteils, Verbandes oder einer Einheit, wird den Aufgaben eines autonom wirtschaftenden Subjekts am nächsten kommen.

Die Bezeichnung „*Betriebsleiter*" ist kein geschützter Begriff. Der „*Betriebsleiter*" der folgenden Überlegungen ist in seinen Entscheidungen im Rahmen der geltenden Gesetze und Vorschriften frei. Er setzt sein Produkt/seine Dienstleistung auf einem nicht regulierten Markt in Konkurrenz zu anderen Anbietern ab. Seine Rechtsstellung entspricht dem „*persönlich haftenden Geschäftsführer*". In einzelnen Betrachtungen wird zwischen dem angestellten und dem selbständigem Betriebsleiter zu unterscheiden sein.

Um einen Vergleich zwischen einer Verwendung als Offizier und der Stellung eines Betriebsleiters mit Anspruch auf Fundiertheit anzustellen, müsste eine Person über beide Erfahrungen verfügen. Diese Ausführungen eines Kampftruppenoffiziers des Heeres, wenn auch mit wirtschaftswissenschaftlichem Studium, erheben daher keinen Anspruch auf Allgemeingültigkeit. Sie sind der Versuch einer Annäherung an das Thema. *Versuch einer Annäherung*

Die Gliederung der folgenden Betrachtungen orientiert sich grob an den Führungsgrundgebieten.

Autos werden nicht gebaut, um die Menschen mobil zu machen, sondern um sie für mehr Geld zu verkaufen, als ihre Herstellung gekostet hat. Zeitungen werden redigiert und hergestellt, um Werbung zu transportieren *Vermarktung* und um verkauft zu werden und nicht etwa zur Aufklärung der Bevölkerung. Das Unternehmensziel ist eindeutig. Es soll Gewinn erzielt, Geld verdient werden.

Das Ergebnis ist nachweisbar. Ist langfristig kein Gewinn zu erwarten, wird das Geschäftsfeld verlagert oder die Geschäftstätigkeit eingestellt.

Der Auftrag einer Panzeraufklärungskompanie ist in der STAN festgelegt. Sie klärt im Auftrag der Brigade auf, überwacht, erkundet, nimmt Verbindung auf .

Auftragser-
füllung

Das *„Unternehmensziel"* ist die vollständige Auftragserfüllung. Der Auftrag ist der Beitrag der Kompanie zum „Gefecht der Verbundenen Waffen" im Einsatz, im Krieg. In der Friedensausbildung wird alle zehn Monate durch die Kompanie ein neuer Grundwehrdienstleistendendurchgang von der Allgemeinen Grundausbildung bis zur Einsatzbereitschaft in einer Einsatzart ausgebildet. Die Führung der Kompanie wird kontinuierlich in Stabs- und Rahmenübungen im Rahmen der Brigade, der Division, des Korps, weiter ausgebildet. Der Auftrag der Einheit ist grundsätzlich nicht änderbar. Die Ausbildungsziele werden durch die übergeordnete Führung alle 10 Monate neu definiert und häufig durch *„Nebenaufträge"* ergänzt oder gar übersteuert. Der Zielerreichungsgrad ist nur bedingt überprüfbar.

Rahmen für
Entscheidung

Die Belegschaft eines Betriebes wird in Abhängigkeit vom Auftragsvolumen, der Einführung neuer Technologien und Arbeitskosten im Rahmen des Arbeitsrechtes im Umfang angepasst. Der Betrieb entscheidet über Einstellung und Förderung oder Entlassung. Die Personalwirtschaft dient dem Unternehmensziel. Grundsätzlich orientiert sie sich an Qualifikation und Produktivität. Der Betriebsleiter hat im Rahmen der gesetzlichen und tariflichen Bestimmungen Entscheidungsfreiheit.

Personalzu-
teilung

Der Personalumfang einer Panzeraufklärungskompanie und die Dotierung der Dienstposten ist in der STAN langfristig und für alle Einheiten des gleichen Typs einheitlich festgelegt. Änderungen sind als begründeter Vorschlag in den Dienstweg einzusteuern und langwierig. Die Zuweisung der Rekruten ist durch die Kompanie weder nach Zahl noch nach der Qualifikation beeinflußbar. Unterführernachwuchs kann und soll durch die Kompanie geworben werden. Der Kompaniechef hat entscheidenden Einfluß auf die Auswahl der Unteroffizieranwärter. Über die Einstellung entscheidet die übergeordnete Führung nach Verfügbarkeit von Haushaltsstellen. Die weitere Verwendung und Förderung beruht auf Prüfungsleistungen und regelmäßigen Beurteilungen. Entscheidungen werden zentral durch Verband oder Stammdienststelle getroffen. Insgesamt hat der Einheitsführer nur eingeschränkte Entscheidungsfreiheit.

Schutz des Ar-
beitnehmers

Das Verhältnis zwischen Arbeitgeber und Arbeitnehmer wird arbeits- und tarifrechtlich ausgestaltet. Geltendes Recht dient weitgehend dem Schutz des Arbeitnehmers als dem potentiell schwächeren Vertragspartner. Die Sanktionsmöglichkeiten des Betriebsleiters sind eng begrenzt. Leistung und Gegenleistung bedingen sich direkt. Der Betriebsleiter ist seinen Angestellten nicht besonders verpflichtet.

Das Dienstverhältnis des Soldaten wird durch das Soldatengesetz grundsätzlich bestimmt. Es legt ihm einen umfassenden Pflichtenkatalog auf, stellt ihn jedoch gleichzeitig in ein besonderes gegenseitiges Fürsorgeverhältnis. Leistung wird grundsätzlich nicht unmittelbar durch Gegenleistung entlohnt. Die leistungsbezogenen Besoldungsanteile schaffen Leistungsanreize. Der Einheitsführer ist zur besonderen Fürsorge seinen Untergebenen gegenüber verpflichtet. Bei Pflichtverstößen steht dem Einheitsführer das breitgefächerte Instrumentarium (bis hin zum Freiheitsentzug) der Wehrdisziplinarordnung zur Verfügung. *Pflichten-katalog*

Die Produkte/Dienstleistungen des Betriebes erzielen einen Preis. Der Ertrag deckt Kosten. Investitionen werden eigen- oder fremdfinanziert. Die Beschaffung von Kapital ist eine Kernaufgabe der Betriebsleitung. Das eingesetzte Kapital muß eine akzeptable Rendite erzielen.

Dem Kompaniechef werden die zur Erfüllung seines Auftrags notwendigen Mittel nach Verfügbarkeit durch seine übergeordnete Führung bereitgestellt. Investitionen werden zentral entschieden und finanziert. Bestimmte Betriebsmittel kalkuliert der Kompaniechef und fordert sie bis zu 2 Jahre im voraus an. Der Kompaniechef hat im Grundsatz keine Budgetverantwortung. Die zuständige Truppenverwaltung verfügt alle für den Betrieb einer Einheit notwendigen Zahlungen. *Keine Budget-verantwortung*

Der Betriebsleiter hält die Produktionsmittel durch Kauf oder eigene Forschungs- und Entwicklungsbemühungen auf dem Stand der Technik. Der Produktionsprozeß wird mit dem Ziel der Kostensenkung und Qualitätsverbesserung ständig weiterentwickelt. Die Produktionsmittel werden über die Zeit abgeschrieben und, wenn nicht mehr wirtschaftlich, abgestossen.

Die Ausrüstung der Kompanie ist in der STAN bis ins einzelne festgelegt. Über die Ausstattung wird zentral entschieden. Sie wird durch die zentrale Versorgung bereitgestellt. Gerät wird im Rahmen gültiger Vorschriften im Auftrag des Bundesamtes für Wehrtechnik und Beschaffung entwickelt und beschafft. Jeder Soldat ist aufgefordert, Verbesserungsvorschläge auf dem Dienstweg vorzulegen. Der Kompaniechef trägt die Verantwortung dafür, daß die Kompanie über das ihr zustehende Material in feldverwendungsfähigem Zustand verfügt und dieses urkundlich nachgewiesen wird. *STAN*

Der Betriebsleiter trägt für die von ihm gefällten Entscheidungen die volle wirtschaftliche Verantwortung. Entscheidungen wirken sich regelmäßig mittel- bis langfristig aus. Sie werden meist ohne Zeitdruck und mit weitgehender Transparenz der Entscheidungsgrundlagen gefällt. Fehlentscheidungen führen zu Gewinneinbußen, im schlimmsten Fall zur Insolvenz des Betriebes und zum persönlichen wirtschaftlichen Ruin.

Risiko von Verlusten

Der Einheitsführer ist für seine Entscheidungen allein verantwortlich. Im Einsatz müssen Entscheidungen unter psychischem und physischem Streß und Zeitdruck in unklarer Lage gefällt werden. Ihre Wirkung entfalten sie oft unmittelbar. Auch wenn sie „*richtig*" sind, ist im Einsatz nicht gewährleistet, daß keine Verluste an Menschenleben entstehen. Es gibt Lagen, in denen Verluste unvermeidlich sind. Der Einheitsführer teilt im Einsatz das Risiko mit den ihm anvertrauten Soldaten. Von ihm wird verlangt, daß er „*von vorn führt*" und beispielgebend vorangeht. Die Wahrscheinlichkeit, zu Schaden zu kommen, ist für ihn in der Regel sogar höher als für seine Untergebenen.

Das persönliche Risiko im Einsatz ist natürlich nicht gleichmäßig verteilt. Es ist abhängig von Einsatzart, -ort und Einheitstyp.

Friedens-betrieb

Im „*Friedensbetrieb*" trägt der Einheitsführer ebenso die ungeteilte Verantwortung für seine Einheit. Zur Entscheidungsfindung hat er deutlich mehr Zeit als im Einsatz. Die Masse seiner Entscheidungen wirken mittel- und langfristig. Seine Haftung hängt ab vom Tatbestand der Fahrlässigkeit oder des Vorsatzes und ist für Sach- und Vermögensschäden darüber hinaus an sein Einkommen angepasst. Von ihm begangene Dienstvergehen werden disziplinar verfolgt.

Die Ausbildung eines Betriebsleiters bereitet ihn in der Regel langfristig auf seine Position vor. Wenn er die Verantwortung für einen Betrieb übernimmt, ist er vor allem fachlich gut vorbereitet. Bei normalem Werdegang ist er schon lebenserfahren und fachlich versiert.

Der Einheitsführer einer selbständigen Einheit hat Führungserfahrung auf Teileinheitsebene seiner Truppengattung, schon eine nichtselbständige Einheit geführt und eine Lehr- oder Stabsverwendung absolviert. Er hat ein Dienstalter von etwa 15 Jahren und ist ca. 35 Jahre alt. Nur wenige Soldaten seiner Kompanie sind lebensälter oder länger im Dienst als er.

Ungleiche Er-fahrung

Der Einheitsführer einer nicht selbständigen Einheit führt erstmalig einen derart umfangreichen Bereich. Er ist unter 30 Jahren alt und liegt damit „*im Mittelfeld*" der Altersschichtung seines Verantwortungsbereichs. Die Offizierausbildung bereitet den Einheitsführer sorgfältig und zielgerichtet auf seine Verwendung vor.

Schwerpunkt: Einsatz

Im Mittelpunkt der Ausbildung steht der Einsatz. Der Friedensbetrieb, insbesondere die Führungsgrundgebiete Personal- und Materialwirtschaft, wird dagegen in der Ausbildung nachrangig behandelt.

Das Einkommen des selbständigen Betriebsleiters entspricht weitgehend dem erzielten Gewinn. Der „*Marktwert*" und damit die mittel- und langfristige Bezahlung des angestellten Betriebsleiters steht in direkter Abhängigkeit zum erzielten Betriebsergebnis. Eine höherdotierte Stelle wird ihm nur bei nachgewiesenem Erfolg angeboten werden.

Einkommen – Karriere

Das Einkommen des Einheitsführers ist unabhängig von der schwer meßbaren Leistung. Grundsätzlich gilt für ihn des Alimentationsprinzip.

344

Seine Karriere wird maßgeblich von den Beurteilungen durch seine Vorgesetzten und von seinen Leistungen auf Lehrgängen bestimmt.

In einer vergleichenden Bewertung aller soeben angestellten Beschreibungen sind die Aufgaben und Tätigkeiten von Einheitsführer und Betriebsleiter auf keinem *„Führungsgrundgebiet"* zur Deckung zu bringen.

Grundsätzlich ist festzustellen:

Die Freiheitsgrade für das Handeln sind äußerst unterschiedlich. Während der Betriebsleiter über den Wechsel des Geschäftsfeldes oder unter Umständen sogar die Einstellung des Geschäftsbetriebes entscheiden kann, ist der Einheitsführer an seinen Auftrag, solange dieser kein Verbrechen verlangt, bedingungslos gebunden.

Unterschiedliche Freiheit

Der Einheitsführer hat im Gegensatz zum Betriebsleiter keine *„Ressourcenhoheit"*. Allerdings werden ihm die zu Erfüllung seines Auftrags notwendigen Mittel bereitgestellt. Sollten die Ressourcen nicht hinreichen, wird ein niedrigerer Zielerreichungsgrad akzeptiert

Letztendlich muß der Einheitsführer im Einsatz Entscheidungen auf Leben und Tod zu treffen. Die Entscheidungen eines Betriebsleiters werden keine vergleichbaren Konsequenzen haben.

Der Erfolg des Betriebsleiters ist meßbar. Die Erfolge des Einheitsführer werden, wenn überhaupt, subjektiv beurteilt.

Erfolg

Die Position des Betriebsleiters steht jederzeit zur Disposition. Das persönliche Risiko des Einheitsführers ist außerhalb des Einsatzes relativ gering.

Der Einheitsführer ist im Gegensatz zum Betriebsleiter ethisch besonders gebunden.

Trotz allem lassen sich Parallelen feststellen.

Die Vergleichbarkeit einer Einheit mit einem Betrieb nimmt mit der zeitlichen und räumlichen Entfernung vom Einsatz zu.

Die größte Gemeinsamkeit herrscht im *„Friedensausbildungsbetrieb"*. Die verfügbaren Ressourcen Finanz - und Sachmittel und Personal sind bei jeder Entscheidung zu berücksichtigen. Die hundertprozentige Lösung wird selten erreichbar sein. Aufwand und Nutzen sind gegeneinander abzuwägen. Kompromisse zugunsten einer wirtschaftlichen Lösung sind regelmäßig zu akzeptieren.

Gemeinsamkeit

Die Betriebswirtschaftslehre stellt dazu die Werkzeuge bereit. Diese sind weitgehend identisch für einen Wirtschaftsbetrieb wie für eine militärische Einheit.

Kosten-Leistungsvergleich und kontinuierliches Verbesserungsprogramm befinden sich in der Bundeswehr in der Einführung. Truppen- und Führerausbildung werden einem ausgefeilten Ausbildungscontrolling unterzogen.

Dem militärischen Führer stehen damit immer mehr Instrumente zur Verfügung, wirtschaftlich zu handeln.

Gemeinsam-
keiten Was kann dann ein Einheitsführer von einem Betriebsleiter übernehmen?

Ausrichtung von Denken und Handeln streng auf ein Ziel;

Berücksichtigung der Ressourcen auch in mittelfristiger Betrachtung;

Nutzung der betriebswirtschaftlichen Werkzeuge, um keine knappen
Mittel zu verschwenden;

einer effizienten Lösung den Vorrang vor einer hundertprozentigen De-
taillösung geben;

Controling zur Bewertung der bisherigen Entscheidungen und deren Erfolg in der Ausführung.

Wo sind die Grenzen?

Unterschiede Der Mensch darf nie nur als Ressource betrachtet werden. Er ist dem
Einheitsführer auf Leben und Tod anvertraut.

Die Verantwortung für die anvertrauten Menschen verpflichtet zur Fürsorge. Ressourcenbetrachtungen dürfen Fürsorge nicht verdrängen.

Im Einsatz ist die Auftragserfüllung entscheidend, Effizienz kann nachrangig sein.

Ethische Gründe lassen unter Umständen einen Kompromiss zur
Mitteleinsparung nicht zu.

Insgesamt gilt: Der Einheitsführer ist kein Betriebsleiter.

Teile seiner Tätigkeit entsprechen jedoch der des Betriebsleiters. Er
sollte die dazu geeigneten Werkzeuge übernehmen. Er darf seine vornehmste Aufgabe, die des Führers, Erziehers und Ausbilders, darüber nie aus
den Augen verlieren.

6. Der Offizier als Christ

Werner von Scheven

Gedanken eines Offiziers

Das Konzept vom Staatsbürger in Uniform hat zur Folge, daß sich die Wertorientierungen der Gesellschaft in der Bundeswehr widerspiegeln (sollen). Das Volk der Deutschen ist von christlich-abendländischen Traditionen umspült, nur sind sich dessen die meisten nicht mehr bewußt. Auf dem Boden der früheren DDR ist es für einen Christen ernüchternd zu beobachten, daß bei den meisten Menschen jeder religiöse Begriff erloschen ist.

Staatliches Handeln in der Demokratie ist von einer ethischen Kultur der Gesellschaft abhängig, die – staatlichem Einfluß entzogen – entweder gedeiht oder verkommt. Der Soldat sollte darum als Staatsbürger in Uniform sein Verhalten an berufsethischen Prinzipien ausrichten, die als geistige Orientierungsmarken dienen können für die Pflicht zum treuen Dienen und zur Tapferkeit; beim Offizier zudem für die Pflicht zur Durchsetzung von Befehlen.

Der Verfassungstext der Bundesrepublik Deutschland enthält in der Präambel das Bekenntnis der Verfasser zur Verantwortung vor Gott und den Menschen. In Artikel 1 wird die Würde des Menschen allen Grundrechten als unantastbares Gut vorangestellt. Ihr Schutz wird aller staatlichen Gewalt verpflichtend übertragen. Der Schutz der Menschenwürde ist auch den Streitkräften anvertraut als Sachwalter des staatlichen Gewaltmonopols.

Dies ist Erfahrung aus der Geschichte, aber auch Ausdruck der christlich-abendländischen Tradition. Der Soldat kann diese Norm getrost als Ausgangspunkt seiner berufsethischen Orientierung nehmen. Er kann dies auch dann, wenn er die Norm nicht aus christlichem Glauben abzuleiten vermag, sondern vielleicht aus einem positiven Menschenbild.

Der Christ sieht sich selbst als Kind Gottes. Der Christ als Offizier sieht den anderen Menschen daher als Mit-Menschen in der Kindschaft Gottes. Er leistet Christus Gefolgschaft in dem Bemühen, im Alltag dem Gebot der Nächstenliebe Geltung zu verschaffen. Niemand braucht ihm die Bedeutung der mit der Gotteskindschaft verliehenen Menschenwürde zu erklären. Er weiß, daß die Würde des Menschen nicht teilbar ist zwischen Alter, Geschlecht, Stellung, Gesundheit oder Krankheit, zwischen Deutschen und Ausländern, zwischen Freund und Feind. Er weiß darum auch, daß Krieg nicht Gottes Wille sein kann.

Dies ist Richtschnur seines Verhaltens als Kamerad, als Vorgesetzter, als Unterstellter, in der Bereitstellung von Gegengewalt, in Grenzsituationen menschlicher Existenz oder im Einsatz zur Erhaltung des Friedens. Dies bewahrt ihn vor einem technokratischen Berufsverständnis oder vor Jobdenken.

Der Offizier als Christ weiß, daß er dem Herrgott für sein Tun und Unterlassen Rechenschaft schuldig ist; seinem Herrn, dem er darum im Gewissenskonflikt mehr Gehorsam schuldet als den Menschen.

Der Offizier als Christ kann sein Kriegshandwerk nur im Vertrauen auf Gottes Gnade als Notwendigkeit in einer gefallenen Welt rechtfertigen. Denn zur Erhaltung der Schöpfung und zur Bewahrung der Menschenwürde bedarf es zuallererst des Friedens.

Die Zeit, in der wir leben, birgt neben der Gefahr der gewaltsamen Zerstörung des Planeten Erde die wohl größte Chance, einen Prozeß der Friedenssicherung und Friedensförderung mit Aussicht auf Fortschritte zu gestalten. Es ist aller geistigen und moralischen Kräfte des Offiziers wert, daran mitzuarbeiten, daß äußerste Risiken der Gewalt in Schach gehalten werden. Aber damit ist es nicht genug. Es geht auch darum, durch Pflichterfüllung im militärischen Beruf ein Feld zu bereiten, auf dem Friedenssicherung und Friedensförderung möglich werden. Der Prozeß Frieden hat vorläufig militärischen Begleitschutz nötig.

Das ist für den Offizier als Christ Dienst am Nächsten in Verantwortung vor Gott und den Menschen. Darum ergreift er die ausgestreckte Hand seiner Kirche bei ihrem Dienst unter den Soldaten.

Peter H. Blaschke

Gedanken eines Militärpfarrers

Der Christ weiß um Gottes Gnade. Gottes Gnade, das sind sehr unterschiedliche Erfahrungsbereiche. Das heißt zuerst, wie Luther das formuliert hat: *„Ich glaube, daß mich Gott geschaffen hat samt allen Kreaturen…"* Geschaffen als unverwechselbares, einzigartiges Individuum in diesem Jahrhundert, in diesem Teil der Erde, in diesem Land, mit dieser Geschichte. Gnade ist das Wissen um die Verantwortung für die Zukunft aus Dankbarkeit für die Vergangenheit. Der Prophet Jesaja drückt das ganz persönlich aus: *„Fürchte dich nicht, ich habe dich erlöst, ich habe dich bei deinem Namen gerufen, du bist mein!"* (Jesaja 43, 1).

Ich habe dich erlöst, das ist der zweite Erfahrungsbereich: das Wissen darum, daß der Mensch mehr ist als die Summe dessen, was er leistet. Gottes Zuwendung zum Menschen geschieht, bevor der Mensch überhaupt etwas leisten kann. Der Psalmist (Ps. 139) beschreibt diese Erfahrung so: *„Deine Augen sahen mich, als ich noch nicht bereitet war und die Tage waren in dein Buch geschrieben, die noch werden sollten und von denen keiner da war"* (Vers 16).

Diese Zuwendung Gottes darf aber nicht so ausgelegt werden, daß Gott den Menschen von der Leistung dispensiert. Im Gegenteil: Gottes Zuwendung zum Menschen ist Ursache, Kraftquelle, Motivation für alle Leistung.

Hier kommt der dritte Erfahrungsbereich in den Blick. Leistung, Handeln, Entscheiden ist immer mit dem Risiko verbunden, daß der Mensch etwas falsch macht, zuweilen mit schweren Konsequenzen für das eigene Leben und das Leben anderer. Der Christ weiß, daß Gott auch in dieser Situation ihn nicht fallen läßt: Er lebt aus der Vergebung und betet deshalb im Vater unser *„… vergib uns unsere Schuld, wie auch wir vergeben unseren Schuldigern"* (Matth. 6, 12). Was Gott tut, gibt der Mensch weiter. Kirche, christliche Gemeinde müßte eigentlich ein großes Netzwerk der Vergebung sein.

Und die letzte Konsequenz daraus ist gleichzeitig die größte Zumutung für den Christen, insbesondere für den Offizier: *„Liebet eure Feinde…"*, fordert Jesus in der Bergpredigt (Matth. 5, 44). Hier kommt der Christ an seine Grenzen, wenn er den Feind nur noch in seiner ganzen Unmenschlichkeit erkennen kann. Die Ereignisse im Kosovo sind das jüngste grausame Beispiel dafür. Aber Jesu Gebot bleibt auch hier wenigstens in der Form gültig, daß die Hoffnung auf menschliches Miteinander gerade angesichts der Unmenschlichkeit bleibt. Und die Tatsache, daß Soldaten hier Dienst tun, ist Ausdruck dieser Hoffnung.

Christen wissen, daß ohne Gottes Beistand diese Hoffnung nicht erfüllt wird. Deshalb beten Christen. Mit Gott reden ist der christliche Erfahrungsbereich, in den alle anderen eingebettet und in dem sie aufgehoben sind.

Ulrich de Maizière
General
* 24.2.1912 in Stade

*Führen und Befehlen muß sich rechtfertigen auch vor Gott. Je höher die
Führungsfunktion, um so wichtiger die transzendente Bindung.
Ich meine, nur so kann die Last der Verantwortung, wenn sie ernst
genommen wird, getragen werden.*

6.1 Hermann Barth

Für eine internationale Friedensord- nung unter der Herrschaft des Rechts

Grundzüge des friedensethischen Konsenses in der evangelischen Kirche[1]

I

Im November 1998 kam es auf der Tagung der Synode der Evangelischen Kirche in Deutschland zu einer bewegenden Szene. Das todkranke Mitglied des Präsidiums, Oberst a. D. Herwig Pickert, verband seine briefliche Mitteilung über die Aufgabe seines Amtes mit einer Botschaft an die Synodalen:

Botschaft   *... Vor zehn Jahren haben wir – noch getrennt in unserem Land und unserer Kirche – bei den Ökumenischen Versammlungen von Magdeburg und Dresden sowie beim Stuttgarter Forum im Konziliaren Prozeß für Gerechtigkeit, Frieden und Bewahrung der Schöpfung Beschlüsse gefaßt, denen auch heute und in Zukunft Bedeutung zukommt. Ich nenne nur zwei Stichworte:*

– die vorrangige Option für die Gewaltfreiheit und

– die Errichtung einer internationalen Rechtsordnung mit Sanktionsmöglichkeiten.

Präventive   *Wer sich auf den Konziliaren Prozeß wirklich eingelassen hat, ist durch*
Politik   *ihn ein anderer geworden. Nur so kann ich es mir erklären, daß es vor fünf Jahren – ausgerechnet in Osnabrück, der einen Stadt des Westfälischen Friedens – gelang, über all die fast ideologischen Prinzipienstreitereien hinaus mit der Kundgebung zur Friedensverantwortung eine gemeinsame Grundlage zu finden. Ich möchte Sie einladen, gerade jetzt diese Kundgebung wieder einmal herauszunehmen. Wieviele Aufgaben warten hier auf*

---

1. Der folgende Beitrag ist im Januar 1999 abgeschlossen worden. Der Kosovo-Konflikt war bereits im Gange, jedoch noch nicht zu militärischen Kampfhandlungen eskaliert. Eine Neufassung des Beitrags im Lichte des Kosovo-Krieges war nicht möglich, ist aber auch gar nicht nötig. Die hier vorgestellten friedensethischen Überlegungen sollen Wegweiser für eine unterschiedliche Situation der Bedrohung des Friedens und nicht Kommentar zu einem aktuellen Konflikt sein. Der Leser hat darüber hinaus den Vorteil, selbst zu prüfen, ob und inwieweit sich die im folgenden entwickelten Grundsätze im Falle des Kosovo-Krieges bewährt haben. Lediglich in einigen Fußnoten sind im Rückblick (Stand: November 1999) aktualisierende Ergänzungen vorgenommen.

uns als Christen und Staatsbürger! Ermutigen wir die Schwestern und Brüder, die in der politischen Verantwortung stehen; es gibt hier hoffnungsvolle Anzeichen für ein neues Nachdenken, ganz gleich, ob sie sich zu einer Kirche bekennen oder nicht. Ermutigen und unterstützen wir sie bei der Suche nach konfliktursachenorientierter, präventiver Politik. Das wäre Eintreten für die vorrangige Option für die Gewaltfreiheit! Was wir derzeit z. B. im Kosovo erleben – wir wissen heute noch nicht, ob der menschenverachtenden Gewalt dort wirklich Einhalt geboten werden kann – aber das ist bisher in keiner Weise – auch von Seiten der „internationalen Gemeinschaft" nicht – Option für die Gewaltfreiheit, sondern eindeutige Nutzung der ultima ratio *– spät, sehr spät, fast zu spät. Wir kennen die Konflikte mit ihrem Gewaltpotential – wie z.B. im Kosovo – lange im voraus; warum warten wir immer auf den Zeitpunkt für die* ultima ratio? *Wo bleibt die* prima ratio, die ratio?*

Nicht erst ultima ratio

Als Dozent an der Führungsakademie habe ich bei der Ausbildung zukünftiger Stabs- und Generalstabsoffiziere in diesem Kontext oft folgendes Bild gebraucht: Wir sehen in der uns umgebenden Landschaft eine Fülle von Löchern, wo nach Wasser gegraben wurde. Immer wieder fallen Kinder hinein, und dann ruft man nach den Soldaten, um die in die Brunnen gefallenen Kinder herauszuholen – und man wartet ab und schaut zu, bis die nächsten Kinder hineinfallen. Warum decken wir diese gefährlichen Löcher nicht in einem ersten Schritt ab? Warum gehen wir dann nicht daran, Wasserleitungen zu bauen, die diese Löcher überflüssig machen? Präventiv, ursachenorientiert handeln!

Ursachenorientiert

Aber nicht nur die Politik und damit wir als Staatsbürger sind hier gefragt, sondern es ist auch ureigenstes diakonisches Proprium für uns als Christen. Deswegen möchte ich Ihnen zum Schluß für die Beratungen besonders die Unterstützung und Förderung der Friedens- und Friedensfachdienste ans Herz legen. Wir als Kirche können dazu beitragen, daß die gefährlichen Löcher in der Wüste der Gewalt zugeschüttet werden, daß Wasserleitungen dem zaghaften Pflänzchen Frieden helfen, Fuß zu fassen. Tun wir es doch! ...

Diakonisches Proprium

Wenige Tage nach dem Ende der Tagung der Synode starb Herwig Pickert. Diese briefliche Botschaft wurde, sie war sein Vermächtnis.

Daran im Rahmen einer Darstellung der Grundzüge des friedensethischen Konsenses in der evangelischen Kirche zu erinnern, hat einen guten Sinn. Denn daß es 1993/94 zur Gewinnung dieses Konsenses kam, wie er sich am deutlichsten in der Kundgebung der Synode der EKD vom November 1993 und in dem (von der Kammer für Öffentliche Verantwortung unter dem Vorsitz von Trutz Rendtorff) vorbereiteten Beitrag des Rates „Schritte auf dem Weg des Friedens" vom Februar 1994 niederschlägt, hat nicht nur mit der nach 1989 veränderten politischen Situation zu tun. Es ist auch der Initiative und dem Einfluß einzelner Personen zuzuschrei-

Konsens

ben. In der Synode waren dies insbesondere Herwig Pickert und Heino
Falcke. Von unterschiedlichen, ja gegensätzlichen Ausgangspunkten – der
eine als Offizier der Bundeswehr, der andere als Leitfigur der christlichen
Friedensbewegung – bewegten sie sich aufeinander zu, zogen andere mit
und trugen so entscheidend dazu bei, nach Jahren des Streits zu einem
friedensethischen Konsens in der evangelischen Kirche zu finden.

II

Ich gebe die Kernsätze dieses Konsenses in zehn Abschnitten wieder:
1. *Frieden zu wahren, zu fördern und zu erneuern, ist das Gebot, dem*
   jede politische Verantwortung zu folgen hat. Diesem Friedensgebot
   sind alle politischen Aufgaben zugeordnet. In der Zielrichtung christli-
   cher Ethik liegt nur der Frieden, nicht der Krieg.

Zielrichtung
Frieden

Diese Sätze sind der Friedensdenkschrift der EKD von 1981 „Frieden
wahren, fördern und erneuern" entnommen. Sie markieren den Ausgangs-
und Zielpunkt evangelischer Friedensethik, über den auch in den Jahren
größten Streites Konsens bestand. Inhaltlich entspricht es ihnen, wenn die
Kirchen in der DDR auf der Ökumenischen Versammlung von 1989 in Abkehr vom Gedanken des „gerechten Krieges" die Entwicklung einer „Lehre
vom gerechten Frieden" angemahnt haben. Die grundsätzliche Ächtung
des Krieges als Form zwischenstaatlichen Konfliktaustrags und als Mittel
zur Durchsetzung partikularer politischer Ziele, wie sie völkerrechtlichem
Standard entspricht, ist ein fester Bestandteil evangelischer Friedensethik.

2. *Die biblisch-theologischen Schlüsselbegriffe für die friedensethische*
   Orientierung sind Gerechtigkeit und Recht.

Gerechtigkeit
und Recht

Eine christliche Friedensethik muß Rechenschaft darüber geben, von
welchen biblisch-theologischen Kategorien sie sich leiten läßt. Mit der
Bergpredigt allein kann keine tragfähige Friedensethik entwickelt werden.
Leitend müssen vielmehr diejenigen biblisch-theologischen Traditionen
sein, die das Leben und Handeln der menschlichen Gemeinschaft auf Gerechtigkeit und Recht ausrichten: ohne Gerechtigkeit kein Friede, ohne
Recht keine Gerechtigkeit. Für den Frieden innerhalb der Gesellschaft
ebenso wie zwischen den Völkern haben darum die Errichtung einer
Rechtsordnung und die Ethik der Rechtsbefolgung zentrale Bedeutung.
Eine Friedensordnung, die ihre Geltung jedoch ausschließlich auf den Gedanken der Akzeptanz stützen wollte, wird nicht dauerhaft sein oder erst

Recht durch-
setzen

gar nicht zustandekommen. Im Konfliktfall muß Recht auch durchgesetzt
werden. Zu den Möglichkeiten der Rechtsdurchsetzung auf der internationalen Ebene zählen z. B. wirtschaftliche Maßnahmen und verschiedene
Formen des Embargo. Das qualitativ Neue der durch das Recht der Verein-

ten Nationen begründeten, gewiß noch unvollkommenen internationalen Friedensordnung besteht darin, daß sie auch den physischen Zwang als Mittel der Rechtsdurchsetzung kennt.

3. Friedenspolitik ist Querschnittspolitik.

Sicherheit kann nicht allein militärisch definiert werden. Sie ist vor allem angewiesen auf eine gerechtere Verteilung der Lebenschancen zwischen Nord und Süd sowie West und Ost, auf die Einhaltung der Menschenrechte, die Stärkung rechtsstaatlicher und demokratischer Strukturen und den Schutz der natürlichen Grundlagen des Lebens. Daraus folgt, daß die Analyse und die Beseitigung von Konfliktursachen langfristig die vorrangige Aufgabe darstellt und durch ein kurzfristiges militärisches Krisenmanagement von Symptomen nicht zu ersetzen ist.

Konflikt-ursachen beseitigen

Sicherheit ist auch nicht einseitig zu haben. Es gibt sie wie den Frieden nur miteinander, nicht gegeneinander. Daraus folgt, daß eine rechtlich verfaßte internationale Friedensordnung gegenüber der Sicherheit durch nationalstaatliche militärische Rüstung und durch Bündnissysteme, zugleich die internationale Konfliktregulierung gegenüber partikularen nationalstaatlichen Entscheidungen das prinzipiell vorrangige, heute noch nicht zureichend realisierte Ziel bilden.

4. Friede ist fortwährend bedroht und wird immer wieder gebrochen. Um den Frieden zu erhalten und wiederherzustellen, müssen verschiedene Wege gegangen und unterschiedliche Mittel angewendet werden.

Dabei darf nicht zuerst oder vorrangig an militärische Kampfeinsätze gedacht werden. In diesem Sinne haben die Kirchen der DDR auf der Ökumenischen Versammlung von 1989 als „Grundorientierung in den Fragen des Friedens" eine „vorrangige Option für die Gewaltfreiheit" vertreten. Diese Formel zielt darauf ab, die Leistungsfähigkeit nicht-militärischer Instrumente zur Bewältigung von Konflikten und zur Sicherung des Friedens zu prüfen und politisch zu nutzen und diese Instrumente zugleich weiterzuentwickeln und zu stärken. Neben der Verknüpfung der Friedenspolitik mit den Bemühungen um gerechtere weltwirtschaftliche Verhältnisse und den Schutz der natürlichen Grundlagen des Lebens ist hier insbesondere zu denken an:

Nicht zuerst militärische Einsätze

- wirtschaftliche, soziale und kulturelle Kooperation,
- politische Einflußnahme,
- Etablierung ziviler Formen des Konfliktaustrags und der Konfliktregelung sowie
- Fortschritte bei der Abrüstung und der Begrenzung des Waffenhandels.

„Vorrangige Option für die Gewaltfreiheit" bezeichnet die Präferenz, nicht die Exklusivität gewaltfreier und gewaltarmer Wege. Dies zeigt sich schon am Mittel der Sanktionen und Embargomaßnahmen, die auch von

Wirksame Sanktionen

357

einem pazifistischen Standpunkt aus seit langem befürwortet werden. Sie bleiben zwar unterhalb der Schwelle militärischer Kampfhandlungen. Aber sie sind für ihre Wirksamkeit auf die Zufügung eines spürbaren Übels angewiesen, schließen darum die Ausübung von Druck und die Anwendung von Zwang ein und erfordern in der Regel den Einsatz militärischer Kräfte. Wer zur Vermeidung regelrechter Kampfhandlungen auf die energische Durchsetzung von Sanktionen pocht, darf nicht in dem Augenblick zurückzucken, wo die Embargomaßnahmen greifen. Natürlich hat dies spürbare Folgen auch für die Zivilbevölkerung, etwa im Irak oder in Serbien. Aber anders ist eine Wirksamkeit von Sanktionen nicht zu haben.

Militärische Mittel bereithalten

Anhand von historischen, politischen und militärischen Argumenten ist im konkreten Fall zu prüfen, ob eine noch weitergehende Anwendung militärischer Mittel, nun oberhalb der Schwelle von Kampfhandlungen, nötig und aussichtsreich ist. Im Grundsatz ist jedenfalls klar: Militärische Mittel zur Wahrung des Friedens und zur Durchsetzung des Rechts bereitzuhalten und notfalls anzuwenden, steht nicht im Widerspruch zu einer christlichen Friedensethik.

Friedenspolitik ohne Illusionen

Es ist richtig, daß Konflikte allesamt ihre Ursachen haben, daß den Ursachen zu Leibe gerückt werden muß und daß dem Ausbruch eines Konfliktes stets Versäumnisse vorausgehen. Aber diese Einsicht nutzt im akuten Konflikt gar nichts[2]. Eine Friedensethik und Friedenspolitik, die nicht damit rechnet, daß Versäumnisse und auch darum Bedrohungen und Brüche des Friedens wieder und wieder auftreten werden, ist illusionär. Der Einsatz militärischer Gewalt kann gewiß keine Konflikte lösen und Frieden schaffen, aber er kann als Nothilfe die Ausübung rechtswidriger Gewalt eindämmen und den Weg zu friedlichen Lösungen offenhalten oder ebnen[3]. Am Ende eines Prozesses der Abwägung, was das kleinere Übel

---

2. Im Falle des Kosovo-Konflikts war das nicht anders. Die NATO und ihre Mitgliedstaaten standen im März 1999 unausweichlich vor der Entscheidung über ein militärisches Eingreifen. Mögliche Fehler und Versäumnisse in der Zeit davor hoben die Unausweichlichkeit der Entscheidung nicht auf. Nicht nur Handeln, auch Unterlassen kann schuldig machen. Im übrigen ist die Forderung nach mehr präventiven Maßnahmen ebenso richtig wie abstrakt. Ihre Realisierung scheitert meist daran, daß der Leidensdruck der akuten Not fehlt. Weil sie aber nicht realisiert werden, kann der Beweis ihrer Tauglichkeit nicht erbracht werden.

3. Dafür ist der Kosovo-Konflikt ein besonders deutlicher Beleg. Ohne die Anwendung militärischer Gewalt wäre der politische Durchbruch, insbesondere der Abzug der serbischen Streitkräfte und die Stationierung einer starken UN-Schutztruppe, schwerlich erreicht worden. Aber militärische Gewalt kann nicht den Frieden gewinnen, sie hat schon die allergrößte Mühe, die „ethnische Säuberung" des Kosovo unter umgekehrtem Vorzeichen zu verhindern. Sie kann bestenfalls die Tür dafür öffnen und offenhalten, daß die notwendigen politischen, wirtschaftlichen, kulturellen und moralischen Schritte auf dem Weg zum Frieden getan werden: Der Stabilitätspakt für den Balkan darf nicht zur leeren Versprechung werden. Serbien darf nicht isoliert, es muß integriert und damit auch zu einem demokratischen Rechtsstaat weiterentwickelt werden. Der Wie-

sei, kann darum das Ergebnis sehen, daß der Einsatz militärischer Gewalt trotz seiner hohen Risiken dieses kleinere Übel und insofern gerechtfertigt ist. Schuldig werden wir im übrigen nicht nur durch Handeln, sondern auch durch Unterlassen.

Der Einsatz militärischer Gewalt ist ultima ratio, also nach dem Maß *Grenzfall* der ausgeübten Gewalt äußerstes Mittel. Er ist Grenzfall, und es ist darüber zu wachen, daß er wirklich Grenzfall bleibt. Eine ultima ratio, die faktisch über die politische ratio regiere, hörte auf, ultima ratio zu sein.

Einer gesonderten Erwähnung ist es wert, daß das Verständnis der *Abschreckung* ultima ratio als äußerster, nicht notwendig als zeitlich letzter Maßnahme den Gedanken der Abschreckung wieder ins Recht setzt. Die von der Synode des DDR-Kirchenbundes vollzogene "Absage an Geist, Logik und Praxis der Abschreckung" galt der zu einer chronischen Konfliktstruktur geronnenen nuklearen Abschreckung. Das Instrument der Abschreckung als solches hingegen ist – wie in anderen Konfliktbereichen, in denen Strafen oder Sanktionen angedroht werden, so auch bei der Bewahrung des Friedens – ein prinzipiell nötiges und konkret zu prüfendes Mittel. Für seine Wirksamkeit ist es wesentlich, daß es nicht zu spät kommt. Es zielt darauf ab, daß Gewalt nicht tatsächlich eingesetzt werden muß. Es funktioniert allerdings nur, wenn die fallspezifische Drohung mit dem Einsatz militärischer Gewalt glaubwürdig ist. Die Vorgänge im ehemaligen Jugoslawien sind ein eindrucksvoller Beleg dafür, wie eine schlechte Politik das Instrument der Abschreckung beschädigt.

5. *Eine so angelegte Friedensethik ist nicht die Wiederbelebung der traditionellen Lehre vom gerechten Krieg.*

In ihr ging es um den Einsatz militärischer Gewalt zwischen souveränen *Nicht* Einzelstaaten, und zwar speziell um die Bedingungen seiner Rechtferti- *„gerechter* gung und insofern um seine Einhegung. Gerade die militärischen Konflik- *Krieg"* te, die in jüngster Zeit neu entstanden sind, nötigen aber dazu, den Einsatz militärischer Gewalt nicht länger im Rahmen einer Lehre vom gerechten Krieg als politische Normalität zu verstehen, vielmehr die politischen Anstrengungen zur Überwindung des Krieges als einer Institution zwischenstaatlichen Konfliktaustrags zu verstärken. Dies bedeutet zugleich die Absage an den traditionellen, nicht näher bestimmten und daher leicht mißbrauchbaren Gedanken von Krieg als Mittel der Politik, so sehr der Einsatz militärischer Gewalt für die Selbstverteidigung und für die Ausübung internationaler Polizeigewalt ein prinzipiell notwendiges Mittel der Politik bleibt.

---

deraufbau von Städten, Dörfern und Fabriken wird allerdings einfach sein im Verhältnis zum Wiederaufbau der menschlichen Beziehungen.

Modifizierte Elemente

Die Fragen, die in der Lehre vom gerechten Krieg verhandelt wurden, behalten allerdings ihre Relevanz, und gewichtige Elemente müssen in modifizierter Weise auch in einer evangelischen Friedensethik aufgenommen werden[4]. Dazu gehört insbesondere, unter welchen Umständen der Einsatz militärischer Gewalt, der im Prinzip verwerflich ist, gleichwohl ethisch und rechtlich als Grenzfall gerechtfertigt und wie die Verhältnismäßigkeit der Mittel in der Gewaltanwendung gewahrt werden kann. Dies alles ist zu verhandeln im Koordinatensystem einer internationalen Ordnung des Friedens unter der Herrschaft des Rechts.

6. *Die Zeit ist gekommen für den ernsthaften Versuch zur Errichtung und Durchsetzung einer internationalen Friedensordnung.*

Übernationale Rechtspflichten

In der Charta der Vereinten Nationen ist der Entwurf einer solchen Ordnung, die eine Revolutionierung der überkommenen Paradigmen internationaler Ordnungs- und Unordnungsvorstellungen bedeutet, bereits angelegt. Die Normen und Verbindlichkeiten, auf denen der Rechtsstaat beruht und die dem Zusammenleben innerhalb eines Gemeinwesens Halt geben, können und müssen über das Völkerrecht zu allgemeiner Anerkennung gebracht werden und auch bei Konflikten zwischen staatlichen Gemeinwesen zur Geltung kommen. Dem Rückfall in das Regime von machtpolitischen Interessen von Einzelstaaten oder in die Resignation angesichts von purer Gewalt darf nicht noch Vorschub geleistet werden. Im Gegenteil – die Entwicklung in großen Teilen Europas zeigt, daß es möglich und politisch erfolgreich ist, durch die feste Einbindung in übernationale Rechtspflichten zu dauerhaften friedlichen Verhältnissen zu gelangen. Im Konfliktfall muß Recht mit Hilfe von Zwangsmitteln freilich auch durchgesetzt werden. Das Ende der Ost-West-Konfrontation eröffnet die Chance, das Rechtsdurchsetzungssystem der Vereinten Nationen wirksamer zur Geltung zu bringen.

7. *Was friedensethisch und friedenspolitisch für die anderen Staaten der Vereinten Nationen gilt, das gilt auch für Deutschland.*

Keine deutsche Sonderrolle

Die Bestimmung des Auftrags der Bundeswehr muß sich ethisch an den Einsichten in die friedenspolitische Verantwortung im Rahmen einer auf

---

4. Man darf das nicht mißverstehen: Es ist nicht gemeint, daß die Lehre vom gerechten Krieg repristiniert werden könnte oder sollte. Sie hat in einer internationalen Friedensordnung, die unter der Herrschaft des Rechts steht, keinen Platz mehr. Aber ihr Argumentationsmaterial gehört keineswegs zum alten Eisen. Gerade der Kosovo-Krieg hat gezeigt: Moral allein genügt nicht. Die bloß moralische Argumentation steht in der Gefahr, mit der Wucht bedingungsloser Imperative und aufwühlender Emotionen die Realität zu überspringen. Demgegenüber schärft die Lehre vom gerechten Krieg den Blick für solche Gesichtspunkte, die neben der *causa iusta*, dem Rechtfertigungsgrund, bedacht werden müssen: Wer darf militärische Gewalt anwenden? Welche Ziele und Mittel sind legitim?

die Herrschaft des Rechts gegründeten internationalen Friedensordnung und rechtlich streng an den Vorgaben des Grundgesetzes orientieren. Die bloße Suche nach neuen Aufgaben darf keinesfalls bestimmend sein. Der Gesichtspunkt des nationalen Interesses ist legitim; er kann auch vor moralischer Überforderung bewahren. Auf keinem Feld kann die deutsche Politik von den Belastungen absehen, die sich aus der verbrecherischen Politik und Kriegsführung des nationalsozialistischen Deutschland ergeben. Dies gilt auch für die mögliche Beteiligung deutscher Soldaten an militärischen Einsätzen im Rahmen der Vereinten Nationen. Jedoch rechtfertigt die belastete Vergangenheit keine grundsätzliche Sonderrolle Deutschlands. Gerade weil Deutschland militärische Gewalt in verbrecherischer Weise mißbraucht hat und durch den Einsatz militärischer Gewalt von einer Schreckensherrschaft befreit worden ist, hat das demokratische Deutschland allen Grund, sich im Rahmen der Vereinten Nationen oder von diesen gemäß Art. 52-53 ChVN ermächtigten oder beauftragten regionalen Organisationen an der Abwehr von Aggressionen und Friedensbedrohungen und an der Wiederherstellung des Rechts zu beteiligen.

8. *Schwierige Fragen zur Rechtsdurchsetzung ergeben sich im Blick auf die „humanitären Interventionen". Im Prinzip geht es dabei um den alten Konflikt zwischen staatlicher Souveränität und universaler Humanität.*

Im Rahmen einer internationalen Ordnung des Friedens, die unter der Herrschaft des Rechts steht, kann die Souveränität der Einzelstaaten nicht mehr uneingeschränkt akzeptiert werden. Die Völkergemeinschaft hat die Pflicht, zur Geltung und Durchsetzung der Menschenrechte beizutragen und darum den Opfern von Unterdrückung und Gewalt Schutz und Hilfe zuteil werden zu lassen. *Souveränität eingeschränkt*

Bevor jedoch eine humanitäre Intervention zur ultima ratio der Anwendung militärischer Gewalt greift oder das Maß der bereits eingesetzten militärischen Gewalt steigert, ist sorgfältig zu prüfen, ob diese Mittel aller Voraussicht nach tatsächlich leisten, was sie leisten sollen, nämlich über die Hilfe für die aktuellen Gewaltopfer hinaus den Schutz bzw. die Entwicklung einer funktionsfähigen Friedensordnung. Humanitäre Gesichtspunkte können eine Intervention mit militärischen Zwangsmitteln nur rechtfertigen, wenn *Humanitäre Intervention*
- die Entscheidung über ein solches Eingreifen im Rahmen und nach den Regeln der Vereinten Nationen getroffen wird[5],

5. Einer der Hauptkritikpunkte gegen das militärische Vorgehen der NATO im Kosovo-Krieg bestand und besteht darin, daß sie ohne UN-Mandat gehandelt und darum gegen das Gewaltverbot in der UN-Charta verstoßen habe. Allerdings wird dazu unter Völkerrechtlern eine intensive und kontroverse Debatte geführt. Vgl. z.B. J. Delbrück, Effektivität des UN-Gewaltverbots. Bedarf es einer Modifikation der Reichweite des Art.

– die Politik im Rahmen des Schutzes oder der Wiederherstellung einer rechtlich verfaßten Friedensordnung über klar angebbare Ziele einer Intervention verfügt,

– die an den Zielen gemessenen Erfolgsaussichten nüchtern veranschlagt werden und

– von Anfang an bedacht wird, wie eine solche Intervention beendet werden kann.

Eigene Ohn-
macht aushal-
ten

Der Gedanke der humanitären Intervention kann zum Einfallstor zahlreicher nicht-humanitärer Beweggründe für Interventionen werden, und umgekehrt können Opportunitäts- und Interessengesichtspunkte eine dringend erforderliche humanitäre Intervention verhindern. Zur notwendigen Ernüchterung zählt auch die Einsicht, daß zwischen dem universalen Anspruch der Menschenrechte und ihrer tatsächlichen Durchsetzung und Durchsetzbarkeit eine schmerzliche Kluft besteht. Es werden nicht alle, nicht einmal alle massiven Menschenrechts- und Völkerrechtsbrüche beseitigt werden können. Es wird nicht allen Opfern internationaler Gewalt Beistand und Hilfe gewährt werden können. Wir werden immer wieder die eigene Ohnmacht angesichts der Bilder und Nachrichten von Unrecht und Gewalt aushalten müssen.

9. *Eine internationale Friedensordnung, die bei der Aufgabe der Rechts-*
durchsetzung die ultima ratio des Einsatzes militärischer Gewalt tat-
sächlich dem Grenzfall vorbehält, ist in besonderer Weise auf den Aus-
bau von Wegen der zivilen Konfliktbearbeitung angewiesen.

Nicht durch
Waffen

Weil Feindschaft nicht durch Waffen überwunden werden kann und sich konfliktverursachende oder -verschärfende ungerechte Strukturen in aller Regel nicht mit Gewaltanwendung beseitigen lassen, besteht ein dringender Bedarf an wirksamen nicht-militärischen Mitteln zur Bearbeitung und Lösung von Konflikten.

Friedens-
dienste

In Ansätzen sind sie durchaus vorhanden. In den Kirchen haben sich vor allem die Friedensdienste ihrer Entwicklung, Förderung und Anwen-

---

2(4) UN-Charta?, in: Die Friedens-Warte. Journal of International Peace and Organization, Bd. 74, 1999, Heft 1-2, S. 139-157. Er kommt zu dem Ergebnis: *„Das 1945 geschaffene System der Gewaltverhinderung weist Mängel auf, die der Effektivität des Gewaltverbots abträglich sind. Die mit der bisherigen strikten Auslegung des Art. 2(4) UN-Charta entstandene Situation, daß neben Selbstverteidigung und Zwangsmaßnahmen durch den Sicherheitsrat keine zulässige Gewaltanwendung möglich ist, hat den Vorteil klarer Regeln. Die Tatsache, daß diese Sicht des Gewaltverbots es aber auch mit sich bringt, daß einem Genozid tatenlos zugesehen werden muß, wenn der Sicherheitsrat nicht handeln kann, muß zu denken geben ... Um einer schleichenden Erosion des Gewaltverbots entgegenzuwirken, erscheint die Zulassung einer eng begrenzten zusätzlichen Ausnahme in Gestalt der humanitären Nothilfe nicht nur im Rahmen der lex lata möglich, sondern auch rechtspolitisch und ethisch geboten."* (S. 157).

dung angenommen. Ein Ausbau der vorhandenen Ansätze ist nötig und möglich. Dabei werden viele experimentelle Schritte erforderlich sein. Um konfliktverschärfenden Enttäuschungen nicht Vorschub zu leisten, ist es allerdings geboten, das Wünschenswerte vom Tatsächlichen, das künftig Mögliche vom gegenwärtig Vorhandenen, das dringend Benötigte vom praktisch Machbaren zu unterscheiden.

Die bereits vorliegenden Erfahrungen mit Wegen ziviler Konfliktbearbeitung bedürfen gezielter Auswertung, Förderung und Weiterführung. Die Teilnehmer an Missionen der Vereinten Nationen und der OSZE haben die verschiedenen Funktionen internationaler Hilfskräfte kennengelernt und können helfen, die friedenspolitische Wirksamkeit der hier praktizierten Ansätze zu verbessern: Tatsachenermittlung, Anbieten guter Dienste, Vermittlung, Vergleich, Übernahme polizeianaloger Aufgaben. Darüber hinaus werden vor allem von Mitgliedern gewaltfreier Gruppen gegenwärtig beispielhafte Versuche in verschiedenen Konfliktregionen unternommen, um zwischen den Konfliktparteien die Artikulation von mißachteten Bedürfnissen zu erleichtern und gemeinsame Schritte zur Konfliktdeeskalation zu befördern. Häufig fehlt aber die nötige finanzielle Unterstützung. Der Einsatz finanzieller Ressourcen für die unterschiedlichen Wege und Mittel der Konfliktbearbeitung folgt bislang keinen vernünftigen Kriterien. Für den Einsatz militärischer Gewalt werden im akuten Konfliktfall – man denke nur an die gegen den Irak ergriffenen Maßnahmen – kurzfristig hohe Summen aufgewendet, die für die vorausschauende, vorbeugende Anwendung ziviler Mittel der Konfliktbearbeitung nicht zur Verfügung standen und stehen. Dieses Mißverhältnis muß beseitigt werden. Erst wenn die Wege der zivilen Konfliktbearbeitung in viel höherem Maße als bisher gefördert werden, kann verläßlicher geprüft und beurteilt werden, was sie leisten können.

Das Instrumentarium der internationalen Politik zur Steuerung und Lösung von Krisen ist unzureichend und muß verbessert werden. Keinen Aufschub dulden entschlossene Anstrengungen, um die friedenspolitische Wirksamkeit von Sanktionen zu verbessern. Dies gilt sowohl für die Einhaltung von Embargos als auch im Blick auf die Angemessenheit von Maßnahmen, die nicht etwa zusätzlich eine „Wagenburgmentalität" befördern dürfen. Ein zentrales politisches und rechtliches Problem besteht darin, daß Staaten, die aus früheren Kolonialgebieten hervorgegangen sind, oft keine politischen Gemeinwesen und keine in sich verflochtenen Volkswirtschaften ausbilden konnten und daß Staaten, in denen unterschiedliche ethnische und religiöse Gruppen zusammenleben, äußerst labil sind. Hier werden innovative Prozesse zur Bildung von Rechtsformen benötigt, die föderale Selbstbestimmungsrechte einräumen und unterhalb der Schwelle staatlicher Souveränität Autonomie gewährleisten.

Weiterentwicklung

Zivile Konfliktbearbeitung fördern

Instrumentarium unzureichend

363

10. *Vielen Konflikten liegen trennende Fremdheitserfahrungen und Vorurteilsstrukturen zugrunde. Von fundamentaler Bedeutung sind darum solide Aufklärung über historische und kulturelle Zusammenhänge und Erziehung zum Respekt vor fremden und andersdenkenden Menschen und Gruppen.*

Dialog auf allen Ebenen

Die Förderung des interkulturellen und interreligiösen Dialogs kann wechselseitig zu einer differenzierten Wahrnehmung beitragen. Dabei gilt es, die Vielfalt der Stimmen zu beachten und den Stimmen Gehör zu schenken, die nicht zu den vor Ort herrschenden gehören.

Versöhnte Verschiedenheit

Aufbau und Ausgestaltung einer internationalen Friedensordnung müssen das Problem lösen, sich auf gemeinsame Normen zu verständigen und eine gemeinsame Handlungsfähigkeit herzustellen, ohne die Individualität der Mitglieder zu gefährden und damit bei ihnen Identitätsängste auszulösen. Dies ist nur leistbar im Rahmen versöhnter Verschiedenheit: so viel Einheit wie nötig und so viel Verschiedenheit wie möglich. Verschiedenheit ist dabei nicht zu ertragen als ein leider unaufhebbares oder noch nicht zu beseitigendes Übel, sondern zu wollen als ein sachgemäßer Ausdruck im Zusammenleben der Menschen. Wir nennen das herkömmlich Toleranz.

Verhältnis zum Islam

Als Beispiel mag das schwierige Verhältnis westlicher und islamischer Traditionen in einer gemeinsamen internationalen Ordnung dienen. Für manche ist die Konfrontation der westlichen Zivilisation mit dem Islam an die Stelle des alten Ost-West-Gegensatzes getreten. Ich erwähne nur Samuel Huntingtons Kultur-Knall-Theorie. Hier sind die christlichen Kirchen nicht nur gefordert, der Entstehung eines neuen Feindbildes zu wehren. Im Ost-West-Konflikt hatten Feindbilder eine konfliktverhärtende Wirkung. Heute besteht die Gefahr, daß das Verhältnis zwischen dem europäisch-nordamerikanischen Raum und der islamischen Welt durch Feindbilder belastet wird. Es ist nötig, einen Austausch zu fördern, der die jeweilige innere Pluralität der „Welten" wahrzunehmen hilft. Auch für das Verhältnis zum Islam gilt: Es gibt Sicherheit und Frieden nur miteinander, nicht gegeneinander.

Kirchen müssen friedenstiftende Kraft entfalten

Für die Entwicklung dieses Miteinander wird es förderlich sein, wenn die Kirchen, insbesondere die protestantischen, das Einheitsmodell der Einheit in der Vielfalt in politisches und kulturelles Handeln übersetzen. Die Frage ist nur, ob die Kirchen mit den Pfunden, die sie haben, auch wuchern oder ob sie sie aus Ängstlichkeit und Unsicherheit vergraben. Es gibt dafür eine bedrückende historische Parallele. Der Kirchenhistoriker Heinrich Bornkamm hat in seinem Aufsatz „Das Problem der Toleranz im 16. Jahrhundert" gezeigt, daß damals die Toleranz für die neu entstandenen christlichen Konfessionen nicht aus dem Glauben dieser Konfessionen selbst hervorwuchs, sondern auf dem Boden von Relativismus und Skepsis entstand. „Der Gedanke, daß der Glaube um seiner selbst willen dem Andersdenkenden die Freiheit für Glauben und Gottesdienst einräumen sollte, war für die Zeit unvollziehbar und ist es z.T. bis heute geblieben. So war das Feld frei für die Motive einer Toleranz aus Relativismus und Skepsis, die bei den Humanisten und Spiritualisten aufgebrochen waren. Sie bestimmten den Weg in die Zukunft ... Freilich, die Tatsache, daß es zu einer Toleranz aus dem Zweifel kam, weil der Weg zur Toleranz aus dem Glauben nicht gefunden worden war, bedeutete nicht nur einen fürchterlichen Kurssturz für die überlieferten Lebensformen, sondern bei vielen auch für die Religion selbst. Der heraufziehende Atheismus fand kräftige Nahrung an den Schreckenserfahrungen der Geschichte der Intoleranz" (in: H. Bornkamm, Das Jahrhundert der Reformation, 2. Aufl. 1966, S. 262-291, dort 289). Soll denn Bornkamm auch für das 20. Jahrhundert Recht behalten und der christliche Glaube sich erneut seiner friedenstiftenden Kraft begeben?

III

Noch vor wenigen Jahren war es unvorstellbar, daß sich auf der Grundlage der in den zehn Abschnitten entfalteten Gesichtspunkte in der evangelischen Kirche ein breiter friedensethischer Konsens herausbilden würde. Diese Gemeinsamkeit ist uns teils zugefallen, teils aber auch mühsam errungen worden. Sie darf nicht leichtfertig aufs Spiel gesetzt, sondern muß sorgfältig gepflegt und ausgebaut werden. Der Konsens wird um so stabiler sein, je mehr wir bereit sind, den verbleibenden Dissens offen zu benennen und zu respektieren. Wir kommen in vielen ethischen Streitfragen innerhalb unserer Kirche nur miteinander aus und zugleich miteinander voran, wenn wir dem Grundsatz folgen: den Konsens verbreitern und den Dissens nicht verschweigen.

Dissens nicht verschweigen

In diesem Sinne benenne ich drei Punkte in Friedensethik und Friedenspolitik, die m. E. weiterhin Gegenstand des Streites bleiben werden:

1. So sehr wir uns einig sind über die Bereithaltung und Anwendung militärischer Gewalt im allgemeinen, so sehr gehen die Auffassungen auseinander, wenn es sich um Atomwaffen handelt. Der Beitrag des Rates der EKD vom Februar 1994 hat im Rückblick auf den Streit in den 70er und 80er Jahren die weise Formulierung gefunden, daß eine am Vorrang der politischen Friedensaufgabe orientierte Position, die die Existenz der nuklearen Abschreckung als Mittel auf dem Wege akzeptierte, und eine Position der Absage an die nukleare Abschreckung sich nicht überhaupt als unversöhnliche Gegensätze ausschließen, sondern – durchaus situationsbedingt – Ausdruck des Dilemmas waren, in das wir durch die militärische Ausgestaltung der Ost-West-Konfrontation gestellt waren. Auch sind gemeinsame Aussagen über atomare Abrüstung als ein ethisch begründetes und politisch sinnvolles Vorgehen sowie über das Ziel der internationalen

Nukleare Abschreckung

Ächtung der Atomwaffen möglich. Doch bestehen das Dilemma und der von ihm verursachte Dissens insofern noch fort, als auch nach dem Ende des Systems nuklearer Abschreckung Atomwaffen in großer Zahl vorhanden sind und sogar ihre Weiterverbreitung droht. Eine vollständige atomare Abrüstung kann nach menschlichem Ermessen nicht gelingen. Das Wissen um die Herstellung nuklearer Rüstung läßt sich nicht mehr aus der Welt schaffen. Auch in der Zukunft stellt sich insofern für die Staatengemeinschaft das Problem, was zur Vorbeugung und zur Abwehr nuklearer Rüstung getan werden kann. Ohne die Bereithaltung jedenfalls einer minimalen nuklearen Kapazität wird es m.E. nicht gehen.

Struktur der Vereinten Nationen

2. Leistungsfähigkeit und Belastbarkeit der Vereinten Nationen lassen sich derzeit schwer übersehen. Sehr weitgehende Vorstellungen zielen auf eine Monopolisierung der Gewalt bei den Vereinten Nationen. So geschieht es z.B. auch in der Kundgebung der Synode der EKD vom November 1993. Einmal abgesehen davon, ob dieses Ziel realistisch ist – die noch wichtigere Frage richtet sich darauf, ob das Ziel überhaupt erstrebenswert ist. Die in den Vereinten Nationen vertretenen Staaten sind nur zum geringeren Teil demokratisch-rechtsstaatlich verfaßt. Nicht wenige haben den Charakter von Diktaturen, die innerstaatlich die universalen Menschenrechte faktisch nicht anerkennen. Zumal unter diesen Umständen ist die Vorstellung einer Monopolisierung der Gewalt eher besorgniserregend. Vielmehr werden sowohl in der jetzigen Phase des Übergangs – hier aus Gründen der Effizienz – als auch bei der Weiterentwicklung der Strukturen der internationalen Friedensordnung – dann aus Gründen der notwendigen Teilung von Macht – neben die Organisation der Vereinten Nationen regionale Systeme kollektiver Sicherheit und Beauftragungen einzelner Staaten oder Bündnissysteme treten müssen.

Veto des Sicherheitsrates

Man wird auch nicht übersehen dürfen, daß nach der gegenwärtigen Regelung die Ständigen Mitglieder des Sicherheitsrats jeden Beschluß und jede Aktion, die sie selbst oder ihre Interessen zum Gegenstand haben, mit ihrem Veto blockieren können. Für die absehbare Zeit scheint es mir darum weder ausreichend noch empfehlenswert, friedensethisch und friedenspolitisch alles auf die Karte der Organisation der Vereinten Nationen zu setzen[6]. Deren Instrumente können in bestimmten Fällen gerade daran gehindert sein, die notwendigen Schritte zur Durchsetzung des Rechts einzuleiten. Die schon erwähnte Kundgebung der Synode urteilt deshalb m.E. über internationale ad hoc-Übereinkünfte zum Einsatz militärischer Ge-

---

6. Dieser Gedanke findet sich schon im Beitrag des Rates der EKD von 1994 „Schritte auf dem Weg des Friedens"! Man darf daraus nicht nur das Kriterium zitieren, wonach die Entscheidung über eine humanitäre Intervention *„im Rahmen und nach den Regeln der Vereinten Nationen getroffen"* werden muß (S. 28), sondern muß auch die sich daran anschließende Problematisierung und Relativierung dieses Kriteriums (S. 29) einbeziehen.

walt gegen einen Aggressor ungerecht und unsachgemäß, wenn sie sie generell mit Bestrafungsaktionen von Privatpersonen gegen einen meuchelnden Nachbarn gleichsetzt. Noch hat die internationale Friedensordnung bei weitem nicht die Qualität der innerstaatlichen Rechts- und Friedensordnung erreicht.

3. Daß die Völkergemeinschaft dem Gemetzel im ehemaligen Jugoslawien zu lange und nahezu ohnmächtig zugesehen hat[7], hat viel damit zu tun, daß die verantwortlichen Politiker den Vorwurf und die Stimmung fürchten, die Eindämmung der Gewalt auf dem Balkan rechtfertige nicht den Tod eines einzigen Soldaten aus der Völkergemeinschaft. Die Zeiten der Glorifizierung militärischer Helden sind längst vorbei. Aber es stehen Zeiten bevor, in denen vielleicht mehr als je zuvor – weil es nämlich nicht um den Einsatz des Lebens bei der Selbstverteidigung, sondern um den Einsatz des Lebens für den fernen Nächsten geht – Respekt für den Mut und die Opferbereitschaft von Mitgliedern moderner Friedenstruppen geweckt werden muß. Im Neuen Testament steht ein Satz, der auf eine schreckliche Geschichte des Mißbrauchs zurückblickt: „Niemand hat grössere Liebe als die, daß er sein Leben läßt für seine Freunde" (Joh 15,13). Der Vers findet sich auf vielen Kriegerdenkmälern und war der verlogene Trost für den sinnlosen Tod von Millionen von Soldaten. Aber *abusus non tollit usum,* der Mißbrauch hebt den rechten Gebrauch nicht auf. Bleibt es nicht wahr, daß das Handeln der Menschen, die bei Unglücksfällen und Katastrophen, als Polizisten oder eben auch als UN-Soldaten in Kambodscha oder im ehemaligen Jugoslawien für den nahen oder den fernen Nächsten ihr Leben riskieren, im Horizont dieses Verses geschieht?

Opferbereit-schaft muß geweckt werden

Ohne die Bereitschaft, Menschenleben unter den Soldaten der Vereinten Nationen zu riskieren, werden bestimmte Aufträge nicht gegeben und ausgeführt werden können. Christen profilieren sich in friedensethischen Grenzfragen gern mit einem Nein – getreu Wolfgang Borcherts berühmtem „Sag Nein!". Wagen es die Christen, auch das riskante Ja zu sagen? Wagen sie es, ihren Söhnen das Gewissen nicht nur im Blick auf die unter Umständen notwendig werdende Verweigerung des Kriegsdienstes, sondern auch im Blick auf die unter Umständen notwendig werdende Beteiligung an friedenerhaltenden und friedenschaffenden militärischen Einsätzen zu schärfen? Wagen sie es, die Opferbereitschaft von Menschen für solche Einsätze zu wecken und denen, die sich bereitfinden, ihren Respekt zu bezeugen?

Nicht ohne Einsatz von Menschenleben

7. Man muß im Rückblick hinzufügen: Es ist derselbe Grund, der die NATO veranlaßt hat, den Einsatz von Bodentruppen auszuschließen und allein mit Luftangriffen zu operieren. Die Bombardements aber haben ihre Wirkung nicht dadurch erzielt, daß sie die militärische Kapazität Serbiens geschwächt hätten, sondern daß sie der gesamten Infrastruktur des Landes wachsenden Schaden zugefügt haben – was erhebliche Zweifel an der ethischen Legitimität dieses Einsatzes militärischer Gewalt nach sich zieht.

6.2 Hans Christian Knuth

Gewissensentscheidung für den Beruf des Offiziers

I. Was heißt Gewissen?

Mensch ist Gewissen   In der Tradition der Bibel und der reformatorischen Theologie versteht man heute das Gewissen nicht als ein *„Organ"*, als eine besondere Ausstattung des Menschen mit einem empfindsamen Instrument, sondern umgekehrt wird der Mensch als Ganzer als Gewissen verstanden. „Genaugenommen *,hat'* nicht der Mensch Gewissen, sondern er ist Gewissen."[1] Zwar beklagen wir zu Recht auch einen gewissenlosen Menschen, aber darin kommt zugleich zum Ausdruck, daß wir in eben dieser Gewissenlosigkeit auch einen Verlust seines Menschseins beklagen. Natürlich kann man den Menschen auf vielfältige Weise beschreiben, als biologischen Forschungsgegenstand, man kann ihn überhaupt ausschließlich mit Mitteln der Naturwissenschaft definieren, man kann ihn soziologisch als Gesellschaftswesen beschreiben, man hat ihn jahrtausendelang als Tier mit Verstand (animal rationale) interpretiert. Das mag alles ein unbestrittenes Recht behalten. Die Frage ist nur, ob der Mensch wirklich als Mensch in Erscheinung tritt, wenn er als Objekt der unterschiedlichen Humanwissenschaften in den Blick kommt oder ob es nicht auf weitgehende Zustimmung auch außerhalb der Theologie treffen wird, wenn man sagt: Das, was ihn zum Menschen macht, ist sein Sein als Gewissen, ist der Ruf, der ihn trifft, so trifft, daß er nicht nur mit einzelnen Aktionen oder Entscheidungen, sondern als Ganzer darauf antwortet.

Antworten können   Dabei ist nicht vorausgesetzt, daß er schon bestimmte Normen oder Einzelforderungen hört, sondern daß er überhaupt imstande ist, sich herausfordern zu lassen, sich rufen zu lassen, zunächst einfach nur als Antwort auf die Gabe seines Daseins, als Antwort auf die Herausforderung durch die Gabe der Zeit, die Gabe seines Lebens, als Nötigung auch der Selbstverwirklichung, als Antwort auf das Wort, das ihn als Menschen anspricht, ihm sein Dasein als Mensch zuspricht, ihn in ein Verhältnis zu sich selbst versetzt.

Es gibt sicher nur ganz wenige Menschen, denen es gleichgültig ist, was

---

1. G. Ebeling, Theologische Erwägungen über das Gewissen, in: Wort und Glaube, Bd. I, 1960, S. 440.

aus ihnen wird, wie sie ihr Leben gestalten, ob sie anerkannt werden von ihrer Umwelt, ob sie sich selbst akzeptieren können, ob sie im Einklang sind mit sich selbst und demjenigen Verständnis vom Menschen, das sie selbst teilen und das ihnen nicht als von außen aufgedrängt erscheint. In diesem allgemein akzeptierbaren Umfeld versteht der Christ sich konkret herausgefordert als jemand, der vor seinem Schöpfer und von seinem Schöpfer her existiert, der Rechenschaft schuldet über die Gabe des Lebens, die Gabe der Zeit, den Umgang mit dem Nächsten, der Schöpfung und vor allem, der sich herausgefordert fühlt, in der Beziehung zu eben diesem Schöpfer zu existieren und seine Geschöpflichkeit nicht zu verfehlen. *Rechenschaft geben*

Auch für den Christen und gerade für ihn tritt das Gewissen nicht erst in Aktion als „*schlechtes*" Gewissen, also dann, wenn der Mensch sich konkret eine Schuld vorzuwerfen hat, sondern als Gewissen reagiert der Christ immer dann, wenn er sich fundamental herausgefordert fühlt, also wenn er selbst als Ganzer in seiner Beziehung zu Gott in den Blick kommt. Der Mensch ist kein in sich abgeschlossenes System, er kann nur existieren, indem er von außerhalb seiner selbst ernährt, gepflegt, gefordert, bestätigt und beurteilt wird. Sein Urteil über sich selbst mag noch so unabhängig von der näheren Umgebung sein, auch dann ist es geleitet von Normen und Werten, von Instanzen und Kriterien, die der Mensch sich nicht selbst ausgedacht hat, sondern die ihm vorgegeben sind. Um es ganz allgemein zu sagen: Der Mensch erfährt sich selbst nur im Urteil einer sittlichen Instanz, er erfährt sich selbst als Gewissen im Medium der Sprache. *Herausgefordert*

Normen vorgeben

„*Das Bewußtsein eines inneren Gerichtshofes im Menschen, vor welchem sich seine Gedanken einander verklagen oder entschuldigen, ist das Gewissen*", sagt schon der Philosoph Immanuel Kant.[2] Und dieses Gewissen entsteht im Menschen dadurch, daß er durch einen Ruf von außen so nach innen gekehrt wird, daß er sich von sich selbst als von einem äußeren unterscheiden kann (Eberhard Jüngel).

II. Berufswahl als Gewissensentscheidung

Wenn die Berufswahl eine Gewissensentscheidung ist, so kann sie das nur in dem eben beschriebenen Sinne sein als eine Entscheidung, in der das Menschsein dessen, der sich entscheidet, auf dem Spiele steht und gefordert wird. Das gilt nicht nur für den Beruf des Offiziers als einem Beruf mit besonders gravierenden Wirkungen und einer besonderen Verantwortung. Das gilt für jeden Beruf, sofern seiner Wahl eine Gewissensentscheidung zugrunde liegt. Das Gewissen, d. h. derjenige, der sich für das Sol- *Menschsein steht auf dem Spiel*

---

2. Metaphysik der Sitten, Tugendlehre § 13.

datsein entscheidet, ist nun aber in besonderer Weise zur Rechenschaft gefordert, weil dieser Beruf nicht nur seit jeher gesellschaftlich starker Kritik ausgesetzt ist, sondern auch, weil er in sich selbst eine antithetische Spannung enthält. Gegebenenfalls muß der Soldat die Gewalt mit Gewalt bekämpfen. Diese Spannung nötigt zu besonders differenzierter Reflexion in ethischer Hinsicht. Es gehört zur Würde und zur Bürde des Soldaten, daß der Friede notfalls mit dem Mittel des Krieges erhalten oder wieder hergestellt werden muß. Eben dies kann aber den um die Berufsentscheidung als Offizier ringenden jungen Menschen in ganz ungeahnte seelische Nöte treiben.

Von Gott bestimmt? Geht man davon aus, daß der Christ bei jeder Entscheidung, also besonders auch bei seiner Berufsfindung, dem Willen Gottes entsprechen will, so gibt es hier Skrupel, Anfechtungen und Probleme, die ethisch nicht mit noch so einleuchtenden allgemeinen Prinzipien durchzustehen sind. Die Frage lautet nämlich nicht nur allgemein, ob man es verantworten könne, Soldat zu sein, sie lautet auch nicht nur allgemein, ob man es verantworten könne, an dieser Stelle anderen die Pflichten und Aufgaben des Rechts- und Friedensschutzes zu überlassen, sie lautet ganz schlicht und persönlich für jeden einzelnen, ob er wohl von Gott zu solchem Tun und Dienst bestimmt sei oder nicht.

Existentielle Entscheidung Der dänische Theologe und Christ Sören Kierkegaard hat mit seinem ganzen Lebenswerk und mit seinen Lebensentscheidungen durchexerziert, in welche Abgründe von Reflexion man verstrickt wird, wenn man ernsthaft fragt nicht nur nach dem ethischen Allgemeinen, sondern nach dem religiös Besonderen, das man zu verwirklichen hat. Die Frage lautet dann zugespitzt nicht mehr: *„Kann man heute Soldat sein, kann man sich von dem Friedensdienst mit der Waffe dispensieren?"* sondern sie lautet: *„Was will Gott von mir?"* Allgemeine ethische Prinzipien können sehr wichtig sein und sind es auch für die Abklärung dieser Frage im Vorfeld, aber die konkrete existentielle Entscheidung muß jeder Einzelne als Gewissen vor Gott treffen, und damit tritt er in eine Unmittelbarkeit des Gottesverhältnisses, die auch erschrecken kann. Im Gespräch mit anderen Christinnen und

Streben nach Klarheit Christen, im Hören auf die Heilige Schrift, im Ringen im Gebet strebt der Christ als Gewissen Deutlichkeit und Klarheit an, die sich aber nicht immer einstellt. Auch Kierkegaard, der für seine Person nicht zu der Gewißheit kam, eine bürgerliche Existenz als Pfarrer und Ehemann sei das von Gott für ihn gewollte, hat nicht etwa behauptet, er wisse das in letzter Gewißheit von Gott selbst, er hat aber mit seinem Leben bezeugt, daß es letztlich auf eine solche Gewißheit vor Gott ankomme.

Vertrauen auf Gott Aus solchen Skrupeln des Gewissens kann letztlich nur die biblische und reformatorische Lehre von der Rechtfertigung des Sünders allein aus Glauben heraus führen. Gibt sie doch dem Christen die Möglichkeit, sein Vertrauen ganz auf Gott zu setzen, auch wenn er im Ethischen nicht zu ei-

370

ner letzten Gewißheit durchstößt. Die Rechtfertigung des Sünders ist von Paul Tillich weitergedacht als Rechtfertigung des Zweiflers. So befreit letztlich nur der Rechtfertigungsglaube von den unaufhörlichen Skrupeln, ob man Gott gehorcht oder nur seinen eigenen Interessen nachgeht. Das Heil läßt sich nach Luther ohnehin nicht durch die richtige oder falsche Berufswahl verwirklichen. Wer das nach allen Skrupeln und Anfechtungen der Qual der Wahl erfährt, der kann mit einer gewissen Gelassenheit auch dann seine eigenen Entscheidungen akzeptieren, wenn er nicht die letzte Gewißheit hat, ob sie vor Gott richtig sind oder nicht.

Gehorsam oder Interesse

Das schließt natürlich nie die verantwortliche Prüfung und ständige Überprüfung einmal getroffener Entscheidungen aus. Aber sie können nun mit den Mitteln der Vernunft, bzw. im Kontext der allgemeinen ethischen Überzeugungen, reflektiert werden und sind befreit vom Gewicht, sich vor Gott rechtfertigen zu müssen, d. h. sich damit vor Gott die ewige Seligkeit verdienen zu müssen.

Ständige Prüfung

Es ist hier zu betonen, daß solche Überlegungen für alle Berufsentscheidungen gelten, ja für alle wesentlichen Entscheidungen. Es sagt sich leichter, als daß es sich realisiert, daß der Christ für sein eigenes Leben nach dem Willen Gottes zu fragen hat. Andere können ihm solche Entscheidungen nicht abnehmen. Die Gewißheit des Glaubens stellt sich hier nicht ein. Das Evangelium von der Heilsgewißheit befreit aber von der an sich berechtigten Forderung, im Bereich des Ethischen Gewißheit erreichen zu sollen.

III. Offiziersein

Nach der fundamentalen Wende im Ost-West-Verhältnis hat sich auch ein neues Bild von der Notwendigkeit und der Unverzichtbarkeit einer staatlichen Gewalt gegen Unrechtsgewalt ergeben. Während man zu Zeiten des weltweiten atomaren Wettrüstens bei einer bewaffneten Auseinandersetzung der großen Blöcke sogleich mit einer globalen Katastrophe rechnen mußte, die das strategische Ziel, den Frieden zu erhalten, völlig ins Gegenteil verkehren mußte, geht es in der Folgezeit weltweit um begrenzte, nichtatomare, kriegerische Gewaltanwendung, bei der die klassischen, voratomaren Modelle wieder stärker an Gewicht gewinnen. Die Balkankrise hat bis weit in die bis dahin klassisch pazifistisch orientierten kirchlichen und gesellschaftlichen Kräfte hinein zu einem neuen Nachdenken über die Unverzichtbarkeit des Einsatzes von demokratisch legitimierter Gewalt gegenüber der Gewaltanwendung terroristischer oder auch quasiterroristischer nationalistischer Gewaltanwendung geführt. Die alte Paradoxie, daß sich die Armee nur auf einen Ernstfall vorbereiten konnte, der nie eintreffen durfte (Abschreckung), genügt nicht mehr zur ethischen Be-

Neuer Ernstfall

gründung des Auftrages der Armee. Heute ist leider auch davon auszuge-hen, daß die erprobten Waffen (konventioneller Art) im Ernstfall auch zur Anwendung kommen müssen, um das Schlimmste zu verhüten. Das ist nicht nur im Blick auf die Opfer an Menschenleben, die nun wieder in den Bereich des Möglichen rücken, eine neue Qualität der Verantwortung. Es führt auch zu neuem Nachdenken, wann, wofür, in welcher Situation, ge-gen wen und mit wem eine kriegerische Auseinandersetzung unvermeidbar wird. Auf den einzelnen Offizier kommt hier eher mehr an Verantwortung zu als bisher, auch wenn die Dimensionen seines Handelns nicht sogleich globale Weite haben. Der Einsatz nuklearer Waffen war niemals abhängig allein vom Militär, auch die Beteiligung etwa an den Friedenstruppen im Kosovo ist natürlich eine vom Parlament, und damit letztlich von der Ge-samtbevölkerung, zu verantwortende Entscheidung. Aber wie vor Ort vor-zugehen ist, was an Maßnahmen ethisch legitimiert ist und was nicht, das gerät doch zunehmend wieder in die Verantwortung der Offiziere, die das nur von Fall zu Fall und dann ganz schnell entscheiden müssen. Damit ist – bei allem Dank für die nukleare Entspannung – die Einzelentscheidung des Offiziers nicht immer leichter geworden.

Mehr Verant-
wortung

Die klassischen Tugenden und sittlichen Prinzipien des Soldaten sind wieder stärker gefragt. Damit gewinnen auch z.B. Luthers Denkanstöße neue Bedeutung. In seiner Schrift: *„Ob Kriegsleute auch in seligem Stande sein können?"*[3] unterstreicht Luther zunächst, daß gerade für den Beruf des Soldaten geklärt werden muß, wie er mit seinem Gewissen und als Gewis-sen zu seinem Einsatz steht. Zunächst sind Amt und Person, oder Werk und Täter zu unterscheiden. Und wie der Stand des Richters, wie der Ehestand, ist auch der Stand des Soldaten: *„an ihm selbst recht und göttlich."*[4] Es komme aber darauf an, daß die Person, die das Amt, den Stand wahr-nimmt, auch rechtschaffen sei.

Amt und Per-
son unter-
scheiden

Zum anderen gehe es hier nicht um die Frage der Glaubens-gerechtigkeit, sondern um die Frage der äußeren Gerechtigkeit des Chri-sten im Verhältnis zum Kriegsamt, in dem ich *„Krieg führe, würge und ste-che, raube und brenne, wie man dem Feinde in Kriegsläuften nach Kriegsrecht tut."*[5] Entscheidend ist, ob das Kämpfen dem Frieden oder Un-frieden dienen soll.

Dem Frieden

Erst die Person, die ihr Amt mißbraucht, macht sich schuldig. Luther beantwortet ganz konkret die Fragen nach dem Sold des Soldaten, den man ihm nicht bestreiten kann. Er sieht aber auch das Widerstandsrecht für den Fall, daß der Soldat sicher weiß, daß er in einen unrechten Krieg einbezo-gen wird.[6] Für den Fall sei der Widerstand geboten. Die Abwägung freilich

Widerstands-
recht

---

3. WA 19, 623 ff von 1526, Münchener Ausgabe Band 5, S. 371 ff.
4. WA 19, 624.
5. WA 19, 625.
6. WA 19, 656.

372

sei eine äußerst schwierige Aufgabe, und wenn der Soldat sich nicht sicher sei, ob der Krieg, zu dem er gerufen wird, zu Recht oder zu Unrecht geführt wird, dann müsse er zunächst die Verantwortung dafür dem Vorgesetzten überlassen und Gehorsam leisten. Wenn in den neuesten kirchlichen Verlautbarungen immer weniger vom Krieg und immer stärker von *„internationaler Polizeigewalt"* die Rede ist[7], so wird deutlich, daß die Ausrichtung an einer internationalen Friedensordnung unter konkreten rechtlichen Rahmenbedingungen immer stärker den Gedanken des Regimes von machtpolitischen Interessen von Einzelstaaten widerspricht.

Gehorsam

Der einzelne Soldat kann in seinem Gewissen schwerlich allein entscheiden, ob eine gewaltsame Maßnahme machtpolitischen, nationalen Eigeninteressen entspricht oder der Wahrung der Rechte einer internationalen Friedensordnung. Er muß seinen Einsatz auch nicht selbst moralisch legitimieren. Die Legitimationspflicht für militärische Einsätze liegt beim Parlament. Im Einzelfall freilich gibt es für den Offizier im Einsatz immer wieder schwerwiegende Gewissensfragen, die ihm auch der ferne politische Auftraggeber nicht abnehmen kann. Wann etwa der Gebrauch von Schußwaffen angezeigt ist oder nicht, ob die Gefährdung des Lebens seiner Soldaten im Vordergrund steht oder die Angemessenheit der Mittel den Einsatz von Schußwaffen eher nicht nahelegt, das sind Fragen, die auch bei der Polizei selber, und also auch bei einem sich immer stärker vom Auftrag der Polizei herleitenden Verständnis des Militärs, nicht zu umgehen sind. Dabei gilt: *„Der gerechtfertigte Sünder ist der von seinem anklagenden und verurteilenden Gewissen befreite Mensch. Er weiß sich nun zum vernünftigen Handeln befreit"*.[8]

Legitimation durch das Parlament

Zur Literatur

– Gerhard Ebeling, Theologische Erwägungen über das Gewissen. In: Wort und Glaube, Band 1, Tübingen, 1960, S. 429–446.
– Hans-Gernot Jung, Wer weiß noch, was Gewissen ist? In: Warten in Geduld, Momentaufnahmen. Herausgegeben vom Evangelischen Kirchenamt für die Bundeswehr. Hannover, 1991, S. 201–209.
– Sigo Lehming, Gewissen als Thema theologischer Arbeit. In: ... und wage es, Soldat zu sein. Vom Friedensdienst mit der Waffe, Stuttgart, 1980, S. 44–47.
– Peter H. Blaschke, Reinhard Gramm, Winfried Sixt, De officio. Zu den ethischen Herausforderungen des Offiziersberufs. Herausgegeben vom Evangelischen Kirchenamt für die Bundeswehr, 2. Auflage, Hannover, 1985.
– Gewissensentscheidung und Rechtsordnung. Eine Thesenreihe der Kammer für Öffentliche Verantwortung der Evangelischen Kirche in Deutschland. Herausgegeben vom Kirchenamt der EKD, EKD Texte Nr. 61, Hannover, 1997.
– Schritte auf dem Weg des Friedens. Orientierungspunkte für Friedensethik und Friedenspolitik. Ein Beitrag des Rates der Evangelischen Kirche in Deutschland. Herausgegeben vom Kirchenamt der EKD, EKD Texte Nr. 48, 2. Auflage, Hannover 1994.

---

7. Trutz Rendtorff in EKD Texte 48, S. 54.
8. EKD Texte 61, S. 26.

6.3 Peter Michaelis

Vorrangige Option für die Gewalt-
freiheit – militärischer Auftrag und die
christlichen Friedensdienste

*„Verzeih mir, mein Bruder Soldat, daß ich mich so spät melde, um Dir
zu danken und Dir Abbitte zu tun. Meine Augen und die meiner christlichen Schwestern und Brüder waren verblendet durch Rechthaberei und
die Angst, von unseren liebgewordenen, viel zu lange Zeit genährten Vor-
Urteilen zu lassen.*

*Schutz gewäh-
ren*

*Jetzt aber muß ich es, um der Wahrheit willen, endlich offen ausspre-
chen: Du, mein Bruder Soldat – ja, nur Du allein hast dem Frieden in
Bosnien eine erste Bahn gebrochen! ... Du allein hast den brutalen Mör-
dern, welche viele Monate lang die wehrlosen Menschen, – Frauen, Kinder, alte Leute – in den Städten der sog. Schutzzonen von umliegenden
Bergen aus mit Granaten und Heckenschützenfeuer bedroht und umgebracht haben, das Handwerk gelegt. Nur Du auch, Bruder Soldat aus den
USA oder der EU, hast auch die ineinander tödlich verbissenen Soldaten
und Milizionäre der drei bosnischen Volksgruppen voneinander getrennt,
auf Distanz gebracht und damit ihre Mordlust kraftvoll gezähmt. Nun
stehst Du zwischen ihnen, der einzige, der ihren Rückfall in die ungezügelte Gewalt mit seinen Waffen verhindern kann. Nur Du auch kannst in der
Gegenwart und Zukunft den Flüchtlingen der drei Volksgruppen auf ihrem
langen und oft gefahrvollen Weg zurück in ihre alte Heimat ... Schutz gewähren"*[1].

*Infra-
gestellung*

Diese Gedanken von Wolfgang Brockpähler sind Ende des Jahres 1996
in der Zeitschrift *„Europäische Sicherheit"* unter der Überschrift *„Dank
an IFOR-Soldaten in Bosnien – Gedanken eines Pazifisten"* veröffentlicht
worden. Sie zeigen beispielhaft, daß die Kriegsereignisse im ehemaligen
Jugoslawien und schließlich die Beendigung der Kampfhandlungen durch
das Eingreifen der NATO bei vielen, die sich bisher mit Positionen eines
unbedingten Pazifismus identifizierten, ein Infragestellen ihrer Überzeugung bewirkt haben. Widerlegt schien die pazifistische These, Militär sei
ungeeignet, gewaltsame Konflikte beizulegen. Allein schon das Denken in

---

1. Wolfgang Brockpähler, Dank an IFOR-Soldaten in Bosnien – Gedanken eines Pazifi-
    sten, in: Europäische Sicherheit, 11/96, S. 19

374

militärischen Kategorien beeinträchtige nichtmilitärische, politische und zivile Chancen des Konfliktaustrags[2].

Allerdings nimmt Wolfgang Brockpähler auch eine Eingrenzung seiner „*Hymne*" auf den „*Bruder Soldat*" vor: „*Die allerschwersten Dinge, die für einen wahren Frieden nötig sind, könnt ihr Soldaten nämlich nicht, und die meisten, vor allem die Christen unter euch wissen das auch: Ihr könnt dem Frieden zum Durchbruch verhelfen, aber ihr könnt den Frieden nicht sichern, stiften, bauen, befestigen. Sichern können den Frieden nur die Politiker durch hinreichend gerechte Verträge und Abmachungen. Stiften und bauen können den Frieden nur die Menschen vor Ort, die Ombudsleute der OSZE, die Vertreter von Parteien, der Gewerkschaften, der sonstigen Verbände, der Polizei, der Gerichte u.a. gesellschaftlicher Gruppen. Befestigen und verankern in den Herzen der Menschen können den Frieden nur die berufenen Friedensarbeiter, die Ärzte, Psychologen, Künstler, Schriftsteller, Lehrer und Geistlichen der verschiedenen Religionen und christlichen Konfessionen*"[3].* *Grenzen des Tuns*

Diese Einschätzung teilen heute in einem großen Konsens viele am Friedensprozeß von Nachkriegsländern Beteiligte. Militär, Politik, Hilfsorganisationen und kirchliche Friedensethik erkennen im Einsatz von im Auftrag der Vereinten Nationen handelnden Streitkräften ein äußerstes Mittel, um als Nothilfe die Ausübung rechtswidriger Gewalt einzudämmen und den Weg zu friedlichen Lösungen offenzuhalten und zu ebnen[4]. *Weg offenhalten*

Militär kann demnach für den gesicherten Rahmen sorgen, der der Entwicklung von Frieden und Versöhnung Raum gibt. Darf aber die Auffassung von W. Brockpähler sich – so gesehen – noch als pazifistisch bezeichnen?

1. Positionen des Pazifismus

Der Begriff „*Pazifismus*" wurde 1901 von dem französischen Juristen Emile Arnaud, dem damaligen Präsidenten der „*Internationalen Liga für Frieden und Freiheit*" als Charakterisierung der seinerzeitigen Friedensbewegung geprägt[5]. Jesus preist in der Bergpredigt die „*Friedensstifter*" (lat.: „*pacifici*", Matthäusevangelium, Kap. 5, Vers 9) „*selig*". Von dieser Wurzel her liegt es nahe, pazifistische Haltung vorwiegend als eine Gesin- *Absage an Gewalt*

---

2. Karlheinz Koppe, Zehn Thesen: Pazifismus im Zeichen neuer Gewalt, in: Koppe, Reader zum Themenbereich Pazifismus, Bonn 1997, S. 11
3. Wolfgang Brockpähler, a.a.O., S. 19
4. Vgl.: Schritte auf dem Weg des Friedens, Orientierungspunkte für Friedensethik und Friedenspolitik. Ein Beitrag des Rates der Evangelischen Kirche in Deutschland, EKD-Texte 48, Hannover 1994, S. 16
5. Wolfgang Huber, Hans-Richard Reuter, Friedensethik, Stuttgart 1990, S. 111

nung zu verstehen, die allem Einsatz von Gewalt konsequent absagt. Solcher Gesinnungspazifismus steht in einer Tradition, die von der frühen christlichen Gemeinde bis zu konsequent – pazifistischen Überzeugungen der Gegenwart reicht. Breiter belegt ist demgegenüber der *„organisatorische Pazifismus"*, der weniger die Gesinnung als die politische Gestaltung des Friedens mit den Mitteln der Politik und des Rechts im Blick hat. Ihm geht es um eine politische Friedensordnung, in der Gewalt durch die wachsende Dichte der zwischenstaatlichen Organisation der Welt gebändigt ist.[6] Dies bedeutet nicht unbedingt Gewaltverzicht um jeden Preis. Organisatorischer Pazifismus kann in diesem Sinne auch als *„Verantwortungspazifismus"* bezeichnet werden.[7] Er begnügt sich nicht mit der persönlichen Gesinnung des Gewaltverzichts, sondern verfolgt das politische Ziel, praktisch ausgeübte Gewalt zu beendigen. Im Sinne des Verantwortungspazifismus könnten – so gesehen – dann letztlich auch Soldaten, die der Durchsetzung des Friedens mit den Mitteln des Rechts dienen, sich als Pazifisten bezeichnen. Um der Klarheit willen, sollte deshalb aus meiner Sicht der trotz allem schillernde Begriff *„Pazifismus"* allein auf die Gesinnung der Ablehnung jeglichen Einsatzes von Gewalt beschränkt bleiben. Geeigneter ist die in der friedensethischen Diskussion der Kirchen mittlerweile bevorzugte Rede von der *„vorrangigen Option für die Gewaltfreiheit"*.

Gewalt bändigen

2. Die vorrangige Option für die Gewaltfreiheit

Suche nach verbindlicher Wahrheit

1986 initiierte Carl Friedrich von Weizsäcker den vom Ökumenischen Rat der Kirchen angestoßenen *„Konziliaren Prozeß für Gerechtigkeit, Frieden und Bewahrung der Schöpfung"*. Der Initiator dieser Idee ging von dem Grundgedanken aus, daß angesichts des begrenzten Wirkungsradius der nationalen und der Schwäche der internationalen Institutionen die Christenheit die moralische Autorität aufbringen könne, das für die Zukunft der Welt Notwendige auszusprechen: Friede, Gerechtigkeit und Bewahrung der Schöpfung. *„Konziliarität"* beschreibt dabei die Kirche als eine *„Verständigungsgemeinschaft"*[8], die sich immer neu auf die Suche nach der für sie verbindlichen Wahrheit begibt. In konziliarer Versammlung wird dann die erkannte Wahrheit gemeinsam formuliert und den christlichen Gemeinden mit der Bitte um Aufnahme und Vertiefung übergeben. Dieser konziliare Prozeß begann mit Ökumenischen Versammlungen in den Kirchen der DDR 1988 / 1989. Beobachter meinen, daß diese

---

6. Karl Holl, Artikel Pazifismus, in: Geschichtliche Grundbegriffe, Stuttgart 1978, Band 4, S: 775
7. Wolfgang Huber, Kultur des Friedens. Über die Friedensverantwortung in der Zivilgesellschaft, in: Tagungsdokumentation der Ev. Akademie Loccum 1/98, S. 64
8. Huber / Reuter, a.a.O. S. 206

Zusammenkünfte im Vorfeld des Zusammenbruchs der SED-Herrschaft eine wichtige Rolle gespielt hätten.[9]

Aus der Erkenntnis, daß Gerechtigkeit, Friede und Schöpfungsbewahrung in unserer Weltsituation drei miteinander verflochtene Probleme darstellen, leiten die Ökumenischen Versammlungen von Dresden und Magdeburg – neben einer vorrangigen Option für die Armen und für die „Bewahrung der Natur" – eine „*vorrangige Option für die Gewaltfreiheit*" ab.

2.1 Theologische Begründung

Ausgangspunkt für diese „*Grundorientierung in der Frage des Friedens*"[10] ist Person und Botschaft Jesu. In der Bergpredigt deutet er das Gebot „*Du sollst nicht töten*" in einer Zuspitzung, die bereits den Zorn und den Haß gegen den Nächsten verwirft (Matthäusevangelium Kap. 5, Vers 21-22). Er lehrt die Liebe dem Feind gegenüber (Matth. 5, 44). „*Sanftmütige*" preist er „*selig*" (Matth. 5, 5), „*also jene, die auf den Gebrauch der Gewalt verzichten*".[11] Die Friedensstifter nennt Jesus sogar „*Söhne Gottes*" (Matth. 5, 9)

Feindesliebe

Zugleich jedoch ist der Mensch Sünder und dem Bösen verfallen. Aber „*Christus ist unser Friede*" (Epheserbrief Kap. 2, V. 14). Er versöhnt Gott und Mensch durch seinen Opfertod am Kreuz. Die Kirche soll in diesem Sinne „*Kirche des Friedens*" werden, indem sie lebt, was sie durch das Gnadenangebot Gottes in Jesus Christus eigentlich schon immer ist: Versöhnungsgeschehen zwischen Gott und Mensch, geschwisterliche Gemeinschaft zwischen Menschen, Friedenszeichen trotz bestehender Feindschaften in dieser Welt.[12] Daraus wird für die christliche Gemeinde gefolgert, die Hoffnung auf eine gewaltfreie Friedensordnung, wie sie das Alte Testament verheißt und wie sie im Weg Jesu erkennbar wird, „*exemplarisch zu leben*". Zugleich wird – auch vor dem Hintergrund der Massenvernichtungswaffen – die Überwindung der Institution des Krieges gefordert. Es wird zusammenfassend festgestellt: „*Als Grundorientierung in den Fragen des Friedens vertreten wir deshalb eine vorrangige Option für die Gewaltfreiheit*".[13]

Überwindung des Krieges

2.2 Wehrdienst- oder Kriegsdienstverweigerung

Diese Option führte für die Kirchen der DDR auch dazu, den Vorrang von gewaltfreien Wegen des Friedensdienstes zu betonen. Wehrdienst ist

9. Richard Schröder, Die Ökumenische Versammlung für Frieden, Gerechtigkeit und Bewahrung der Schöpfung in der DDR, in: Freiheit gestalten 1996, S. 398
10. Ökumenische Versammlung für Frieden, Gerechtigkeit und Bewahrung der Schöpfung. Dresden – Magdeburg – Dresden. Eine Dokumentation, Berlin 1990, S. 40
11. A.a.O., S. 101
12. A.a.O., S. 39
13. A.a.O., S. 40

Vorgriff auf Friedensordnung zwar in der Erklärung der Ökumenischen Versammlung *„mit dem Ziel der Kriegsverhütung im Prozeß der Abrüstung als vertretbarer Weg für Christen noch nicht auszuschließen"*. Wehrpflichtige aber, die *„in der heutigen Situation"* Wehrdienst verweigern, geben ein Zeugnis der Gewaltfreiheit, handeln im Vorgriff auf eine zukünftige Weltfriedensordnung und *„leisten damit einen prophetischen Dienst"*[14].

Diese Sicht kommt jener Formulierung eines ethischen Komparativs nahe, die in den Kirchen der DDR bereits 1965 vertreten wurde. In einer *„Handreichung für Seelsorge an Wehrpflichtigen"* wurde mit Blick auf *„Bausoldaten"* und Totalverweigerer festgestellt, daß sie *„ein deutlicheres Zeugnis des gegenwärtigen Friedensgebots unseres Herrn"* geben[15]. Sie würden *„kleine prophetische Zeichen"* setzen als *„Vorhut einer noch fernen Epoche"*.

Unterschiedliche Gewissensentscheidung In der Studie der Evangelischen Kirche in Deutschland (EKD) von 1989 *„Wehrdienst oder Wehrdienstverweigerung?"* wird demgegenüber argumentiert, daß nicht unsere Entscheidungen und unser Handeln uns zu Christen machen, sondern allein Gottes Handeln an uns, das der Glaube annehmend bejaht. Christen können sich durch ihre Taten nicht rechtfertigen, sondern müssen *„ihr Tun und Lassen vor ihren Mitmenschen verantworten"*.[16] Vor diesem Hintergrund wird betont, daß beide Entscheidungen letztlich eine Frage politischer Ethik sind. Beiden geht es um das Ziel der Bewahrung des Friedens. Die Nächstenliebe kann zu unterschiedlichen Gewissensentscheidungen führen.

Äußerstes Mittel Heute, in der politischen Situation nach beendigtem Ost-West-Konflikt, aber zugleich unter dem Eindruck nationalistisch motivierter Gewalt in vielen Ländern wird in der evangelischen Friedensethik die *„Vorrangige Option für Gewaltfreiheit"* als Aufgabe verstanden, die die Leistungsfähigkeit nicht-militärischer Instrumente zur Bewältigung von Konflikten und zur Sicherung des Friedens mit Vorrang zu prüfen verlangt (z.B. wirtschaftliche, soziale und kulturelle Kooperation; politische Einflußnahme; Etablierung ziviler Formen des Konfliktaustrags; Abrüstung und Begrenzung von Waffenhandel). Aber diese Formel ist nicht so zu verstehen, als seien militärische Mittel prinzipiell ausgeschlossen. Militärischer Einsatz kann zwar nicht Konflikte lösen, aber er kann als äußerstes Mittel für den Schutz bedrohter Menschen sorgen. Die *„Vorrangige Option für Gewaltfreiheit"* und der *„Grenzfall eines Einsatzes präventiv bereitgehaltener militärischer Gewalt"* sind *„notwendige Bestandteile einer auf der Herrschaft des Rechts gegründeten internationalen Friedensordnung"*.[17] Des-

---

14. A.a.O., S. 108
15. Wehrdienst oder Kriegsdienstverweigerung? Anmerkungen zur Situation des Christen im Atomzeitalter, EKD-Texte 29, Hannover 1989, S. 5
16. A.a.O., S. 8
17. Schritte auf dem Weg des Friedens, S. 23

halb kann die Kirche die Entscheidung zum Waffendienst und für gewaltfreie Wege des Friedensdienstes als einander zugeordnet bejahen.

2.3 Vorrangige Option für Gewaltfreiheit und Internationale Friedensordnung

Konsens-
formel

Der bisherige Verlauf des *„Konziliaren Prozesses"*, der neben einem
breiten Spektrum von Aktivitäten in Kirchengemeinden, Initiativkreisen
und Aktionen vor Ort seine Fortsetzung in den Ökumenischen Versammlungen von Stuttgart 1989, Basel und Seoul (Weltversammlung) 1990, Er-
furt 1996 und Graz 1997 (Europäische Versammlung) fand, hat die Gültigkeit der vorrangigen Option für die Gewaltfreiheit bestätigt. Sie ist zu einer
ökumenischen Konsensformel der christlichen Friedensethik geworden.

Mittel der
Vereinten
Nationen

Allerdings wird auch deutlich, daß die politische Situation in der Welt
wenig von der Wirksamkeit dieser Option widerspiegelt, obwohl vor allem
mit den Vereinten Nationen und ihrer Charta ein Instrument zu ihrer Umsetzung zur Verfügung stünde. Viele Mitgliedsstaaten aber halten sich
nicht an ihre in Art. 2, Abs. 3 niedergelegte Selbstverpflichtung: *„Alle Mit-*
glieder legen ihre internationalen Streitigkeiten durch friedliche Mittel so
bei, daß der Weltfriede, die internationale Sicherheit und die Gerechtig-
keit nicht gefährdet werden". Eine breite Palette von nicht-militärischen
Mitteln für die friedliche Beilegung von Streitigkeiten sieht die UN-Charta
vor, z. B. Verhandlungen, Untersuchungen, Vermittlung, Vergleich,
Schiedsspruch, Inanspruchnahme regionaler Einrichtungen oder Abmachungen (Art. 33). Als äußerstes Mittel kann bei Bruch des Friedens oder
Angriffshandlungen der Sicherheitsrat Zwangsmaßnahmen beschließen, zu
denen er auch *„regionale Einrichtungen"* (z. B. die NATO) ermächtigen
kann (Art. 53).

Regionale Zu-
ständigkeit

Insgesamt ist die in der Charta der Vereinten Nationen auf der Herrschaft des Rechts basierende Friedensordnung bisher nur zum Teil umgesetzt worden. Bemühungen zu ihrer Stärkung sind notwendig. Diskutiert
wird in diesem Rahmen, daß militärische Instrumente zukünftig zunehmend an supranationale Institutionen angebunden sein sollten, d. h. im
Globalmaßstab an die Vereinten Nationen, regional z. B. an die NATO und
– im europäischen Rahmen – an die *„Organisation für Sicherheit und Zu-*
sammenarbeit in Europa" (OSZE), die sich als Regionalorganisation der
UNO versteht. Sie ist das einzige Forum für Sicherheitskooperation, das
alle europäischen Staaten einschließlich der osteuropäischen, die USA und
Kanada umfaßt. Diese Organisation könnte zukünftig insbesondere bei
Konfliktprävention, Krisenmanagement und friedlicher Beilegung von
Konflikten hilfreich sein. Dazu allerdings müßten ihre Beschlüsse völkerrechtlich verbindlich und z. B. auch ihre Sanktionsmöglichkeiten gestärkt
werden. Die OSZE-Mission in Bosnien-Herzegovina hat insbesondere bei
der Umsetzung ziviler Aspekte des Friedensabkommens von Dayton (u. a.

Wahlen, Verwaltung, Schutz von Minderheiten) zu einem Bedeutungszuwachs dieser Organisation geführt.

Prävention   Der verheißungsvollste Weg in Richtung auf eine Friedensordnung, die mit gewaltarmen Mitteln auskommt, besteht – nach Auffassung von Friedensforschern – darin, „daß sich in vielen Regionen der Welt Regionalsysteme herausbilden, innerhalb derer weder mit militärischer Gewalt gedroht, noch militärische Gewalt angewendet wird".[18] Solche Hoffnung freilich müßte ökonomisch, sozial und emotional verwurzelt und institutionell abgesichert sein. Zugleich aber gilt es, eine Politik zu stärken, die präventiv vorgeht und gewaltsame Konflikte durch Behebung möglicher Ursachen zu vermeiden sucht. Dies dürfte z. B. auch eine der Lehren sein, die für die Politik aus dem Kosovo-Krieg des Jahres 1999 zu ziehen sind. Die Luftangriffe der NATO bildeten die zuvor angedrohte Antwort auf die Verweigerung der Belgrader Regierung, die Vertreibung der Kosovo-Albaner zu beenden. Die Bombardierung von Zielen in Serbien und im Kosovo führte zwar schließlich, verbunden mit parallel verlaufenden diplomatischen Bemühungen, zum Einlenken der jugoslawischen Führung. Aber die Folgen erfordern zugleich von der internationalen Staatengemeinschaft ein voraussichtlich langjähriges personelles, militärisches und finanzielles Engagement. Dies unterstreicht, daß in der Zukunft die präventive Diplomatie zur Kriegsverhinderung noch ernster genommen werden muß, verbunden mit dem Einsatz ziviler, für Frieden und Versöhnung tätiger Initiativen. Der *„Konziliare Prozeß für Frieden, Gerechtigkeit und Bewahrung der Schöpfung"* der weltweiten Christenheit kann dabei im Sinne des Eintretens zugunsten der vorrangigen Option für die Gewaltfreiheit unterstützend mitwirken.

3. Die christlichen Friedensdienste als Beitrag zu ziviler Konfliktbearbeitung

Zivile Konflikt-   Wenn eine internationale Friedensordnung, die die Aufgabe hat, Recht
bearbeitung   notfalls als *„ultima ratio"* mit dem Einsatz militärischer Gewalt durchzusetzen und ihre Prioritäten somit beim Vorrang der Gewaltfreiheit setzt, dann ist sie in besonderer Weise auf den Ausbau von Wegen ziviler Konfliktbearbeitung angewiesen. Diesen Aufgaben widmen sich in den Kirchen insbesondere die Christlichen Friedensdienste.

Pragmatische   Dabei gilt es festzustellen, daß *„Friedensdienst"* im politischen Selbst-
Kooperation   verständnis unserer Streitkräfte auch von Soldaten geleistet wird, die als Träger militärischer Gewalt zum Schutz von bedrohten Menschen einen

---

18. Dieter Senghaas, Dimensionen einer Weltfriedensordnung, in: Tagungsdokumentation der Ev. Akademie Loccum 74/96, S. 159

notwendigen Dienst auf dem Weg zum Frieden leisten. Christlich-zivile Friedensdienste verstehen sich hingegen vorrangig der Gewaltfreiheit verpflichtet. Allerdings haben die Einsichten im Zusammenhang mit der Beendigung des Krieges im ehem. Jugoslawien zum Teil – wie erwähnt – zu einer Neubewertung militärischen Eingreifens bis hin zu pragmatischer Kooperation mit Militär, z. B. in Bosnien, geführt. In dem beide – Militär und zivile Friedensdienste – von einem Zivilisierungsinteresse für das betreffende Land motiviert sind, können sie einander komplementär zugeordnet werden (vgl. dazu 3.3 / 3.4).

Wie die Entwicklung in vielen Nachkriegsländern zeigt, fällt der zivilen Gestaltung des Friedens nach Beendigung der Gewalt die schwerste Aufgabe zu. Zivile Friedensdienste und andere Nichtregierungsorganisationen können dabei, von außen kommend, unterstützend tätig werden und zumindest das Nichtvergessensein durch die übrige Welt signalisieren.

Die etwa 30 Christlichen Friedensdienste – in Deutschland in der *„Aktionsgemeinschaft Dienst für den Frieden"* (AGDF) zusammengeschlossen – sind vorwiegend in drei Handlungsfeldern tätig.[19]

3.1 Handlungsfelder Christlicher Friedensdienste

3.1.1 Soziale Friedensdienste

Sie ermöglichen vorwiegend jungen Menschen im Alter zwischen 18 und 27 Jahren Lernprozesse in sozialen Arbeits- und Konfliktfeldern im In- und Ausland. Workcamps von zwei bis vier Wochen Dauer, aber auch längerfristige Einsätze werden durchgeführt, die unter dem Versöhnungsgedanken (z. B. mit dem Volk Israel) zur Aufarbeitung geschichtlicher Belastungen beitragen möchten. *„Aktion Sühnezeichen / Friedensdienste"*, *„Eirene"* oder der *„Christliche Friedensdienst (cfd)"* sind die erfahrensten Träger solchen Initiativen. *(Versöhnungsgedanken)*

3.1.2 Regionale Friedensarbeit

Innerhalb des eigenen Landes werden, z. B. im Rahmen des *„Konziliaren Prozesses für Gerechtigkeit, Frieden und Bewahrung der Schöpfung"*, Projekte, Friedenswochen u. ä. veranstaltet. Dazu gehören auch *„Runde Tische"* und *„Trainings"*, die gewaltfreies Vorgehen bei in der Region auftretenden sozialen Spannungen – z. B. Schwierigkeiten im Zusammenleben mit Ausländern – einüben und umsetzen möchten. *(Bei sozialen Spannungen)*

3.1.3 Friedensfachdienst

In den vergangenen Jahren ist der Bedarf an fachlich qualifizierter aktiver Mitarbeit im Prozeß ziviler Konfliktbearbeitung gewachsen. Staatliche *(Konfliktbearbeitung)*

---

19. Vgl. zum Folgenden: „Friedensdienste und Friedensarbeit unterstützen und qualifizieren. Konzeptionelle Überlegungen zur Zukunft Christlicher Friedensdienste" (Bericht des Rates der Evangelischen Kirche in Deutschland) epd-Dokumentation 50 a /1996

und kirchliche Partner sind an dem 1997 neu geschaffenen Friedensfachdienst interessiert. Frauen und Männer ab 23 Jahren mit abgeschlossener Berufsausbildung werden in mehrwöchiger Ausbildung zur *„Friedensfachkraft"* ausgebildet. In Basis- und Aufbaumodulen geht es u. a. um Konsens- und Entscheidungsfindung inner- und außerhalb von Gruppen, Konfliktanalyse und zivile Konfliktbearbeitung, Mediation, gewaltfreie Aktion und interkulturelles Lernen. Dazu kommen ein Sprachkurs, Kenntnisse für die Arbeit mit Flüchtlingen und Landeskunde. Friedensfachkräfte werden derzeit vor allem in Konfliktregionen eingesetzt, u. a. zur Beratung und zum Aufbau von Verwaltungen, zur Wahlbeobachtung und insbesondere zur Betreuung von Flüchtlingen. Die in den von christlichen Friedensdiensten getragenen und vom Land Nordrhein-Westfalen bzw. vom Bund finanziell geförderten Kursen 1997 und 1998 ausgebildeten Fachkräfte sind vorwiegend im ehemaligen Jugoslawien tätig. Ein Teil der Absolventen stammt aus diesem Land.

3.2 Zivile Konfliktbearbeitung als zivilgesellschaftlicher Beitrag zum Frieden

Beitrag zur Demokratisierung
Kennzeichnend für das Selbstverständnis christlicher Friedensdienste ist der unbedingte Vorrang ziviler, gewaltfreier Mittel zum Erreichen der gesetzten Ziele. Sie möchten somit über das Wohlergehen des Einzelnen hinaus zum Aufbau einer zivilen Gesellschaft und zur Demokratisierung beitragen. Durch zivile Konfliktbearbeitung wird versucht, direkte und indirekte Gewalt in Konflikten zu mindern oder aufzulösen. Dies geschieht *vorbeugend,* z. B. durch Vermittlung bei Interessenkonflikten Einzelner oder von Gruppen, durch Konflikttraining und friedenspädagogische Initiativen, durch Vernetzung und Kooperation mit z. B. einheimischen Friedens- und Menschenrechtsinitiativen und durch Arbeit mit besonders gefährdeten Gruppen der Bevölkerung, z. B. Kindern, Jugendlichen und Frauen. – Bei der *Konfliktintervention* geht es z. B. um Schutzgewährung Verfolgter, um Beiträge zur Deeskalation, um Mediation und humanitäre Hilfe. – Diese Elemente können auch Teil der *Konfliktnachsorge* sein. Besonderes Gewicht hat hierbei die Flüchtlingsarbeit, die *„Advocacy-Arbeit"* für benachteiligte Bevölkerungsgruppen und die Unterstützung von Dialogprozessen zwischen verfeindeten Volksgruppen, z. B. auch im Rahmen von Jugendarbeit.[20]

Verzicht auf Gewaltmittel
In diesem Zusammenhang sind auch Erfahrungen von unbewaffneten OSZE-Beobachtern zu nennen, die 1999 im Kosovo im Rahmen der *„Kosovo Verification Mission"* eingesetzt waren. Sie konnten bei ihrem Dienst, der in humanitärer Hilfe, Aufklärung von Gewalttaten und der Ve-

---

20. Vgl. dazu: Schnittstellen zwischen Entwicklungsdienst und Friedensdienst bei der Zivilen Konfliktbeabeitung, Arbeitspapier der AGDF, Bonn 1998

rifikation von Truppenbewegungen bestand, lediglich auf ihren Status ver-
trauen. Allein der Diplomatenpaß verhalf ihnen, unbewaffnet die täglichen
Konfliktsituationen zu bestehen. Auch der Verzicht auf Gewaltmittel kann
also durchaus wirksam sein. Aufs Ganze gesehen allerdings, so folgern
OSZE-Beobachter, wird es erforderlich sein, auch diese Organisation mit
einer durchsetzungsfähigen Machtkomponente auszustatten. Der bei einer
Gewalteskalation erforderliche Rückzug ihrer Mitarbeiter enttäuscht die
Erwartungen der Menschen des betroffenen Landes. Er wird allzuleicht als
Schwäche nicht-militärischer Instrumente der Friedensgestaltung gedeutet.

3.3 Von der Komplementarität zur Kultur der Kooperation mit den politischen Friedensbemühungen

Bei den geschilderten Funktionen ziviler Konfliktbearbeitung stellt sich *Zuordnung*
die Frage nach ihrer Zuordnung zu den Initiativen von offizieller staatlicher Seite in einer Konfliktregion. Ende 1998 waren z. B. in Bosnien-Herzegovina mehrere hundert humanitäre Organisationen im Einsatz, die in
unterschiedlicher Intensität mit politischen Instanzen, z. B. der OSZE, dem
Flüchtlingshilfswerk der Vereinten Nationen oder auch den militärischen
SFOR-Einrichtungen zusammenarbeiteten. Nichtstaatliche Organisationen
(NGO) können in Problemfeldern tätig sein, die der Staat oder das eta-
blierte politische System nicht oder nicht adäquat aufgreifen.[21] Viele der
oben genannten Aufgaben können z. B. durch militärische Verbände nicht *Militärischer*
wahrgenommen werden. Sie sorgen mit militärischen Mitteln – wie gezeigt *Rahmen*
– für den gesicherten Rahmen, in dem sich dann z. B. zivile Friedensdienste um Einzelne und Gruppen bemühen können. Militärischer Einsatz und
ziviler Friedensdienst verhalten sich in diesem Sinne komplementär zueinander. Sie sind dem gleichen Ziel, Frieden zu ermöglichen, verpflichtet:
*„Weil Feindschaft nicht durch Waffen überwunden werden kann und sich
konfliktverursachende oder -verschärfende ungerechte Strukturen in aller
Regel nicht mit Gewaltanwendung beseitigen lassen, besteht ein dringender Bedarf an wirksamen, nicht-militärischen Mitteln zur Beseitigung und
Lösung von Konflikten".*[22]

Allerdings stellt solche Komplementarität aus meiner Sicht mehr eine *Pragmatische*
dynamische Aufgabe dar als einen ethisch formulierten *„status quo".* *Zusammenar-*
Denn christlichen Friedensdiensten fällt es von ihrem Selbstverständnis *beit*
nach wie vor schwer, ihr Verhältnis zum Militär im Sinne von Komplementarität zu beschreiben. Es kommt – dies ist auch die Erfahrung der in
der zivil-militärischen Zusammenarbeit in Einsatzländern tätigen Soldaten
– in der Regel allenfalls zu pragmatischer Zusammenarbeit, z. B. beim Be-

---

21. Dirk Messner, Das Modernisierungspotential der NGO's und die Grenzen ihrer Handlungsfähigkeit, in: Tagungsdokumentation der Ev. Akademie Loccum 9/97, S. 270
22. Schritte auf dem Weg des Friedens, S. 32

gleitschutz von Hilfstransporten oder im Rahmen von logistischer Unterstützung. Dabei käme beiden eine „Kultur der Kooperation" zugute: Soldaten können auf diese Weise wahrnehmen, wie unter ihrem Schutz den Menschen vor Ort geholfen wird. Solche Einblicke würden zugleich der Vergewisserung dienen, daß ihr Einsatz sinnvoll ist. Zivile Friedensdienstmitarbeiter könnten in der Kooperation mit Soldaten lernen, daß ihre Ziele und Hoffnungen „erdverbunden" bleiben müssen. Beide können sich zudem im biblisch-christlichen Menschenbild wiederfinden.

3.4 Komplementarität unter dem Kreuz

Gestalt des Bösen

Gottes Schöpfung wird im biblischen Bericht 1. Mose 1 u. 2 mit dem uneingeschränkten Werturteil „Siehe, es war sehr gut" versehen. Aber der Mensch läßt sich von der lockenden Perspektive, sein zu können wie Gott, verleiten. Das Böse als von Gott offensichtlich zugelassene Gegenmacht des Guten nimmt seinen Lauf. Seine ausgeprägte Gestalt findet es in der Aggression. Kain erschlägt seinen Bruder Abel. Solche Gewalt ist seitdem Anlaß, Vorkehrungen gegen sie zu treffen, gewaltsame und friedliche, Militär und Politik, Gesetz und Sanktion. Aber zugleich ist ethische Motivation beim Einzelnen nötig, um Friede im Umgang mit dem Nächsten wie zwischen Völkern zu gestalten.

Das erste Gebot

Zu den Zehn Geboten gehört daher unbedingt das Erste Gebot mit seiner zum Guten motivierenden Erinnerung: „Ich bin der Herr dein Gott, der ich dich aus Ägyptenland, aus der Knechtschaft geführt habe; du wirst (doch nicht etwa) andere Götter neben mir haben" (2. Mose 20, 2-3). Schon hier wird deutlich, daß die Strafandrohung allein noch nichts Gutes bewirkt. Dazu sind andere treibende Kräfte nötig, vor allem der Glaube, der in der Nächstenliebe tätig wird.

Komplementarität

Das Neue Testament verdeutlicht solche Komplementarität in einem noch weiteren Horizont: „Schon jetzt" hat uns Christus von der Macht des Bösen erlöst, aber die endgültige Erfüllung des Heils erleben wir „noch nicht". Darum sind z. B. staatliche Instrumentarien zur Beendigung der Gewalt nötig. Aber zugleich ist schon jetzt auch Frieden möglich. Militär- und Friedensdienst gehören in diesem Sinn auch theologisch zusammen. Sie stehen für die Welt in ihren Widersprüchen.

Selbstbescheidung

Die Komplementarität aller „im Himmel und auf Erden und unter der Erde" sieht das Neue Testament verwirklicht, wenn am Ende der Weltzeit alle die Knie beugen vor dem Gekreuzigten und von Gott erhöhten Christus (Philipperbrief, Kap. 2, 5-11). Denn am Kreuz Christi vollzieht Gott Gericht. Er fordert unter diesem Zeichen zur Selbstkritik und Umkehr auf. Über die letzte Wahrheit verfügt keiner von uns. Diese Einsicht könnte Militär und christliche Friedensdienste zur Selbstbescheidung und auf diese Weise auch zu neuer gegenseitiger Wahrnehmung führen. Im Zeichen des Kreuzes sind alle zur Sinnesänderung aufgerufen: Helfende und Hilfsbedürftige, Kriegsgeschädigte und Friedensstifter. So ist es letztlich der Gekreuzigte selbst, der Komplementarität in der Gesinnung und damit Frieden stiftet.

3.5 Ansätze eines anderen Kontextes schaffen – Erfahrungen von Friedensdiensten

Was können christliche Friedensdienste bewirken? Ist ihre von außen kommende Hilfe gefragt? Unter der Überschrift *„Kleine Inseln der Würde"* faßt der in der Ausbildung von Friedensdienstmitarbeitern tätige Psychologe Jan Bleckwedel die Chancen ziviler Hilfe, z. B. an Flüchtlingen, zusammen:[23] *„Die HelferInnen können versuchen, mit vielfältigen Aktivitäten, mit aller ihrer Kreativität und mit all ihrer guten Emotionalität Ansätze eines ‚anderen' Kontextes zu schaffen, Anknüpfungspunkte, Brücken, durch die das gebrochene Grundvertrauen der betroffenen Menschen langfristig wieder wachsen könnte. Erfahrungsberichte zeigen immer wieder anschaulich und beeindruckend, wie dies möglich werden kann. Das bedeutet in der Praxis, sich auf die Aufgabe zu konzentrieren, das Leben in den Flüchtlingslagern, soweit dies überhaupt möglich ist, weitgehend zu „normalisieren". Oft scheitert dies an den Verhältnissen; andererseits haben schon viele freiwillige HelferInnen erstaunliche Phantasie und Kreativität entwickelt, um trotz alledem kleine Inseln friedlicher Normalität und damit Inseln der Menschenwürde zu schaffen. Bereits die körperliche, leibliche Anwesenheit von HelferInnen, internationalen Freiwilligen aus vielen Ländern, zeigt den Betroffenen, daß sie nicht vollständig vergessen werden und stellt, so hilflos der / die Einzelne in der Situation sich auch fühlen mag, einen Anknüpfungspunkt für Hoffnung dar".*

Im September 1994 wurde in Mostar das Kinder- und Jugendbegegnungshaus *„Mladi Most" („Junge Brücke")* von der *„Aktion Sühnezeichen / Friedensdienste"* gegründet. Dieses offene Haus möchte in der kroatisch-muslimisch geteilten Stadt Wege zeigen, die zur Versöhnung und Normalität im Alltag führen. Im Prospekt von *„Mladi Most"* heißt es: *„Dazu gehört, daß sich die Kinder und Jugendlichen treffen, gemeinsam lernen, spielen, feiern und diskutieren können – unabhängig von ihrer Ethnizität und Religionszugehörigkeit. Veranstaltungen und Aktivitäten richten sich nach den Wünschen der Besucher des Hauses. Internationale Freiwillige in Mostar helfen bei der Organisation, z. B. bei Herausgabe eines Stadtmagazins, Foto-Ausstellungen oder Theateraufführungen".* Täglich besuchen Jugendliche das Haus. Sommerferienlager an der dalmatinischen Küste zählen für rund 100 Kinder und Jugendliche aus verschiedenen Teilen Bosniens zu den Höhepunkten des Jahres. Weiter finden Semi-

Grundvertrauen muß wachsen

Zur Normalität im Alltag

---

23. Jan Bleckwedel, Die Überlebenden brauchen ein Echo, in: Kleine Inseln der Menschenwürde. Freiwillige Friedensdienste im ehem. Jugoslawien, Kassel 1996, S. 55

nare zur Konfliktbewältigung statt – ein Projekt also, das, wie viele andere, vorwiegend zeichenhaft und zum Frieden motivierend wirken kann.

4. Der Offizier und die christlichen Friedensdienste

Rolle des Offiziers

Auch wenn in den bisherigen Überlegungen der Offizier nicht ausdrücklich thematisiert wurde, so kommt er doch unausgesprochen als Exponent der militärischen Option zur Ermöglichung des Friedens darin vor. Besonders der in der Führungsaufgabe tätige Soldat übt durch sein Reden und Handeln erheblichen Einfluß auf das Denken und die Einstellung seiner Soldaten aus. Er hat deshalb, aus meiner Sicht, auch die Verantwortung, ihren Blick über das rein Operative hinaus zu lenken. Dazu gehört, als Staatsbürger in Uniform anzuerkennen, daß in unserer Gesellschaft und in den Kirchen im Blick auf die Gestaltung des Friedens nicht nur der bewaffnete Weg, sondern – wenn er vom Gewissen her begründet ist – auch der unbewaffnete sein Recht hat. Dies bedeutet für den Offizier, z. B. als Vorgesetzter von Grundwehrdienst leistenden Soldaten, daß er denjenigen fair behandelt, der vielleicht erst im Zuge der Waffenausbildung die Unvereinbarkeit dieses Dienstes mit seinem Gewissen erkennt. Das offene Gespräch sollte selbstverständlich sein. Der Militärgeistliche steht dabei dem betreffenden Soldaten und auch seinem Vorgesetzten als Gesprächspartner zur Verfügung.

Fair behandeln

Sich für Menschen einsetzen

Christliche Friedensdienste, die freiwillig geleistet werden, stellen in diesem Rahmen eine besondere Möglichkeit dar, sich für Menschen in krisenhaften Verhältnissen einzusetzen und zu Frieden und Versöhnung beizutragen. In der Sichtweise der Komplementarität der Wege zum Frieden wird dabei zugleich einer durchgängigen Erfahrung aus Nachkriegsländern Rechnung getragen: Nach der Beendigung eines gewaltsamen Konflikts durch Streitkräfte von außen gilt es, alle Kräfte auf die zivile Implementierung des Friedens zu richten. Zivil-militärischer Zusammenarbeit kommt dabei, wie es die Erfahrungen auch der Bundeswehr in Bosnien und im Kosovo belegen, hohe Bedeutung zu.

Kultur der Kooperation

Für den Offizier im Auslandseinsatz erfordert dies Kenntnisse über zivile Hilfsorganisationen, humanitär engagierte NGO's und auch christliche Friedensdienste, die sich gewaltfreier Konfliktbearbeitung widmen. Der Zusammenarbeit mit diesen Gruppen sollte er, nicht zuletzt auch zur Erfüllung des eigenen Auftrages, aufgeschlossen gegenüberstehen. Eine solche Kultur der Kooperation hilft, Vorurteile abzubauen und von den aus unterschiedlicher Warte heraus gewonnenen Erfahrungen zu lernen.

Begrenzung bejahen

Als Schlußfolgerung für den Beruf des Offiziers möchte ich zusammenfassend betonen: Die *„Vorrangige Option für die Gewaltfreiheit"*, die aus Verantwortung für Erhaltung und unter Umständen auch Wiederherstellung des Friedens heute geboten ist, erfordert für Soldaten aus meiner Sicht, die Begrenzung ihrer Berufsausübung auf die äußerste, der Politik verbliebene Möglichkeit *("ultima ratio")* aus Überzeugung zu bejahen. Die ethisch gefestigte Haltung – beim Offizier zumal – bedeutet, daß er zwar für den Einsatz militärischer Mittel ausgebildet wird und seine Fertigkeiten darin weiterentwickelt, zugleich aber den ethisch bei uns gültigen Vorrang gewaltfreier Wege zum Frieden nicht als Schmälerung seiner Profession empfindet. Friedenspolitik braucht – so lehrt die Erfahrung – die Glaubwürdigkeit, daß sie im Sinne von Nothilfe auch militärische Mittel einzusetzen in der Lage ist. Sie stützt damit letztlich auch das Engagement derer ab, die sich für die Gewaltfreiheit entscheiden. Auf dem Weg des Friedens sind somit beide unterwegs – Soldaten und christliche Friedensdienste.

6.4 Martin Honecker

Das Urteil: „schuldig!"

Verletzung der Norm   Das Urteil „*schuldig*" setzt ein Gerichtsverfahren voraus. Strafe beruht auf dem Nachweis von Schuld. Solange eine Schuld nicht bewiesen ist, ist der Angeklagte unschuldig. Maximen seit der Antike betonen den Nachweis von Schuld: „*Im Zweifelsfall für den Beschuldigten.*" „*In dubio pro reo!*" Die Dekretalen lehren in einem Merkvers: „*Wenn erlaubt und bedacht, ist es keine schuldbare Handlung. In allen übrigen nehme ich Schuld an und strafe für Verbrechen*". („*Si licitus cautus, non est culpabilis actus. In reliquis culpam reor et pro crimine mulctam*"). Schuld entsteht nach allgemeinem Verständnis aus der Verletzung oder dem Nichterreichen einer definierten Norm oder eines Ideals. Nun geht es im Blick auf den Beruf des Soldaten nicht um den rechtlichen Zusammenhang zwischen Schuld und Strafe, Schuld und Verbrechen, sondern um die viel umfassendere Frage der moralischen Bewertung des Auftrags des Soldaten an sich. Ist nicht ein Soldat, der notfalls bereit sein muß, mit der Waffe einen Menschen im Kampf zu töten und der auf diesen Auftrag vorbereitet wird, allein schon dadurch schuldig, also eine moralisch fragwürdige Person und Existenz? Man darf diese Frage allerdings nicht isoliert auf den Soldaten-

Nicht nur der Soldat   beruf allein beschränken. Sie richtet sich an alle Teilnehmer an kriegerischen Handlungen oder auch nur an potentiellen Gewaltmaßnahmen. Politiker und Diplomaten, auch Journalisten und Vordenker sind in diese Frage einbezogen. Man kann bekanntlich einen Krieg auch geistig vorbereiten, kritiklos verherrlichen, ja durch entsprechende Äußerungen und Handlungen entfachen. Beispiele aus der Geschichte gibt es genug; da sind sogenannte Kriegstreiber; und ebenso gibt es im Krieg Gewinner und Verlierer, Kriegsgewinnler, Menschen, die sich am Krieg bereichern, am militärischen Konflikt verdienen, Waffenhersteller, Arbeiter, die ihr Brot erwerben im Beruf durch Tätigkeit im militärisch-industriellen Komplex. Der Radius der Überlegungen darf deshalb nicht zu eng gezogen werden. Man

Das ganze Leben im Blick   kann sogar die Frage aus dem engen Blickwinkel auf den Soldaten hin ausweiten auf das gesamte Leben und dann behaupten: Leben heißt eben schuldig werden. Vor allem, wer im öffentlichen Leben handelt, wird schuldig, kommt immer wieder in Lagen, in denen er sich die Hände schmutzig machen muß. Wird ein Arzt schuldig, wenn er eine Operation durchführt, die ohne Einwilligung eine Körperverletzung ist, oder gar einen Schwangerschaftsabbruch? Wie steht es um Schuld, wenn ein Mensch in einer Notlage, einer ausweglosen Situation, die Wahrheit verdreht, lügt?

Die Wirklichkeit kennt viele Beispiele für Konfliktlagen, die keinen eindeutigen moralischen Ausweg offen lassen. Goethe klagt (Wilhelm Meister 2/13) in den Worten des Harfenspielers das Walten der *„himmlischen Mächte"* an:

> *„Ihr führt ins Leben uns hinein,*
> *Ihr laßt den Armen schuldig werden.*
> *Dann überlaßt ihr ihn der Pein;*
> *denn alle Schuld rächt sich auf Erden."*

Schuldigwerdenkönnen gehört zur Wirklichkeit des Menschseins, zur conditio humana. Wer handelt, kann Fehler machen, Irrtümern folgen, das Ziel verfehlen. Das richtige Ziel ist zwar das Gute; der Mensch kann aber ebenso Böses tun, Schaden anrichten, Menschen schädigen, ja sogar töten. Deshalb ist es dem Menschen aufgegeben, zwischen gut und böse unterscheiden zu lernen, nicht einfach alles zu tun, was er machen kann. Verfehlung des Guten, Begehen von Bösem, Unrechttun – dies ist eine ständige Möglichkeit, eine Versuchung. Die Einsicht in Schuld und in das Schuldigwerdenkönnen ist also eine grundmenschliche Erfahrung. Freilich – es wäre einfach, wenn das Reden von Schuld nicht so vielschichtig und verwirrend wäre. Was heißt es überhaupt schuldig sein, Schuld haben? An den Beginn weiterer Klärung gehört deshalb eine Aufklärung über den Begriff Schuld und das Verständnis von Schuld.

Das Böse ist eine Möglichkeit

1. Schwierigkeiten mit der Rede von Schuld

Das Wort Schuld selbst ist mehrdeutig. Die Frage: Wer ist schuld? kann bedeuten, daß nach der Ursache, der Verursachung gefragt wird. Schuld bedeutet dann Verursachung, lateinisch: causa. Ein Unglück, etwa ein Eisenbahnunglück, kann durch menschliches Fehlverhalten verursacht sein, aber ebenso durch technisches Versagen, durch einen nicht entdeckten Konstruktionsfehler oder durch die Witterung ausgelöst werden. In diesem Fall geht es um Kausalverantwortung, um Ursachenforschung. Zum Umgang mit *„Schuld"* gehört deshalb notwendig die Untersuchung von Ursachen und Wirkung, von Gründen. Aber moralisches Reden von Schuld ist mehr als Ursachenforschung. Es will nicht bloß Kausalität feststellen und aufdecken; vielmehr verbindet sich damit die Frage nach Fehlverhalten, nach Verantwortlichkeit und Verpflichtung. Von jeher reicht die Spannweite des Wortes Schuld vom Geschuldeten, beispielsweise Geldschulden, bis hin zum Verschuldeten im Sinne von Verfehlung. Schuld kann (einmal) eine rechtliche oder finanzielle Verbindlichkeit bezeichnen, die ein Schuldner abzutragen hat, lateinisch ein debitum. Ein *„Debitor"* oder Debitoren sind Schuldner, die Waren von einem Lieferanten auf Kredit bezogen haben. Geldschuld bezeichnet eine gegenwärtige Belastung, die abzutragen

Mehrdeutig

Ursache

ist. Im Regelfall spricht man freilich von Schulden in der Mehrzahl, im Plural. Die alltägliche Redeweise spricht davon, daß jemand Schulden habe wie ein Hund Flöhe. Schulden begründen eine Zahlungspflicht. In dieser Hinsicht kann man sagen, man sei jemand etwas schuldig, weil man ihm rechtlich verpflichtet ist. Von Schuld nach diesem Verständnis ist zu unterscheiden das Reden von Schuld als Verschuldung, im Sinne von Ver

Verfehlung fehlung, lateinisch von culpa, peccatum, reatus. Verfehlungen werden begangen; sie orientieren sich eher an der Vergangenheit. Man ist schuldig, weil man einen anderen Menschen verletzt hat, das Vertrauen gebrochen hat, Schlechtes über ihn geredet hat, eine Notlage ausgenützt hat oder ihm nicht geholfen hat. Schuld schädigt Leben. Im äußersten Fall wird sogar einem Menschen das Leben genommen, wird er getötet. So wird auch die Überschrift: *„Das Urteil: schuldig!"* zu verstehen sein. Es bleibt freilich noch zu klären, in welchen Fällen und wann jemand nach diesem Verständnis schuldig wird. Ein Unfall, ein Unglück, gar eine Katastrophe ist zweifellos eine böse Sache, eine vielfach nicht mehr rückgängig zu machendes Ereignis. Ein Unglück kann sehr lange nachwirken, Menschen für immer beschädigen und belasten. Aber Unglück ist eben nicht schon moralische Schuld. Es gibt eben auch Böses, Unheil, das nicht durch Menschen verursacht und verschuldet ist.

Verpflichtung Nun ist darüber hinaus noch ein weiteres Verständnis von Schuld mitzu
auf Zukunft bedenken. Dabei geht es um Verpflichtungen, die sich in die Zukunft hinein erstrecken. Kinder „schulden" ihren Eltern beispielsweise im Alter bei Krankheit und Hilflosigkeit Unterstützung und Hilfe. Die heute Lebenden schulden künftigen Generationen, daß sie eine Welt vorfinden, in der sie leben können. Das lateinische Wort dafür lautet obligatio. Obligationen nennt man Schuldverschreibungen eines Unternehmens, mit denen dieses sich verpflichtet, Kredite in Zukunft zurückzuzahlen. Mit den drei möglichen Auffassungen von Schuld kommt der Faktor Zeit ins Spiel: Schuld im Sinne von begangener Schuld (culpa) betont die Vergangenheit: Es ist Unrecht geschehen, es wurde Böses getan. Schuld als Verpflichtung, das Geschuldete (debitum) zu erfüllen, betont die Gegenwart. Es geht um das, was jetzt fällig ist. Schuld, die sich an der Verantwortung für die Zukunft hin orientiert, die der Zukunft verpflichtet ist, stellt auf künftige Beanspruchungen ab. Wer Schulden abzuzahlen hat, muß nicht moralisch versagt haben. Es gibt Geschuldetes ohne eigenes Verschulden. Und wer Verantwortung für die Zukunft trägt, ist auch nicht allein schon deswegen mora
Diffuses lisch schuldig. Es gibt vielmehr ein diffuses Reden von Schuld, für das
Reden von jede Verpflichtung und Verantwortung irgendwie auf moralisches Versagen
Schuld zurückgeführt wird. Man kann dann überhaupt nicht anders als immer und überall schuldig werden. *„Schuld"* wird zu einer Nacht, in der alle Katzen grau sind, und moralisches Urteilen, Differenzierungen der Bewertung schlechterdings unmöglich werden. Zudem gibt es immer wieder eine

Gleichsetzung von Schuld mit Ursache und die Verwechslung von Kausalität und Verfehlung. Notwendig ist also zunächst einmal Sorgfalt im Reden von Schuld. Sprachliche Genauigkeit und Differenzierung, kurzum: Nachdenken über Schuld und deren Deutung ist geboten. Damit sind freilich die Schwierigkeiten keineswegs behoben. Sie beginnen vielmehr nochmals eher verschärft und verstärkt.

2. Schwierigkeiten bei der Wahrnehmung von Schuld

Schuld wird rasch bei anderen entdeckt. Die Fehler und Verfehlungen bei anderen erkennt man schnell. Mit der eigenen Schuld ist es aber nach der Bergpredigt so, daß man den Splitter im Auge des anderen sieht, jedoch den Balken im eigenen Auge nicht wahrnimmt. Es fällt nämlich schwer, eigene Schuld einzugestehen und zu bekennen, *„Ich bin schuldig"* und um Vergebung zu bitten. Denn wer seine Schuld bekennt, gesteht Verfehlung und Versagen ein und identifiziert sich damit überdies, außerdem macht er sich damit bei der Vergebung von anderen, von Mitmenschen, von Gott abhängig. Darum wird Schuld so rasch abgeschoben. Man sucht nach einem Schuldigen, nach dem Sündenbock; der Sündenbock wird in die Wüste geschickt; der Schuldige wird ausgestoßen, geächtet. Oder man strebt danach, Mitschuldige zu finden, dadurch die Schuld auf möglichst viele Schultern gleichmäßig zu verteilen und dadurch den eigenen Schuldanteil zu verringern. Man kann dadurch Schuld, vielleicht sogar nur teilweise, auf andere abwälzen. Und schließlich läßt sich Schuld verdrängen, verleugnen; man vergißt, daß man an etwas schuldig war; man kann sich nicht mehr erinnern und wenn hier als Subjekt das *„man"* genannt wird, dann ist dieses *„man"* gerade nicht das eigene Ich.

Nun gibt es freilich noch andere Schwierigkeiten, Schuld genau zu benennen. Es gibt eben nicht immer nur feststellbare, eindeutige Schuld, sondern auch unbestimmte, aber bedrückende Schuld*gefühle*. Angesichts von Hilflosigkeit und Unrecht fühlen sich Menschen schuldig, ohne selbst Schuld verursacht zu haben. Solche Schuldgefühle belasten das Gewissen. Die Psychoanalyse hat die Entstehung von Schuldgefühlen erklärt als Erfahrung einer Spannung zwischen den Anforderungen des Über-Ich und den Bedürfnissen des Ich (so S. Freud). Schuldgefühle sind dann nichts anderes als eine Zwangsneurose. So formuliert F. Nietzsche im Aphorismus: *„Der Gewissensbiß: Zeichen, daß der Charakter der Tat nicht gewachsen ist"*. Nietzsche will die *„Schuldbewußtsein-Entwicklung"* beendet sehen. Durch die *„Moralisierung der Begriffe Schuld und Pflicht, mit ihrer Zurückschiebung ins schlechte Gewissen"* soll der Mensch moralisch gefügig gemacht werden. Wer Schuld fühlt, der zeigt damit an, daß sein Gewissen der Tat nicht gewachsen war. Zwischen wirklicher, auch nachweisbarer

Eigene Schuld eingestehen

Sündenbock

Verdrängen

Sich schuldig fühlen

Schuld und Schuldgefühlen ist somit ebenfalls zu unterscheiden. Wer sich schuldig fühlt, ist von Schuld betroffen, die er wahrnimmt; aber er ist eben nicht immer auch der *„wahre Schuldige"*, der letztlich Schuldige.

Unterlassene Hilfeleistung

Noch verwickelter wird der Umgang mit Schuld, bedenkt man, daß man nicht nur durch Tun, durch Handeln, sondern auch durch Unterlassen schuldig werden kann. Schuldig ist eben nicht nur einer, der einen anderen, der sich nicht selbst helfen kann, einen Nichtschwimmer ins Wasser wirft, sondern auch derjenige, der einem Nichtschwimmer nicht hilft. Unterlassene Hilfeleistung macht schuldig, in manchen Fällen sogar rechtlich verantwortlich, haftbar. Wer Hilfe und Rettung unterläßt, bleibt deshalb von vornherein nicht unschuldig. Es gibt sogar Fälle, in denen man helfen möchte, aber hilflos ist. Die Erfahrung von Ohnmacht weckt Schuldgefühle. Ja, darüber hinaus kann man in Situationen kommen, in denen man in Schuld hineingezogen wird. In Notzeiten, in denen es ums Überleben geht, fallen Schranken. Ein System der Lüge oder eine nicht funktionierende Wirtschaftsordnung, ein Schwarzmarktsystem, nötigt Menschen – ob sie es selbst wollen oder nicht – zu Verhaltensweisen, die sie unter anderen Verhältnissen der Normalität nicht praktizieren würden. Die christliche Sicht spricht hier von Schuldzusammenhängen, von Schuldverstrickung. Solcher Schuldverstrickung kann man sich manchmal auch nicht durch Untätigbleiben entziehen.

Erfahrung von Ohnmacht

Schuld-zusammen-hang

Die Erfahrung eines Schuldzusammenhangs hat der christliche Glaube im Begriff der Erbsünde symbolisch dargestellt. Das Wort Erbsünde ist ein schwer verständliches, mißdeutbares und belastetes Wort. Deshalb wird hier Erbsünde ein Symbol genannt, d. h. ein Hinweis auf überindividuelle Schuld. Gemeint ist damit die Selbstsucht, der amor sui, die Urangst des Menschen, die ihn zur Selbstbehauptung auf Kosten anderer, zur Rücksichtslosigkeit im Kampf ums Dasein antreibt. Die Vorsilbe *„Erb"*sünde legt freilich ein Verständnis nahe, wonach Sünde vererbt, genetisch weitergegeben wird. Und in der Tat wird seit dem Kirchenvater Augustin gelehrt, Erbsünde werde durch Zeugung (propagatio) weitergegeben. Der Sitz der Erbsünde ist dann die Sinnlichkeit, die Geschlechtlichkeit, die Begehrlichkeit des Menschen (concupiscentia). Wegen dieses Mißverständnisses, wonach Sünde in der Sexualität wurzelt, liegt ein Verzicht auf das Wort Erbsünde nahe. Die Sache selbst ist freilich nicht zu umgehen: Wir werden als Menschen in eine Welt hineingeboren und hineinsozialisiert, in der nicht Friede, Recht und Gemeinsinn regieren, sondern Streit, Haß, Gewalt, Unrecht, Eigennutz und Gier an der Tagesordnung sind. Die *„heile"* Welt ist Sehnsucht, Wunschtraum, nicht Realität. Deshalb geht allen einzelnen Verfehlungen und *„Sünden"*, dem Sünden begehen von Menschen das Sündersein voraus. Die Rede von der Ursünde, der Grundsünde, der *„Wurzel"*sünde, der Erbsünde (dem peccatum originale), das den einzelnen bösen Taten (den peccata actualia) zugrunde liegt, macht diesen Sachverhalt

Sündersein

bewußt. Der Theologe Friedrich D. E. Schleiermacher sprach kurz und einprägsam von der *„Gesamttat und Gesamtschuld des menschlichen Geschlechts"*.

Theologie stellt damit die Schuldfrage in den Horizont einer Grundsicht des Menschen als Sünder. Das Rätsel menschlicher Untaten, des Bösen, das Menschen anderen Mitmenschen oder auch den nichtmenschlichen Geschöpfen antun, wurzelt in der Neigung des Menschen zum Fehlverhalten. Es ist deshalb auch in dieser Hinsicht ein klarer und unterscheidender Blick notwendig. Karl Jaspers hat 1946 in der Debatte um eine deutsche Kollektivschuld die Schuldfrage scharfsinnig erörtert. Weder Verschweigen von Schuld noch nivellierendes Gerede, das pauschal erklärt *„Wir alle sind schuldig"* klärt geschichtliche Schuld, die damals in Deutschland mit Worten wie Massenmord, Auschwitz, Auslösen eines Weltkrieges inhaltlich zu beschreiben war. Jaspers unterschied in der öffentlichen Debatte der Nachkriegszeit, die durch emotionale Aufgeregtheit, Verwirrung und Entschuldigungsmanöver gekennzeichnet war, vier Schuldbegriffe: Kriminelle Schuld, politische Schuld, moralische Schuld und metaphysische Schuld. Kriminelle Schuld, Verbrechen, sind objektiv nachweisbare Handlungen, die eindeutig gegen Gesetze oder auch gegen Menschenrechte verstoßen. Kriminelle Schuld ist im Einzelfall zu ahnden, Tatbestände sind vor Gericht nachzuweisen und in einem ordentlichen Gerichtsverfahren bei Schuldnachweis zu bestrafen. Schwieriger ist der Nachweis politischer Schuld. Politiker und Bürger können Entwicklungen, Entscheidungen und Maßnahmen verursacht haben, ohne daß im konkreten Einzelfall kriminelle Vergehen festzustellen sind. Eine rechtliche Ahndung ist immer wieder nicht möglich – plädiert man nicht für eine Siegerjustiz oder gar für eine Selbstjustiz derer, welche die negativen Folgen politischer Fehler zu tragen haben. Die politischen Folgen von Fehlentscheidungen, eine gemeinsame Haftung eines Staatsvolkes, der Gesellschaft, der betroffenen Bürger ist allerdings unausweislich. Moralische Schuld ist ein Versagen, in dem man bei Untaten, etwa bei der Diskriminierung und Mißhandlung jüdischer Mitbürger im Dritten Reich weggeschaut hat, geschwiegen hat oder gar mit schlechtem Gewissen als Mitläufer irgendwie beteiligt war. Deutsche Soldaten haben im 2. Weltkrieg, aber ebenso Zivilisten, die Erfahrung gemacht, wie man aus Feigheit, moralischer Blindheit und Gedankenlosigkeit stummer Zeuge oder sogar Mittäter böser Untaten wurde. Die eigene Bedrohung, Terror der Machthaber, Angst und äußerer Druck können in solchen Fällen als mildernde Umstände angeführt werden. Dennoch bleibt die Erkenntnis moralischen Versagens, einer Verantwortungsverweigerung, die das eigene Gewissen und manchmal auch das kritische Wort von Nächsten und ethisch sensiblen Mitmenschen aufdecken. Und damit stoßen wir als Menschen – nicht nur als Christen! – an die Erfahrung metaphysischer Schuld. Wir nehmen eine Solidarität von

Neigung zum Bösen

Vier Schuldbegriffe

Ahndung nicht möglich

Mitläufer

393

Mitverant-
wortlich

Menschen in ihrer Schuld wahr. Wir fühlen uns mitschuldig, mitverant-wortlich, auch dann, wenn wir selbst keine kriminelle und politische Schuld begangen haben und vielleicht noch nicht einmal moralische Schuld klar ist. Nach dem Krieg geborene Deutsche nehmen beispielsweise erschüttert in Auschwitz wahr, welche Verbrechen Deutsche, unter Umständen eigene Vorfahren, begangen haben. Man begreift auf einmal, daß geschichtliche Schuld auch eine Form von Erbe ist. Für vergangene Geschichte sind Nachgeborene zwar nicht haftbar; aber sie kann sich als Schicksal auf sie legen, im Guten wie im Bösen. Solche Schuldeinsicht und Schulderfahrung stellt Christen vor Gott. Eine gemeinsame Zukunft von Tätern und Opfern geschichtlicher Schuld wird jedoch nicht durch Vergessen, Verdrängen und Beschweigen, sondern durch Versöhnung und Vergebung eröffnet. Es bleibt sogar zu bedenken, ob echte Einsicht in Schuld erst durch Vergebung, durch den Zuspruch von und die Erfahrung mit Gnade möglich wird; denn ohne Vergebung ist der Mensch geneigt, angesichts von Schuld ins Vergessen und Verdrängen auszuweichen oder sich der Verzweiflung und dem Zynismus auszuliefern. Ein Christ kann die Tiefe der Schuld nur vor Gott und aus dem Blickwinkel, der Perspektive des Glaubens wahrnehmen. Vor Gott werden auch Selbsttäuschungen und Selbstbetrug so offenbar, daß es nicht durch die Berufung auf die allgemeine Sündhaftigkeit der erbsündigen Verfaßtheit des Menschen zu einem Ausweichen vor der eigenen konkreten Schuld kommt. Der Hinweis auf die Erbsünde kann auch dazu benutzt werden, nach wie vor Schuldigwerden als Ausdruck und Folge allgemeiner menschlicher Unvollkommenheit zu bemänteln.

Versöhnung
und Verge-
bung

3. Schwierigkeiten bei der Feststellung von Schuldigen

Anklage
wegen Völker-
mord

Das Bemühen, Schuld durch Gerichtshöfe völkerrechtlich zu bestrafen, ist im 20. Jahrhundert unternommen worden. Die Nürnberger Prozesse haben 1946 Gerichtsverfahren eingerichtet und dann auch durchgeführt. Vor dem Internationalen Gerichtshof in Den Haag werden derzeit auch Staatsführer wie Slobodan Miloševic wegen Vergehen gegen Menschenrechte und Völkermord angeklagt. Es gibt also Kriegsverbrecherprozesse. Schuldige an kriminellen Vergehen werden überführt und bestraft. Nicht immer gelingt allerdings der Nachweis persönlicher Beteiligung und individueller Schuld. Belastet sind Kriegsverbrecherprozesse zudem, wenn Sieger über Besiegte richten. Dennoch ist die internationale Gemeinschaft – das ist heute Konsens – verpflichtet, kriminelle Verbrechen in Gerichtsverfahren öffentlich zu machen, zu dokumentieren und bei konkreten Nachweisen von Schuld zu bestrafen und Untaten nicht ungesühnt zu lassen. Solche Gerichtsverfahren sollen auch dazu dienen, die Anerkennung und Durch-

setzung der Menschenrechte und eines auf friedliche Konfliktlösung hin
ausgerichteten Völkerrechts zu fördern und zu stärken. Wenn man jedoch
davon ausgeht, daß kriminelle Schuld im Einzelfall dem Täter nachzuweisen und individuell zuzurechnen ist, dann kann dies auch zu einer verkürz-
ten Sicht führen. Nur juristisch bewiesene kriminelle Taten wären nach
dieser Sicht *„Schuld"*. Schuld wäre dann zu reduzieren auf individuelles *Schuld-*
Fehlverhalten und auf kriminelle Vergehen. Die Überlegungen zu Schuld- *verstrickung*
zusammenhängen und zu Schuldverstrickung machen freilich solche Zuspitzung der Schuldfrage auf den Einzelnen zweifelhaft. Von politischer
und moralischer Schuld wäre dann allenfalls in der Selbstprüfung des Einzelnen, aber nicht öffentlich und d.h. nicht im Blick auf gesellschaftliche
Handlungs- und Verantwortungszusammenhänge zu reden. Eine Solidarität
in der Schuld gäbe es dann gerade nicht. Von *„Solidarität in der Schuld"*
ist aber hier zu reden, nicht von Kollektivschuld. Kollektivschuld als
Schuld kraft bloßer Zugehörigkeit zu einer Gemeinschaft ist eine magische
Vorstellung; denn wenn ein Mensch bereits durch die Zugehörigkeit zu einem Kollektiv – z. B. als Deutscher, als Europäer, als Mann, als Angehöriger einer Berufsgruppe, als Soldat – schuldig wäre, könnte man gar nicht
von Freiheit und Verantwortung (und auch Vergebung) sprechen. Kollek- *Keine Kollek-*
tivschuld ist also das falsche Wort. Zu sprechen ist vielmehr von Kollektiv- *tivschuld*
haftung und Kollektivscham; man kann sich nicht aus der Geschichte einer
Gemeinschaft, der man angehört, herausstehlen, aus einer Familie, aus einem Volk. Und damit teilt man die Folgen dieser Geschichte. Verantwortung ist insofern zunächst einmal Sache der einzelnen Person. Mit der Frage: *„Wer ist dafür verantwortlich?"* wird nach den Zuständigen gefragt.
Zuständigkeit beruht auf Zuweisung von Aufgaben, einer Aufgabenver-
antwortung. Um Aufgaben verantwortlich und kompetent erfüllen zu können, bedarf es freilich oftmals der Sachkunde und beruflicher Kompetenz.
Verantwortung gründet nicht nur auf Zuständigkeit, sondern setzt auch
Qualifikationen, Wissen, Können, Fähigkeit zum sachgerechten Handeln
voraus. Es bedeutet daher keine Verschiebung der zunächst von der persönlichen Verantwortlichkeit ausgehenden Überlegungen, wenn nun doch
noch gemeinsame, kollektive Verantwortung ausdrücklich reflektiert wird.
Der isolierte Einzelne ist nämlich häufig gar nicht handlungsfähig. Erst zu- *Kollektive*
sammen mit anderen kann er effektiv handeln. Mitglieder eines Operati- *Verantwor-*
onsteams, einer Mannschaft handeln beispielsweise gemeinsam. Die Bür- *tung*
ger eines Staates oder die Konsumenten auf dem Markt bestimmen gemeinsam durch ihr jeweiliges Handeln Entscheidungen. Der Einzelne kann
dabei für sich allein nichts durch sein Handeln bewirken; aber sein Handeln und Verhalten bestimmen im Zusammenwirken mit anderen die Richtung einer Entwicklung. Das Wort *„shared responsibility"* ist dafür die angemessene Bezeichnung. Mit dieser Unterscheidung von individueller und
kollektiver Verantwortung können Mißverständnisse der Verantwortung

vermieden werden. Die schiefe Alternative, wonach nur der Einzelne Verantwortung trägt und alles, was außerhalb eines engen Zuständigkeitsbereichs liegt, nicht zu verantworten ist, oder die Verlagerung von Verantwortung auf anonyme Kollektive – die Gesellschaft, die Wirtschaft, das Militär, die Wissenschaft – ist dann grundsätzlich fragwürdig. Der Einzelne ist nach seiner Einflußnahme auf kollektives Verhalten gefragt – als Bürger in der Demokratie, als Konsument und Produzent in der Wirtschaft, als Soldat, als einem Wissenschaftsethos Verpflichteter. Politik und Moral sind von Menschen gemeinsam zu gestalten und zu verantworten. Jeder ist auf seinen Beitrag, seinen eigenen Anteil anzusprechen. Damit wird auch einer Ausweitung von Verantwortung ins Unermeßliche, in Allzuständigkeit gewehrt. Nicht jeder ist für jedes und alles in der Welt verantwortlich. Aber wir sind mitverantwortlich für das, was im eigenen Verantwortungsbereich geschieht. Es gibt darum auch Verantwortung in und für Organisationen. In zunehmend anonymer und undurchschaubarer werdenden Sozialbeziehungen gewinnen Organisationen an Bedeutung. Handlungsketten verlängern sich durch organisierte Arbeitsteilung und Aufgabenverteilung. Dies nötigt dazu, nicht nur nach der Verantwortung des Einzelnen zu fragen, sondern Verantwortungszusammenhänge zu beachten. Korporative Akteure sind auf ihre Verantwortlichkeit anzusprechen. Es gibt inzwischen auch für Organisationen Handlungsregeln, Verhaltenskodizes, rechtliche Normen und Selbstverpflichtungen. Die Einhaltung, aber auch die Einführung und Ausgestaltung solcher Regeln fällt (mit) in den Verantwortungsbereich des Einzelnen. Zur Veranschaulichung von gemeinsamer kollektiver Verantwortung, „*shared responsibility*" legt sich das Bild oder Symbol des Netzes, der Vernetzung nahe. Daß ein Netz trägt und daß nicht moralische „*Löcher*" im Netz bestehen und entstehen, dazu trägt der Einzelne als Teil des Netzes bei. Beim Versagen einer gemeinsam zu tragenden Verantwortung hat darum der individuelle Verantwortungsträger Anteil: Er kann mitschuldig werden an Fehlverhalten. An dieser Stelle hat das Berufsethos seinen Ort, gerade auch das Berufsethos des Soldaten.

Einflußnahme des einzelnen (margin)

Verantwortungszusammenhänge (margin)

4. Der Beruf des Soldaten und die Schuldfrage

Keine Sonderethik (margin)

Der lange Anmarsch zur Frage nach dem Beruf des Soldaten und der damit untrennbar verbundenen Frage nach der Verbindung von Töten im Kriegsfall und Schuld war notwendig um zu zeigen, daß die Thematik der Schuld kein Spezifikum des Soldatseins, also keine Sonderfrage ist, sondern ein grundmenschliches Phänomen darstellt. Verantwortung kann durch Versagen, Mißbrauch, sogar menschliche Bosheit und Ungerechtigkeit verfehlt werden. Die Frage der Schuld bei militärischen Eingriffen fordert also keine soldatische Sonderethik, wohl aber eine Berücksichtigung der Besonderheit der Aufgabe des Soldaten. Soldat ist man zudem in einer Gesellschaft, nicht außerhalb der Gesellschaft. Gesellschaften sind verschieden – es gibt demokratische, offene freiheitliche Gesellschaften, aber auch totalitäre, repressive Gesellschaften. Die Organisation und Struktur des Militärs sind Spiegel der Gesellschaftsstruktur. Nimmt man die Formel vom „*Primat der Politik*" in einer rechtsstaatlichen Demokratie und in einer dem Schutz der Grundrechte der Person verpflichteten staatlichen Ordnung hinzu, so gibt es keinen Anlaß, in besonderer Weise den Soldatenberuf als an sich schon schuldbeladen und schuldverhaftet zu qualifizieren. Zwar ist der Soldatenberuf gekennzeichnet durch die Androhung und Ausübung physischer Gewalt. Aber Gewaltanwendung ist nicht der Zweck eines militärischen Einsatzes, sondern bloßes Mittel. So sieht es auch die 5. Barmer These. Die reformatorische Unterscheidung der zwei Reiche, Regimente Gottes, weist der Obrigkeit das Schwertamt zu, um dem Bösen und den Bösen zu wehren. Die Vielschichtigkeit und der Mißbrauch der Zweireichelehre sind hier nicht darzulegen. Auch hier gilt freilich: Mißbrauch und Fehldeutungen ist zwar entgegenzutreten, aber abusus von tollit usum. In einer Welt, in der Unrecht und Gewalttat vorkommen, ja sogar gelegentlich alltäglich sind, muß gewalttätigen Übergriffen auf Menschen gewehrt werden. Der Reformator Martin Luther sagte in einer Tischrede höchst einprägsam: Er nehme als Prediger kein Messer mit auf die Kanzel, wohl aber nehme er ein Messer mit, wenn er über Land gehe, um sich bei einem Überfall verteidigen zu können. In solchen Gefährdungslagen lasse er den Christenmenschen (homo Christianus) zu Hause und handle als öffentlicher Verantwortlicher (homo politicus). Unter dem Christenmenschen versteht Luther einen Glaubenden, der für seine Person auf jede Gewaltausübung verzichtet. Es gibt überdies in der Rechtstradition ein Recht auf Notwehr für den Angegriffenen bei gewaltanwendenden Angriffen. Und ebenso anerkannt ist moralisch und rechtlich ein Recht, ja sogar eine Pflicht zur Nothilfe bei Angriffen auf Dritte. Die Überlegungen zur kollektiven, gemeinsamen Verantwortung führen zu dem Schluß, daß Notwehr und Nothilfe kein Privileg des Einzelnen sind, sondern ebenso für kollektive Handlungsträger gelten. Der Schutz der Bürger ist eine Aufgabe des Staates. Dazu können völkerrechtliche Verpflichtungen aufgrund von Verträgen oder eines UN-Mandats kommen. Damit gerät man in die Tradition vom „*gerechten*" Krieg. Die Frage, ob ein Krieg, Gewaltanwendung überhaupt, gerecht sein kann, ist eine Frage – eine andere Frage ist die Feststellung, daß es Konfliktlagen gibt, die Gewaltanwendung unausweislich, unvermeidlich machen. In diesem Fall darf nicht jedermann Gewalt anwenden, also zur Selbsthilfe greifen. Vielmehr ist nur die zuständige, staatliche Instanz (legitima potestas) legitimiert, die Anwendung von Gewalt anzuordnen. Das Ziel hat dabei die Herstellung des Rechtsfriedens (pax) zu sein. Es muß einen gerechten Grund (iusta causa) geben. Und

Spiegel der Gesellschaftsstruktur

Gewalt wehren

Recht auf Notwehr

Legitima potestas

schließlich kommt es auf die Angemessenheit oder Verhältnismäßigkeit der Mittel (debitus modus) an. Es ist an dieser Stelle nicht der Ort, die klassische Theorie vom bellum iustum als solche zu diskutieren. Ihr Ursprung liegt in der Antike und ihre Absicht war ursprünglich, Kriege und militärische Gewaltanwendung einzudämmen. Der Kirchenvater Augustin und Thomas von Aquin haben diese vorchristliche Theorie aufgenommen und theologisch eingeordnet. Martin Luther hat sie übernommen. Sie läßt im Notfall den Einsatz militärischer Gewalt zu, zieht aber ihrer Anwendung Grenzen. Auch ist Verhinderung militärischer Auseinandersetzungen, Prävention immer die vorrangige Option. Aber im Grenzfall kann Soldaten befohlen werden zu zerstören, Menschen zu verwunden und zu töten. Auch in diesem Fall gilt nicht absolut der Grundsatz *„Befehl ist Befehl"*. Exzesse, Verstöße gegen das Kriegsführungsrecht sind verboten. Schon Aristoteles hat als Merkmale menschlichen Handelns benannt, daß dieses freiwillig, zielgerichtet und bewußt geschieht. Daraus folgt die Unterscheidung von vorsätzlich, absichtlich begangenen Taten und fahrlässigem Tun und Unterlassen. Auch ist zwischen zulässigem Handeln und absolut verbotenem Tun zu unterscheiden. Um diese Unterscheidung vornehmen zu können und Konfliktlagen wahrzunehmen, bedarf es der Einübung eines Ethos, eines Berufsethos der Soldaten und eines Bewußtseins ethischer Verantwortung. Wenn der Soldat in Ausübung seines Auftrags und unter Beachtung von Grenzen des Verantwortbaren – Völkermord ist beispielsweise eindeutig niemals zu verantworten – Menschen tötet, dann ist er kein in besonderer Weise *„Schuldiger"*. Er hat nicht moralisch versagt. Vielmehr ist sein eigentliches Ziel, Gewalttaten abzuwehren und zu verhindern, Unrecht zu wehren und Frieden wiederherzustellen. Das ist soldatischer Auftrag – nicht etwa ein Töten als Selbstzweck. Martin Luther hat dies so beschrieben: Wenn man überfallen werde, müsse man den Christen zurücksetzen und seinen politischen Auftrag erfüllen *(„christianum zu rucke setzen et politicam personam gebrauchen")*.

Der Soldat ist also nicht aufgrund seines Berufs schuldiger als andere Menschen. Kriegsdienstverweigerer sind nicht aufgrund ihrer Entscheidung gegen militärische Gewalt moralischer oder gar christlicher. Es mag gute Gründe geben, in einer bestimmten Lage unter Abwägen von Vernunftgründen und des geringeren Übels, auf militärische Maßnahmen zu verzichten. Aber das ist dann keine moralische Frage, sondern eine Frage der Situationsbewertung und der Abschätzung von Risiko und Nutzen. Auch solche Abschätzung hat mit Moral und Verantwortung zu tun. Aber es geht dabei nicht um ein Entweder gut Oder schlecht, oder anders gesagt: schuldig oder unschuldig, sondern um ein Prüfen, was richtig und was falsch angesichts einer bestimmten Lage ist oder im Vergleich: besser oder schlechter. Es gibt Fehlverhalten, Fehlurteile, Fehlgriffe; Irrtümer und Verirrungen sind nicht ausgeschlossen. Insofern kann man im Blick auf

Grenzen militärischer Gewalt

Zulässig oder verboten

Nicht schuldig

Abschätzung von Risiko

menschliches Handeln, gerade auch militärisches Handeln, quantitativ argumentieren und werten: mehr oder weniger angemessen, humaner oder weniger human. Vergleiche zwischen Maßnahmen und Operationen sind zulässig, ja sogar geboten. Ethik und Taktik, Einsatz von militärischen Mitteln und Auftragsziel müssen zusammen stimmen. Komparativistische Ethik im Sinne einer Situationsbeurteilung, Mittelabwägung und einer Prüfung der Ziele ist legitim. Die Absicht ist es ja, zu menschlichen, menschengerechten und zugleich sachgerechten Ergebnissen zu kommen. Wer von menschlich spricht, weiß, daß man das Wort menschlich steigern kann: Was ist in einem konkreten Fall menschlicher?

Von solchem ethischen Kalkül zu unterscheiden, ist hingegen die Rede vom christlichen Komparativ. Das Eigenschaftswort christlich läßt sich nicht steigern zu *„christlicher"*: Man ist Christ oder man ist nicht Christ. Der Glaube begründet das Christsein. Die Aussage, einer sei ein schlechterer oder besserer Christ als ein anderer, beruht auf Mißverständnissen des Glaubens. Und daraus zu folgern, der Wehrdienstverweigerer handle christlicher als der Soldat, ist ein fragwürdiger Schluß. Dann müßte Soldatsein als solches mit dem Christsein unvereinbar sein, und dann wäre grundsätzlich Beteiligung an Verteidigung, Notwehr, Nothilfe und humanitärer Intervention den Christen verboten. Eine derartige Argumentation mit einem christlicheren Komparativ übersieht (einmal), daß der Glaube der Grund des Christseins ist und nicht ein bestimmtes Handeln und Verhalten. Zwar gibt es ein Handeln, das mit Christsein unvereinbar ist wie Mord, Lüge, Vergewaltigung, Ausbeutung. Aber solches Verhalten ist eben auch unmenschlich, inhuman. (Zum anderen) verkennt eine solche Sicht immer wieder, daß es in der Wirklichkeit der gefallenen Welt Böses und Sünde gibt, denen man als Mensch und Christ nicht tatenlos und unbeteiligt zuschauen kann. Gewiß *„soll"* Krieg nach Gottes Willen nicht sein – aber das besagt nicht: Es gibt keinen Krieg, nicht die Notwendigkeit des Einsatzes militärischer Gewalt und der Gewaltandrohung, wenn es die Christen nur wollten. Gewiß ist das Ziel verantwortlichen und christlichen Handelns ein gerechter Friede und nicht der Krieg. Aber es wäre realitätsblind, würde man in einem *„Unschuldswahn"* (J. B. Metz) die dunklen Seiten in den internationalen Beziehungen ausklammern und totschweigen.

Dietrich Bonhoeffer hat während des 2. Weltkriegs den Begriff *„Schuldübernahme"* geprägt. Er stand damals vor der Frage, ob er sich als Christ am Widerstand gegen Hitler und das Naziregime beteiligen könne. Dabei war er sich bewußt, daß dies die Beteiligung an einem Attentat einschließen wird. Seine Überlegungen stehen unter der Überschrift *„Struktur des verantwortlichen Lebens"*. Leitbegriffe sind Stellvertretung, Wirklichkeitsgemäßheit, Staatskunst, Schuldübernahme, das Gewissen, Freiheit. Menschen kommen immer wieder in die Lage, stellvertretend für andere handeln zu müssen. Eltern sind stellvertretend verantwortlich für ihre

Keine Steigerung von christlich

Unvereinbar

Schuldübernahme

Kinder, Politiker für die Bürger, Lehrer für Schüler. Auch im Soldaten-
Stellvertre- beruf geht es um stellvertretendes Eintreten für andere. Die stellvertreten-
tung de Verantwortung für andere Menschen ist zugleich *„Verantwortung für
eine Sache".* Deshalb setzen die Wahrnehmung der Wirklichkeit, die Einsicht in das Sachgemäße und die Beachtung der Regeln der Staatskunst,
der Grundprinzipien von Politik einen Rahmen für die Ausübung konkreter
Verantwortung. In diesem Zusammenhang kommt dann der Grenzfall des
Normalen, der Einsatz von Gewalt gegen Gewalt in den Blick, weil es nur
ein größeres Übel gibt als die Gewalt, *„nämlich die Gewalt als Prinzip,
als Gesetz, als Norm".* Der Grenzfall fordert die Bereitschaft zur Schuldübernahme. Im Zivilrecht bezeichnet Schuldübernahme die Bereitschaft,
für die Schulden anderer ohne eigenes Verschulden aufzukommen. Bon-
hoeffers Überlegungen setzen tiefer an: Nicht die *„Proklamation und Verwirklichung"* von ethischen Idealen ist der Inhalt der Botschaft Jesu, sondern Jesus geht es *„allein um die Liebe zum wirklichen Menschen";* darum
kann er in die Gemeinschaft ihrer Schuld eintreten, sich mit ihrer Schuld
Aus Liebe zum beladen lassen. Bereitschaft zum Schuldigwerdenkönnen aus Liebe zum
Menschen wirklichen Menschen in seiner Not unter Verzicht darauf, das eigene Gewissen unversehrt und *„rein"* zu erhalten, das ist eine Wirkung, Folge des
Glaubens an Gottes rechtfertigende Gnade. Ein solches verantwortliches
Aufsichnehmen von Schuld und Unschuld ist letztlich eine Gewissensentscheidung. Mit der reformatorischen Deutung ist hier vom *„getrösteten"*
Gewissen zu sprechen. Bonhoeffer selbst schreibt ausdrücklich. *„Wer in
Verantwortung Schuld auf sich nimmt – und keine Verantwortlicher kann
dem entgehen –, der rechnet sich selbst und keinem anderen diese Schuld
zu und steht für sie ein, verantwortet sie. Er tut dies nicht in dem freveln-
den Übermut seiner Macht, sondern in der Erkenntnis, zu dieser Freiheit –
genötigt und in ihr auf Gnade angewiesen zu sein. Vor anderen Menschen
rechtfertigt den Mann der freien Verantwortung die Not, vor sich selbst
spricht ihn sein Gewissen frei, aber vor Gott hofft er allein auf Gnade."*
Gewissensentscheidungen können freilich nur in Freiheit getroffen werden.
Freies Wagnis Verantwortliches Handeln ist ein freies Wagnis und niemals ohne ethisches
Risiko. Es hält sich nicht an eingeschliffene Regeln, sondern ist schöpfe-
risch. Der Ort der Verantwortung ist nach Bonhoeffer der Beruf. Dies gilt
gerade auch für den Beruf des Soldaten. Verantwortung recht wahrzunehmen, erfordert allerdings ein geschärftes Gewissen, Sensibilität für Gefährdungen und Mißbrauchsmöglichkeiten, eine hohe berufliche Qualifikation
Eigenständi- und das Vermögen eines eigenständigen Urteils. Nicht die Verweigerung
ges Urteil von Schuldübernahme, sondern Gewissensbildung und Einübung von Ur-
teilsvermögen ist daher geboten, wenn es um die möglichen Folgen militärischen Einsatzes geht, nämlich in der Abwehr von Gewalt notfalls töten
zu müssen. Martin Luther schrieb an den angefochtenen Philipp Melan-
chthon einmal in einem Brief: *„Pecca fortiter".* Sündige tapfer! *„Fortiter"*

400

heißt hier nicht „*kräftig*", sondern „*mutig*". Aber er fügte sogleich hinzu: „*sed crede fortius*" – aber glaube noch tapferer, noch entschiedener, und freue dich über Christi Gnade.

Literatur:
Dietrich Bonhoeffer, Ethik, 1949[1], 1984[10], S. 238 ff. Die Struktur verantwortlichen Lebens.
Karl Jaspers, Die Schuldfrage, 1946, Neuausgabe München 1965.
Schuld und Verantwortung, hg. von H. M. Baumgartner, A. Eser, Tübingen 1983.

Johann Adolf Graf von Kielmannsegg
General
* 30.12.1906 in Hofgeismar

*Es ist Aufgabe Innerer Führung, die unabdingbare soldatische Ordnung
von Befehl und Gehorsam sinnvoll mit den Grundlagen und
Wesensformen der Demokratie zu verbinden, zu verschmelzen, eben zu
integrieren.*

6.5 Arnulf von Scheliha

Toleranz als Tugend in einer multi-kulturellen Gesellschaft

Verschärfte Situation

Die beschleunigte Internationalisierung der Kommunikationsmöglichkeiten und -wege, die erhöhte Mobilität der Menschen, die Globalisierung des Wirtschaftens, die dadurch zunehmende Nähe der unterschiedlichen Weltkulturen und, dem allen korrespondierend, die wachsende innergesellschaftliche Multikulturalität sind Faktoren, die gegenwärtig den christlichen und weltanschaulichen Pluralismus, der im westlichen Europa seit der Epoche der Aufklärung existiert, um Multikulturalität und Multireligiosität anreichern. Die innere Vielfalt der gegenwärtigen Kultur, die individuelle und oft unverbindliche Teilnahme an den unterschiedlichen Angeboten religiösen Erlebens und religiöser Lebensdeutung sowie die reichen Optionsvarianten[1], die zur Ausprägung eines individualisierten Lebensstils verwendet werden können, werden durch die lebensweltliche Präsenz fremder Kulturen und Religionen um ein Vielfaches vergrößert. Mittlerweile dürfte es kaum einen gesellschaftlichen Bereich geben, der von dieser Entwicklung nicht erfaßt wäre bzw. nicht potentiell erfaßt werden könnte.

Auswirkung auf Streit-kräfte

Dies dürfte auch für die Bundeswehr gelten. Daher ist es vorstellbar, daß die Debatte um die Beteiligung der muslimischen Glaubensgemeinschaften an der Organisation und Durchführung des grundgesetzlich garantierten Religionsunterrichts auch auf die Militärseelsorge übertragen wird. Muslime repräsentieren mittlerweile die zweitgrößte Religionsgemeinschaft in der Bundesrepublik Deutschland. Die neuerdings eröffnete Möglichkeit, daß sich in Deutschland geborene Ausländerkinder für die deutsche Staatsangehörigkeit entscheiden können, wird auch für den religiösen Hintergrund der Angehörigen der Streitkräfte Auswirkungen haben. Dazu kommen Menschen, die sich neureligiösen Bewegungen angeschlossen haben, sowie andere, deren „*Bastelexistenz*"[2] ganz individualistische Ausdrucksformen annehmen kann. All dies stellt besondere Herausforderungen an die vorgesetzten Offiziere und die Innere Führung. Die Vermittlung

---

1. Vgl. Peter Gross: Die Multioptionsgesellschaft, Frankfurt am Main 1995
2. Vgl. Ronald Hitzler, Anne Honer: Bastelexistenz. Über subjektive Konsequenzen der Individualisierung, in: Riskante Freiheiten, hg. von U. Beck, E. Beck-Gernsheim, Frankfurt am Main 1994, 307-315

404

zwischen dem Grundrecht auf Religions- und Gewissensfreiheit, der bislang monopolartigen Repräsentanz der traditionellen Großkirchen in der Militärseelsorge, den dienstlichen Erfordernissen innerhalb der Bundeswehr und der je eigenen religiös-weltanschaulichen Überzeugung wird dadurch erheblich erschwert.

Unabhängig von jeder Vorschrift oder künftigen rechtlichen Regelung, mit der auf die Pluralisierung und Individualisierung von Religion und Lebensstil reagiert werden mag, dürfte Toleranz diejenige moralische Haltung sein, die solche Entwicklungen konkret wahrzunehmen und sensibel aber doch fest im eigenen Standpunkt mit ihnen umzugehen vermag.

Aus diesem Anlaß sollen im folgenden zunächst die Eckdaten der klassischen Toleranztheorie, wie sie John Locke in seinem *„Letter concerning Toleration"* von 1689 formuliert hat, dargestellt werden (I.). Sodann wird in kritischer Auseinandersetzung mit der vorherrschenden rechtlichen Verengung des Verständnisses von Toleranz (II.) die durch die gesellschaftliche Multikulturalität ausgelöste Aktualität des Toleranzthemas (III.) erarbeitet[3], um schließlich einige Schlußfolgerungen zur Begründung von Toleranz aus der Perspektive christlicher Ethik zu ziehen (IV.). *Gliederung*

I.

Zur Begründung der Toleranz unterscheidet Locke in seinem epochalen Werk[4] drei Ebenen voneinander. Eine *erste* ist die *naturrechtliche*. Sie wird von Locke in diesem Essay zwar nur an wenigen Stellen explizit gemacht, ist aber grundlegend für die anderen Begründungsebenen. Danach besteht das Motiv für den einzelnen, den Naturzustand zu verlassen, seine natürliche Freiheit einzuschränken und sich mit anderen Menschen zu einer Gesellschaft zusammenzuschließen darin, seinen Leib und sein Leben gegen Übergriffe von seiten Dritter zu sichern und die gefährdete natürliche Freiheit sowie sein Eigentum auf Dauer sicherzustellen. Der Zweck der humanen Gesellschaft, ihre *„Blüte"*, besteht darin, *„das zeitliche Gut"*[5] zu sichern, das friedliche Zusammenleben der Menschen zu regeln und Spielräume zur Ausübung der individuellen Freiheit zu eröffnen. Für die Begründung der Toleranz besagt diese anthropologische, Einsichten des Reformators Martin Luther aufnehmende Argumentation, daß der Inhalt des Gewissens nicht in den Zweck der Vergemeinschaftung mit ande- *Naturrechtliche Ebene*

---

3. Die Begegnung der Kulturen hat die Toleranzforschung neu angeregt. Vgl. Kulturthema Toleranz. Zur Grundlegung einer interdisziplinären und interkulturellen Toleranzforschung, hg. von A. Wierlscher, München 1996

4. Der Traktat wird hier zitiert nach der von Julius Ebbinghaus besorgten Ausgabe: John Locke: Ein Brief über Toleranz, Hamburg 1975

5. A.a.O. 87

Innerer Mensch nicht betroffen

ren Menschen fällt. Tritt der Mensch zugunsten seiner äußeren Sicherheit Freiheitsrechte an die politische Ordnung ab, so ist der ‚*innere*' Mensch davon nicht betroffen. Im Bereich existentieller Wahrheit und individueller Weltanschauung kann es keine Souveränitätsabtretungen geben. Die Freiheit des Naturzustandes bleibt in dieser Sphäre vollständig erhalten. Jeder soll „*das tun ( ), wovon er in seinem Gewissen überzeugt ist*"[6].

Diese naturrechtliche Ableitung der menschlichen Gesellschaft konkretisiert Locke auf einer *zweiten* Ebene mit *einer Theorie der gesellschaftlichen Differenzierung*, die man als einen Reflex auf die Formierung der modernen Gesellschaft verstehen kann. Danach erfüllen die politische Ordnung einerseits und Religion andererseits innerhalb der Gesellschaft völlig unterschiedliche, aber jeweils unverzichtbare Aufgaben. Zur Wahrnehmung ihrer gesellschaftlichen Funktionen entwickeln sie Mechanismen, die wegen ihrer Unterschiedlichkeit nicht von einem in den anderen Bereich übertragen werden können. Die politische Ordnung hat zur Aufgabe die „Befriedigung, Wahrung und Beförderung" der bürgerlichen Interessen, worunter Locke „*Leben, Freiheit, Gesundheit, Schmerzlosigkeit des Körpers und den Besitz äußerer Dinge*"[7] versteht. Ziel des obrigkeitlichen Handelns ist daher „*das Wohl und die Sicherheit des Gemeinwesens*"[8]. Zur

Wohl des Gemeinwesens

Durchsetzung dieses Ziels besitzt die Obrigkeit das Gewaltmonopol und kann Verstöße gegen das Recht bestrafen. Die Logik der politischen Ordnung beruht daher auf „*Zwang*"[9]. Dagegen sind die Religionen für das „*Heil der Seelen*"[10] zuständig. Hier geht es nicht um das äußere Ergehen und das individuelle Eigentum, sondern um das Gewissen und die nur von ihm verantwortete „*innere ( ) Gewißheit des Urteils*"[11]. Die Sorge um das

Seelenheil

Seelenheil ist daher nicht delegierbar, der Inhalt des Glaubens nicht von außen andemonstrierbar. Zwar kennt auch die Religion Vergemeinschaftung. Diese verfolgt aber einen anderen Zweck als die politische Ordnung. „*Der Zweck einer religiösen Gesellschaft ist ( ) die öffentliche Verehrung Gottes und vermittels ihrer der Erwerb des ewigen Lebens*"[12]. Die institutionelle Vermittlung von Glaubenswahrheiten erfolgt daher nicht als Zwang, sondern im Modus von „*Aufforderungen, Ermahnungen, Ratschläge[n]*"[13]. Die Logik der religiösen Gemeinschaft ruht also auf „*Freiwilligkeit*"[14]. Während innerhalb der politischen Ordnung Freiheit durch

---

6. Ebd.
7. A.a.O. 13
8. A.a.O. 81
9. A.a.O. 27. „Denn Zwang gehört gänzlich zur Staatsgewalt". (ebd.)
10. A.a.O. 7
11. A.a.O. 15. Vgl. 54f
12. A.a.O. 25
13. A.a.O. 27
14. A.a.O. 19

Gesetzgebung und Zwang ermöglicht wird, besteht die Freiheit zur Religionsausübung auf der Basis dieser Gesetzgebung in der funktionslogischen Unabhängigkeit von ihr.

Die differente Funktionsbestimmung und -rationalität verbietet die *Zuständigkeit* wechselseitige Beanspruchung des jeweils anderen Gebietes und begründet die gesellschaftliche Toleranz in religiösen Angelegenheiten. Weder darf sich die politische Ordnung für das Seelenheil ihrer Bürger zuständig wissen, noch dürfen sich die Religionsgesellschaften einerseits zu Theokratien aufbauen wollen[15], noch dürfen sie andererseits auf die Individuen Zwang ausüben.[16] Aufgrund der Prinzipien „*Gewissen*" und „*Freiwilligkeit*" herrscht Toleranzpflicht zwischen den Kirchen und den Privatpersonen, zwischen den Privatpersonen, zwischen den Kirchen. Da der Staat nicht mehr Kompetenz in religiösen Dingen hat als die Individuen auch, darf er weder eine Nationalkirche einrichten noch bestimmte religiöse Gesellschaften privilegieren, sondern muß alle, einschließlich ihres jeweiligen Kultes, dulden.[17]

Locke diskutiert drei Grenzen der Toleranz, die sich aus dem Zusammenspiel der bisher angeführten Begründungsebenen ergeben. Einmal fallen Atheisten für Locke aus der Toleranzpflicht heraus. Sein Argument besagt, daß man bei einem Atheisten nicht damit rechnen könne, daß er sich überhaupt loyal der Gemeinschaft gegenüber zu verhalten vermag. Dieses Argument fußt auf einer von Locke nicht explizierten Voraussetzung, nach der sowohl der Übergang des Menschen vom natürlichen in den politischen Zustand als auch die Fortdauer des politischen Zustands von moralischen Einsichten abhängt, die ihrerseits in der religiösen Grundannahme fundiert sind, nach der der Inbegriff des göttlichen Willens das moralisch Gute ist – und vice versa.[18] Damit deutet sich neben der Differenzierung zwischen politischer Ordnung und Religion auch eine positive Verhältnisbestimmung beider Bereiche an. Die politische Ordnung bedarf einer vorrechtlichen, d.h. nicht anders als religiös-moralisch begründeten Loyalität der Menschen, deren Freiheit sie ordnen soll, um funktionieren zu können. Die zweite Grenze betrifft die Toleranz gegen eine religiöse Gesellschaft, deren Riten und Gebräuche gegen das, was innerhalb der bürgerlichen Gesellschaft verboten ist, verstoßen[19], wie dies etwa bei Menschenopfern der Fall wäre. Eine dritte Grenze schließt Religionsgesellschaften aus der To-

Grenzen der Toleranz

---

15. „Kirchen haben weder eine Rechtsgewalt in weltlichen Angelegenheiten, noch sind Feuer und Schwert geeignete Mittel, um Menschen innerlich von ihrem Irrtum zu überzeugen und sie in der Wahrheit zu unterrichten." (a.a.O. 33)
16. Diesen Aspekt hat besonders Julius Ebbinghaus in seiner Studie „Über die Idee der Toleranz" (in: Archiv für Philosophie 4 (1950), 1-34) herausgearbeitet
17. Vgl. John Locke: a.a.O. 57
18. „Gott auch nur in Gedanken wegnehmen, heißt dieses alles auflösen." (a.a.O. 94)
19. Vgl. a.a.O. 69

leranz aus, die einer anderen politischen Gewalt verpflichtet sind. Diese sprengen die Loyalität, die die politische Ordnung von ihren Bürgern erwarten kann. Würde die Obrigkeit solche Religionsgesellschaften tolerieren, käme dies einer *„Niederlassung einer fremden Rechtsgewalt in ihrem eignen Lande"*[20] gleich. Mit diesem Argument schließt Locke faktisch (aber nicht prinzipiell) Muslime und Katholiken aus der Toleranz aus. Demgegenüber sind die Juden in Lockes Toleranztheorie ausdrücklich eingeschlossen.

Kennzeichen der wahren Kirche

Auf einer *dritten* Ebene begründet Locke die Toleranz aus dem *Wesen der christlichen Religion*. Danach ist Duldung *„das hauptsächlichste Kennzeichen der wahren Kirche"*[21]. Die Begründung ist christologischer Art, denn die *„Heiligkeit des Lebens, Reinheit der Sitten, Güte und sanftmütige Gesinnung"*[22] stellen den Inbegriff der Lehre Jesu Christi dar. Auf dem Weg Jesu Christi und seinem *„Evangelium des Friedens"*[23] sind daher Zwang und Gewalt in religiösen Dingen ausgeschlossen.

Friedfertigkeit

Diese christliche Begründung der Toleranz ermöglicht es Locke, die gesellschaftlich ausdifferenzierten Bereiche der politischen Ordnung einerseits und das Religionssystem andererseits auf der Basis ihrer Differenziertheit positiv aufeinander zu beziehen. Denn für Locke besteht die Funktion der Religion für die Gesellschaft und insbesondere für die politische Ordnung darin, den Menschen *„die Pflichten der Friedfertigkeit und des guten Willens gegen alle Menschen (einzuschärfen), fleißig zu Liebe, Sanftmut und Toleranz [zu] ermahnen, und sorgfältig bemüht [zu] sein, all jene Hitze und unvernünftige Abneigung zu mildern und auszugleichen"*[24]. Religion, Gegenstand gesellschaftlicher Toleranz, ist durch ihre gesinnungsbildende Funktion ihrerseits die kulturelle Voraussetzung eines gesellschaftlich toleranten Klimas.

Individuelle Freiheit als Grenze

Lockes Begründungen weisen über die Toleranz als einer *moralischen* Haltung hinaus. Die Grundsätzlichkeit seiner Argumentation ist Ausdruck der modernen Auffassung vom Staat, der seine politische und rechtliche Gestaltungsmacht an der individuellen Freiheit begrenzt und sich selbst als Funktion dieser Freiheit zu verstehen beginnt. Die von Locke propagierte Durchsetzung der Religions- und Gewissensfreiheit hat für die Entwicklung des modernen Staatsverständnisses exemplarische Bedeutung.[25] Die modernen Grundrechtskataloge können als weitreichende *rechtliche* Realisierung der *moralischen* Toleranzforderung Lockes verstanden werden.

---

20. A.a.O. 95
21. A.a.O. 3
22. A.a.O. 3f
23. A.a.O. 9
24. A.a.O. 39, vgl. 97
25. Vgl. Carl Schmitt: Verfassungslehre, Berlin ⁸1993, 158f

II.

Die naturrechtlichen Gedanken der Aufklärungszeit finden im ausgehenden 18. Jahrhundert auch in mehreren Ländern des Deutschen Reiches Aufnahme in die Religionsgesetzgebung[26]. Um die Wende zum 19. Jahrhundert ist Preußen am fortschrittlichsten. Die deutsche Bundesakte von 1815 hält fest, daß die Zugehörigkeit zu unterschiedlichen christlichen Kirchen keinen Unterschied in den bürgerlichen und politischen Rechten zur Folge hat. Im Grundrechtskatalog der Paulskirchenverfassung von 1848/9 wird in Art.144 erstmals die Religionsfreiheit umfassend, d.h. über die christlichen Konfessionen hinaus, garantiert: *„Jeder Deutsche hat volle Glaubens- und Gewissensfreiheit."*[27] Diese Bestimmung übernimmt Preußen in Art. 12 seiner Verfassungsurkunde von 1850. Die bürgerliche Gleichberechtigung von Menschen unterschiedlicher Religion geht 1871 auch in die Gesetzgebung des Deutschen Reiches ein, ohne daß bis zum Ende des Kaiserreiches alle Länder verpflichtet gewesen wären, allen Religionsgemeinschaften volle Kultus- und Versammlungsfreiheit zu gewähren. Dies ändert sich erst mit dem Grundrechtskatalog der Weimarer Reichsverfassung von 1919, die auch die im Grundgesetz der Bundesrepublik Deutschland von 1949 fortgeltenden verfassungsrechtlichen Bestimmungen für Religionsgemeinschaften aufstellt.[28]

Gleiche Rechte

Was bedeutet die grundrechtliche Verwirklichung der Gewissens- und Religionsfreiheit für die Toleranz? Der Züricher Philosoph Hermann Lübbe vertritt die These, nach der *„Freiheit, rechtlich konstituiert, ( ) Toleranz gegenstandslos"*[29] macht.[30] Lübbe versteht unter Toleranz die *„politische Duldung eines von der bürgerlichen Religion abweichenden Bekenntnisses, auf dessen Kultur ein subjektiver, das heißt einklagbarer Anspruch nicht besteht"*[31]. In der Phase eines faktischen, aber noch nicht verrechteten christlichen Pluralismus diente die Toleranzpraxis dazu, in einer

Freiheit und Toleranz

---

26. Vgl. Heinrich Lutz: Das Toleranzedikt von 1781 im Kontext der europäischen Aufklärung, in: Glaube und Toleranz, hg. von T. Rendtorff, Gütersloh 1982, 10-29. Zum folgenden vgl. René Pahud de Mortanges: Art. Religionsfreiheit, in: TRE 28, Berlin/New York 1997, 565-574

27. Zitiert nach: Die Entwicklung der Menschen- und Bürgerrechte von 1776 bis zur Gegenwart, hg. von F. Hartung u.a., Göttingen/Zürich ⁶1998, 95

28. Vgl. dazu Folkart Wittekind: Welche Religionsgemeinschaften sollen Körperschaften öffentlichen Rechts sein? Die Entstehung des modernen deutschen Staatskirchenrechts in den Verhandlungen über die Weimarer Reichsverfassung, in: Auf dem Weg zum Grundgesetz. Beiträge zum Verfassungsverständnis des neuzeitlichen Protestantismus, hg. von G. Brakelmann, N. Friedrich, T. Jähnichen, Münster 1999, 77-97

29. Hermann Lübbe: Religion nach der Aufklärung, Graz/Wien/Köln ²1990, 78

30. Auch nach J. Ebbinghaus gehört Toleranz „nur dort hin, wo jemand etwas duldet, was zu dulden er nicht von Rechts wegen verpflichtet ist" (a.a.O. 26)

31. A.a.O. 82

pragmatischen Weise die politische und die religiöse Sphäre der Gesellschaft zu entkoppeln, die Menschen ans „*Faktum d()er Koexistenz*"[32] unterschiedlicher Religionen zu gewöhnen und die steilen Wahrheitsansprüche der christlichen Konfessionen politisch abzuschleifen, bis die Differenzierung von Politik und Religion rechtlich institutionalisiert wird. Toleranz wird hier gewissermaßen als ,*Übergangstugend*' verstanden, die so lange benötigt wird, bis aus der vorrechtlichen Duldung der Religionsausübung ein Rechtsanspruch geworden ist. Folgt man dieser These, wäre Toleranz in einer Gesellschaft, die auf einer freiheitlich-demokratischen Grundordnung basiert, eine überflüssige Tugend. Mit den verfassungsmäßig garantierten Grundrechten und auf der Basis der geregelten Rechtsstellung der Religionsgemeinschaften wäre Toleranz als eine moralische Tugend obsolet geworden.

Politik und Religion

Lübbes These von der Neutralisierung der politischen „*Sprengkraft*" der Religion zunächst durch die Toleranz, dann durch das Recht, geht zurück auf eine geschichtsphilosophische These des Rechtsphilosophen und Staatsrechtlers Carl Schmitt. Dieser hatte die Epoche zwischen dem 17. und dem 19. Jahrhundert als das „*Zeitalter der Neutralisierungen*" bezeichnet.[33] Danach wechselt die europäische Menschheit seit der Epoche der Aufklärung in vier Stufen die geistigen Sphären, aus denen die normative Orientierung für die Interessen, das Handeln und die Gestaltung der politischen Ordnung gewonnen wird. Der Wechsel der geistigen „*Zentralgebiet[e]*" wird nach Schmitt dadurch motiviert, daß das je bisherige zum „*Streitgebiet*"[34] wird, so „*daß man ein anderes neutrales Gebiet aufsucht. Das bisherige Zentralgebiet wird dadurch neutralisiert, daß es aufhört, Zentralgebiet zu sein, und auf dem Boden des neuen Zentralgebietes hofft man das Minimum an Übereinstimmung und gemeinsamen Prämissen zu finden, das Sicherheit, Evidenz, Verständigung und Frieden ermöglicht.*"[35]

Geistige Sphäre der normativen Orientierung

Die Erfahrung der europäischen Konfessionskriege bewirkt die Neutralisierung des christlichen Konfessionalismus. Die überlieferte Theologie wird durch Systeme der ,natürlichen' Metaphysik (einschließlich der modernen Naturwissenschaft), der vernünftigen Moral und des Naturrechts abgelöst. Auch der Staat entzieht sich der Religion und stellt sie gesellschaftlich frei. Religion wird „*Privatsache*"[36]. Die Neutralisierung des religiösen Pluralismus durch Privatisierung der Religionsausübung verlagert das geistige Zentralgebiet, entläßt aber neue Streitthemen in den Sphären Wissenschaft, Ästhetik und Ökonomie. „*Immer wandert die europäische*

Naturrecht

---

32. A.a.O. 79
33. Carl Schmitt: Der Begriff des Politischen, Berlin 1963, 79ff
34. A.a.O. 88
35. A.a.O. 88f
36. A.a.O. 89

Menschheit aus einem Kampfgebiet in neutrales Gebiet, immer wird das neu gewonnene neutrale Gebiet sofort wieder Kampfgebiet und wird es notwendig, neue neutrale Sphären zu suchen. Auch die Naturwissenschaftlichkeit konnte den Frieden nicht herbeiführen. Aus den Religionskriegen wurden die halb noch kulturell, halb bereits ökonomisch determinierten Nationalkriege des 19. Jahrhunderts und schließlich einfach Wirtschaftskriege."[37] Für seine Gegenwart im Jahre 1929 diagnostiziert Schmitt das Bedürfnis der Gesellschaft, die fundamentalen Orientierungen auf dem Zentralgebiet der Technik zu suchen. Die Hoffnung auf eine technisierte Welt und den technischen Fortschritt bildet die letzte Stufe der Neutralisierungen.

In der kritischen Diskussion dieses Sachverhalts wendet Schmitt selbst ein, daß sich auch die moderne Technik moralisch-religiösen, technischen und ökonomischen Voraussetzungen verdanke. Die Technik könne deshalb kein konfliktfreies Zentralgebiet, von dem aus sich die Fragen der ökonomischen, politischen und religiös-moralischen Gestaltung des menschlichen Zusammenlebens lösen würden, darstellen, weil sie immer nur Instrument sei. Jeder könne die Technik in seinen Dienst stellen. Deshalb sei sie nicht neutral, sondern jederzeit zugunsten bestimmter Zwecke instrumentalisierbar. Daraus ergäbe sich die Notwendigkeit einer gesellschaftlichen Verständigung, die alle zuvor als *„Zentralgebiete"* neutralisierten Sphären der Gesellschaft einbeziehe. Von einer vollständigen *„Neutralisierung"* der Bereiche Religion, Moral, Ökonomie und Technik könne daher nicht die Rede sein: *„Wir erkennen den Pluralismus des geistigen Lebens und wissen, daß das Zentralgebiet des geistigen Daseins kein neutrales Gebiet sein kann".*[38] Im Kern kann also keine Errungenschaft des menschlichen Geistes als vollständig *„neutralisiert"* angesehen werden. In der modernen Gesellschaft stehen Religion, Moral, politische Ordnung, Ökonomie und Technik immer nebeneinander, verweisen aufeinander und können sich wechselseitig in Anspruch nehmen. *„Geist kämpft gegen Geist, Leben gegen Leben".*[39]

Mit der Technik kein Ende der Konflikte

Bezieht man diese These auf den multi-kulturellen Pluralismus der modernen Gesellschaft, wird deutlich, daß das Recht zwar den Rahmen für gesellschaftlichen Pluralismus herstellt, die Haltung der Toleranz in der konkreten Konfrontation der Geistes- und Lebensmächte aber nicht überflüssig, sondern gefordert ist. Zwischen den formal garantierten Freiheitsrechten und der rechtlichen Beschränkung des gesellschaftlichen Antagonismus ist eine moralische Position nötig, die Standpunktbezogenheit und soziale Integration konkret miteinander zu verbinden vermag.

Toleranz notwendig

---

37. A.a.O. 89
38. A.a.O. 94
39. A.a.O. 95

III.

In diesem Sinne hat jüngst der US-amerikanische Sozialphilosoph Michael Walzer die moralische Bedeutung der Toleranz wieder herausgearbeitet und betont.[40] Seine These besagt, daß die Forderung nach einer toleranten Haltung weit über das hinausgeht, was rechtlich geregelt werden könnte, und in die Lebenswelt der Menschen hineinreicht. Toleranz sei überall dort gefordert, wo jenseits des rechtlich Regelbaren *„friedliche Koexistenz"* wünschenswert und als moralisches Gut erstrebenswert sei.

Friedliche Koexistenz

Hier sei die moralische ‚*Kompetenz*' des einzelnen und der Gesellschaft gefragt und dies, anders als beim Übergang von der Toleranz unterprivilegierter religiöser Minderheiten in der Aufklärung zur verfassungsrechtlich garantierten Religionsfreiheit im 19. und 20. Jahrhundert, nicht als eine ephemere Erscheinung, sondern in ganz grundsätzlicher Hinsicht. Toleranz ist eine Forderung an den *„moralischen Alltag"*[41].

Intoleranz als Grund für den Einsatz

Die überrechtliche Bedeutung und Aktualität der Toleranz für einen Offizier kann man an den Einsätzen der Bundeswehr bei friedenserzwingenden und friedenserhaltenden Maßnahmen im Rahmen von UNO-Mandaten außerhalb der Territorien der NATO-Mitgliedsländer beispielhaft klarmachen. Diese Einsätze führen die Bundeswehr in Länder, wo eine moralische Haltung der Toleranz schon deshalb gefordert ist, weil die dort herrschende Intoleranz gegenüber anderen Ethnien, Kulturen, Religionen und Lebensstilen eine militärische Maßnahme zur Krisenintervention erforderlich gemacht hat. Solche Friedensmissionen stehen unter der Forderung, dem Geist zu genügen, in dem sie begonnen werden. Daher sind Angehörige solcher von der UNO mandatierten Truppen gehalten, diejenige Haltung der Toleranz zu praktizieren, die durch ihren Einsatz in der betreffenden Gegend zur moralischen und rechtlichen Durchsetzung gebracht werden soll.

Einwanderungsgesellschaft

Walzer selbst argumentiert im Blick auf die innere Situation der modernen westlichen Gesellschaften, die sich faktisch, wie er am Beispiel der USA zeigt und ausdrücklich auch auf die Europäische Union bezieht, zu *„Einwanderungsgesellschaft[en]"*[42] entwickeln. Für die Zukunft der Menschen innerhalb der Europäischen Union prognostiziert er, daß deren Gesellschaft durch die ermöglichte Freizügigkeit und Mobilität in einigen Jahren einer Einwanderungsgesellschaft multi-kulturellen Zuschnitts gleichen und entsprechenden Bedarf an Toleranz gegenüber anderen Religionen, Lebensstilen, nationalen Kulturen heraufführen wird.[43] Signifikant für

---

40. Michael Walzer: Über Toleranz. Von der Zivilisierung der Differenz, Hamburg 1998 (engl.: On toleration, New Haven/New York 1997)
41. A.a.O. 10
42. A.a.O. 64
43. Vgl. a.a.O. 63f

412

eine solche Gesellschaft ist nach Walzer, daß in ihr keine der gesellschaftlichen Gruppen, keine Ethnie, keine soziale Schicht, kulturelle Tradition oder religiöse Gemeinschaft noch eine Mehrheit darstellt. Gefordert
ist daher ein tolerantes Arrangement dieser pluralen Minderheitssegmente.

Diese Entwicklung wird nach Walzer noch verschärft durch den Über- *Vormoderne*
gang von der modernen in die postmoderne Gesellschaft. Für Walzer ist *Gesellschaft*
die gegenwärtige Situation bestimmt durch einen *„Dualismus von Moderne und Postmoderne"*[44], der unsere Gesellschaft zu einer *„‚Übergangs'ge-
sellschaft( )"*[45] macht. Während in der *vormodernen* Gesellschaft das Individuum ganz durch die Gruppenidentität geprägt ist und Erfahrungen von
Anderssein in der Regel nicht direkt, sondern nur vermittels der Gruppe
macht, zeichnet sich die *moderne* Gesellschaft durch die Emanzipation des *Moderne*
einzelnen von der Gruppe aus, also durch eine Differenz zwischen Indivi- *Gesellschaft*
duum und Gruppe. Die Etablierung der Demokratie als Form politischer
Ordnung, organisiert nach dem Prinzip *‚one man – one vote'*, ist Ausdruck
dieser Entwicklung. Dennoch bleibt der einzelne zum anderen auch in der
Moderne – und sei es im Modus der Emanzipation von ihr – ein Mitglied
übergeordneter Gruppen (etwa Volk, Religion, Partei etc.), die in der modernen Gesellschaft als untereinander gleichberechtigt gelten. Für die moderne Gesellschaft ist daher *„das Nebeneinander von Gruppenzwang und
individueller Emanzipation ( ) ein unverlierbarer Zug"*[46]. Die Differenzen
sind fest etabliert und kultiviert. Demgegenüber zeichnet sich das Leben in *Postmoderne*
der *postmodernen* Gesellschaft durch *„ein Leben ohne feste Grenzen und* *Gesellschaft*
ohne festumrissene, exklusive Identitäten"[47] aus. *„Der Gruppenzwang ist
lockerer als je zuvor"*[48], extremer Individualismus und der hochentwickel-
te *„Multikulturalismus"*[49] bilden erhebliche zentrifugale Kräfte und bewirken die Auflösung jedweder Identitätsbildung durch Gruppenzugehörigkeit. Erfahrungen von Loyalität versiegen. Es bleibt der blanke, ungebundene und einsame Individualismus. Formen der Vergemeinschaftung sind *Blanker Indi-*
nur noch vorübergehender Natur, werden rein zweckgebunden eingegan- *vidualismus*
gen und entsprechend schnell gelöst. *„Das Projekt Postmoderne untergräbt jede Form der gemeinsamen Identität und eines allgemeinen Verhaltens"*[50]. Charakteristisch dafür ist *„die hautnahe Begegnung mit der Differenz"*[51]. Walzer ist daher der Auffassung, daß *„die unmittelbare Präsenz,
die alltägliche Begegnung mit dem Anderssein noch nie so umfassend er-*

44. A.a.O. 110
45. A.a.O. 111
46. A.a.O. 106
47. Ebd.
48. A.a.O. 107
49. Ebd.
50. A.a.O. 108
51. A.a.O. 107

Schon in der Familie fahren" wurde „*wie heute*".[52] Die gesellschaftliche Multikulturalität schlägt sich „*zunehmend in Familien, ja in den Individuen selbst nieder( ). Toleranz beginnt nun schon in der Familie, wo wir Frieden schließen müssen mit der ethnischen, religiösen und kulturellen Zugehörigkeit unserer Ehepartner, unserer Schwiegersöhne und -töchter, unserer Kinder und auch mit unserem eigenen zusammengesetzten oder geteilten Selbst*"[53].

Dieser vermehrte ‚*postmoderne Toleranzaufwand*‘ kann auch an dem Aufgabenbereich innerhalb der Bundeswehr exemplifiziert werden. Die Individualisierung bezüglich politischer Meinung, nationaler Herkunft, kultureller Geprägtheit, religiöser Zugehörigkeit, praktiziertem Lebensstil einschließlich der sexuellen Ausrichtung[54] wird zunehmend auch das Miteinander innerhalb der Streitkräfte prägen und dem verantwortlichen Offizier einen sensiblen und toleranten *Umgang mit der Differenz* abverlangen. Das Vermögen, in der Menschenführung zwischen militärischen Erfordernissen und der Toleranz individueller Besonderheiten differenzieren zu können, wird in Zukunft noch stärker herausgefordert sein als bisher. Gerade die Führung einer Armee von Individualisten bedarf der moralischen Kraft, die mit den inneren Differenzen so umgeht, daß ein zivilisierter Umgang zu denjenigen Grundeinstellungen gehört, mit denen Führungsverantwortung übernommen wird.

Kultur der Toleranz Aufgrund der Einsicht in die lebensweltliche Multiplikation der Differenzerfahrung fordert Walzer eine Kultur der Toleranz zur Zivilisierung der multiplizierten Differenz. Walzer unterscheidet fünf Stufen im Begriff der Toleranz. Das Absehen davon, das Anderssein von Anderem zu beseitigen oder ihm auszuweichen, bildet die niedrigste Stufe. Hier geht es nur *Fünf Stufen* um die „*resignierte Duldung der Differenz um des Friedens willen*"[55]. Auf einer zweiten Stufe verhält man sich „*passiv, entspannt und wohlwollend gleichgültig gegenüber der Differenz*"[56], auf der dritten Stufe wird das Recht des Anderen auf Andersheit anerkannt, auf der vierten Stufe wird offen und lernbereit auf das Anderssein reagiert. Die fünfte Stufe nimmt die Differenz entweder „*als Ausdruck von Weite und Vielfalt*" oder „*als notwendige Bedingung menschlicher Entfaltung*"[57] wahr, also als grundsätzliche Möglichkeit der eigenen Freiheit. Auf dieser Stufe wird die größtmögliche Zivilisierung der Differenz erreicht.

---

52. A.a.O. 15
53. A.a.O. 107
54. Vgl. den Artikel: „Urteil des Verwaltungsgerichts Lüneburg: Schwuler darf Berufssoldat werden", in: Süddeutsche Zeitung Nr. 142 vom 24.6.1999, 5
55. A.a.O. 19
56. A.a.O. 20
57. Ebd.

Walzer entfaltet sein Verständnis von Toleranz vermittels eines kommunitaristischen Ansatzes, dem es darum zu tun ist, die *gegenwärtige Spannung von moderner und postmoderner Gesellschaft* zu erhalten. Danach bleibt die Gruppenzugehörigkeit ein konstitutives Merkmal individueller Identitätsbildung und demokratischer Kultur. Statt die Differenz durch Ignoranz, Anempfindung oder (fundamentalistische) Zerstörung des Anderen zu überspringen, fordert Walzer, Grenzen zu ziehen und als solche anzuerkennen. Freiheit wird erst real und konkret, wenn sie sich der Freiheit des Anderen gegenübersieht und diese toleriert. Toleranz hat im persönlichen und im politischen Bereich zu gelten. Zur Stärkung der liberal-toleranten Kultur der Differenz fordert Walzer, daß die Individuen ermuntert werden sollen, *„sich stark mit der einen [Gruppe] oder der anderen von ihnen zu identifizieren"*[58], weil einerseits unterscheidbare und stabile Bildung und Entwicklung individueller Identität nur durch Gruppenzugehörigkeit aufgebaut werden kann, andererseits auch das Individuum nur in der Gruppe vor intoleranten Übergriffen zureichend geschützt ist. Toleranz ist nach Walzer nicht nur eine individuelle Tugend, sondern muß zugleich gesellschaftlich (durch Gruppen und Institutionen) abgestützt werden.

Freiheit gegenüber der Freiheit des anderen

Walzers kommunitaristisches Programm soll hier nicht diskutiert werden. Es sei nur die Frage gestellt, inwieweit der Kommunitarismus den zentrifugalen und nach Walzer identitätslosen Individualismus tatsächlich *auf freiheitlicher Basis* einzudämmen vermag. Wichtiger ist für unseren Zusammenhang, daß Walzer den moralisch unverzichtbaren Kern der Toleranz als einer individuellen Lebenshaltung und Tugend herausarbeitet. Damit kehrt Walzer zu den Wurzeln des Toleranzbegriffs zurück. Denn über die verfassungsrechtliche ‚*Neutralisierung*' des Andersseins des Anderen hinaus ist mit Walzers moralisch pointiertem Verständnis von Toleranz die Idee verbunden, daß durch die Zivilisierung der Differenz jenseits dessen, was mit Rechtsmitteln eingefordert und beigetrieben wird, der freiheitlichen Gesellschaft und ihrer tragenden und schützenden Institutionen am Orte der gesellschaftlichen ‚Fliehkräfte' Integrationskräfte zugespielt werden. Genau dies hatte, innerhalb seiner weltanschaulichen Grenzen, schon Locke thematisiert und die Toleranz zu einer permanenten moralischen Aufgabe gemacht: *Ja wahrhaftig, wir dürfen uns nicht mit den engen Maßen bloßer Gerechtigkeit begnügen: Barmherzigkeit, Güte und Freigiebigkeit muß hinzukommen. Das schärft uns das Evangelium ein, befiehlt uns die Vernunft und fordert jene natürliche Brüderlichkeit von uns, in die wir hineingeboren sind".*[59]

Toleranz als Tugend

58. A.a.O. 112
59. Locke, Toleranz, 29f

IV.

Toleranz als moralische Haltung

Die multi-kulturelle Gesellschaft und die Individualisierung des Lebensstils fordern Toleranz als moralische Haltung. Die Grundrechte geben den allgemeinen Rahmen für die Betätigung der Freiheit vor. Die konkrete Auseinandersetzung mit der dadurch ermöglichten Pluralisierung der Differenzerfahrung erfolgt innerhalb dieses formalen Rahmens. Davon ist der einzelne nicht entlastbar. Daher ist *„Toleranz ( ) ein Gegenstand von ewiger Aktualität"*[60]. Jenseits eines technischen, administrativen oder justiziablen Reglements geht es um den konkreten Umgang mit der alltäglich gewordenen Erfahrung der Andersheit von Anderen. Hier ist, um eine Wendung Gerhard Ebelings aufzunehmen, *„die spontane Toleranz moralischen Verhaltens"*[61] gefordert.

Toleranz durch Bildung

Diese ‚spontane Toleranz' ist, ebenso wie die Codifizierung der Menschen- und Grundrechte, keine natürliche Gegebenheit, sondern eine kulturelle und, wie ein Blick auf praktizierte Intoleranz im In- und Ausland sofort zeigt, eine fragile Errungenschaft. Sie lebt von der wechselseitigen Zuschreibung derjenigen Freiheit, die jeder im Zuge der Bildung einer eigenen Überzeugung und Wahrheit für sich in Anspruch nimmt. Der Andere verkörpert damit, um Walzers fünfte Stufe der Toleranz aufzunehmen, die grundsätzliche Möglichkeit der eigenen Freiheit. Wegen dieser inneren Komplexität, der Verallgemeinerung individueller Freiheit durch interpersonale Zueignung, bedarf die Toleranz der individuellen und sozialen Bildung. Daher ist an dieser Stelle noch einmal John Lockes Hinweis aufzunehmen, der in der Religion Jesu Christi den wichtigsten kulturgeschichtlichen und gesellschaftlichen Träger der Toleranzidee gesehen hat. Wenn es auch in der gegenwärtigen Sozialethik umstritten ist, wie die christliche Begründung der Toleranz näher vollzogen werden soll,[62] so kann immerhin festgehalten werden, daß die Tugend der Toleranz zu einer gegenwärtigen Kultur des Christentums und zu einer vom Christentum geprägten Kultur

---

60. Siegfried Wollgast: Zu Grundfragen des Toleranzproblems in Vergangenheit und Gegenwart, in: Deutsche Zeitschrift für Philosophie 38 (1990), 1121-1134, 1128
61. Gerhard Ebeling: Die Toleranz Gottes und die Toleranz der Vernunft, in: Glaube und Toleranz, hg. von T. Rendtorff, Gütersloh 1982, 54-73, 68
62. Hier stellt sich zwischenzeitlich eine ans Kuriose grenzende Bandbreite von Möglichkeiten ein. Für Ernst Wolff (Toleranz nach evangelischem Verständnis, in: Zur Geschichte der Toleranz und Religionsfreiheit, hg. v. H. Lutz, Darmstadt 1977, 135-154) fällt die Toleranz „in den Bereich der Heiligung" (154). Für Gerhard Ebeling gehört die Toleranz „in die Sündenlehre, weil sie als Bestandteil der iustitia civilis aufzufassen ist (vgl. a.a.O. 69f). Für Gerhard Sauter (Wahrheit und Toleranz, in: Glaube und Toleranz, hg. von T. Rendtorff, Gütersloh 1982, 128-137) ist Toleranz in der „trinitarischen Struktur der christlichen Theologie" (137) fundiert. Martin Honecker begründet die Toleranz eschatologisch, weil die Wahrheit nicht Besitz, sondern Verheißung ist (Vgl.: Grundriß der Sozialethik, Berlin/New York 1995, 705)

gehört.[63] Toleranz ist Ausdruck des Respekts vor der im Anderen begegnenden individuellen Gestalt der Menschenwürde und vollzieht sich im Horizont der Reich-Gottes-Idee Jesu, mit der die universale Gemeinschaft aller Menschen über die individuellen, ethnischen, kulturellen, religiösen und generationsübergreifenden Differenzen hinweg symbolisiert wird.

Ausdruck des Respekts

Die tolerante Zivilisierung der Differenz bedeutet nicht, wie häufig unterstellt wird, eine *„repressive"*[64] oder eine ,*postmoderne Egalisierung'* aller Wahrheitsansprüche. Über den realen Antagonismus von Überzeugungen und Wahrheit in einer multikulturellen Gesellschaft ist damit noch gar nichts ausgesagt. Vielmehr ist festzuhalten, daß die spontane Toleranz eine fundamentale Differenzierung ermöglicht. Denn vor dem Konflikt zwischen den differenten Überzeugungen wird, und das ist die bleibende Einsicht John Lockes, die *höhere* Wahrheit der Achtung vor der Würde des Anderen und ihrer individuellen Ausdrucksform in der Haltung der Toleranz zum Ausdruck gebracht. Eine inhaltliche Zustimmung zu dem, was dem jeweils Anderen als wahr einleuchtet, ist mit der duldenden Haltung gar nicht verbunden. Vielmehr kann oder muß die Auseinandersetzung über das Andere des Anderen *diskursiv* gesucht und geführt werden. Aber die spontane Toleranz ordnet die Klärung der sachlichen Wahrheitsfrage der Einsicht in die Unantastbarkeit des individuellen Wahrheitsbewußtseins unter. Wegen dieser Differenzierungsleistung schafft die Toleranz eine elementare Voraussetzung für einen kultivierten Konflikt der Wahrheiten, weil sie die Wahrnehmung des Anderen als eines eigenständig Anderen ermöglicht und die existentielle und die sachliche Ebene auseinanderhält. Wie auch immer die Auseinandersetzung der Differenzen ausgeht, ob Konvergenz, Divergenz oder Indifferenz notiert werden muß: Die Wahrheit, daß jeder für sich die seine individuelle Identität ausdrückenden Überzeugungen ausbilden muß, wird nicht bestritten. Damit eignet der Haltung spontaner Toleranz ein integratives Potential, das alle inhaltlichen Differenzen noch umgreift. Dies kann eventuell dort fruchtbar gemacht werden, wo aufgrund dienstlicher Erfordernisse, etwa im Bereich der Bundeswehr, die Ausübung der Grundrechte beschränkt wird, oder wo aufgrund neuer Situationen innovative Möglichkeiten des Umgangs mit der Differenz gefunden werden müssen. Hier ist die spontane Toleranz nicht mehr nur an das Staatsrecht zurückgekoppelt, sondern eine Forderung an die Klugheit und das Gespür des einzelnen.[65]

Keine Egalisierung

Auseinandersetzung notwendig

Eigene Überzeugung notwendig

---

63. Vgl. Wolfgang Trillhaas: Ethik, Berlin ³1970, 242
64. Vgl. Herbert Marcuse: Repressive Toleranz, in: Kritik der reinen Toleranz, hg. von R. P. Wolff, B. Moore und H. Marcuse, Frankfurt am Main 1966, 91-128
65. Für die politische Ethik hat daher Martin Honecker zu Recht daraufhin gewiesen, daß die „demokratische Tugend der Toleranz" wegen der mit ihr gegebenen Kompromißfähigkeit als eine bleibende Voraussetzung einer demokratischen Willensbildung anzusehen ist (Einführung in die Theologische Ethik, Berlin/New York 1990, 241)

Keine Toleranz gegen Intoleranz

Selbstverständlich schließt das moralische Toleranzgebot nicht das Gebot ein, *„jede bestehende oder vorstellbare Differenz ( ) zu tolerieren"*[66]. Toleranz endet dort, wo ihr Intoleranz begegnet. Erfolgt die Zuschreibung von Freiheit nicht wechselseitig oder wird die Reziprozität einseitig aufgekündigt, dann ist die Grenze der Toleranz erreicht, weil sie anderenfalls selbstwidersprüchlich würde. Gebärdet sich das Differente gewissermaßen totalitär (wie etwa im Falle religiöser Fundamentalismen), setzt es sich aus der toleranten Freiheitskultur heraus und kann daher auch umgekehrt ausgegrenzt werden. Alle weiteren Näherbestimmungen können nur in der konkreten Situation erfolgen. Klar dürfte aber sein, daß der Umgang mit der Intoleranz an den *Grundlagen* der Toleranz orientiert sein dürfte: an der Freiheit und Würde des einzelnen, am Recht als der Institution der Freiheit, am Zwang als Mittel zur Wiederherstellung des Rechts und an der Verfahrensgerechtigkeit als Ausdruck der Gleichheit aller freien Menschen. Denn davon, wie wir auch unter der Bedingung wachsender Multikulturalität mit dem gesteigerten ,Toleranzbedarf' und mit der Intoleranz umgehen, wird abhängig sein, welcher Grad an Humanität in unserer Gesellschaft und ihren Teilgebieten (einschließlich der Bundeswehr) erreicht und erhalten wird.

---

66. Walzer: Über Toleranz, 15

Autorenverzeichnis

Barth, Dr. Hermann,
Vizepräsident des Kirchenamtes
der Evangelischen Kirche in
Deutschland, Leiter der Hauptabteilung II „Theologie und öffentliche Verantwortung", Hannover

Bastian, Dr. Hans-Dieter,
em. Professor für Evangelische
Religionspädagogik, Evangelisch-
Theologische Fakultät, Universität
Bonn

Beck, Hans-Christian,
Brigadegeneral, Kommandeur Zentrum Innere Führung, Koblenz

Benda, Dr. jur. h.c. Ernst,
Professor für Öffentliches Recht
und Verfassungsrecht, Rechtswissenschaftliche Fakultät, Universität
Freiburg, Präsident des Bundesverfassungsgerichts a. D., Karlsruhe

Blaschke, Peter,
Militärdekan, Referatsleiter, Evangelisches Kirchenamt für die Bundeswehr, Bonn

Boës, Hannsjörn,
Generalleutnant a.D., Buchholz/
Nordheide

Dau, Dr. Klaus,
Ministerialdirektor a.D., Bonn

Eisele, Manfred,
Generalmajor a.D., Veitshöchheim

Ertmann, Benno L.,
Generalleutnant, Stellvertreter des
Inspekteurs der Luftwaffe, Bonn

Grote, Otto Freiherr,
Oberst a.D., Berlin

Henninger, Dieter,
Generalmajor, Kommandeur Wehr-
bereichskommando VI/1. Gebirgs-
division, München

Hoffmann, Dr. jur. Oskar,
Oberstleutnant, Dozent für Politik-
wissenschaften, Zentrum Innere
Führung, Koblenz

Honecker, Dr. Martin,
Professor für Systematische Theo-
logie und Sozialethik, Evangelisch-
Theologische Fakultät, Universität
Bonn

**Jacobsen, Dr. Dr. h.c. Hans-
Adolf,**
em. Professor für Politische Wissenschaften, Philosophische Fakultät, Universität Bonn

von Kirchbach, Hans-Peter,
General, Generalinspekteur der
Bundeswehr, Berlin

Klein, M. A. Friedhelm,
Oberst i.G., Amtschef Militär-
geschichtliches Forschungsamt,
Potsdam

Knuth, Dr. Hans Christian,
Bischof für den Sprengel Schleswig der Nordelbischen Evange-
lisch-Luth. Kirche, Schleswig, Leitender Bischof der VELKD

Krätschell, Werner,
Superintendent, Bevollmächtigter
für die Evangelische Seelsorge in
der Bundeswehr in den neuen Bundesländern, Potsdam

Küenzlen, Dr. Gottfried,
Professor für Evangelische Theologie und Sozialethik, Fakultät für
Sozialwissenschaften, Universität
der Bundeswehr München, Neu-
biberg

Löwe, Dr. Hartmut,
Evangelischer Militärbischof,
Bonn

Michaelis, Peter,
Militärdekan, Referatsleiter, Evangelisches Kirchenamt für die Bundeswehr, Bonn

Moll, Peter,
Oberstleutnant, S 3-Stabsoffizier,
Amt für Studien und Übungen,
Waldbroel

Riechmann, Friedrich,
Generalmajor, Neubrandenburg

von Scheliha, Dr. Arnulf,
Professor für Evangelische Theologie und Sozialethik, Fachbereich

Pädagogik, Universität der Bundeswehr Hamburg

von Scheven, Werner,
Generalleutnant a.D., Geltow bei
Potsdam

Stahlschmidt, Henning,
Major Gruppe Weiterentwicklung,
Panzertruppenschule, Munster

von Steinaecker, Barbara,
Apothekerin, Ehrenamtliche Arbeit
in kirchlicher Beratungsstelle, Laer

von Steinaecker, Dr. Günter,
Generalmajor a.D., Vorsitzender
der Evangelischen Arbeitsgemeinschaft für Soldatenbetreuung, Laer

Walle, Dr. Heinrich,
Fregattenkapitän a.D., Bonn

Walther, Dr. Christian
em. Professor für Evangelische
Theologie und Sozialethik, Fachbereich Pädagogik, Universität der
Bundeswehr Hamburg

Wittmann, Dr. Klaus,
Brigadegeneral, Abteilungsleiter
Militärpolitik Deutsche NATO-
Vertretung, Brüssel

Bildnachweis

1. Ausschnitt nach Gemälde von Friedrich Bury – 2. nach Lithographie von Falcke – 3. nach Gemälde von W. Wach – 4. Presse- und Informationsamt der Bundesregierung – 5. und 6. Bundesarchiv – 7. Ursula Fritzsche – 8. und 9. privat